高等学校经济管理类核心课程教材

金融风险管理

陈创练　主　编

中国人民大学出版社
·北京·

图书在版编目（CIP）数据

金融风险管理/陈创练主编．--北京：中国人民大学出版社，2024.12.--（高等学校经济管理类核心课程教材）．-- ISBN 978-7-300-33093-8

Ⅰ.F830.9

中国国家版本馆 CIP 数据核字第 2024UE7618 号

高等学校经济管理类核心课程教材

金融风险管理

陈创练　主编

Jinrong Fengxian Guanli

出版发行	中国人民大学出版社		
社　　址	北京中关村大街 31 号	**邮政编码**	100080
电　　话	010－62511242（总编室）		010－62511770（质管部）
	010－82501766（邮购部）		010－62514148（门市部）
	010－62511173（发行公司）		010－62515275（盗版举报）
网　　址	http://www.crup.com.cn		
经　　销	新华书店		
印　　刷	北京密兴印刷有限公司		
开　　本	787 mm×1092 mm　1/16	**版　　次**	2024 年 12 月第 1 版
印　　张	24.25 插页 1	**印　　次**	2024 年 12 月第 1 次印刷
字　　数	597 000	**定　　价**	56.00 元

前言

本书是面向金融学专业本科生、研究生的教材，旨在讲解金融市场投资过程中有关金融风险管理的理论与技术，结合现代软件编程技术，采用“三位一体”的逻辑详尽介绍“金融风险理论知识—软件编程实现—投资风险控制”的有关内容。从量化投资和资产配置视角介绍风险管理的有关知识与测度技术方法，重点阐述在金融市场投资过程中的金融风险测度、风险对冲与风险管理。本书覆盖了金融学领域的核心知识内容，也可作为MBA专业课程的参考教材。

防范化解金融风险一直是维护国家金融安全的永恒主题，“金融风险管理”也是教育部规定的金融学专业五大主干课程之一，在金融学专业教学中处于举足轻重的地位。纵观现有市场教材，金融风险管理书籍可以分为两类：一类包罗万象地介绍了与金融风险有关的主题的所有内容，侧重从风险管理逻辑讲解内容，但是对其中的核心内容缺乏必要的数学证明，代表性的如约翰·赫尔（John Hull）的《风险管理与金融机构》；另一类则过度关注金融风险测算方法，虽然提供了丰富和饱满的数学证明，但因为内容难度系数相对较高，往往会使初学者望而却步，这一类书籍首推亚历山大·麦克尼尔（Alexander F. McNeil）等的《量化风险管理：概念、技术和工具》。上述两类教材为金融风险管理课程提供了丰富的素材，为了进一步糅合这两类教材的优点，同时结合市场对金融学人才的基本诉求，编者在通读现有教材的基础上，组建团队撰写了具有自身特色的教材。首先，考虑到该教材主要面对的是本科生，因此，在内容上主动降低难度，但又提供了一些必要的数学证明，让学生在学习过程中能够“知其然，亦知其所以然”。其次，对所有授课内容实现程序化，结合计算机程序语言，对金融风险测度、风险对冲和风险管理进行程序化实现，令学生学以致用，在学习中掌握知识，在实践中巩固知识。最后，在编者看来，对投资者来说，风险管理只是其采取的政策工具，而并非真正目的，从某种意义上讲，投资者进行风险管理是为了实现投资套利或者交易套利。因此，编者在撰写过程中注重融入风险对冲套利模块内容，讲解债券、股票、期货、期权等投资标的之间的风险对冲和统计套利。故此，本书是对现行教材授课模块内容的有益补充。

为了突出教材特色，本书在撰写时，遵照学术规范，并结合新时代金融市场对人才的实际需求，重点介绍两部分内容：一是金融风险类型篇，包括金融风险管理概论（第一章）、市场风险（第二章、第三章、第四章）、信用风险（第五章、第六章）、操作风险（第七章）、流动性风险（第八章）；二是投资风险管理篇，包括债券投资的风险管理（第九章）、证券投资的风险管理（第十章、第十一章）、期货套期保值理论与策略（第十二章）、期货风险对冲套利理论与策略（第十三章）、期权风险对冲理论与策略（第十四章）、期权交易套利理论与策略（第十五章）、全面风险管理（第十六章）。上述有关内容均采用 Python 软件实现风险估计、风险对冲和交易套利，让读者掌握金融市场投资过程中的有关风险管理知识与技术。

本书由陈创练[①]担任主编，由王浩楠[②]、单敬群[③]、李丽芳[④]担任副主编，具体安排是：全书由陈创练统筹规划、编撰、校对、修订，其中，陈创练撰写第一章，王浩楠、陈创练撰写第七章、第十六章，单敬群、李丽芳撰写第五章、第八章，李丽芳、陈创练撰写第六章，第二～四章以及第九～十五章是在陈创练编著的第一版《量化投资学：资产配置与风险管理》的基础上按照普通高等教育规划教材出版要求重新修订的，并增加了有关案例以贴近当前中国实际。同时，为了使教材内容更加生动有趣，本书在每章节中补充了大量案例和程序实现内容，讲解了 GARCH 族类波动率测算方法，投资组合的在险价值、预期亏损缺口和 SRISK 测算以及信用风险、操作风险、流动性风险测算方法等；复现并说明了股指期货跨期套利策略、R-breaker 管理期货策略、期权希腊值的动态对冲策略、期权平价公式套利策略、多期权风险对冲套利策略等。

阅读本书需要具备一定的数学、金融学、金融衍生工具和 Python 编程基础，但在撰写过程中，编者在每章节中都配备了详细的数学证明、例题、案例、程序和课后习题，有助于读者在阅读过程中巩固对金融风险管理知识的理解。同时，中国大学 MOOC 提供了教材的相应慕课“金融风险管理——量化投资视角”。此外，陈创练的个人主页提供了和教材有关的课件、程序和课后习题答案（网址：http://chenchuanglian.cn）。

最后，感谢中国人民大学出版社各位领导和编辑，感谢国家社会科学基金重大项目“防范化解经济金融领域风险的宏观调控治理体系研究”（批准号：22ZDA050）以及暨南大学重点教材资助项目提供的经费支持，使得该教材能够顺利出版。当然，受限于编者的水平和能力，该教材可能会存在纰漏或不足，恳请读者不吝赐教、批评指正，不胜感激！

---

① 陈创练，经济学博士，暨南大学经济学院金融系教授、博士生导师。
② 王浩楠，经济学博士，广东金融学院金融与投资学院助理教授。
③ 单敬群，经济学博士，浙江财经大学金融学院助理教授。
④ 李丽芳，经济学博士，暨南大学经济学院金融系副教授。

目　录

01　金融风险类型篇

金融风险类型篇

第一章

金融风险管理概论

本章阅读指引

本章金融风险管理概论是整本教材的概述章节。主要内容包括：首先介绍金融风险管理的起源。接着从风险与金融风险的定义出发，阐述金融风险的主要类型以及市场风险、信用风险、操作风险、流动性风险等概念及含义，并尝试以此解释金融风险的来源；进一步，从资产配置视角介绍金融风险管理的理论基础。最后，介绍金融风险管理的基本流程。本章为我们认识金融风险概念、识别金融风险类型以及开展金融风险管理工作指明了方向、奠定了前期知识基础。

第一节　金融风险管理的起源

一、金融风险管理的发展历史

金融风险管理（financial risk management）起源于人们对风险的认识，普遍观点是："风险"一词最早起源于中国古代，在古代，渔人每次出海打鱼之前都要祈祷风平浪静，满载而归。如果哪天遇到狂风大作，不仅打不到鱼，而且有可能命葬大海。所以，他们深深体会到"风"给他们带来的无法预测、无法确定的危险。因此，在打鱼生活中，有"风"就有"险"，这就是"风险"的由来。① 还有一种说法是，"风险"一词来源于国外，risk 一词是"舶来品"，有人认为来自阿拉伯语，也有人认为来自西班牙语或者拉丁语，但比较权威的说法是来自意大利语"risque"一词，被理解为客观存在的危险，体现为自然现象或者是航海遇到礁石、风暴等事件。特别是，在 17 世纪，随着欧洲开发了到全球其他大洲的新航道，

① 吴晓求．证券投资学．5 版．北京：中国人民大学出版社，2020.

海上贸易日趋繁荣，而航海危险事件频发不断危及商业贸易的安全，由此也催生了海上保险金融业务。当时的金融业务主要是对运输的货物和船只提供安全保险，以减少商人的贸易损失。到了19世纪末20世纪初，才诞生了固定收益证券，它作为新的投资基金可以分散投资者的单一投资风险，并为投资者提供相对稳定的收益。20世纪30年代美国爆发了世界上最严重的经济危机，大约有40%的企业和银行破产，为了应对危机，许多企业都设立了保险管理部，它们通过购买保险规避和转移企业经营的财务风险，此时，现代意义上的金融风险管理才开始萌芽。由此可见，现代风险已经远远超出了古代出海捕鱼或者货物和船只"遇到危险"的含义，在金融上更多地体现为"投资错过的机会或者损失的风险"，所以，"风险"也可理解为"未来结果的不确定性或损失"，进一步可理解为"个人或者群体在未来获得收益或损失的可能性以及对这种可能性的判断与认识"。

到了20世纪50年代，投资组合理论、资本资产定价模型等现代金融学理论的出现，为如何有效刻画"未来结果的不确定性或损失"提供了重要的理论支持和方法论指导，并逐渐作为一个研究方向被学术界所重视。70年代，法国从美国引入金融风险管理理论，以应对企业面临的风险复杂多样的冲击，欧洲大陆开始兴起研究金融风险管理的思潮。特别是，1983年美国召开的风险和保险管理协会年会讨论并通过了"101条风险管理准则"，这标志着风险管理进入了一个全新的发展阶段。20世纪80年代中后期，伴随着金融衍生工具的创新和普及，信用风险和操作风险开始被金融机构所重视和关注。20世纪90年代，为了适应风险管理的需要，学术界和业界开始思索如何有效测度和刻画金融机构的整体风险，J. P. 摩根公司于90年代初提出了著名的风险管理模型——在险价值（value at risk，VaR）方法，随后还拓展提出了风险矩阵，这些方法被广泛应用于各类投资银行、基金公司和金融机构等的投资实践当中，从而将金融风险管理理论向前推进了一大步。

进入21世纪，金融风险管理已经开始渗透到金融的各个领域，随着经济金融全球化的提速和金融创新产品不断涌现，金融风险管理面临着更大的挑战。纵观历史，在过去短短二十多年中，投资者目睹了一轮又一轮由于内部风险管理匮乏而产生的金融危机和经济衰退，他们对金融风险和风险管理的认识从来没有像现在这样深刻和全面。其中，最为重要的标志性事件包括：（1）次贷危机。2007—2009年，以贝尔斯登和雷曼兄弟两家国际著名投行倒闭为重要标志的美国次贷信用危机，几乎导致整个金融市场系统的崩溃；华尔街上五大投行中的贝尔斯登、雷曼兄弟、美林相继倒下，高盛和摩根士丹利不得不变身为银行控股公司，至此，华尔街前五大投行尽数沉没。（2）欧债危机。2010年至今，欧元区主权债务危机终于再也无法掩盖而全面爆发，各国的主权债务信用纷纷被国际评级机构降级，甚至美国国债也被标准普尔降级；2011年瑞士银行投行部的一名交易员未经授权而交易，造成瑞士银行20多亿美元的损失，该案也为我们拉响了资本风险管理的警钟。（3）新冠危机。2020年由于受到疫情影响，美国股市在3月8日发生了历史上第二次熔断，并在此后的3月12日、3月16日、3月18日连续发生了三次熔断，随之而来的是全球性股市连锁性暴跌，导致2020年3月美国的金融系统性风险剧增，并快速波及全球，西方主要国家的股指在2020年第一季度下跌幅度接近20%。可见，如何构筑有效的识别风险和防范风险冲击的管理机制非常重要。这些严峻的事实时刻提醒我们，经济和金融风险无处不在，如果不加以系统、及时的管控，它们所带来的经济损失和对全球经济的影响将是巨大的。

从上面的历史事件可以看出，风险管理是维护国家金融安全的重要保障，也是企业能否存活下去的根本，更是证券投资成功与否的关键基石，当今世界处于百年未有之大变局，金融风险层出不穷，金融监管部门反复强调，要坚持底线思维，坚决守住不发生系统性风险的底线。从历史上看，只有那些注重风险管理的公司才能够在惊涛骇浪的金融市场中存活下来。而准确度量金融风险是确保能够有效管理风险的前提和基础。因为如果不能够准确度量和评估某个金融机构或者某类资产所面临的风险大小，就无法设计、选择和实施可靠的金融风险管理策略。可见，金融风险度量技术直接决定金融风险管理的水平，没有准确可靠的金融风险度量技术，就难有高超的金融风险管理水平。因此，金融风险度量是金融风险管理的核心内容，而金融风险管理又是金融业乃至整个经济体系中非常重要的一环。由此可见，正是市场对金融风险管理最为直接的需求，才催生了这门新生学科，而理论领域的研究也随着时代的发展不断得以完善。

二、金融风险管理产生与发展的主要原因

金融风险管理的产生与发展主要得益于如下三方面的原因：第一，金融风险管理是市场需求催生的时代产物，其出现是为了规避或者消除投资存在的不确定性。不论是古代的货物与船只保险，还是现代对冲风险的金融创新产品，均是为了防范金融市场大幅度波动时给投资者带来的损失。第二，现代金融学的产生为金融风险管理的发展奠定了坚实的理论基础，特别是，投资组合理论、资本资产定价模型、布莱克-斯科尔斯（Black-Scholes，BS）期权定价公式的提出等等，都为投资组合的风险对冲、期货风险对冲以及期权风险对冲提供了重要的理论指导，也为投资组合的构建与优化提供了重要的方法论支持。第三，计算机软件和硬件技术的快速发展，为金融风险管理提供了重要的技术保障。当前，金融市场波动瞬息万变，交易次数和交易规模数以亿计，为了能够准确快速捕捉市场信息与交易量，对计算机软硬件技术的要求越来越高。现代信息技术，特别是电子交易技术的发展与完善，不仅能够满足市场的交易需求，同时也让远程交易成为可能，这极大地推动了全球金融市场的一体化，投资者也能够在全球范围内配置多元资产以对冲风险。

第二节 金融风险的定义

一、金融风险的概念

风险指未来收益的不确定性。金融风险也是一种风险，是金融变量的变动所引起的资产组合未来收益的不确定性。金融风险有狭义和广义之分，狭义的金融风险指银行、证券公司、保险公司或信托公司等金融机构由各种不确定性导致的损失可能性，涉及面较窄。广义的金融风险指投资者个人、公司、金融机构或者政府部门等所有参与金融活动的主体因为各种不确定性而遭受损失的可能性，涉及面较广。但不论是广义还是狭义，金融风险最主要的内涵就是特指参与金融活动的主体遭受损失的不确定性。

与之类似，在金融风险度量上也有狭义和广义之分。一个最为常见的方法是方差度量法，即度量由金融变量的变动所引起的资产组合的未来收益偏离其期望值的可能性和幅度。从狭义上理解，金融风险度量是指对金融风险大小做出定量估计。但从广义上理解，金融风险度量不只是在量上对金融风险的大小做出估计，而是应从定性和定量两个方面对金融风险的类型、受险部位、风险源以及风险大小进行全面的度量和评估，所以广义上的金融风险度量与金融风险辨识是难以分割的统一体。

二、金融风险的基本特征

金融风险的基本特征是：(1) 不确定性。不确定性是金融风险最本质的特征，金融风险的发生往往需要具备一定的条件，而这些条件在风险爆发之前一般都是不确定的。(2) 普遍性。金融风险的产生一般是不以人的意志为转移的，是普遍存在的现象，金融市场、每个行业、每个公司，甚至每一次交易当中都可能潜伏着金融风险。(3) 隐蔽性。金融风险往往具有隐蔽性，主要是金融机构的经营活动或者交易活动的不完全透明性所造成的，在危机没有完全爆发之前，风险往往不被投资者所识别。(4) 传染性。金融风险具有较强的传染性和扩散性。由于金融机构之间存在着复杂多变的债权债务关系或上下游关系，各类金融资产和金融机构之间交织联系，形成一个复杂的金融体系，因此，价格波动往往会在该体系内传染，一家金融机构出现危机可能会导致多家机构出现“多米诺骨牌”的连锁反应而倒闭。(5) 不可消除性。从理论上讲，金融风险是普遍存在的现象，只能通过分散化投资等渠道对冲掉部分金融风险，而无法完全将其消除。(6) 周期性。即随着经济金融形势的周期性波动以及宏观经济政策的周期性调整，金融风险可能会呈现出规律性、周期性特点。(7) 可测性。根据历史数据，并基于科学的测算方法往往能够较准确地度量出金融风险的规模大小。(8) 可控性。基于金融风险的可测性，结合金融风险管理理论可以采取相应的风险对冲策略，以有效预测和控制金融风险。

三、金融风险的来源分析

金融风险来源于风险暴露 (risk exposure) 以及影响资产组合未来收益的金融变量变动的不确定性。其中，风险暴露是指未来收益有可能受金融变量变动影响的那部分资产组合的资金头寸；而不确定性是金融风险的根源，不确定性越强，风险也就越大。

不确定性通常分为内在不确定性和外在不确定性。内在不确定性主要源于经济金融体系内部，如主观决策、获取信息的不充分性等因素造成的不确定性。内在不确定性具有明显的个性化特征，可以通过制定合理的规则或分散化投资等方式来降低其产生的金融风险，这些风险大都被称为非系统性风险 (nonsystematic risk)。

外在不确定性是指生成于某个经济金融系统自身范围之外的风险因子，如经济运行中随机性、偶然性的变化所引起的不确定性。外在不确定性对整个经济体系都会带来影响，所导致的金融风险一般都是系统性风险 (systematic risk)，主要表现为经济衰退、通货膨胀、战争、自然灾害等客观经济状况，或者是国家税法、财政货币政策的不确定性变化等。

第三节 金融风险的类型

金融风险按照不同的划分方法可以分为不同的类型，按照能否分散可以分为系统性风险和非系统性风险；按照会计标准可以分为会计风险和经济风险；按照驱动因素可以分为市场风险、信用风险、操作风险、流动性风险等。

一、按照能否分散分类

系统性风险：由影响整个金融市场的风险因素引起、所有经济主体都共同面临的未来收益的不确定性。

非系统性风险：仅由与特定公司或行业相关的风险因素引起，使该公司或行业自身面临的未来收益的不确定性。

二、按照会计标准分类

会计风险（accounting risk）：可从经济实体的财务报表中反映出来的风险。

经济风险（economic risk）：在经济领域中，相关经济因素的变动、决策失误等原因导致的产量变动或价格变动所带来损失的可能性。

三、按照驱动因素分类

从驱动因素的角度对金融风险进行分类有助于识别金融风险源，进而可以更容易，也更具针对性地选取或建立与驱动因素相匹配的方法来度量相应的风险，所以，这种方法最为流行。按照该标准，金融风险可以划分为市场风险、信用风险、操作风险、流动性风险、模型风险、国家风险等。

（一）市场风险

1. 定义

金融市场风险是金融风险最主要的类型，是指由金融市场变量的变化或波动而引起的资产组合未来收益的不确定性。其中，金融市场变量（也称市场风险因子，market risk factor）主要包含股票或债券价格、汇率、利率以及衍生品价格等。所以，金融市场风险也常被称为金融资产价格风险。

2. 特点

市场风险除具有第二节所述金融风险共有的特征之外，还具有以下特点：第一，主要是由股票或债券价格、利率、汇率等市场风险因子的变化所引起的。第二，种类众多、影响广泛、发生频繁，是各个经济主体所面临的最主要的基础性风险。第三，常常是其他金融风险的驱动因素，但同时也经常受到其他驱动因素的影响而出现。第四，相对其他类型的金融风险而言，金融市场风险的历史信息和历史数据的可获得性较高。

3. 分类

根据金融市场风险不同的驱动因素或者不同类型的市场风险因子，可以把金融市场风险进一步划分为证券价格风险、利率风险、汇率风险、购买力风险等。其中，证券价格风险是指证券价格的不确定性变化而导致行为主体未来收益变化的不确定性，包括政治因素、经济因素、社会因素、心理因素以及偶然因素。利率风险是指市场利率的变动而导致行为主体未来收益变化的不确定性，一般利率上升（下降）会导致证券价格下降（上升）。汇率风险是指汇率的变动而导致行为主体未来收益变化的不确定性，可细分为交易风险和折算风险，其中，交易风险是指汇率变化影响日常交易的收入，而折算风险是指汇率变化影响资产负债表中的资产价值和负债成本。购买力风险又被称为通货膨胀风险，是指一般物价水平的变动而导致行为主体未来收益变化的不确定性。购买力风险会造成单位货币购买力下降，也会造成实际收益率的潜在变动，并对经济主体的经营行为产生影响。

案例 1-1

市场风险之巴林银行破产事件

1995年尼克·里森（Nicholas Leeson）因其投资日本期货市场频繁失误而导致英国巴林银行倒闭。里森在衍生产品交易中损失了13亿美元，这笔损失耗尽了巴林银行所有的股权资本。事情的经过是，里森一开始购进大量日经225指数期货，其名义头寸曾一度高达惊人的70亿美元。1995年1月17日，日本发生神户大地震，其后数日日经225指数出现了大幅度波动，并且在两个月里日本股票市场下跌了15%，巴林期货遭受重创。为挽回损失，里森瞒着总部又卖出期权赌注日本股市未来将会趋于稳定，但事与愿违，投资损失进一步加大。此时他不仅没有醒悟，反而顽固地坚持自己错误的投资方式，不断增加投资头寸，直到没有资金来支付交易所要求的保险金为止。持续的操作错误导致巴林银行股票价格跌至零，高达10亿美元的股票市值总额化为乌有，巴林银行最终被破产清算。

（二）信用风险

1. 定义

信用风险（credit risk），也称为违约风险，指借款人或交易对手不能或不愿履行合约而给另一方带来损失的可能性，以及借款人的信用评级变动和履约能力变化导致其债务市场价值的变动而引发损失的可能性。

2. 特点

信用风险的最大特点是难以被量化或转移，规避信用风险的方式相对有限。因此，一旦发生信用风险即可能造成损失，而不可能带来收益，所以，管理信用风险只能通过降低或者消除潜在的可能损失来实现。

3. 分类

按照不同划分标准，信用风险可以分为不同的种类。（1）按照信用风险的性质可分为违约风险、信用等级降级风险和信用价差增大风险，其中，违约风险是指借款人或交易对手违约给金融机构带来的风险；信用等级降级风险是指借款人信用等级的变动造成的债务市场价值变化的不确定性；信用价差增大风险是指资产收益率波动、市场利率等因素变化导致信用价差增加所带来的风险。(2) 按照信用风险所涉及业务种类可分为表内风险与表外风险，其中，表内风险是指源于表内业务的风险，如传统的信贷风险；表外风险是指源于表外业务的风险，如商业票据承兑可能带来的风险。(3) 按照信用风险产生部位可分为本金风险和重置风险，其中，本金风险是指交易对手不按约足额交付资产或价款时，金融机构有可能收不到或不能全部收到应得的资产或价款而面临损失的可能性；重置风险是指当交易对手违约而造成交易不能实现时，未违约方为了将金融资产变现就需要再次交易，由此可能遭受市场价格不利变化而带来的损失的可能性。(4) 按照信用风险是否可以分散可分为系统性信用风险和非系统性信用风险，其中，系统性信用风险是指系统性风险因素，如经济危机导致借款人无力偿还贷款带来的信用风险；非系统性信用风险是指特定行业或公司的特殊因素导致借款人不愿或无法履行合同给金融机构带来的信用风险。

4. 信用风险与市场风险的联系与区别

两者之间的联系有：(1) 市场风险的爆发可能引发信用风险。一旦交易对手面临严峻的市场风险使得其持有资产的市场价值出现大幅度贬值，无力偿还债务就可能会导致金融机构发生信用风险。(2) 爆发信用风险可能会加剧市场风险。一般，如果金融机构爆发信用风险违约事件，则会导致该机构的资产价值出现较大的贬值预期，并进一步加剧市场风险。(3) 市场风险度量方法促进信用风险度量方法的改进与完善。VaR 方法最早用于度量市场风险，但该方法现在也被用来度量信用风险。

两者之间的区别有：(1) 驱动因素不同。市场风险的驱动因素一般有股票或债券价格、利率、汇率等市场因素，而信用风险的驱动因素则包括金融机构资产价值的波动性、宏观因素的变化、预期违约率等，驱动因素存在显著差异。(2) 风险持续的时长不同。市场风险一般持续几天，也有可能是几小时、几分钟，但是，信用风险则可能持续几个月、几年，甚至几十年。(3) 历史信息的可得性不同。市场风险的信息主要来自可交易性金融资产组合的价格，而信用风险的信息一般来自非交易性金融资产组合的价格。(4) 损失分布的对称性程度不同。市场风险通常是相对对称的，但是信用风险具有显著的左偏分布特征，即在好的情况下并没有损失，但是在坏的情况下，款项可能全部损失掉。

案例 1-2

信用风险之次级抵押贷款违约事件

美国次贷危机也被称为次级房贷危机，是在 2007 年爆发的一场由次级抵押贷款机构破产、投资基金被迫关闭、股市剧烈震荡引起的金融危机事件。次级抵押贷款指的是美国银行将抵押贷款处于“次级”，也就是评级较低的资产进行证券化。譬如购房抵押贷款信用评级比较低的群体为了购买 100 万美元的房子在银行贷款 70 万美元，此时，美国银行可以将 70 万美元分为 70 万份，并将 70 万份以一份一美元的价格向市场出售，由此将次级抵押贷款进行证券化。由于美国 20 世纪 90 年代至 21 世纪初期整体经济形势较好，这些证券化资产保持着较长期的增值态势，许多人因为持有这些证券化资产实现了财富增值。同时，美国的银行机构也完美实现了风险转移，因为次级抵押贷款的利率也相对高，故此，在利益驱动下，许多美国银行热衷于贷款给信用评级相对低的群体。该机制虽然看似很完美，但存在着较大的潜在风险。

时间来到2007年2月13日，汇丰控股为在美次级房贷业务增加18亿美元坏账拨备、美国最大次级房贷公司全美金融公司（Countrywide Financial Corp）减少放贷、美国第二大次级抵押贷款机构新世纪金融公司（New Century Financial）发布盈利预警……美国抵押贷款风险开始浮出水面，陆续出现多次抵押贷款违约事件，信用风险席卷美国银行业，由此引发了一场大型金融风暴。如果次级抵押贷款因为信用风险出现违约，则资产证券化的基本面价值会随之消失，故此也导致资产证券化的信用违约互换（credit default swap，CDS）价值暴跌，不仅银行出现坏账，而且，大众持有大量CDS而导致财富缩水，金融机构更是因为资产价格暴跌存在破产风险，出现连锁反应，于2007年8月开始席卷美国、欧盟和日本等世界主要金融市场，形成全球性金融危机。因此，本次次级抵押贷款违约引发金融危机可以看作一个典型的信用风险违约事件，也是由信用风险引发市场风险的经典案例。

（三）操作风险

1. 定义

操作风险（operation risk），从广义的定义看，是指除市场风险和信用风险以外的一切金融风险。狭义的定义则指仅由于操作不当而引发的风险，与交易过程和系统失灵有关。学术界将操作风险定义为错误或不完善的过程使得系统和人员或外部事件造成直接或间接损失的可能性，或者是客户、设计不当的控制体系、控制体系失灵及不可控制的事件导致的各类风险。新巴塞尔协议则将操作风险定义为“由内部流程、人员、技术和外部事件的不完善或故障造成损失的风险”。

2. 分类

按照导致损失的原因将操作风险事件归纳为7类：（1）内部欺诈；（2）外部欺诈；（3）雇佣及工作现场安全性；（4）客户、产品以及经营行为；（5）有形资产损失；（6）经营中断和系统出错；（7）执行、交割以及交易过程管理。

将金融机构的业务分为8类：（1）支付与清算；（2）代理服务；（3）资产管理；（4）零售经纪；（5）公司金融；（6）交易与销售；（7）零售银行业务；（8）商业银行业务。

由于每种业务类型都对应7种操作风险，于是金融领域的操作风险就被划分成7×8=56个风险单元。通过对每个风险单元的分析和管理，就可以具体明确地理解和把握操作风险。

案例 1-3

操作风险之中国航油破产事件

中国航油（新加坡）股份有限公司（简称“中国航油”）成立于1993年，注册地在新加坡，早期公司濒临破产，在励精图治后于2001年在新加坡交易所主板上市，成为中国首家利用海外自有资产在国外上市的中资企业。然而，2004年起中国航油逐步显现巨额亏损迹象。公司于 2003 年下半年参与 200 万桶原油期货买卖，初期获利，但 2004 年第一季度国际油价飙升，公司账面出现 580 万美元亏损；为了扭亏为盈，公司继续增持，但是，第二季度油价持续攀升，亏损增至 3 000 万美元。公司为了避免账面出现实际损失，将交割日期延后至 2005 年和 2006 年，同时加大投资力度，期待油价回落以降低损失或者获利，截至 2004 年 10 月持有期货合约高达 5 200 万桶。但是，油价却并没有跟预期一致有所下跌，反而升至历史高位，此时，公司面临高达 1.8 亿美元的巨额账面亏损。虽然此后公司进行了补仓或者采取了相应的补救措施，但是，在巨额亏损面前均于事无补。到 2004 年 11 月 25 日最后一批合约被平仓，公司总亏损达到 3.81 亿美元。最后，公司只好于 2004 年 11 月 29 日向新加坡法院申请破产保护，并于次日终止所有原油期货交易。这是一个持续判断、操作错误引发操作风险而导致公司倒闭的典型案例。

(四) 流动性风险

1. 定义

流动性风险（liquidity risk）是指因流动性不足而导致资产价值在未来遭受损失的可能性。作为金融机构经营管理一直遵循的安全性、流动性、盈利性三性原则之一，流动性是金融机构的生命线。流动性极度不足、存在筹资困难，或者是短期资产价值不足以应付债务支付或未预料到的资金外流，这些均会导致金融机构出现流动性危机并引发流动性风险。

2. 分类

流动性（liquidity）可以分为两类：一是筹资流动性，也称为现金流动性、负债流动性、资金流动性或机构流动性，主要用来描述金融机构满足资金流动需要的能力。二是市场流动性，也称为产品或者资产流动性，主要指金融资产在市场上的变现能力，即在市场上金融资产与现金之间转换的难易程度。与流动性的两种类型相对应，流动性风险也主要有两类：一是筹资流动性风险，指金融机构缺乏足够现金流而没有能力筹集资金偿还到期债务而在未来产生损失的可能性。二是市场流动性风险，指由于交易的头寸规模相对市场正常交易量过大，而不能够以当时的有利价格完成该笔交易而在未来产生损失的可能性。

案例 1-4

流动性风险之硅谷银行破产事件

2023 年 3 月 11 日美国前 20 大银行之一、拥有资产 2 000 多亿美元的硅谷银行宣布破产。2020 年初新冠疫情席卷全球，美联储持续降息使得利率降至零，硅谷银行获得了大量零成本的活期储蓄存款，存款总额也从 2020 年 6 月的 760 亿美元上升至 2021 年 12 月的 1 900 亿美元。此时，硅谷银行将大量存款用于购买 1～5 年期的无风险国债，年收益率仅为 1%，这是典型的短债长投行为。但是，随着 2022 年美国的高通胀，美联储采取了连续 7 次的加息政策，利率从 4.5%升至 4.75%。同时，硅谷银行超过 90%的客户存款都超过 25 万美元，也就是美国储蓄保险的最高额度。此时，硅谷银行资金的成本超过 4%，但是收益仅为 1%，银行面临着亏损压力。特别是，2022 年下半年开始美国高科技行业进入寒冬，许多公司融资困难，因此，只能消耗存量储蓄存款，硅谷银行面临着流动性危机，并被迫抛售210亿美元的债券，故出现了18亿美元的账面损失，同时引发了市场恐慌，大量高科技公司想办法转移储蓄存款，仅2023年3月8日一天申请的提现转移就高达420亿美元，远超出硅谷银行仅100多亿美元的可用资金，并最终导致硅谷银行宣告破产。

第四节　金融风险管理的理论基础——资产配置视角

金融风险管理的理论基础包含两个层面的内容：第一个层面是从现代金融学的产生与发展的角度介绍现代金融风险管理的四个发展阶段；第二个层面是重点阐述本教材撰写的特色和布局安排，突出从风险管理和风险对冲的视角介绍债券、股票、期货、期权等投资标的资产如何优化配置的理论基础及其实际应用。

一、现代金融风险管理的发展阶段

纵观金融风险管理的起源及其发展史，可以发现金融风险管理理论与技术可以划分为四个阶段。

（一）第一阶段：投资组合风险对冲阶段

金融风险管理发展的第一阶段主要建立在 Markowitz（1952a）提出的均值-方差模型上，他通过严谨的数学证明首次将个体投资决策中面临的收益与风险决策简化为均值和方差两个具体的数学指标，并在图形中给出了风险-收益二维平面上的最优投资前沿，由此提出了资产投资组合理论。1958年，托宾（Tobin）提出了两基金分离定理，即每一种有效证券组合都是一种无风险资产与另外一种特殊的风险资产组成的组合，由此为资本资产定价模型的提出奠定了理论基础。此后，Sharpe（1964）、Lintner（1965）、Mossin（1966）在资产组合理论基础上，发展提出了经典的资本资产定价模型（capital asset pricing model，CAPM），这一理论框架也成为证券投资学的经典基石。Modigliani 和 Miller（1958）首次应用无套利假设，探讨了公司的资本结构是否会影响公司价值，并提出了著名的 MM 定理，开创了现代公司金融理论研究的先河，同时，也奠定了资本市场套利均衡和套利定价分析方法的基础。Debreu（1959）和 Arrow（1964）将一般均衡模型推广至不确定性经济分析框架。而 Samuelson（1965）和 Fama（1965）更是提出了有效市场假说、弱有效市场假说，该假说考虑了三个重要层面的因素，即理性投资者、有效市场和随机游走。这一假说认为，在信息全面公开、市场功能齐全和信息流通顺畅的情况下，任何利用历史股票价格和其他信息来预测未来股票价格走势的行为都是徒劳无功的。故此，从这个角度看，只有不满足市场有效假说，量化投资策略才能够在市场上获取超额收益。

20世纪70年代，随着金融创新不断涌现，衍生产品定价成为理论创新的重头戏。在这一时期，Black 和 Scholes（1973）、Merton（1973）提出了期权定价模型，实现了金融衍生产品定价的重大突破。该定价方法迅速被广泛应用于实践，并取得了较好的成绩，同时也促使金融创新蓬勃发展，期权定价理论的提出奠定了现代衍生工具和公司债券定价的基础。随后，Ross（1976）克服了 CAPM 的缺陷，提出了套利定价理论（arbitrage pricing theory，APT）模型，并且在此后催生了多因素模型等选股方法。除此之外，在整个 70 年代，许多学者对 CAPM 进行了有益拓展，包括 Black（1972）的“零-β CAPM”、Rubinstein（1974，1976）、Merton（1969，1971，1973）提出的连续时间 CAPM（ICAPM）等都继承和发展了 CAPM 理论。此外，Harrison 和 Kreps（1979）发展的证券定价鞅理论也对市场有效假说（EMH）的检验产生了深远影响，特别是，Grossman 和 Stiglitz（1980）还将信息不对称问题引入分析 EMH 的“悖论”问题。以上这些理论和经典文献对金融风险管理的测算方法提出了更高的要求，同时，也为如何实现风险对冲、实现资产的优化配置提供了重要的理论指导。

（二）第二阶段：资产负债管理阶段

20 世纪 80 年代是现代金融理论百花齐放的重要历史时期，现代金融理论进入了创新发展的成熟时期，金融风险管理则进入了资产负债管理阶段。当时盛行的基本思想是：银行在融资计划和决策中，可以通过利用利率敏感的资金来协调和控制资金配置状态，由此维持正的净利息差和正的资本净值。特别是，票据、远期利率协议、互换交易和期权交易都是在这一时期诞生的。同时，在该时期，对期权定价理论发展的需求又催生了通过倒向随机微分方程进行求解的新方法。其他理论，诸如利率期限结构理论、金融契约理论、证券设计理论、金融中介理论、资本市场理论、行为金融理论、法与金融理论以及证券市场微观结构理论，都在这一时期得到了蓬勃发展。可以说这一时期诞生的金融学理论真正奠定了金融经济学学科的基础，并促使金融风险管理学科进入以金融经济学理论为指导的负债动态调整管理阶段。金融风险管理的主要内容包括：第一，基于金融学理论构建度量和监控利率风险和流动性风险的模型框架。第二，针对面临的利率风险和流动性风险，采取相应的规避风险策略。第三，利用资本充足率、负债政策等管理和控制资产负债表，在此时期，金融风险关注的是企业的资产负债情况。

（三）第三阶段：金融工程管理阶段

20 世纪 90 年代，为了适应风险管理的需要，金融工程部门大量使用数学、统计学、计算机科学等技术方法开发先进的金融风险管理技术方法。J. P. 摩根公司在 90 年代初提出了著名的风险管理模型在险价值方法，随后还拓展提出了风险矩阵，如 CreditMetrics 模型、Credit Risk+模型、Credit Portfolio View 模型等，这些模型或者方法在当前都被广泛应用于各类投资银行、基金公司和金融机构等的投资实践当中。特别是，金融工程作为一种新型金融产品开始被广泛应用于金融风险管理领域，如开发出新型模型或金融工具来对冲风险，这些金融工具包括传统的债券和股票等，还包括以远期合约、期货、期权、互换等为代表的衍生工具，通过金融工具的组合、分解、创新等可以对金融领域中的各种风险进行有效管理。

（四）第四阶段：全面风险管理阶段

21 世纪以来，随着计量经济学学科的发展以及计算机的普及和广泛应用，现代金融风险管理得以迅猛发展。在此时期，美国提出了全面风险管理（enterprise-wide risk management，ERM）的概念，其基本思想是对整个金融机构内各个层次的业务单位的各种类型的风险进行通盘管理。全面风险管理是实施整个企业范围内的风险管理，着重的关注点是：（1）分析和识别企业最大的潜在风险，通过改进财务绩效来实现管理风险的策略目标。（2）从公司的整体角度出发评估企业的全面风险，以期使得企业面临的意外风险最小化。（3）结合统计学知识，分析企业可以接受的风险水平，并通过技术方法持续监控各业务部门的风险，对企业的整体金融风险实现动态、实时监测。（4）采取更为全面、综合的方法管理企业风险，通过改进公司治理、履行债权人和债务人的权益与义务，确保公司符合监管部门的各种规范要求，实现对公司风险的通盘管理。

二、金融风险管理：资产配置视角

本书的撰写以上述金融风险管理发展四个阶段的理论作为指导，突出从风险管理视角阐述如何通过风险对冲的方式实现资产的优化配置，而不仅仅是介绍金融风险管理方法。为了体现出与现有教材的区别，本书借助计算机科学技术和 Python 软件，从理论和应用两个维度讲解金融风险度量方法、风险对冲理论及其在资产优化配置中的实际应用。主要内容有：不同风险类型及其度量方法（含市场风险、信用风险、操作风险、流动性风险等不同金融风险类型的度量方法）、债券投资的风险管理、风险资产配置理论与策略、债券-股票投资理论与策略、股票-期货套期保值理论与策略、股票-期权风险对冲理论与策略。同时，除了基于传统的均值-方差模型讲解上述最优资产配置理论与实践之外，本书还基于均值-VaR 模型和均值-ES 模型对上述最优资产配置理论进行拓展，从资产配置视角阐述金融风险管理的理论及其应用，本书设计了如图 1-1 所示的金融风险管理教材体系。

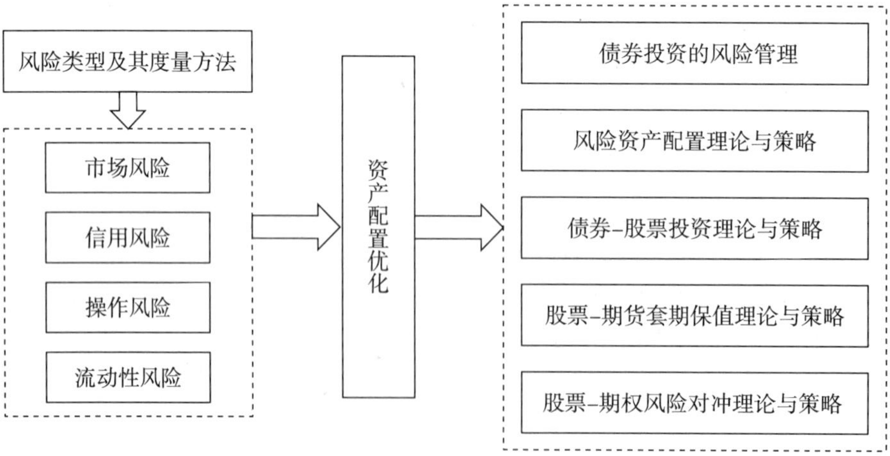

图 1-1　金融风险管理教材体系

（一）风险类型及其度量方法

风险类型及其度量方法是金融风险管理课程的最核心和最根本的内容。因此，本书在第一篇对风险管理类型进行了全方位的介绍，主要内容包括：（1）全面介绍四类主要的金融风险，即市场风险、信用风险、操作风险和流动性风险，这四类风险基本包括了金融风险的方方面面。同时，突出从量化的角度阐述如何有效度量上述四类风险，评估风险的规模大小。(2) 重点介绍市场风险的度量方法，本部分从风险与收益关系的理论基础出发，介绍了包括 ARCH、EWMA、GARCH 以及其他 GARCH 族类等波动率测算方法。然而，在实际操作中由于波动率往往无法给投资者提供一个明确的损益指标，因此，J. P. 摩根公司于 20 世纪 90 年代提出了 VaR 方法，它能够给投资者描绘出一个投资组合未来损益的蓝图，即在 $X\%$ 的置信水平下，投资组合的风险不会超过多少价值。据此标准，投资者就能够判断这个投资项目是否值得投资。当然，当投资组合的收益率不满足椭圆分布性质时，VaR 方法不满足次可加性，因此也不是一个衡量风险的满意指标。故此，后续学者在 VaR 基础上，拓展提出了预期亏损（expected shortfall，ES）和 SRISK 方法，由于其满足次可加性等一系列理想风险指标的标准，因此，它们是现在被广泛应用于度量金融机构风险的两个重要指标。在本书的第二篇中，我们将以 VaR 和 ES 指标的风险管理技术为基础，对基于资产组合理论和资本资产定价模型的最优资产配置和量化投资策略进行有益拓展。

（二）风险资产配置理论与策略

马科维茨（Harry M. Markowitz）的有效边界是最优风险资产配置的理论基础。他于 1952 年在《金融杂志》上发表的《投资组合选择》一文中，首次将资产组合报酬的均值和方差两个概念统一起来用于分析最优的投资决策，同时还从数学上明确定义了投资者的偏好，即资产组合方差越大，则意味着该资产组合的波动率越大，投资者越厌恶。1959 年他的另外一篇代表作《资产组合：投资的有效分散化》发表，该文对 20 世纪 50 年代的资产组合选择理论进行了全面归纳和完善。这些都为最优的风险资产配置奠定了理论基础。后续他的追随者将这一理论进行拓展、归纳，并发展成为经典的均值-方差模型，这也为后续量化交易的最优资产配置指明了方向。然而，在量化投资历史中，我们知道风险管理是量化投资的根本，许多著名的基金公司或者投资集团，可能因为某一投资策略失误而倒闭。因此，在讲解量化投资学时，为了进一步突出风险控制的重要性，我们将均值-方差模型拓展至均值-VaR 模型和均值-ES 模型，并以此指导风险资产的最优配置问题。在基于 Python 软件的策略应用过程中，我们还重点引入了市场制度因素，如卖空限制等。因此，以上述金融学投资理论作为指导，本书的第九章、第十章和第十一章分别对债券投资的风险管理以及风险资产配置理论等进行了详细介绍。

（三）债券-股票投资理论与策略

20 世纪 60 年代，美国学者威廉·夏普（William Sharpe）、约翰·林特纳（John Lintner）、杰克·特雷诺（Jack Treynor）和简·莫辛（Jan Mossin）于 1964 年在资产组合理论和资本市场理论的基础上，发展提出了 CAPM。该模型是在马科维茨模型的基础上，通过引入无风险资产，研究证券投资中资产的期望收益率与风险资产之间的关系。其对投资者的所有假定都与资产选择理论中对期望收益、方差和协方差的设定相同，而且投资人可以自由借贷，探讨的问题重点在于为了补偿某一特定程度的风险，投资者应该获得多少溢酬。基于 CAPM 和资产组合理论的对比可知，在约束条件下，基于 CAPM 求解得到的投资组合优于资产组合理论得到的组合。这一模型框架也为量化投资中的债券-股票资产的最优配置问题奠定了理论基础。为此，在模型构建中，我们也将均值-方差模型拓展至均值-VaR 模型和均值-ES 模型，本书的第十章和第十一章重新求解分析了债券-股票的最优资产配置问题，并基于 Python 软件实现最优资产配置策略。

（四）股票-期货套期保值理论与策略

股票的中性策略显示，一旦投资者持有投资组合就相当于其将风险敞口暴露，因此，为了达到有效的套期保值，需要反向持有期货进行风险对冲。这一理论在现实的投资实践中长盛不衰，主要原因在于它可以为投资者锁定一个收益。这一理论也成为构建量化投资策略的另外一个理论基础。在实际投资实践中，我们将以理论为指导，详细拓展构建基于均值-方差模型、均值-VaR 模型和均值-ES 模型的最优套期保值理论，阐述后两种模型的最优套期保值比率与第一种模型的差异，并通过现实投资案例的实践探讨如何构建最优的股票-期货套期保值投资策略。此外，期货作为一种投资产品，除了可以用于对冲投资组合风险，还可以作为标的资产直接用于投资。此时，我们可以利用科学的技术方法和计算机软件（如 Python）识别出期货走势偏离均衡的具体时刻，并通过直接投资的形式获得稳定的正向收益。譬如，股指期货跨期套利策略、股指期货 ETF（期现）套利策略和经典的 R-breaker 管理期货策略（也被称为股指期货趋势追踪反转策略），这些策略均以风险控制为指导，而将期货作为资产配置标的的经典量化投资模型。其基本思想就是在对冲风险或者构建科学模型发现股指期货趋势将发生反转时，对期货标的资产进行有效配置和投资。因此，本书的第十二章和第十三章对股票-期货套期保值理论与风险对冲策略进行了全面的介绍。

（五）股票-期权风险对冲理论与策略

当我们将投资标的放宽至期权时，必然拓展了金融风险管理的边界和范畴。首先，期权不仅可以基于希腊字母对期权标的的市场价格、波动率、时间和利率风险进行对冲，也可以在一定程度上反向对冲掉投资组合的风险，特别是，股票、看涨期权和看跌期权还可以基于期权平价公式发现市场价格违背恒等式时的套利空间。在多期权之间还可以构建期权边界套利策略、垂直套利策略、水平套利策略、跨式套利策略、宽跨式套利策略、蝶式套利策略以及飞鹰式套利策略等，这些都构成了股票-期权风险对冲和量化投资的主要模型。因此，在这部分内容中，我们将以理论为指导，借助计算机技术方法和 Python 软件，通过对历史数据的不断检验和复现，重点讲解期权风险对冲策略、期权平价公式套利策略、期权波动率交易策略、期权希腊字母的动态对冲策略等。本书的第十四章和第十五章对股票-期权风险对冲理论与策略进行了全面的介绍。

综上所述，本书的主要内容是以资产配置和风险控制为指导，结合金融学投资理论，并借用科学的技术方法和 Python 软件等计算机技术，分内容对投资者可供选择的投资标的的最优资产配置的理论进行讲解和验证。通过理论与实践相结合的方式着重讲解了最新的资产投资风险管理技术、风险资产配置理论与策略、债券-股票投资理论与策略、股票-期货套期保值理论与策略以及股票-期权风险对冲理论与策略，给以风险管理为指导构建最优的资产配置组合奠定了理论基础。

第五节 金融风险管理的基本流程

金融风险管理的基本流程包括（1）风险识别，（2）风险评估，（3）风险控制，（4）风险监控（如图 1-2 所示），这些步骤有助于帮助个人或者金融机构有效管理风险，减少潜在损失。

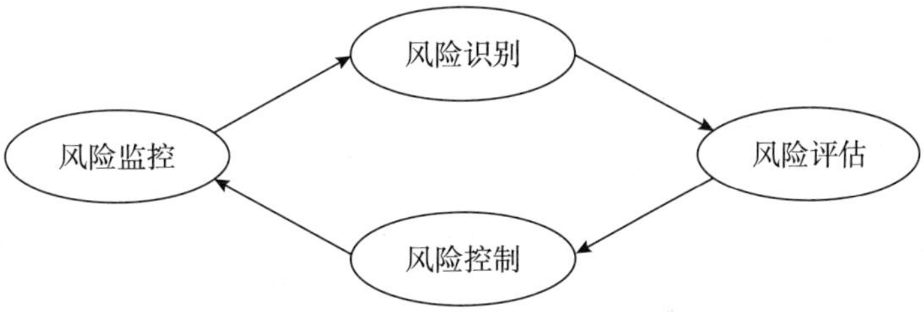

图 1-2 金融风险管理的基本流程

一、风险识别

风险识别是金融风险管理的第一步，是指在风险事件爆发前，运用各种方法系统地、持续地对面临的各种风险进行识别，以及对风险事件爆发的潜在原因进行详细分析。风险识别的过程包括感知风险和分析风险两个方面，其中，感知风险指个人或者金融机构更好地掌握自身面临的潜在风险，了解客观存在的各类风险，是风险识别的基础。只有通过感知风险，识别出潜在的市场风险、信用风险、操作风险和流动性风险等，才能够在此基础上进行分析，寻找导致风险事件发生的具体原因、基本条件，从而为制定风险处理方案和风险管理决策提供参考依据。

二、风险评估

风险评估是指在风险事件未完全结束之前，对该事件给个人或者金融机构的财产造成的影响或者损失的可能性进行量化评估的具体工作，其测度的是一旦风险事件爆发，可能造成的损失的规模大小，这些定量或者定性分析可以为投资者做出相应的应对策略提供依据。其中，风险评估采取的方法包括计量模型、情景分析、场景模拟和经验判断等。

三、风险控制

风险控制是指风险管理者采取各种措施来消除或者降低风险事件爆发的可能性，或是降低风险事件爆发所造成的损失程度，可以说风险控制是减小或消除金融风险的关键步骤。一般而言，个人或者金融机构需要采取一系列措施来管理或者控制投资头寸的风险，这些措施包括风险规避、损失控制、风险转移和风险保留。其中，风险规避是指投资主体有意识地放弃风险的行为，由此可以完全规避特定的损失风险。损失控制不是放弃风险，而是制订计划或者采取相应的措施降低损失的可能性或者实际损失程度。风险转移是指通过契约或者采取相应的风险对冲策略，将风险转移给受让方承担的行为。风险保留则是指如果损失发生后需要承担风险，经济行为主体可以利用资金进行支付和承担风险。此外，在实际操作过程中，投资者也可以通过制定风险管理政策、建立有效的内部控制机制、设置风险限额和采取适当的对冲策略等进行风险控制。

四、风险监控

风险监控是指决策行为主体对风险的发展情况进行全程监控，并根据监控情况调整应对策略。特别是，风险是随着内外部环境的变化而实时变化的，它们也可能在决策行为主体采取措施的过程中增大、变小甚至是消失，还可能随着环境变化演变成新的风险。这些均需要个人或者金融机构对各类风险进行跟踪与监控，并建立起有效的监控机制，实时发现风险，监控其演变情况，并采取必要的应对措施。在此过程中，决策行为主体可以建立风险预警系统、定期报告制度以及风险审查机制。风险监测的目的是，监控风险的发展、辨识风险发生的征兆、度量和管理风险规模、采取风险防范措施、应对和处理风险事件、消除或者减轻风险事件后果。

事实上，金融风险管理的基本流程是一个连续的循环过程。通过不断地风险识别、风险评估、风险控制和风险监控，个人或者金融机构可以更好地管理风险，确保经营能够可持续发展。其中，前三个步骤完成了一个系统的金融风险管理过程，最后一个步骤是事先对上述金融风险管理过程的连续性、循环式监控和管理，从而实现全面、系统、实时、动态管理金融风险。

【本章小结】

本章从历史的角度阐述了金融风险管理的起源，分析了金融风险管理发展历史及其产生的具体原因，进而从现代金融学的角度介绍了金融风险管理的概念和基本特征。接着，介绍了金融风险的几种类型，并通过典型案例介绍了市场风险、信用风险、操作风险和流动性风险。这些有助于加深读者对本课程基本架构和内容的理解。同时，本章介绍了现代金融风险管理的四个发展阶段，并结合四个阶段的金融学理论阐述了本书的基本结构。最后，介绍了金融风险管理的基本流程，包括风险识别、风险评估、风险控制和风险监控。本章有助于读者了解金融风险管理的起源、基本概念、发展历史、理论基础以及具体实践步骤。

【课后习题】

1. 阐述金融风险管理产生与发展的主要原因。

2. 简述金融风险的概念及其基本特征。

3. 简述金融风险的主要类型以及市场风险、信用风险、操作风险、流动性风险的定义及异同。

4. 简述现代金融风险管理的四个发展阶段以及每个阶段的主要特点。

5. 简述金融风险管理的基本流程。

第二章

风险与收益关系的理论基础

本章阅读指引

风险与收益关系是金融风险管理的重要组成部分，而风险与收益类似于硬币的两面，交易者投资的目标是获取最大的期望收益率，同时，也偏好于投资组合的风险最小化。但是依据金融学原理可知，风险与收益是一个对立统一的整体，投资者为了获取更高的收益，必然需要承担更高的风险；同理，投资者承担了更高的风险，必然想要获得更高的风险溢酬。因此，风险与收益关系告诉我们一个著名的人生哲理，那就是没有付出就没有回报。那么，我们应该如何度量资产的风险？如何量化风险-收益的权衡关系？本章将介绍证券市场风险与收益的含义以及风险与收益之间的关系，并讨论资产多样化对投资组合风险的影响，而风险与收益关系也是现代投资组合理论的理论基础。

第一节　资产投资收益率

一、投资收益的组成

一般来说，投资收益由两个部分组成，即利息和资本利得（损失）：

$$R_t=D_t+(P_t-P_{t-1}) \tag{2-1}$$

其中，R_t 为第 t 期的投资收益，D_t 为第 t 期的股利收入即股息，(P_t-P_{t-1}) 为第 t 期的资本利得。

利息是投资者在投资过程中因投资而产生的现金流，如投资付息债券所产生的利息或者银行存款产生的利息。资本利得是投资者买入与卖出投资工具时所获的差价收益。具体来说，资本利得（损失）是投资品种售出价格高于（低于）买入价格，使得投资者在变现时得到实际收益（亏损）。

二、投资收益的计算

（一）持有期收益率

持有期收益率又称已实现收益率，指持有资产期间总的收益率，也就是利息率与资本利得（损失）率的加总。持有期收益率（holding period return，HPR）可用于测度任何证券投资收益率。假设某债券的买入价格为 P_0，在投资期间收入为 I，期末卖出价格为 P_1，则持有期收益率为：

$$r=\frac{P_1-P_0+I}{P_0} \tag{2-2}$$

（二）算术平均收益率

算术平均收益率是对各单期收益率进行算术平均得到的收益率，适用于各期收益率较为接近的情况，容易受到极端值的影响，导致计算出来的收益率出现比较大的偏误。假设第 t 期的收益率为 r_t，算术平均收益率为：

$$r=\frac{\sum_{t=1}^{n} r_t}{n}\text{，其中 } n \text{ 为持有天数} \tag{2-3}$$

（三）几何（时间加权）平均收益率

几何（时间加权）平均收益率是对各单期收益率赋予时间加权计算的平均收益率。它适用于预测一段时间内以复利增长的收益率，在一定程度上克服了算术平均收益率出现上偏倾向的缺陷。若第 i 期的收益率为 r_i，则几何平均收益率为：

$$r=\sqrt[n]{\prod_{i=1}^{n}(1+r_i)}-1 \tag{2-4}$$

值得注意的是，这两种平均收益率的差异会随着收益率波动程度加剧而扩大。① 如果收益率服从正态分布，则预期差异为分布方差的 1/2，即

$$E[\text{几何平均收益率}]=E[\text{算术平均收益率}]-0.5\sigma^2 \tag{2-5}$$

【例 2-1】 假定一只股票在年初每股卖 40 元，在这一年中支付红利 1.5 元，年末卖 50 元。在第二年支付红利 2 元，年末卖 54 元（为了简化计算，假设所有红利支付均在年末进行，股票可以无限分割）。整个两年持有期的收益率是多少？

第一年收到的 1.5 元可以在第一年末买到 0.03（=1.5/50）股。对最初持有的每一股，在第二年可获得红利 2.06 元，在第二年末持有股票的价值为 55.62（=1.03×54），期末价值为 57.68 元（55.62+2.06），由此得出整个两年持有期的收益率为：

$$r=\frac{\text{第二年年末的价值}}{\text{第一年年初的价值}}-1=\frac{57.68}{40}-1=44.2\%$$

---

① 这种差异主要来自投资收益率的正负对组合终值的影响不同。一般而言，度量某时段的历史收益率采用几何平均值，估计未来收益率采用算术平均值。

三、无风险收益率与风险溢价

无风险收益率（risk-free rate of return）：是一种理想中的收益率，指投资于一项完全没有风险的资产所得到的收益率。事实上，世界上并不存在这种资产。在现实情况中，我们一般采用短期国债收益率表示市场无风险收益率。无风险收益率的定义是非常重要的，这是参与投资活动获得期望收益的“门槛”，也是构建许多基金业绩表现评价方法的“地基”。无风险收益率由两部分组成：纯粹利率（资金的时间价值）和通货膨胀补偿率。

无风险收益率＝纯粹利率＋通货膨胀补偿率

风险溢价（risk premium）：是对投资者承担不确定性的收益补偿。从投资学的角度来看，风险溢价可以视为投资者对于投资风险资产时所要求的收益率超过投资无风险资产收益率的部分。衡量风险溢价最常用的方法就是以无风险收益作为收益基准与其他风险投资的收益进行比较。高于无风险收益的报酬被称为风险溢价。投资组合的风险越高，投资者收益的不确定性也就越大，此时他们的风险溢价也就越多。

值得注意的是，对于风险溢价，我们有两个不同角度的定义：一是事后对投资收益进行评价的角度，我们通过计算实际观察到的投资组合历史收益率与无风险收益率的差值得到风险溢价，或称为已实现的风险溢价；二是事前对投资收益预期的角度，投资者在构建自己的投资组合时会对所要承担的风险与获得的收益进行权衡，得到一个期望的收益率，该收益率与无风险收益率的差价称为预期的风险溢价。

下面举个简单的例子来说明这两种角度的风险溢价的差别。某行业龙头公司股票在过去一年内受到热捧，股价翻倍上涨，但这段时间该公司经营业绩并没有上升那么多，此时该公司的股价是其内在价值的几十倍。对于还没有购入该股票的投资者而言，此时入场风险比较大，事前风险溢价较低。但对于过去持有该股票的投资者而言，这只股票让他们赚得盆满钵满，事后风险溢价很高。

在这个例子中，同一时间，两种角度的风险溢价差异如此之大，会让投资者对应该看重哪一种定义感到困惑。其实，投资者应该综合考虑历史收益率与现实存在的风险，根据自己的风险承担能力与投资周期构建投资组合。因为股市存在着均值回归，所以如果放眼足够长的投资周期，事前风险溢价和事后风险溢价应该相近。

第二节　资产投资风险

一、投资风险的定义及分类

投资风险是指在投资过程中，非投资主观因素导致的实际收益与期望收益的偏离。这种偏离不仅仅指实际收益低于期望收益，也就是我们常说的亏损，也包括实际收益高于期望收益的情形，这两种方向的偏离都是投资风险。事实上，投资与风险总是如影随形，任何种类的投资在任何阶段都不可避免地伴随着各种各样的风险。这些风险有着不同的特征与后果，但它们也存在着一定程度的共同点：可补偿性差、可预测性差、风险持续期长、造成的后果严重、多种风险共存与相互影响等。识别风险的来源有利于控制与管理投资组合的风险。投资风险依据不同的分类标准可以分为以下几类：

（一）按投资风险形成的原因划分

1. 自然风险

自然风险指自然因素的不可控变化给投资者带来的风险，如飓风、地震和洪水。

2. 社会风险

社会风险指其他社会主体不可预知的行为给投资者带来的风险，如欺诈、玩忽职守、未披露持股比例等行为。

3. 经济风险

经济风险指投资活动中，经济管理不善或市场因素变化给投资者带来的风险，包括经营风险、价格风险、利率风险和通货膨胀风险等。经济风险是市场的必然产物与固有现象，因而是投资风险管理的核心问题。

4. 技术风险

技术风险指工程中由于技术或管理缺陷给投资者带来的风险，如工程质量不达标、操作系统故障或环境污染等问题。

注意，经济风险是投资市场中最常出现的风险，也是影响范围最广、程度最深的投资风险。主要的经济风险有：

（1）利率风险。利率风险是由利率波动引起资产价格波动的风险。当利率上升时，资产价格会下降；当利率下降时，资产价格会上升。以利率的衍生品债券为例，当利率上升时，债券价格与其反向波动。另外，当利率上升时，融资成本上升，使得市场需求下降，对债券的价格造成不利影响；而且利率的上升会造成资金的流出，也会对债券的价格造成不利影响，引起资产价格的波动。

（2）市场风险。市场风险是投资中不可分散的风险，也是最普遍最常见的风险。市场风险是市场整体的波动造成的收益不确定性，会波及市场上所有的证券。引起市场风险的因素包括经济衰退、金融危机和政治时局的震荡等。

（3）通货膨胀风险。通货膨胀风险也被称为购买力风险，当通货膨胀率上升时，货币会贬值，购买力下降。通货膨胀风险通常与利率风险联系在一起，当通货膨胀率上升时，投资者会要求更高的收益率来弥补购买力的下降。

（4）汇率风险。汇率风险是汇率波动引起资产价格波动的风险。由于投资活动涉及两种或多种外币，在货币兑换过程中汇率的上下波动会带来资产价格的变化。

拓展阅读

历史回顾

（5）流动性风险。流动性是指资产在价格未发生损失或者损失较小的情况下能够迅速变现的能力。如果资产在购买和销售中无法快速变现，那么流动性风险将会变大。

（6）国家风险。国家风险也被称为政治风险，随着国际投资比重不断增加，一个国家政治以及政策的稳定性均影响着投资风险，所以一个国家的稳定性成为重要的考量因素。

（二）按投资风险的性质划分

1. 纯粹风险

纯粹风险是不可能给投资者带来收益的风险。换句话说，纯粹风险只有给投资带来亏损的可能性。这种风险一般来源于非经济社会因素。

2. 投机风险

投机风险是既可能给投资者带来收益，也有可能给投资者带来损失的风险。

（三）按投资风险涉及的范围划分

1. 系统性风险

系统性风险是能影响整个市场的风险，系统性风险往往由大规模影响社会的因素造成，比如主权危机、军事战争、恐怖袭击等。系统性风险会影响市场中所有的投资对象，且无法通过多元化投资来分散，因此也被称为不可分散风险或市场风险。

2. 非系统性风险

非系统性风险是影响范围为个别企业或少数行业的风险，如高管离职、新产品出现重大漏洞、并购失败等。这类事件可以通过多样化投资来分散，比如投资组合中一家企业出现的导致股价下跌的影响可以被组合中另一家企业股价因利好消息而上涨的影响抵消，通俗的表达为“不要将所有鸡蛋放在同一个篮子里”，因此非系统性风险也被称为可分散风险。

关于风险分散化，我们将在本章的最后一节进行详细说明。

二、投资风险的度量

（一）敏感性指标

敏感性指标用于度量资产价值受某一风险因素影响的敏感程度。比如我们常用β值来度量投资组合对市场组合（市场指数）的敏感性。我们利用回归的方法计算β值：

$$\beta=\frac{\mathrm{Cov}(r_a,r_m)}{\sigma_m^2} \tag{2-6}$$

其中，$\mathrm{Cov}(r_a, r_m)$是证券a的收益与市场收益的协方差；σ_m^2是市场收益的方差。

与β值类似的一个度量指标是久期（duration），该指标用来度量债券价值对市场利率的敏感性。常用于衍生品的风险度量的敏感性指标是对冲值（Delta），用来度量某特定利率、汇率或股价等市场因素变动一单位时，衍生品按市价逐日核算的价值变动幅度。

$$\Delta=\frac{\partial V}{\partial f} \tag{2-7}$$

（二）波动性指标

波动性指标用于度量资产收益率的波动程度。比如我们常用σ值，它是收益率方差的平方根，方差是实际收益率与期望收益率偏差的平方的期望值。资产收益率的波动性越强，方差就越大。注意，这里的标准差始终是正值，不能给投资者提供投资结果好坏的信息。它的大小只能表示对平均值的偏离程度。σ 值适用于收益结果大致平均分布在平均值两侧的情况，特别是正态分布情形。其中，波动率指标可以用如下公式计算得到：

$$\sigma=\sqrt{\frac{\sum_{i=1}^{n}[r_i-E(r)]^2}{n}} \tag{2-8}$$

夏普比率是度量风险常用的另一种波动性指标，又称为收益波动性比率，如果一项投资的风险溢价能够补偿要获得超额收益所承担的风险，则用夏普比率衡量风险效果更佳。这一指标也常常被用作评估基金经理业绩的重要标准。

$$\text{夏普比率}=\frac{\text{风险溢价}}{\text{超额收益率的标准差}} \tag{2-9}$$

（三）概率类指标

概率类指标指某一结果发生可能性的大小。比如，明天亏损 100%的概率为 1%。

（四）极端风险类指标

极端风险类指标揭示了极端负收益发生时的风险测度，其中使用最普遍的是在险价值、预期亏损、下偏标准差和极端收益频率。

1. 在险价值

在险价值指在某一确定的置信水平下，在某一时间段内不利的市场变动可能给投资组合带来的最大损失。在险价值的另一个名称是分位数。一个概率分布的 q 分位数是指小于这一分位数的样本点占总体的比例为 q%。如果从业者估计 5%的 VaR，这表明有 95%的收益率都将大于该值。

2. 预期亏损

预期亏损指损失敞口头寸，又称条件尾部期望（conditional tail expectation，CTE）。当我们使用 VaR 指标时，我们关注的是最坏情况下的最高收益率，而预期亏损关注的是最坏情况下的平均 VaR。

3. 下偏标准差

下偏标准差（lower partial standard deviation，LPSD）实际代表的是给定损失发生情况下的均方偏离。在现实中我们常用下偏标准差来替代标准差。因为在正态分布情况下用标准差度量风险存在以下几个问题：（1）分布的非对称性要求我们独立地考察收益率为负的结果；（2）无风险投资工具是风险投资组合的替代投资，因此我们应该考虑收益对无风险投资收益的偏离而不是对平均投资收益的偏离。而下偏标准差可以解决这两个问题，其计算方法和普通标准差的计算相似，但只使用相对无风险收益率负偏（而非对样本均值负偏）的那些收益率。

4. 极端收益频率

极端收益频率适用于股票价格发生大幅度变动（称为跳跃，jumps）时的风险度量。我们比较低于均值的 1/3 或以上标准差的收益发生的样本数与正态分布下 -3σ 收益发生的相对频率。

【例 2-2】 如果对于一个含 100 个数值的收益率序列，每种样本点发生的概率相同。求置信度为 95%时的 VaR 和 ES。假定最低的 5 个收益率为[①]：

−20.02%，−21.39%，−25.79%，−30.33%，−41.56%

对 100 个数值的最后 5%的观测的序列为 5。从下往上数的第 5 个观测值为−20.02%，相对应的 VaR 为−20.02%；而预期亏损需要求最底部的 5%的观测的平均值，可以求得 ES=−27.82%，显著小于 VaR 的值−20.02%。

三、投资者的风险偏好

在某种程度上，投资者的风险分散化行为还受到投资者风险偏好的影响。在实践中，资产组合的风险管理与投资者的风险偏好息息相关。这一观点最早可以追溯到 1738 年由丹尼尔·贝努利（Daniel Bernoulli）提出的圣彼得堡悖论[②]，即大部分投资者都是厌恶风险的，但他们又渴望更高的收益率，事实上，收益-风险关系存在一定的内生均衡机制。在讲解该均衡机制之前，我们需要先了解投机与赌博的区别。

所谓投机是指投资者为了获得一定的报酬而承担相应风险的行为。一定的报酬是指前面提过的事前风险溢价，即投资的期望收益高于无风险收益的部分。而相应的风险水平是指进行该项投机行为的投资者面临的风险敞口，理性投资者会权衡风险敞口与投资潜在收益来决定是否进行该项投资。

赌博是指投资者为了一个不确定的结果下注；投机与赌博的差异在于赌博者参与投资往往不是出于寻求风险溢价的主观动机，更多是为了冒险而去承担风险。当然，如果一场赌博中存在足够大的风险溢价可以补偿风险，从而吸引更多的风险厌恶投资者，此时，赌博就变成了投机。故此，投机并不是只限定在风险偏好者当中。如果一项投资活动的风险溢价为零，我们称其为公平赌局（fair game）。由此可见，风险偏好的差异决定着投资者面对公平赌局的行为。

风险厌恶投资者不会选择参与公平赌局和比公平赌局更差的投资活动。相比之下，他们更青睐于有正风险溢价的投资标的，甚至是无风险资产。为了理解这一选择，我们引用效用函数的概念。如果某项风险资产能给投资者带来一定效用，那么，为了使一项无风险的投资能给投资者带来与风险资产相同的效用，则需计算出该项无风险投资的收益率。此时，该无风险收益率叫作确定性等价收益率（certainly equivalent return rate）。对于风险厌恶者来说，只有当风险投资的要求收益率高于无风险收益率时，才可以确保他们在做投资决策时不会因为投资的不确定性而遭受损失。故此，只有当风险投资的确定性等价收益率超过真实的无风险收益率时，他们才有可能进行风险投资。但是如果某个投资者是极端风险厌恶的，那么，可能任何一项风险资产给他带来的效用都不及无风险资产。

风险中性（risk neutral）投资者的确定性等价收益率就是风险资产的期望收益率，又因

① 关于 VaR 和 ES 的定义以及测算见第四章。

② Bernoulli, D.,"Specimen Theoriae Novae De Mensura Sortis", *Commentarii Academiae Scientiarum Imperialis Petropolitanae*, 1738: 175-192.

为投资者对风险不要求任何形式的补偿，所有风险资产的期望收益率均等于无风险收益率。故此，他们仅靠比较风险收益率与无风险收益率就能做出投资决策。

风险偏好投资者愿意接受较高的风险以换取可能的更高收益，因此，除非确定性等价收益率高于风险投资的期望收益率，否则他们不会放弃投资风险资产；如果不满足该条件，则他们会选择参与赌局（持有风险资产），无论其是不是公平赌局。

总结来看，如果用个人的确定性等值和不确定性（风险投资的）期望值的关系来定义投资者对风险的态度，则有：

（1）确定性等值＜风险投资的期望值，投资者属于风险厌恶者；

（2）确定性等值＝风险投资的期望值，投资者属于风险中性者；

（3）确定性等值＞风险投资的期望值，投资者属于风险偏好者。

【例 2-3】 假定某投资者手上有一个投资项目，能得到 200 万元收益的概率为 20%，能得到 80 万元收益的概率为 80%，则该投资项目的期望收益为 200×20%＋80×80%＝104 万元。此时，如果有一家银行愿意给投资者提供一个确定性现金流的一年存贷计划，试问这个确定性现金流为多少时，投资者才愿意放弃原来的投资机会，转而获得确定性现金流。

（1）投资者倾向于相信投资会获得较高的收益，除非银行的存贷计划能够提供更高的确定性现金流，如 110 万元，否则他不会放弃投资计划，此时投资者可被视为风险偏好者。

（2）投资者倾向于相信投资会获得较低的收益，银行只要提供较低的确定性现金流，如 90 万元，投资者就愿意放弃投资计划，此时投资者可被视为风险厌恶者。

（3）只有当银行提供的确定性现金流等于投资项目的期望收益，即等于 104 万元时，投资者才愿意放弃投资项目，此时投资者可被视为风险中性者。

由此可见，投资者的风险态度不仅会影响其投资行为，而且也与后续投资组合的风险管理息息相关。特别是，投资者依据投资组合风险的度量结果进行投资决策时，很受投资者风险态度的影响。

第三节 波动率与隐含波动率的定义

正如上一节提到的，波动率通常被定义为收益率的标准差，只体现价格波动的剧烈程度，而不显示价格变动的方向。在现实中，关于波动率，我们通常会用到两种不同的指标：实际波动率（realized volatility）和隐含波动率（implied volatility）。就像前文中对于事前、事后风险溢价两种角度的定义，当我们考虑某一资产的实际波动率时，实际上是指基于其历史数据计算出的波动率，而当我们考虑隐含波动率时，我们是立足当下对该资产的波动率进行预测。常见的实际波动率有三种：标准差波动率、极差波动率和已实现波动率。三者分别选取每日收盘价、最高价和最低价为原始数据计算得到实际波动率。而预估隐含波动率可以参考期权定价，通过 BS 期权定价模型推算得到。

一、实际波动率

我们将某项资产的实际波动率 σ 定义为该资产在单位时间内以连续复利的方式计算出的收益率的标准差。也就是说，如果资产收益是独立同分布的，那么该资产 T 日收益的标准差是日收益标准差的$\sqrt{T}$倍。值得注意的是，我们通常使用实际交易的天数（252）而非日历天数（365）来计算波动率。这是因为波动率衡量的是交易中的不确定性，故我们使用实际交易的时间。

【例 2-4】 假定 σ_{year} 为某一资产的年波动率，σ_{day} 为相应的每天波动率，连续复利收益率的标准差分别为 σ_{year} 和 $\sigma_{\text{day}}\sqrt{T}$，即：

$$\sigma_{\text{year}}=\sigma_{\text{day}}\sqrt{252} \text{ 或 } \sigma_{\text{day}}=\sigma_{\text{year}}/\sqrt{252}$$

若某一股票价格为 60 美元，其波动率为每年 25%，对应于每周价格百分比变化的标准差近似为：

$$25\%\times\sqrt{1/52}=3.47\%$$

因此，股票价格周变化的标准差为 60×3.47%=2.08 美元。

（一）标准差波动率

标准差波动率是过去某一固定时间区间内金融标的资产价格对数收益率的标准差，作为该固定时间区间内交易价格的波动率。假定第 i 时刻资产的价格为 S_i，其中 $i=0, 1, \cdots, n$，单位时间间隔长度为 τ，第 i 时刻资产相对前一时刻的对数收益率为 r_i，均值为 $\bar{r}$，则基于收益率样本的标准差为：

$$r_i=\ln(S_i/S_{i-1}),\quad i=0,1,\cdots,n \tag{2-10}$$

$$\bar{r}=\frac{1}{n}\sum_{i=1}^{N}r_i \tag{2-11}$$

$$\sigma=\sqrt{\frac{1}{n-1}\sum_{i=1}^{N}(r_i-\bar{r})^2}=\sqrt{\frac{1}{n-1}\sum_{i=1}^{N}r_i^2-\frac{1}{n(n-1)}\left(\sum_{i=1}^{n}r_i\right)^2} \tag{2-12}$$

其中，r_i 的标准差为$\sigma\sqrt{\tau}$，σ 为变量的日波动率。由于使用最多的是标准差波动率，通常历史波动率指的就是标准差波动率。但标准差波动率的计算只采用了收盘价数据，因此存在较大的滞后问题。

（二）极差波动率

极差波动率作为历史波动率的一种形式，它的特点是囊括了交易中的开盘价、收盘价、最高价、最低价和隔夜价等指标，扩展了标准差波动率包含的信息，导致相同周期内极差波动率高于标准差波动率。极差波动率现多用于期货期权的对冲策略中。

1. Parkinson 波动率

Parkinson（1980）选取交易区间内的最高价和最低价来估算波动率。Parkinson 波动率的优点在于它只需要较短的时间周期就能收敛于真实波动率，但是我们每天的交易不是连续的，资产价格可能发生跳空现象，导致波动率被严重低估，因此未必是无偏估计，可以将其看成一种经验研究。

$$\sigma_{\text{Parkinson}}=\sqrt{\frac{1}{4N\ln 2}\sum_{i=1}^{N}\left(\ln\frac{H_i}{L_i}\right)^2} \tag{2-13}$$

其中，H_i 代表最高价，L_i 代表最低价，N 代表样本区间内的天数。

2. Garman-Klass 波动率

Garman 和 Klass（1980）将收盘价考虑进去，用交易区间内最高价、最低价和收盘价进行波动率估计。Garman-Klass 波动率的突出优点在于加入了调整因子以纠正存在的偏差，由此可以得到方差的无偏估计，使 Garman-Klass 波动率比 Parkinson 波动率的估计更加精确。但是此波动率模型仍然没有考虑隔夜、价格漂移、跳空等特征，并且取样比较离散，可能导致波动率被低估，误差会大于 Parkinson 波动率。

$$\sigma_{\text{Garman-Klass}}=\sqrt{\frac{1}{N}\sum_{i=1}^{N}\frac{1}{2}\left(\ln\frac{H_i}{L_i}\right)^2-\frac{1}{N}\sum_{i=1}^{N}(2\ln 2-1)\left(\ln\frac{C_i}{C_{i-1}}\right)^2} \tag{2-14}$$

其中，H_i 代表最高价，L_i 代表最低价，C_i 代表收盘价，N 代表样本区间内的天数。

3. Rogers-Satchell 波动率

基于上述估计方法，Rogers 和 Satchell（1991）考虑价格趋势效应，加入价格漂移率，构建 Rogers-Satchell 波动率估计模型。估计量之所以能够提高估计效率，是因为它们依赖于一些并不适用于真实市场的假设，尤其是价格服从不带漂移项的几何布朗运动以及连续交易的假设。该波动率模型在一定程度上放宽了限制条件，引入了带有漂移项的更优估计量。

$$\sigma_{\text{Rogers-Satchell}}=\sqrt{\frac{1}{N}\sum_{i=1}^{N}\left[\left(\ln\frac{H_i}{C_i}\right)\left(\ln\frac{H_i}{O_i}\right)+\left(\ln\frac{L_i}{C_i}\right)\left(\ln\frac{L_i}{O_i}\right)\right]} \tag{2-15}$$

其中，H_i 代表最高价，L_i 代表最低价，O_i 代表开盘价，C_i 代表收盘价，N 代表样本区间内的天数，$\ln(H_i/O_i)$ 和 $\ln(L_i/O_i)$ 是价格漂移率。

4. Garman-Klass-Yang-Zhang 波动率

Yang 和 Zhang（2000）考虑了隔夜对于波动率的影响，提出了加入隔夜影响的波动率估计模型：

$$\sigma_{\text{Garman-Klass-Yang-Zhang}}=\sqrt{\frac{1}{N}\sum_{i=1}^{N}\left[\frac{1}{2}\left(\ln\frac{H_i}{L_i}\right)^2-(2\ln 2-1)\left(\ln\frac{C_i}{O_i}\right)^2+\left(\ln\frac{O_i}{C_{i-1}}\right)^2\right]} \tag{2-16}$$

其中，H_i 代表最高价，L_i 代表最低价，O_i 代表开盘价，C_i 代表收盘价，N 代表样本区间内的天数，$\ln(O_i/C_{i-1})$ 代表已加入隔夜影响。

5. Yang-Zhang 波动率

Yang 和 Zhang（2000）梳理了先前学者研究的成果，将上述各种估计量进行加权平均，构建了一个同时考虑隔夜、跳空的预测波动率模型：

$$\sigma_{\text{Yang-Zhang}}=\sqrt{\sigma_o^2+k\sigma_c^2+(1-k)\sigma_{rs}^2} \tag{2-17}$$

$$\sigma_o^2=\frac{1}{N-1}\sum_{i=1}^{N}\left[\ln\left(\frac{O_i}{C_{i-1}}\right)-\text{Average}\left(\ln\left(\frac{O_i}{C_{i-1}}\right)\right)\right]^2 \tag{2-18}$$

$$\sigma_c^2=\frac{1}{N-1}\sum_{i=1}^{N}\left[\ln\left(\frac{C_i}{O_i}\right)-\text{Average}\left(\ln\left(\frac{C_i}{O_i}\right)\right)\right]^2 \tag{2-19}$$

$$k=\frac{0.34}{1+\frac{N+1}{N-1}} \tag{2-20}$$

$$\sigma_{rs}^2=\frac{1}{N}\sum_{i=1}^{N}\left[\left(\ln\frac{H_i}{C_i}\right)\left(\ln\frac{H_i}{O_i}\right)+\left(\ln\frac{L_i}{C_i}\right)\left(\ln\frac{L_i}{O_i}\right)\right] \tag{2-21}$$

其中，σ_o^2 代表隔夜波动率，σ_c^2 代表当天的波动率，σ_{rs}^2 代表 Rogers-Satchell 波动率，N 代表样本区间内的天数，O_i、H_i、L_i、C_i 分别代表第 i 天的开盘价、最高价、最低价、收盘价。

上述五种波动率估计方法并无优劣之分，在实际应用中，我们需要结合特定的策略目标选取最恰当的历史波动率估计方法，以达到最优的估计效果。五种极差波动率的关系如图 2－1 所示。

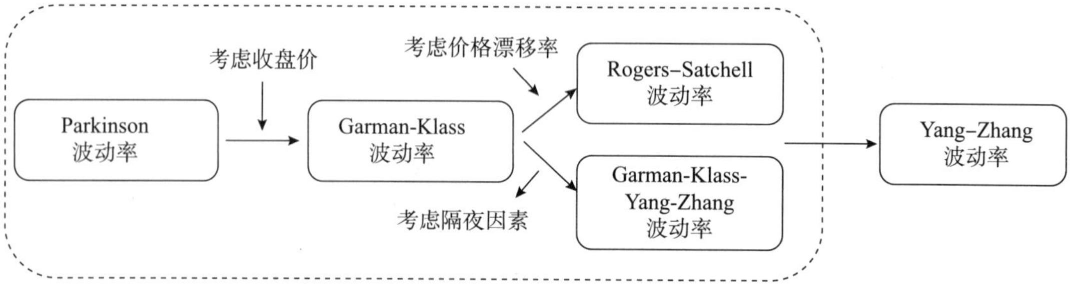

图 2－1　五种极差波动率的关系

【例 2－5】 Python 实现极差波动率估计。选择 2000 年 1 月 4 日—2022 年 12 月 12 日上证指数，并估计股市的极差波动率。运行程序可以得到五种极差波动率的估计结果如下：

极差波动率估计方法	估计结果
Parkinson 波动率	0.012 489
Garman-Klass 波动率	0.011 317
Rogers-Satchell 波动率	0.011 768
Garman-Klass-Yang-Zhang 波动率	0.013 656
Yang-Zhang 波动率	0.010 720

程序 2－1

极差波动率估计

从数值看，五种极差波动率的计算结果差异不大，其中，最大的为 Garman-Klass-Yang-Zhang 波动率，最小的为 Yang-Zhang 波动率。但从理论上讲，Yang-Zhang 波动率最为可靠，其他极差波动率测算方法可能会高估股票市场的波动率。

（三）已实现波动率

Andersen，Bollerslev 和 Diebold（2002）通过研究资产日内高

频数据的特征，提出可将一天内连续时间收益率的平方和的开根方作为日波动率的估计值，即已实现波动率（realized volatility，RV）。可将此波动率看成积分波动，即在足够小的时间间隔下，波动相当于瞬时波动率在样本区间内的连续积分。

第 i 天内所有高频数据（通常为 5 分钟）的收益率平方和的开根方可视为第 i 天的已实现波动率：

$$RV_i = \sqrt{\sum_{i=1}^{N} r_{i,t}^2} \tag{2-22}$$

其中，N 为日内时间间隔频率。

已实现波动率的优点在于它是由日内高频数据计算得到的，只要收益率的取值频率 N 足够高，这一估计值就能收敛于积分波动，相当于积分波动率的无偏估计，并且模型估计的参数较少，计算较为简单。但是，正因为采用日内高频数据，已实现波动率受到的噪声扰动较大，而且无法度量隔夜风险，由此使得已实现波动率的误差较为显著。

【例 2-6】 假定根据某股票 21 天的历史价格可计算得：

$$\sum_{i=1}^{N} r_i = 0.094\ 31\ ,\sum_{i=1}^{N} r_i^2 = 0.003\ 14$$

即 $N=21$，从而运用公式可计算得出日收益率标准差的估计值为：

$$\sigma = \sqrt{\frac{0.003\ 14}{20} - \frac{0.094\ 31^2}{420}} = 0.011\ 65$$

即 1.165%，我们令 $\tau=1$，可计算每一天的波动率为 $\sigma\sqrt{\tau}=0.011\ 65\times\sqrt{1}=0.011\ 65$，即 1.165%；我们令 $\tau=252$，可计算年化波动率为 $\sigma\sqrt{\tau}=0.011\ 65\times\sqrt{252}=0.185$，即 18.5%。

二、隐含波动率

隐含波动率是通过 BS 期权定价模型结合期权价格计算得出的。在获得期权价格、执行价格、标的资产价格、无风险收益率、距离到期时间这些数值后，可以通过模型推导出隐含波动率。

欧式看涨期权的定价公式为：

$$C(t,S) = SN(d_1) - Ke^{-r(T-t)}N(d_2) \tag{2-23}$$

其中：

$$d_1 = \frac{\ln\left(\frac{S}{K}\right) + \left(r + \frac{\sigma^2}{2}\right)(T-t)}{\sigma\sqrt{T-t}} \tag{2-24}$$

$$d_2 = \frac{\ln\left(\frac{S}{K}\right) + \left(r - \frac{\sigma^2}{2}\right)(T-t)}{\sigma\sqrt{T-t}} = d_1 - \sigma\sqrt{T-t} \tag{2-25}$$

或者可以写成：

$$C(t,s) = e^{-r(T-t)}\left[SN(d_1)e^{r(T-t)} - KN(d_2)\right] \tag{2-26}$$

其中，S 是期权标的在 t 这个时间点的价格，$T-t$ 是期权距离行权日的时间，σ 为标的资产的价格波动率，K 为期权的执行价格，r 为一年期无风险国债利率，$N(x)$ 是正态分布的累积分布函数。

由期权的平价公式：

$$C=S+P-Ke^{-r(T-t)} \tag{2-27}$$

以及正态分布函数性质：$N(d)+N(-d)=1$ 可知，欧式看跌期权的价格为：

$$P(t,s)=Ke^{-r(T-t)}N(-d_2)-SN(-d_1) \tag{2-28}$$

遗憾的是，我们不能够通过对上式反推得出波动率对期权价格的函数关系，但是，可采用牛顿迭代法，求出趋于收敛时的波动率数值，即隐含波动率。

【例2-7】 假定标的资产当前市价为21美元，期权执行价格为20美元，无风险收益率为10%，期权期限为3个月，期权的市场价值为1.875美元。求隐含波动率。

先假定波动率为20%，代入BS期权定价公式，则对应的期权价格为1.76美元，小于1.875；由于期权价格是标的资产波动率的递增函数，令波动率为30%，则可求出对应的期权价格为2.1美元，这个值高于市价。由此可见，波动率所在区间为20%～30%。接下来假定波动率为25%，计算期权价格。如此反复，每次迭代都可以使得波动率所在区间减半，并最终计算出满足任意精度的波动率的近似值，最后得出隐含波动率为23.5%。隐含波动率被广泛应用于交易，但在风险管理领域，基于历史数据的实际波动率更为流行。

此外，由于BS期权定价模型是建立在标的资产服从对数正态分布的假定基础之上的，而这种假定与现实明显不同，于是人们就利用同一期限不同协议价格的期权价格求出对应的隐含波动率，并把它们绘制成曲线，这就是波动率微笑曲线（见图2-2）。

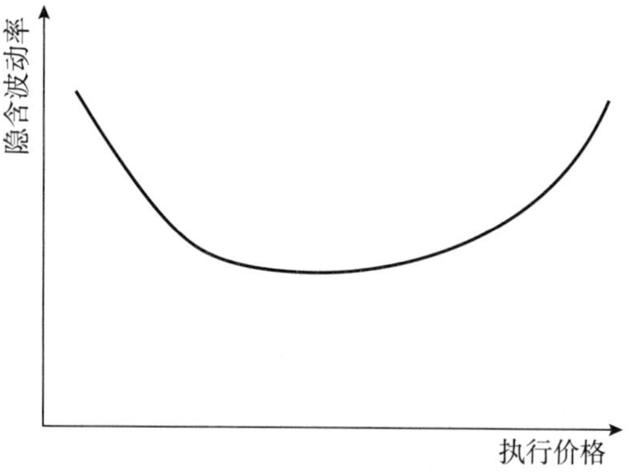

图2-2 波动率微笑曲线

第四节 资产风险的度量

一、单资产风险的度量

由于资产组合能分散非系统性风险，资产组合的风险不是单资产风险的加总，因而分别讨论单资产和资产组合的风险度量方法。

单资产风险的大小是用方差或标准差来表示的。假设某种金融资产收益率 r 为随机变量，该资产的风险可用收益率标准差 σ，即波动系数来度量。σ 越大说明该资产面临的市场风险越大；反之，σ 越小则表明该资产面临的市场风险越小。

首先，根据资产各种可能的收益率的权重进行加权平均，计算期望收益率：

$$\mu=\sum_{s=1}^{n}p_s r_s \tag{2-29}$$

其中，p_s 表示第 s 种情况发生的概率。

然后，根据各种可能的收益率偏离期望收益率的平均程度，计算标准差：

$$\sigma=\sqrt{\sum_{s=1}^{n}(r_s-\mu)^2 p_s} \tag{2-30}$$

对于两个期望收益率相同的项目，标准差越大，风险越大；标准差越小，风险越小。但对于两个期望收益率不同的项目，其风险大小就要用标准离差率来衡量。

标准离差率（coefficient of variation，CV）也称为方差系数，计算公式为：

$$\mathrm{CV}=\frac{\sigma}{r} \tag{2-31}$$

方差系数是单位期望收益所承担的风险，衡量的是一种相对风险，而非绝对风险。

遗憾的是，在现实中我们往往不知道资产收益率的概率分布，此时我们可利用随机变量 r 的若干个历史样本的观测值来估计资产收益率的数学期望和标准差：

$$\hat{\mu}=\frac{1}{m}\sum_{i=1}^{m}r_i \tag{2-32}$$

$$\hat{\sigma}=\sqrt{\frac{1}{m-1}\sum_{i=1}^{m}(r_i-\hat{\mu})^2} \tag{2-33}$$

或

$$\hat{\sigma}=\sqrt{\frac{1}{m-1}\sum_{i=1}^{m}r_i^2-\frac{1}{m(m-1)}\left(\sum_{\imath=1}^{m}r_i\right)^2} \tag{2-34}$$

其中，$\hat{\mu}$ 为收益率的数学期望，$\hat{\sigma}$ 为单个资产收益率标准差，m 为观测样本个数，r_i 为收益率，其计算公式为：$r_i=\ln(S_i/S_{i-1})$，S_i 表示第 i 个时间区间结束时变量的价格。

二、资产组合风险的度量

资产组合的期望收益率是构成该组合的所有资产的期望收益率的加权平均，即：

$$\mu_P=E(r_P)=\sum_{i=1}^{n}w_i\mu_i \text{ 且 } \sum_{i=1}^{n}w_i=1 \tag{2-35}$$

其中，w_i 为买入或卖空该资产的金额在初始投资总额中所占的比例，n 为资产的个数，μ_i 为资产 i 的期望收益率。

该资产组合的风险公式为：

$$\sigma_P^2=\sum_{i=1}^{n}\sum_{j=1}^{n}w_iw_j\mathrm{Cov}(r_i,r_j)=\sum_{i=1}^{n}\sum_{j=1}^{n}w_iw_j\rho_{ij}\sigma_i\sigma_j \tag{2-36}$$

$$\hat{\rho}_{ij}=\frac{\sum_{k=1}^{m}(r_{i,k}-\hat{\mu}_i)(r_{j,k}-\hat{\mu}_j)}{(m-1)\hat{\sigma}_i\hat{\sigma}_j} \tag{2-37}$$

其中，σ_P 为资产组合的风险，Cov（r_i，r_j）和 $\hat{\rho}_{ij}$ 分别是资产 i 与资产 j 的协方差与相关系数。

组合的协方差是用来衡量组合中两个证券的相关关系的统计量，用来体现两个证券收益率同向或反向变动的关系。如果两个证券的协方差为正，则两个证券收益率呈同向变动，即一个证券收益率上升可能伴随着另一个证券收益率上升；如果两个证券的协方差为负，则两个证券收益率呈反向变动，即一个证券收益率上升可能伴随着另一个证券收益率下降。组合协方差的计算公式如下所示：

$$\mathrm{Cov}(r_i,r_j)=E[(r_i-\overline{r_i})][(r_j-\overline{r_j})]=\frac{\sum_{i=1}^{n}w_i^2\sigma_i^2+\sum_{i=1}^{n-1}\sum_{j=1,j\neq i}^{n}w_iw_j\rho_{ij}\sigma_i\sigma_j}{n-1} \tag{2-38}$$

其中，r_i 是资产 i 的收益，$\overline{r_i}$ 是资产 i 的收益均值，$\overline{r}_j$ 是资产 j 的收益均值，w_i 是资产 i 的权重，w_j 是资产 j 的权重，σ_i 是资产 i 的标准差，σ_j 是资产 j 的标准差。

值得注意的是，在特殊情况下，两个证券是完全正相关关系，即 $\rho=1$ 时组合的方差为：

$$\sigma^2=\sum_{i=1}^{N}w_i^2\sigma_i^2 \tag{2-39}$$

同时，为了更好地衡量两个证券收益率之间的线性关系，引入相关系数的概念。相关系数的计算公式如下：

$$\rho_{ij}=\frac{\mathrm{Cov}(r_i,r_j)}{\sigma_i\sigma_j} \tag{2-40}$$

相关系数的值在［－1，1］区间内，当相关系数为 1 时，两个证券收益率呈完全正相关；当相关系数为－1 时，两个证券收益率呈完全负相关；当相关系数为 0 时，两个证券收益率之间不存在线性关系。

【例 2－8】 假设存在两种资产组成的投资组合，资产收益率分别为 3%和 6%，标准差分别为 0.15 和 0.18，两种资产的相关性为 0.6，投资者对于两种资产的投资比例为 0.3 和 0.7，求投资组合的收益率和风险。

根据前面的介绍，我们可以计算出投资组合的收益率为

$$r_p=0.3\times3\%+0.7\times6\%=5.1\%$$

投资组合的风险为

$$\sigma=\sqrt{0.3^2\times0.15^2+0.7^2\times0.18^2+2\times0.6\times0.3\times0.7\times0.15\times0.18}=15.72\%$$

第五节　系统性风险与风险分散化

一、系统性风险的定义

系统性风险是指对整个市场中所有投资对象均造成影响的风险。正是由于这种影响的同向性，系统性风险不能通过分散投资而相互抵消或者消除，因此又被称为不可分散风险。

系统性风险的主要特征有：

（1）往往是因为自然灾害或整个经济发生剧烈波动而产生的。比如出现饥荒、地震等天灾或经济社会债务危机、恶性通货膨胀、政权更迭、军事战争等情形。

（2）对市场上所有的投资对象都有程度不同的影响，这种影响与行业、周期等因素相关。

（3）无法经过分散化投资来消除。

二、分散化

分散化的概念来自马科维茨于 1952 年首次提出的投资组合理论。把资金分散投资于多个风险资产，构成一个组合，而不是把所有资金投资于单一的风险资产，也就是我们常说的不要把所有鸡蛋放在同一个篮子里。

先举一个例子来说明分散化的含义：

你有初始资本 20 万元，可以选择投资研发两种药品 A 和 B，两种药品均有 50%的概率研发成功，获得回报 50 万元，有 50%的概率研发失败，没有回报。

如果单独投资某种药品，则期望收益为 25 万元，标准差为 25 万元。如果两种药品各投资一半，则期望收益为 25 万元，此时标准差下降为 17.68 万元。从这个案例可以看到，通过分散化投资，可以在保持期望收益不变的情况下，降低标准差，即收益不变，风险下降。

这个例子中的投资组合标准差为：

$$\sigma_{\text{portfolio}}=\sqrt{\frac{1}{2}(50-25)^2+\frac{1}{2}(0-25)^2}=\frac{25}{\sqrt{2}}=17.68\text{ 万元} \tag{2-41}$$

可以看出组合风险会随着组合中的资产种类增加而降低。当 N 趋于无穷且组合中有足够多不相关的证券时，组合风险可以被完全分散掉。但现实情况是 N 通常是有限的，而且证券之间往往具有一定的相关性。

进一步拓展，我们假定同质证券（标准差为 σ）具有正相关性且相关系数为 ρ，则根据前节（2-36）式的内容可得到组合风险的表达式为：

$$\sigma^2_{\text{portfolio}}=\sum\nolimits_{i=1}^{N}\sum_{j=1}^{N}\frac{1}{N^2}\rho_{ij}\sigma^2=\frac{\sigma^2}{N^2}\sum\nolimits_{i=1}^{N}\sum_{j=1}^{N}\rho_{ij}$$

讨论：（1）当 $\rho_{ij}=0$（$i\neq j$）时，$\sigma^2_{\text{portfolio}}=\sigma^2/N$。

（2）当 $\rho_{ij}=\rho$ 时，

$$\sigma^2_{\text{portfolio}}=\frac{1}{N}\sigma^2+\frac{N-1}{N}\sigma^2\rho\xrightarrow{N\to\infty}\rho\sigma^2 \tag{2-42}$$

由上式可知，随着 N 增加，组合风险整体是降低的。特别是，随着 N 趋于无穷，等式右边第一项趋于 0（即被分散），而第二项趋近于常数 $\sigma^2\rho$。一般来说，第一项称为可分散风险（或个别风险），第二项称为不可分散风险（或系统性风险）。此外，当证券彼此完全相关，即 $\rho=1$ 时，所有风险均无法被分散。由此可见，系统性风险是不可分散风险，而非系统性风险则被称为可分散风险。

【本章小结】

证券投资中收益与风险的权衡是一个困扰许多投资者的问题。在本章中我们讨论了评估收益的多种方法和度量风险的收益率标准差，并针对特定风险组合的情境分析讲解了这些概念。本章的重点在于投资者风险偏好与风险分散化观点，想要在跌宕起伏的资本市场中立于不败之地，保持清醒的头脑，设定并执行风险警戒线非常重要。这需要投资者充分了解自身情况，恰当地配置资产组合，选择合适的投资策略。在投资中，可以通过增加投资项目分散与减少投资风险，但值得注意的是，投资中影响最大的系统性风险无法通过分散化消除。本章搭建了最优风险资产组合的理论基础，在接下来的章节中我们将讨论如何利用效用模型来实现风险组合与无风险资产之间的最优配置。

【课后习题】

1. 在恶性通货膨胀期间，某债券的名义持有期收益率为每年 92%，通胀率为 77%。求该债券的实际持有期收益率并与实际利率比较。

2. 投资者投资 100 万元，从下表中计算投资权益的期望风险溢价。

	概率	期望收益（元）
投资	0.7	600 000
权益	0.3	−200 000
无风险短期国债	1.0	80 000

3. 基于下表中股票 X 和 Y 的情境分析，回答以下问题：

	熊市	正常	牛市
概率	0.1	0.7	0.2
股票 X（%）	−16	14	42
股票 Y（%）	−22	25	36

（1）求股票 X 和 Y 的期望收益率。

（2）求股票 X 和 Y 收益率的标准差。

（3）假设投资者投资 20 000 元于股票 X，投资 10 000 元于股票 Y。求组合的期望收益率和方差。

4. 如果某投资者用 A、B 两个公司的股票来构造其投资组合。A 公司占 35%的份额，B 公司占 65%的份额。已知 A 股票的期望收益率为 12%，方差为 9%，B 股票的期望收益率为 20%，方差为 16%。求下面三种情况下，该投资组合的期望收益率和方差。

（1）A、B 两只股票的相关系数 $\rho_{AB}=1$；

（2）A、B 两只股票的相关系数 $\rho_{AB}=0$；

（3）A、B 两只股票的相关系数 $\rho_{AB}=-1$。

5. 假设有两种共同基金：股票基金 A 和债券基金 B。其中股票基金 A 的期望收益率为 33%，标准差为 0.2；债券基金 B 的期望收益率为 15%，标准差为 0.12。风险基金之间的相关系数为 0.15. 求使得两种风险基金组合方差最小的投资比例，并求出该组合的期望收益率和标准差。

6. 现知某资产组合中有两种资产：(1) 短期国库券收益率为 11%；(2) 风险资产收益率为 27%，标准差为 0.3。如果该组合的标准差为 0.3，求该组合的期望收益率。

7. 市场中存在三只股票，其期望收益率和标准差如下表所示：

股票	期望收益率（%）	标准差（%）
A	6	9
B	15	12
C	15	12

已知股票 A 和其他两只股票之间的相关系数分别为 $\rho_{AB}=0.25$ 和 $\rho_{AC}=-0.25$。

(1) 根据投资组合理论，判断 AB 组合和 AC 组合哪一个能够获得更多的多样化好处。

(2) 分别画出 A 和 B 以及 A 和 C 的投资可能性集。

(3) 试判断 AB 中有没有哪一个组合相对于 AC 占优？如果有，请在风险-收益图上标出可能的投资组合。

8. 某公司持有 A、B、C 三种股票构成的组合，它们的 β 系数分别为 3.2、1.5 和 0.7。已知它们在组合中所占的比例分别为 50%、30%和 20%。如市场组合的风险溢价为 5%，求该投资组合的风险溢价。

9. 假设投资者初始财富为 10 元，其效用函数为对数形式。该投资者正面临一个赌局：有 80%的概率亏损 5 元，有 20%的概率获得 20 元。试判断该投资者对风险的态度并计算该投资者为避免赌博而愿意缴纳的罚金以及他的确定性等价财富。

10. 假设证券市场处于均衡状态。证券 A 和 B 的期望收益率分别为 18%和 25%。而 β 系数分别为 0.6 和 1.2。如果无风险收益率为 6%，请判断这两只股票是否存在套利机会并解释。

11. 假设有医药公司 A，去年每股股息为 0.6 元，预期今后每股股息将以每年 12%的速度稳定增长。当前的无风险收益率为 0.04，市场组合的风险溢价为 0.08，A 公司股票的 β 系数为 1.6。请根据以上信息，求出 A 公司股票当前的合理价格。

第三章

市场波动率度量

本章阅读指引

风险管理的波动率是收益-风险关系的重要测量指标，也是量化投资策略构建考虑的一个核心变量。近年来，随着金融市场的不断发展，金融产品创新层出不穷，市场波动率在资产定价和金融风险管理领域发挥了重要作用。波动率代表金融资产价格的波动程度，并用于衡量金融资产的风险水平。本章结合第二章的波动率界定，考虑到金融资产收益率的时间序列具有非正态分布性和方差时变性，在介绍波动率建模步骤的基础上，介绍了ARCH模型、EWMA模型、GARCH模型、GARCH-MIDAS模型、Jump-GARCH模型、BEKK-GARCH模型以及其他GARCH族类模型（包括刻画非对称杠杆效应的EGARCH模型和TGARCH模型），并基于上述模型设定，估计出不同模型设定条件下的市场波动率。最后，本章给出基于Python实验甄别最优波动率的估计方法。

第一节　波动率建模步骤

波动率衡量的是金融市场价格连续复利收益率的标准差，同时，由于时间序列数据大多呈现自相关、条件异方差、波动聚集、厚尾、杠杆效应等特征，因此，对收益率序列采用特定的波动率建模至关重要，波动率建模在期权价格预测、区间预测精准度、参数估计有效性、投资组合配置、金融风险管理等方面具有深远的影响。

其中，用于对金融资产收益率序列进行波动率建模的计量模型称为条件异方差模型。我们令 r_t 代表金融资产在时刻 t 的对数收益率，基于给定的信息集 Φ_{t-1}，t 时刻 r_t 的条件均值 μ 和条件方差 σ_t^2 方程可以表示为：

$$\mu = E(r_t | \Phi_{t-1}) \tag{3-1}$$

$$\sigma_t^2 = \mathrm{Var}(r_t | \Phi_{t-1}) = E[(r_t - \mu)^2 | \Phi_{t-1}] \tag{3-2}$$

假设 r_t 服从一个平稳的 ARMA（p，q）模型，r_t 可以写成以下形式：

$$r_t=\mu+\alpha_i\sum_{i=1}^{p}r_{t-i}+\varepsilon_t+\beta_j\sum_{j=1}^{q}\varepsilon_{t-j} \tag{3-3}$$

其中，ε_t 代表 t 时刻的“新息扰动”。令 $r_t=\mu+\varepsilon_t$，则可推导出：

$$\sigma_t^2=\mathrm{Var}(r_t\,|\,\Phi_{t-1})=\mathrm{Var}(\varepsilon_t\,|\,\Phi_{t-1}) \tag{3-4}$$

因此，对金融资产收益率序列而言，通过增加一个动态方程，条件异方差模型主要用于刻画 σ_t^2 如何随时间改变。一般地，波动率建模有以下四个步骤。

一、建立均值方程

检验数据的序列相关性，构建一个均值方程，进一步地，可以对收益率序列建立一个 ARMA 模型来消除线性相关性。

二、ARCH 效应检验

检验均值方程的残差是否为白噪声序列，如若是，则对均值方程的残差进行 ARCH 效应检验。设定残差序列服从下式：

$$\varepsilon_t^2=\rho_0+\rho_1\varepsilon_{t-1}^2+\cdots+\rho_p\varepsilon_{t-p}^2+e_t,\quad t=p+1,\cdots,T \tag{3-5}$$

其中，ρ_p 为自相关系数，p 为事先指定的正整数，T 为样本容量。当拒绝原假设 $H_0:\rho_1=\cdots=\rho_p=0$ 时，表示残差序列存在 ARCH 效应；反之，当无法拒绝原假设时，则表示不存在 ARCH 效应。

对残差进行 ARCH 效应检验一般有两种方法：

（1）对残差序列 $\{\varepsilon_t\}$ 做 Ljung 和 Box（1978）白噪声检验，检验残差平方序列 $\{\varepsilon_t^2\}$ 的自相关性，如果显著，则说明存在 ARCH 效应，反之，则不存在 ARCH 效应。其中 Ljung-Box 统计量为 $\mathrm{LB}(p)=T(T+2)\sum_{l=1}^{p}\frac{\hat{\rho}_l^2}{T-l}\sim\chi^2(p)$，$p\approx\ln T$。

（2）Engel（1982）基于联合检验构建的 F 统计量和 χ^2 统计量的拉格朗日乘子检验法（LM 检验）。对残差序列做普通最小二乘估计，得到方差序列的残差 $\{\hat{e}_t\}$，由此计算得到其对应的残差平方和 $\mathrm{SSR}_1=\sum_{t=p+1}^{T}\hat{e}_t^2$，残差序列的方差为 $\mathrm{SSR}_0=\sum_{t=p+1}^{T}(\varepsilon_t^2-\overline{w})^2$，$\varepsilon_t^2$ 的样本均值为 $\overline{w}=\sum_{t=1}^{T}\varepsilon_t^2/T$，则联合检验统计量为 $F=\frac{(\mathrm{SSR}_0-\mathrm{SSR}_1)/p}{\mathrm{SSR}_1/(T-p-1)}\sim F(p,\ T-p-1)$。当 T 很大时，$pF\sim\chi^2(p)$，若 $F>\chi_p^2(\alpha)$，则拒绝原假设，认为残差序列存在 ARCH 效应，其中 $\chi_p^2(\alpha)$ 代表 χ_p^2 的上 $100(1-\alpha)$ 分位点。

三、设定波动率模型

如果 ARCH 效应在统计上是显著的，即存在 ARCH 效应，则设定一个波动率模型，并对条件均值方程和条件方差方程展开联合估计。

四、验证和改进模型

对估计模型做相关检验和验证，根据需要对设定模型做改进处理，如放宽至非对称性和非线性等，由此，可以构建刻画非对称杠杆效应的 EGARCH 模型和 TGARCH 模型等。

【例 3-1】 ARCH 效应检验。选择的样本数据是沪深 300 指数 2005 年 4 月 8 日—2020 年 10 月 13 日的日度数据。其中，

假定均值方程为：

$$r_t = 0.0389 + 0.0277r_{t-1} - 0.0256r_{t-2} + 0.0323r_{t-3} + 0.0472r_{t-4} + \hat{\varepsilon}_t$$
$$t(1.386)\quad(1.702)\quad(-1.575)\quad(1.986)\quad(2.896)$$

残差平方方程为：

$$\hat{\varepsilon}_t^2 = 1.2220 + 0.094\hat{\varepsilon}_{t-1}^2 + 0.0737\hat{\varepsilon}_{t-2}^2 + 0.098\hat{\varepsilon}_{t-3}^2 + 0.0793\hat{\varepsilon}_{t-4}^2 + 0.0382\hat{\varepsilon}_{t-5}^2$$
$$t(8.583)\quad(5.775)\quad(4.514)\quad(6.028)\quad(4.836)\quad(2.326)$$
$$+0.0631\hat{\varepsilon}_{t-6}^2 + 0.0750\hat{\varepsilon}_{t-7}^2 + 0.0658\hat{\varepsilon}_{t-8}^2 + \hat{e}_t$$
$$(3.859)\quad(4.595)\quad(4.035)$$

检验结果为：

$$p \approx \ln(T) = \ln(3\,770) \approx 8$$

$$\mathrm{LB}(p) = T(T+2)\sum_{l=1}^{p}\frac{\hat{\rho}_l^2}{T-l} = 172.42,\ F = \frac{(\mathrm{SSR}_0 - \mathrm{SSR}_1)/p}{\mathrm{SSR}_1/(T-p-1)} = 48.68$$

$$pF = 389.44$$

结论：残差平方序列具有较强的聚集性，从 LB 统计量和 F 统计量等检验结果看，沪深 300 指数收益率存在 ARCH 效应，应该构建 ARCH 或 GARCH 族类模型。事实上，从图 3-1 可以看出，收益率平方项具有较强的波动聚集性特征。

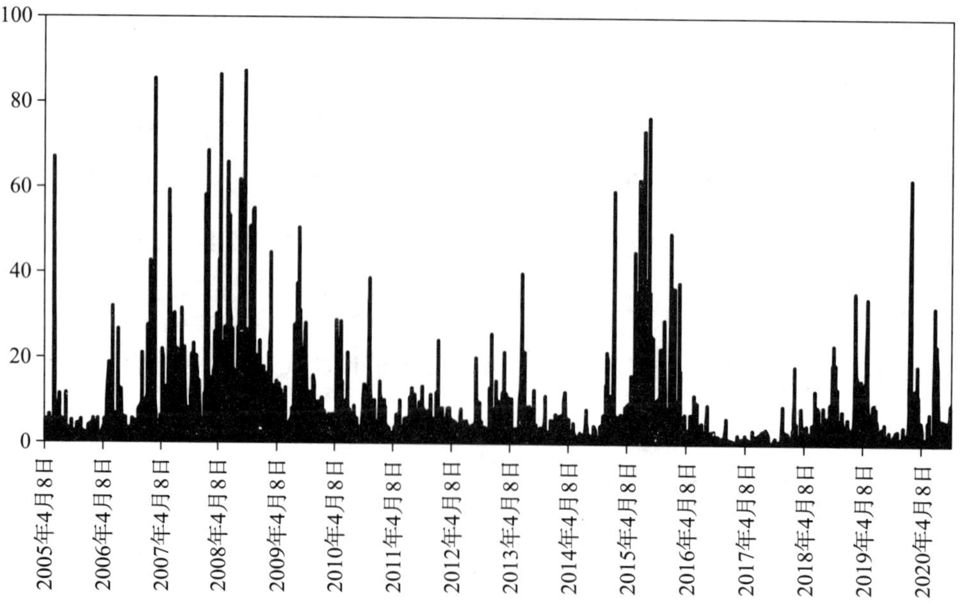

图 3-1 沪深 300 指数收益率平方指数走势

第二节 条件异方差模型构建

一、模型介绍

金融数据分析中，为了简化模型计算，人们一般将时间序列默认为服从正态分布。但在实际检验中，金融资产收益率序列的条件方差并非一成不变，而是会随着时间的推移发生改变，即具有条件异方差的特性；资产收益率序列的波动会有持续的现象，即波动性聚集效应；有些资产收益率序列并不是有效市场假说所形容的正态分布，其极端值较多，具有尖峰厚尾特征。这些特征是正态分布无法描述的。为了刻画上述特性，Engel（1982）提出了ARCH 模型，即自回归条件异方差模型。自回归指的是金融时间序列的前期值可以解释当期值，即方差受前一期方差观测值的影响，条件异方差描述的是波动性聚集效应，即金融时间序列在不同期间具有不同程度的波动性，ARCH 模型可以描述波动率的统计特征。该模型的基本思想是：第一，股票收益率均值方程的扰动项 ε_t 前后不相关，但是前后不独立。第二，设定 $r_t=\mu+\varepsilon_t$，其中 ε_t 不独立，故此，可得 $\mathrm{Var}(r_t|\Phi_{t-1})=\mathrm{Var}(\varepsilon_t|\Phi_{t-1})$可以由 ε_t 的滞后项线性表示。具体地说，ARCH（p）模型的设定为：

$$\varepsilon_t=\sigma_t e_t \tag{3-6}$$

$$\sigma_t^2=\alpha_0+\alpha_1\varepsilon_{t-1}^2+\cdots+\alpha_p\varepsilon_{t-p}^2 \tag{3-7}$$

其中，$E(\varepsilon_t)=0$，$\mathrm{Var}(\varepsilon_t)=\sigma^2$，$e_t\sim N(0,1)$。实际上，通常假定$\{e_t\}$服从标准正态分布、标准学生 T 分布、广义误差分布。以 ARCH（1）模型为例：

$$\varepsilon_t=\sigma_t e_t \tag{3-8}$$

$$\sigma_t^2=\alpha_0+\alpha_1\varepsilon_{t-1}^2 \tag{3-9}$$

当满足 $\alpha_0>0$ 及 $0<\alpha_1<1$ 时满足方差有限性。

二、模型性质

我们以 ARCH（1）模型为例，研究 ARCH 模型的性质，以便对模型有更加深入的了解。

（一）无条件期望和方差

$$E(\varepsilon_t)=E[E(\varepsilon_t|\Phi_{t-1})]=E[\sigma_t E(e_t|\Phi_{t-1})]=0 \tag{3-10}$$

$$\mathrm{Var}(\varepsilon_t)=E(\varepsilon_t^2)=E[E(\varepsilon_t^2|\Phi_{t-1})]=E(\sigma_t^2)=E[\alpha_0+\alpha_1\varepsilon_{t-1}^2]=\alpha_0+\alpha_1E(\varepsilon_{t-1}^2) \tag{3-11}$$

因为 ε_t 是平稳过程且 $E(\varepsilon_t)=0$，因此有：

$$\mathrm{Var}(\varepsilon_t)=\mathrm{Var}(\varepsilon_{t-1})=E(\varepsilon_{t-1}^2) \tag{3-12}$$

$$\mathrm{Var}(\varepsilon_t)=\alpha_0+\alpha_1\mathrm{Var}(\varepsilon_t) \tag{3-13}$$

$$\mathrm{Var}(\varepsilon_t)=\alpha_0/(1-\alpha_1) \tag{3-14}$$

（二）具有尖峰厚尾特征

为了研究序列是否具有厚尾特征，需要计算超峰度，从而需要计算残差序列的四阶矩：

$$E(e_t^4 \mid \Phi_{t-1})=3 \tag{3-15}$$

$$E(\varepsilon_t^4 \mid \Phi_{t-1})=E(\sigma_t^4 e_t^4 \mid \Phi_{t-1})=\sigma_t^4 E(e_t^4 \mid \Phi_{t-1})=3\sigma_t^4 \tag{3-16}$$

故此，无条件的四阶矩为：

$$\begin{aligned}E(\varepsilon_t^4)&=E[E(\sigma_t^4 \mid \Phi_{t-1})]=3E[(\alpha_0+\alpha_1\varepsilon_{t-1}^2)^2]\\&=3[\alpha_0^2+2\alpha_0\alpha_1E(\varepsilon_{t-1}^2)+\alpha_1^2E(\varepsilon_{t-1}^4)]\end{aligned} \tag{3-17}$$

因为 ε_t 是四阶平稳的，即 $E(\varepsilon_t^4)=E(\varepsilon_{t-1}^4)$，所以：

$$(1-3\alpha_1^2)E(\varepsilon_t^4)=3\left[\alpha_0^2+2\alpha_0\alpha_1\frac{\alpha_0}{1-\alpha_1}\right]\Rightarrow E(\varepsilon_t^4)=\frac{3\alpha_0^2(1+\alpha_1)}{(1-\alpha_1)(1-3\alpha_1^2)} \tag{3-18}$$

因为四阶矩大于零，所以 $1-3\alpha_1^2>0$，即 $0<\alpha_1<\frac{\sqrt{3}}{3}$。

最后，可求得 ε_t 的超峰度为：

$$\frac{E(\varepsilon_t^4)}{\sigma^4}-3=\frac{E(\varepsilon_t^4)}{[\sigma^2]^2}-3=\frac{\dfrac{3\alpha_0^2(1+\alpha_1)}{(1-\alpha_1)(1-3\alpha_1^2)}}{\dfrac{\alpha_0^2}{(1-\alpha_1)^2}}-3=3\frac{1-\alpha_1^2}{1-3\alpha_1^2}-3=\frac{6\alpha_1^2}{1-3\alpha_1^2}>0 \tag{3-19}$$

由此可见，ε_t 的超峰度大于零，$\{\varepsilon_t\}$序列呈现出厚尾分布特征，这也与经验数据观察得到的结论相一致，即与正态随机变量序列相比，资产收益率序列中出现异常值的概率更高。

三、建模步骤

建立 ARCH 模型有以下几个步骤。

（一）确定模型阶数

若 ARCH 效应显著存在，则可以用 ε_t^2 的偏自相关函数（PACF）确定模型阶数 p。在给定样本的情况下，ε_t^2 是 σ_t^2 的无偏估计，因此，我们期望 ε_t^2 以 p 阶自回归模型的形式与 ε_{t-1}^2，…，ε_{t-p}^2 线性相关。

（二）估计模型参数

需要假定 e_t 服从标准正态分布、标准学生 T 分布或者广义误差分布。根据不同分布，用不同的似然函数估计模型参数。当 e_t 服从标准正态分布时，ARCH（p）模型的似然函数为：

$$\begin{aligned}f(\varepsilon_1,\cdots,\varepsilon_T \mid \alpha)&=f(\varepsilon_T \mid \Phi_{T-1})f(\varepsilon_{T-1} \mid \Phi_{T-2})\cdots f(\varepsilon_{p+1} \mid \Phi_p)f(\varepsilon_1,\cdots,\varepsilon_p \mid \alpha)\\&=\prod_{t=p+1}^{T}\frac{1}{\sqrt{2\pi\sigma_t^2}}\exp\left[-\frac{\varepsilon_t^2}{2\sigma_t^2}\right]\times f(\varepsilon_1,\cdots,\varepsilon_p \mid \alpha)\end{aligned} \tag{3-20}$$

其中，$\alpha=(\alpha_0, \alpha_1, \cdots, \alpha_p)'$，$f(\varepsilon_1, \cdots, \varepsilon_p \mid \alpha)$是 ε_1，…，ε_p 的联合概率密度函数。当样本

容量较大且 $f(\varepsilon_1, \cdots, \varepsilon_p \mid \alpha)$ 的表达式较复杂时，通常将其从式子中舍去。进一步地，可得出条件对数似然函数，并使用最大似然估计法（MLE）进行估计，其中 $\sigma_t^2=\alpha_0+\alpha_1\varepsilon_{t-1}^2+\cdots+\alpha_p\varepsilon_{t-p}^2$，可以递推地计算：

$$f(\varepsilon_{p+1},\cdots,\varepsilon_T \mid \alpha,\varepsilon_1,\cdots,\varepsilon_p)=\prod_{t=p+1}^{T}\frac{1}{\sqrt{2\pi\sigma_t^2}}\exp\left[-\frac{\varepsilon_t^2}{2\sigma_t^2}\right] \qquad (3-21)$$

将上式取对数得到条件对数似然函数：

$$l(\varepsilon_{p+1},\cdots,\varepsilon_T \mid \alpha,\varepsilon_1,\cdots,\varepsilon_p)=\sum\nolimits_{t=p+1}^{T}\left[-\frac{1}{2}\ln(2\pi)-\frac{1}{2}\ln(\sigma_t^2)-\frac{1}{2}\frac{\varepsilon_t^2}{\sigma_t^2}\right] \qquad (3-22)$$

由于第一项 $\ln(2\pi)$ 中不含参数，条件对数似然函数可写为：

$$l(\varepsilon_{p+1},\cdots,\varepsilon_T \mid \alpha,\varepsilon_1,\cdots,\varepsilon_p)=-\sum\nolimits_{t=p+1}^{T}\left[\frac{1}{2}\ln(\sigma_t^2)+\frac{1}{2}\frac{\varepsilon_t^2}{\sigma_t^2}\right] \qquad (3-23)$$

假设 e_t 服从标准学生 T 分布，设随机变量 x_v 服从自由度为 v 的学生 T 分布，则 $v>2$ 时有 $\mathrm{Var}(x_v)=v/(v-2)$，记 $e_t=x_v/\sqrt{v/(v-2)}$，e_t 的概率密度函数为：

$$f(e_t \mid v)=\frac{\Gamma((v+1)/2)}{\Gamma(v/2)\sqrt{(v-2)\pi}}\left(1+\frac{e_t^2}{v-2}\right)^{-(v+1)/2}, \quad v>2 \qquad (3-24)$$

其中，$\Gamma(x)=\int_0^{\infty}y^{x-1}\mathrm{e}^{-y}\mathrm{d}y$，由 $\varepsilon_t=\sigma_t e_t$，可以得到 ε_t 的条件似然函数：

$$f(\varepsilon_{p+1},\cdots,\varepsilon_T \mid \alpha,A_p)=\prod_{t=p+1}^{T}\frac{\Gamma((v+1)/2)}{\Gamma(v/2)\sqrt{(v-2)\pi}}\frac{1}{\sigma_t}\left[1+\frac{\varepsilon_t^2}{(v-2)\sigma_t^2}\right]^{-(v+1)/2}$$

$$(3-25)$$

其中，$v>2$，$A_p=(\varepsilon_1, \cdots, \varepsilon_p)$。使用 MLE 进行估计，其自由度既可以提前赋值，也可以和其他参数一起估计出来。

如果学生 T 分布的自由度提前给定，那么条件对数似然函数为：

$$l(\varepsilon_{p+1},\cdots,\varepsilon_T \mid \alpha,A_p)=-\sum\nolimits_{t=p+1}^{T}\left[\frac{v+1}{2}\ln\left(1+\frac{\varepsilon_t^2}{(v-2)\sigma_t^2}\right)+\frac{1}{2}\ln(\sigma_t^2)\right]$$

$$(3-26)$$

反之，则条件对数似然函数为：

$$l(\varepsilon_{p+1},\cdots,\varepsilon_T \mid \alpha,v,A_p)=(T-p)\left\{\ln\left[\Gamma\left(\frac{v+1}{2}\right)\right]-\ln\left[\Gamma\left(\frac{v}{2}\right)\right]-0.5\ln[(v-2)\pi]\right\}$$
$$+l(\varepsilon_{p+1},\cdots,\varepsilon_T \mid \alpha,A_p) \qquad (3-27)$$

（三）验证模型的设定

建立 ARCH 模型之后，求得标准化残差，这是一个独立同分布的随机过程：

$$\hat{\varepsilon}_t=\frac{\varepsilon_t}{\sigma_t} \qquad (3-28)$$

$\{\hat{\varepsilon}_t\}$ 的 Ljung-Box 统计量可用来检验均值方程的充分性、偏度、峰度，QQ 图可用来检验分布假定的正确性。$\{\hat{\varepsilon}_t^2\}$ 的 Ljung-Box 统计量可用来检验波动率方程的正确性。

(四) 预测

考虑一个 ARCH（p）模型。从预测原点 h 出发，σ_{h+1}^2 的向前一步、向前两步、向前 l 步预测分别为：

$$\sigma_h^2(1)=\alpha_0+\alpha_1\varepsilon_h^2+\cdots+\alpha_p\varepsilon_{h+1-p}^2 \tag{3-29}$$

$$\sigma_h^2(2)=\alpha_0+\alpha_1\sigma_h^2(1)+\alpha_2\varepsilon_h^2+\cdots+\alpha_p\varepsilon_{h+2-p}^2 \tag{3-30}$$

$$\sigma_h^2(l)=\alpha_0+\sum_{i=1}^{p}\alpha_i\sigma_h^2(l-i) \tag{3-31}$$

程序 3-1

ARCH 模型估计

其中，当 $l-i\leqslant 0$ 时，有 $\sigma_h^2(l-i)=\varepsilon_{h+l-i}^2$。

【例 3-2】 利用 ARCH 模型估算波动率。选取上证指数 2016 年 1 月 1 日—2021 年 3 月 31 日的日收盘价，建立对数收益率序列，并估算波动率。首先，利用 Python 得到上证指数在样本区间内的日收益率，并绘制上证指数收盘价及收盘价收益率图（见图 3-2）。

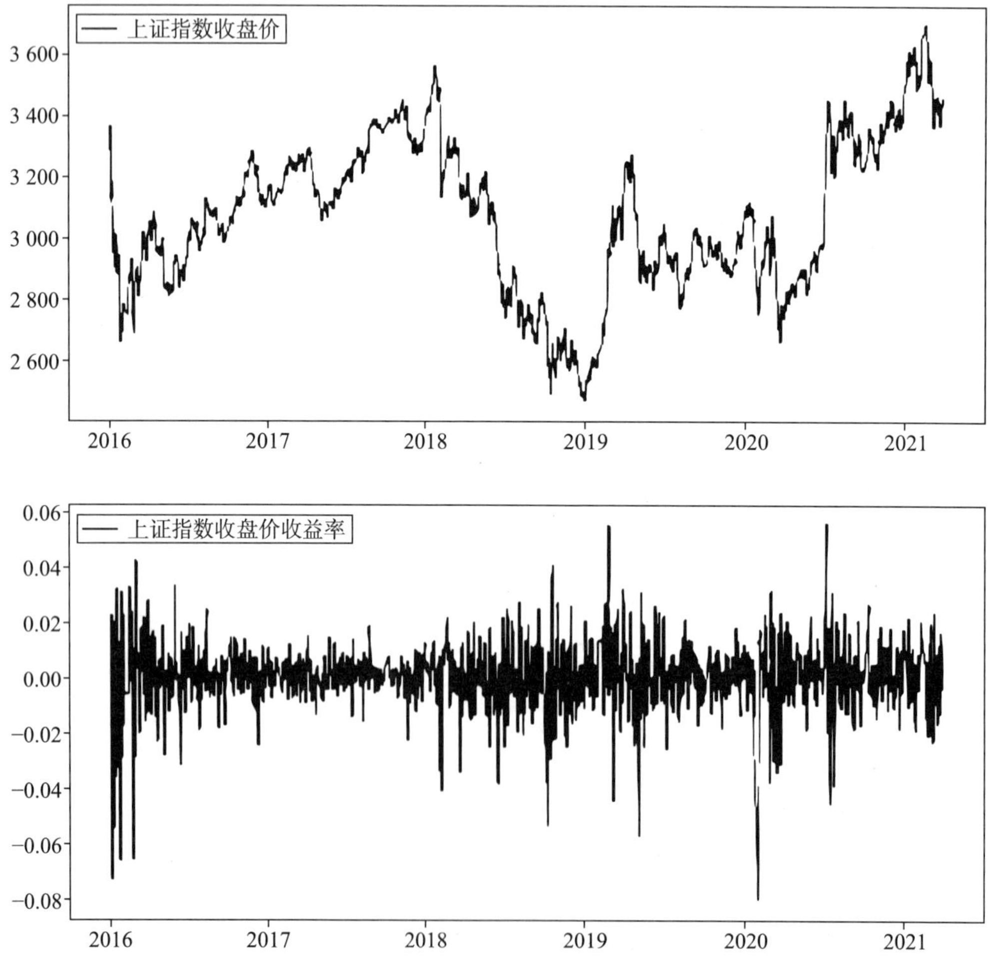

图 3-2 上证指数收盘价及收盘价收益率

下面我们建立 ARCH（1）模型，估计结果如下所示：

$$\sigma_t^2 = 0.000\ 102\ 4 + 0.25\varepsilon_{t-1}^2$$

图 3－3 给出了基于 ARCH 模型估计得到的上证指数波动率走势。

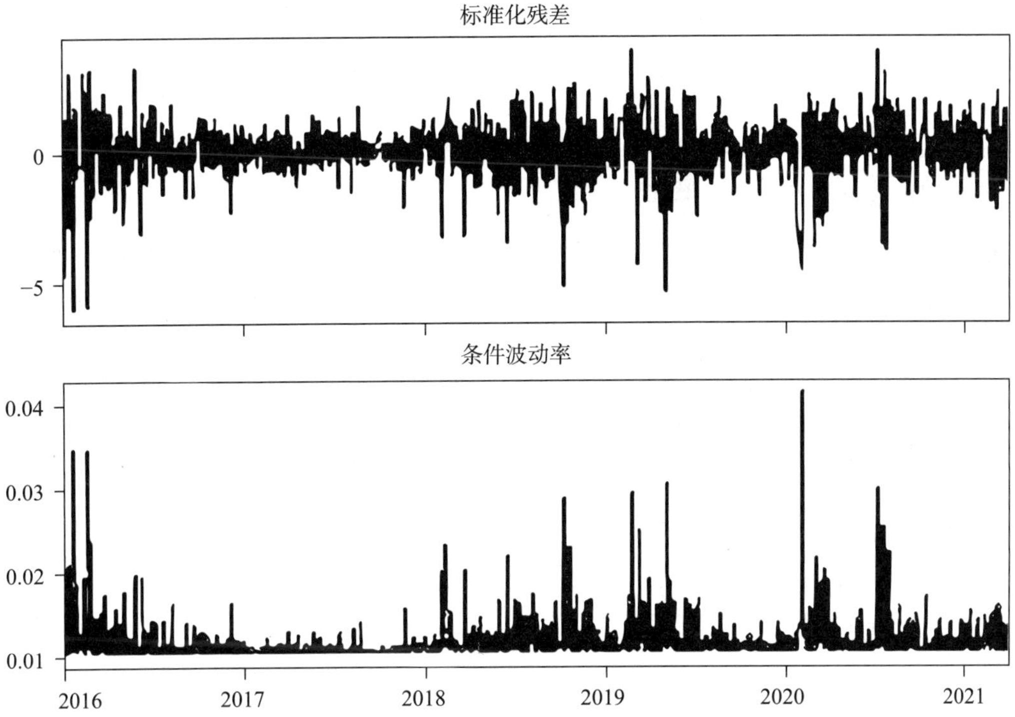

图 3－3　ARCH 模型估计结果

第三节　指数加权移动平均模型建模

指数加权移动平均模型（EWMA 模型）也称指数平滑模型，该模型在简单移动平均模型的基础上，引入指数平滑过程，其基本思想是随着时间间隔的增大，各数据的权重呈指数型衰减，即近期数据所占权重较高，更看重近期数据，从而有助于提高模型预测精准度。指数加权移动平均模型是动态模型中最简单的一种形式：

$$\sigma_t^2 = \lambda\sigma_{t-1}^2 + (1-\lambda)\varepsilon_{t-1}^2 \tag{3-32}$$

其中，常数 λ 为衰减因子，表示加权的程度，$0<\lambda<1$，一般设定为 0.94～0.97。λ 越大，表示当前信息对下一期波动率的影响越小，模型迭代速度越慢。因此，若要提高当前信息的影响，就要降低 λ 值。

采用递归形式，可得到：

$$\sigma_t^2 = \lambda[\lambda\sigma_{t-2}^2 + (1-\lambda)\varepsilon_{t-2}^2] + (1-\lambda)\varepsilon_{t-1}^2$$

$$=(1-\lambda)(\varepsilon_{t-1}^2+\lambda\varepsilon_{t-2}^2)+\lambda^2\sigma_{t-2}^2$$
$$=(1-\lambda)\sum_{i=1}^{m}\lambda^{i-1}\varepsilon_{t-i}^2+\lambda^m\sigma_{t-m}^2 \tag{3-33}$$

其中，σ_t^2 代表第 t 天的波动率。当 m 很大时，$\lambda^2\sigma_{t-2}^2$ 项可以忽略。需要注意的一点是，利用指数加权移动平均模型计算波动率时，需要提前设定一个初始波动率 σ_1，既可以取第一天的收益率作为 σ_1，也可以取全部样本数据的标准差作为 σ_1。

指数加权移动平均模型的优点在于考虑了历史数据的价值，并且赋予其不同的权重。该模型的缺点在于计算方法过于简单，仅依赖一个参数，忽略了长期均值回归的特性，并且尚未找到一种估计衰减因子 λ 的最优方法。

【例 3-3】 指数加权移动平均模型的应用。假定 $\lambda=0.95$，在第 $t-1$ 天，由市场变量所估计的波动率为每天 2%，即 $\sigma_{t-1}^2=0.02^2=0.000\,4$，市场变量增加了 3%，即 $\varepsilon_{t-1}^2=0.03^2=0.000\,9$，则：

$$\sigma_t^2=\lambda\sigma_{t-1}^2+(1-\lambda)\varepsilon_{t-1}^2=0.95\times0.000\,4+0.05\times0.000\,9=0.000\,425$$

因此，第 t 天波动率 σ_t 的估计值为 $\sqrt{0.000\,425}=2.06\%$。

第四节　广义条件异方差模型建模

一、模型介绍

如果资产序列存在高阶 ARCH 效应，则需要采用较多的滞后项进行处理，但是 ARCH（p）模型需要大量的参数，且很难保证所有的参数均满足参数约束条件。这时，使用 ARCH 模型就会存在参数估计不准确、条件方差非负性、运算效率低等问题。Bollerslev（1986）提出了 GARCH 模型，即广义自回归条件异方差模型。ARCH 模型中残差的波动率 σ_t^2 仅与残差平方 ε_t^2 的滞后项有关，而 GARCH 模型在 ARCH 模型的基础上，假设残差项的条件方差不仅依赖于残差项的滞后期，还依赖于自身条件方差的滞后期，并且与 EWMA 模型的区别在于它考虑了长期平均方差 V_L。对于收益率序列 r_t，令 $\varepsilon_t=r_t-\mu_t$ 为 t 时刻的新息，称 ε_t 服从 GARCH（p，q）模型：

$$\varepsilon_t=\sigma_t e_t \tag{3-34}$$
$$\sigma_t^2=\gamma V_L+\sum_{i=1}^{p}\alpha_i\varepsilon_{t-i}^2+\sum_{j=1}^{q}\beta_j\sigma_{t-j}^2 \tag{3-35}$$

其中，$\{e_t\}$ 是均值为 0、方差为 1 的独立同分布随机变量序列，$0<\omega=\gamma V_L$，$0<\gamma<1$，$\alpha_i\geqslant0$，$\beta_j\geqslant0$，$\sum_{i=1}^{p}\alpha_i+\sum_{j=1}^{q}\beta_j+\gamma=1$，和前面一样，通常假定 e_t 服从标准正态分布、标准学生 T 分布或者广义误差分布。GARCH（p，q）模型等价于高阶的 ARCH 模型，待估参数的个数大大减少，从而解决了 ARCH 模型的参数估计问题。

在实证中 GARCH（1，1）模型可以较好地模拟各种时间序列数据，可充分捕获数据中的时变特征。令 $\omega=\gamma V_L$，GARCH（1，1）模型的均值方程和条件方差方程均为：

$$r_t=\mu+\varepsilon_t \tag{3-36}$$

$$\varepsilon_t=\sigma_t e_t \tag{3-37}$$

$$\sigma_t^2=\omega+\alpha\varepsilon_{t-1}^2+\beta\sigma_{t-1}^2 \tag{3-38}$$

估计上式，可得出 ω、α、β 参数估计值，并可得出 $\gamma=1-\alpha-\beta$，同时长期方差为 $V_L=\omega/\gamma$。为了保持 GARCH（1，1）模型稳定，要求 $\alpha+\beta<1$，否则对应于长期平均方差的权重会为负值。

二、权重设定

关于权重设定，对（3-38）式做递归处理，可得：

$$\begin{aligned}\sigma_t^2&=\omega+\alpha\varepsilon_{t-1}^2+\beta\sigma_{t-1}^2\\&=\omega+\alpha\varepsilon_{t-1}^2+\beta(\omega+\alpha\varepsilon_{t-2}^2+\beta\sigma_{t-2}^2)\\&=\omega+\beta\omega+\alpha\varepsilon_{t-1}^2+\alpha\beta\varepsilon_{t-2}^2+\beta^2\sigma_{t-2}^2\end{aligned} \tag{3-39}$$

将 σ_{t-2}^2 代入上式继续递归可得：

$$\sigma_t^2=\sum_{i=1}^m\beta^{i-1}\omega+\sum_{i=1}^m\alpha\beta^{i-1}\varepsilon_{t-i}^2 \tag{3-40}$$

可以看出 ε_{t-i}^2 对应的权重为 $\alpha\beta^{i-1}$，且以 β 指数速度下降，β 可被解释为衰减率（decay rate）。

三、模型性质

GARCH（1，1）模型的性质体现在以下几个方面：

（一）条件均值和方差

$$E(\varepsilon_t)=0 \tag{3-41}$$

$$\mathrm{Var}(\varepsilon_t)=E(\varepsilon_t^2)=E(\sigma_t^2)=E(\omega+\alpha\varepsilon_{t-1}^2+\beta\sigma_{t-1}^2) \tag{3-42}$$

$$\mathrm{Var}(\varepsilon_t)=\frac{\omega}{1-\alpha-\beta} \tag{3-43}$$

（二）波动性聚集

大的 ε_{t-1}^2 或者 σ_{t-1}^2 引起大的 σ_t^2，这意味着大的 σ_{t-1}^2 会紧跟着另一个大的 ε_t^2，这样就会产生时间序列中有名的波动性聚集现象。

（三）厚尾分布

$$\frac{E(\varepsilon_t^4)}{\sigma^4}-3=\frac{E(\varepsilon_t^4)}{[\sigma^2]^2}-3=\frac{3[1-(\alpha+\beta)^2]}{1-(\alpha+\beta)^2-2\alpha^2}>0 \tag{3-44}$$

因此，GARCH 模型的$\{\varepsilon_t\}$分布也具有厚尾分布特征。

四、模型预测

以 GARCH（1，1）模型为例，假定以 h 为预测原点，向前一步预测：

$$\sigma_{h+1}^2=\omega+\alpha\varepsilon_h^2+\beta\sigma_h^2 \tag{3-45}$$

其中，ε_h 和 σ_h^2 在时间指标 h 处是已知的，因此，向前一步预测为：

$$\sigma_h^2(1)=\omega+\alpha\varepsilon_h^2+\beta\sigma_h^2 \tag{3-46}$$

由 $\varepsilon_t^2=\sigma_t^2e_t^2$ 可知，向前多步预测为：

$$\sigma_{t+1}^2=\omega+(\alpha+\beta)\sigma_t^2+\alpha\sigma_t^2(e_t^2-1) \tag{3-47}$$

当 $t=h+1$ 时，有：

$$\sigma_{h+2}^2=\omega+(\alpha+\beta)\sigma_{h+1}^2+\alpha\sigma_{h+1}^2(e_{h+1}^2-1) \tag{3-48}$$

由于 $E(e_{h+1}^2-1|F_h)=0$，故以 h 为预测原点的向前两步预测波动率方程满足：

$$\sigma_h^2(2)=\omega+(\alpha+\beta)\sigma_h^2(1) \tag{3-49}$$

一般地：

$$\sigma_h^2(l)=\omega+(\alpha+\beta)\sigma_h^2(l-1),\quad l>1 \tag{3-50}$$

对上式重复迭代，我们得到向前 l 步预测的波动率方程为：

$$\sigma_h^2(l)=\frac{\alpha_0[1-(\alpha+\beta)^{l-1}]}{1-\alpha-\beta}+(\alpha+\beta)^{l-1}\sigma_h^2(1) \tag{3-51}$$

只要满足 $\alpha+\beta<1$，就有：

$$\sigma_h^2(l)\to\frac{\alpha_0}{1-\alpha-\beta}，当\ l\to\infty 时 \tag{3-52}$$

因此，只要 ε_t 的无条件方差 $\mathrm{Var}(\varepsilon_t)$ 存在，当 $l\to\infty$ 时，GARCH（1，1）模型的向前多步波动率预测就收敛于 $\mathrm{Var}(\varepsilon_t)$。

【例 3-4】 利用 GARCH 模型估计波动率。假定 $\sigma_t^2=0.000\,002+0.14\varepsilon_{t-1}^2+0.84\sigma_{t-1}^2$，即参数估计值分别为 $\omega=0.000\,002$、$\alpha=0.14$、$\beta=0.84$，由此可得 $\gamma=1-\alpha-\beta=1-0.14-0.84=0.02$，长期方差为 $V_L=\omega/\gamma=0.000\,1$，其对应的波动率为$\sqrt{0.000\,1}=1\%$。

假设对应于 $t-1$ 天的日波动率估算值为 1.4%，即 $\sigma_{t-1}^2=0.014^2=0.000\,196$，又假设 $t-1$ 天市场价格下降了 1%，即 $\varepsilon_{t-1}^2=0.01^2=0.000\,1$，因此：

$$\sigma_n^2=0.000\,002+0.14\times0.000\,1+0.84\times0.000\,196=0.000\,180\,64$$

程序 3-2

GARCH 模型估计

因此，最新估计的波动率为$\sqrt{0.000\,180\,64}=1.34\%$。

【例 3-5】 利用 GARCH 模型估算波动率。选取上证指数 2016 年 1 月 1 日—2021 年 3 月 31 日的日收盘价，建立对数收益率序列，并利用 GARCH（1，1）模型估算波动率，结果如图 3-4 所示。波动率方程的估计结果如下：

$$\sigma_t^2=0.000\,002\,730\,8+0.1\varepsilon_{t-1}^2+0.88\sigma_{t-1}^2$$

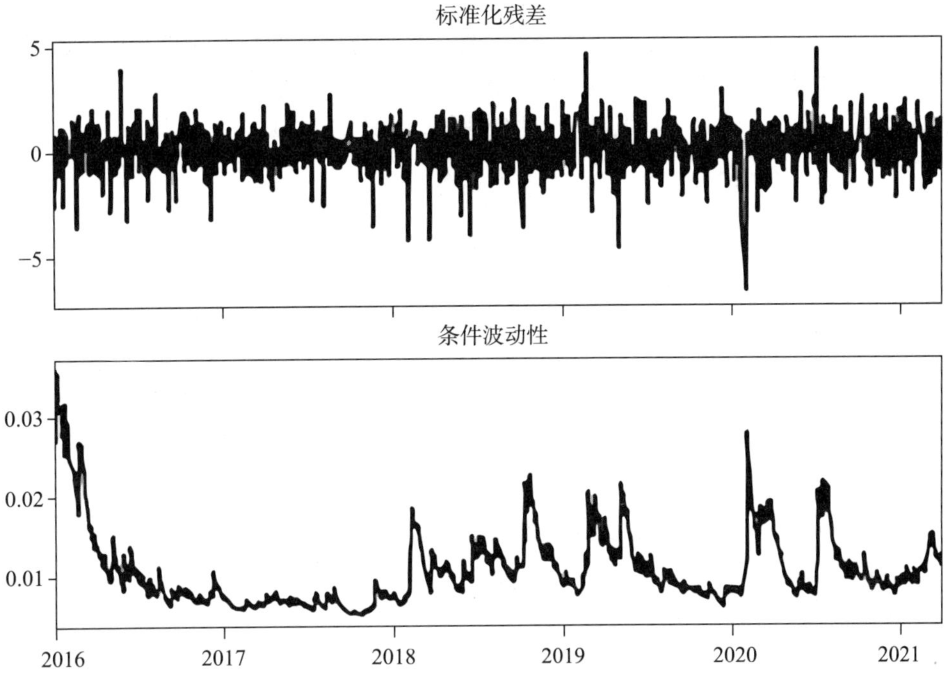

图 3-4 GARCH 模型估计结果

第五节 混频广义条件异方差模型建模

Ghysels，Arthur 和 Rossen（2007）及 Ghysels，Santa-Clara 和 Valkanov（2004）最早提出混频数据抽样（mixed data sampling，MIDAS）模型，他们将高频数据与低频数据联系在一起，其中，高频数据作为解释变量，低频数据作为被解释变量，建立了一个具有线性关系的混频模型。MIDAS 模型由于能够充分利用已有信息，因此被广泛应用于股票市场、期货市场以及宏观经济等多方面研究中。在此基础上，Engle，Ghysels 和 Sohn（2009）将 MIDAS 模型运用到 GARCH 模型中，提出了混频广义条件异方差模型，即 GARCH-MIDAS 模型，该模型区分了高频波动率的长期成分和短期成分，通过将波动率成分进行分解，为关联股市波动与宏观经济提供了新的研究视角。虽然他们提出的 GARCH-MIDAS 单因子模型可以将高频波动率数据与低频宏观经济运行指标联系在一起，但忽视了低频波动率与宏观经济运行指标对波动率长期成分的共同影响。Conrad 和 Loch（2015）在上述 GARCH-MIDAS 单因子模型的基础上，扩展并提出了 GARCH-MIDAS 多因子模型，用于刻画不同宏观变量对已实现波动率的影响效应。与传统 GARCH 模型的不同之处在于：混频数据 GARCH-MIDAS 模型的主要特点是增加了成分方程的设定，将金融资产波动分解为长期波动与短期波动。假定传统 GARCH 模型中 σ_t 表示为$\sqrt{\tau_t g_{i,t}}$，从而可以得到新的方程：

$$r_{i,t}=\mu_t+\sqrt{\tau_t g_{i,t}}e_{i,t},\quad i=1,\cdots,N_t \tag{3-53}$$

其中，$r_{i,t}$ 表示在第 t 月（季度、年）第 i 天的对数收益率，即日度频率数据。假设在时期 t 内总共有 N_t 天，其中扰动项 $e_{i,t}\mid\Phi_{i-1,t}\sim N(0,1)$，$\Phi_{i-1,t}$ 表示在 t 月第 $i-1$ 天时可获取的历史信息集。$g_{i,t}$ 是短期的日波动率且假定服从 GARCH（1，1）过程：

$$g_{i,t}=(1-\alpha-\beta)+\alpha\frac{(r_{i-1,t}-\mu)^2}{\tau_t}+\beta g_{i-1,t} \tag{3-54}$$

在 GARCH-MIDAS 模型中，τ_t 表示波动率的长期成分，可由某个低频变量刻画。参考 MIDAS 回归方法，我们可以使用基于收益率的已实现波动率 RV_t 来刻画长期成分 τ_t（指通过 MIDAS 回归平滑已实现波动率 RV_t），RV_t 是金融资产的月度已实现波动率，即一个月中所有交易日的日收益率平方之和，则有：

$$\tau_t=m+\theta\sum_{k=1}^{K}\varphi_k(\omega_1,\omega_2)RV_{t-k} \tag{3-55}$$

$$RV_t=\sum_{i=1}^{N_t}r_{i,t}^2 \tag{3-56}$$

对 τ_t 取对数，使由宏观经济变量刻画的长期成分始终为正值，则有：

$$\log\tau_t=m+\theta\sum_{k=1}^{K}\varphi_k(\omega_1,\omega_2)RV_{t-k} \tag{3-57}$$

其中，K 表示低频变量的最大滞后阶数，$\varphi_k(\omega_1,\omega_2)$ 则是一个基于贝塔函数的权重方程，即：

$$\varphi_k(\omega_1,\omega_2)=\frac{f(k/K,\omega_1,\omega_2)}{\sum_{k=1}^{K}f(k/K,\omega_1,\omega_2)} \tag{3-58}$$

其中：

$$f(x,a,b)=\frac{x^{a-1}(1-x)^{b-1}\Gamma(a+b)}{\Gamma(a)+\Gamma(b)} \tag{3-59}$$

$$\Gamma(a)=\int_0^{\infty}e^{-x}x^{a-1}dx \tag{3-60}$$

计算得到：

$$\varphi_k(\omega_1,\omega_2)=\frac{(k/K)^{\omega_1-1}(1-k/K)^{\omega_2-1}}{\sum_{j=1}^{K}(j/K)^{\omega_1-1}(1-j/K)^{\omega_2-1}} \tag{3-61}$$

长期成分 τ_t 与宏观经济变量密切相关，参照 Engle，Ghysels 和 Sohn（2009）的做法，将宏观经济变量的原始值作为其响应的水平值，$X_{l,t-k}^{l}$ 代表某个宏观经济变量在当期 t 期滞后 k 期的水平值，K_l 表示变量 X 的水平值的最大滞后阶数。基于宏观经济变量水平值的 GARCH-MIDAS 单因子模型为：

$$\log\tau_t=m+\theta\sum_{k=1}^{K}\varphi_k(\omega_{1,l},\omega_{2,l})X_{t-k} \tag{3-62}$$

参考 Schwert 和 William（1989）的做法，使用自回归模型计算残差，并通过计算残差项的平方构造宏观经济变量波动率的代理变量，其中，依据信息准则选取最优滞后阶数，$X_{v,t-k}^{v}$ 表示某个宏观经济变量在当期 t 期滞后 k 期的波动率，K_v 表示变量 X 的波动率的最大滞后阶数。基于宏观经济变量波动率的 GARCH-MIDAS 单因子模型为：

$$\log\tau_t=m+\theta\sum_{k=1}^{K}\varphi_k(\omega_{1,v},\omega_{2,v})X_{v,t-k}^{v} \tag{3-63}$$

将已实现波动率以及宏观经济变量共同放入模型中构成双因子模型：

$$\log\tau_t = m + \theta_{RV}\sum_{k=1}^{K_{RV}}\varphi_k(\omega_{1,R},\omega_{2,R})RV_{t-k} + \theta_X\sum_{k=1}^{K_X}\varphi_k(\omega_{1,X},\omega_{2,X})X_{v,t-k}^{v} \quad (3-64)$$

其中，θ_{RV} 和 θ_X 分别为已实现波动率和宏观经济变量对波动率的长期影响成分。以此类推，我们可以扩展上述模型，例如，构建一个基于已实现波动率和多个宏观经济变量的 GARCH-MIDAS 多因子模型，或者只基于多个宏观经济变量的 GARCH-MIDAS 多因子模型。

【例 3-6】 利用 GARCH-MIDAS 单因子模型预测股市波动率。我们选取 1996 年 2 月 15 日—2020 年 12 月 29 日 7 个国家股票的收益率作为样本数据，用名义 GDP 增长率和 M_2 增长率之间的差额来衡量货币紧缩的程度，以此作为宏观经济变量，将 GARCH-MIDAS 单因子模型扩展到包括宏观经济货币政策变量在内的股市波动率的 GARCH-MIDAS 多因子模型，实证分析宏观经济对股市波动率的长期成分的动态影响，估计结果见表 3-1。[①]

表 3-1 GARCH-MIDAS 多因子模型参数估计结果

	μ	α	β	θ	w	m	RMSE
中国	0.000 4* (0.000 2)	0.103 6*** (0.008 1)	0.686 4*** (0.029 9)	0.070 71*** (0.002 7)	1.516 4*** (0.157 4)	8.101 4e-05*** (6.768 3e-06)	1.033e-03
美国	0.000 7*** (0.000 2)	0.104 4*** (0.005 8)	0.876 8*** (0.006 2)	−0.005 0*** (0.001 8)	1.002 1*** (0.022 8)	0.000 1*** (2.260 2e-05)	6.334e-04
英国	0.000 5*** (0.000 2)	0.123 0*** (0.010 8)	0.785 3*** (0.024 4)	0.049 7*** (0.004 9)	1.699 3*** (0.386 0)	6.717 1e-05 7.684 4e-06	5.428e-04
法国	0.000 7*** (0.000 2)	0.119 0*** (0.011 0)	0.775 0*** (0.027 1)	0.057 0*** (0.003 9)	1.987 2*** (0.317 7)	8.806 8e-05*** (9.239 4e-06)	8.196e-04
德国	0.001 0*** (0.000 2)	0.117 8*** (0.009 0)	0.792 7*** (0.022 8)	0.058 8*** (0.004 2)	1.872 7*** (0.308 2)	9.297 5e-05*** (1.106e-05)	9.045e-04
加拿大	0.000 7*** (0.000 1)	0.126 9*** (0.009 5)	0.798 5*** (0.019 0)	0.056 9*** (0.003 9)	1.897 7*** (0.272 6)	5.127 1e-05*** 5.755 5e-06	1.092e-03
日本	0.000 7*** (0.000 2)	0.115 0*** (0.008 3)	0.823 1*** (0.014 9)	0.036 4*** (0.006 6)	1.003 3*** (0.017 7)	0.000 2*** (2.063 7e-05)	7.473e-04

注：***、* 分别表示 1%、10%的显著性水平。

由表中结果可知，在 GARCH-MIDAS 模型中，所有系数都是统计显著的，这表明使用日度数据模型估计效果较为稳健。对每个国家来讲，有 $\alpha+\beta<1$，这表明每个国家的 GARCH 效应是显著的，7 个国家股票的对数收益率的短期成分满足 GARCH（1，1）过程，这也表明短期波动是稳定的，短期成分在长期内是趋同的。同时，θ 是股票所有滞后的低频已实现波动率对股市波动长期成分的总效应，如果 θ 大于零，则表明当本季度波动性增

① 为了保证滞后项权重呈现衰减形式（滞后期越小，对当前影响越大）和模型的简便，固定 $w_1=1$，由系数 w_2 确定变量对长期成分的影响，(3-61) 式简化后的贝塔函数为 $\varphi_k(w_2)=\frac{(1-k/K)^{w_2-1}}{\sum_{j=1}^{K}(1-j/K)^{w_2-1}}$，因此，表 3-1 中 $w_2=w$。

加时，股市波动的长期成分在下个季度也会增加；θ 的值越大，长期成分的波动性越大，金融市场本身就越脆弱。以上国家的 θ 值一般为 0.03～0.071，仅有美国小于 0，这表明低频已实现波动率受长期成分的影响较小，短期成分是影响总波动的主要因素。其中，θ 值最大的国家是中国，英国和其他发达国家的 θ 值较小，这表明在金融市场相对完善的发达国家，长期成分更加稳定。此外，m 是 GARCH-MIDAS 模型的最优估计权重。日本的最优估计权重最大，加拿大最小。根据 GARCH-MIDAS 模型估计后获得的 RMSE 值来看，RMSE 值一般较小，最大的是加拿大，值为 1.092e-03，最小的是英国，值为 5.428e-04。上述 RMSE 值都接近 0，说明模型的拟合效果较好。

第六节　跳跃广义条件异方差模型建模

虽然 GARCH 模型能够较好地刻画资产价格收益率的异方差性和波动率的聚集性，但是它只能反映波动率的连续平滑变化，无法解释金融资产价格非连续性、非经常性的跳跃异常波动，而不考虑资产价格的跳跃性很可能存在定价偏差，也不能做出合适的对冲决策，因此大量国内外学者将研究重点聚焦在跳跃性上。Press（1967）最先探索分析金融市场中存在的跳跃行为，他在模型中加入泊松过程，把金融资产收益率设定为连续波动和离散跳跃的结果，跳跃次数服从泊松分布，跳跃幅度是随机的且服从正态分布。在这类混合跳跃模型中，GARCH 模型用来解释波动率的光滑变动，而 Jump 模型则用来刻画收益率的跳跃变动。本节参考 Chan 和 Maheu（2002）、Maheu 和 McCurdy（2004）以及 Daal，Naka 和 Yu（2007）的做法，在 GARCH 成分的条件方差中加入反馈函数，以衡量跳跃行为对正常波动成分的反馈效应，由此构建跳跃广义条件异方差模型。

假定 $t-1$ 时刻的信息集 Φ_{t-1} 是历史收益率的函数，$\Phi_{t-1}=\{r_{t-1},\cdots,r_1\}$，$r_t$ 可由（3-65）式表达。其中 $\varepsilon_{1,t}$ 为平滑残差，体现收益率的平滑变动，是 GARCH 模型可以解释的部分，由正常消息事件的冲击引起，其中 $E[\varepsilon_{1,t}\mid\Phi_{t-1}]=0$。$\varepsilon_{2,t}$ 称为跳跃残差，体现资产收益率的跳跃变动，是前期信息不能解释的跳跃误差，由异常消息事件的冲击引起，$\varepsilon_{1,t}$ 和 $\varepsilon_{2,t}$ 相互独立。

$$r_t=\mu+\varepsilon_{1,t}+\varepsilon_{2,t} \tag{3-65}$$

$$\varepsilon_{1,t}=\sigma_t e_t,\ e_t\sim \mathrm{NID}(0,1) \tag{3-66}$$

在给定信息集 Φ_{t-1} 的前提下，跳跃次数 n_t 服从泊松分布，则 n_t 在 $(t-1,\ t)$ 期内发生 j 次跳跃的概率密度为：

$$P(n_t=j\mid\Phi_{t-1})=\frac{\exp(-\lambda_t)\lambda_t^j}{j!},\ j=0,1,2,\cdots \tag{3-67}$$

跳跃强度 $\lambda_t\equiv E(n_t\mid\Phi_{t-1})$，表示在信息集 Φ_{t-1} 下，对 $(t-1,\ t)$ 期内发生跳跃次数的事前预期，即在 $(t-1,\ t)$ 期内发生跳跃的可能性大小，其动态表达式为：

$$\lambda_t=\lambda_0+\rho\lambda_{t-1}+\gamma\xi_{t-1} \tag{3-68}$$

其中，$0\leqslant\lambda_0,\ \rho,\ \gamma<1$，$\rho$ 解释了当期跳跃强度对下一期的影响，揭示了跳跃的持续性或聚

集性。γ 度量了预期偏差对跳跃强度的影响，揭示了跳跃的持续程度，若 $\rho=\gamma=0$，就产生了一个恒定跳跃的跳跃强度。ξ_{t-1} 为预期偏差，表达式为：

$$\xi_{t-1}\equiv E[n_{t-1}\mid\Phi_{t-1}]-\lambda_{t-1}=\sum_{j=0}^{\infty}jP(n_{t-1}=j\mid\Phi_{t-1})-\lambda_{t-1} \tag{3-69}$$

其中，$P(n_{t-1}=j\mid\Phi_{t-1})$是对$(t-2,\ t-1)$期发生 j 次跳跃的可能性的事后推断。n_{t-1} 是对$(t-2,\ t-1)$期跳跃发生次数的事后推断，$\lambda_{t-1}=E(n_{t-1}|\Phi_{t-2})$是对$(t-2,\ t-1)$期跳跃发生次数的事前预期，$\xi_{t-1}=E[n_{t-1}\mid\Phi_{t-1}]-E[n_{t-1}\mid\Phi_{t-2}]$是跳跃发生次数的事前预期与事后推断之间的偏离，又称预期偏差，相当于 Φ_{t-1} 的边际差分。此时 $E[\xi_t\mid\Phi_{t-1}]=0$，从而 $E(\xi_t)=0$，$\mathrm{Cov}(\xi_t,\ \xi_{t-1})=0$，$i>0$，说明跳跃强度偏差不存在自相关性。

若自回归跳跃强度（ARJI）是平稳的，即$|\rho|<1$，则无条件跳跃强度的均值为：

$$E[\lambda_t]=\frac{\lambda_0}{1-\rho} \tag{3-70}$$

对 λ_{t+i} 的多期预测为：

$$E[\lambda_{t+i}\mid\Phi_{t-1}]=\begin{cases}\lambda_t & i=0\\ \lambda_0(1+\rho+\cdots+\rho^{i-1})+\rho^i\lambda_t & i\geqslant 1\end{cases} \tag{3-71}$$

则 ARJI 模型可以重新写为：

$$\lambda_t=\lambda_0+(\rho-\gamma)\lambda_{t-1}+\gamma E[n_{t-1}\mid\Phi_{t-1}] \tag{3-72}$$

并且对于所有的 t，$\lambda_t>0$ 的充分条件是：$\lambda_0>0$，$\rho\geqslant\gamma$，$\gamma\geqslant 0$。

假设跳跃幅度为 $Y_{t,k}$，$k=1,\ 2,\ \cdots,\ N_t$，每次跳跃相互独立，且是正态分布的，$Y_{t,k}\sim\mathrm{NID}(\theta,\ \delta^2)$，则资产收益跳跃幅度过程 J_t 可表达为：

$$J_t=\sum_{k=1}^{n_t}Y_{t,k} \tag{3-73}$$

假设 n_t 和 $Y_{t,k}$ 独立，$\forall i\neq j$，$Y_{t,i}$ 与 $Y_{t,j}$ 独立，跳跃次数已知，则 J_t 的分布为 $J_t\sim N(\theta\lambda_t,\ (\theta^2+\delta^2)\ \lambda_t)$。$t$ 时刻的资产价格的跳跃残差为：

$$\varepsilon_{2,t}=J_t-E[J_t\mid\Phi_{t-1}]-\sum_{k=1}^{n_t}Y_{t,k}-\theta\lambda_t \tag{3-74}$$

显然，这是零均值扰动 $E(\varepsilon_{2,t})=0$，$\mathrm{Var}(\varepsilon_{2,t})=(\theta^2+\delta^2)\lambda_t$。

σ_t^2 是影响$\varepsilon_{1,t}$ 的 GARCH 过程的条件方差，即 $\sigma_t^2\equiv\mathrm{Var}(\varepsilon_{1,t}\mid\Phi_{t-1})$。$\varepsilon_{t-1}$ 为 $t-1$ 期的收益残差，包括平滑残差 $\varepsilon_{1,t-1}$ 和跳跃残差 $\varepsilon_{2,t-1}$ 两部分。

$$\sigma_t^2=\omega+g(\Lambda,\Phi_{t-1})\varepsilon_{t-1}^2+\beta\sigma_{t-1}^2 \tag{3-75}$$

$$\varepsilon_{t-1}=\varepsilon_{1,t-1}+\varepsilon_{2,t-1} \tag{3-76}$$

$g(\Lambda,\ \Phi_{t-1})$是关于参数向量集 Λ 的反馈函数，刻画了收益残差对条件方差的反馈效应。Maheu 和 McCurdy（2004）认为，由于已实现的扰动可能引发市场不同的交易策略，而这些交易策略的变化不仅会导致跳跃的发生，而且可能产生更大的波动性聚集现象，因此，有必要考虑这种反馈效应。其中参数向量 $\Lambda=\{\alpha,\ \alpha_j,\ \alpha_a,\ \alpha_{a,j}\}$，$g(\Lambda,\ \Phi_{t-1})$非负，$I(\varepsilon_{t-1})$为示性函数，当 $\varepsilon_{t-1}<0$ 时，$I(\varepsilon_{t-1})=1$。

$$g(\Lambda,\Phi_{t-1})=\exp(\alpha+\alpha_jE[n_{t-1}|\Phi_{t-1}]+I(\varepsilon_{t-1})(\alpha_a+\alpha_{a,j}E[n_{t-1}|\Phi_{t-1}])) \tag{3-77}$$

$g(\Lambda,\ \Phi_{t-1})$可以刻画好消息 $\varepsilon_{t-1}>0$ 和坏消息 $\varepsilon_{t-1}<0$ 的非对称性冲击，体现正常扰动和跳跃扰动的反馈效应。好消息 $\varepsilon_{t-1}>0$ 对收益有正向影响，坏消息 $\varepsilon_{t-1}<0$ 对收益有负向影响，这种影响最终呈现出非对称性。参数 α_a 和 $\alpha_{a,j}$ 则反映坏消息 $\varepsilon_{t-1}<0$ 的附加影响。参数 α_j 和 $\alpha_{a,j}$ 反映跳跃行为对波动预期非对称的反馈效应。$g(\Lambda,\ \Phi_{t-1})\varepsilon_{t-1}^2$ 表示消息冲击函

数。如果最后一期有好消息且没有跳跃，则 $g(\Lambda, \Phi_{t-1})=\exp(\alpha)$，若有一次跳跃，则 $g(\Lambda, \Phi_{t-1})=\exp(\alpha+\alpha_j)$；如果最后一期是坏消息且没有跳跃，则 $g(\Lambda, \Phi_{t-1})=\exp(\alpha+\alpha_a)$，若有一次跳跃，则 $g(\Lambda, \Phi_{t-1})=\exp(\alpha+\alpha_j+\alpha_a+\alpha_{a,j})$。

资产收益的总条件均值和总条件方差分别为：

$$E[r_t|\Phi_{t-1}]=\mu \tag{3-78}$$

$$\mathrm{Var}(r_t|\Phi_{t-1})=\mathrm{Var}(\varepsilon_{1,t}|\Phi_{t-1})+\mathrm{Var}(\varepsilon_{2,t}|\Phi_{t-1})=\sigma_t^2+(\theta^2+\delta^2)\lambda_t \tag{3-79}$$

对 Jump-GARCH 模型进行参数估计，我们采用最大似然估计法，$f(r_t \mid n_t=j, \Phi_{t-1})$ 是在信息集 Φ_{t-1} 下发生 j 次跳跃时，资产收益率的条件分布为正态分布的概率密度函数。

$$f(r_T, r_{T-1}, \cdots, r_1)=\prod_{t=2}^{T} f(r_t \mid \Phi_{t-1}) \tag{3-80}$$

$$f(r_t \mid \Phi_{t-1})=\sum\nolimits_{j=0}^{\infty} f(r_t|n_t=j, \Phi_{t-1})P(n_t=j|\Phi_{t-1}) \tag{3-81}$$

$$f(r_t \mid n_t=j, \Phi_{t-1})=\frac{1}{\sqrt{2\pi(\sigma_t^2+j\delta^2)}}\exp\left(-\frac{(r_t-\mu+\theta\lambda_t-\theta j)^2}{2(\sigma_t^2+j\delta^2)}\right) \tag{3-82}$$

$P(n_t=j|\Phi_{t-1})$ 称为滤子，分解信息集有：

$$P(n_t=j \mid \Phi_t)=P(n_t=j|r_t, \Phi_{t-1}) \tag{3-83}$$

根据贝叶斯法则，有：

$$P(n_t=j \mid \Phi_t)=\frac{f(r_t \mid n_t=j, \Phi_{t-1})P(n_t=j \mid \Phi_{t-1})}{f(r_t \mid \Phi_{t-1})}, \quad j=0,1,2,\cdots \tag{3-84}$$

滤子给出了跳跃次数 n_t 的事后分布，在模型参数估计的基础上，可根据滤子评价跳跃行为发生的事后概率，例如至少引发一次跳跃的概率为 $P(n_t \geqslant 1 \mid \Phi_t)=1-P(n_t=0 \mid \Phi_t)$。

【例 3-7】 采用 Jump-GARCH 模型研究比特币期货和现货的波动率。选取 2018 年 1 月 1 日—2021 年 5 月 1 日的芝加哥商品交易所（CME）比特币现货日结算价格和 BTC/USD 期货合约的日结算价格数据作为样本数据。使用 Jump-GARCH 类模型中的 ARJI 模型对参数进行估计，各模型的基本表达式如下：

ARJI 常数模型如下：

$$r_t=\mu+\phi_1 r_{t-1}+\phi_2\varepsilon_{1,t-1}+\varepsilon_{1,t}+\varepsilon_{2,t}$$

$$\varepsilon_{1,t}=\sigma_t e_t,\ e_t \sim \mathrm{NID}(0,1)$$

$$\varepsilon_{2,t}=J_t-E[J_t \mid \Phi_{t-1}]=\sum\nolimits_{k=1}^{n_t} Y_{t,k}-\theta\lambda_t, \quad Y_{t,k} \sim \mathrm{NID}(\theta, \delta^2)$$

$$\sigma_t^2=\omega+\alpha\varepsilon_{t-1}^2+\beta\sigma_{t-1}^2$$

$$P(n_t=j \mid \Phi_{t-1})=\frac{\exp(-\lambda_t)\lambda_t^j}{j!}, \quad j=0,1,2,\cdots$$

ARJI 模型如下：

$$r_t=\mu+\phi_1 r_{t-1}+\phi_2\varepsilon_{1,t-1}+\varepsilon_{1,t}+\varepsilon_{2,t}$$

$$\varepsilon_{1,t}=\sigma_t e_t,\ e_t \sim \mathrm{NID}(0,\ 1)$$

$$\varepsilon_{2,t}=J_t-E[J_t \mid \Phi_{t-1}]=\sum\nolimits_{k=1}^{n_t} Y_{t,k}-\theta\lambda_t, \quad Y_{t,k} \sim \mathrm{NID}(\theta, \delta^2)$$

$$\sigma_t^2=\omega+\alpha\varepsilon_{t-1}^2+\beta\sigma_{t-1}^2$$

$$P(n_t=j \mid \Phi_{t-1})=\frac{\exp(-\lambda_t)\lambda_t^j}{j!}, \quad j=0,1,2,\cdots$$

$$\lambda_t = \lambda_0 + \rho\lambda_{t-1} + \gamma\xi_{t-1}$$

ARJI-R^2 模型如下：

$$r_t = \mu + \phi_1 r_{t-1} + \phi_2 \varepsilon_{1,t-1} + \varepsilon_{1,t} + \varepsilon_{2,t}$$

$$\varepsilon_{1,t} = \sigma_t e_t,\ e_t \sim \text{NID}(0,1)$$

$$\varepsilon_{2,t} = J_t - E[J_t \mid \Phi_{t-1}] = \sum_{k=1}^{n_t} Y_{t,k} - \theta\lambda_t,\quad Y_{t,k} \sim \text{NID}(\theta, \delta^2)$$

$$\sigma_t^2 = \omega + \alpha\varepsilon_{t-1}^2 + \beta\sigma_{t-1}^2$$

$$P(n_t = j \mid \Phi_{t-1}) = \frac{\exp(-\lambda_t)\lambda_t^j}{j!},\quad j = 0,1,2,\cdots$$

$$\lambda_t = \lambda_0 + \rho\lambda_{t-1} + \gamma\xi_{t-1}$$

$$\theta_0 = \eta_0 + \eta_1 R_{t-1} D(R_{t-1}) + \eta_2 R_{t-1}(1 - D(R_{t-1}))$$

$$\delta_t^2 = \zeta_0^2 + \zeta_1 R_{t-1}^2$$

ARJI-h_t 模型如下：

$$r_t = \mu + \phi_1 r_{t-1} + \phi_2 \varepsilon_{1,t-1} + \varepsilon_{1,t} + \varepsilon_{2,t}$$

$$\varepsilon_{1,t} = \sigma_t e_t,\ e_t \sim \text{NID}(0,1)$$

$$\varepsilon_{2,t} = J_t - E[J_t \mid \Phi_{t-1}] = \sum_{k=1}^{n_t} Y_{t,k} - \theta\lambda_t,\quad Y_{t,k} \sim \text{NID}(\theta, \delta^2)$$

$$\sigma_t^2 = \omega + \alpha\varepsilon_{t-1}^2 + \beta\sigma_{t-1}^2$$

$$P(n_t = j \mid \Phi_{t-1}) = \frac{\exp(-\lambda_t)\lambda_t^j}{j!},\quad j = 0,1,2,\cdots$$

$$\lambda_t = \lambda_0 + \rho\lambda_{t-1} + \gamma\xi_{t-1}$$

$$\theta_0 = \eta_0 + \eta_1 R_{t-1} D(R_{t-1}) + \eta_2 R_{t-1}(1 - D(R_{t-1}))$$

$$\delta_t^2 = \zeta_0^2 + \zeta_1 \sigma_{t-1}^2$$

各模型的参数估计结果如表 3-2 所示。不管是比特币现货还是期货，跳跃强度一阶自回归系数 ρ 均显示出较高的值，大约在 0.94，并且在 1%的水平下统计显著。系数 ρ 用来衡量跳跃强度的持续性以及滞后影响，揭示了跳跃强度存在高度自相关性，即集聚效应，表明当前的大幅跳跃往往预示着下一期也会有类似的跳跃。此外，系数 γ 度量了预期偏差 ξ_{t-1} 对跳跃强度的影响，从而揭示跳跃的持续程度。这一系数在 1%的显著性水平下基本上都是统计显著的。具体而言，如表中第 4 列所示，当预期偏差 ξ_{t-1} 增加一个单位时，其对下一期跳跃强度产生仅仅 0.17 倍的削弱效应。

表 3-2 ARJI-GARCH 模型参数估计结果

参数	ARJI 常数		ARJI		ARJI-R^2		ARJI-h_t	
	现货	期货	现货	期货	现货	期货	现货	期货
μ	0.138 4*	0.046 8	0.136 4*	0.066 2*	0.141 4**	0.068 0*	0.137 3**	0.117 0***
	(0.063 8)	(0.173 0)	(0.064 0)	(0.109 1)	(0.047 7)	(0.079 9)	(0.038 3)	(0.000 0)
ϕ_1	−0.072 3***	−0.029 3***	−0.082 4***	−0.024 1***	−0.108 9***	−0.028 3*	−0.113 5***	−0.049 7***
	(0.009 3)	(0.000 0)	(0.001 6)	(0.000 0)	(0.000 2)	(0.060 2)	(0.000 2)	(0.000 0)
ϕ_2	0.046 8*	−0.007 9	0.052 1**	0.019 1	0.053 1**	0.018 4	0.052 1**	0.018 1***
	(0.075 4)	(0.253 8)	(0.024 5)	(0.387 3)	(0.022 3)	(0.263 4)	(0.026 7)	(0.000 0)

续表

参数	ARJI 常数		ARJI		ARJI-R^2		ARJI-h_t	
	现货	期货	现货	期货	现货	期货	现货	期货
ω	−0.010 1	0.002 7***	0.009 2	−0.003 9***	0.009 1	−0.004 0***	0.011 2	0.003 9***
	(0.589 1)	(0.000 0)	(0.605 1)	(0.000 0)	(0.587 8)	(0.000 0)	(0.530 2)	(0.000 0)
α	0.028 6***	0.000 0	0.010 1**	0.000 5***	0.010 6**	0.000 5***	0.009 2	0.000 5***
	(0.000 0)	(0.000 0)	(0.011 1)	(0.000 0)	(0.016 9)	(0.000 0)	(0.051 4)	(0.000 0)
β	0.930 3***	0.946 1	0.949 6***	0.984 9***	0.948 2***	0.985 2***	0.948 0***	0.984 8***
	(0.000 0)	(0.946 1)	(0.000 0)	(0.000 0)	(0.000 0)	(0.000 0)	(0.000 0)	(0.000 0)
ζ_0	5.455 2***	3.144 2***	4.221 4***	3.788 5***	4.224 9***	3.604 2***	3.848 1***	3.244 2***
	(0.000 0)	(0.000 0)	(0.000 0)	(0.000 0)	(0.000 0)	(0.000 0)	(0.000 0)	(0.000 0)
ζ_1					0.011 9	0.120 2	0.610 8	0.782 2**
					(0.675 3)	(0.489 7)	(0.448 0)	(0.031 0)
η_0	−0.179 8		−0.044 1	−0.134 6**	−0.076 7	−0.183 3	−0.079 9	0.360 6**
	(0.641 7)		(0.811 3)	(0.044 4)	(0.770 7)	(0.353 7)	(0.739 8)	(0.036 5)
η_1					0.084 7	−0.000 3	0.092 6	0.053 9
					(0.304 0)	(0.998 3)	(0.197 0)	(0.511 2)
η_2					0.073 9	0.023 0	0.065 9	0.069 8
					(0.446 0)	(0.801 6)	(0.473 4)	(0.175 5)
λ_0	0.287 7***	1.221 1***	0.029 0**	0.047 8***	0.027 7**	0.047 0***	0.029 7**	0.051 1***
	(0.000 0)	(0.000 0)	(0.017 2)	(0.003 7)	(0.010 3)	(0.000 0)	(0.015 8)	(0.000 0)
ρ			0.956 4***	0.955 0***	0.957 2***	0.942 7***	0.957 8***	0.945 5***
			(0.000 0)	(0.000 0)	(0.000 0)	(0.000 0)	(0.000 0)	(0.000 0)
γ			0.171 9***	0.150 1***	0.161 1***	0.131 6***	0.156 3***	0.163 7***
			(0.000 8)	(0.000 5)	(0.001 6)	(0.000 0)	(0.001 7)	(0.002 5)
L	−3 174.27		−3 168.40		−3 167.23		−3 167.04	

注：***、**、*分别表示1%、5%、10%的显著性水平，括号中为 p 值，L 代表极大似然估计值。

第七节　多元广义条件异方差模型建模

前几节主要介绍一元波动率模型，但是一元波动率模型已经不足以解释多元时间序列相关性问题。因此，本节将一元波动率模型进一步推广至多元情形，相较于传统的一元波动率模型，多元波动率模型更能捕捉到条件方差-协方差矩阵的信息，简化了多个资产收益率波动率之间的动态关系，并且能够检验波动溢出效应，计算包括多个资产的金融头寸的风险值，在组合选择与资产配置中起到至关重要的作用。多元 GARCH 模型主要包括 BEKK-GARCH、DCC-GARCH、CCC-GARCH、VECH-GARCH 模型等。基于前人的研究内容，Engle 和 Kroner（1995）提出了一种多元 BEKK-GARCH 模型。

以 BEKK-GARCH（1，1）模型为例，条件均值方程和方差方程分别为：

$$r_t = \beta_0 + \sum_{i=1}^{p} \beta_i r_{t-i} + \varepsilon_t, \quad \varepsilon_t \mid \Phi_{t-1} \sim N(0, H_t) \tag{3-85}$$

$$H_t = C'C + A'\varepsilon_{t-1}\varepsilon'_{t-1}A + B'H_{t-1}B \tag{3-86}$$

其中，$r_t=(r_{1t}, r_{2t})'$代表收益率向量，β_0 代表常数矩阵，β_1，…，β_p 代表系数矩阵，p 为 VaR 模型滞后阶数，$\varepsilon_t=(\varepsilon_{1t}, \varepsilon_{2t})'$为随机扰动项，$F_{t-1}$ 代表 $t-1$ 时刻的信息集。

将 BEKK-GARCH（1，1）模型的方差方程各矩阵展开可得：

$$H_t=\begin{bmatrix} h_{11,t} & h_{12,t} \\ h_{21,t} & h_{22,t} \end{bmatrix} \quad C=\begin{bmatrix} c_{11} & 0 \\ c_{21} & c_{22} \end{bmatrix} \quad A=\begin{bmatrix} a_{11} & a_{12} \\ a_{21} & a_{22} \end{bmatrix} \quad B=\begin{bmatrix} b_{11} & b_{12} \\ b_{21} & b_{22} \end{bmatrix} \tag{3-87}$$

进一步地，将模型的方差方程写成方程组形式可得：

$$\begin{aligned} h_{11,t}=&c_{11}^2+c_{21}^2+(a_{11}^2\varepsilon_{1,t-1}^2+2a_{11}a_{21}\varepsilon_{1,t-1}\varepsilon_{2,t-1}+a_{21}^2\varepsilon_{2,t-1}^2) \\ &+(b_{11}^2h_{11,t-1}+2b_{11}b_{21}h_{12,t-1}+b_{21}^2h_{22,t-1}) \end{aligned} \tag{3-88}$$

$$\begin{aligned} h_{22,t}=&c_{22}^2+(a_{12}^2\varepsilon_{1,t-1}^2+2a_{12}a_{22}\varepsilon_{1,t-1}\varepsilon_{2,t-1}+a_{22}^2\varepsilon_{2,t-1}^2) \\ &+(b_{12}^2h_{11,t-1}+2b_{12}b_{22}h_{12,t-1}+b_{22}^2h_{22,t-1}) \end{aligned} \tag{3—89}$$

$$\begin{aligned} h_{12,t}=&c_{21}c_{22}+[a_{11}a_{12}\varepsilon_{1,t-1}^2+(a_{12}a_{21}+a_{11}a_{22})\varepsilon_{1,t-1}\varepsilon_{2,t-1}+a_{21}a_{22}\varepsilon_{2,t-1}^2] \\ &+[b_{11}b_{12}h_{11,t-1}+(b_{12}b_{21}+b_{11}b_{22})h_{12,t-1}+b_{21}b_{22}h_{22,t-1}] \end{aligned} \tag{3-90}$$

其中，H_t 为协方差矩阵，C 为常数矩阵，A 为 ARCH 项系数矩阵，B 为 GARCH 项系数矩阵，ARCH 项和 GARCH 项分别反映波动的聚集性和持续性。$h_{11,t}$ 和 $h_{22,t}$ 分别表示 r_{1t} 和 r_{2t} 的方差，$h_{12,t}$ 表示 r_{1t} 和 r_{2t} 的协方差。在矩阵 A 和矩阵 B 中，a_{11}、a_{22} 分别表示 r_{1t}、r_{2t} 波动中的 ARCH 效应，b_{11}、b_{22} 分别表示 r_{1t}、r_{2t} 波动中的 GARCH 效应。a_{12}、a_{21} 分别表示 r_{1t} 对 r_{2t}、r_{2t} 对 r_{1t} 的 ARCH 溢出效应，b_{12}、b_{21} 分别表示 r_{1t} 对 r_{2t}、r_{2t} 对 r_{1t} 的 GARCH 溢出效应。

【例 3-8】 采用 BEKK-GARCH（1，1）模型研究中美股市的波动溢出效应。本例题沿用陈创练和黄跃（2014）的部分数据和结果，选取美国、中国、日本、中国香港股指期货近月合约的日结算价、现货市场股指各交易日的收盘价作为样本数据。对四个市场的收益率残差序列建立 BEKK-MGARCH（1，1)-VaR 模型，误差项服从 T 分布，对模型参数的估计以及波动溢出效应极大似然比的检验结果如表 3-3 和表 3-4 所示：

表 3-3　BEKK-MGARCH（1，1)-VaR 模型参数估计结果

	美国	中国	日本	中国香港
A	$\begin{pmatrix} 0.800\,5^{*} & 0.191\,7^{*} \\ (47.746) & (9.967) \\ 0.385\,1^{**} & 0.608\,9^{*} \\ (11.720) & (18.568) \end{pmatrix}$	$\begin{pmatrix} -0.854\,6^{*} & 1.783\,1^{**} \\ (-23.347) & (50.285\,4) \\ -1.650\,0^{*} & 2.582\,3^{*} \\ (-76.218) & (120.325) \end{pmatrix}$	$\begin{pmatrix} 0.229^{*} & -0.024\,3 \\ (18.963\,9) & (-1.56) \\ 0.045^{*} & 0.230\,1^{*} \\ (3.165) & (19.235\,1) \end{pmatrix}$	$\begin{pmatrix} 0.051\,3^{*} & 0.940\,1^{*} \\ (3.979) & (74.097) \\ -0.258\,5^{*} & 1.251\,2^{*} \\ (-35.468) & (182.545) \end{pmatrix}$
B	$\begin{pmatrix} 0.194\,3^{**} & 0.254\,3^{*} \\ (2.309) & (2.772) \\ -0.178\,9^{**} & 0.641\,3^{*} \\ (-2.161) & (6.930) \end{pmatrix}$	$\begin{pmatrix} 0.348\,5 & 0.086\,7 \\ (1.255) & (1.288) \\ -0.132\,5 & 0.569\,8 \\ (1.189) & (1.231) \end{pmatrix}$	$\begin{pmatrix} 0.964\,4^{*} & 0.001\,0 \\ (313.614\,4) & (0.388\,2) \\ -0.012\,4^{*} & 0.966\,9^{*} \\ (-3.377\,9) & (32.073\,6) \end{pmatrix}$	$\begin{pmatrix} -1.707\,6^{*} & 1.740\,5^{*} \\ (-18.425) & (20.487) \\ -2.040\,1^{*} & 2.075\,6^{*} \\ (-21.201) & (24.973) \end{pmatrix}$

注：括号中为 t 统计量。* 和**分别表示在 1%和 5%显著性水平下拒绝原假设。

表 3-4　波动溢出效应的极大似然比检验

原假设	美国	中国	日本	中国香港
H_0：$a_{12}=0$，$b_{12}=0$	LR= 21 916.44*	LR=15 825.04*	LR=4 321*	LR=10 412.23*

续表

原假设	美国	中国	日本	中国香港
H_0：$a_{21}=0$，$b_{21}=0$	LR= 23 931.6*	LR=4 208.503*	LR=21 458*	LR=22 028.76*
H_0：$a_{12}=0$，$b_{12}=0$ $a_{21}=0$，$b_{21}=0$	LR= 26 736.33*	LR=5 955.748*	LR=8 765*	LR=20 281.52*

首先，我们检验分析指数期货市场对现货市场是否存在波动溢出效应，假定参数矩阵 A 和 B 的非对角元素均为 0，即原假设为 H_0：$a_{12}=0$，$b_{12}=0$，极大似然比检验 LR 统计量表明，在 1%的显著性水平下拒绝原假设，可以认为美国、中国、日本、中国香港四个样本国家或地区的股指期货对现货市场均存在高度显著的波动溢出效应。其次，我们检验分析股指现货市场对期货市场是否存在波动溢出效应，检验原假设 H_0：$a_{21}=0$，$b_{21}=0$，极大似然比检验 LR 统计量表明，在 1%的显著性水平下均可以拒绝原假设，因而说明美国、中国、日本、中国香港四个样本国家或地区的现货市场对股指期货同样存在高度显著的波动溢出效应。最后，我们检验分析股指期货市场与现货市场是否存在双向的波动溢出效应，设定原假设为 H_0：$a_{12}=0$，$b_{12}=0$，$a_{21}=0$，$b_{21}=0$，似然比检验 LR 统计量表明，在 1%的显著性水平下仍然可以拒绝原假设，因此我们认为美国、中国、日本、中国香港四个样本国家或地区市场上均存在股指期货与现货市场间显著的双向波动溢出效应。

第八节　其他广义条件异方差模型族

一、IGARCH

Engle 和 Bollerslev（1986）提出了 IGARCH 模型（integrated GARCH model）来解决 GARCH 模型中约束过多的问题。IGARCH 模型与 GARCH 模型形式相似，但约束条件不同。IGARCH（p，q）模型为：

$$r_t=\mu+\varepsilon_t \tag{3-91}$$

$$\varepsilon_t=\sigma_t e_t,\quad \varepsilon_t^2\mid F_{t-1}\sim N(0,\sigma_t^2) \tag{3-92}$$

$$\sigma_t^2=\omega+\sum\nolimits_{i=1}^{p}\alpha_i\varepsilon_{t-i}^2+\sum\nolimits_{j=1}^{q}\beta_j\sigma_{t-j}^2 \tag{3-93}$$

其中要求 $\sum\nolimits_{i=1}^{p}\alpha_i+\sum\nolimits_{j=1}^{q}\beta_j=1$。

以 IGARCH（1，1）模型为例：$\sigma_t^2=\omega+\alpha\varepsilon_{t-1}^2+\beta\sigma_{t-1}^2$，当 $\alpha+\beta=1$ 时，对该式重复迭代得到：

$$\sigma_h^2(l)=\sigma_h^2(1)+(l-1)\alpha_0,\quad l\geqslant 1 \tag{3-94}$$

其中，h 为预测原点。由此，$\sigma_h^2(1)$ 对未来波动率的效应也是持续的，斜率为 α_0。对于 IGARCH（1，1）模型，我们重点研究 $\alpha_0=0$ 的情形，对所有预测步长，波动率的预测值都是 $\sigma_h^2(1)$，该模型是风险度量系统 RiskMetrics 所用的波动率模型，可以用来度量在险价值 VaR。同时该模型也是序列 $\{\varepsilon_t^2\}$ 的指数平滑模型，证明如下：

$$\sigma_t^2 = (1-\beta_1)\varepsilon_{t-1}^2 + \beta_1\sigma_{t-1}^2$$
$$= (1-\beta_1)\varepsilon_{t-1}^2 + \beta_1[(1-\beta)\varepsilon_{t-2}^2 + \beta_1\sigma_{t-2}^2]$$
$$= (1-\beta_1)\varepsilon_{t-1}^2 + (1-\beta_1)\beta_1\varepsilon_{t-2}^2 + \beta_1^2\sigma_{t-2}^2 \quad (3-95)$$

重复迭代得到：

$$\sigma_t^2 = (1-\beta_1)(\varepsilon_{t-1}^2 + \beta_1\varepsilon_{t-2}^2 + \beta_1^2\varepsilon_{t-3}^3 + \cdots) \quad (3-96)$$

由此得到贴现因子为 β_1 的指数平滑公式。因此，指数平滑方法可以用来估计 IGARCH（1，1）模型。

二、TGARCH

金融资产收益率的条件方差对利好消息和利空消息的反应往往是不同的，导致市场波动程度不同，当利空消息或者未预期到的损失出现时，收益率序列的条件方差可能会显著增大，这种现象可以看作不确定的“新息”对条件方差的一种非对称影响，这种非对称影响被称为杠杆效应。因此，我们有必要利用非对称 GARCH 模型分析金融资产收益率的波动性问题，以处理波动率的杠杆效应。Glosten，Jagannathan 和 Runkle（1993）提出了门限 GARCH 模型（threshold GARCH，TGARCH），即通过设定一个指示变量，将其作为门限，以探究正负冲击对条件波动率的影响。TGARCH（p，q）模型的表现形式为：

$$r_t = \mu + \varepsilon_t \quad (3-97)$$

$$\varepsilon_t = \sigma_t e_t,\ \varepsilon_t^2 \mid F_{t-1} \sim N(0, \sigma_t^2) \quad (3-98)$$

$$\sigma_t^2 = \omega + \sum_{i=1}^{p}(\alpha_i + \gamma_i N_{t-i})\varepsilon_{t-i}^2 + \sum_{j=1}^{q}\beta_j\sigma_{t-j}^2 \quad (3-99)$$

其中，N_{t-i} 是关于 ε_{t-i} 是否为负的指示变量，即：

$$N_{t-i} = \begin{cases} 1, & \varepsilon_{t-i} < 0 \\ 0, & \varepsilon_{t-i} \geqslant 0 \end{cases} \quad (3-100)$$

α_i 和 β_j 为非负参数，满足类似于 GARCH 模型的条件。从模型中可以看出，正的 ε_{t-i} 对 σ_t^2 的贡献为 $\alpha_i\varepsilon_{t-i}^2$，负的 ε_{t-i} 对 σ_t^2 的贡献为（$\alpha_i + \gamma_i)\varepsilon_{t-i}^2$，若 $\gamma_i > 0$，则与 ε_{t-i} 为正相比，ε_{t-i} 为负的冲击对波动率的影响更大，因此，这描绘出了杠杆效应的非对称性。

三、EGARCH

Nelson（1991）提出了另一种非对称的 EGARCH 模型（exponential GARCH）。该模型能有效刻画金融时间序列的杠杆效应，允许在模型中体现正的和负的资产收益率的非对称效应。

以最简单的 EGARCH（1，1）模型为例：

$$r_t = \mu + \varepsilon_t \quad (3-101)$$

$$\varepsilon_t = \sigma_t e_t \quad (3-102)$$

$$\ln(\sigma_t^2) = \omega + \theta\frac{\varepsilon_{t-1}}{\sigma_{t-1}} + \alpha\frac{|\varepsilon_{t-1}|}{\sigma_{t-1}} + \beta\ln(\sigma_{t-1}^2) \quad (3-103)$$

其中，$\varepsilon_t{}^2 \mid F_{t-1} \sim N(0, \sigma_t^2)$，$e_t \sim N(0, 1)$，EGARCH 模型的方差方程与传统波动率模型不同，等式左边是 $\ln(\sigma_t^2)$，从上述模型可以看出，由于 $\sigma_t^2 = \exp[\ln(\sigma_t^2)]$，因此可以保证方

差 σ_t^2 始终为正值，即不需要对方差方程中的系数(ω，θ，α，β)进行约束就能保证方差永远为正值。

对于 EGARCH 模型中的$\beta\ln(\sigma_{t-1}^2)$ 项，当$\beta>0$时，能够捕捉到波动的持续性现象。并且模型中均值方程的扰动项 ε_{t-1} 与扰动项标准差 σ_{t-1} 之比 $\theta\dfrac{\varepsilon_{t-1}}{\sigma_{t-1}}$、绝对值$|\varepsilon_{t-1}|$与扰动项标准差 σ_{t-1} 之比 $\alpha\dfrac{|\varepsilon_{t-1}|}{\sigma_{t-1}}$就是用来刻画非对称影响的因子，它们可以衡量正负冲击对波动率的非对称影响。值得注意的是，由于$\varepsilon_t^2|F_{t-1}\sim N(0, \sigma_t^2)$，可得出$\dfrac{\varepsilon_{t-1}}{\sigma_{t-1}}\sim N(0, 1)$，即这种非对称影响服从标准正态分布，是一种标准化后的随机扰动项。

进一步地，将 EGARCH 模型中方差方程刻画的非对称影响具体写为：

$$\begin{cases}\ln(\sigma_t^2)=w+(a+\theta)\dfrac{|\varepsilon_{t-1}|}{\sigma_{t-1}}+\beta\ln(\sigma_{t-1}^2), \varepsilon_{t-1}>0\\ \ln(\sigma_t^2)=w+(a-\theta)\dfrac{|\varepsilon_{t-1}|}{\sigma_{t-1}}+\beta\ln(\sigma_{t-1}^2), \varepsilon_{t-1}<0\end{cases} \tag{3-104}$$

因此，如果 $\theta=0$，风险因子对收益率序列的正负冲击是对称的，这说明收益率序列的波动性不会随着利好消息或者利空消息的出现产生差异化反应。如果 $\theta\neq0$，则非对称效应存在。我们注意到，由于标准差 $\sigma_{t-1}>0$，$\varepsilon_{t-1}>0$ 代表出现利好消息，此时$\dfrac{\varepsilon_{t-1}}{\sigma_{t-1}}>0$，经验研究表明，我们预期收益率的波动性下降，即 $\theta\dfrac{\varepsilon_{t-1}}{\sigma_{t-1}}<0$；反之，$\varepsilon_{t-1}<0$ 代表出现利空消息，此时$\dfrac{\varepsilon_{t-1}}{\sigma_{t-1}}<0$，经验研究表明，我们预期收益率的波动性上升，即 $\theta\dfrac{\varepsilon_{t-1}}{\sigma_{t-1}}>0$。据此，我们可以通过检验 θ 的符号间接验证 EGARCH 模型是否存在非对称性。原假设为 H_0：$\theta=0$，备择假设为 H_1：$\theta<0$，如果拒绝原假设，则说明存在非对称效应。

将 EGARCH（1，1）扩展为更一般的 EGARCH（p，q）模型，其方差方程可写为：

$$\ln(\sigma_t^2)=\omega+\sum\nolimits_{k=1}^{p}\theta_k\frac{\varepsilon_{t-k}}{\sigma_{t-k}}+\sum\nolimits_{i=1}^{p}\alpha_i\frac{|\varepsilon_{t-i}|}{\sigma_{t-i}}+\sum\nolimits_{j=1}^{q}\beta_j\ln(\sigma_{t-j}^2) \tag{3-105}$$

四、APARCH

APARCH 模型（asymmetric power ARCH）是 Ding，Engle 和 Granger（1993）提出的另一种用于刻画金融时间序列非对称性的扩展 GARCH 模型，APARCH（1，1）模型的表示形式如下：

$$r_t=\mu+\varepsilon_t \tag{3-106}$$

$$\varepsilon_t=\sigma_t e_t,\quad \varepsilon_t^2\mid F_{t-1}\sim N(0,\sigma_t^2) \tag{3-107}$$

$$\sigma_t^h=\omega+\alpha(|\varepsilon_{t-1}|-\gamma\varepsilon_{t-1})^h+\beta\sigma_{t-1}^h \tag{3-108}$$

其中，h 表示幂的值，非对称性由 γ 捕捉，若 $\gamma=0$，则不存在非对称性。

将 APARCH（1，1）模型扩展到更一般的包含多个门限的 APARCH（p，q）模型：

$$r_t = \mu + \varepsilon_t \tag{3-109}$$

$$\varepsilon_t = \sigma_t e_t, \quad \varepsilon_t^2 \mid I_{t-1} \sim N(0, \sigma_t^2) \tag{3-110}$$

$$\sigma_t^h = \omega + \sum_{i=1}^{p} \alpha_i (|\varepsilon_{t-i}| - \gamma_i \varepsilon_{t-i})^h + \sum_{j=1}^{q} \beta_j \sigma_{t-j}^h \tag{3-111}$$

其中，$h>0$，当 $i \leqslant r$ 时 $|\gamma_i| \leqslant 1$，当 $i>r$ 时 $\gamma_i = 0$，$1 \leqslant r \leqslant p$。$\gamma_i$ 是用来考察 $1 \sim r$ 期的非对称性，$\gamma_i \neq 0$ 则说明系统存在杠杆效应。若 $h=2$，$\gamma_i=0$，则 APARCH 模型退化为 GARCH 模型。APARCH 模型具有一般 GARCH 模型的特点，但又比一般 GARCH 模型具有更强的灵活性。

【例 3-9】 采用 EGARCH 模型分析中国股市的杠杆效应。选取上证指数 2016 年 1 月 1 日—2021 年 3 月 31 日的日收盘价，建立对数收益率序列，并利用 EGARCH（1，1）模型估算波动率，估计结果如下所示：

$$\ln(\sigma_t^2) = -0.1323 - 0.0062 \frac{\varepsilon_{t-1}}{\sigma_{t-1}} + 0.1512 \frac{|\varepsilon_{t-1}|}{\sigma_{t-1}} + 0.9846 \ln(\sigma_{t-1}^2)$$

程序 3-3

EGARCH 模型估计

杠杆系数 θ［见（3-103）式］小于零，说明利空消息引起的波动程度比利好消息更大，即存在杠杆效应。利好消息造成了一个 $\alpha - |\theta| = 0.1451$ 倍大小的冲击，利空消息造成了一个 $\alpha + |\theta| = 0.1573$ 倍大小的冲击。由此得出，市场的波动对于利空消息的反应更加敏感。图 3-5 给出了基于 EGARCH 模型估计得到的上证指数波动率走势图。与图 3-4 相比，虽然波动率在走势上基本一致，但在某些时刻数值存在一定的差异。鉴于从理论上讲，股市存在波动杠杆效应，故此，基于 EGARCH 模型估计得到的波动率更符合现实。

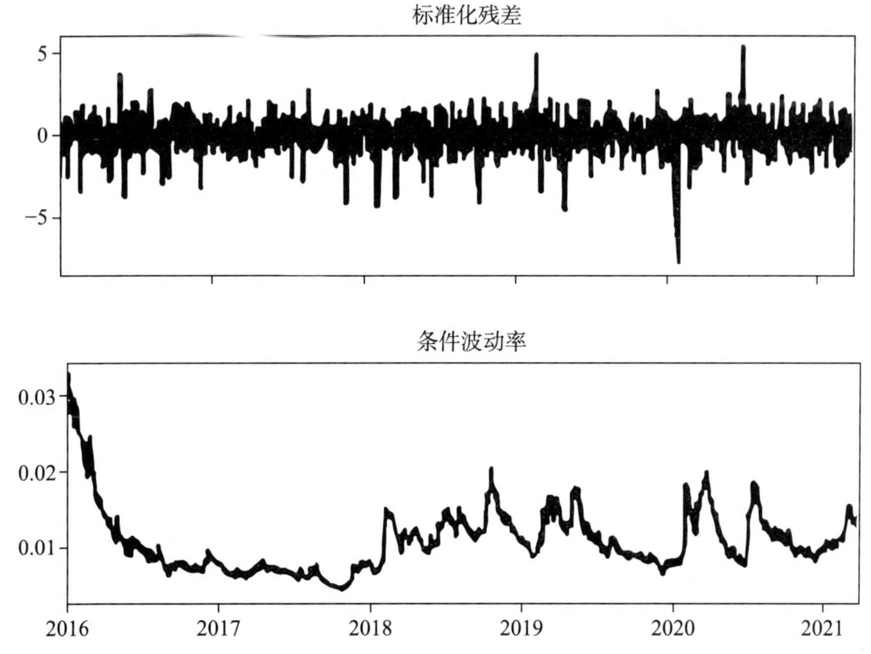

图 3-5 EGARCH 模型估计结果

第九节 波动率的估计与应用

本节主要通过案例来说明最优波动率估计甄别及其应用。本章我们介绍如何利用 ARCH 模型、EWMA 模型、GARCH 模型测算市场波动率，这几种动态模型各有特点，为了更好地量化评价模型性的优劣，我们将针对沪深 300 指数使用以上三种模型进行建模，分析波动率的走势并做出解释。

一、动态估计结果

从图 3-6 三幅图的变化趋势可以看出，在经历了 2008 年金融危机之后，市场保持了一段相对平稳的增长，股市虽偶有波动，但总体上趋于稳定。但从 2015 年开始，股市波动剧烈，基本上可以分为前波峰和后波峰，分别对应两段具有特殊意义的时期。前波峰是上升时期，后波峰则对应“股灾”时期，大盘呈现股灾式暴跌。市场经历的波动现象历史罕见，然而在股市的疯狂上涨中也埋藏着大量潜在的风险，如市场风险、流动性风险、操作风险、价格风险等，因此科学地观察股市的波动现象，有效地估计未来股市波动率的走向，制定有效合理的金融风险管理制度，将有助于投资者清楚认识到投资风险分析的重要性。

程序 3-4

最优波动率估计

二、最优波动率估计甄别

为了评价 ARCH 模型、EWMA 模型、GARCH 模型的优劣，我们利用真实值与预测值得到误差统计量进行方法评估。误差可以分为两种类型：一种是系数误差，一种是残差误差。在实践中，人们经常用平均误差和平均绝对误差来评价估计波动率的能力。但是我们无法知道真实的波动率，因此不能直接采用这两种方法作为误差准则。为了比较不同的建模方法的估计效果，我们基于评价方法对估计误差进行统计分析来甄别最优波动率：

$$\text{EMSE}=\frac{1}{n}\sum_{i=1}^{n}(\sigma_i^2-u_i^2)^2$$

$$\text{EMAE}=\frac{1}{n}\sum_{i=1}^{n}|\sigma_i^2-u_i^2|$$

$$\text{LINEX}=\frac{1}{n}\sum_{i=1}^{n}\{\exp[-\lambda(\sigma_i^2-u_i^2)]+\lambda(\sigma_i^2-u_i^2)-1\}^2$$

EMSE 统计量和 EMAE 统计量是对称的评价标准，波动的偏高和偏低的预测结果相同，在实证分析中，波动预测低比预测高的后果更严重，所以应该给偏低预测更大的权重。

LINEX 统计量就是为了解决这些问题而形成的非对称评价标准。在 LINEX 统计量中，$\lambda>0$，

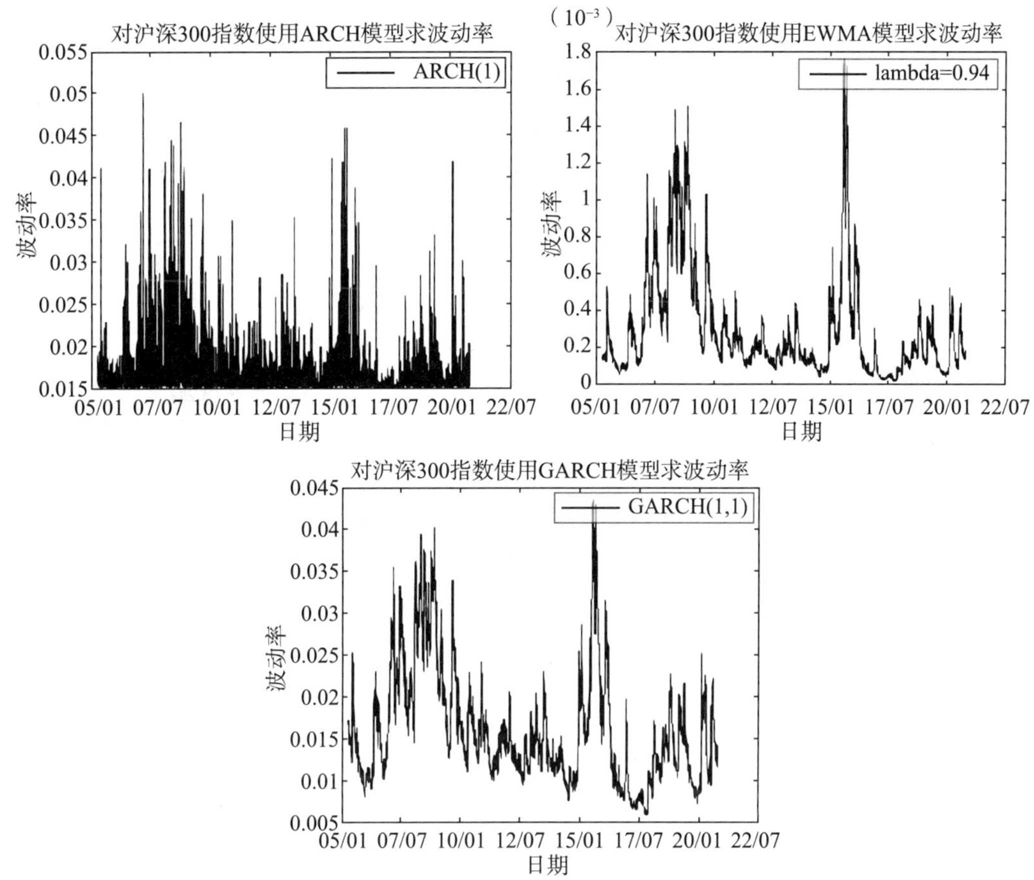

图 3-6 ARCH 模型、EWMA 模型、GARCH 模型估计结果

组合一个偏低预测的指数函数和一个偏高预测的线性函数，即一个指数变化和一个线性变化，相当于给偏低预测一个更大的权重。

通过表 3-5 的三个评价标准可知，GARCH 模型总体上在各项标准中获得最优，是因为考虑到波动因素对参数的影响，沪深 300 指数在中国股票市场极具代表性，所以这为中国股票市场的波动性估计提供了重要的实证参考。GARCH 模型在这三种标准下能取得较好的结果，特别是在 2015 年这一经历大起大落的时期，更具有特殊的意义。而 EWMA 模型较 ARCH 模型要好，这可能是因为 EWMA 模型是基于近期数据进行分析，数据更具有局域的时效性。因此，投资者可以构建正确的波动率模型对数据进行科学分析，并做出相应的预测。特别是，选择正确的波动率估计模型也有助于投资者后续采取科学的方法对金融市场风险进行有效管理。

投资人可通过构建这些模型并科学地分析数据，对市场做出合理的预测。

表 3-5 GARCH (1, 1) -*t* 系数

模型	EMSE		EMAE		LINEX	
	值$\times10^{-7}$	排序	值$\times10^{-4}$	排序	值$\times10^{-7}$	排序
ARCH	5.017 2	2	3.514 7	3	2.500 5	2
EWMA	6.072 5	3	2.982 8	1	3.031	3

续表

模型	EMSE		EMAE		LINEX	
	值×10^{-7}	排序	值×10^{-4}	排序	值×10^{-7}	排序
GARCH	3.647 0	1	3.306 8	2	2.320 8	1

【本章小结】

金融时间序列数据大多呈现自相关、条件异方差、波动聚集、厚尾等特征，因此，对收益率序列采用特定的波动率建模至关重要，其在期权价格预测、投资组合配置、风险管理和量化投资决策等方面具有深远的影响。本章介绍了几种波动率的估计方法，阐述了GARCH族建模的步骤及其主要优点，以此为基础介绍了非对称性GARCH、跳跃GARCH、混频GARCH和多元GARCH模型等，这些模型有助于识别不同状态和情形下的波动率，能够为投资者提供更多的决策参考依据，但同时也增加了投资者在决策时选择的困难。

【课后习题】

1. 以中国平安股票为例，任意选取近21天的日度历史交易数据，并以此计算该股票的标准差波动率。

2. 证明：GARCH模型中的ε_t自相关系数为0。

3. 以格力电器股票为例，选取2011—2023年的月度历史交易数据，计算出简单收益率和对数收益率，并回答以下几个问题：

(1) 画出其对数收益率的时间序列图，判断其是否为平稳序列。解释为什么要使用对数收益率。

(2) 对数收益率是否存在显著的序列相关性？如果存在，如何解决序列相关性问题？

(3) 对数收益率序列是否存在ARCH效应？请给出具体的证明过程。

(4) 使用ARCH模型拟合数据，并写出拟合的模型。

4. 考虑一个强平稳的ARCH (1) 模型：$\varepsilon_t=\sigma_t e_t$，$\sigma_t^2=\alpha_0+\alpha_1\varepsilon_{t-1}^2$，其中$e_t$是一个白噪声，常数$\alpha_0>0$，$\alpha_1\in\left(0, \frac{\sqrt{3}}{3}\right)$。

(1) 求解$E(\varepsilon_t^2)$和$E(\varepsilon_t^4)$。

(2) 将ε_t^2表示成AR (1) 的形式。

5. 以贵州茅台股票为例，选取2011—2023年的月度历史交易数据，计算简单对数收益率，对其建立一个GARCH模型，然后计算以2015年12月为预测原点的向前一步至五步的波动率预测值。

6. 考虑上证50指数、贵州茅台股票2011年1月—2023年12月的月对数收益率，构建一个BEKK-GARCH模型来拟合这个二元时间序列，并画出动态相关系数图。

7. 选取比特币现货2015年1月—2023年12月的日收益率数据作为样本，拟合一个

Jump-GARCH 模型，依次描述跳跃的幅度、跳跃聚集性、跳跃波动在总波动中所占的比例和跳跃强度对条件方差的反馈效应，并画出跳跃波动在总波动中所占比重的时变图。

8. 选取 2011 年 1 月—2023 年 12 月上证综指日度数据和中国经济不确定性指数的月度数据，利用 GARCH-MIDAS 模型分析经济政策不确定性指标对我国股市波动率的影响，并解释其中的机理。

9. 以紫金矿业股票为例，选取 2011—2023 年的日度历史交易数据，计算日对数收益率。

（1）该对数收益率序列是否存在 ARCH 效应？

（2）对该序列建立一个 EGARCH 模型，杠杆效应在 5%的显著性水平下是否显著？

（3）对该序列建立一个 TGARCH 模型，并检验所拟合的模型是否存在杠杆效应。

10. 选择任意股票，采用本章的方法估计波动率，并评价哪种波动率最适合，解释原因。

第四章

市场风险度量

本章阅读指引

在金融风险管理中，最备受关注的风险管理技术是 VaR 和 ES 方法。而传统市场风险度量技术，例如标准差、股票的 β 系数、希腊字母、债券的持续期或修正持续期等方法都只能适用于特定的金融产品或特定的范围。虽然上述风险度量技术对交易员十分重要，但仍然太过片面。在现实中金融机构的交易组合往往取决于成千上万个市场变量，因此并不能为金融机构的高管和监管人员提供一个关于整体风险的完整图像。在这样的背景之下，J. P. 摩根公司在 1994 年开发出世界上第一个 VaR 模型，用于度量不同交易组合的整体风险。在 1995 年巴塞尔银行监管委员会将 VaR 纳入商业银行的资本充足性要求之后，VaR 开始逐渐成为新的度量金融风险的标准。本章将首先对 VaR 的定义、计算以及优缺点进行介绍，随后过渡到另一个同样度量交易组合整体风险的重要指标——预期亏损，该指标具有比 VaR 更优秀的特质。作为扩展，本章在最后也会对系统性金融风险指数（SRISK）进行介绍。为了方便读者了解如何在实际操作中计算 VaR 和 ES，本章在最后一节给出了基于 Python 的案例实现。

第一节　VaR 定义

一、在险价值 VaR 的定义

在险价值按字面意思理解就是“处于风险中的价值”，其具体含义是投资者的金融资产或证券组合在未来资产价格波动下可能或潜在的最大损失，即在正常的市场条件下，投资者的金融资产或投资组合在某一特定置信水平下，在未来特定展望期内预期亏损的最大值，用数学语言可表示为：

$$\text{Prob}(\Delta P < -\text{VaR}) = (100 - X)\% \quad (4-1)$$

其中，ΔP 表示在时间段 T 中资产价格的变化，对（4－1）式的主要表述是：我们有 $X\%$的把握，在时间段 T 内，损失不会大于 VaR。

在险价值 VaR 可以由交易组合在时间段 T 内的收益概率分布得出，也可以由损失的概率分布得出（对于前者，损失可以认为是负收益，见图 4－1；对于后者，收益可以认为是负损失，见图 4－2）。例如，当 T 为 10 天，$X=99$ 时，VaR 对应于交易组合在 10 天后收益分布中第 1 个分位数对应的损失，对应于交易组合在 10 天后损失分布中第 99 个分位数对应的损失。在更一般的情况下，当采用收益分布时，VaR 为如图 4－2 所示收益分布的第 $100-X$ 分位数的负值（当采用损失分布时，VaR 则为所示损失分布的第 X 分位数的值）。

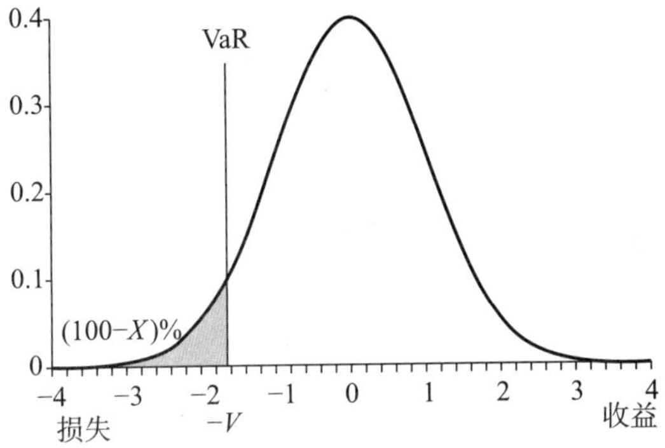

图 4－1　交易组合在时间段 T 内的损失分布图

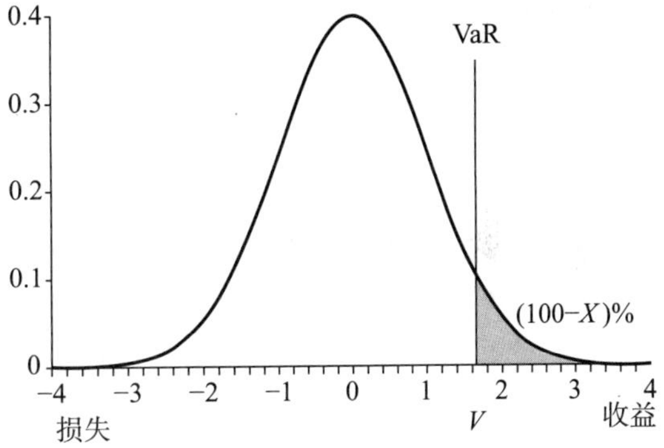

图 4－2　交易组合在时间段 T 内的收益分布图

【例 4－1】　为了更好地理解 VaR，本节给出另外一个具体的例子。假设一个基金经理希望在接下来的 10 天内，其所管理的基金价值损失不超过 1 000 000 元的概率为 95%，则可以将其写为：

$$\text{Prob}(\Delta V < -1\,000\,000) = 5\%$$

其中，ΔV 为投资组合价值的变动，本例的置信水平为 95%。

二、在险价值 VaR 的计算

在险价值 VaR 的计算方法大体上可分为两种：局部估值法（local-valuation method）和完全估值法（full-valuation method）。

局部估值法是指在投资组合的特定状态下进行一次估值，并利用局部的数学分析来推测变化趋势进而求出 VaR。方差-协方差法是最典型的局部估值法。当投资组合的市场价值与风险因子呈线性相关时，该估计方法非常有效。

完全估值法通过模拟各种情境下资产组合的收益并重新定价来全面评估资产组合的风险。历史模拟法和蒙特卡罗模拟法是典型的完全估值法。

（一）方差-协方差法

VaR 计算中最常见的方法便是方差-协方差法，该方法通过计算资产收益的标准差和相关系数得到组合的标准差，从而确定 VaR 的值。该方法的不足之处在于假定了资产价格收益率服从正态分布，其准确性和可信性有待考察；其优点在于简化了 VaR 的运算，为普通投资者和管理者提供了便利的风险管理工具。本节接下来将向读者介绍方差-协方差法中的线性和非线性计算方法。

1. 线性计算方法

具体而言，假设资产价值为 S，持有期限为 T，要求的置信水平为 X，那么单一资产的 VaR 可以简单地表示为：

$$\text{VaR}=S\sigma_{\text{day}}N^{-1}(X)\sqrt{T}=S\sigma_{\text{day}}\alpha\sqrt{T} \tag{4-2}$$

因此，VaR 是资产价值、持有期限、分布的标准差与置信水平的函数。这种方法可以推广到正态分布和其他的累积概率函数，其中所有的不确定性都体现在 σ 上，其他的分布会得到不同的 α 值。

对于较长时间的度量，应考虑对资产价值的漂移加以修正，即采用损失率的漂移率来进行修正，如果损失率的漂移率为 μ，则（4－2）式修正为：

$$\text{VaR}=S[\mu T+\sigma_{\text{day}}\alpha\sqrt{T}] \tag{4-3}$$

【例 4－2】 投资者 A 持有一价值 500 万元的 B 公司的股票头寸，B 公司股票的日波动率为 3%，假定该资产的价值变动呈正态分布，并且该股票的预期变动即漂移率为 0（这对于很短的持有期限是正确的），计算该资产持有期限为 10 天，置信水平为 99%的 VaR。求解如下：

$$\text{VaR}=S\sigma_{\text{day}}N^{-1}(X)\sqrt{T}=500\times0.03\times N^{-1}(0.99)\times\sqrt{10}=110.522(\text{万元})$$

假设资产组合由 M 个资产构成，第 i 个资产的价值为 α_i，波动率为 σ_i，而第 i 个资产和第 j 个资产之间的相关系数为 ρ_{ij}，则该资产组合的 VaR 的计算公式为：

$$\text{VaR}=\sigma_P N^{-1}(X)\sqrt{T}=N^{-1}(X)\sqrt{T}\sqrt{\sum_{i=1}^{M}\sum_{j=1}^{M}\alpha_i\alpha_j\sigma_i\sigma_j\rho_{ij}} \tag{4-4}$$

其中，α_i 就是资产组合初始价值分解后各风险因子对应的头寸，可以解释为资产组合价值对各风险因子的敏感度。

可以看到，在正态分布的假设条件下，只要我们根据资产的历史数据计算得到资产的标准差，便可以利用（4－2）式、（4－3）式和（4－4）式估计得到资产的 VaR 值。

【例 4－3】 某投资基金的资产组合由价值 100 万元的 X 公司股票和价值 200 万元的 Y 公司股票构成，X 公司股票的日波动率为 3%，Y 公司股票的日波动率为 2%，且 X 公司股票和 Y 公司股票收益率之间的相关系数为 0.5，计算该组合持有期限为 30 天，置信水平为 99%的 VaR。求解如下：

$$\begin{aligned}\text{VaR}&=N^{-1}(X)\sqrt{T}\sqrt{\sum_{i=1}^{M}\sum_{j=1}^{M}\alpha_i\alpha_j\sigma_i\sigma_j\rho_{ij}}\\&=N^{-1}(99\%)\sqrt{30}\sqrt{1^2\times0.03^2+2^2\times0.02^2+2\times1\times0.03\times2\times0.02\times0.5}\\&=0.78(\text{百万元})\end{aligned}$$

2. 非线性计算方法

以上讨论的实际上是在正态分布假设和线性假设下的 VaR 模型，如果资产组合中出现期权等具有非线性性质的金融产品，则上述线性模型就无法使用，需要转而使用非线性模型。

学术界一般假设资产价格 S 服从最简单的几何布朗运动（GBM）：

$$\frac{\mathrm{d}S_t}{S_t}=u_t\mathrm{d}t+\sigma_t\mathrm{d}z_t \tag{4-5}$$

其中，参数 u_t 和 σ_t 分别表示收益率的漂移率和波动率，根据伊藤引理可以求出期权价值变动的微分方程式如下（忽略利率和收益率波动率的变动）：

$$\mathrm{d}f=\frac{\partial f}{\partial S}\mathrm{d}S+\frac{1}{2}\frac{\partial^2 f}{\partial S^2}(\mathrm{d}S)^2+\frac{\partial f}{\partial t}\mathrm{d}t+\cdots \tag{4-6}$$

其中，$\frac{\partial f}{\partial S}$=Delta，$\frac{\partial^2 f}{\partial S^2}$=Gamma，由于 Gamma 项的存在，资产组合与风险因子的关系不再是简单的线性关系。在这种情况下，上述线性模型的准确性就大大降低，因而必须采用非线性模型来估计，接下来将对两种常见的非线性模型进行介绍。

（1）Delta 近似法。

考虑一个由单一的标的证券 S 的衍生证券组成的投资组合。期权或期权投资组合对标的证券的敏感度为 Delta，用 Δ 表示，则有 $\Delta=\frac{\partial f}{\partial S}$，即$\partial f=\Delta\partial S$，其中 f 是期权的价值，S 是标的证券的价值。令 $\mathrm{d}x=\frac{\mathrm{d}S}{S}$，近似地我们有 $\mathrm{d}f=\Delta\mathrm{d}S=S\Delta\mathrm{d}x$。如果标的证券价格变动分布的标准差是 $\sigma S\sqrt{T}$，那么期权价格变动分布的标准差是 $\sigma S\Delta\sqrt{T}$。

对于存在多个标的证券的期权组合来说，组合价值的变动和方差计算如下：

$$\mathrm{d}f=\sum_{i=1}S_i\Delta_i\mathrm{d}x_i \tag{4-7}$$

$$\sigma_{\mathrm{d}f}^2=\sum_i\sum_j\rho_{ij}\Delta_i\Delta_jS_iS_j\sigma_i\sigma_j \tag{4-8}$$

式中，Δ_i 代表第 i 个证券的 Delta 值，σ_i 代表第 i 个证券的标准差，ρ_{ij} 代表第 i 个证券和第 j 个证券之间的相关系数。此时便可以求解出该投资组合在展望期为 1 天和 X%置信水平下的 VaR 值为：

$$\mathrm{VaR}=N^{-1}(X)\sqrt{T}\sqrt{\sum_i\sum_j\rho_{ij}\Delta_i\Delta_jS_iS_j\sigma_i\sigma_j} \tag{4-9}$$

【例 4-4】 Delta 近似法的 VaR 计算。假定一交易组合由标的资产为康泰生物股票与科士达股票的期权组成，康泰生物期权的 Delta 为 1 000，科士达期权的 Delta 为 20 000，康泰生物股票以及科士达股票的价格分别为 120 元和 30 元，由于 $\mathrm{d}f=\sum_{i=1}S_i\Delta_i\mathrm{d}x_i$，我们可得该组合价值变化的方程：

$$\begin{aligned}\mathrm{d}f&=120\times1\,000\times\Delta x_1+30\times20\,000\times\Delta x_2\\&=120\,000\times\Delta x_1+600\,000\times\Delta x_2\end{aligned}$$

式中，Δx_1 和 Δx_2 分别为康泰生物股票和科士达股票的日收益率，则 $\mathrm{d}f$ 是股票收益率所触发交易组合一天的价值变化（这一组合等价于 120 000 元的康泰生物投资与 600 000 元的科士达投资的组合）。假定康泰生物股票价格每天的波动率为 2%，科士达股票价格每天的波动率为 1%，康泰生物股票价格变化与科士达股票价格变化的相关系数为 0.3，我们得出该投资组合的标准差（以千元计）为：

$$\begin{aligned}\sqrt{\mathrm{VaR}\left(\sum_{i=1}^{T}\Delta P_i\right)}&=\sqrt{(120\times0.02)^2+(600\times0.01)^2+2\times120\times0.02\times600\times0.01\times0.3}\\&=7.099\end{aligned}$$

则 5 天展望期下 95%置信水平的 $VaR_p = N^{-1}(95\%)\sqrt{5} \times 7\ 099 = 26\ 112$（元）。

（2）Delta-Gamma 近似法。

Delta 近似法只考虑了资产价值变化的一阶导，因此，对于基本标的证券价格的微小移动，Delta 近似值是令人满意的；而对于较大的变动，更高阶的近似法可以达到更好的效果，此时就要将 Gamma 效应或凸性效应结合起来，这就是本节将要介绍的另一种方法——Delta-Gamma 近似法。

图 4-3 中有三条不同的分布曲线：

第一条曲线是基本标的证券的价值分布曲线。它是一条具有 $\sigma S\sqrt{\Delta t}$ 标准差的正态分布曲线，在图中用粗线表示。

第二条曲线是只用 Delta 近似法得到的期权投资组合的价值分布曲线。它是一条具有 $\Delta\sigma S\sqrt{\Delta t}$ 标准差的正态分布曲线。

第三条曲线是用 Delta-Gamma 近似法得到的期权投资组合的价值分布曲线。

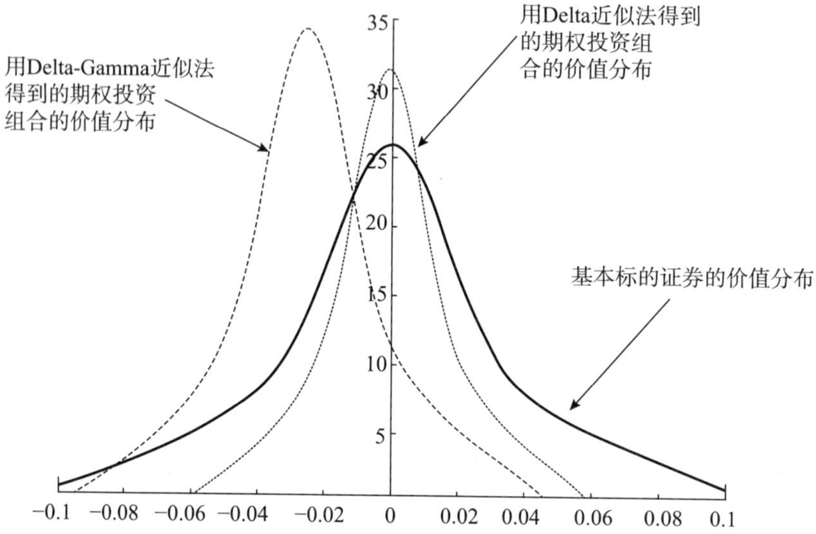

图 4-3　不同组合的价值分布

从图 4-3 可以发现，由于受到 Delta 和 Gamma 效应的影响，投资组合的价值分布不再是一条正态分布的曲线，因此对于包含具有非线性性质的金融产品的投资组合，此时线性计算方法将会产生较大偏差。

为了讲清楚如何使用 Delta-Gamma 近似法计算投资组合的 VaR 值，考虑一个仅包含单个资产的期权组合，设该资产价格为 S，投资组合的 Delta 为 Δ，Gamma 为 Γ，使用泰勒展开式计算资产价格的变化：

$$df = \frac{\partial f}{\partial S}dS + \frac{1}{2}\frac{\partial^2 f}{\partial S^2}(dS)^2 \approx \Delta dS + \frac{1}{2}\Gamma(dS)^2 \tag{4-10}$$

设该资产的收益率为 $dx = \frac{dS}{S}$，则（4-10）式可以表示成

$$df = S\Delta\, dx + \frac{1}{2}S^2\Gamma dx^2 \tag{4-11}$$

可将（4－11）式扩展到包含多个资产的组合情形：

$$df=\sum_{i=1}^{M}S_i\Delta_i dx_i+\frac{1}{2}\sum_{i=1}^{M}S_i^2\Gamma_i dx_i^2 \tag{4-12}$$

（4－12）式可以用于计算 df 的高阶矩，运用这些高阶矩可以估算所要求的 VaR 值对应的投资组合概率分布的分位数。但是这种方法不像线性模型那么好用，并且需假定投资组合价值的变化是正态分布的。这个公式的实际应用意义在于它可以与模拟法相结合来估计 VaR。

（二）历史模拟法

根据 VaR 的定义，只要我们知道了资产的收益分布，就容易求得某个资产的 VaR。因此，如果我们假设资产的收益分布不会发生变化（过去和现在的分布保持相同），那么我们就可以根据资产的历史数据来得到资产的收益分布，进而计算出 VaR，这种方法就叫历史模拟法，其核心在于资产价格过去与未来的收益分布不会发生变化。

使用历史模拟法计算 VaR 的具体步骤可以概括为三步：第一步，计算组合中第 i 只证券在时间 t 的收益率 $R_{i,t}$；第二步，计算出投资组合时间序列的收益率 $R_{p,t}=\sum_{i=1}^{N}W_{i,t}R_{i,t}$；第三步，将历史收益率数据从小到大进行排序，根据给定的置信水平找到特定的数值（假设我们使用了 1 000 个历史数据，95%置信水平下的 VaR 即为根据收益率大小排序的第 50 个位置的收益率数值）。

历史模拟法的本质是利用资产的历史收益率数据来估计该资产未来收益的概率分布，因此该方法简单方便，不需要对收益的分布做出假设，也不用对资产收益的波动性、相关性等参数进行估计。与方差-协方差法相比，该方法的优势在于不需要对资产的收益分布进行假设。不过该方法也存在明显的弊端，其隐含的假设是未来的市场环境与历史相一致，而该假设在现实中不一定成立。比如 2000 年前后在美国金融市场上发生的“互联网泡沫”，由于互联网属于新兴科技，美国金融市场此前并没有遭遇过这样的泡沫，若要拿历史数据来预测未来，结果可能会损失惨重。与此同时，历史模拟法需要的样本数据一般不能少于 1 500 个，若数据太少可能会遗失重要信息，导致 VaR 估计的结果不甚精确；不过如果数据太多、时间太过久远，则对于预测未来没有太大的帮助。

（三）蒙特卡罗模拟法

在 VaR 的计算方法中，方差-协方差法等局部估值法具有高灵敏度与简洁的优点。但因其对分布进行了正态或其他形式的特定假设，且方差等波动指标具有局部性的特点，故而在面对真实证券市场中常见的尖峰厚尾、时变等非正态与非线性现象时，往往显得无能为力，或者出现较大的估计偏差。而基于模拟理论的完全估值法却能较好地解决此类问题。从随机理论可知，我们可以将任何资产的价格决定视作随机过程。那么，如果对该随机过程进行反复模拟，那么在每次模拟时，针对资产或资产组合的价格及收益等随机变量，我们都可以获得一个对应的可能值。当模拟的次数足够多、频率足够高时，我们可以认为该项模拟已接近收敛于真实的分布情况。这就是模拟法的思想。我们可以就此进行 VaR 的计算。历史模拟法是在历史观察值的基础上，对未来损益的可能性进行模拟，从而得到估计的分布、分位数与 VaR 值。而蒙特卡罗模拟法对价格与收益的模拟并非基于历史数据，而是通过获得伪随机数或随机数来计算 VaR。

作为一种完全估值法，蒙特卡罗模拟法的优点在于它不仅能够分析和度量非线性金融资产的市场风险甚至信用风险，还可以有效处理收益率时间序列的高幅波动及尖峰厚尾问题。蒙特卡罗模拟法的操作同样包括三个主要步骤：第一步，选择适合描述资产价格的随机过程以及过程参数，比如，对于股价或汇率的随机过程，大多用几何布朗运动模型来描述；第二步，依据随机过程模拟虚拟的资产价格的所有可能路径；第三步，综合模拟结果，构建资产组合收益率分布，并以此计算投资组合的 VaR。

蒙特卡罗模拟法的缺点在于，首先，需要对资产收益的分布进行设定，如果设定的分布不符合现实，同样会导致计算结果出现偏差；其次，需要繁杂的电脑技术和大量的复杂抽样，而且为了提高准确性需要进行更多次模拟，由此导致估计速度变慢，譬如一个因素的准确性要提高 10 倍，就必须将模拟次数增加 100 倍以上。

在第六节中将会以案例的形式，向读者展现用这三种方法计算资产 VaR 值的差异所在。

三、VaR 参数选择

正如前文所述，在方差-协方差法下我们通常假定投资组合的价值变化在某指定展望期内服从正态分布，投资组合价值变化的期望值通常被假定为零，在这些假定之下，VaR 的计算变得较为简便，其计算公式为：

$$\mathrm{VaR}=\sigma N^{-1}(X)\sqrt{T} \tag{4-13}$$

其中，X 为置信水平；σ 为对应展望期的投资组合价值变化的标准差；$N^{-1}(\cdot)$ 为累积标准正态分布的反函数。（4－13）式显示，无论对应于什么样的展望期以及置信水平，VaR 都与 σ 成正比。

【例 4－5】 假定某投资组合在 30 天展望期内的价值变化服从正态分布，分布的期望值为 0，标准差为 1 000 万元，30 天展望期的 99%VaR 为

$$1\,000N^{-1}(99\%)\times\sqrt{30}=12\,762\text{（万元）}$$

由（4－13）式可知，在计算单个资产的 VaR 时须设定两个参数：展望期及置信水平。而在计算投资组合 VaR 时，还有另外一个重要的参数就是资产之间的自相关系数，这些系数将会对投资组合的 VaR 估计结果造成不同程度的影响。

1. 展望期

计算 VaR 时，通常要根据不同的目的选取特定的展望期。当投资组合的流动性较高、交易比较活跃时，通常需要选取较短的展望期。这是因为在一个较长的展望期内，投资组合的成分往往已经发生了较大的变化，此时的 VaR 将不具备参考价值。

对于一些交易频率较低的投资组合来说，常常需要选取较长的展望期。养老基金投资组合的管理人员往往会选择一个较长的展望期。这是因为此类投资组合的交易行为往往不太活跃，而且组合内某些资产的流动性也可能较低。

在考虑市场风险时，风险管理人员往往首先要计算 1 天展望期的 VaR 或者预期亏损，对于其他的展望期，一个较为常用的假设为：

$$N-\mathrm{Day\ VaR}=1-\mathrm{Day\ VaR}\times\sqrt{N} \tag{4-14}$$

当投资组合每天的价值变化相互独立，并且服从正态分布以及期望值为零时，(4-14)式是正确的。主要原因在于：

(1) N 个相互独立并且具有同等分布的变量的标准差等于$\sqrt{N}$乘以任意一个分布的标准差。

(2) 多个相互独立的正态分布的总和仍服从正态分布。

在金融机构中，内部 VaR 的计算最常选用 1 天的展望期。国际清算银行规定的作为计算银行监管资本的 VaR 的展望期为 10 天。置信水平通常选择 95%～99%。

2. 自相关性的影响

实际的投资环境十分复杂，因此，投资组合每天的价值变化并不总是独立的，定义 ΔP_i 为投资组合在第 i 天的价值变化，为了简化，假设投资组合每天的价值变化呈一阶自相关，并假定 ΔP_i 和 ΔP_{i-1} 的相关系数为 ρ，可得到 $\Delta P_i+\Delta P_{i-1}$ 的方差为：

$$\sigma^2+\sigma^2+2\rho\sigma^2=2(1+\rho)\sigma^2 \tag{4-15}$$

同时令 ΔP_{i-j} 和 ΔP_i 的相关系数为 ρ^j，则可以计算投资组合在 T 时期内的方差为：

$$\begin{aligned}\mathrm{Var}\left(\sum_{i=1}^{T}\Delta P_i\right)&=\sum_{i=1}^{T}\sigma^2+2\sum_{i>j}\rho_{ij}\sigma_i\sigma_j\\&=\sigma^2[T+2(T-1)\rho+2(T-2)\rho^2+\cdots+2\rho^{T-1}]\end{aligned} \tag{4-16}$$

表 4-1 展示了当存在一阶自相关时，T 天的 VaR 与 1 天的 VaR 比率。

表 4-1 当存在一阶自相关性时，T 天的 VaR 与 1 天的 VaR 比率

	$T=1$	$T=2$	$T=5$	$T=10$	$T=50$	$T=250$
$\rho=0$	1.0	1.41	2.24	3.16	7.07	15.81
$\rho=0.05$	1.0	1.45	2.33	3.31	7.43	16.62
$\rho=0.1$	1.0	1.48	2.42	3.46	7.80	17.47
$\rho=0.2$	1.0	1.55	2.62	3.79	8.62	19.35

根据表 4-1 的结果可知，随着展望期越来越长，资产的自相关性对于 VaR 的估值影响越来越大。对于相同的展望期来说，一阶自相关性越大，则对于 VaR 的估值影响也越大。

【例 4-6】 假定某投资组合每天价值变化的标准差为 500 万元，每天价值变化的一阶自相关系数为 0.1，由 (4-16) 式可得在今后 5 天投资组合价值变化的方差为：

$$500^2\times[5+2\times(5-1)\times0.1+2\times(5-2)\times0.1^2+\cdots+2\times0.1^{4-1}]\approx1\ 466\ 050$$

因此，该投资组合在 5 天后价值变化的标准差为$\sqrt{1\ 466\ 050}\approx1\ 211$ 万元，同时 5 天展望期内的 95%VaR$=1\ 211\times N^{-1}(0.95)=1\ 991$ 万元。可以发现 5 天后价值变化的标准差同 1 天价值变化的标准差的比率为 1 211/500=2.42。可见，在假设条件下，VaR 与标准差成正比。

3. 置信水平

计算 VaR 时选用的置信水平受许多因素影响。例如有一家银行想保持自己的 AA 信用评级，该银行通过计算得出，具有 AA 信用评级的公司在 1 年展望期内只有 0.01%的破产可能，因此，银行在内部管理过程中可以采用 99.99%置信水平，并且采用 1 年的展望期来计算资本金。例如，如果对所有敞口，展望期为 1 年、置信水平为 99.99%的 VaR 为 100 亿元，这就意味着如果银行拥有100亿元资本金，在1年内破产（即将所有股本损失掉）的可能性只有0.01%。银行也可将这一信息传达给评级公司，这一信息表明银行有资格得到AA信用评级。

由于对应于高置信水平VaR的估计会非常困难，因此在实际计算中所采用的置信水平往往比在银行报告中采用的置信水平要低得多，常用的置信水平通常为95%、97.5%或99%。不同置信水平X下的VaR通常可以互相转换，例如，假设已知置信水平为X的VaR，则可以用该VaR来求出置信水平为X^*的VaR，公式为：

$$\mathrm{VaR}(X^*)=\mathrm{VaR}(X)\frac{N^{-1}(X^*)}{N^{-1}(X)} \tag{4-17}$$

【例4-7】 假定一投资组合一天的95%VaR为200万元，同时假定投资组合的价值变化服从正态分布，期望值为0，由（4-17）式得出，交易组合一天的99%VaR为

$$\mathrm{VaR}(99\%)=\mathrm{VaR}(95\%)\frac{N^{-1}(99\%)}{N^{-1}(95\%)}=200\times\frac{2.57}{1.96}=262\text{ 万元}$$

第二节 边际VaR、增量VaR、成分VaR

尽管VaR可以有效地描述组合的整体风险状况，但对投资者或组合管理者来说可能还远远不够，因为实际投资中的投资组合可能由若干子组合组成，且每个子组合对应不同的资产类别（如国内股票、国外股票、固定收益和衍生品等），它们也可能对应不同的业务部门（如零售银行、投资银行和自营交易），甚至还可能对应一笔独立的交易。而且由于组合投资的分散化效应，组合中各资产的独立VaR之和一般大于分散化后的组合VaR。对于一个投资组合的风险计量和管理，如果只关注组合VaR，就会忽略组合中各资产间的相关性。这就需要投资者或组合管理者进一步了解构成组合的每个资产头寸以及每个资产头寸的调整变化对整个组合风险的影响，也就是需要对组合VaR进行分解，接下来本节将会对这些分解方法进行介绍。

一、边际VaR

第一种对组合VaR进行分解的方法为边际VaR（M-VaR）。所谓M-VaR是指投资组合中资产的头寸变化而导致的组合VaR的变化。通过使用M-VaR，可以获知投资组合中单个资产对分散化组合VaR的边际效应，换句话说，也就是当组合VaR异常高时，应该怎样调整投资组合的持仓头寸以减小投资组合的总体风险敞口。设一个包含n个资产的投资组合，权重向量$w=(w_1, \cdots, w_n)^T$，则该组合的M-VaR为：

$$\text{M-VaR}_i=\frac{\partial \mathrm{VaR}(w)}{\partial w_i} \tag{4-18}$$

M-VaR刻画了各个资产对投资组合VaR的边际贡献，反映了组合中资产头寸变化的灵

敏度，为投资者判断将下一笔资金投向哪里可以获得更好的效益提供了有效信息。另外，当投资者计划减仓并尽量降低风险时，可以通过选取 M-VaR 最大的资产头寸进行操作。

假设投资组合的收益率向量服从 n 维正态分布 $N(\mu, \sigma)$，可得到该投资组合在置信水平 X 下的 VaR 为：

$$\text{VaR}(w)=N^{-1}(X)\sigma_P\sqrt{\Delta t} \tag{4-19}$$

（4－19）式中的 σ_P 代表投资组合收益率的波动率，令 R_i 表示 i 股票收益率，R_P 表示投资组合收益率，则投资组合收益率的方差为 $\sigma_{R_P}^2=w_i^2\sigma_i^2+2\sum_{j=1, i\neq j}^{N}w_iw_j\sigma_{ij}$，故此，$\frac{\partial\sigma_{R_P}^2}{\partial w_i}=2w_i\sigma_i^2+2\sum_{j=1, i\neq j}^{N}w_j\sigma_{ij}=2\text{Cov}\left(R_i, w_iR_i+\sum_{j=1, i\neq j}^{N}w_jR_j\right)=2\text{Cov}(R_i, R_P)$。由定义可知，投资组合收益的方差 $\sigma_P^2=W^2\sigma_{R_P}^2$，可得 $\frac{\partial\sigma_P^2}{\partial w_i}=W^2\frac{\partial\sigma_{R_P}^2}{w_i}$，故此，

$$\frac{\partial\sigma_P}{\partial w_i}=\frac{W^2\text{Cov}(R_i,R_P)}{\sigma_P}=\frac{\text{Cov}(R_i,R_P)}{\left(\frac{\sigma_P}{W}\right)^2}\sigma_P=\frac{\text{Cov}(R_i,R_P)}{\sigma_{R_P}^2}\sigma_P=\beta_i\sigma_P \tag{4-20}$$

结合（4－18）式至（4－20）式，有 $\text{M-VaR}_i=\frac{\partial\text{VaR}(w)}{\partial(w_iW)}=N^{-1}(X)\frac{\partial\sigma_P}{\partial(w_iW)}\sqrt{\Delta t}=\frac{\beta_i\text{VaR}}{W}$，故此可知，M-VaR 同资本资产定价模型的贝塔系数呈正相关关系。

二、增量 VaR

第二种对组合 VaR 进行分解的方法为增量 VaR（I-VaR）。I-VaR 是一种标准的投资管理工具，可以用来制定提高收益和控制风险的投资策略。投资者通常关注投资组合中某些资产头寸增加或减少导致投资组合风险的变化情况，或者是它们对当前组合风险的贡献。投资者通过研究因增加或减少一种资产头寸所导致的整个组合 VaR 的净变化，来确定该资产头寸预期的风险调整收益，或是测试它“对冲”风险的有效性，交易员通常对新交易的 I-VaR 感兴趣。

简言之，I-VaR 是指当一个资产头寸加入组合时新增的 VaR，或者说，从原组合中删去一个资产头寸所减少的 VaR。在理论上，计算 I-VaR 最直接的方法是建立一个包含该资产头寸的新投资组合，然后评估新组合的 VaR，最后把它与原先不含该头寸的组合的 VaR 进行比较。

假设在原来的投资组合 $w=(w_1, \cdots, w_n)^T$ 的基础之上，新增另外一个投资组合 $dw=(dw_1, \cdots, dw_n)^T$，并将调整后的投资组合的 VaR 记为 $\text{VaR}(w+dw)$，于是新增投资组合 dw 的 VaR，即 I-VaR 可以定义为

$$\text{I-VaR}(dw)=\text{VaR}(w+dw)-\text{VaR}(w)=\frac{\partial\text{VaR}(w)}{\partial w_i}dw_i \tag{4-21}$$

I-VaR 提供了许多有用的信息，I-VaR＞0 代表新增资产头寸增加了当前组合的风险；I-VaR＜0 代表新增资产头寸起到了对冲的作用；I-VaR＝0 代表新增资产头寸是中性的。

三、成分 VaR

第三种对组合 VaR 进行分解的方法为成分 VaR（C-VaR）。若某投资组合 $w=(w_1，\cdots，w_n)^T$中资产 i 的 VaR 满足 $\mathrm{VaR}(w)=\sum_{i=1}^{n}\text{C-VaR}_i$，则称 C-VaR_i 为该资产 i 的 C-VaR。根据欧拉定理，如果有 $\mathrm{VaR}=\sum\left(\frac{\partial \mathrm{VaR}(w)}{\partial w_i}w_i\right)$，则第 i 个资产的 C-VaR 被定义为 $C_i=\frac{\partial \mathrm{VaR}(w)}{\partial w_i}w_i$。在日常风险管理中，通常用 C-VaR 来衡量一个组合中各个资产的风险。

C-VaR<0 表示该资产可以对冲组合部分风险，C-VaR>0 表示该资产增加了组合的风险，C-VaR=0 则表示该资产对组合的风险没有贡献，删除它并不影响 VaR 的估计值。

根据定义，可以推出 C-VaR 具有以下特性：

（1）组合中所有资产的 C-VaR 之和恰好等于投资组合的 VaR；

（2）资产 i 的 C-VaR 恰好为资产 i 对投资组合 VaR 的贡献份额；

（3）若某资产的 C-VaR 为负，则该资产可对冲组合部分风险，且对冲量为 C-VaR；

（4）当投资组合的 n 维收益率向量 R 服从 n 维正态分布 $N(\mu，\sum)$ 时，资产 i 的 C-VaR 为：

$$\text{C-VaR}_i=w_i\frac{\partial \mathrm{VaR}(w)}{\partial w_i}=w_i\times \text{M-VaR}_i=w_i\times\beta_i\times \mathrm{VaR} \tag{4-22}$$

【例 4-8】 假设有一个由英镑和人民币两种货币构成的投资组合，两种货币的投资金额分别为 200 万元和 100 万元。为了简化问题，假设英镑和人民币的相关系数为 0，且相对于美元的波动率分别为 6%和 10%，试计算 95%置信水平下该组合的 VaR、M-VaR 和 C-VaR。

根据题目所给信息，可求得该投资组合的波动率 $\sigma_P=\sqrt{(200\times6\%)^2+(100\times10\%)^2}=15.62$，此时，可求得这一组合的 VaR 为 1.645×15.62=25.69 万元。因为两种货币无关，所以，

$$\beta_i=\frac{\mathrm{Cov}(R_i,R_P)}{\sigma_{R_P}^2}=\frac{\mathrm{Cov}(R_i,w_1R_1+w_2R_2)}{(\sigma_P/W)^2}=\frac{W^2w_i\sigma_i^2}{\sigma_P^2}，i=1，2$$

其中，w_i 表示资产的权重，W 表示总投资额度，σ_P 表示投资组合波动率，σ_i 表示资产 i 的波动率，R_i 表示资产 i 的收益率。为了求 M-VaR，可分别求出英镑和人民币的贝塔系数 β_1 和 β_2：

$$\beta_1=\frac{(Ww_i)\sigma_i^2W}{\sigma_P^2}=\frac{200\times6\%^2\times300}{15.62^2}=0.9，\beta_2=\frac{100\times10\%^2\times300}{15.62^2}=1.2$$

因此英镑和人民币的 M-VaR 分别为 0.9×25.69/300=0.003×25.69=0.077 1 万元和 1.2×25.69/300=0.004×25.69=0.102 8 万元。利用（4-22）式可以算出英镑和人民币的 C-VaR 分别为 200×0.077 1=15.42 万元和 100×0.102 8=10.28 万元。

第三节 VaR 的优点与缺点

一、VaR 的优点

VaR 由于计算方便及容易理解，在金融市场得到了广泛的应用。在 VaR 诞生之前，传统的金融风险管理方法只能对风险源进行片面的计算，对风险进行完整全面的定量分析在 VaR 提出以后才成为可能。一般来说，VaR 具有如下优点：

（1）VaR 适用面广，不仅适用于度量包括利率风险、外汇风险、股价风险、商品价格风险和衍生金融工具风险在内的各种市场风险，还适用于度量不同金融工具构成的投资组合的市场风险和不同业务部门的总体市场风险。在过去，风险度量的方法五花八门，例如希腊字母、久期、波动率等，但几乎没有令人满意的。尽管这些方法可以提供关于风险的直观理解，但是由于没有考虑市场之间波动率的差异和风险因素发生不利变动的概率以及风险因子之间的相关性，因而它们无法度量出总体投资组合在不利情况下的潜在损失。

VaR 模型的优点就在于它用一个数字就可以反映整个投资组合所面临的风险，考虑了组合的杠杆和风险分散效应以及与概率相联系的风险度量。常见的风险度量方法（如久期、波动率等）无法综合考虑各个不同市场中的风险。

（2）VaR 有利于比较不同业务部门之间的风险大小，有利于进行基于风险调整的绩效评估、资本配置和风险限额设置等。由于 VaR 描述的是组合的整体风险，因此，对于不同的业务部门，仅需要计算出每个业务的 VaR 便可以对每个部门的风险有一个直观的认识。

（3）VaR 可以度量资产集中度风险，并为对此集中度进行总量控制提供依据，有利于决策者对整个企业的风险情况做出判断，当然也有助于监管部门的监管。VaR 的一个重要应用便是监控银行的资本充足率。巴塞尔银行监管委员会规定了商业银行覆盖其交易组合市场风险的最低资本要求。这种规定定义了市场风险资本要求（market risk charge，MRC），它是基于银行内部的 VaR 度量。巴塞尔银行监管委员会最初在 1996 年要求银行内部的 VaR 度量要满足以下三个条件：时期为 10 个交易日或者两周；置信水平为 99%；需要至少一年的历史数据，而且历史数据必须至少每个季度更新一次。

在内部模型法（internal models approach，IMA）下，MRC 一般由市场风险资本要求加上其他部分计算得到，其计算公式如下：

$$\text{GMRC}_t=\max\left(k\frac{1}{60}\sum_{i=1}^{60}\text{VaR}_{t-i},\text{VaR}_{t-1}\right) \tag{4-23}$$

（4－23）式告诉我们金融机构的市场风险资本金要求为：资产组合过去两个月内的市场风险 VaR 的平均值乘以一个事先给定的因子 k（最小值为 3）与前一个交易日 VaR 二者之间的最大值。

二、VaR 的缺点

尽管 VaR 看上去十分完美，但是该风险度量方法仍然存在一些缺点。考虑一种特殊情况，如某家银行的交易员的投资组合在某一特定展望期的 99% 置信区间下的 VaR 值为 5 000 万元，交易员可以构造一个有 99.1%的可能每天损失小于 5 000 万元的投资组合，但是该组合有 0.9%的可能性损失超过 1 亿元。因此 VaR 实际上告诉我们尾部风险的均值，它没有告诉我们当市场陷入最糟糕的情况时的损失是多少。总结来说，VaR 这一风险度量方法的缺点有以下五点：

（1）VaR 主要适用于正常市场条件下对市场风险的衡量，对市场价格的极端变动导致的资产组合的损失无能为力。简单来说就是 VaR 没有给出关于损失分布的左尾描述，它仅仅说明了这个损失发生的概率，并没有提供任何关于损失分布的左尾信息。但是，对于两个相同的 VaR 数值来说，其收益的尾部分布可能是不同的。举个简单的例子，对于一种收益呈正态分布的资产和另一种收益呈尖峰厚尾分布的资产来说，其 VaR 数值很有可能是相同的，但是这两种资产市场价格发生极端变化的概率却是不同的。

（2）VaR 模型对历史数据的依赖性较大，如历史模拟法就直接依赖于大量的历史数据，同时 VaR 的度量结果会受到样本变化的影响。如果我们使用不同时期的数据，或者改变抽样时期的长度，我们都会得到一个不同的 VaR。不同的统计方法或者不同的简化处理都会导致不同的 VaR。可以通过试验发现，抽样时期的长度以及使用的统计方法都会影响 VaR 的精度。

（3）运用 VaR 进行风险度量和分析时存在所谓的模型风险，同样，VaR 模型往往会因为使用历史模拟法、蒙特卡罗模拟法等不同方法而得到不同的资产收益的概率分布。因此同样的资产组合可能得到不同的 VaR 值，VaR 的可靠性难以把握。

（4）正如第二点所提到的，对于 VaR 的估计一般需要大量的资产历史数据，因此 VaR 更适用于度量流动性强且价格数据容易获取的资产的风险状况。而对于那些流动性较差的资产如银行的长期贷款，VaR 度量风险的能力则受到一定限制。另外，VaR 和所有基于近期历史数据的风险度量方法都面临一个相同的问题：理论上，历史数据应该能反映未来结果的范围；如果不能，那么基于近期历史数据的风险度量方法就会产生误导。

（5）VaR 不满足一致性公理。首先，VaR 不满足次可加性。当投资组合分布函数不满足椭圆分布假设时，所度量的组合风险可能大于单个资产风险的累加值，这违背了投资组合分散风险的理念，与实际情况不符。其次，VaR 指标不一定满足凸性，可能存在多个局部极值。因此，当想使用 VaR 对投资组合进行优化建模时，可能会出现多个局部极值，从而无法在数学上进行整体优化。

事实上，根据 Artzner 和 Philippe（1999），风险度量理想方法的基本条件应满足如下性质：

（1）单调性（monotonicity）：如果在任何情形下，一个交易组合的回报均低于另外一个交易组合的回报，那么这个交易组合的风险一定比另外一个小。

（2）平移不变性（translation invariance）：如果我们在交易组合中加入 K 数量的现金，则交易组合所对应的风险要减少 K 数量。

（3）同质性（homogeneity）：假定一个交易组合的资产品种和相对比例不变，但资产的数量增至原来的 λ 倍，则此时新交易组合的风险应是原来的 λ 倍。

（4）次可加性（subadditivity）：两个交易组合相加所形成的一个新交易组合的风险小于或等于最初两个交易组合的风险之和。

第四个性质说明分散投资可以降低风险，即将两个交易组合叠加在一起，新的交易组合的风险应该降低或至少保持不变。

VaR 满足前三个性质，但不一定满足第四个性质。通过仔细阅读下面的例子我们能对这一点有更加深刻的体会。

【例 4－9】 假定某两项投资的任何一项都有 4%的概率会引发 2 000 万元损失，有 2%的概率会引发 200 万元损失，有 94%的概率盈利 200 万元，两项投资相互独立。

根据题目的信息我们可以计算出，95%置信水平下任何一项投资的 VaR 均为 200 万元。两项投资叠加的组合 VaR 的计算过程如表 4－2 所示。

表 4－2　两项投资叠加的组合 VaR 的计算过程

概率	盈利金额	累计概率
4%×4%＝0.001 6	－4 000 万元	0.001 6
2×4%×2%＝0.001 6	－2 200 万元	0.003 2
2×4%×94%＝0.075 2	－1 800 万元	0.078 4
2%×2%＝0.000 4	－400 万元	0.078 8
2×2%×94%＝0.037 6	0	0.116 4
94%×94%＝0.883 6	400 万元	1

故在 95%置信水平下，该组合的 VaR＝1 800 万元。因此，可以看到这一投资组合的 VaR 竟然比两项投资各自的 VaR 之和（2×200＝400 万元）还要大，这显然不满足次可加性。

虽然例 4－9 佐证了 VaR 不满足次可加性，但这也并不意味着 VaR 一定不满足次可加性，如在投资收益是连续的情形下，VaR 还是满足次可加性的，具体理由如下（以二元为例），假定 x 和 y 资产的 VaR 分别为：$\mathrm{VaR}_x=\mu_x+\sigma_x N^{-1}(X\%)$，$\mathrm{VaR}_y=\mu_y+\sigma_y N^{-1}(X\%)$，此时，两个资产的 VaR 之和为：$\mathrm{VaR}_x+\mathrm{VaR}_y=\mu_x+\mu_y+(\sigma_x+\sigma_y)N^{-1}(X\%)$。对于 x 和 y 投资组合，$|\rho|\leqslant 1$ 为相关系数，则投资组合的 VaR 为：

$$\begin{aligned}\mathrm{VaR}_{x+y}&=\mu_x+\mu_y+N^{-1}(X\%)\sqrt{\sigma_x^2+\sigma_y^2+2\rho\sigma_x\sigma_y}\\&\leqslant\mu_x+\mu_y+N^{-1}(X\%)\sqrt{\sigma_x^2+\sigma_y^2+2\sigma_x\sigma_y}=\mu_x+\mu_y+N^{-1}(X\%)\sqrt{(\sigma_x+\sigma_y)^2}\\&=\mu_x+\mu_y+N^{-1}(X\%)(\sigma_x+\sigma_y)=\mathrm{VaR}_x+\mathrm{VaR}_y\end{aligned}$$

由上式可知，在连续情况下 VaR 满足次可加性。

第四节　预期亏损

一、预期亏损的定义

一种比 VaR 能使交易员产生更强动机去控制风险的度量方法为预期亏损，也被称为条件风险价值度、条件尾部期望或尾部损失。VaR 度量的目的是展示损失有多糟糕，而预期亏损是回答：当市场条件变糟糕而触发损失时，我们的预期亏损是多少。预期亏损度量的是损失在超出 VaR 值的条件下的均值，其数学表示为：

$$\mathrm{ES}=-E[V\mid V<-\mathrm{VaR}]\ \text{或}\ \mathrm{ES}=E[V\mid V>\mathrm{VaR}]\tag{4-24}$$

其中，V 代表损失，因此，预期亏损代表了超额损失的平均水平，反映了损失超过 VaR 值时可能遭受的平均潜在损失的大小，它较之 VaR 更能体现潜在的风险价值。如图 4－4 所示，事实上，ES 也可以看作小概率事件发生时 VaR 的期望值，故此，在 $X\%$置信水平下，ES 永远大于 VaR 的估计值。

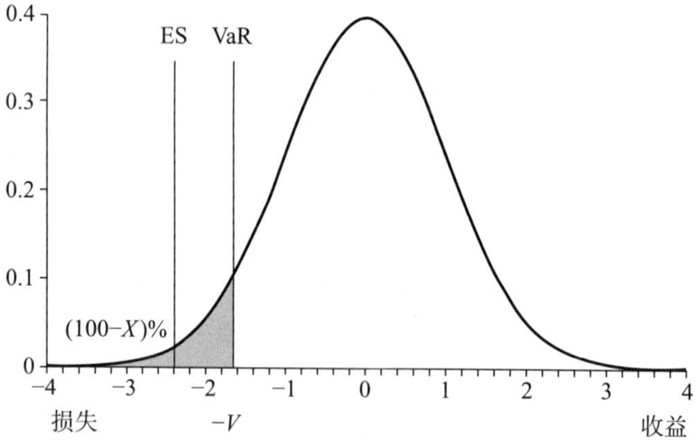

图 4－4　预期亏损

为了能够更加直观地看出 ES 和 VaR 之间的区别，假定损失率随机变量 $X \sim N(\mu, \sigma^2)$，由此将其标准化为 $Z \sim N(0, 1)$，则 $X = \mu + \sigma Z$。

$$P(X \leqslant Y) = P(\mu + \sigma Z \leqslant Y) = P\left(Z \leqslant \frac{Y-\mu}{\sigma}\right) = \Phi\left(\frac{Y-\mu}{\sigma}\right) = \alpha \tag{4-25}$$

其中，$\Phi(\cdot)$ 是标准正态分布的累积密度函数。故此，置信水平 α 下的 VaR 可表示为：

$$\mathrm{VaR}_\alpha(X) = \{Y \mid P(X \leqslant Y) = \alpha\} = Y = \sigma \Phi^{-1}(\alpha) + \mu \tag{4-26}$$

结合以上分析，ES 可表示为：

$$\mathrm{ES}_\alpha = \frac{1}{1-\alpha}\int_\alpha^1 \mathrm{VaR}_u(X)\,\mathrm{d}u = \mu + \sigma \frac{\phi(\Phi^{-1}(\alpha))}{1-\alpha} \tag{4-27}$$

其中，$\phi(\cdot)$ 表示标准正态分布的密度函数。同时，令 ϑ 表示投资者投资金额，则此时投资组合的预期亏损为：$\mathrm{ES} = \vartheta\left[\mu + \sigma \frac{\phi(\Phi^{-1}(\alpha))}{1-\alpha}\right]$

拓展阅读

证明过程

【例 4－10】　假定某投资组合在 10 天展望期内的价值变化服从正态分布，分布的期望值为 0，标准差为 2 000 万元，10 天展望期的 95%VaR 和 ES 分别为：

$$\mathrm{VaR}_\alpha = \mu + \sigma\Phi^{-1}(\alpha) = 0 + 2\,000\Phi^{-1}(0.95) = 2\,000 \times 1.645 = 3\,290(\text{万元})$$

$$\mathrm{ES}_\alpha = \mu + \sigma\frac{\phi(\Phi^{-1}(\alpha))}{1-\alpha} = 0 + 2\,000\frac{\phi(\Phi^{-1}(0.95))}{1-95\%}$$

$$= 2\,000\frac{\phi(1.645)}{1-95\%} = 2\,000\frac{\frac{1}{\sqrt{2\pi}}\exp\left(-\frac{1.645^2}{2}\right)}{1-95\%}$$

$$= 4\,124.43(\text{万元})$$

从计算结果看，ES 大于 VaR。

二、预期亏损的性质及相关例子

计算预期亏损一般有两种途径，对应着解决预期亏损计算问题的两大类方法。一种途径是利用功能函数，将计算预期亏损的问题转化为线性规划问题。另一种途径是参数法，这种途径的方法十分多样，包括 ARCH、GARCH、分位数回归、Copula 等模型，其核心是通过对资产的历史收益率序列分布进行拟合，得到相关参数，再得出 VaR 值，接下来获得对应该分布和一定置信水平的条件分位数，最后求出预期亏损值。

在上节我们曾说过 VaR 并不满足次可加性，因此该指标并不满足一致性公理，而预期亏损则正好弥补了 VaR 的这一缺陷，因此，它满足了理想风险度量指标的一切条件。

【例 4-9 续】 单项投资 95%置信水平下的预期亏损：$\frac{4\%}{5\%}\times 2\ 000+\frac{1\%}{5\%}\times 200=1\ 640$（万元）

两项投资叠加的组合在 95%置信水平下的预期亏损：

$$\frac{0.16\%}{5\%}\times 4\ 000+\frac{0.16\%}{5\%}\times 2\ 200+\frac{4.68\%}{5\%}\times 1\ 800=1\ 883.2\text{（万元）}$$

因此在 95%的置信水平下，两项投资相加的 ES 要大于组合的 ES，这反映了 ES 满足次可加性。

不仅如此，学者还发现预期亏损满足凸性，因此，在使用预期亏损管理金融风险时，计算问题可以简化为凸函数优化问题，而凸函数优化问题在数学上相对容易。

在考虑市场风险时，风控人员往往需要先计算出一天展望期下的 VaR 或预期亏损，而当我们要计算其他展望期下的预期亏损时，与计算其他展望期的 VaR 类似，一个常用的假设为：

$$T-\text{days ES}=1-\text{day ES}\times\sqrt{T} \tag{4-28}$$

值得注意的是，只有当投资组合价值的每日变化相互独立且均服从期望值为 0 的正态分布时，(4-28) 式才完全正确，在其他情形下这一公式只是一条近似式。

【例 4-11】 假设某投资组合在一个月内的变化服从正态分布，均值为 0，标准差为 200 万元，若某交易员想要求出该组合在 98%置信水平下三个月展望期下的 ES，则具体的计算步骤如下：

第一步，计算一个月展望期的 ES：$200\times\frac{\frac{1}{\sqrt{2\pi}}\exp\left(-\frac{2.054^2}{2}\right)}{1-98\%}\approx 483$（万元）。

第二步，使用 (4-28) 式算出三个月展望期下的 ES 为 $483\times\sqrt{3}\approx 837$（万元）。

三、预期亏损的优点与局限性

虽然 VaR 在对风险进行度量上的作用毋庸置疑，但是在一致性风险度量体系下其并非测度金融风险的理想指标。相比较之下，ES 是一个更为优秀的风险度量指标，运用 ES 进行风险度量可以避免 VaR 的内在缺陷，起到金融风险优化的作用。具体来说，预期亏损的优点可以总结为如下三点：

第一，ES 可以为管理者和投资者提供金融风险的评判标准，也可以用于测算不同市场因子、不同金融工具、不同业务部门及不同金融机构投资组合的风险敞口。在数学上，ES 的计算问题实际上就是一个凸函数优化问题，而凸函数优化问题在数学上的求解已经十分便捷，因此，这对于金融机构使用 ES 对金融风险进行管理提供了很大便利。

第二，ES 满足次可加性。次可加性意味着具有组合风险分散化效应，违背次可加性将给风险资本金的分配和风险管理模型的设计带来较大困难，给全面风险管理带来很大的障碍；同时风险分散化效应使得金融机构能用比理论潜在亏损少得多的资本来运作的好处也就不复存在了。

第三，可以精确度量尾部风险。根据 ES 的定义，我们知道 ES 表示的实际上是组合亏损超过 VaR 的潜在亏损，也就是市场最糟糕时候的预期亏损，因此该指标可以为金融机构在极端事件发生时所面临的金融风险大小提供参考。过于依赖 VaR 进行风险管理而忽略 ES 可能会给金融机构带来沉重的灾难。历史上有很多例子，例如长期资本管理公司过于依赖用 VaR 来衡量其风险状况，最终压垮了自己。

任何风险度量指标都不是完美的，ES 同样具有局限性，具体如下：

第一，与 VaR 相同，对 ES 的估计也需要建立在大量历史数据的基础上，因此存在一定的模型风险，因为基于历史数据预测未来可能因条件变化而不再适用。

第二，只能用于刻画可交易资产和负债的市场风险，特别是，需要市场价格具有连续性历史记录，才可以建模估计。对于不可交易资产不适用。

第三，ES 与 VaR 一样存在的一个重大缺陷在于，计算 ES 时通常假定资产收益的分布符合正态分布，然而在实际情况当中，资产收益的分布往往具有尖峰厚尾的特征，并不满足正态分布的假设。如果简单地根据该假设去计算将会导致严重低估 ES，因此，在实际操作当中，令收益率服从 T 分布计算得到的 VaR 和 ES 估计值的准确性优于假定收益率服从正态分布的情形。

四、其他分布设定的 VaR 和 ES 测度

在数学上，T 分布具有足够的灵活性，其分布形状可以根据自由度的大小变化而发生变化，因此在许多时候可以使用 T 分布来刻画资产价格呈尖峰厚尾这一特征。为了使读者对这一问题有更加深刻的认识，简单介绍在 T 分布下计算 VaR 以及 ES 与在正态分布下计算的区别。

首先，假设 X 表示资产损失率，其均值和波动率分别为 μ 和 σ，对资产损失率进行标准化：

$$Z_t = \frac{X_t - \mu}{\sigma} \tag{4-29}$$

根据定义，我们知道在置信水平为 α 时的 VaR 计算公式为：

$$\mathrm{VaR}_\alpha(X) = \mu + \sigma\Phi^{-1}(\alpha) \tag{4-30}$$

(4-30) 式的 $\Phi^{-1}(\cdot)$ 为标准正态函数的反函数。按照同样的思路，假设存在两个常

数 μ 和 σ 使得 $\frac{X_t-\mu}{\sigma}$ 是一个自由度为 n 的标准 T 分布。由于标准 T 分布的均值和方差分别为 0 和 $\frac{n}{n-2}$，可求得在 T 分布下置信水平为 α 的 VaR 计算公式为：

$$\text{VaR}_\alpha(X)=\mu+\sigma\sqrt{\frac{n}{n-2}}t_n^{-1}(\alpha) \tag{4-31}$$

其中，t_n^{-1}（·）为标准 T 分布的反函数。根据 ES 的定义，可知其计算公式为：

$$\text{ES}_\alpha=\frac{1}{1-\alpha}\int_\alpha^1 \text{VaR}_u(X)\,\mathrm{d}u \tag{4-32}$$

将（4-31）式代入（4-32）式，可得：

$$\text{ES}_\alpha(X)=\mu+\frac{\sigma}{1-\alpha}\sqrt{\frac{n}{n-2}}\int_\alpha^1 t_n^{-1}(u)\mathrm{d}u=\mu+\frac{\sigma}{1-\alpha}\sqrt{\frac{n}{(n-2)}}\,p_n(t_n^{-1}(\alpha))\left(\frac{n+(t^{-1}(\alpha))^2}{n}\right) \tag{4-33}$$

拓展阅读

证明过程

为了在直观上对两个假设的区别有所了解，请考虑以下这个例子。假定存在一个损失率均值和标准差分别为 0 和 20%，且当前价值为 100 万元人民币的资产，在正态分布的假定下利用（4-27）式可以求得该资产 95%的 ES 为 $100\times20\%\times\frac{\phi(1.645)}{1-95\%}=41.244$ 万元，而如果在 T 分布的假定下，根据不同的自由度求得的 ES 比正态分布情形下的更大（见表 4-3）。在自由度为 3 的时候，二者的差距竟达到两倍之多，但二者之间的差距随着自由度的逐渐增加而变小。由此可见，错估资产损失的分布会让我们低估可能发生的风险，从而造成不可挽回的损失。事实上，金融市场上有许多资产的损失分布呈现偏斜形状（如外汇），而 T 分布的形状与标准正态分布一样均为对称分布，因此，尽管 T 分布可以对金融资产损失的厚尾特征进行刻画，但它在测度诸如外汇等金融工具的市场风险时并非一个很好的假设。①

表 4-3　*T* 分布下的预期亏损值

自由度	预期亏损（万元）	与正态分布之比
$n=3$	89.47	2.17
$n=4$	67.94	1.65
$n=5$	59.70	1.45
⋮	⋮	⋮
$n=50$	42.48	1.03

虽然 ES 具有上述缺点，但是与 VaR 相比，它在度量金融机构尾部风险上还是具有较为明显的优势，在金融风险管理当中，该指标通常与 VaR 同时被报告出来。最后必须指出的是，ES 并没有考虑金融机构的规模和负债水平等财务指标，可能导致测算结果偏差，对于

① 赫尔．期权、期货及其他衍生产品：第 7 版．北京：机械工业出版社，2009.

规模较小或者负债率较低的金融机构，如果其 ES 值反而更大，则可能误认为该金融机构具有较大的金融系统性风险，事实上，ES 仅仅反映出该金融机构的市场风险较大。正因如此，研究者在动态边际预期亏损（MES）的基础上，引入了金融机构的负债和规模因素，并考虑了审慎资本比率，最终提出了系统性金融风险指数（SRISK），目前该指标被视为测算金融系统性风险的最佳方法。

第五节　SRISK 测算方法

美国在 2007 年发生的次贷危机，戳破了长期积累的资产泡沫，在最开始给美国金融市场带来了巨大的冲击，“大而不倒”的金融机构土崩瓦解，后来由于美国与世界各国经济的高度关联性，危机迅猛地跨国传染，最终爆发了全球性金融危机，破坏了世界金融市场的稳定并严重阻碍了各国实体经济的发展，这场危机让人们再次意识到各国尾部金融风险和系统性金融风险之间的溢出效应。

在这样的背景下，许多学者都对如何测试系统性金融风险的传染效应进行了研究。Adrian 和 Brunnermeier（2011）在预期亏损的基础上提出 ΔCoVaR 这一指标来计算金融系统中机构或市场之间的传染效应和负面溢出。Benoit 等（2013）运用 Adrian 和 Brunnermeier（2011）提出的 ΔCoVaR 对美国金融机构系统性金融风险进行检验，发现 ΔCoVaR 很好地刻画了美国系统性金融风险的特征。然而基于预期亏损来计算金融风险的溢出效应的本质是设定金融资产收益的概率分布，这种方法在极端市场环境下很有可能会失效。为了弥补以上不足，Scaillet（2004）给出了另一种系统性金融风险指数——SRISK，该方法能够很好地识别各国系统性金融风险，并捕捉到了金融机构的规模大小以及杠杆率等重要特征因素对系统性金融风险的影响。

正如前文所述，SRISK 是从资本短缺的角度来度量系统性金融风险的大小的。为了理解 SRISK 的计算过程，我们首先介绍 MES。

MES 衡量的是单个金融机构对系统性金融风险的边际贡献，Acharya 等（2010）从预期亏损的边际量的角度定义 MES 为：

$$\mathrm{MES}_{it}=\frac{\partial \mathrm{ES}_{mt}(C)}{\partial w_{it}}=E(r_{it}\mid r_{mt}<C) \tag{4-34}$$

从中可以看出来 MES 实际上是预期亏损在给定特定异常事件发生时关于金融系统中单个机构所占权重 w_{it} 的一个边际量。在 MES 的基础之上，Benoit 等（2013）给出了 SRISK 的定义：

$$\begin{aligned}\mathrm{SRISK}_{it}&=\max[0;k(D_{it}+(1-\mathrm{LRMES}_{it})W_{it})-(1-\mathrm{LRMES}_{it})W_{it}]\\&=\max[0;kD_{it}-(1-k)W_{it}(1-\mathrm{LRMES}_{it})]\end{aligned} \tag{4-35}$$

式中，k 为审慎资本比率，指的是金融机构为满足监管要求所必须留存的资本与市场价值的比值；D_{it} 为金融机构总负债的账面价值；W_{it} 为金融机构的市场价值，根据 Acharya，Engle 和 Richardson（2012）的实证研究有 $\mathrm{LRMES}_{it}\approx 1-\exp(-18\mathrm{MES}_{it})$。

由上面 SRISK 的估算可以看到，SRISK 既体现了金融市场的实时数据特征，也体现了金融机构本身资产负债表的数据特征，从高频监测与有效性监测两方面衡量系统性金融风险的动态特征。

图 4－5 给出了基于 SRISK 的中国三家重要的股份制商业银行（交通银行、招商银行和兴业银行）从 2011 年到 2021 年 6 月系统性金融风险估计结果。从图 4－5 可以看出，在 2016 年之前，这三家银行的系统性金融风险总体呈逐渐增强的态势，随着中央在 2016 年开始实行“去杠杆”政策，系统性金融风险开始有所回落，并在 2017 年一整年基本保持不变。但是在 2017 年以后这三家银行的系统性金融风险走势开始出现差异，交通银行和兴业银行的系统性金融风险水平在近些年变得越来越高（高于“去杠杆”政策实施之前的水平），而招商银行的系统性金融风险水平在近些年则有比较明显的降低趋势。由此可见，近年来三家银行的系统性金融风险出现了较为明显的分化迹象。

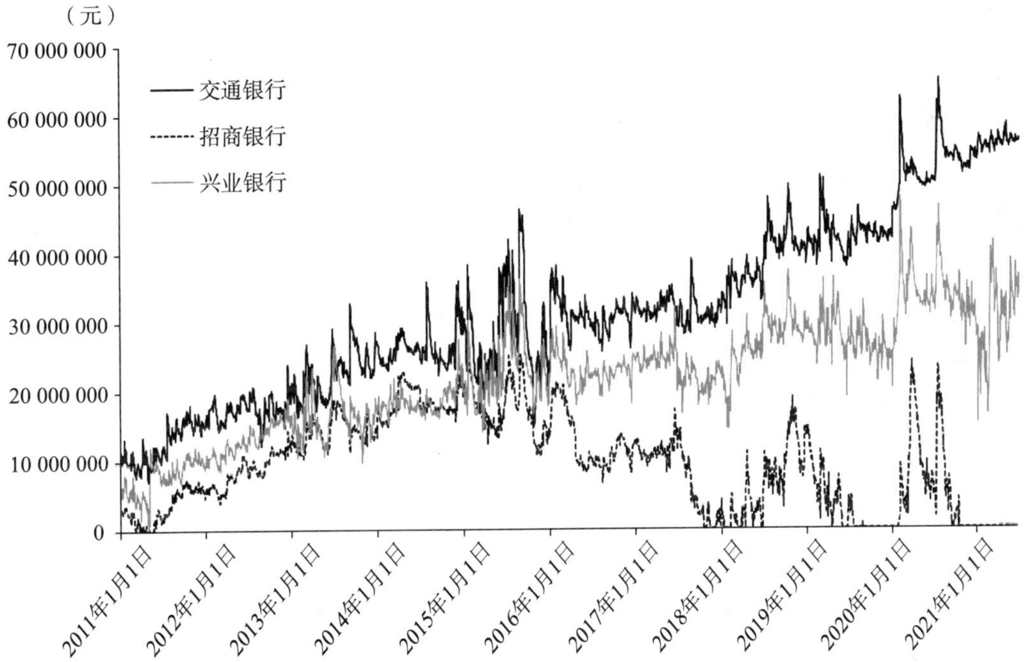

图 4－5　基于 SRISK 的中国三家银行系统性金融风险估计结果

第六节　VaR 和预期亏损估计应用

VaR 以及预期亏损在金融风险管理领域得到了广泛的应用，因此，对于金融专业的学生来说，仅了解这两种风险度量工具的理论是远远不够的，还要了解在实际操作中如何计算出这两个数值，本节将向读者介绍如何使用 Python 来实现对 VaR 以及预期亏损的估计。

一、使用模型估计法计算 VaR

正如上文所介绍的那样，VaR 的计算方法大体上可分为局部估值法和完全估值法。其中，局部估值法包括模型估计法等，而完全估值法主要有历史模拟法和蒙特卡罗模拟法。本节将介绍如何使用模型估计法来计算一个投资组合的 VaR 以及其他各种经过分解后的 VaR。

为了说明具体计算过程，假设持有本金 100 万元人民币，投资标的为农业银行(601288)、工商银行（601398）和招商证券（600999）这三只股票，考虑如下四种不同投资情景（见表 4－4）。

表 4－4　不同投资情景

<table>
<tr><th></th><th>情景 1</th><th>情景 2</th><th>情景 3</th><th>情景 4</th></tr>
<tr><td>农业银行</td><td>100 万元</td><td>0</td><td>0</td><td rowspan="3">根据均值-方差理论确定各自权重</td></tr>
<tr><td>工商银行</td><td>0</td><td>100 万元</td><td>0</td></tr>
<tr><td>招商证券</td><td>0</td><td>0</td><td>100 万元</td></tr>
</table>

根据表 4－4 中的这四种情景，利用近五年每日股票的日收益率，我们可以分别算出这三只股票单独的 VaR 和边际 VaR、增量 VaR、成分 VaR，以及由这三只股票所构成的投资组合的 VaR。

程序 4－1

VaR、边际 VaR、增量 VaR、成分 VaR 计算

为了在后面的应用中更加方便，本书将计算 VaR、边际 VaR、增量 VaR、成分 VaR 的代码包装为 tailrisk 函数，在使用 tailrisk 函数来计算投资组合中各个资产的 VaR、M-VaR、I-VaR 和 C-VaR 以及组合的整体 VaR 之前，我们需要先确定投资组合中各个资产的投资权重，这里我们根据均值-方差理论来完成这项任务，将置信水平设为 99%，随后将得到的数据代入 tailrisk 函数，便可以求得 VaR 数值。表 4－5 总结了根据上述代码估计出的结果。

表 4－5　99%置信水平下的 VaR 估计结果

股票	VaR（万元）	M-VaR（万元）	I-VaR（万元）	C-VaR（%）
农业银行	2.47	2.46	2.31	94.63
工商银行	2.78	2.21	0.05	1.93
招商证券	5.08	2.04	0.08	3.45
组合 VaR（万元）	2.44			

根据表 4－5 的估计结果，投资 100 万元于农业银行在未来一天内损失超过 2.47 万元的可能性为 1%，而工商银行和招商证券有 1%的可能性损失分别超过 2.78 万元和 5.08 万元。另外可以观察到，这三只股票中，M-VaR、I-VaR 和 C-VaR 最大的股票为农业银行，这意味着如果投资者计划减仓并尽量多地降低组合 VaR，可以通过减持农业银行实现这一目标。

从上述案例中，可以很直观地感受到 VaR 及分解 VaR 方法在投资风险管理中的作用，然而正如前文所述，VaR 有时候并不是一个很好的风险度量指标，因此在实际投资风险管

理当中仅仅使用 VaR 来度量投资风险是远远不够的，我们还需要用到其他一些指标，如预期亏损，接下来本节将对如何使用 Python 计算预期亏损进行介绍。

二、使用模型估计法计算预期亏损

根据预期亏损的定义，我们知道该指标实际度量的是在损失超出 VaR 的条件下的均值，因此当我们根据历史数据计算出资产的 VaR 以后，就可以很容易地计算出其预期亏损。与 VaR 估计基本一致，其区别在于我们增加了对单个资产和投资组合的预期亏损进行计算的代码。为了与 VaR 的结果进行比较，使用相同数据以及相同的置信水平，将数据代入 tailrisk 函数就可以得到资产的 ES 估计结果，表 4-6 给出了三只股票及其组合的 VaR 和 ES 计算结果。

表 4-6　99%置信水平下的 VaR 和 ES 估计结果　　单位：万元

股票	VaR	ES
农业银行	2.47	2.83
工商银行	2.78	3.19
招商证券	5.08	5.82
投资组合 VaR	2.44	
投资组合 ES	2.79	

根据表 4-6 可以发现，每个资产的 ES 均高于 VaR，而由三只股票所构成的投资组合（本金同样为 100 万元）的 ES 却小于任意一只股票单独的 ES。以上两点说明 ES 相较于 VaR 作为风险度量指标具有更为明显的优势：它考虑了资产价格发生极端变动的可能性且满足了次可加性。

三、不同计算方法之间的比较

程序 4-2

使用模型估计法计算 VaR 和 ES

前文曾介绍过 VaR 的计算主要有三种方法，分别为方差-协方差法、历史模拟法和蒙特卡罗模拟法。一般来说，根据 VaR 与 ES 之间的关系，上述三种方法也同样可以用来求解资产的 ES。这三种方法最重要的区别在于，方差-协方差法以及蒙特卡罗模拟法均要对资产的收益分布进行假设，而历史模拟法则不需要。在本节中将会以农业银行股票为例，展示不同假设对估算 VaR 和 ES 造成的影响。

程序 4-3

使用方差-协方差法、历史模拟法和蒙特卡罗模拟法计算 VaR 和 ES

在这里我们使用对数收益率来描绘农业银行股票的价格变化，计算公式为：$R_t = \ln(P_t/P_{t-1})$。其中，R_t 为第 t 日的对数收益率，P_t 为股票第 t 日的收盘价。在对农业银行股票的 VaR 和 ES 进行计算之前，我们先观察该股票的对数收益率是否服从正态分布。

根据输出结果我们可以看到，农业银行股票的偏度和峰度分别为−0.08（不等于0）和9.10（大于3），同时JB正态性检验的结果告诉我们农业银行股票的JB统计值为4 198.60，该值远大于1%显著性水平下的临界值10.792 2，因此，该股票的对数收益率分布并不是一个标准的正态分布，这也意味着在这种情况下方差-协方差法失效。最终的估计结果如图4－6所示。

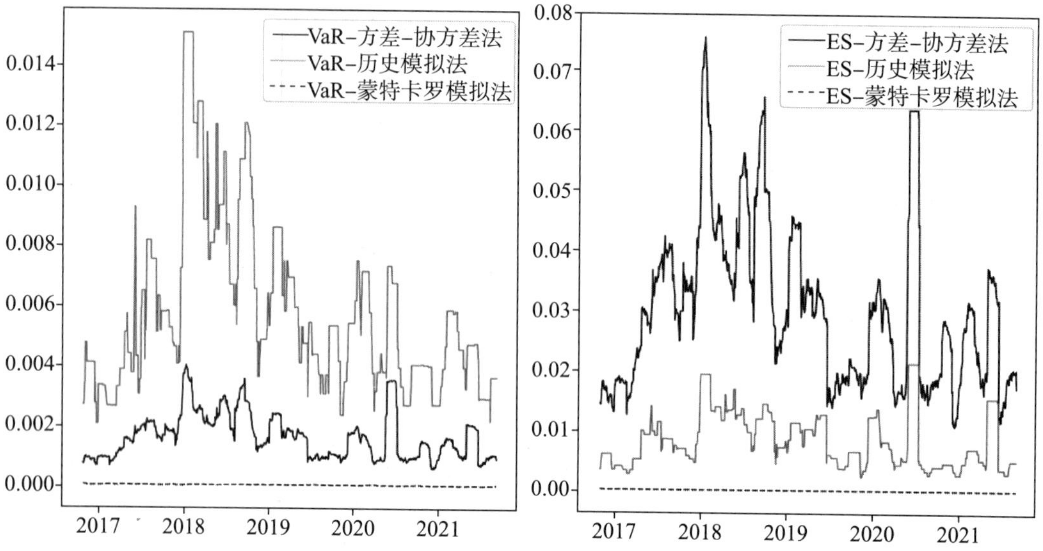

图4－6　三种不同计算方法下的VaR和ES

从图4－6中可以发现，用方差-协方差法计算出的VaR远小于用历史模拟法计算出的数值，而用方差-协方差法计算出的ES情况则相反。另外，蒙特卡罗模拟法的计算结果与前两种方法有较大出入，原因是在该模拟中收益率服从标准正态分布，然而前面通过实证已经证明收益率显然是不服从标准正态分布的。国内许多学者的研究表明，GARCH族模型在刻画资产收益厚尾特征方面十分出色（陈学华和杨辉耀，2003；龚锐、陈仲常和杨栋锐，2005），因此，接下来，我们将蒙特卡罗模拟法与GARCH模型结合来解决这一问题。

四、基于蒙特卡罗模拟法的Copula-GARCH-VaR及Copula-GARCH-ES计算

程序4－4

基于蒙特卡罗模拟法的Copula-GARCH-VaR及Copula-GARCH-ES估计

由于金融市场风险成因的复杂性，不同资产收益率之间存在非线性的相关关系。而传统的相关系数只能描述随机变量之间的线性相关关系，因此本节运用t-Copula函数来描述不同股票间的相关性。该理论将多元变量的联合分布函数分解为N个边缘分布函数和一个刻画各变量相依结构的分布函数。Copula函数拥有众多优点，其拥有众多函数族，能灵活刻画各个随机变量的相依关系，同时又能避免线性和正态性假设，因此能有效、可靠地刻画投资组合中复杂的相依关系。

本节采用蒙特卡罗模拟法，结合t-Copula连接函数模型和GARCH（1，1）-t模型对VaR和ES进行估计，步骤如下：第一，运用拟合的t-Copula参

数生成符合分布的随机数 u_t；第二，通过随机数得到各样本收益率的模拟序列，计算公式为：$r_t = Offset + t^{-1}(u_t)\sigma_t$；第三，根据模拟收益率序列计算取 p 分位数作为 VaR 的估值，取收益率低于 ES 部分的期望作为 ES 的估值。以 TCL 科技（000100）和上汽集团（600104）为例，其 VaR 与 ES 计算结果如图 4－7 所示。基于蒙特卡罗模拟法估计得到的 VaR 和 ES 是对传统的基于 GARCH 模型估计得到波动率并以此测算 VaR 和 ES 方法的重要补充。

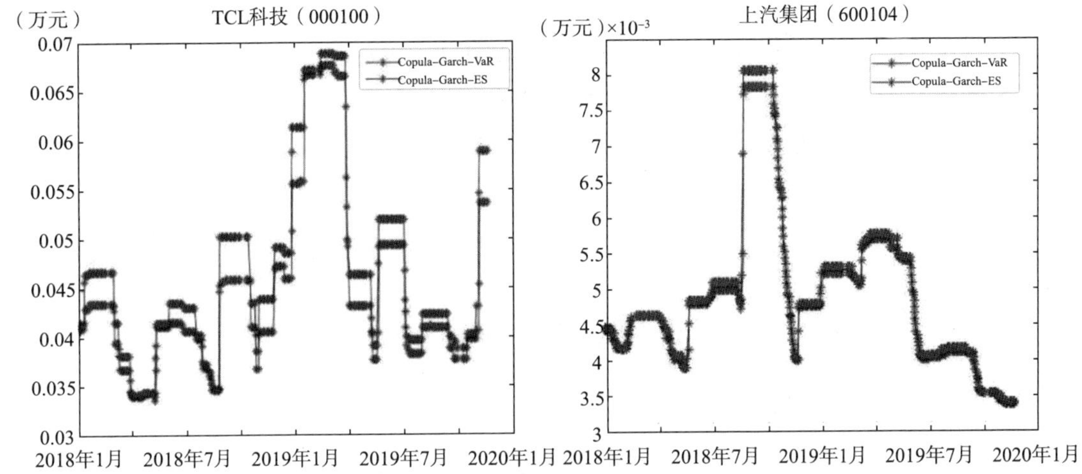

图 4－7　TCL 科技和上汽集团的 VaR 及 ES

【本章小结】

在险价值 VaR 提供的一个信息是，投资者在 X 置信水平下，在时间段 T 内投资的损失不会超过 V。虽然它能够给投资者提供一个投资组合损益的直观概念，但是当收益率不满足椭圆分布时，该指标不满足次可加性，由此并非一个理想的风险度量指标。为了弥补这一缺陷，我们引入了预期亏损 ES 和 SRISK 指标。在此基础上，我们讲解了边际 VaR、增量 VaR 和成分 VaR 以及这三个指标在实际投资中的应用。此外，计算 VaR 和 ES 的方法通常有三种：方差-协方差法、历史模拟法和蒙特卡罗模拟法。方差-协方差法和蒙特卡罗模拟法均要对资产的收益分布进行假设，但是蒙特卡罗模拟法可以根据资产的具体实际情况来假设其收益的分布，因此，相较于方差-协方差法来说其适用性更强。而历史模拟法无须对收益分布进行假设，利用资产的历史收益率数据来估计该资产未来收益率的概率分布，从而计算出资产的 VaR 和 ES。不过该方法也存在明显的弊端，因为资产的收益分布并不总是保持不变的。最后，通过案例讲解在不同模型设定下的 VaR 和 ES 计算，这为后续准确度量投资组合或金融机构风险提供了指标标准。

【课后习题】

1. 请解释 VaR 与 ES 之间的区别与联系，ES 在理论上的优势是什么？

2. 一个投资经理的公告声明，其管理的基金在半年展望期99%的VaR等于资产组合价值的6%，假设你在基金中有100万元投资，你将如何理解投资经理的公告？

3. 如果某投资组合由若干资产组成，请详细解释边际VaR、增量VaR以及成分VaR之间的区别。

4. 假定某两项投资中的任何一项都有3%的概率会引发1 000万元损失，有2%的概率引发100万元损失，有95%的概率盈利100万元，两项投资相互独立，请回答下面两个问题：

(1) 选定95%的置信水平，任意一项投资的VaR是多少？

(2) 选定95%的置信水平，任意一项投资的ES是多少？

5. 假设某投资组合在3个月内的收益变化服从正态分布，均值为50万元，标准差为300万元，计算在99.5%置信水平下，该投资组合3个月展望期的VaR和ES。

6. 假设投资组合在半年内的收益变化服从正态分布，均值为0，标准差为200万元，计算在98%置信水平下，一年展望期的VaR和ES。

7. 假设某两项投资中的任何一项都有0.9%的概率引发1 000万元损失，而有99.1%的概率引发100万元损失，这两项投资相互独立：

(1) 选定99%的置信水平，任意一项投资的VaR是多少？

(2) 选定99%的置信水平，任意一项投资的ES是多少？

(3) 将两项投资叠加在一起所产生的投资组合在99%置信水平下的VaR是多少？

(4) 将两项投资叠加在一起所产生的投资组合在99%置信水平下的ES是多少？

(5) 请说明此例中的VaR和ES是否满足次可加性条件。

8. 一份关于中国农业银行的报告称其每月VaR在95%的置信水平下为1 000万元。下列哪一项是关于这份报告最恰当的解释？

(1) 如果我们收集中国农业银行100个月的损益数据，那么我们会看到有大约5个月的损失超过1 000万元。

(2) 该银行有95%的概率在一个月内的损失值低于1 000万元。

(3) 该银行有5%的概率在一个月内的收益值低于1 000万元。

(4) 该银行有5%的概率在一个月内的损失值低于1 000万元。

9. 假设一个流动性资产的损失收益分布为正态分布。该资产在95%置信水平下的每日VaR为100 000元。估计相同资产在99%置信水平下的10天VaR。

10. 假定一个投资组合的每天价值变化的一阶自相关系数为0.06，由一天VaR乘以$\sqrt{10}$而产生的10天VaR为200万元，将自相关考虑在内时，VaR的最佳估计为多少？

11. 假设某两项投资中的任何一项都有4%的概率触发损失500万元，有3%的概率触发损失90万元，并且有93%的概率给投资者带来120万元的收入。这两项投资相互独立。

(1) 在95%的置信水平下，任意一项投资的VaR是多少？

(2) 在95%的置信水平下，任意一项投资的ES是多少？

(3) 如果同时进行两项投资，在同样的置信水平下求该投资的VaR和ES。

(4) 请说明该题中的 VaR 不满足次可加性条件，但是 ES 满足次可加性条件。

12. 以上汽集团股票为例，选取 2011—2023 年上证综指日度数据，构建一个 APARCH 模型，分别在标准正态分布、学生 T 分布、广义误差分布三种假设下计算上证综指波动率，然后计算 VaR，最后运用回测检验比较 GARCH 模型和 APARCH 模型的拟合优度。

13. 任选一只股票，完成 MA、EWMA、ARCH、GARCH 或非线性 GARCH 族类的波动率估计，完成基于上述不同波动率测度的 VaR 估计。

14. 任选一只股票，分别采用上述方法，计算每天、每周、每月、每年的 VaR 用于评估股票的 VaR。

15. 构建一个投资组合，测度其尾部风险（ES）以及 VaR，并分别计算出边际 VaR、增量 VaR、成分 VaR。

16. 基于中国股市实际数据，结合第三章的 ARCH、EWMA、TGARCH、EGARCH、Jump-GARCH、GARCH-MIDAS 模型，评估用上述模型估计得到的波动率计算 VaR 和 ES 的结果有何差异。

第五章

信用风险之信用评级方法

本章阅读指引

本章将聚焦于另一类金融风险——信用风险。回顾历史，我们可以看到全球金融市场经历了多次剧烈波动，从 1997 年亚洲金融危机到 2008 年国际金融危机、2009 年主权债务危机，这些事件导致全球发债机构的信用质量大幅下降，使得信用风险管理的重要性越发凸显。本章第一节是信用风险概论，包括信用风险的概念、成因和特征。第二节将详细介绍信用风险违约率度量，涵盖累计违约率和边际违约率的估计实现，并举例介绍穆迪公司和标准普尔公司所使用的违约率数据。第三节介绍信用损失与信用价差估计，包括基于风险中性定价和 Merton（1974）公司债务定价模型的信用价差。第四节讨论了两种信用风险评级方法，即外部机构的信用评级方法和内部信用评级方法。通过学习本章内容，读者应能全面理解信用风险的重要性，掌握信用风险的评级方法，并能为未来的金融决策提供坚实的依据。

第一节　信用风险概论

一、信用风险的概念

现代意义上的信用风险（credit risk）是指借款人或市场交易对手因各种原因无法或不愿意履行合约，从而可能导致投资者或金融机构蒙受损失。一般而言，信用风险也涵盖借款人信用评级变动和履约能力改变所带来的债务市场价值波动，以及由此引发的潜在损失。这种不履行交收责任的情况，通常源于借款人破产或身处其他严重的财务困境。

信用风险的分类多种多样，首先，按照信用风险的性质，可将信用风险分为违约风险、信用等级降级风险和信用价差（credit spread）增大风险。其中，违约风险指发行人不能满足及时支付利息及偿付所借本金的偿债条款的风险。信用等级降级风险指发行人的信用等级下降，导致其融资成本增加的风险。信用价差增大风险指信用价差增大，导致债券价格下跌的风险。

信用价差是一种风险补偿的度量工具，它的大小直接反映了风险的高低。信用价差增大，意味着风险也在相应增加。

信用价差＝A公司债券收益率－无风险收益率(如长期国债)

其次，按照业务种类，信用风险可以被划分为表内风险和表外风险。表内业务是商业银行所从事的能够直接反映在资产负债表中的业务，如银行资产业务中的贷款、证券投资；负债业务中的存款。表外业务则是那些不直接体现在资产负债表中的业务，如咨询和理财服务等中间业务，以及票据业务等。表外风险在一定条件下会转化为表内风险。例如，在银行开具信用证这一表外业务中，当客户未能履行合同义务交付款项时，银行需要向收款人支付款项，这会导致银行的资产负债发生变化，此时表外业务转化为表内的资产业务。

最后，按照信用风险产生的领域，我们可以将其分为本金风险和重置风险。本金风险涉及资金交付与证券交割之间的时间差，可能导致卖方在交付证券后未能收到资金，或买方在支付资金后未能获得证券。而重置风险则是指交易对手的违约导致交易无法完成。此时，未违约的一方也许需要再次进行交易来购买股票或实现变现，从而可能因市场价格的不利变动而遭受损失。

随着全球经济、政治和技术发生日新月异的变化，信用及其衍生品的创新取得了长足的进展。从国家的角度来看，各国的债务呈现出持续增加的趋势；从企业的角度来看，应收、应付款项已经逐渐成为其流动资产项下不可或缺的一部分，另外还有很多企业发行大量的公司债券以筹集资金；从居民个人的角度来看，消费信贷的飞速发展为个人作为信用提供者在经济领域扮演更加重要的角色提供了可能。

信用的可获得性以及人们对信用的广泛接受推动了现代社会的发展。对个人而言，信用使得他即便收入有限也能购买房屋、汽车和其他耐用消费品，从而提高了生活品质。对企业而言，信用的提供不仅创造了新的就业机会，还促进了经济增长。信用对于企业的快速发展至关重要，缺乏信用，企业仅凭借自有资金的积累很难实现进一步发展。对国家而言，信用使政府能够满足公众对公共产品的需求，进而促进了社会福祉的提升。

另外，随着信用的迅速发展，伴生的信用风险也不可避免地表现出愈演愈烈之势。从借款人个人不能按时还钱，到企业和银行呆账、坏账的增多，再到债务国无法偿还债务本息等问题，这些都对社会正常的经济秩序造成了冲击。因此，对信用风险的成因和特征进行深入研究，并探索相应的信用风险管理对策，在当前显得尤为迫切和重要。

二、信用风险的成因

信用风险的产生源于多种因素的交织，但追根溯源，其主要成因可以归结为以下两个方面。

(一) 借款人或市场交易对手的履约能力出现问题

贷款或货款的偿还通常依赖于经营收入、资产出售或其他融资途径，其中最主要的形式是通过生产经营所得来偿还。因此，在评估借款人的履约能力时，其生产经营效率和获利能力成为关键的参考标准。这一标准不仅适用于个人消费者和小型企业，也适用于大型企业和整个国家。

（二）借款人或市场交易对手的履约意愿出现问题

履约意愿主要是由借款人或市场交易对手的品格决定的。这里的品格不仅涵盖了借款人偿还债务的意愿，更体现了其在负债期间积极承担各项义务的责任感。这就要求借款人必须具备诚实可信的品格，并且能够努力经营以确保自身具备履约能力。但是，现实中的问题是借款人的品格难以使用科学方法进行精确计量，通常仅能根据历史记录和经验对借款人的品格进行评估。如果有一份全面且详尽的信用档案，那么通过分析借款人过去的违约记录，我们就可以对其品格有一个相对准确的了解。

三、信用风险的特征

（一）不对称性

由于授信方承担了信用风险，其期望收益和预期亏损存在不对称性。这种情况与面临的主要风险是市场风险的情况不同，例如在资本市场中，一般情况下，投资者购买股票时，其期望收益与预期亏损是相对对称的。由于信用市场上存在信用风险，而且信用风险造成的收益与损失具有不对称性，因而信用风险具有一系列独特特征，即（1）信用风险难以充分分散化；（2）信用市场上的“一边倒”特征；（3）信用风险保护的提供者少于购买者。

（二）累积性

信用风险的累积性（也可称为“传染性”）是指信用风险具有不断积累、恶性循环、连锁反应，以及当达到某一临界点时可能会突然爆发而引起经济危机的特点。在宏观经济因素如国家的利率政策、财政政策、对外贸易条件、国际市场因素（如石油价格）等，以及市场结构本身的合理程度、市场需求状况（包括个人最终消费与企业的消费）的综合作用下，市场出现萧条衰退，则企业的产品难以在市场上销售，资金无法及时回笼，或企业投资的资产价格暴跌（如房地产、股票等资产在市场不景气的情况下出现价格大幅下跌），则企业 1 难以偿还供应商企业 2 的应收账款，这种违约情况可能进一步传导，导致企业 2 无法偿还供应商企业 3 的应收账款，如此等等。即使这些企业之间的债务关系不是简单的相互循环的“三角债”，但只要它们都依赖于银行贷款，此时如果有一个企业对其供应商的应收账款违约，就可能导致信用链条中的每个企业都无法偿还其他企业的债务以及银行贷款，所以信用风险的产生和扩散具有非线性的蔓延特征，对经济稳定构成严重威胁。

（三）系统性

前文的分析说明了宏观经济因素对信用风险的影响以及信用风险如何反过来对宏观经济产生反作用。尽管信用风险通常被视作非系统性风险，不具有普遍性，但当宏观经济冲击使市场出现剧烈波动并广泛传播时，信用风险则表现为一种系统性风险。所谓系统性风险，是指受到某一共同因素的影响而产生的风险。据此可以将信用风险分解成两个部分：一部分是受到宏观经济因素共同影响的系统性风险，这些宏观经济因素包括但不限于利率政策、财政政策、对外贸易条件以及国际市场动态等；另一部分是受到特殊个体因素影响的非系统性风险，这些因素可能涉及企业或银行高层管理者的个人特质、决策和道德风险等。

宏观经济因素对商业信用总额的变化具有决定性作用，而商业信用总额很明显与全社会的信用风险总量呈正相关关系。所以，信用风险是一种受宏观经济因素驱动的重要系统性风险。

（四）内源性与行为因素

风险管理与公司财务领域的著名学者、哈佛大学商学院教授福特（K. Fot）认为，企业所承载风险类型繁多，能引起资产负债表上每个项目波动的因素均可被视为企业的风险来源。然而，并非所有风险都可进行有效管理。他认为，可管理风险需满足两大特征：一是外源性，即风险源自公司外部；二是透明性与可证实性，意味着这些风险对于公司外部的利益相关者而言，能够以较低成本获得验证。然而，信用风险是一种不完全客观的风险，它含有明显的行为因素，企业和个人有可能出于各种动机操纵其信用状况，如我国曾出现的“假破产、真逃债”等现象。换而言之，信用风险具有内源性与行为因素的特征，正因为如此，信用风险是一种很难管理的风险。

第二节 信用风险违约率度量

多年来，监管部门为应对信用风险，一直强调银行必须计提资本金。在《巴塞尔协议Ⅱ》下，银行在获得监管部门的批准后，被允许采用内部模型来评估违约风险，并据此计算需要计提的资本金数额。该要求不仅激励了银行在风险评估方面的创新，还促使它们投入更多的资源和人力来开发和完善违约率度量方法。在本节我们将讨论信用风险违约率度量的不同方法。

一、违约率

违约率（probability of default，PD）指交易对手在给定时期内违约的可能性。在评估违约率时，主要存在两种主流方法：一是基于历史违约数据的违约率估计；二是基于默顿（Merton）期权定价思想的违约率近似估计。

首先，历史违约率是指外部评级机构根据某信用等级的债务人在过去一段时间内违约的历史数据信息，预测其在未来某一时段内的违约概率。最常见的历史违约率包括累计违约率（cumulative default rate，CDR）和边际违约率（marginal default rate，MDR）。

（一）累计违约率

累计违约率是指特定时间段内违约债务人数与该信用等级总债务人数的比率。而债券在任何一年的违约概率称为边际违约率。累计违约率也可以根据边际违约率来计算。

令 p_1，p_2，…，p_n 分别代表发债机构第 1 年，第 2 年，…，第 n 年债券的本金和利息全额偿还的概率，那么发债机构第 1 年，第 2 年，…，第 n 年的边际违约率分别为 $1-p_1$，$1-p_2$，…，$1-p_n$。C_2 代表发债机构两年的累计违约率。发债机构两年的累计违约率是第 1 年违约比率加上第 1 年没有违约而第 2 年违约的比率之和，具体为：

$$C_2=(1-p_1)+p_1(1-p_2)=1-p_1p_2 \tag{5-1}$$

发债机构两年的累计违约率，实际上是 1 减去两年均存活下来的累计比率。换句话说，它表示在两年内至少有一年发生违约的债务人所占的比例。以此类推，发债机构 n 年的累计违约率可表示为：

$$C_n=1-\prod_{i=1}^{n}p_i=1-S_n \tag{5-2}$$

其中，$S_n=\prod_{i=1}^{n}p_i$ 表示发债机构 n 年的累计存活率。若发债机构每年平均违约率为 $(1-p)$，则 n 年累计违约率的计算公式如下：

$$C_n=1-\prod_{i=1}^{n}p_i=1-p^n \tag{5-3}$$

【例 5-1】 累计违约率估计。若 BBB 评级公司第一年与第二年的边际违约率分别是 5%与 7%，请问该公司两年的累计存活率是多少？两年的累计违约率是多少？第一年没有违约而第二年违约的条件违约率又是多少？

两年的累计存活率：$S_2=(1-5\%)\times(1-7\%)=88.35\%$

两年的累计违约率：$C_2=1-S_2=1-88.35\%=11.65\%$

第一年没有违约而第二年违约的条件违约率 $=(1-5\%)\times 7\%=6.65\%$

【例 5-2】 累计存活率估计。若 BBB 评级公司的违约率每年均固定为 30%，请问该公司三年的累计存活率是多少？

三年的累计存活率 $=(1-30\%)^3=34.3\%$

（二）边际违约率

上述边际违约率是基于一年的时间框架进行衡量的。然而，如果投资者希望了解发债机构在更短的时间段，如半年、三个月或一个月后的边际违约率，又该如何估算呢？下面说明边际违约率在不同评估期间的估算。为便于理解，令 p^a、p^q、p^m 分别表示年边际违约率、季边际违约率和月边际违约率。

1. 半年边际违约率

衡量每半年边际违约率，应将违约频率由一年调整至半年。这意味着需要重新计算违约率，以反映更短的时间段内的风险变化。根据一年累计存活率的公式，可以推导出年边际违约率与半年边际违约率的关系为：

$$(1-p^a)=(1-p^S)^2 \tag{5-4}$$

其中，p^a 和 p^S 分别代表一年边际违约率和半年边际违约率。

2. 季边际违约率或月边际违约率

类似地，根据累计存活率的公式，可以得到年边际违约率、季边际违约率和月边际违约率之间的关系为：

$$(1-p^{a})=(1-p^{q})^{4}=(1-p^{m})^{12} \tag{5-5}$$

3. 连续复利的违约率

若在一年的评估期间内违约的情况是连续发生的，则需采用连续复利的方式来计算连续违约率。以 p^{c} 代表连续复利下的违约率，C_n 代表 n 年累计违约率，连续复利下的年违约率的定义为：

$$C_n=1-e^{-\int_0^n p^{c}(\tau)\mathrm{d}\tau}=1-e^{-p^{c}n} \tag{5-6}$$

由于 $1-e^{-p^{c}n}$ 是 n 年累计违约率，因此 $e^{-p^{c}n}$ 代表 n 年的累计存活率。在进行债券等信用风险链接产品的定价时，应该采用连续复利的违约率来评估风险性债券的违约风险。

【例 5-3】 季度累计存活率估计。若 AA 评级企业 1 年的边际违约率为 0.06%，请问 AA 评级企业 3 个月的累计存活率是多少？

3 个月的边际违约率为 $(1-p^{q})^{4}=(1-0.06\%)$，$p^{q}=0.015\%$，故 3 个月的累计存活率为 $1-p^{q}=99.985\%$。

【例 5-4】 季度存活率估计。第 1 公司于 2024 年 1 月 1 日设立，市场预期第 1 公司每年的边际违约率为 10%。请问一季之后，也就是 2024 年 4 月 1 日第 1 公司的存活率是多少？

根据（5-5）式，第 1 公司一季后的存活率是 $(1-p^{a})^{1/4}=(1-10\%)^{0.25}=97.4\%$。

【例 5-5】 累计违约率估计。假设第 1 公司未来第一年、第二年、第三年的边际违约率分别是 0.3%、0.45%与 0.55%。若违约总是发生在年底，请计算第 1 公司的三年累计违约率。

根据（5-2）式，三年累计违约率是 $C_3=p_1+(1-p_1)p_2+(1-p_1)(1-p_2)p_3=1.29\%$。

二、国际评级机构违约率

表 5-1 和表 5-2 分别展示了以穆迪公司累计违约率和标准普尔公司累计违约率为例的两个违约率的估值分析结果。然而，历史违约率方法存在两点缺陷：一是随着期限的增长，可用于分析的历史违约数据逐渐减少；二是样本伴有重叠现象，这会影响样本数据的独立性，从而影响违约率评估的准确性。

表 5-1 穆迪公司累计违约率（%）

等级	不同年限累计违约率									
	1	2	3	4	5	6	7	8	9	10
Aaa	0.00	0.00	0.02	0.09	0.19	0.29	0.41	0.59	0.78	1.02
Aa	0.07	0.21	0.36	0.54	0.85	1.21	1.60	2.01	2.37	2.78
A	0.08	0.27	0.57	0.92	1.28	1.67	2.09	2.48	2.93	3.42
Baa	0.34	0.99	1.79	2.69	3.59	4.51	5.39	6.25	7.16	7.99

续表

等级	不同年限累计违约率									
	1	2	3	4	5	6	7	8	9	10
Ba	1.42	3.43	5.60	7.89	10.16	12.28	14.14	15.99	17.63	19.42
B	4.79	10.31	15.59	20.14	23.99	27.12	30.00	32.36	34.37	36.10
Caa-C	14.74	23.95	30.57	35.32	38.83	41.94	44.23	46.44	48.42	50.19

资料来源：穆迪报告。

表 5-2　标准普尔公司累计违约率（%）

等级	不同年限累计违约率									
	1	2	3	4	5	6	7	8	9	10
AAA	0.00	0.00	0.03	0.07	0.11	0.20	0.30	0.47	0.54	0.61
AA	0.01	0.03	0.08	0.17	0.28	0.42	0.61	0.77	0.90	1.06
A	0.05	0.15	0.30	0.48	0.71	0.94	1.91	1.46	1.78	2.10
BBB	0.36	0.96	1.61	2.58	3.53	4.49	5.33	6.10	6.77	7.60
BB	1.47	4.49	8.18	11.69	14.77	17.99	20.43	22.63	24.85	26.61
B	6.72	14.99	22.19	27.83	31.99	35.37	38.56	41.25	42.90	44.59
CCC	30.95	40.35	46.63	51.25	56.77	58.74	59.46	59.85	61.57	62.92

资料来源：标准普尔公司报告。

第三节　信用损失与信用价差估计

一、信用损失的估计

（一）定义及估计

1. 信用风险暴露的定义及估计

信用风险暴露（exposure at default，EAD），又称违约暴露，是指可能面临违约风险的资金头寸。在贷款和债券等金融产品中，信用风险暴露一般以面值衡量。

当考虑不同时间点的 EAD 时，如 t 时刻的信用风险暴露，又称信用暴露（credit exposure，CE），代表资产在有效期内的价值大于 0 的部分，即

$$CE_i = \max(V_t, 0) \tag{5-7}$$

上述表达式意味着若资产价值小于或等于 0，那么贷款和债券就不会面临任何损失，因此，信用暴露定义为资产价值大于 0 的部分。特别地，当 $t=0$ 时，这个时间点的信用暴露被称为当前风险暴露（current exposure）。

期望风险暴露（expected exposure，EE）为：

$$\begin{aligned}EE_t &= E[CE_t], \forall t \\ &= \int_{-\infty}^{+\infty} \max(v,0) \cdot f(v)dv\end{aligned} \tag{5-8}$$

其中，$f(v)$ 是资产价值 V_t 的概率密度函数，t 是未来某时刻。

对于 EE 的估计，假设资产价值 V_t 服从均值为 0，方差为 σ 的正态分布，则：

$$\begin{aligned}EE_t &= \int_{-\infty}^{+\infty} \max(v,0) \cdot f(v)\, dv \\ &= \int_{-\infty}^{0} 0 \cdot f(v)\, dv + \int_{0}^{+\infty} v \cdot f(v)\, dv \\ &= \int_{0}^{+\infty} v \cdot \left(\frac{1}{\sigma\sqrt{2\pi}} e^{\frac{-v^2}{2\sigma^2}}\right) dv = \frac{\sigma}{\sqrt{2\pi}}\end{aligned} \tag{5-9}$$

平均期望风险暴露（average expected exposure，AEE）是指，从当前时刻到到期日 T 的整个期间内，期望风险暴露的平均值，可表示为：

$$AEE = \frac{1}{T}\int_{t=0}^{T} EE_t\, dt \tag{5-10}$$

平均期望风险暴露与期望风险暴露之间的关系并不是固定的，有时前者会大于后者，有时则可能小于后者。这种差异取决于资产价值在一段时间内的波动情况。

2. 信用损失的定义及估计

信用损失（credit losses，CL）是指信用风险所引起的损失。

信用资产 i 的信用损失 CL_i 为：

$$CL_i = \eta_i \times CE_i \times LGD_i \tag{5-11}$$

其中，η_i 是代表是否违约的随机变量，违约时 $\eta=1$，概率为 p_i；不违约时 $\eta_i=0$，概率为 $1-p_i$，即服从贝努利分布。CE_i 为第 i 种信用资产的信用暴露；LGD_i 为第 i 种信用资产的违约损失率。

CL_i 有 p_i 的概率发生损失 $CE_i \times LGD_i$，另外有 $1-p_i$ 的概率不发生损失，即损失为 0。

违约损失率等于 1 减去违约回收率。违约回收率（recovery rate）是指违约回收的价值与违约债券本金的比率，通常是在违约发生后的大约 30 天内进行计算。

由于关于违约损失率估计的理论发展尚未完善，因此在实践中，常用如下方法估计 LGD：首先，根据违约率、债权清偿顺序、抵押品的流动性等因素对初始 LGD 进行调整，从而获得一个基础 LGD。然后，在基础 LGD 的基础上，进一步根据抵押品特性和融资人状况，由专家进行调整，最终得出一个更为精确的 LGD 估计值。

那么，当假设一共有 n 种信用资产时，组合的信用损失可表示为：

$$CL = \sum_{i=1}^{n} \eta_i \times CE_i \times LGD_i \tag{5-12}$$

（二）预期信用损失与预期亏损率

若代表是否违约的随机变量 η_i、信用暴露 CE_i、违约损失率 LGD_i 不相关，则能获得预期信用损失（expected credit losses，ECL）：

$$ECL=E[CL]=E\left[\sum_{i=1}^{n}(\eta_i \times CE_i \times LGD_i)\right]=\sum_{i=1}^{n}E(\eta_i \times CE_i \times LGD_i)$$
$$=\sum_{i=1}^{n}[E(\eta_i)\times E(CE_i)\times E(LGD_i)]$$
$$=\sum_{i=1}^{n}[p_i \times EE_i \times E(LGD_i)] \tag{5-13}$$

即预期信用损失 ECL 为：

$$ECL_i=\sum_{i=1}^{n}E(\eta_i)\times CE_i \times LGD_i=\sum_{i=1}^{n}p_i \times CE_i \times LGD_i \tag{5-14}$$

第 i 种资产的预期亏损率（rate of expected losses，REL）为：

$$REL_i=E(\eta_i)\times LGD_i \tag{5-15}$$

（三）未预期信用损失率与未预期信用损失

未预期信用损失率（rate of unexpected losses，RUL）是用来量化信用资产损失率波动性或不确定性的指标。

第 i 种资产的未预期信用损失率为该信用资产损失率 $\eta_i \times LGD_i$ 的标准差，记为：

$$RUL_i=D(\eta_i \times LGD_i) \tag{5-16}$$

未预期信用损失（unexpected credit losses，UCL）是与预期信用损失相对而言的概念，指未预料到的损失，其计算方法主要有两种：一种是信用损失的标准差法，即：

$$UCL=D(CL)=D\left(\sum_{i=1}^{n}CE_i \times \eta_i \times LGD_i\right) \tag{5-17}$$

另一种计算方法是信用损失的 VaR 法。在 VaR 法中，首先需要确定一定置信水平下最大可能信用损失即 VaR 值，随后，将这一 VaR 值与预期信用损失相减，所得到的差额记作未预期信用损失。

$$RUL=CVaR=WCL-ECL \tag{5-18}$$

其中，RUL 又称为 CVaR（credit VaR），WCL 表示一定置信水平下最大可能信用损失。一个信用组合的 CVaR 受资产违约相关性的影响，因为违约相关性会提高该组合出现多个违约的可能性。

【例 5-6】 组合违约相关性估计。假设两家公司的违约率分别为 p_1 和 p_2；在 t 时刻两者都违约的概率，即联合违约率为 p_{12}。请计算这两家公司的违约相关系数。

首先，列出两家公司的联合违约率，如表 5-3 所示。根据表中信息，我们能估计出违约相关性(X_1 和 X_2的相关性)：已知 $E(X_1)=p_1$，$E(X_1X_2)=p_{12}$。

$$V(X_i)=E(X_i^2)-[E(X_i)]^2=p_i(1-p_i), \ i=1, 2 \tag{5-19}$$

$$Cov(X_i, X_2)=E(X_1X_2)-E(X_1)E(X_2)=p_{12}-p_1p_2 \tag{5-20}$$

$$\rho=\frac{p_{12}-p_1p_2}{\sqrt{p_1(1-p_1)}\sqrt{p_2(1-p_2)}} \tag{5-21}$$

表 5-3　两家公司的联合违约率

结果	X_1	X_2	X_1X_2	概率
无违约	0	0	0	$1-p_1-p_2+p_1p_2$
只有公司 1 违约	1	0	0	$p_1-p_1p_2$

续表

结果	X_1	X_2	X_1X_2	概率
只有公司 2 违约	0	1	0	$p_2-p_1p_2$
两家公司都违约	1	1	1	p_1p_2

(四) 信用损失分布

人们常选择特定的分布函数来描述损失分布，其中正态分布最为常用。然而，在实际情况中，信用损失分布往往呈现出偏斜且厚尾的特点。目前人们常使用指数分布、T 分布、柯西（Cauchy）分布、耿贝尔（Gumbel）分布、帕累托分布来拟合信用损失分布。

(五) 信用在险价值

信用在险价值又称信用 VaR（CVaR），指在一定置信水平下某信用资产或信用资产组合在未来特定时间段内可能面临的最大信用损失。用公式表示为：

$$\text{Prob}(\text{CL}\leqslant \text{CVaR})=c \tag{5-22}$$

二、信用价差

信用价差是债权人因为承担特定的信用风险而期望获得的超额回报，这部分超额回报等于债券收益率高于无风险收益率的部分。

(一) 基于风险中性定价的信用价差

假定一年期面值 100 美元的零息债券，一年后的报酬率为 y^*，无风险报酬率为 r。如果债券违约，则得到支付为 100(1−LGD) 美元；如果债券未违约，则得到 100 美元。按照风险中性定价方法，债券现值为：

$$P=\frac{100}{1+y^*}=\frac{100}{1+r+\text{CS}}=\frac{100}{1+r}\times(1-p)+\left[\frac{100(1-\text{LGD})}{1+r}\right]\times p \tag{5-23}$$

将（5-23）式化简可得，

$$\frac{1}{1+y^*}=\frac{1}{1+r+\text{CS}}=\frac{1-p}{1+r}+\frac{(1-\text{LGD})p}{1+r}=\frac{1-\text{LGD}\times p}{1+r} \tag{5-24}$$

进一步地，可得，

$$1+y^*=\frac{1+r}{1-\text{LGD}\times p} \tag{5-25}$$

$$\begin{aligned} y^* &=\frac{1+r}{1-\text{LGD}\times p}-1=\frac{r+\text{LGD}\times p}{1-\text{LGD}\times p} \\ &=\frac{r(1-\text{LGD}\times p)+r\times\text{LGD}\times p+\text{LGD}\times p}{1-\text{LGD}\times p} \end{aligned} \tag{5-26}$$

那么，

$$y^*=r+\text{CS}\approx r+\frac{1+r}{1-p\times\text{LGD}}\times p\times\text{LGD} \tag{5-27}$$

其中，信用价差即 CS 为：

$$CS \approx \frac{1+r}{1-p\times LGD}\times p\times LGD \tag{5-28}$$

（二）基于 Merton（1974）公司债务定价模型的信用价差

Merton（1974）基于公司债务定价模型提出了一种观点，即公司权益价值可以被看作购买者的看涨期权。根据默顿的理解，一家公司一旦发债，举债公司股东就相当于将公司卖给债权人。在负债到期日当天，股东有权决定是否将公司买回。因此，股东在负债到期日当天持有一个买回公司的权利，而债权人卖出一个买回公司的权利给股东。另外，从债权人的角度来看，当公司发行债务时，债权人便相当于向股东卖出一个卖出公司的权利。在负债到期日当天，股东可以决定是否要将公司卖给债权人。

Merton（1974）公司债务定价模型的核心思想是将公司的权益价值看作一项以公司资产为标的的期权，假设公司债权人同时购买一个标的资产为公司价值 V、执行价格为 D、到期日为 T 的欧式看跌期权，在 0 时刻资产组合为：买入现值为 B_0、到期日为 T、面值为 D 的零息债券；买入现值为 P_0 的上述欧式看跌期权。

计算信用价差的具体操作步骤如下：

（1）P_0 可看作消除零息债券信用风险的成本；

（2）均衡时有 $B_0+P_0=De^{-rT}$；

（3）由 BS 公式，得到欧式看跌期权的价值为：

$$P_0=-N(-d_1)V_0+De^{-rT}N(-d_2) \tag{5-29}$$

其中，$N(\cdot)$ 表示累积标准正态分布函数。

设零息债券到期收益率为：

$$y_T=-\frac{\ln(B_0/D)}{T}=-\frac{\ln\dfrac{De^{-rT}-P_0}{D}}{T} \tag{5-30}$$

根据（5-30）式，估计可得：

$$\begin{aligned}CS_T=y_T-r&=-\frac{1}{T}\ln\left(e^{-rT}-\frac{P_0}{D}\right)-r=-\frac{1}{T}\ln\left[e^{rT}\left(e^{-rT}-\frac{P_0}{D}\right)\right]\\&=-\frac{1}{T}\ln\left(1-\frac{e^{rT}P_0}{D}\right)=-\frac{1}{T}\ln\left[1-\frac{e^{rT}}{D}[-N(-d_1)V_0+De^{-rT}N(-d_2)]\right]\\&=-\frac{1}{T}\ln\left[1+\frac{e^{rT}}{D}N(-d_1)V_0-N(-d_2)\right]\\&=-\frac{1}{T}\ln\left[N(d_2)+\frac{V_0}{De^{-rT}}N(-d_1)\right]\end{aligned} \tag{5-31}$$

信用价差为：

$$CS_T=y_T-r=-\frac{1}{T}\ln\left[N(d_2)+\frac{V_0}{De^{-rT}}N(-d_1)\right] \tag{5-32}$$

第四节 信用风险评级方法

一、外部机构的信用评级方法

(一) 信用评级的概念

信用评级（credit rating）是由信用评级机构最先提出并引入资本市场的，其本质上是一个由信用评级机构发布的“可信度的评估”。作为市场中独立的服务机构，几家最早成立的信用评级机构都是基于自身对信用风险的独到理解及市场对信用评级的迫切需求，给出了各自的信用评级的概念定义。美国的主要债券评级机构是穆迪公司、标准普尔和惠誉国际信用评级有限公司。

在专业术语中，穆迪公司将信用评级界定为“对债券发行人或其他债务人未来全额并按时向投资者偿付到期本息的能力、法律责任和意愿所进行的评价”。穆迪公司的信用评级主要揭示借款人不能履行合约的可能性，以及借款人一旦违约，预计给贷款人造成的损失严重程度。

标准普尔则将信用评级界定为“对各类借款人信用可靠性的分析和评估意见”，信用可靠性是借款人偿还所借资金或承担债务偿还责任的真正实力。

综合穆迪公司和标准普尔对信用评级的定义，信用评级可被概括为一种由专业评级机构给出的意见。这种意见基于借款人或债务人的信用品质与还款能力进行分析，评估借款人给贷款人带来损失的可能性和严重性，也即对借款人的信用可靠性及履约能力进行判断，并用等级符号将这种意见表示出来。不同的信用评级符号反映借款人的履约能力、信用可靠性或信用损失严重程度的差异。

信用评级在我国有多种称呼，如资信评级、资信评估、信用评估等，这在一定程度上反映了国内外学者对其定义的差异。为了统一和规范信用评级行业，中国人民银行等部委2019 年发布并实施的《信用评级业管理暂行办法》将信用评级定义为信用评级机构对影响经济主体或者债务融资工具的信用风险因素进行分析，就其偿债能力和偿债意愿作出综合评价，并通过预先定义的信用等级符号进行表示。

(二) 外部机构的评级对象、内容和程序

信用评级的对象主要分为两大类：一是对债务人的整体信用状况进行评估，二是对特定债务工具的信用质量进行评估，也即“发行人评估”和对某一特定的债务工具评级。在信用评级的过程中，核心内容包括财务分析、质量分析及法律分析等方面。财务分析主要依赖于企业的财务报表；质量分析则更加关注管理质量，包括对企业在所从事行业中的竞争力、行业发展前景以及行业对技术变革、管制变化和劳资关系变化的敏感性等方面的深入剖析。全球范围内，许多著名的独立信用评级机构，如标准普尔、穆迪公司等，其信用评级的内容主要包括通过行业特征、竞争态势和管理等因素评估商业风险，以及通过财务特征、财务政

策、盈利性、资本结构、现金流保护和财务灵活性等因素评估财务风险。

信用评级的程序如下：第一步，评级委员会与发债企业管理人员进行会晤，全面审查企业的经营计划和财务计划；第二步，经过深入审查后，评级委员会对结果投票表决；第三步，在正式公布评级结果之前，债务人若拥有新的相关信息，有权向评级委员会提出更改评级的请求。

（三）标准普尔与穆迪公司的信用评级体系

标准普尔自1923年起开始编制并发表信用评级，初期主要涵盖两种指数：一种是每日更新的包括90种股票的指数，另一种是每月发布的涵盖480种股票的指数。1957年扩展为现行的、以500种采样股票通过加权平均综合计算得出的指数，在开市时间每半小时公布一次。标准普尔凭借其详尽的资料、先进科学的分析技术、丰富的实践经验和专业的人才储备，所发布的信用评级具有很高的权威性。

标准普尔的一般评级体系分为AAA、AA、A、BBB、BB、B、CCC、CC、C和D，在这一体系中，信用等级AA至CCC可以通过添加“+”“-”符号进行微调。最高等级AAA代表着最低的风险程度，意味着被评级对象具有极强的偿还债务能力；而最低等级D代表着最高的风险程度，意味着被评级对象偿还债务能力最差，极有可能导致投资者遭受损失。表5-4展示了标准普尔的一般评级体系。

表5-4　标准普尔的一般评级体系

评级等级	风险程度	评级等级	风险程度
AAA	最低	CCC	特别关注
AA	温和	CC	未达标准
A	平均（中等）	C	可疑
BBB	可接受	D	损失
BB	可接受但予以关注	+ 或 -	表明同一信用级别内的相对风险程度（AA至CCC）
B	管理性关注	R	强调本金风险或收益率波动风险（主要用于含有很高非信用风险的工具）

穆迪公司是美国评级行业的先驱，也是当今世界评级机构中最负盛名的一个。它不仅涵盖美国国内各类债券和股票的评级，更将评级业务推向国际市场。评级等级由最高的Aaa级到最低的C级，共计21个等级：Aaa、Aa、A、Baa、Ba、B、Caa、Ca、C，穆迪公司在从Aa到Caa的各个基本等级后面增加了修正数字1、2和3。

评级等级被细分为投资等级和投机等级两个主要部分。穆迪长期信用评级（距到期日一年或以上）是有关固定收益债务相对信用风险的意见，而这些债务的原始到期日须为一年或更长。这些评级旨在揭示某种金融债务无法按承诺履行的可能性，同时反映违约率及违约情况下可能遭受的财务损失。表5-5展示了穆迪公司的短期信用评级体系。穆迪短期信用评级是对发行人短期融资债务偿付能力的评估意见。此类评级适用于发行人短期计划或个别短期债务工具。除非特别说明，否则此类债务的原始到期日一般不超过13个月。表5-5展示了穆迪公司的短期信用评级体系。

表 5－5 穆迪公司的短期信用评级体系

评级等级	风险程度
优先级－1	债务人（或附属机构）偿付短期债务的能力非常强。该等级评定的主要依据有： 在一个基本面很好的产业中居主导地位； 资金的收益率很高； 融资结构比较稳定，债务依存度不高，而且资本准备比较充足； 固定的债务偿付有较多的利润做保障，并能够保证有足够的流动性
优先级－2	债务人（或附属机构）有较强的偿付能力，它们具有部分上述特征，但可靠性比优先级－1稍低
优先级－3	债务人（或附属机构）具有可接受的偿付能力。产业特征和市场构成对债务人偿付能力的影响较大；收入和利润的波动可能导致偿付能力降低，从而导致较高的财务杠杆比率；债务人有获取必要流动性的渠道

（四）不同信用评级体系的差异分析

虽然不同评级机构在对债券评级时所采用的方法大体相同，但对同一债券的评级结果有时却存在差异。表 5－6 对比了标准普尔与穆迪公司对同一对象的评级结果，这种差异引发了两个值得深入探讨的问题：其一是评级方法和技术是否合理，并探讨如何准确判别其有效性；其二是评级机构的独立性是否得到充分保障。

表 5－6 标准普尔与穆迪公司评级对比

标准普尔	穆迪公司	风险程度
Aaa	AAA	还本付息能力极强，有可靠保证，承担风险最小
Aa1 Aa2 Aa3	AA＋ AA AA－	还本付息能力很强，但风险性比前者略高
A1 A2 A3	A＋ A A－	安全性良好，还本付息能力一般，有潜在的导致风险恶化的可能性
Baa1 Baa2 Baa3	BBB＋ BBB BBB－	安全性中等，短期内还本付息无问题，但在经济不景气时风险增大
Ba1 Ba2 Ba3	BB＋ BB BB－	有投机因素，不能确保投资安全，情况变化时还本付息能力波动大，不可靠
B1 B2 B3	B＋ BB－	不适合作为投资对象，在还本付息及遵守契约条件方面都不可靠
Caa	CCC	安全性极低，随时有无法还本付息的危险
Ca	CC	极具投机性，目前正处于违约状态中，或有严重缺陷
C	C	穆迪公司评级的最低等级，完全投机性
D		债务违约

二、内部信用评级方法

（一）评级方法与基本程序

除了依赖于外部机构评级外，内部信用评级方法也是信用风险评级的一种常用手段。这种方法的核心在于银行根据自身丰富的实践经验，构建一套内部信用评级体系，对每个贷款人或贷款项目进行细致入微的评级，再利用评级结果去估算贷款的违约率和违约损失率。其中，债务人评级主要揭示借款人在正常经济状况下违约的可能性，而贷款项目评级则更侧重于反映每笔贷款本金和利息的预期亏损。表5－7反映了内部评级体系示例及其与标准普尔评级的对比。

表5－7　内部评级体系示例及其与标准普尔评级的对比

风险	风险等级	对应的标准普尔评级	风险	风险等级	对应的标准普尔评级
主权债务	0	无对应	高风险	8	B+/B
低风险	1	AAA		9	B−
	2	AA		10	CCC+/CCC
	3	A		11	CC−
中等风险	4	BBB+/BBB		12	发生违约
	5	BBB−			
	6	BB+/B			
	7	BB−			

内部信用评级方法的主要功能有：一是通过给债务人划定风险等级，能预测贷款损失的可能性和损失率，从而确保贷款分配的质量和安全；二是为计算资本要求和贷款准备金提供坚实的数据支撑和科学依据；三是为监管者提供有价值的监管依据和思路，助力提升整个金融系统的稳定性和透明度。

现代内部信用评级方法正努力将每笔贷款、信用、资产组合的质量状况进行量化，并致力于将银行账户上的所有风险因素均纳入某一统一的框架或模型中，这一做法旨在确保评级结果的准确性、可信性和权威性。

内部信用评级的开展主要遵循以下步骤：首先，进行初始债务评级，这是整个评级过程的基础，主要目的是评估借款人的财务状况；其次，在第一步的基础上，进一步得到债务人评级，该步骤应主要考虑借款人管理能力、在所从事行业的绝对和相对地位、财务信息质量，以及国家风险等重要因素；最后，在第二步的基础上进一步得到贷款项目的评级。该步骤应主要核实第三方支持、交易到期日、交易组织可靠性等情况，并对质押品的质量进行评估。

（二）评级程序解析

1. 初始信用评级的确定——财务评估分析

初始信用评级的确定即财务评估分析，其评级对象为债务人。评估领域包括收益和现金流；资产价值、流动性和杠杆比率；融资规模、灵活性及债务承担能力。

表5－8展示了银行进行财务评估常用的财务指标，这些指标传递着有用的信息，如公司净收入与总资产比值是一个关键的盈利能力指标，而流动比率则是一个重要的资产流动性指标。

表5－8　银行进行财务评估常用的财务指标

类型	比率
收益和现金流	息税前利润/销售收入；净收入/销售收入；实际有效税率； 净收入/净值；净收入/总资产；销售收入/固定资产

续表

类型	比率
资产价值、流动性和杠杆比率	长期债务量/资本总额；长期债务量/有形净值； 总负债额/有形净值；（总负债－长期资本）/长期资本； 长期资本＝总净值＋优先股＋次级债务；流动负债/有形净值； 流动比率；速动比率；存货占净销售收入比率； 存货占净流动资本比率；流动负债占存货比率； 原材料、半成品、产成品占存货比率
融资规模、灵活性及债务承担能力	息税前利润/利息支付； （活动现金流量－资本支出）/利息支付； （活动现金流量－资本支出－股息）/利息支付

表 5－9 列出了内部评级为 4（中等风险）的财务评估情况。在进行信用风险评级时，先分别计算出这三个评估领域各自对应的风险评级，随后综合这些评级来得出总体风险评级，从而完成初始债务评级。具体而言，先获得这三个评估领域各自的评级，然后比较这三个评级的平均数与其中最低的评级，总体风险评级与最低评级的差一般不应超过 1.0。

以三个领域评级分别为 1、1、4 为例，其平均数为 2，但总体风险评级与最低评级 4 的差不应超过 1.0，因此，总体风险评级为 3.0 而不是 2.0。若最低评级非整数，如 4.5，则减 1 为 3.5，再根据具体情况判断是 3 还是 4。

表 5－9　风险评级为 4 的财务评估情况

风险评级	收益和现金流	资产价值、流动性和杠杆比率	融资规模、灵活性及债务承担能力
4	收益令人满意、现金流充足，而且相当稳定，又有持续能力	资产质量中等以上	进入资本市场的能力尚可（评级为 BBB＋或 BBB）；在市场出现困难或某些经济情况下可能有偿付困难
		流动性状态良好	能较容易找到其他融资渠道
		杠杆融资情况好于一般水平	银行债务适中，尚有较大余地
		负债与资产的匹配状况良好	

表 5－10 列出了标准普尔各个评级所对应的财务比率。

表 5－10　标准普尔各个评级所对应的财务比率

评级	杠杆比率（%）		现金流量比率（乘数）	
	总债务/资本	有限债务/资本		总债务/资本
AAA	23	13	26.5	21.4
AA	38	28	12.9	10.1
A	43	34	9.1	6.1
BBB	48	43	5.8	3.7
BB	63	57	3.4	2.1

续表

评级	杠杆比率（%）		现金流量比率（乘数）	
	总债务/资本	有限债务/资本		总债务/资本
B	75	70	1.8	0.8
CCC	88	69	1.3	0.1

2. 初始信用评级的调整——债务人评级

根据管理和其他质量因素、行业、财务报表质量和国家风险对债务人初始信用评级进行调整。

第一，管理和其他质量因素分析，即通过深入剖析借款人的管理模式和其他相关质量因素，揭示其潜在的问题；检验债务人的运营情况和管理情况，并核实其偿债情况，以评估其经营环境和偿债能力。

第二，行业分析，即对债务人所处的行业进行全面的分析、评级；对债务人在所处行业中的相对地位进行深入的分析、评级；将这两方面的分析结果相结合，对初始信用评级进行调整，得到债务人的行业分析与评级。

第三，财务报表质量分析，即重点关注债务人的债务规模、财务报表的复杂性以及会计师事务所的规模和能力是否合适等因素。

第四，国家风险分析，国家风险指交易对手或债务人因存在某种货币的可兑换性或可获得性限制而无法偿付债务的可能性；国家风险分析主要考虑债务人在本地以外获得的现金流在总现金流中所占比例，以及现金流的货币类型。

3. 初始信用评级的再调整——贷款项目的评级

对于初始信用评级的再调整是基于具体的贷款项目进行的，贷款项目评级可能高于或低于债务人评级，因此，还需要综合考虑第三方支持、期限、契约结构和质押等因素，对贷款项目的初始信用评级进行必要的调整。

第三方支持分析，即在存在重要第三方支持的情况下，需对债务人评级进行适当调高或调低。然而，分析人员在调高评级时应相当慎重，确保第三方在任何情况下都能够履行对债务人的支持承诺。

期限分析，即考虑贷款项目时期的长短，一般而言，长期债务风险高于短期债务风险。因此，还应根据债务期限长短对信用风险评级做相应的调整。

契约结构分析，即对债务目标和结构、借款人地位、补偿的优先情况以及贷款项目待定的契约条款等因素进行分析，这些因素可能对贷款项目造成影响。因此，再调整贷款项目初始信用评级时还应考虑契约结构相关因素（见表 5-11）。

表 5-11　契约结构调整情形与行动分析

契约结构调整情形	行动
条件优良：可通过违约条款有效降低各种风险	如果条款能抵消全部或部分风险，则调高风险评级
条件较差：没有制定合适的条款，或条款规定相当不严密。即使在环境急剧恶化时，违约条款也不能启动	调低风险评级

续表

契约结构调整情形	行动
债务流动性高：易于进入市场流通	调高风险评级
贷款安全性较低：银行贷款的求偿权次于其他债权人	调低风险评级
公司组织：借款人严重依赖于业务部门的现金流	调低风险评级

质押分析，即考察每笔债务在违约发生时，通过债务的质押品降低损失的可能性。不同债务的质押品质量和质押比例可能存在显著差异，这将对违约风险产生显著影响。因此，在初始信用评级过程中，贷款项目的质押情况应被视为一个重要的再调整因素。初始信用评级主要依赖于财务分析，再通过考察管理和其他质量因素、行业、财务报表质量和国家风险得到债务人评级，然后通过考察该债务的第三方支持、期限、契约结构和质押等因素得出贷款项目的具体评级。这一完整的评估程序构成了内部信用评级体系的核心内容。

【本章小结】

本章介绍了信用风险的概念、成因和特征，详细解析了累计违约率和边际违约率两种关键的信用风险违约率度量方法。此外，本章还探讨了信用损失的定义和估计方法，区分了预期信用损失和非预期信用损失。在信用风险定价方面，介绍了基于风险中性定价和 Merton (1974) 公司债务定价模型的信用价差估计方法。最后，对外部机构和内部的信用评级方法进行了系统介绍。本章信用风险之评级方法内容为后续章节中介绍各种信用风险之价值度量方法奠定了理论和计算基础。

【课后习题】

1. 若 BBB 评级公司第 1 年和第 2 年的边际违约率分别是 6%与 8%，请问两年的累计违约率和两年的累计存活率各是多少？
2. 若 BBB 评级公司第 1 年和第 2 年的边际违约率分别是 6%与 8%，请问第 1 年没有违约、第 2 年违约的条件违约率是多少？
3. 若 AA 评级公司 1 年的违约率为 0.02%，请问该公司 3 个月的违约率是多少？
4. 简述违约损失率与违约率以及风险暴露之间的关系。
5. 简述内部信用评级方法的主要功能。
6. 简述标准普尔与穆迪公司信用评级体系的差异。

第六章

信用风险之价值度量

本章阅读指引

信用风险的价值度量是评估信用风险规模大小的主要方法，也是管控信用风险的主要决策参考依据。其中，信用风险的价值度量包括两个层面，一是违约事件爆发与否的信用风险价值度量，二是信用评级迁移导致风险增加的信用风险价值度量，对于上述两种情形，需要采用不同的模型进行测算和评估，本章对此作了详细的介绍和说明。从内容结构看，本章从信用风险度量探索的三个发展阶段出发，选择介绍了四种主流的信用价值度量方法，包括 Z 值评分模型、KMV 模型、CreditMetrics 模型、CreditRisk＋模型。重点从基本原理、模型估计、模型评价三个方面对上述四种信用价值度量方法做了详细介绍，从而为后续选择合适的模型评估信用风险大小以及防范化解信用风险提供方法论指导。

第一节　信用风险度量概论

信用风险度量与管理是指为改变债权人所面临的信用风险状况而采取的一系列管理行为，包括分析信用风险的性质、评估信用风险的影响、度量信用风险程度、制定信用风险处置策略等。信用风险度量是信用风险管理的基础，只有精确的度量才能保证科学的管理。

信用风险度量与管理是多主体、多层面的概念。多主体指信用风险度量与管理涉及所有经济主体，传统观点认为，只有金融机构尤其是银行才需要度量与管理信用风险，实际上包括个人、企业、政府在内的所有经济主体，只要涉及信用交易或信用活动，就都需要度量与管理信用风险。多层面指信用风险度量与管理既有微观的管理，也有宏观的管理；既有内部的管理，也有外部的管理；既有风险防范，也有风险化解。微观管理指单个企业或金融机构对其所从事的信用活动涉及的风险的管理；宏观管理指宏观调控部门对整个社会信用风险状况的掌握和对系统性信用风险的控制。内部风险管理指企业或金融机构建立在风险度量基础上的组合管理、产品定价、风险化解、绩效评估、资本确定等；外部风险管理指监管部门对企业或金融机构信用风险控制的监督。风险防范是将信用风险因素在产品定价、绩效评估、资本确定等方面体现出来，使风险和收益匹配；风险化解是将所承担的信用风险控制在一定水平内，通过抵押、担保、出售、证券化、衍生工具等方法将部分风险转移。

信用风险度量的探索过程大致可分为三个阶段：一是 1970 年以前，大多数金融机构主要采取专家分析法，即依据银行专家的经验和主观分析来评估信用风险，主要分析工具有 5C 分析法、LAPP 法、五级分类法等；二是在 20 世纪 70 年代初到 80 年代末，金融机构主要采用基于财务指标的信用评分方法，如线性概率模型、Logit 模型、Probit 模型、Z 值评分模型与 ZETA 模型等；三是 20 世纪 90 年代以来，世界上一些著名的商业银行开始探索运用现代金融理论和数学工具来定量评估信用风险，建立了以风险价值为基础、以违约率和预期亏损为核心指标的度量模型，如信用监控模型（KMV 模型）、CreditMetrics 模型、信贷组合观点（credit portfolio view）、CreditRisk＋模型等等。与此同时，巴塞尔银行监管委员会出版的《巴塞尔新资本协议》提倡建立内部评级法，随后美国各大银行开始建立更加结构化的正式评级系统和度量信用风险的内部模型，用以审批贷款，鉴定资产组合的有效性、合理性，分析呆账准备金的充足性以及贷款定价的合理性等等。与传统方法相比，这些方法更加注重应用现代金融理论和数理统计方法进行定量分析。下面对主要的信用风险度量方法进行简单介绍。

一、专家分析法

1970 年以前，大多数金融机构主要依据专家的经验和主观分析来评估信用风险。专家通过分析借款人的财务信息、经营信息、经济环境等因素，来对借款人的资信、品质等进行评判，以确定是否给予其贷款。这个阶段评估信用风险的主要方法有 5C 分析法、5W 分析法或 5P 分析法、LAPP 法、五级分类法等等。

最为常用的是 5C 分析法，商业银行请专家对借款企业的资信品格（character）、资本（capital）、还款能力（capacity）、抵押品（collateral）以及当时所处的经济周期（cycle conditions）等因素进行考察评分，然后通过专家的主观判断给予各个因素不同的权重，综合得出一个分值。分值的大小反映了借款人信用品质的好坏，可作为信贷决策的依据。也有些银行将分析的因素归纳为 5W 或 5P：5W 是指借款人（who）、借款用途（why）、还款期限（when）、担保物（what）、如何还款（how）；5P 是指个人因素（personal）、目的因素（purpose）、偿还因素（payment）、保障因素（protection）、前景因素（perspective）。LAPP 法则是从借款人的流动性（liquidity）、活动性（activity）、盈利性（profitability）和发展潜力（potentiality）四个方面评估信用风险。五级分类法是对现有信贷资产质量进行分类的方法，它以还款的可能性为核心，综合应用定性和定量分析方法来判定资产质量，并将资产分为正常、关注、次级、可疑和损失五类。

专家分析法直指信用风险的核心本质，目前得到了世界上大多数国家的认可和采纳，但这种方法比较简单，受主观因素的影响较大，对人的素质要求较高，与其说它是一种分析方法，不如说它是一种思想。尽管现在很多银行仍然使用专家分析法，但该类方法面临着一致性和主观性两方面的重大挑战。对于相似的借款者，不同的信贷负责人采用不同的评价标准可能得出不同的评价结果，并且他们评价时易受情感和外界因素干扰，进而做出偏差较大的分析。因此，近年来，金融机构已经逐渐放弃纯粹定性分析的专家分析法，而在此类方法中加入越来越多的客观定量分析的内容。

二、评级方法

与专家分析法类似，评级系统或称评级方法，也是一种定性的信用风险评估方法。信用评级就是评估受评对象信用风险的大小。从狭义上看，受评对象可以是债券，如长期公司债券、可转换公司债券等；也可以是债务人，如个人、公司，甚至是一个国家。从广义上看，随着金融创新和金融产品的不断增加，受评对象也包括固定收益（如资产证券化债券评级）、公司治理水平等。

信用评级起源于美国，评级机构的早期形式是在美国出现的商业信用机构，它们提供的主要服务是对商人偿还债务的能力进行评估。随着金融市场日益复杂化以及各类资金需求者迅速增加，投资者和监管者越来越依赖于评级机构的信用评级，评级市场因而迅速成长。如今，信用评级主要用于对发行人的违约评级、对债务发行的损失或追偿风险的评级。评级机构还将业务拓展到非信用评级领域，如穆迪公司推出的对冲基金运行质量评级、信托质量评级等。上述评级机构进行的信用评级被称为外部评级。正如学术界和实务界所强调的，评级也是商业银行等金融机构的使命之一。建立和完善内部评级体系是《巴塞尔协议》的核心内容。

三、基于财务比率指标的信用评分方法

这种方法以关键财务比率为基础，对各财务比率赋予不同权重，通过模型产生一个信用风险分数或违约率，如果该分数或概率超过一定值，就认为该项目隐含较大的信用风险。基于财务指标的信用评分模型主要有线性概率模型、定性响应模型和奥尔特曼（Altman）的 Z 值评分模型与 ZETA 模型。

（一）线性概率模型

线性概率模型是以评估对象的信用状况为被解释变量、以多个财务比率指标为解释变量所构造的线性回归模型，通过最小二乘法回归得出各解释变量与企业违约率之间的相关关系，建立预测模型，然后利用模型预测企业未来的违约率。该方法对解释变量的概率分布没有特殊要求，应用方便。但是，模型预测的概率估计值有可能落在区间 [0，1] 之外，这与概率理论相违背，故此，目前此法已经很少使用。

（二）定性响应模型

定性响应模型用以预测某一时期开始时生存的某一公司在该时期（一个月、一年等）结束时还生存的概率。较为常用的两种定性响应模型是 Probit 模型和 Logit 模型，这两种模型旨在改进线性模型的预测值可能落在区间 [0，1] 之外的缺陷，即研究者假设事件发生的概

率服从某种累积概率分布，使模型预测值落在［0，1］之间。若假设事件发生的概率服从累积标准正态分布，则模型为Probit模型；若假设事件发生的概率服从累积Logistic分布，则模型为Logit模型。

Probit模型和Logit模型采用一系列财务比率指标预测公司破产或违约的概率，根据风险偏好程度设定风险警戒线并以此进行信用风险定位和决策。Probit模型的基本形式与Logit模型相同，差异仅是用于转换的累积概率函数不同：前者为累积正态概率函数，后者则为Logistic概率函数。Probit模型和Logit模型在信用风险度量中都得到了相当广泛的应用。

（三）Z值评分模型与ZETA模型

信用评分模型中最有影响力的是奥尔特曼提出的五因子Z值评分模型，五因子分别是营运资本/总资产、留存盈余/总资产、息税前收益/总资产、股权的市场价值/总负债的账面价值以及销售额/总资产。1977年奥尔特曼又将模型做了扩展和改进，将五因子模型补充为七因子模型，称为ZETA模型。从这一想法出发，其后又产生了许多方法，比如回归分析法、聚类分析法、因子分析法等等。

尽管以财务数据为基础的多元信用评分模型已经得到了广泛应用，但这些模型至少存在以下缺陷：一是基于会计账面的数据，不能很好地反映企业经营的实际状况和外部条件的快速变化；二是模型只是经验上的拟合，缺乏严密的理论基础。

四、现代信用风险度量模型

现代信用风险度量模型与前述方法最大的不同在于它用复杂的数理模型描述信用风险发生的概率、损失程度等，并且试图给予精确估计。与此同时，该模型还借鉴了许多经典的经济思想以及其他领域的科学方法，如期权定价理论、利率预期理论、保险中的精算方法、用于度量市场风险的VaR方法和神经网络模型等。概括起来，现代信用风险度量模型主要有以下几种：KMV公司的基于默顿期权定价思想的KMV模型（或称为信用监控模型）、J. P. 摩根公司的CreditMetrics模型、麦肯锡公司的信贷组合观点、瑞士信贷银行基于保险思想的CreditRisk+模型、基于寿险精算方法的死亡率法等等。由于下文将对上述部分模型和方法给予详细阐述，故此处不再赘述。除此之外，还有其他一些最新进展将在下文给予简单介绍。

（一）非参数方法——神经网络模型

随着信息技术的发展，近年来人工智能模型被引入信用风险评估。神经网络模型是一种具有自组织、自适应、自学习特点的非参数方法。该方法对样本数据的分布要求不严格，摒弃了预测变量间线性且相互独立的假设，能深入挖掘预测变量间隐藏的相关关系，因此具有非常大的应用潜力。杜塔（Dutta）和谢卡尔（Shekhar）最早应用神经网络模型进行债券信用评级，研究不同数目的自变量及网络构架对等级分辨能力的影响，其预测准确率为76%～82%。自此，神经网络模型成为研究信用风险的主要方法之一。

神经网络模型的优点主要体现在：第一，该模型可以不再完全依赖于人们对经验知识和规则的主观判断，具有自适应功能，这对减少权重确定过程中人为因素的干扰十分有益；第二，神经网络模型能够处理有噪声或不完全的数据，具有泛化功能和很强的容错、纠错能力；第三，神经网络模型可以处理复杂的非线性关系问题。

神经网络模型也存在一些不足：第一，需要运用特殊的理论基础以及数据挖掘的方法来确认解释变量之间隐含的相关关系；第二，要得到一个较好的神经网络结构需要耗费较多的人力和时间。

（二）PFM ①

PFM（private firm model）是 KMV 公司开发的模型，是对前文所提到的 KMV 模型的发展，该模型主要利用财务报表与上市公司的股价信息，在未上市公司无股价的情况下，估算出个别公司的预期违约风险。类似于 KMV 模型，该模型也是在预期违约率（expected default frequency，EDF）框架下应用的。通过评估公司资产市值和资产报酬标准差，计算出违约距离（default distance，DD）与 EDF。该模型与 KMV 模型的不同之处主要在于评估公司资产市场价值和标准差的方法，PFM 使用上市公司的税前、息前、折旧前、摊销前的盈余 EBITDA 以及公司资产市价来推算无股价信息的公司的资产市价。

第二节　*Z* 值评分模型

信用评分法根据借款人的特征变量和信贷历史记录等信息，利用相关理论与统计技术计算出借款人的信用分数，以揭示借款人在未来某一时间段内违约的可能性，从而决定是否核准贷款或信用额度以及对贷款定价等。信用分数的高低反映了借款人的风险水平。

信用评级模型大致可以分为三类：第一类是以财务信息为数据基础的多元统计分析模型，如线性概率模型、定性响应模型、*Z* 值评分模型与 ZETA 模型；第二类是以市场信息为数据基础，基于复杂数学公式建立的模型，如 KMV 模型；第三类是基于人工智能技术的模型，如神经网络模型、决策系统模型、模糊分析模型等。本节将介绍 *Z* 值评分模型的基本原理、模型应用与改进以及模型评价。

一、模型基本原理

Z 值评分模型的基本原理是利用统计方法分析银行过去的贷款案例，选择最具统计显著性的财务指标，通过判别分析法设计出一个能最大程度区分贷款风险度的数学模型，从而对借款者的信用风险及资信进行评估、判别。基本步骤包括：

（1）选取一组财务比率指标。

---

① 与 KMV 模型不同，PFM 主要应用于非上市公司的信用风险度量。由于没有该公司的股市信息，可以参照公司的财务状况，并与同类型已上市公司的财务状况作对比，从而对其资产价值做出估计。

（2）收集样本，将样本分为正常还本付息案例和坏账案例。
（3）建立线性判别函数，确定每个指标的影响权重，即得一个 Z 值评分模型。
（4）分析得到违约或破产临界值以及一个 Z 值区域。
（5）计算贷款人的 Z 值，并根据临界值进行判断和评估。

二、模型应用

Z 值评分模型需要解决的两个重要问题是：首先，预测借款人是否违约或破产时，确定哪些指标是最重要的。其次，Z 值评分模型考察的各个指标的权重如何确定。

1968 年，奥尔特曼研究了美国破产企业和非破产企业的 22 个财务指标，运用多元判别分析法筛选出了最能反映借款人财务状况、对贷款质量影响最大且最具有预测或分析价值的五个关键指标，并根据过去违约借款人和非违约借款人的观察结果确定各指标的权重，建立了著名的 Z 值评分模型①，以最大限度地区分贷款风险度。Z 值评分模型由以下公式给出：

$$Z=1.2X_1+1.4X_2+3.3X_3+0.6X_4+1.0X_5 \tag{6-1}$$

其中，X_1 为流动资金与总资产之比；X_2 为留存收益与总资产之比；X_3 为息税前利润与总资产之比；X_4 为股票市值与负债账面总额之比；X_5 为销售收入与总资产之比。一般而言，Z 值越大，公司违约的可能性越小。Z 值与公司违约情况的具体关系如表 6-1 所示。

表 6-1　Z 值与公司违约情况的具体关系

Z 值	违约情况	Z 值	违约情况
$Z>3.0$	违约可能性较小	$1.8\leqslant Z<2.7$	存在一定的违约可能
$2.7\leqslant Z\leqslant 3.0$	警戒状态	$Z<1.8$	违约可能性较大

【例 6-1】　Z 值评分模型应用。考虑一家公司 A，其流动资金为 170 000 元，总资产为 670 000 元，息税前利润为 60 000 元，销售额为 2 200 000 元，股票市值为 380 000 元，总负债为 240 000 元，留存收益为 300 000 元。

与以上数据对应的各项比率为 $X_1=0.254$，$X_2=0.448$，$X_3=0.0896$，$X_4=1.583$，$X_5=3.284$。根据 Z 值评分模型，代入数据计算可得 Z 值为 5.46。这一得分显示该公司在近期违约风险较小。

三、改进的 Z 值评分模型——ZETA 模型

1977 年，奥尔特曼等人提出了第二代 Z 值评分模型——ZETA 模型。② 该模型主要用于公共或私有的非金融类公司，适用范围更广且对违约率的计算更加精确。与 Z 值评分模型不同的是，ZETA 模型考察的财务指标包含 7 个，分别为资产收益率 X_1、收益稳定性

① Altman, E. I., "Financial Ratios, Discriminant Analysis and the Prediction of Corporate Bankruptcy", *Journal of Finance*, 1968 (4): 589-609.

② Altman, E. I., Haldeman, R. G., and Narayanan, P. Z., "Analysis A New Model to Identify Bankruptcy Risk of Corporations", *Journal of Banking & Finance*, 1977 (1): 29-54.

X_2、偿债能力 X_3、盈利积累能力 X_4、流动性 X_5、资本化程度 X_6 以及公司规模 X_7。每个指标的具体计算方法如表 6-2 所示。其中，盈利积累能力指标在一定程度上反映了公司经营寿命长短、股利政策、盈利历史等信息，对公司的信用评估十分重要。于是，ZETA 模型为：

$$Z=\alpha_1X_1+\alpha_2X_2+\alpha_3X_3+\alpha_4X_4+\alpha_5X_5+\alpha_6X_6+\alpha_7X_7 \tag{6-2}$$

相比于 Z 值评分模型，ZETA 模型无论在变量选择及稳定性方面，还是在样本开发、统计方法的应用方面都有了长足进步。ZETA 模型比 Z 值评分模型更加准确、有效。而且，在企业破产前预测的年限越长，该模型预测的准确度越高。但是，ZETA 模型在应用过程中存在的最大问题仍旧是违约或破产临界值的设定问题。若临界值设定过高，那么在排除质量较差信贷的同时，也可能将一些优质信贷排除在外，从而增加了犯第Ⅱ类错误的可能性。反之，若临界值设定过低，则会增加犯第Ⅰ类错误的可能性。

表 6-2　ZETA 模型的财务指标计算方法

财务指标	计算公式
资产收益率 X_1	息税前收益/总资产
收益稳定性 X_2	资产收益率在 5～10 年的变化之标准差
偿债能力 X_3	息税前收益/总利息支出
盈利积累能力 X_4	留存收益/总资产
流动性 X_5	流动资产/流动负债（即流动比率）
资本化程度 X_6	普通股权益/总资本
公司规模 X_7	公司总资产的自然对数

四、模型评价

Z 值评分模型与 ZETA 模型都可以用于度量债务人在一定时期内违约或不违约、破产或不破产等信用状况，并可对债务人的经营前景做出早期预警。两个模型都具有较强的操作性、适应性和预测能力，因而得到广泛应用。但这两个模型也存在一些缺陷，主要表现为：（1）过于依赖财务报表的账面数据，忽视日益重要的各项资本市场指标，削弱了预测结果的可靠性和及时性。（2）关于违约的理论基础和支撑薄弱，结论难以完全令人信服。模型只对借款人的两种极端行为，即违约与不违约进行区分。实际上，借款人存在不同的违约状况，比如从停止或拖延支付利息（不良资产）到承诺本息支付的完全违约，即未能按约定支付利息。（3）为保证模型的准确性，要求模型中的变量符合正态分布假设，而事实上财务比率指标很难达到这一要求。（4）两个模型皆是线性模型，而现实经济问题多是非线性的，这必然会降低预测的准确度。同时，各个指标的权重在各个时期未必是固定不变的。（5）难以估量企业的表外信用风险，应用范围受到限制；忽略了一些难以量化的重要因素，如借款人的声誉以及长期借贷关系、商业周期等宏观因素等。

第三节 KMV模型

1974年，默顿提出了运用期权定价理论对风险债券和贷款等非交易性信用资产进行观测和估值的模型，为分析公司违约风险提供了理论框架。随后，默顿的思想被不断推广和扩展，其中最著名的是KMV信用监控模型，又称KMV模型。KMV模型作为运用现代期权定价理论建立起来的违约预测模型，是对传统信用风险度量方法的一次重要革新。本节将介绍KMV模型的基本原理、具体的计算步骤及模型的优缺点。

一、KMV模型的基本原理

KMV模型的基本原理是：债务人的资产价值变动是驱动信用风险产生的本质因素，所以只要确定了债务人资产价值变动所遵循的规律和模型（例如服从某个随机方程），就可实现估计违约率的目的。

该模型的结构包含两种理论联系：一是将股权看作以公司资产价值为标的资产、以公司债务的账面价值为执行价格、以负债的还款期限为到期日的看涨期权；二是公司股票价格波动率与公司资产价值波动率之间存在函数关系。在实践中，往往通过观察具有一定违约距离的公司在一年内的违约比例来衡量任何一个具有同样违约距离的公司的违约率，从而为企业信用评级提供一种新方法。

KMV模型适用于上市公司，基本的估计步骤是：首先由股票市场公开的数据和信息来确定公司权益的价值，再据此确定公司资产的价值，进而估计违约率。KMV模型建立在债务人公司股票价格被正确评估的基础之上，若不能正确评估股票价格或者股票市场处于非正常情形，基于KMV模型的结论就可能产生较大偏差。决定一个公司违约率的主要因素有三个：

（1）资产价值，即企业资产的市值。该市值相当于企业资产未来所产生的现金流经过适当折现后的现值。该指标主要反映了企业的前景，也包含了企业所在行业以及宏观经济的有关信息。

（2）资产风险，即企业资产价值的不确定性。该指标衡量的是企业的商业风险和行业风险。企业资产价值是一个估计值，因而是不确定的。在谈到企业资产价值这一概念时，应该从商业以及行业风险的意义来理解。

（3）杠杆比例，即债务账面价值（D）与企业资产价值（V_t）的比例。合同的债务账面价值是企业必须偿还的。

随着企业资产价值逐渐接近债务账面价值，违约风险逐渐上升，直至企业市值最终不足以偿还债务时发生违约。根据KMV公司的研究，一般说来，当资产价值接近全部债务账面价值时，企业不会违约。虽然有一些企业在这一点上会违约，但许多企业仍然会继续履行偿债义务，长期债务的长期性为债务人提供了一个喘息的空间。KMV公司的研究进一步表明，违约点的资产价值处于全部债务账面价值与短期债务账面价值之间。实证研究显示，大量的违约发生在短期债务账面价值加上50%长期债务账面价值这一水平上。KMV公司将企业的相对净值定义为企业的资产价值减去企业的违约点价值（V_{DEF}）。当企业的相对净值等于零，即企业资产价值达到违约点时，企业将违约。

二、KMV模型的基本假设及计算步骤

（一）KMV模型的基本假设

（1）为简化起见，假设一个企业只通过股权价值 S_t 和一种零息债券进行融资，其中债券当前市场现值为 B_t，在 T 时刻到期，到期时本息合计为 D。于是，该公司的资产价值 V_t 满足 $V_t=S_t+B_t$。

（2）公司的资产价值服从几何布朗运动，即 $\mathrm{d}V_t/V=\mu\mathrm{d}t+\sigma_v\mathrm{d}W_t$。其中，$\mu$ 和 σ_v 分别表示公司资产的期望（预期）收益率和标准差，$\mathrm{d}W_t=\varepsilon\sqrt{\mathrm{d}t}$，$W_t$ 表示标准布朗运动。ε 服从均值为0、方差为1的标准正态分布。于是 $V_t=V_0\exp\left[(\mu-\sigma_v^2/2)t+\sigma_v\sqrt{t}\varepsilon\right]$，其中，$V_0$ 为起始点（$t=0$ 时）的资产价值；σ_v 为公司资产收益率的波动系数。

（3）没有交易成本和卖空限制，存在无风险资产，交易可以连续进行。

（4）假定公司资产价值大于债务账面价值时公司不会违约。反之，如果资不抵债，则公司会选择违约。

（二）KMV模型的计算步骤

KMV模型包含三个主要内容，也是计算预期违约率的三个基本步骤：第一，估计资产价值 V_t 和资产收益率的波动系数 σ_v，即通过股票市值、股票收益率的波动系数以及债务账面价值来估计企业的资产价值和资产收益率的波动系数。第二，计算违约距离DD，即通过上一步计算出的资产价值、资产收益率的波动系数以及债务账面价值来计算违约距离。第三，计算预期违约率EDF，即直接通过违约距离以及给定的违约距离上的违约率来确定预期违约率。

（1）资产价值和资产收益率的波动系数的估计。

如果能够得到股票的市场价格，使用期权定价方法就可以直接决定资产价值和资产收益率的波动系数。期权方法将公司的标的资产看作一个看涨期权。例如，考虑一种极其简单的公司财务结构，其中，只有一种债务和一种股权。股东有限责任意味着当公司面临债务清偿时，股东的个人财产不会因公司的债务而被追索，即股东的义务确实包括承担有限责任，但这并不意味着股东需要承担公司所有的债务或责任。事实上，公司的所有者权益本质上是对公司资产的或有索偿权。当债务到期时，公司资产价值 V_t 大于借款 D，公司偿还债务以后，股权所有者将保有资产的剩余价值 V_t-D，而且公司资产价值越大，股权所有者所保有的资产剩余价值就越大；否则，他将无法偿还贷款，在经济上失去清偿能力。因此，我们可以将公司股权所有者持有的股权价值 S_t 看作一个执行价格等于公司债务的账面价值（D）的欧式看涨期权。在到期日 T，如果公司资产价值 V_t 大于债务账面价值，股东就会全数清偿债务，继续拥有公司的经营权。反之，如果资不抵债，股东就会选择违约，将公司经营权转

移给债权人。于是，只要确定了资产价值服从的随机方程，就可以利用期权定价方法得到股权价值。股权价值 S_t 可用下式估值：

$$S_t = h(V_t, \sigma_v, r, D, \tau) \tag{6-3}$$

即股价 S_t 由公司市场价值 V、公司资产收益率的波动率 σ_v、无风险收益率 r、债务账面价值 D 和到期期限 τ（$\tau=T-t$，T 为到期日，t 为当前时刻）决定，其中参数 S、r、D、τ 的值可以通过市场直接观察到。关于 $h(\cdot)$ 的确定，最简单的方式就是假设公司资产由权益和零息负债两部分构成；资产的市场价值服从几何布朗运动；等等。因此，在到期日，公司股权价值可视为欧式看涨期权的到期收益，如下所示：

$$S_t = \max(V_t - D, 0) \tag{6-4}$$

其中，看涨期权到期时的公司价值为 V_t，履约价格为到期时负债的账面价值 D。我们将股东权益看成看涨期权所具有的性质，以股票价值 S_t 和股票收益率的波动率 σ_v 反向推导出隐含的资产价值和资产收益率的波动率。

假设 σ_v 为固定值，引用 BS 期权定价公式求解（6-4）式，则股东权益价值的定价模型为：

$$S_t = V_t N(d_1) - D\mathrm{e}^{-r\tau} N(d_2) \tag{6-5}$$

式中，$d_1 = \dfrac{\ln(V_t/D) + \left(r + \dfrac{\sigma_v^2}{2}\right)\tau}{\sigma_v\sqrt{\tau}}$；$d_2 = d_1 - \sigma_v\sqrt{\tau} = \dfrac{\ln(V_t/D) + \left(\mu - \dfrac{\sigma_v^2}{2}\right)\tau}{\sigma_v\sqrt{\tau}}$，$\tau = T-t$ 为距到期日的时间，$N(\cdot)$ 表示标准正态分布的累积密度函数。

默顿的违约模型是根据公司的资本结构（公司价值、股权价值和负债）来估计公司违约的概率，所以违约来自公司内部因素，因此该模型被称为结构式模型（structural model）。显然，要确定 V_t 和 σ_v，还需要另外一个关系式。KMV 模型找到了可观察到的公司股票收益率的波动率 σ_s 和不可观察到的公司资产收益率的波动率 σ_v 之间的关系式，可用一般形式表示为

$$\sigma_s = g(\sigma_v) \tag{6-6}$$

关于 $g(\cdot)$ 的确定，对 $S_t = V_t N(d_1) - D\mathrm{e}^{-r\tau} N(d_2)$ 等式两边做一阶微分：

$$\begin{aligned}
\mathrm{d}S_t &= \left(\frac{\partial S}{\partial t} + \frac{\partial S}{\partial V} rV_t + \frac{\sigma_v^2}{2} V_t^2 \frac{\partial^2 S}{\partial V^2}\right)\mathrm{d}t + \frac{\partial S}{\partial V}\sigma_v V_t \mathrm{d}W_t \\
&= rS_t(V_t, t)\,\mathrm{d}t + \sigma_v V_t N(d_1)\mathrm{d}W_t \\
&= rS_t \mathrm{d}t + \left[\sigma_v \frac{V_t}{S_t} N(d_1)\right] S_t \mathrm{d}W_t
\end{aligned}$$

$$\frac{\mathrm{d}S_t}{S_t} = r\mathrm{d}t + \left[\sigma_v \frac{V_t}{S_t} N(d_1)\right]\mathrm{d}W_t \tag{6-7}$$

得到 $\sigma_s = \dfrac{\sigma_v V_t}{S_t} N(d_1)$，利用 S_t、σ_v 即可计算出 V_t 和 σ_s。

举例来说，假设某企业是一个高杠杆比率的共同基金或信托基金。企业的资产是股票，可以在任何时候通过观察股票的市场价值来估值。为了不考虑货币的时间价值（折现因素无助于我们理解眼下的问题，反而会把问题变得更加复杂）。进一步假设该企业非常小，5 年以后企业自动终止。也就是说，5 年以后企业的资产将被变现，由股东和债权人分摊所得收入。

一开始假设我们感兴趣的是通过资产市值来决定股票市值。该假设虽然与我们目前的实

际情形相反，但为我们理解基本的期权关系提供了一个更加简化的视角。为了更有针对性，假设我们一开始向企业投资了 20 美元，从银行借了 80 美元，然后将这 100 美元完全投资于该企业。5 年以后，股票的市值是多少？例如，如果第 5 年末资产的市值是 60 美元，则股本的市值为 0 美元；如果资产的市值是 110 美元，则股本的市值为 30 美元；如此等等。因此，股权的市值是第 5 年末企业资产市值的函数。

现在假设我们感兴趣的是企业终止以前（例如，假设企业设立 3 年后，距离终止还剩下 2 年的时间）股票的价值。进一步假设我们对股票资产进行盯市，其市值为 80 美元。那么股票的市值是多少？肯定不是 0 美元。因为真正起作用的是 2 年以后企业资产的市值，因此在 2 年内资产市值仍然有可能大于 80 美元。资产市值越高，2 年后出现高资产市值的可能性就越大。例如，如果我们对于 3 年以后企业的表现不满意（资产市值从 100 美元下降为 80 美元），我们就可能倾向于投资高回报、高风险的股票资产，由此导致股票市值增加。对于波动率更高的资产，其市值上升的概率也更大，相应地，对股票的支付也更多。当然，由于波动率的变化是双向的，也存在资产市值较低的可能性，但在有限责任的制度条件下，这并不影响企业的股票市值。对股票而言，由于对股东的支付都是 0，因此在第 5 年末，最终的资产市值是 79 美元还是 9 美元没有差别。

股票的价值增加来自何处？肯定不是来自资产价值的增加。我们简单地卖掉了最终的投资组合，用所得的 80 美元购买了一个新的具有更高风险的投资组合，这里没有价值创造。价值当然来自持有我们债务的银行。因此，在资产市值不变时，股票市值增加的唯一方式是从债务市值中汲取价值。当我们将企业的资产重新投资时增加了债务的违约风险，并相应减少了债务的市值。债务和股票的市值紧紧缠绕在一起，实际上它们都是以企业资产为标的的衍生证券。我们可以利用期权的性质，将股票市值和债务账面价值联系起来，以此来决定标的资产的预期市值。这实质上是用观察到的股本市值推导资产市值。在实践中需要考虑更加复杂的资本结构以及现实中存在的其他复杂情况，如债务的多种期限和性质（如长短期债券、可转换债券等）、股票的持久性、货币的时间价值等。与此同时，还要求解资产的波动率。因此，在实践中 KMV 模型同时求解下面两种关系：

［股票市值］＝期权函数（［资产市值］，［资产市值波动率］，［资本结构］，［利率］）

［股权市值波动率］＝期权函数（［资产市值］，［资产市值波动率］，［资本结构］，［利率］）

因而，通过当前的股权市值及其波动率和资本结构，可以进一步得出资产市值及其资产波动率。

（2）违约距离的计算。

当假定公司资产价值服从几何布朗运动时，假定违约概率 $PD=P(V_t<D)$，进而推出

$$PD=P\left[\varepsilon<-\frac{\ln(V_t/D)+\left(\mu-\frac{\sigma_v^2}{2}\right)T}{\sigma_v\sqrt{T}}\right]=N(-d_2)$$

$$\Rightarrow d_2=\frac{\ln(V_t/D)+\left(\mu-\frac{\sigma_v^2}{2}\right)T}{\sigma_v\sqrt{T}} \tag{6-8}$$

由前文可知，在 T 时刻公司资产价值低于总债务账面价值（D）时的概率，并非准确

的违约率，因而需要求出 T 时刻的违约临界值，此处仍记为 V_{DEF}。KMV 模型将违约临界值设定为短期负债（STD）加长期负债（LTD）的一半。然后，可得到违约距离为

$$DD=\frac{\ln(V_t/D_{DEF})+\left(\mu_v-\frac{\sigma_v^2}{2}\right)\tau}{\sigma_v\sqrt{\tau}} \tag{6-9}$$

式中，t 为当前时刻；$\tau=T-t$（这里 T 为到期日）；V_t 为资产当前的市场价值；μ_v 为资产的期望收益率；σ_v 为资产收益率的波动率。

由于公司资产价值并不一定服从几何布朗运动，公司资本结构的简化也会导致估计的失真，所以 KMV 模型给出了一个直接计算违约距离的方法，即

$$DD=\frac{V_T-V_{DEF}}{V_T\sigma} \tag{6-10}$$

式中，V_T 为 T 时刻的预期资产价值；V_{DEF} 仍为 T 时刻的违约临界值；σ 表示 T 时刻资产价值的波动率。

在实践中需要调整违约距离，使其不仅包括由 $\left(\mu_v-\frac{\sigma_v^2}{2}\right)$ 表示的资产价值增加，还包括任何支付债务所导致的资金流出。此外，正态分布在定义违约率方面不是一个好的选择。其中最重要的原因是，违约点事实上也是一个随机变量。也就是说，我们已经假设通过调整债务和分期偿还计划来描述违约点。当然，我们知道事实并非如此。特别是，当接近违约时，企业会调整其债务承担。一个普遍的现象是，当工商企业接近违约时，债务会增加；而当金融企业接近违约时，债务会减少。这种差别主要反映了两者的资产流动性差异，以及遇到财务困境时，两者调整其财务杠杆的能力差异。遗憾的是，由于我们无法在事前设定债务的变化模式，所以必须从其他方面来获取债务调整上的不确定性。从违约距离到 EDF 的映射包含了这种不确定性。EDF 的经验分布的尾部比正态分布的尾部宽。例如，与 4 个标准差的违约距离对应的 EDF 大约为 45 个基点。而在正态分布中，同样的违约距离对应的 EDF 为 0。

通常认为有 6 个变量决定了一家企业在某段时间内的 EDF。这 6 个变量分别是：①当前的资产市值；②资产市值在时间 T 的分布；③T 点的资产市值波动率；④违约点的水平，即相应水平上的债务账面价值；⑤资产市值在该时间段内的预期增长率；⑥时间区间的长度 T。

通常认为前 4 个变量是关键变量，资产市值的增长率对于区分 EDF 几乎不起作用，时间区间的长度由分析人员自己设定。

（3）基于违约距离的 EDF 的计算。

当假定公司资产价值服从几何布朗运动时，将利用（6－9）式得到的违约距离代入标准正态分布的累积密度函数 $N(\cdot)$ 中，即得到 $EDF=N(-DD)$。下面给出基于违约距离计算 EDF 的更一般的方法，包括两种：一是基于资产价值分布（例如正态分布）的 EDF 的计算，称为理论 EDF；二是基于历史违约数据的 EDF 的计算，称为经验 EDF。

关于理论 EDF 的计算步骤如下：假设某公司年初的违约距离为 2.33，且公司资产价值服从正态分布。于是，我们知道，若该公司下一年违约，那么资产价值将在违约临界值的基础上下降 2.33 个标准差。也就是说，公司下一年的资产价值在违约临界值 V_{DEF} 的基础上降低 2.33 个标准差的概率为 $\Phi(-DD)=\Phi(-2.33)=1\%$，该概率即为理论 EDF。关于经验 EDF 的计算步骤如下：假设拥有大量有关企业违约与不违约的历史数据和信息，可以估计

出期初在某给定违约距离的所有企业中，在期末 T 时刻后实际发生违约的企业比例，即

$$经验\ EDF=\frac{期初违约距离为\ DD\ 且期末发生违约的企业数目}{期初违约距离为\ DD\ 的企业总数} \tag{6-11}$$

故此，基于违约距离的 EDF 的计算可用于判定信用风险的大小。

三、KMV 模型的优缺点

信用风险管理的任何模型都是在一定的假设基础上获得的，由于假设的局限性，任何模型都只是对真实信用风险在一定程度上的体现，在实际应用中各有优缺点。

（一）KMV 模型的优点

（1）KMV 模型是建立在现代公司财务理论和期权理论基础上的一种信用监测模型。由于有很强的理论基础，所以它所得出的预期违约率具有较强的说服力。

（2）KMV 模型是一种具有前瞻性的方法。由于该模型所获取的数据来自股票市场的资料，而非企业的历史数据，因而它更能反映企业当前的信用状况，预测能力更强、预测更及时也更准确。

（3）KMV 模型所提供的 EDF 指标在本质上是一种对风险的定量分析，它不仅可以反映不同企业风险水平的高低，而且可以反映风险水平差异的程度，因而更加精确。同时，这也更加有利于对贷款的定价。

（二）KMV 模型的缺点

（1）利用期权定价方法可以求解公司资产价值和波动率，但对结果的精确性缺乏有效检验方法。

（2）在 KMV 模型应用过程中，一直假定公司的债务结构是静态不变的，这通常与事实不完全相符。

（3）假定负债企业的资产价值呈对数正态分布（服从几何布朗运动），这与实际情况也不完全相符，从而会影响模型应用时的准确性。

（4）运用该模型对经验 EDF 的估计一般要依赖大量违约的历史数据，历史数据的完备性、可靠性等会影响预测 EDF 的准确性，而且大量历史数据的收集、储存、处理等需要付出很大的成本。

（5）该模型本质上只考虑违约和非违约两种状态，属于违约模型（DM）。目前，KMV 公司已对此做了一些改进，开始提供盯市模型（MTM）的版本。

第四节　CreditMetrics 模型

CreditMetrics 模型是 J. P. 摩根公司于 1997 年研发的信用风险度量模型，该模型基于

由历史数据得出的债务人信用质量评估结果来模拟债务人未来信用质量变化的分布情况，并以此测算相关债务组合的信用风险价值，即 Credit-VaR。这一方法的核心是对概率转移矩阵的估计，概率转移矩阵是不同信用等级的债务人在一个时期内从一个信用等级向另一个信用等级转变的概率矩阵，通常而言这一矩阵主要来自穆迪公司、标准普尔等。

一、CreditMetrics 模型的基本原理

CreditMetrics 模型主要可以分为两个部分——由信用风险导致的单个资产风险价值和由信用风险导致的资产组合风险价值，这两部分的核心分别是关于风险敞口和资产相关性的函数，借用 J. P. 摩根公司采用的模型设定，其分析框架如图 6－1 所示。

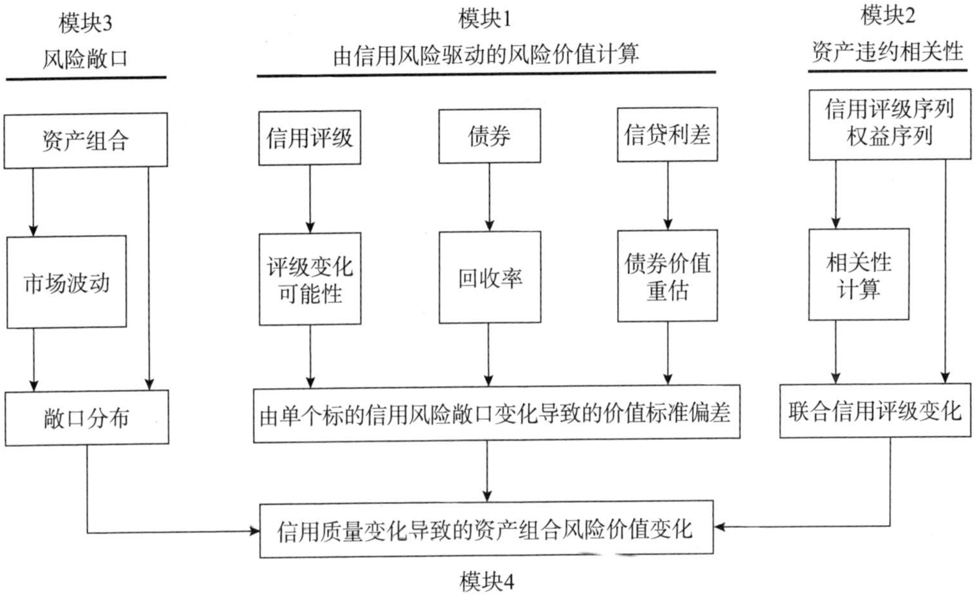

图 6－1 CreditMetrics 模型分析框架

由图 6－1 可知，CreditMetrics 模型主要分为四个模块进行，在进一步介绍之前，对模型的相关假设进行说明：第一，CreditMetrics 模型认为资产组合远期价值的不确定性仅来自债务人信用质量的变化，与其他市场因素无关。第二，同一信用评级下的债务人是同质的，即他们的违约率和概率转移矩阵完全相同。第三，风险的期限是固定的。第四，违约相关性和信贷回收率由外部模型给出。第五，违约事件仅在债务到期时发生。

下面分别介绍 CreditMetrics 模型前三个模块的风险监管步骤。

（一）模块 1：由信用风险驱动的风险价值计算

由于假设 1 中认为资产组合远期价值的不确定性仅来自信用风险，因此对信贷风险价值计算的关键在于确定债务人的概率转移矩阵。通常而言，采用穆迪公司、标准普尔或者银行的内部信用评级得出的概率转移矩阵对债务人未来一段时期信用质量的变化进行评估，以标准普尔概率转移矩阵为例进行说明，概率转移矩阵如表 6－3 所示。

表 6-3 概率转移矩阵

初始评级	一年后的信用评级的概率（%）							
	AAA	AA	A	BBB	BB	B	CCC	违约
AAA	90.81	8.33	0.68	0.06	0.12	0	0	0
AA	0.70	90.65	7.79	0.64	0.06	0.14	0.02	0
A	0.09	2.27	91.05	5.52	0.74	0.26	0.01	0.06
BBB	0.02	0.33	5.95	86.93	5.30	1.17	0.12	0.18
BB	0.03	0.14	0.67	7.73	80.53	8.84	1.00	1.06
B	0	0.11	0.24	0.43	6.48	83.46	4.07	5.20
CCC	0.22	0	0.22	1.30	2.38	11.24	64.86	19.79

资料来源：标准普尔。

该矩阵表示若初始时债务人的信用评级为 AAA，那么一年后他维持在 AAA 评级的概率为 90.81%，降为 AA 级的概率为 8.33%。

（二）模块 2：资产违约相关性

下面以 BBB 级债券和 A 级债券为例对模块 2 进行说明，从对模块 1 的介绍可知，单个债券未来有 8 种信用评级变化的可能性，那么两个债券就有 64 种可能性组合，如表 6-4 所示，该表反映了两个独立债券的联合违约概率。

表 6-4 两个独立债券的联合违约概率（%）

BBB 级债券		A 级债券							
		AAA	AA	A	BBB	BB	B	CCC	违约
		0.09	2.27	91.05	5.52	0.74	0.26	0.01	0.06
AAA	0.02	0.00	0.00	0.02	0.00	0.00	0.00	0.00	0.00
AA	0.33	0.00	0.01	0.30	0.02	0.00	0.00	0.00	0.00
A	5.95	0.01	0.14	5.42	0.33	0.04	0.02	0.00	0.00
BBB	86.93	0.08	1.98	79.15	4.80	0.64	0.23	0.01	0.05
BB	5.30	0.00	0.12	4.83	0.29	0.04	0.01	0.00	0.00
B	1.17	0.00	0.03	1.06	0.06	0.01	0.00	0.00	0.00
CCC	0.12	0.00	0.00	0.11	0.01	0.00	0.00	0.00	0.00
违约	0.18	0.00	0.00	0.16	0.01	0.00	0.00	0.00	0.00

资料来源：摩根大通。

独立债券的联合违约概率的计算与概率论中离散型独立事件的联合概率计算一致，读者可根据表 6-4 自行验证，不在此赘述。对债券之间违约的相关性做出彼此独立的假设过于简单，且与现实情况不符，表 6-5 则给出了相关系数为 0.3 的两个债券的联合违约概率。

表 6-5 相关系数为 0.3 的两个债券的联合违约概率（%）

BBB 级债券		A 级债券 AAA	AA	A	BBB	BB	B	CCC	违约
		0.09	2.27	91.05	5.52	0.74	0.26	0.01	0.06
AAA	0.02	0.00	0.00	0.02	0.00	0.00	0.00	0.00	0.00
AA	0.33	0.00	0.04	0.29	0.00	0.00	0.00	0.00	0.00
A	5.95	0.02	0.39	5.44	0.08	0.01	0.00	0.00	0.00
BBB	86.93	0.07	1.81	79.69	4.55	0.57	0.19	0.01	0.04
BB	5.30	0.00	0.02	4.47	0.64	0.11	0.04	0.00	0.01
B	1.17	0.00	0.00	0.92	0.18	0.04	0.02	0.00	0.00
CCC	0.12	0.00	0.00	0.09	0.02	0.00	0.00	0.00	0.00
违约	0.18	0.00	0.00	0.13	0.04	0.01	0.00	0.00	0.00

资料来源：摩根大通。

由表 6-5 可知，BBB 级债券和 A 级债券在下一年维持原有评级的概率为 79.69%，关于联合概率的计算，将在后续章节进一步说明，在此仅对联合概率的含义进行说明。

（三）模块 3：风险敞口

在实践中除了债券以外，其他合约也会面临信用风险的影响，如应收账款和市场驱动的衍生合约，这些合约关于信用风险敞口的计算与债券有所差异，下面简要说明。

应收账款：对于应收账款，由于其常在风险期限前到期，因此将此类合约的信用评级变化简化为违约和履约，其余的计算与债券风险敞口的计算相同。

市场驱动的衍生合约：接下来将解释 CreditMetrics 如何处理受交易对手违约影响的衍生工具（互换、远期等）。以互换为例进行讨论。这类合约被称为市场驱动工具，因为在其交易中，由于固有的可选择性，信用风险和市场风险密切相关。这种可选择性源于这样一个事实，即只有当合约处于价内（即交易对手收益为负）时，如果交易对手违约，才会面临交易损失。因此互换合约的信用风险来源于两个部分：一是交易对手的信用质量变化；二是交易对手在该笔合约中的损益情况。

衍生合约的信用风险与市场风险密切相关，基于互换合约的特性，互换合约的价值为：

$$V_{\text{Rating } R}^{\text{1 year}} = r_f^{\text{1 year}} - \text{Expected loss}_{\text{Rating } R}^{\text{1 year}} \tag{6-12}$$

$V_{\text{Rating } R}^{\text{1 year}}$ 表示为交易对手信用评级为 R 一年期的互换合约的价值，$r_f^{\text{1 year}}$ 为一年期无风险收益率，$\text{Expected loss}_{\text{Rating } R}^{\text{1 year}}$ 为交易对手信用评级为 R 一年期的互换合约的预期亏损，预期亏损的计算公式为：

$$\text{Expected loss}_{\text{Rating } R}^{\text{1 year}} = \text{Average exposure}^{\text{1 year}} \times \text{Default rate}^{\text{1 year}} \times (1 - \text{Recover rate}) \tag{6-13}$$

Average exposure 为平均风险敞口，指从第一年末开始，在互换期限内的不同远期点计算的若干预期风险敞口值的平均值，这一设定的目的是考虑互换对手方在第一年末到到期日之间的任何时间点违约的可能性。在计算平均风险敞口时，每个预期风险敞口值都需要进行修正的 BS 计算，以考虑固有的可选性特征。因此，互换的平均风险计算相当复杂和耗时，关于 BS 计算将在模型估计中做较为详细的介绍。Default rate 为合约的违约率，是第一年末到互换到期日之间每个评级类别的违约率。例如，如果掉期的到期日为五年，那么 AAA 至 CCC 每个评级类别都需要四年的违约率。将一年期概率转移矩阵的违约率求 4 次幂，即可得到四年期概率转移矩阵。

假设有为期三年的互换合约，其第一年末到第三年末的平均敞口为 61 627，最后一年违约的预期敞口为 101 721，回收率为 50%，一年后该互换的价值如表 6 - 6 所示，其中 FV 为互换现金流的无风险现值。

表 6 - 6　互换价值

一年后对手方评级	违约率（%）	价值
AAA	0.00	FV
AA	0.02	FV−6
A	0.15	FV−46
BBB	0.48	FV−148
BB	2.59	FV−797
B	10.41	FV−3 209
CCC	33.24	FV−10 304
违约	—	FV−50 860

二、CreditMetrics 模型估计

在上一节中，对模型的分析框架进行了基本介绍，对于 CreditMetrics 模型，概率转移矩阵的估计是模型的核心，下面对概率转移矩阵的估计进行介绍。

（一）概率转移矩阵的估计

CreditMetrics 模型中概率转移矩阵估计的核心思想是由默顿提出的公司证券估值期权定价法发展而来的。其假设公司的资产价值 V_t 服从标准的几何布朗运动，即

$$V_t = V_0 \exp\left\{\left(\mu - \frac{\sigma^2}{2}\right)t + \sigma\sqrt{t}Z_t\right\} \tag{6-14}$$

其中，$Z_t \sim N(0,1)$，μ 和 σ 为公司资产收益率的均值和方差，并且假设公司的资产结构为股权 S_t 和相当于面值为 F、现值为 B_t、期限为 T 的零息债券的债务。若公司的资产价值 V_t 在 T 时刻小于债券面值 F，则违约发生，因此违约率为：

$$\begin{aligned} P_{\text{Default}} &= P[V_t \leqslant F] \\ &= P\left\{\frac{\ln(F/V_0) - [\mu - (\sigma^2/2)]t}{\sigma\sqrt{t}} \geqslant Z_t\right\} \\ &= P\left\{Z_t \leqslant -\frac{\ln(V_0/F) + [\mu - (\sigma^2/2)]t}{\sigma\sqrt{t}}\right\} \end{aligned} \tag{6-15}$$

这一概率的计算与 BS 模型中 $N(-d_2)$ 的计算一致，即

$$P\left\{Z_t \leqslant -\frac{\ln(V_0/F)+[\mu-(\sigma^2/2)]t}{\sigma\sqrt{t}}\right\}=N(-d_2) \tag{6-16}$$

其中，d_2 被称为距违约的距离。因此，若公司的市值越大，其违约的概率就越小，由这一思想可以进一步得出概率转移矩阵的估计，即一个盈利能力越强的公司，其违约的可能性越低，那么将其视为一个高信用评级的企业是合理的。一个企业正态化的收益率为

$$r=\frac{\ln(V_t/V_0)-[\mu-(\sigma^2/2)]t}{\sigma\sqrt{t}} \tag{6-17}$$

如图 6-2 所示，以 BBB 级公司为例，若一个时期后公司收益率越高，其违约的可能性就越低，公司的信用评级则会上升，反之，则会下降。特别是，一个时期后公司信用评级的转移概率为 $P(Z_A \leqslant r \leqslant Z_{AA})$，其中，$Z_A$ 和 Z_{AA} 分别为评级的阈值，其他转移概率可以此类推。

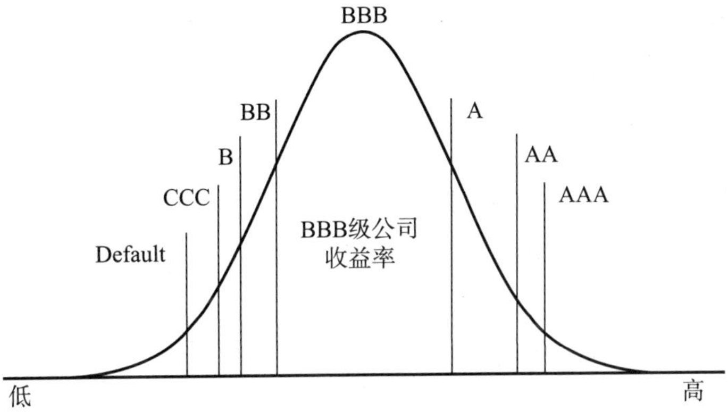

图 6-2 BBB 级公司评级变化阈值

（二）联合概率转移矩阵的估计

由前文对概率转移矩阵的估计的介绍可知，企业在一定期限内的收益状况将影响其信用质量，对一个资产组合而言，各资产收益之间的相关性也将影响资产组合整体的信用质量。以 BB 级企业和 A 级企业为例，其收益率的联合概率密度为：

$$f(r_{BB},r_A;\rho)=\frac{1}{2\pi\sqrt{1-\rho^2}}\exp\left\{-\frac{1}{2(1-\rho^2)}[r_{BB}^2-2\rho r_{BB}r_A+r_A^2]\right\} \tag{6-18}$$

其中，ρ 为两企业的收益率相关系数，那么两企业维持其评级的概率则为：

$$\begin{aligned}&P(Z_B^{(B)}\leqslant r_{BB}\leqslant Z_{BBB}^{(B)},Z_{BBB}^{(A)}\leqslant r_A\leqslant Z_{AA}^{(A)})\\&=\int_{Z_B^{(B)}}^{Z_{CCC}^{(B)}}\int_{Z_B^{(A)}}^{Z_{CCC}^{(A)}}f(r_{BB},r_A;\rho)\,dr_{BB}dr_A\end{aligned} \tag{6-19}$$

同理，两企业同时违约的概率为：

$$\begin{aligned}&P(r_{BB}\leqslant Z_{CCC}^{(B)},r_A\leqslant Z_{CCC}^{(A)})\\&=\int_{-\infty}^{Z_{CCC}^{(B)}}\int_{-\infty}^{Z_{CCC}^{(A)}}f(r_{BB},r_A;\rho)\,dr_{BB}dr_A\end{aligned} \tag{6-20}$$

上述概率转移矩阵和联合概率转移矩阵的估计结果均可用于评估信用质量变化导致的资

产组合风险价值。

三、CreditMetrics 模型的优缺点

由前文可知，CreditMetrics 模型是一种信用风险度量模型，主要用于评估和量化信用风险，帮助金融机构管理其信用风险敞口。CreditMetrics 模型基于概率转移矩阵和违约率，通过模拟信用评级的变化来预测未来信用损失。该模型提出至今得到了广泛的应用，同时具有如下优缺点。

（一）CreditMetrics 模型的优点

（1）全面性：CreditMetrics 提供了评估信用风险的整体框架，包括信用评级变化、违约率以及资产违约相关性，有助于银行进行全面的信用风险分析。

（2）量化信用风险：该模型基于历史数据量化信用风险，为风险定价提供了重要依据，有助于银行进行风险控制。

（3）考虑资产相关性：CreditMetrics 模型考虑了不同公司资产收益之间的相关性，有助于评估组合风险分散效应，是信用风险模型中的独特优势。

（4）适用范围广泛：适用于债券、贷款等各类信用工具的信用风险分析。

（5）易于扩展：CreditMetrics 模型易于扩展到不同的评级体系和期限，具有较高的通用性。

（二）CreditMetrics 模型的缺点

（1）模型简化了假设：模型假设同一评级级别下的债务人的违约率相同，但实际上存在差异。此外，模型还假设信用评级转移概率和违约率与历史平均一致，而实际上它们会随着经济周期变化。

（2）未考虑市场风险：模型假设利率为确定的，未考虑市场风险对信用风险的影响，这在实际操作中可能会产生误差。

（3）依赖历史数据：模型依赖历史信用评级转移数据，而这些数据可能无法准确反映未来情况，特别是在经济周期变化时。

（4）对资产相关性的假设过于简单：模型通过公司股票价格来反映资产违约相关性，但实际相关性可能更为复杂。

（5）适用范围有限：模型适用于债券和贷款等简单信用工具，对于复杂衍生品如掉期合约的信用风险分析则适用性较差。

（6）参数估计困难：模型需要估计概率转移矩阵和资产违约相关性矩阵，但评级数据可能不足以提供准确的参数估计。

（7）假设简化：模型假设资产收益符合正态分布，但实际分布可能更为复杂。同时模型的计算量大，尽管单个债券的计算较为简便，但整个组合的计算量较大，对系统性能有较高要求。

（8）对信用周期不敏感：模型对经济周期变化引起的信用风险增加缺乏敏感性，而且缺乏评级下调风险分析；模型主要分析违约风险，对信用评级下调的风险缺乏充分分析。

第五节　CreditRisk+模型

CreditRisk+模型是由瑞士信贷银行金融产品部开发的，并在其发布的技术文档中有具体描述。CreditRisk+模型没有对违约原因做出任何假设，该模型只考虑违约或不违约两种状态，债务人 A 要么违约，概率为 p_A，要么不违约，概率为 $1-p_A$，并且将违约率视为连续的随机变量，贷款组合的违约率通过概率生成函数计算，并以此为前提度量预期亏损、未预期亏损及其变化，所以 CreditRisk+模型是一个违约模型。

一、CreditRisk+模型的基本原理

CreditRisk+模型通过使用违约率波动来考虑经济条件等背景因素，即市场因素对违约事件的影响，从而无须在模型中输入违约相关性作为特定变量。该模型的特殊之处在于，利用精算保险业的技术来推导信贷组合的损失分布。CreditRisk+模型只考虑违约风险，不考虑评级下调风险。而且违约风险与债务人的资本结构无关，违约事件纯粹是统计意义上的现象。基于这一假设，CreditRisk+模型既不像 CreditMetrics 模型那样依赖统计分析，也不涉及 KMV 模型的期权建模。CreditRisk+模型捕捉了信用违约事件的基本特征，计算信用组合的损失分布。

该模型的基本假设有：(1) 每个贷款客户的违约都受到一个或多个独立的市场因素的影响，假设市场因素服从 Gamma 分布，违约率是市场因素的线性函数，因此违约事件是随机变量。(2) 违约事件随机发生，CreditRisk+模型并未重点分析债务人违约的原因。(3) 当把市场因素考虑在内时，债务人违约是独立的，也就是说，是有条件的独立。

在瑞士信贷银行发布的技术文档中提到了两种计算违约率和违约损失分布的情况：债务人预期违约个数不变和债务人预期违约个数变化。前者利用频带划分的方式，通过概率生成函数来求解违约事件的分布和损失分布；后者利用部门分析法进行处理，划分成不同的子集，子集间相互独立，并且文档中证明，债务人预期违约个数变化的情况在一定条件下可以退化为债务人预期违约个数不变的情况，其中包括两个条件：每个部分的债务人预期违约个数的标准差都趋近于零；部门的个数趋近于无穷大，以上条件满足其一即可。

(一) 债务人预期违约个数①不变

对于贷款组合的违约事件分布的设定：给定某一贷款组合，债务人预期违约个数不变，在模型假设下，贷款组合的违约事件分布见下式，即 n 个债务人违约的概率为：

$$P(n)=\frac{e^{-\mu}\mu^{n}}{n!} \tag{6-21}$$

① 个数指银行一个贷款组合中发生违约的贷款的数量。

其中，μ 为该贷款组合的预期违约个数，(6－21) 式表明，贷款组合中债务人的违约事件整体上服从泊松分布。

对于贷款组合的违约损失分布的计算。由于每笔贷款的风险暴露不同，因此贷款组合的违约损失分布和违约事件分布不尽相同，比如贷款组合损失 100 万元，对应的具体违约情况可以有多种，比如 (20，80) 和 (30，70) 等等。由此，要计算贷款组合的违约损失的概率分布，还需要根据贷款组合平均风险敞口的大小，选择一个良好单位风险敞口 L，对贷款组合进行分段。所谓分段，就是根据债务人相应的违约损失率和单位风险敞口，调整每个债务人的风险敞口，将贷款组合划分为若干段，并用一个整数近似表示每一段内每笔贷款的风险敞口。为了得到贷款组合的违约损失分布，需要引入贷款组合的违约损失概率生成函数，如上文贷款组合的违约事件分布为：

$$G(z)=\sum_{n=0}^{\infty}P(\text{loss}=n\times L)\times z^{n} \tag{6-22}$$

其中，z 是概率生成函数的辅助变量。

进一步地，计算每个频带的概率生成函数。假设模型根据风险敞口，将贷款组合划分为 m 个频带，各个频带内的公共敞口用 v_j 表示，频带 j 中每一笔贷款的风险敞口都为 v_j，如果频带中有一贷款违约，则损失皆为 v_j，贷款组合中频带 j 的预期违约个数用 μ_j 表示，$j=1，2，\cdots，m$，频带 j 的违约损失概率生成函数可以表示成：

$$\begin{aligned}G_j(z)&=\sum_{n=0}^{\infty}P_j(\text{ loss}=n\times L)z^{n}=\sum_{n=0}^{\infty}P_j(n)z^{n\nu_j}=\sum_{n=0}^{\infty}\frac{e^{-\mu_j}\mu_j^{n}}{n!}z^{n\nu_j}\\&=e^{-\mu_j+\mu_j z^{\nu_j}}\end{aligned} \tag{6-23}$$

其中，频带 j 中的预期违约个数 μ_j 为频带 j 中所有债务人的违约率加总。

由于频带间相互独立，所以整个贷款组合的违约损失概率生成函数为：

$$G(z)=\prod_{j=1}^{m}G_j(z)=\prod_{j=1}^{m}e^{-\mu_j+\mu_j z^{\nu_j}}=e^{-\sum_{j=1}^{m}\mu_j+\sum_{j=1}^{m}\mu_j z^{\nu_j}}=e^{-\mu+\sum_{j=1}^{m}\mu_j z^{\nu_j}} \tag{6-24}$$

根据概率生成函数的性质，(6－24) 式可以表示为幂级数的形式，并且，贷款组合的违约损失概率即对其概率生成函数 $G(z)$ 求 n 阶导数在 $z=0$ 处的数值。该过程进一步可以计算出一定置信水平下该贷款组合所对应的 VaR。

(二) 债务人预期违约个数变化

CreditRisk＋模型采用部门分析法来处理债务人预期违约个数变化的情况，在分析的过程中，根据贷款的特征属性，将贷款分为几个不同的部门，相当于分为多个子集。给模型加入其他假设：每一个部门的所属贷款仅与一个风险因子有关，该风险因子与部门特征相联系，它们面临同一个系统性风险，导致该部门的预期违约个数和每个债务人的违约率不再是常数，而是随机变量。

假设债务人 A 的平均违约率记为：

$$p_A=\frac{\varepsilon_A}{v_A} \tag{6-25}$$

引入符号，假设有 n 个部门，分别记为 S_k，$k=1，\cdots，n$，设部门 S_k 的违约率为 X_k，并且满足均值为 μ_k、标准差为 σ_k 的 Gamma 分布，每个债务人的违约率为 X_A，X_A 的均值

为 p_A，标准差为 σ_A。

债务人的违约率 X_A 与部门违约率 X_k 之间存在以下关系：

$$X_A = \frac{X_k}{\mu_k} \times \frac{\varepsilon_A}{v_A} \tag{6-26}$$

对于部门 S_k，可将其分为多个频带，同第一种情况的分析。对于频带 j，预期违约个数 $X_k^{(j)}$ 表示为：

$$X_k^{(j)} = \frac{X_k}{\mu_k} \times \frac{\varepsilon_j^{(k)}}{v_j^{(k)}} \tag{6-27}$$

进一步地，对于频带 j 中的贷款，计算违约损失概率生成函数：

$$G_k^j(z \mid X_k) = e^{X_i^{k(j)}(z^{\nu_j^{(k)}}-1)} = e^{\frac{X_k}{\mu_k} \times \frac{\varepsilon_j^{(k)}}{v_j^{(k)}}(z^{\nu_j^{(k)}}-1)} \tag{6-28}$$

其中，$v_j^{(k)}$ 和 $\varepsilon_j^{(k)}$ 分别是 S_k 中频带 j 的公共敞口和预期亏损。

和预期违约个数不变的情况一样，由于部门 S_k 内的频带之间相互条件独立，故部门 S_k 的违约损失概率生成函数为：

$$G_k(z \mid X_k) = \prod_j G_k^j(z \mid X_k) = e^{\frac{X_k}{\mu_k}\sum_{j=1}^{m(k)} \frac{\varepsilon_j^{(k)}}{v_j^{(k)}}(z^{\nu_j^{(k)}}-1)} = e^{X_k(P_k(z)-1)} \tag{6-29}$$

其中，$P_k(z) = \frac{1}{\mu_k}\sum_{j=1}^{m(k)}\left(\frac{\varepsilon_j^{(k)}}{v_j^{(k)}}\right)z^{\nu_j^{(k)}}$。

设置形参数 $\alpha_k = \frac{\mu_k^2}{\sigma_k^2}$ 和规模参数 $\beta_k = \frac{\sigma_k^2}{\mu_k}$，计算 S_k 的贷款组合无条件违约损失概率生成函数：

$$G_k(z) = \left(\frac{1-p_k}{1-\frac{p_k}{\mu_k}\sum_{j=1}^{m(k)}\left(\frac{\varepsilon_j^{(k)}}{v_j^{(k)}}\right)z^{v_j^{(k)}}}\right)^{\alpha_k} \tag{6-30}$$

其中，$p_k = \frac{\beta_k}{1+\beta_k}$。

通过假设部门间是相互独立的，可以计算得到所有部门的违约损失概率生成函数：

$$G(z) = \prod G_k(z) = \prod\left(\frac{1-p_k}{1-\frac{p_k}{\mu_k}\sum_{j=1}^{m(k)}\left(\frac{\varepsilon_j^{(k)}}{v_j^{(k)}}\right)z^{v_j^{(k)}}}\right)^{\alpha_k} \tag{6-31}$$

二、CreditRisk+模型的估计

在了解了 CreditRisk+模型的基本原理之后，需要对损失的计算方法进行阐述。计算方法包括 Panjer 递归法、FFT－Panjer 法、鞍点逼近法和 FFT－蒙特卡罗法等，下面只介绍 Panjer 递归法和 FFT－Panjer 法。

（一）Panjer 递归法

Panjer 递归法是瑞士信贷银行开发 CreditRisk+模型时采用的损失分布计算方法。本节将从以下几个方面阐述。

1. 推导损失的概率生成函数

一个仅取非负整数值的随机变量 Y，其概率生成函数定义为：$G_Y(t)=E[t^Y]=\sum_{n=0}^{\infty}P(Y=n)t^n$，条件概率生成函数则定义为：$G_Y(t\mid\cdot)=E[t^Y\mid\cdot]$，$|t|\leqslant 1$。由基本假设 $(Y_i\mid W)_i\sim \text{Bernoulli}(P_i)$，可得：

$$G_{Y_i|W}(t)=1+P_i(W)(t-1) \tag{6-32}$$

$$\ln[G(Y_i\mid W)]=\ln[1+P_i(W)(t-1)] \tag{6-33}$$

当单个债务人具有很小的违约率时，可将（6－33）式近似为：

$$\ln[G(Y_i\mid W)]=P_i(W)(t-1) \tag{6-34}$$

$$G(Y_i\mid W)=\exp\{P_i(W)(t-1)\},\ i=1,\cdots,m \tag{6-35}$$

（6－35）式为泊松分布的概率生成函数，即对于每一债务人的违约事件的发生，泊松分布代替了贝努利分布。在 i 风险敞口的债务人将被划分于同一频段，记 $B_k:=\{i\mid l_i=\overline{l_k},\ k=1,\ \cdots,\ v\}$，由此可得：

$$L\mid W=\sum_{k=1}^{v}(L_{B_k}\mid W)=\sum_{k=1}^{v}\left(\overline{l_k}\sum_{i\in B_k}(Y_i\mid W)\right) \tag{6-36}$$

其中，L_{B_k} 表示频带 B_k 内因债务人违约而造成的总损失。由于 $(Y_i\mid W)_i$ 是独立的，且独立的泊松分布的随机变量之和仍为泊松分布，因此，

$$\sum_{i\in B_k}(Y_i\mid W)\sim \text{Poisson}(\lambda_K(W)) \tag{6-37}$$

$$\lambda_K(W)=\sum_{i\in B_k}P_i=\sum_{i\in B_k}\overline{P}_i\sum_{j=1}^{n}a_{ij}W_j \tag{6-38}$$

另外，若某贷款组合有 m 个债务人，其违约率受 n 个相互独立的市场因子影响，可将风险敞口划分为 v 个频带，并将组合损失 L 的 PGF 表示为：

$$G_L(t)=\prod_{j=1}^{n}\left(\frac{1-\delta_j}{1-\delta_j\Lambda_j(t)}\right)^{\alpha_j} \tag{6-39}$$

2. 用 Panjer 递归法求损失分布

如果一个幂级数 $G(z)=\sum_{n=0}^{\infty}A_nz^n$ 的对数导数可表示成如下形式：

$$\frac{1}{\mathrm{d}z}\log(G(z))=\frac{1}{G(z)}\frac{\mathrm{d}G(z)}{\mathrm{d}z}=\frac{A(z)}{B(z)} \tag{6-40}$$

其中，$A(z)=a_0+L+a_rz^r$，$B(z)=b_0+L+b_sz^s$，则此时，

$$\begin{aligned}B(z)G'(z)&=L(z)G(z)\\&=\left(\sum_{j=0}^{s}b_jz^j\right)\left(\sum_{j=0}^{\infty}(n+1)A_{n+1}z^n\right)=\left(\sum_{i=0}^{r}a_iz^i\right)\left(\sum_{n=0}^{\infty}A_nz^n\right)\end{aligned} \tag{6-41}$$

对 $n\geqslant 0$，（6－41）式左右两边 z^n 的系数分别为 $\sum_{j=0}^{\min(s,\ n)}b_j(n+1-j)A_{n+1-j}$ 和 $\sum_{i=0}^{\min(r,\ n)}a_iA_{n-i}$。

整理可得，

$$b_0(n+1)A_{n+1}=\sum_{i=0}^{\min(r,n)}a_iA_{n-i}-\sum_{j=1}^{\min(s,n)}b_j(n+1-j)A_{n+1-j} \tag{6-42}$$

或等价于

$$b_0(n+1)A_{n+1}=\sum_{i=0}^{\min(r,n)}a_iA_{n-i}-\sum_{j=0}^{\min(s-1,n-1)}b_{j+1}(n-j)A_{n-j} \tag{6-43}$$

$$A_{n+1}=\frac{1}{b_0(n+1)}\left(\sum_{i=0}^{\min(r,n)}a_iA_{n-i}-\sum_{j=0}^{\min(s-1,n-1)}b_{j+1}(n-j)A_{n-j}\right) \tag{6-44}$$

其中，$A_0=G(0)$，(6-44) 式则为 Panjer 递归算式，下面将其运用到损失分布的计算中。

由于 $G_L(t)=\prod_{j=1}^{n}\left(\frac{1-\delta_j}{1-\delta_j\Lambda_j(t)}\right)^{\alpha_j}$，则 $\ln G_L(t)=\sum_{j=1}^{n}\alpha_j\ln\left(\frac{1-\delta_j}{1-\delta_j\Lambda_j(t)}\right)$。

$$\frac{G_L'(t)}{G_L(t)}=\sum_{j=1}^{n}\alpha_j\frac{\delta_j\sum_{k=1}^{v}\left[\left(\sum_{i\in B_k}\overline{P}_i a_{ij}\right)\overline{l_k}t^{\overline{l_k}-1}\right]}{\mu_j-\delta_j\sum_{k=1}^{v}\left[\left(\sum_{i\in B_k}\overline{P}_i a_{ij}\right)t^{\overline{l_k}}\right]} \tag{6-45}$$

若存在 $A(z)$ 和 $B(z)$ 使得 $\frac{A(z)}{B(z)}$ 等于 (6-45) 式右端，则可利用 Panjer 递归算式得到 A_k，根据概率生成函数的性质：如果 X 的概率生成函数为 $G_X(t)$，则 $P(X=k)=\frac{1}{k!}G_X^{(k)}(0)$。因此 $P(L=k)=\frac{1}{k!}G_L^{(k)}(0)=A_k$，计算出的 A_k 即 $P(L=K)$，这就得到了损失分布的 Panjer 递归计算方法。

若不进行频带划分，损失的概率生成函数变为

$$G_L(t)=\prod_{j=1}^{n}\left(\frac{1-\delta_j}{1-\delta_j\Lambda_j(t)}\right)^{\alpha_j} \tag{6-46}$$

$$\Lambda_j(t)=\frac{1}{\mu_j}\sum_{i=1}^{m}\overline{P}_i a_{ij}t^{l_i} \tag{6-47}$$

$$\mu_j=\sum_{i=1}^{m}\overline{P}_i a_{ij} \tag{6-48}$$

$$\delta_j=\frac{\beta_j\mu_j}{1+\beta_j\mu_j} \tag{6-49}$$

相应地，有 $\frac{G_L'(t)}{G_L(t)}=\sum_{j=1}^{n}\alpha_j\frac{\delta_j\sum_{i=1}^{m}\overline{P}_i a_{ij}l_i t^{l_i-1}}{\mu_j-\delta_j\sum_{i=1}^{m}\overline{P}_i a_{ij}t^{l_i}}$。因此，求多项式 $A(t)$ 和 $B(t)$ 需循环 m 次，进行频带划分后，只需循环 v 次。因此根据风险敞口归类能够简化计算。

$\frac{G_L'(t)}{G_L(t)}=\sum_{j=1}^{n}\alpha_j\frac{\delta_j\sum_{k=1}^{v}\left[\left(\sum_{i\in B_k}\overline{P}_i a_{ij}\right)\overline{l_k}t^{\overline{l_k}-1}\right]}{\mu_j-\delta_j\sum_{k=1}^{v}\left[\left(\sum_{i\in B_k}\overline{P}_i a_{ij}\right)t^{\overline{l_k}}\right]}$ 右侧是一个和的表达式，只有在各项分母相同时才能得到 $A(t)$ 和 $B(t)$。因此多市场因子情况下一般不能使用 Panjer 递归法。下面给出单一市场因子 ($n=1$) 的损失 L 的概率生成函数。

设市场因子 $W\sim\Gamma(\alpha,\beta)$，$P_i=\overline{p_i}W$，有 $G_N(t)=\prod_{j=1}^{n}\left(\frac{1-\delta_j}{1-\delta_j t}\right)^{\alpha_j}$，其中 $\delta_j=\frac{\beta_j\mu_j}{1+\beta_j\mu_j}$。该式恰为负二项分布 NB($\alpha$，$\delta$) 的概率生成函数，这也说明了 Gamma 分布的泊松混杂为负二项分布。因此，

$$P(N=n)=(1-\delta)^{\alpha}\frac{\Gamma(\alpha+n)}{\Gamma(\alpha)n!}\delta^{n},\ n=0,1,L \tag{6-50}$$

由 $G_L(t)=\prod_{j=1}^{n}\left(\frac{1-\delta_j}{1-\delta_j\Lambda_j(t)}\right)^{\alpha_j}$，损失的概率生成函数可表示为 $G_L(t)=\left(\frac{1-\delta}{1-\delta\Lambda(t)}\right)^{\alpha}$。其中，$\mu=\sum_{k=1}^{v}\sum_{i\in B_k}\overline{P}_i$，$\Lambda(t)=\frac{1}{\mu}\sum_{k=1}^{v}\sum_{i\in B_k}\overline{P}_i t^{\overline{l_k}}$。此时，$\frac{G'(t)}{G(t)}=$

$$\frac{\alpha\delta\sum_{k=1}^{v}\sum_{i\in B_k}\overline{P_i}\,\overline{l_k}t^{\overline{l_k}-1}}{\mu-\delta\sum_{k=1}^{v}\sum_{i\in B_k}\overline{P_i}t^{\overline{l_k}}}。$$

令 $A(t)=\alpha\delta\sum_{k=1}^{v}\sum_{i\in B_k}\overline{P_i}\,\overline{l_k}t^{\overline{l_k}-1}$，$B(t)=\mu-\delta\sum_{k=1}^{v}\sum_{i\in B_k}\overline{P_i}t^{\overline{l_k}}$，可以得到 $A(t)$，$B(t)$ 多项式的系数，再按照递归算式，可得损失的概率生成函数。

（二）FFT-Panjer 法

FFT-Panjer 法是针对多市场因子情况下不能使用 Panjer 递归法的缺陷而提出的改进，将快速傅里叶变换应用于 Panjer 递归法。其思想是：若债务人受同一市场因子影响，则将其划分至同一个部门。若一个债务人受多个市场因子影响，则按权重 a_{ij} 进行部门分解，将一个债务人等价分成几个债务人来看，以使不同部门之间的债务人的违约不相关，每个部门的损失分布由 Panjer 递归法求出，应用 FFT 计算总损失分布。

在程序中使用的 FFT 算法如下：已知两个概率向量 f 和 g，如果 $f=[f_0, f_1, \cdots, f_{m-1}]$，$g=[g_0, g_1, \cdots, g_{k-1}]$，则求 $S=f\otimes g$ 的过程如下：(1) 在 f 和 g 向量后面补 0，使向量的长度 $n\geqslant m+k$；（2）求 f 和 g 的傅里叶变换；（3）计算 $M(S)=F[f]\cdot F[g]$；（4）对 $M(S)$ 进行傅里叶逆变换，$S=f\otimes g$。即可基于 Panjer 递归法，结合上述过程计算损失分布。

三、CreditRisk+模型的适用范围及优缺点

CreditRisk+模型是一种用于评估信用风险的模型，通常适用于金融机构和商业银行风险管理。该模型适用于评估个体和组合信用风险，可以用于计算资本要求，并在风险管理中进行风险定价和资产配置决策。

（一）CreditRisk+模型的优点

（1）模型相对简单，需要输入的数据和估计量都比较小，计算相对简易。

（2）模型并没有假设违约原因，对于债务人具体的违约原因并没有进一步探究。

（3）将违约率视作连续随机变量，引入违约率的波动率来模拟违约率的不确定性。

（二）CreditRisk+模型的缺点

（1）债务人的违约率是受行业风险因子影响的，但是行业风险因子会受到很多具有相关性的宏观经济变量的影响。因此，行业风险因子也是具有相关性的，并非完全独立。

（2）完全忽略了市场风险和转移风险，并且没有考虑信用等级变化等。

（3）违约率的波动率不能直接获得，需要用结构模型从其他市场数据中获得。

【本章小结】

本章对第五章的信用风险之信用评级做了拓展分析，借鉴市场风险度量方法，介绍了信用风险之价值度量。首先，阐述了信用风险度量需要解决的难题，并进一步对该领域研究的

发展历程做了概述。其次，对主要的四种信用风险度量方法，如 Z 值评分模型、KMV 模型、CreditMetrics 模型、CreditRisk+模型，从模型假设、基本原理、模型估计及优缺点等方面做了详细的介绍和阐述。本章还突出讲解了这些模型的实际应用场景，Z 值评分模型主要是基于财务信息构建的信用风险违约率模型，KMV 模型和 CreditRisk+模型则均是以市场信息作为数据基础构建的违约预测模型，而 CreditMetrics 模型则可用于评估信用评级迁移的价值度量。故此，本章介绍的四个模型可分别用于度量信用违约或者信用评级迁移所产生的信用风险。

【课后习题】

1. 某制造业上市公司想向银行申请一笔贷款，其对应的财务比率分别为 $X_1=0.15$，$X_2=0$，$X_3=-0.30$，$X_4=0.15$，$X_5=2.5$。根据 Z 值评分模型判断，银行是否会批准该公司的贷款申请。

$$Z=1.2X_1+1.4X_2+3.3X_3+0.6X_4+1.0X_5$$

2. 简述信用风险度量的三个发展阶段的基本特点，并列举每个阶段的主要方法。
3. 简述专家分析法的优缺点。
4. 请阐述 Z 值评分模型和 ZETA 模型的原理。
5. 请介绍 KMV 模型的基本原理、模型估计及优缺点。
6. 请介绍 CreditMetrics 模型的基本原理、模型估计及优缺点。
7. 请介绍 CreditRisk+模型的基本原理、模型估计及优缺点。
8. 简述信用评级制度的作用。

第七章

操作风险

本章阅读指引

操作风险是四大风险类型之一，它的识别、评估和量化也是金融机构风险管理中的难点。《巴塞尔新资本协议》（《巴塞尔协议Ⅱ》）率先将操作风险纳入风险管理框架，并要求金融机构为操作风险配置相应的资本金。本章按照“界定—识别—评估—管理”的逻辑，首先介绍了操作风险的概念、特点和分类。然后，本章介绍了操作风险的识别和具体步骤。接着，本章介绍了风险与控制自我评估以及评估流程。在操作风险的管理上，本章重点介绍了操作风险的三大工具：风险与控制自我评估（RCSA）、关键风险指标（KRI）及损失数据收集（LDC）。最后，对《巴塞尔新资本协议》提出的操作风险度量方法，即基本指标法、标准法和高级计量法进行了详细介绍和优缺点总结。

第一节　操作风险的界定

一、操作风险的定义

（一）操作风险的概念

操作风险是金融机构经营管理中面临的主要风险之一，通常指在金融机构内，由不完善的内部控制、人员、系统以及不可控制的事件所引起的收入或者现金流的波动。广义的操作风险是指除市场风险和信用风险以外的一切金融风险；而狭义的操作风险则是指仅由操作不当引发的风险，与交易过程和系统失灵有关。也有研究认为，操作风险是指金融机构所有可以控制的风险，包括内部欺诈，但不包括外部事件，如监管者或自然灾害等的影响。另外，还有研究将操作风险界定为，错误或不完善的过程使得系统和人员或外部事件造成直接或间接损失的可能性。甚至，还有文献认为，操作风险是指客户、设计不当的控制体系、控制体系失灵及不可控制的事件导致的各类风险。《巴塞尔协议Ⅱ》对操作风险的界定是：由不完善或有问题的内部程序、人员及系统或外部事件所造成损失的风险。中国国家金融监督管理总局于 2023 年 7 月 28 日发布的《银行保险机构操作风险管理办法（征求意见稿）》对操作风险的定义有了更精准的表述，“本办法所称操作风险，是指由于内部程序、员工、信息科技系统存在问题以及外部事件造成损失的风险。本定义所指操作风险包括法律风险，但不包括战略风险和声誉风险。”由此可见，操作风险可能由多种不同的原因引起，例如，欺诈、不健全的管理和报告结构、不正确的操作流程、交易结算失误、错误的信息系统或自然灾害等。

从历史上看，不少金融机构都因为某一两个操作策略失误而倒闭，一个典型案例是，1995 年尼克·里森因投资日本期货市场频繁失误而导致有着 233 年历史的英国巴林银行倒闭。

案例 7-1

操作风险的典型案例

2017 年，澳大利亚金融情报单位 AUSTRAC 对澳大利亚联邦银行（Commonwealth Bank of Australia，是澳大利亚最大的银行之一）进行了调查，发现该银行未能履行反洗钱和反恐怖融资控制方面的法律义务。这包括未能及时报告大笔现金交易、未能对一些客户进行足够的尽职调查，以及未能监测并报告可疑交易。这些违规行为暴露了银行的操作风险，对澳大利亚联邦银行的声誉和财务状况产生了负面影响。该银行不得不支付了澳大利亚历史上数额最大的反洗钱罚款，高达七亿澳元。此外，该银行也受到了来自监管机构和投资者的批评，导致其股价下跌。

该案例引发了澳大利亚银行业对反洗钱和反恐怖融资措施的重新审视，以确保银行遵守法规并减少操作风险。它还加强了全球金融业对反洗钱和反恐怖融资合规性的关注，因为金融机构需要加强对客户身份的验证、监控可疑交易和报告可疑活动，以防范洗钱和恐怖融资风险。

（二）操作风险的特点

操作风险具有广泛性、内生性、复杂性、难以量化等特点，在很多金融机构中其导致的损失已经明显高于市场风险和信用风险。

（1）广泛性。操作风险极其分散，渗透于每一个部门的人员系统与流程当中，主要来源于日常运营，较难度量及管理。操作风险与各类风险相互交叠，涉及面广，因此其管理不可能由一个部门完成，必须建立操作风险管理的框架体系。操作风险既包括发生频率高、损失较低的日常业务处理上的小纰漏，也包括发生频率低，但一旦发生就会造成极大损失甚至危及公司存亡的自然灾害、大规模舞弊等。

（2）内生性。操作风险的风险因素有很大比例来源于金融机构业务操作，属于金融机构的内生风险。操作风险主要由内部因素引发，如内部程序、人员和系统的不完善或失效，银行工作人员越权或从事职业道德不允许的或风险过高的业务，因此操作风险具有很强的内生性。

（3）复杂性。引起操作风险的因素较复杂，如产品的复杂性、产品营销渠道的拓展、人员流动以及规章制度的变化等都可能引起操作风险，而通常可以监测和识别的操作风险，与它可能导致损失的规模、频率之间不存在直接关系，常常带有鲜明的个案特征。

（4）难以量化。与信用风险和市场风险所带来的损失可以得到较好的事先估计相比，操作风险带来的损失更难以提前评估和管理。同时，操作风险不能用一种方法进行准确的识别和计量，因为其存在于金融机构的各类业务操作中，操作风险事件前后之间有关联，但是单个的操作风险与操作性损失之间并不存在可以定量界定的数量关系，即个体性较强。

特别是，操作风险损失数据呈现厚尾特征。由于大部分操作风险事件都属于高频率-低损失类型，只有极少数属于低频率-高损失类型，因此在损失数据的统计结果中极端值出现的概率要比正态分布数据出现极端值的概率大，即呈现厚尾特征。

二、操作风险的分类

金融机构对其面临的各项操作风险进行正确分类，是建立有效的操作风险识别体系的重要基础。《巴塞尔协议Ⅱ》采用了一种二维分类方式：一是按照损失事件类型划分，将损失事件分为内部欺诈，外部欺诈，就业制度和工作场所安全事件，客户、产品和业务活动事件，实物资产损坏，信息科技系统事件，执行、交割和流程管理事件七类；二是按照损失形态划分，操作风险可以分为法律成本、监管罚没、资产损失、对外赔偿、追索失败、账面减值以及其他损失等七类。

（一）按照损失事件类型划分

1. 内部欺诈

内部欺诈指故意骗取、盗用财产或违反监管规章、法律或公司政策导致的损失，此类事件至少涉及内部一方，但不包括歧视及差别待遇事件。现实行为包括：（1）行为未经授权。例如故意隐瞒交易、未经授权交易导致资金损失、故意错误估价和其他。（2）盗窃和欺诈。例如欺诈、信用欺诈、不实存款、盗窃、勒索、挪用公款、抢劫、盗用资产、恶意损坏资产、伪造、支票欺诈、走私、窃取账户资金、做假账、假冒开户人、违规纳税、故意逃税、收受贿赂和回扣、内幕交易和其他。

2. 外部欺诈

外部欺诈指第三方故意骗取、盗用财产或逃避法律导致的损失。现实行为包括：（1）盗窃和欺诈。例如盗窃、抢劫、伪造、支票诈骗和其他。（2）系统安全性事件。例如黑客攻击损失、信息被窃取造成资金损失和其他。

3. 就业制度和工作场所安全事件

就业制度和工作场所安全事件指违反劳动合同、就业、健康或安全方面的法律法规或协议，个人工伤赔付或歧视及差别待遇事件导致的损失。现实行为包括：（1）劳资关系。例如薪酬、福利、劳动合同终止后的安排，有组织的工会活动和其他。（2）环境安全性。例如一般性责任、违反员工健康及安全规定等。（3）歧视及差别待遇事件。

4. 客户、产品和业务活动事件

客户、产品和业务活动事件指未按有关规定对特定客户履行分内义务（如诚信责任和适当性要求）或产品性质和设计缺陷导致的损失事件。现实行为包括：（1）适当性、披露和诚信事件。例如违背诚信责任、违反规章制度、未尽向客户进行信息披露的义务、泄露隐私、强制推销、为多收手续费反复操作客户账户、保密信息使用不当和其他。（2）不良的业务和市场行为。例如垄断、操纵市场、内幕交易、未经有效批准的业务活动、洗钱和其他。（3）产品瑕疵。例如产品缺陷、模型错误和其他。（4）客户选择、业务推介和风险暴露。例如未按照规定审查客户信用、客户交易超出风险限额和其他。（5）咨询业务。

5. 实物资产损坏

实物资产损坏指自然灾害或其他事件（如恐怖袭击）导致实物资产丢失或毁坏的损失事件。现实行为包括：（1）自然灾害。例如地震、火灾等。（2）其他事件。例如恐怖袭击、故意破坏和其他。

6. 信息科技系统事件

信息科技系统事件指由信息科技系统生产运行、应用开发、安全管理以及软件产品、硬件设备、服务提供商等第三方因素，造成系统无法正常办理业务或系统速度异常所导致的损失事件。现实行为包括：硬件、软件、网络或通信线路故障，动力输送损耗或中断等。

7. 执行、交割和流程管理事件

执行、交割和流程管理事件指交易处理或流程管理失败，以及与交易对手方、外部供应商及销售商发生纠纷导致的损失事件。现实行为包括：（1）交易认定、执行和维护。例如错误传达信息，数据录入、维护或登载错误，超过最后期限或未履行义务，模型或系统误操作，账务处理错误，交易归属错误，其他任务履行错误，交割错误，担保品管理失效，交易相关数据维护和其他。（2）监控和报告。例如未履行强制报告职责、外部报告不准确和其他。（3）招揽客户和文件记录。例如客户许可或免责声明缺失、法律文件缺失或不全备和其他。（4）个人或企业客户账户管理。例如未经批准登录账户、客户信息记录错误、因疏忽导致客户资产损失和其他。（5）交易对手方。例如与同业交易处理不当、与同业交易对手方的争议和其他。（6）外包纠纷与风险。

（二）按照损失形态划分

操作风险损失一般包括直接损失和间接损失，一起操作风险损失事件可能导致多形态的损失。因此，按照损失形态，操作风险可分为如表7-1所示的七类。

表7-1 操作风险分类

分类	定义
法律成本	因发生操作风险事件而引发法律诉讼或仲裁，在诉讼或仲裁过程中依法支出的诉讼费用、仲裁费用及其他法律成本。如违反知识产权保护规定等导致的诉讼费、外聘律师代理费、评估费、鉴定费等。
监管罚没	因发生操作风险事件而受到监管部门或有权机关罚款及其他处罚。如违反产业政策、监管法规等所遭受的罚款、吊销执照等。
资产损失	由疏忽、事故或自然灾害等事件造成实物资产的直接毁坏和价值减少。如火灾、洪水、地震等自然灾害所导致的账面价值减少等。

续表

分类	定义
对外赔偿	内部操作风险事件导致金融机构未能履行应承担的责任所造成的对外赔偿。如由金融机构自身业务中断、交割延误、内部案件造成客户资金或资产等损失的赔偿金额。
追索失败	由于工作失误、失职或内部事件，原本能够追索但最终无法追索所导致的损失，或有关方不履行相应义务导致追索失败所造成的损失。如资金划转错误、相关文件要素缺失、跟踪监测不及时所带来的损失等。
账面减值	由偷盗、欺诈、未经授权活动等操作风险事件所导致的资产账面价值直接减少。如内部欺诈导致的销账，外部欺诈和偷盗导致的账面资产或收入损失，以及未经授权或超授权交易导致的账面损失等。
其他损失	由操作风险事件引起的其他损失。

第二节 操作风险的识别

一、事前识别和事后识别

金融机构操作风险识别包括事前识别和事后识别。事前识别是操作风险事件还没有发生时，在内含风险暴露基础上进行的识别，主要通过对每个产品线的操作流程以及工作人员、技术、外部环境进行分析，找出存在潜在风险的环节和部位。事后识别是在操作风险事件发生后，根据金融机构操作风险定义和事件分类标准，确定风险事件是否为操作风险及其所属类别，并分析发生的原因和产生的影响。

二、操作风险识别的内容

操作风险识别的内容主要包括潜在风险识别和已暴露风险识别。潜在风险识别是对金融机构业务活动中的潜在风险点进行的识别，既包括内部流程、人员、技术中的弱点和不足，也包括外部环境可能对经营活动产生的潜在不利影响。金融机构通常会对所有重要产品、活动、程序和系统中内含的潜在操作风险进行定期识别。在引进新产品、采用新程序和新系统之前，或者上述内容发生重大变化时，须对其潜在操作风险进行单独识别。已暴露风险识别主要是针对已发生的风险事件所做的鉴别分析，识别的内容不仅包括事件的性质，还包括事件是否会造成影响、可能造成什么影响、是直接损失还是间接损失，以及事件发生的深层次原因。

三、操作风险识别的步骤

对金融机构的操作风险进行识别是非常重要的，因为金融行业面临复杂的风险和法规要求。以下是用于识别金融机构的操作风险的步骤（见图 7－1）。

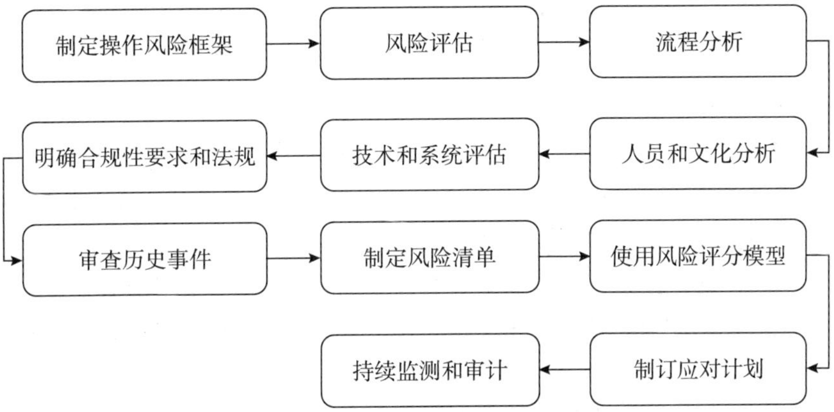

图 7－1　操作风险识别的步骤

（1）制定操作风险框架。首先，金融机构应该建立一个明确的操作风险框架，包括操作风险定义、责任分配、风险管理政策和流程等。这个框架将有助于明确操作风险管理的目标和方法。

（2）风险评估。全面的风险评估涵盖内部和外部因素的评估。这包括审查金融机构的业务流程、系统、技术基础设施、员工、供应链、客户关系等，从而识别可能导致操作风险的潜在威胁。

（3）流程分析。详细审查和分析金融机构的关键业务流程，以确定潜在的操作风险。这包括了解每个流程的关键步骤、依赖关系、数据流动和风险热点。特别关注与交易处理、支付结算、客户服务和合规性有关的流程。

（4）人员和文化分析。审查金融机构的员工培训和组织文化。员工的知识、技能和意识对操作风险管理至关重要。了解员工的培训水平和组织文化是否有助于降低操作风险。

（5）技术和系统评估。评估金融机构的技术基础设施和信息系统，以确定可能的技术风险，如系统故障、网络攻击、数据泄露等。

（6）明确合规性要求和法规。了解适用于金融机构的合规性要求和法规，确保组织的操作符合法规要求。法规变化可能会带来新的操作风险。

（7）审查历史事件。回顾以前发生的操作风险事件，了解它们产生的原因和影响。这有助于组织从过去的错误中吸取经验教训，改进控制措施。

（8）制定风险清单。将已识别的操作风险整理成一个清单，包括对每种风险的描述、潜在影响和可能性评估。这有助于组织对风险进行分类和优先级排序。

（9）使用风险评分模型。使用风险评分模型对已识别的操作风险进行评估，以确定哪些风险最紧迫需要处理。模型通常包括风险的严重性、频率和可控性等因素。

（10）制订应对计划。为每种识别的操作风险制订详细的应对计划，包括制定控制措施、分配责任、制订应急计划和监测计划的执行。

（11）持续监测和审计。风险识别是一个持续的过程，金融机构需要定期监测风险，并进行内部和外部审计，以确保控制措施的有效性，及时识别新的操作风险。

第三节　操作风险的评估

金融机构的操作风险评估旨在分析和评估在其日常运营中可能出现的潜在风险，这些风险涵盖了多个方面，如人为错误、技术故障、法规变化、市场波动等。这一过程旨在帮助金融机构采取适当的措施，以降低这些风险对其业务的不利影响。操作风险评估的关键目标是确保金融机构能够灵活应对并有效管理这些风险，以维护业务的连续性、客户的信任和合规性。

金融机构在进行操作风险评估时，通常采用综合性的方法，结合定性与定量分析。定性分析需要依赖经验丰富的风险管理专家，他们根据过去的经验和知识来评估操作风险的发生频率和潜在影响程度。此外，定性分析也考虑了金融机构的具体业务特点和风险因素。而定量分析主要基于内部操作风险损失数据和外部数据进行分析。金融机构会收集和分析过去的内部操作风险损失数据，以了解不同类型的风险事件对机构的潜在影响。同时，外部数据也可作为重要的参考，帮助金融机构更全面地评估操作风险。

随着时间的推移，金融机构还应不断验证操作风险评估流程和结果，考虑内部损失的实际发生情况、相关的外部数据，以做出必要的调整。这有助于确保操作风险评估方法的准确性和有效性，从而更好地保护金融机构免受不良事件的影响。

一、风险与控制自我评估

风险与控制自我评估（risk control self-assessment，RCSA）是主流的操作风险评估工具，指按照统一的方法和工作流程，对本单位职责范围内的操作风险状况与控制效果开展识别、评估的过程。金融机构对自身经营管理中存在的操作风险点进行识别，评估固有风险，再通过分析现有控制活动的有效性评估剩余风险，进而提出优化措施。RCSA 是操作风险管理的三大工具之一。

RCSA 操作步骤的第一步是风险识别，包括流程清单、风险点清单、控制措施清单（见图 7-2）。

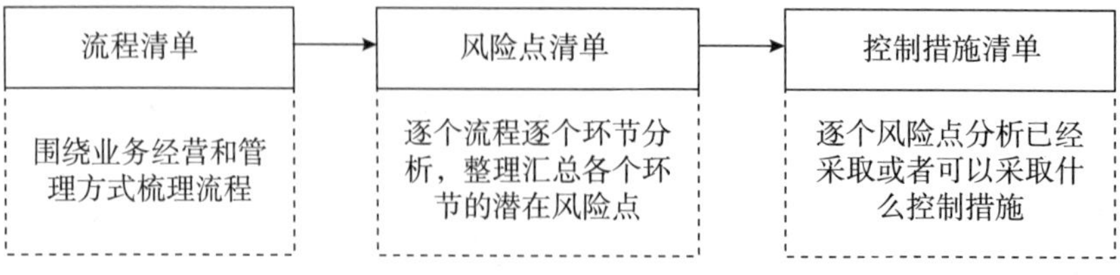

图 7-2　RCSA 的风险识别步骤

第二步是自我评估，即对风险点、控制措施进行评分，计算剩余风险，其原理为“固有风险－控制有效性＝剩余风险”（见表 7-2）。

表 7-2 自我评估内容和流程

	内容	风险评分
固有风险	固有风险是在没有任何管理控制措施的情况下，经营管理过程本身所具有的风险。金融机构通常要评估所有重要产品、活动、流程和系统中固有的操作风险，在新产品、新活动、新流程和新系统投产或引入前，也要充分评估其固有风险	事件发生频率； 损失严重程度
控制有效性	建立良好的内部控制机制和有效的内部控制手段，以保证充分识别经营过程中的固有风险，并对已识别风险及时进行适当控制。银行的控制措施应合理到位，才能够有效缓解或规避风险	控制设计有效性； 控制执行有效性
剩余风险	剩余风险是在实施旨在改变风险可能性和影响强度的管理控制活动后，仍然保留的风险	计算剩余风险（=固有风险－控制有效性）； 绘制风险地图，对高剩余风险点强化管理

自我评估工作要坚持下列原则：一是全面性。自我评估范围应包括各级操作风险相关机构，原则上覆盖所有业务品种。二是及时性。自我评估应及时开展，评估结果应及时报送，管理行动应及时实施，对实施效果应及时追踪。三是客观性。自我评估应当谨慎、客观，从而保证做出恰当的决策并采取适当的管理行动。四是前瞻性。自我评估应当充分考虑金融机构内外部环境变化因素。五是重要性。自我评估应以操作风险管理薄弱或者风险易发、高发环节为主。

二、操作风险评估流程

操作风险评估流程包括准备、评估和报告三个步骤：

一是准备阶段。包括：（1）制订评估计划。计划内容包括自我评估的目的、对象、范围、时间安排、开展模式和方法及评估人员组成等。（2）识别评估对象。操作风险评估的对象通常为业务流程和管理活动，在特定情况下，也可能是某个特定的操作风险事件。（3）绘制流程图。应遵循业务步骤的逻辑顺序，标明手工或自动化操作环节、运用的系统名称、与外部供应商或其他业务流程的交接点等信息。（4）收集评估背景信息。评估前应收集尽可能多的操作风险信息，包括内外部损失数据、检查发现的问题、重大风险事件、监管机构的风险提示等。

二是评估阶段。包括：（1）识别主要风险点。识别对业务和管理目标的实现有重要影响的主要风险。识别风险点时应重点关注业务操作规程和管理流程存在的缺陷，信息科技系统存在的缺陷，因主客观原因难以执行或实际控制失效的制度规定，实际操作过程中易发生误操作或差错频繁发生的环节等。（2）召开会议。操作风险与控制评估可采取讨论组会议（workshop）、当面访谈、电话访谈或问卷调查等方式进行。采取讨论组会议时，评估部门应选派有业务经验、有主持会议能力、有一定资历的人员作为指导人主持会议。（3）开展评估。首先是固有风险评估：对金融机构所面临的每个操作风险点都必须进行固有风险分析。

通常用发生频率和损失严重度矩阵来分析固有风险。其次是控制有效性评估：固有风险评估后，需要识别有助于降低其发生频率和严重度的控制活动。评估控制有效性要从控制的设计和实施两方面进行，确定控制有效性评级。最后是剩余风险评估：综合考虑固有风险评估和控制有效性评估，根据“固有风险一控制有效性＝剩余风险”原则确定剩余风险评级。（4）制定改进方案。根据风险和收益匹配原则，对不同水平的剩余风险采取相应规避风险、转移风险、降低风险和承担风险等措施。

三是报告阶段。包括：（1）整合结果。评估部门应整合本条线的风险识别结果，明确被评估业务流程中的主要风险，并进行监测和管理。（2）双线报告。各部门自我评估后，应填制操作风险自我评估工作表，向上级对口部门和同级操作风险管理部门报告，商业银行总行操作风险管理部门负责整理全行的自我评估报告。

第四节　操作风险的管理

为了更好地控制操作风险，降低损失影响，操作风险管理建立了三大工具：风险与控制自我评估、关键风险指标、损失数据收集（见图 7－3）。RCSA 在上节中已经详细介绍，本节重点介绍关键风险指标和损失数据收集。

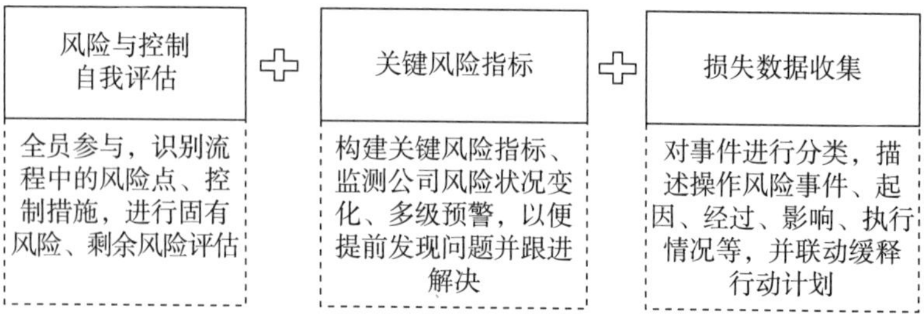

图 7－3　操作风险管理的三大工具

一、关键风险指标

关键风险指标是代表某一业务领域操作风险变化情况的统计指标，是识别操作风险的重要工具。关键风险指标可用于监测可能造成损失事件的各项风险及控制措施，可作为反映风险水平变化情况的早期预警指标，并据此产生行动方案。关键风险指标通常包括交易量、员工水平、技能水平、客户满意度、市场变动、产品成熟度、地区数量、产品复杂程度和自动化水平等。设计良好的关键风险指标体系要满足整体性、重要性、敏感性、可靠性原则，且须明确数据口径、门槛值、报告路径等要素。关键风险指标（key risk indicator，KRI）模块包含如下关键模块：

（1）关键风险点识别：根据公司业务情况、风险偏好确定公司重点关注的风险点。

（2）关键风险指标：根据管理和监管模板，结合公司现状和历史数据及专家意见，设定关键风险指标。例如：经纪业务通常采用客户保证金或手续费设置错误次数、客户投诉规定工作日内处理完成率作为关键风险指标；自营业务通常采用交易指令准确性、持仓信用资产的信用跟踪覆盖率作为关键风险指标；信息技术通常采用服务器故障次数、网络设备故障次数作为关键风险指标。

（3）监控预警阈值：根据监管规定、风险容忍度和业务数据，设立监控预警阈值。

（4）关键风险指标的监测、分析和报告：定期计算关键风险指标的结果，并对指标结果进行分析，以了解关键风险指标的表现及其所反映的操作风险管理现状。指标管理部门按照一定频率定期报告关键风险指标的监测和分析结果（及制定的优化或整改方案）。

（5）指标的跟踪与调整：对关键风险指标要素（指标名称、内容、阈值和数据要求等）及体系运行的质量和效果进行验证，对关键风险指标的工作流程进行检查。

二、损失数据收集

操作风险事件与损失数据收集（loss data collection，LDC）是指按照标准化的流程、规范在全公司范围内进行操作风险事件的识别、收集、汇总、分析、报告工作，是涉及公司全员的自下而上的损失数据收集任务。

损失数据收集的作用体现在：一是作为发现问题的途径。通过对风险事件的逐案分析，发现工作环节中的缺陷，总结经验教训并及时采取整改措施，不断优化流程和管控措施。二是作为风险管理的手段。通过对风险事件的收集和处置，利于引起重视、采取管理措施，也利于公司对操作风险状况全局性的了解和把控。三是作为风险量化的基础。积累损失数据，用于量化风险、计量风险资本。损失数据收集包括以下核心环节（见表 7－3）。

表 7－3　损失数据收集的核心环节

损失事件识别	主要是明确损失数据收集范围，同时判断损失金额是否达到损失数据收集门槛；只有属于由操作风险引起且事件的损失金额达到损失数据收集门槛的数据，才予以收集。
损失事件填报	主要是填报单个损失事件的内容，对于单个损失事件，需要通过系统记录事件的事实情况、总体的财务损失金额以及逐笔损失、成本或挽回的明细信息。这一步骤的难点在于确定损失事件个数和进行损失事件分类时容易出现理解偏差。
损失确定	操作风险损失是指操作风险事件造成的直接损失和成本金额，也即事件直接导致的对金融机构收益或股东权益造成的负面影响，或直接导致的运营成本或费用的额外增加。
损失事件信息审核	确认损失事件信息的要素是否完整、描述性信息是否全面、内容是否准确。操作风险管理牵头部门应对每个损失事件信息的完整性和事件属性的准确性进行审核。损失事件的更新信息及结束信息的审核遵循与初次填报相同的审核要求。
损失数据验证	为了保证损失数据收集的质量，应组织损失数据验证，如发现漏报、错报、迟报、不符合填报要求等情况，应通知相关机构或部门及时补报或修改。验证工作重点关注数据的全面性、准确性和及时性。

三、操作风险三大工具的联系

操作风险系统主要由 RCSA、KRI、LDC 组成。RCSA 模块通过对风险与控制的识别对风险暴露及控制有效性进行评估，在风险发生前进行自我诊断与完善控制措施。KRI 模块通过对关键风险数据的收集与监控，反映风险变化情况以完成预警信息监控，并及时对可能发生的风险制定应对措施。LDC 模块用于收集已经发生的内部或外部损失事件，在风险发生后对风险信息进行详细记录，为风险评估和指标制定提供依据。操作风险三大工具的联系见图 7-4。

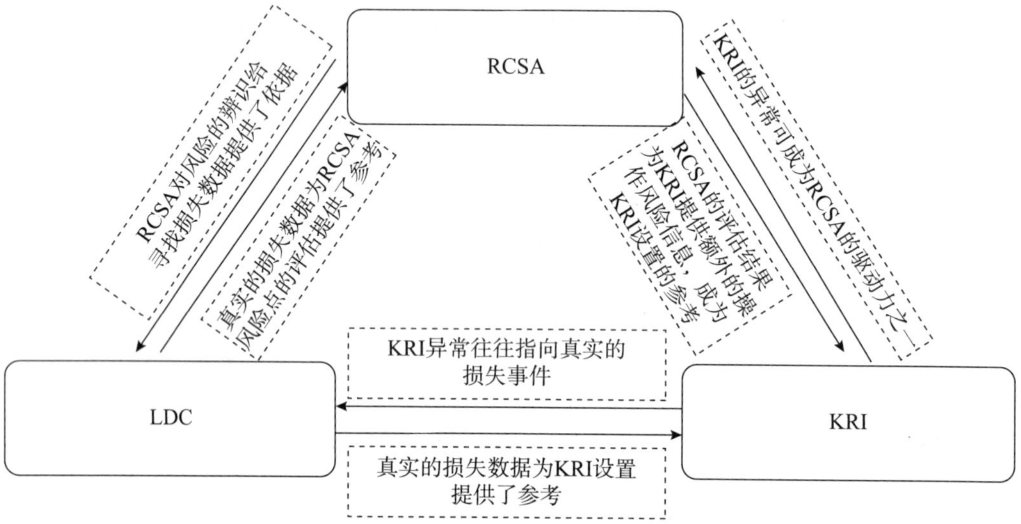

图 7-4　操作风险三大工具的联系

第五节　巴塞尔协议之操作风险管理

一、巴塞尔协议对于操作风险相关规定的演变

由于当前全球金融界对于操作风险的度量还缺乏足够的经验，而旧的《巴塞尔协议》在操作风险度量方面也有许多需要进一步完善的地方，在广泛征求业界意见的基础上，巴塞尔银行监管委员会在 2002 年初发布的新资本协议咨询文件的基础上，进一步发表了一份相关的工作报告，对该文件的部分内容做出了修订。巴塞尔银行监管委员会在 2001 年 9 月的工作报告中除了将操作风险的定义进一步修订为“因操作流程不完善、人为过失、系统故障或外来因素所造成的经济损失”之外，还将原来设定的操作风险的资本金配置要求从市场风险资本要求的 20%下调为 12%。同时，对于度量方法也做出了重要的调整，在保持原来提出的单一指标方法及标准化方法外，还引入了更广义的高级衡量方法（advanced measurement approach，AMA），以取代原有的内部衡量方法，而内部衡量方法则被视为 AMA 的一种。对标准化方法，修订了银行业务种类的划分，在原有七类业务的基础上，新增了第八类业务：代理保管服务（agency service and custody），并且将各类业务的指标统一修订为毛收

入。除此之外，为了防止不同度量方法转换之间可能出现的资本金波动，新的工作报告要求对 AMA 设定资本金配置要求的最低水平，具体的要求是运用 AMA 所计提的资本金配置要求不得低于以标准化方法所计提准备的 75%。同时，这份工作报告提出购买保险的风险减缓效果仅限于采用 AMA 的银行，并且只在设定资本金配置要求的最低水平为以标准化方法计提准备的 75%内体现。2017 年巴塞尔银行监管委员会在《巴塞尔协议Ⅲ：后危机改革的最终方案》对银行的流动性风险管理要求进行了强化。银行必须建立流动性风险管理框架，并采取相应的风险管理措施，以确保其能够应对流动性风险的挑战。同时，对操作风险管理要求进行了调整，要求将此前的四种操作风险的资本要求计算方法统一为“新标准法”。“新标准法”同时考虑了风险敏感性和历史损失数据，从 2022 年 1 月 1 日起逐步实施。

二、《巴塞尔新资本协议》的操作风险度量方法

《巴塞尔新资本协议》给出了从简单到复杂的三种操作风险度量方法，即基本指标法、标准法和高级计量法，三种方法的风险敏感性和复杂程度依次增加，适用的银行风险管理水平也依次增加。该协议还提出银行最终可通过估计操作风险的损失分布，采用 VaR 方法估计和确定资本要求，使对监管资本的计算更加精确。

（一）基本指标法

基本指标法（basic indication approach）也称单一指标衡量法。该方法用毛收入水平作为银行度量操作风险的基础指标，用毛收入乘以一个固定比例 α 来表示一个机构整体的操作风险水平。其计算公式可以表示为：

$$K = GI \times \alpha \tag{7-1}$$

其中，K 是基本指标法下的资本金配置要求；GI 是前三年毛收入的平均值，毛收入等于净利息收入加上非利息收入；α 应设在 17%～20%。还需要注意，毛收入为负时不再需要计提风险准备金。

【例 7-1】 基本指标法案例。某商业银行 2020 年度营业总收入为 8 亿元；2021 年度营业总收入为 11.5 亿元，其中包括银行账户出售长期持有债券的净收益 1.5 亿元；2022 年度营业总收入为 7 亿元，α 设为 20%。则根据基本指标法，求该行 2023 年应持有的操作风险资本金配置要求。

根据基本指标法，该行 2023 年应持有的操作风险资本金配置要求为（8＋11.5－1.5＋7)/3×0.2≈1.67（亿元）。

（二）标准法

标准法（standardized approach）的基本思路是：将银行业务活动划分为若干标准化业务种类，将过去三年中每条业务线的平均总收入乘以一个固定百分比系数 β_i，将所有业务线所占用的资本金配置要求汇总相加，即为银行的总操作风险资本金配置要求：

$$K = \sum_{i=1}^{s} EI_i^{\text{last three years}} \times \beta_i \tag{7-2}$$

式中，EI 代表有关业务线的风险暴露指标。

【例 7－2】 标准法案例。某商业银行 2019—2021 年财务报表显示，其公司金融、交易和销售、零售经纪的三年平均毛收入分别为 10 亿元、10 亿元和 20 亿元；零售银行业务、商业银行业务的三年平均毛收入分别为 100 亿元和 200 亿元，巴塞尔银行监管委员会建议设定的业务种类及相应的系数见表 7－4。则根据标准法，求该行 2025 年应持有的总操作风险资本金配置要求。

根据标准法，该行 2025 年应持有的操作风险经济资本为 10×18%＋10×18%＋20×12%＋100×12%＋200×15%＝48 亿元。

表 7－4　巴塞尔银行监管委员会建议设定的业务种类及相应的系数

业务单元	业务种类	系数（%）
投资银行业务	公司金融	18
	交易和销售	18
	零售银行业务	12
银行业务	商业银行业务	15
	支付与结算业务	18
	代理和保管业务	15
其他	资产管理	12
	零售经纪	12

金融危机爆发后，为弥补操作风险管理暴露出的薄弱环节，并吸取《巴塞尔新资本协议》颁布以来实施操作风险管理获取的经验，2014 年 10 月，巴塞尔银行监管委员会发布了《操作风险较简单方法的修订（征求意见稿）》，采用修订的标准法（以下简称“新标准法”）来替代基本指标法和标准法，选取 BI 指数替代 GI 作为操作风险暴露的最有效指标。其中，BI 以银行损益表的三个宏观组成部分为基础，分别为利息组成部分、服务组成部分和财务组成部分。BI 的计算公式如下：

BI 指数＝利息组成部分＋服务组成部分＋财务组成部分

其中，利息组成部分＝(利息收入－利息支出）的绝对值；服务组成部分＝手续费收入＋手续费支出＋其他营业收入＋其他营业支出；财务组成部分＝交易账户净损益的绝对值＋银行账户净损益的绝对值。

必须指出的是，BI 相对于 GI 在某些重要方面做出了改进。比如，对操作风险的敏感性更高、增加了 GI 定义中遗漏或未获取的项目（如银行账户净损益、其他营业支出、手续费及佣金支出）、减少了较少暴露于操作风险的业务活动有关成分的风险权重（如产生于纯贷款活动的利息收入）、增加了与操作风险更密切相关的业务活动有关成分的风险权重（如服务支付的佣金、贷款证券化及资产支持证券的发起和转让收取的手续费、违规销售和市场实践不充分的罚金）等，其中许多活动是金融危机中 GI 指标未能捕捉并导致损失的核心问题。

（三）高级计量法

高级计量法是依据充足的内外部损失数据，运用统计方法描述操作风险的损失分布规律，从而计算操作风险资本金配置要求的方法。选择合适的模型精确计算操作风险资本金配置要求是高级计量法的关键所在。高级计量法主要由内部度量法（IMA）、损失分布法（LDA）、极值法（EVT）等构成。

近年来，高级计量法被越来越多国家的银行采用。巴塞尔银行监管委员会规定，若要使用高级计量法必须满足五大要素，即内部数据、外部数据、情景分析、商业环境和内部控制。其中，因为高级计量法对内外部数据有较高的要求，所以巴塞尔银行监管委员会要求银行要有五年以上的历史观测数据，方可使用高级计量法计算操作风险资本金配置要求。这说明，运用高级计量法需要银行风险控制系统等多方面的配合协调，只有规模更大、业务更广的银行才有条件和能力实施高级计量法，采用高级计量法的银行在操作风险损失数据整理方面也通常比未采用高级计量法的银行水平高。

1. 内部度量法

这是较前两种度量方法更为复杂的操作风险度量方法，类似信用风险中的内部评级法。这一方法鼓励银行根据本身的内部损失数据，通过建立适当的风险管理模型来计算应提取的操作风险资本金配置要求。具体来说，《巴塞尔新资本协议（草案）》建议的计算资本金配置要求的步骤主要包括：(1) 将银行业务划分为不同业务种类并设定操作损失分类。(2) 对每一业务种类与操作损失的组合设定风险指标 $EL(i, j)$（预期损失)。(3) 对每一业务种类与操作损失的组合，基于以往内部损失数据，设定参数 $PE(i, j)$ 及 $LGE(i, j)$，$EI(i, j)\times PE(i, j)\times LGE(i, j)$ 就是该组合的预期损失 $EL(i, j)$。(4) 对每一业务种类 i 与操作损失 j 的组合，监管机构设定一系数 $\gamma(i, j)$，用以将得到的预期损失转换为操作风险的资本金要求。将所有业务种类与操作损失的组合所计算的资本金配置要求相加，即为银行的总操作风险资本金配置要求。资本金配置要求为：

$$\begin{aligned} K(i,j) &= \sum_i \sum_j [\gamma(i,j)\times EL(i,j)] \\ &= \sum_i \sum_j [\gamma(i,j)\times EI(i,j)\times PE(i,j)\times LGE(i,j)] \end{aligned} \tag{7-3}$$

其中，$\gamma(i, j)$ 表示将 i 类业务在 j 类操作损失下的 $EL(i, j)$ 转化成资本金配置要求的转换因子。

2. 损失分布法

相比较而言，损失分布法是《巴塞尔新资本协议（草案）》建议的几种度量方法中最为复杂的方法，也可以看作内部度量法的更高版本，它的优势是可以提高风险敏感性。在损失分布法下，这些模型结合了两种分布：

(1) 损失频率分布。是在某个时间段（通常是一年）内观察到的损失出现的次数。通常采用泊松分布，如果一年内的预期亏损数为 λ，则泊松分布给出的年内 n 个损失的概率为 $\frac{e^{-\lambda}\lambda^n}{n!}$。

(2) 损失程度分布。是指在损失事件发生后损失量的大小。损失严重程度的平均值和标准差通常服从对数正态分布。

银行根据以往的内部数据，估计每一业务种类的操作风险在一定时期（通常设为一年）内的概率分布。

【例 7-3】 损失分布法案例。已知损失频率分布和损失程度分布，如表 7-5 所示。

表 7-5　损失频率分布和损失程度分布

损失频率分布		损失程度分布	
概率	频率	概率	损失程度（元）
0.6	0	0.5	1 000
0.3	1	0.3	10 000
0.1	2	0.2	100 000
预期	0.5	预期	23 500

假设损失的频率和严重程度是独立的，这两个分布可组合成一个总损失的分布，见表 7-6。

表 7-6　实际损失数量、损失金额和概率

损失数量	第 1 次损失金额（元）	第 2 次损失金额（元）	共计损失金额（元）	概率
0	0	0	0	0.6
1	1 000	0	1 000	0.15
1	10 000	0	10 000	0.09
1	100 000	0	100 000	0.06
2	1 000	1 000	2 000	0.025
2	1 000	10 000	11 000	0.015
2	1 000	100 000	101 000	0.01
2	10 000	1 000	11 000	0.015
2	10 000	10 000	20 000	0.009
2	10 000	100 000	110 000	0.006
2	100 000	1 000	101 000	0.010
2	100 000	10 000	110 000	0.006
2	100 000	100 000	200 000	0.004

由表 7-6 可知，发生 1 000 元损失的总概率为 $P(n=1)\times P(x=1\ 000)=0.3\times0.5=0.15$。同样，对于一次性损失 10 000 元和 100 000 元，概率分别为 0.09 和 0.06。然后遍历两种损失的所有发生情况，这可能是由许多不同的组合造成的。例如，1 000 元的损失可以发生两次，总共损失 2 000 元，概率为 $0.1\times0.5\times0.5=0.025$。可以损失 1 000 元和 10 000 元，共计 11 000 元，概率为 $0.1\times0.5\times0.3=0.015$。重复这些步骤，直到用尽所有的组合。进一步得到累计概率（见表 7-7）：

表 7-7　累计概率

损失排序（元）	累计概率（%）
0	60
1 000	75
2 000	77.5
10 000	86.5

续表

损失排序（元）	累计概率（%）
11 000	89.5
20 000	90.4
100 000	96.4
101 000	98.4
110 000	99.6
200 000	100

期望损失就是两个分布的期望值的乘积，即 $E[S]=E[N]\times E[X]=0.5\times 23\,500=11\,750$ 元。此外，还需报告非预期亏损，即概率大于95%的最低数字与期望损失的距离，本例中，概率大于95%的最低数字为100 000元，概率是96.4%。因此非预期亏损为100 000−11 750=88 250元。

3. 极值法

极值法是统计学的一个分支，用于分析和解释极端事件、计算极端事件概率的可能性。该方法已广泛应用于工程学和保险学等领域，如帮助估计一座大桥能否承受飓风（极端事件）袭击或客户对保险公司极端偿付要求的风险。目前极值法已被引入银行风险管理，尤其是在压力测试检验中得到了广泛的应用。

设 X 是一个随机变量，代表给定的资产损益，$VaR_\alpha(X)$ 代表组合在 α 置信水平下的VaR，则 $ES_\alpha(X)$ 由下式给出：

$$ES_\alpha(X)=E[-X \mid -X>VaR_\alpha(X)] \qquad (7-4)$$

其中，$ES_\alpha(X)$ 反映的是当VaR估计失败时损失的条件期望值。

三、对操作风险度量方法的总结

基本指标法、标准法和高级计量法（这几种方法的比较见表7-8）的风险敏感性和复杂程度依次增大，适用的银行风险管理水平也依次提高。上述方法各有优缺点，具体如下。

表7-8 三种操作风险度量方法的比较

<table>
<tr><th colspan="2">度量模型</th><th>业务种类</th><th>模型结构</th><th>监管资本</th></tr>
<tr><td colspan="2">基本指标法</td><td>单一业务</td><td rowspan="2">∑(系数×风险敞口×风险发布调整系数)</td><td>高</td></tr>
<tr><td colspan="2">标准法</td><td>八种业务</td><td>较高</td></tr>
<tr><td rowspan="4">高级计量法</td><td>内部度量法</td><td rowspan="4">多个业务种类，多个损失事件种类</td><td rowspan="4">使用损失频率和损失程度的概率分布来估计操作风险的VaR</td><td rowspan="4">较低</td></tr>
<tr><td>损失分布法</td></tr>
<tr><td>极值法</td></tr>
<tr><td>其他</td></tr>
</table>

（一）基本指标法的优缺点

基本指标法的优点在于易于计算和理解，不需要复杂的模型，适用于小型银行或风险管理较为简单的金融机构。然而，其主要缺点在于缺乏精确性，因为它将操作风险资本金配置要求简单地基于平均年度毛收入的一个固定百分比，忽略了不同业务线的风险差异，可能导致资本分配不足或过度。此外，基本指标法不考虑损失事件的严重程度和频率，因此不能提供对操作风险的深入洞察和定量度量。

（二）标准法的优缺点

标准法是一种较精细的操作风险度量方法，其优点在于相对简单，提供了一种结构化的方式来考虑不同业务线的风险，并根据协议规定的风险系数进行资本金配置要求计算，适用于中小型银行或风险管理较为复杂的金融机构。与基本指标法相比，该方法能够较好地反映金融机构所面临的操作风险。然而，其主要缺点在于仍然需要使用预定义的系数，而同一业务种类的不同事故种类的风险分布是不同的，可能不能完全反映银行的实际风险情况，导致了潜在的不准确性。此外，标准法仍然较为简化，未能提供与高级测量方法相媲美的精确度和细节，因此可能限制了对操作风险的全面度量。

（三）高级计量法的优缺点

内部度量法的优点在于，银行可以使用自身的损失数据来计算资本金配置要求，资本金配置的大小随银行操作风险管理和损失特征的不同而有所不同。但该方法的缺点在于，内部度量法下的资本金配置要求是通过假设非预期亏损与预期亏损之间具有稳定的（线性和非线性）关系而得出的，这不同于前两种模型直接用风险暴露指标（总收入）作为损失数据的替代；并且假设风险暴露指标与最大可能损失之间有线性关系，很容易造成金融机构内部的业务单位和损失类型不相匹配，与实际的损失分布有出入。

损失分布法与内部度量法的区别在于：损失分布法不是通过假设预期亏损和非预期亏损间的关系，而是直接通过计算 VaR 值估算非预期亏损。在损失分布法中，业务种类和损失事件种类由银行自定，监管部门无须确定乘数因子，能较好反映银行的业务特性；损失分布法强调建模，而不是利用历史数据对未来预期做出估计，具有一定的前瞻性，但因此计算难度加大。损失分布法的最大不足是银行操作风险的数据缺乏可比性和平稳性。另外，由于操作风险具有厚尾性，即使设定很高的置信水平，银行也无法防范几十年一遇的低频高危事件所造成的极端损失。

【本章小结】

操作风险在金融机构风险防范中备受关注。本章按照逻辑顺序即“界定—识别—评估—管理”介绍了操作风险的有关知识。首先，本章明确了操作风险的概念、特点和分类；接着，详细讨论了操作风险的识别；在此基础上，进一步探讨了操作风险评估的主要方法，包括 RCSA 和具体实施步骤，以帮助金融机构更好地了解和量化风险。其次，在操作风险管理方面，本章重点介绍了三大工具：RCSA、KRI、LDC。这些工具不仅有助于监测风险，还提供了有效的管理策略和控制措施。最后，本章介绍了《巴塞尔新资本协议》提出的操作风险度量方法，包括基本指标法、标准法和高级计量法，并总结了各自的优缺点。本章内容全面涵盖了操作风险的各个方面，有助于帮助读者深刻理解操作风险类型、操作风险度量以及如何防范爆发操作风险。

【课后习题】

1. 操作风险是否包括法律风险、策略风险和声誉风险？为什么？

2. 操作风险管理体系的具体形式要求统一吗？为什么？

3. 在操作风险度量方法中，解释基本指标法、标准法、高级计量法的核心原则，并且将其依照量化条件的复杂程度由易到难排列。

4. 请计算下述银行对应操作风险的最低资本金配置要求。

业务种类	每年收入（万美元）		
	2021 年	2022 年	2023 年
公司金融	4	4	4
交易和销售	6	4	6
零售银行业务	25	25	30
商业银行业务	10	15	10
支付与结算业务	10	10	15
代理和保管业务	2	2	2
资产管理	3	3	3
零售经纪	1	1	1

5. 某银行是一家小型银行，拥有三条业务线，即公司金融、商业银行业务和零售经纪。在过去的三年里，该银行经历了快速增长，从 2020 年到 2022 年，其年总收入从 3 900 万元增长到 7 200 万元。一位银行业分析师试图应用《巴塞尔新资本协议》中的方法来计算该银行的操作风险费用。她先后根据基本指标法、标准法计算操作风险损失。请问，两种方法的转变使得操作风险损失大约改变了多少（该银行连续三年毛收入见表 7-9）？

表 7-9 某银行连续三年毛收入 单位：百万元

业务种类	2022 年	2021 年	2020 年
公司金融	20	−44	14
商业银行业务	30	18	15
零售经纪	22	15	10
总计	72	−11	39

6. 请简要阐述 LDC 的步骤和主要实施目的。

7. 请简述操作风险的定义，并列举出三种常见的操作风险。

第八章

流动性风险

本章阅读指引

近年来，我国银行业运行的内外部环境发生了较大变化，给商业银行流动性风险管理带来了新的挑战。2018 年 5 月，我国银行保险监督管理委员会发布《商业银行流动性风险管理办法》，流动性风险监管政策进一步落实。因此，在我国银行业深刻变化以及监管不断加强的背景下，研究商业银行如何加强流动性风险管理，具有重要的现实意义。首先，本章介绍了流动性风险的概念、特征、成因等，然后对交易和融资这两类流动性风险进行概念和度量方法介绍。此外，还有珀森德提出的流动性黑洞概念、成因和具体防范措施。最后，本章梳理了巴塞尔协议之流动性风险管理的相关规定。

第一节　流动性风险的界定

一、流动性风险的概念

（一）流动性

在深入探讨流动性风险之前，全面了解流动性本身至关重要。首先，筹资流动性（fund liquidity）主要用于描述金融机构满足其资金流动需求的能力。其次，市场流动性（market liquidity）主要是指金融资产在市场上的变现能力，即市场上金融资产与现金之间转换的难易程度。流动性的一般定义为“银行资产在不发生损失的情况下迅速变现的能力”。根据银行业约定俗成的定义，流动性是指银行能够在一定时间内以合理的费用获得适当数量的资金的固有能力，以有效地满足其客户当前或即将到来的资金需求。流动性涵盖了资金数量、成本和时间三个方面的要素。

银行的流动性功能体现在：通过保持适当的流动性，银行可以保证其债权人得到偿付；

可以履行对客户的贷款承诺；可以把握任何有利可图的机会，扩展其资产规模；还可以在不利的市场环境下出售其流动性资产，避免资产亏损。

流动性不仅包括资产的流动性，还包括负债的流动性。资产的流动性是资产在不损失或损失最小的情况下迅速变现的能力，而负债的流动性是经济主体以较低风险或较低成本迅速获得融资的能力。流动性的实质是一种以机会成本为代价的支付能力。

流动性的表现是：流动性越强，机会成本就越高，资产的收益率也越低；反之，流动性越弱，机会成本就越低，资产的收益率也越高。因此，这也揭示了流动性和营利性之间矛盾的一面。

（二）流动性风险

巴塞尔银行监管委员会在《有效银行监管的核心原则》中将流动性风险定义为：流动性风险是指银行无力为负债的减少或资产的增加提供融资而造成损失或破产的风险，即银行在流动性不足时，无法以合理的成本迅速增加负债或变现资产以获得足够的资金，从而影响其盈利水平。

简而言之，商业银行虽然有清偿能力，但无法及时获得充足资金或无法以合理成本及时获得充足资金以应对资产增加或支付到期债务的风险。在学术界中，流动性风险是指银行无力为负债的减少或资产的增加提供融资，即当银行流动性不足时无法以合理的成本迅速增加负债或变现资产从而获得足够的资金，从而影响了其盈利水平。① 流动性风险亦指政府不能在不遭受损失的前提下将所投资的银行证券变现的风险。② 商业银行面临的流动性风险包括以下情况：银行本身出现短期危机，如出现坏账；银行业整体出现短期危机；银行陷入长期危机。流动性风险是由资产和负债的差额及期限差异引起的。

金融机构面临两类流动性风险：一类与特定的产品或市场相关，另一类与金融机构的总体资金状况相关。流动性风险包括资产流动性风险、融资流动性风险以及资产与融资综合流动性风险。流动性与风险之间存在反向关系，即流动性越强，风险越小；反之，流动性越弱，风险越大。

二、流动性风险的特征

流动性风险的主要特征包括普遍性、转化性和传染性。

（1）普遍性。普遍性指面临流动性风险是金融机构经营中的正常态势。流动性问题是银行在其经营过程中不可避免的一个普遍问题，在正常时期或危机时期都可能出现流动性风险。因此，要求金融机构的流动性风险管理也要具有日常化的特征。

（2）转化性。转化性体现的是其他各种风险最终都能转化为极端的流动性风险。流动性风险经常与信用风险、市场风险及操作风险等联系在一起，任何其他系统性风险和非系统性风险都有可能转化为流动性风险，极端的流动性风险是各种风险的最终表现。无论金融危

---

① 曲宏，王明明，杨志翔．我国上市商业银行风险披露的理论与实证研究．管理世界，2001(1)：132－137.

② 王雍君．政府现金管理系统的优化设计：中国的差距与努力方向．金融研究，2016(2)：189－197.

机最初的诱因是资产质量低下、投资失败还是市场以外的波动，最终都表现为流动性的丧失。

（3）传染性。流动性风险可以通过接触性传染机制散播。由于金融机构之间存在各种密切而复杂的经济关系，一旦其中某个机构出现流动性问题，必然会通过资金或业务联系影响到其他机构。金融机构间资产与负债相互关联以及当流动性冲击出现时，各机构会采取一致性行动，是导致并加速流动性风险传染的主要渠道和机制。① 流动性风险还可以通过非接触性传染机制散播。金融机构的经营与金融市场的运作都依赖于公众的信任，公众的信任是金融业的基础。一旦公众失去了对金融机构的信任，就容易产生恐慌心理，恐慌心理具有自我强化、自我放大的机制，使得流动性风险快速传染。

三、流动性风险的成因

从内部因素来看，流动性风险的成因首先是资产与负债期限不匹配。商业银行的大部分存款和借入资金较短，但相当一部分贷款是中长期的。这意味着大量的短期负债被期限较长的贷款和其他投资所占用，这种“借短贷长”所引起的资产与负债期限不匹配，使得商业银行资产负债结构具有内在的不稳定性。不合理的“存短贷长”的资产负债结构，导致商业银行资产产生的现金流入很少能够正好弥补支付负债导致的现金流出，从而引起商业银行的流动性风险。其次，银行过分依靠负债管理，而用于应急的资金不够充足。“借短贷长”引起的是一种正常性的流动性风险。流动性风险的另一重要成因是金融企业的信誉问题。信用风险对流动性的影响在于向客户贷款是有风险的。这些风险或来自客户经营不善或银行决策失误。

从外部因素来看，流动性风险的成因有如下几点：

（1）货币政策的影响。当中央银行采取紧缩型货币政策时，商业银行向中央银行的借款规模受到限制，整个社会货币供应和信用总量减少。在这种情况下，存款需求降低而贷款需求上升，进而引发流动性不足，增加挤兑的风险。相反，在宏观金融市场流动性收紧时，中央银行通过适度降低法定存款准备金率和引导资本市场利率水平降低等货币政策措施，可以有效降低我国商业银行系统的流动性风险。②

（2）金融市场的成熟程度。金融市场的成熟程度直接关系着商业银行资产的变现能力和主动负债能力，从而影响流动性。从资产方面看，短期证券和票据资产是商业银行在面临流动性需求时的关键工具。从负债方面看，负债工具的二级市场的发展促进了一级市场的发展，为商业银行提供了更多即时获取流动性的途径。相对于发展中市场，发达市场的资产为

① Allen, F., and Gale, D. M., “Financial Contagion”, *Journal of Political Economy*, 2000(1): 1-33; Diamond, D. W., and Rajan, R. G., “Liquidity Creation and Financial Fragility: A Theory of Banking”, *Journal of Political Economy*, 2001(2): 287-327; 孙立坚，周赟，彭述涛．“次级债风波”对金融风险管理的警示．世界经济，2007(12)：22-31; Memmel, C., Sachs, A., and Stein, I., “Contagion in the Interbank Market with Stochastic Loss Given Default”, *International Journal of Central Banking*, 2012(3): 177-206.

② 张晓明，贾江帆，孙士猛．货币政策与银行系统流动性风险：基于时变流动性错配指数（LMI）的研究．财经科学，2021(3)：28-42.

投资者提供了更多元化的投资途径和方式，这也意味着更强的变现能力和主动负债能力。

（3）客户信用风险的影响。当客户信用级别低时，银行盈利能力可能下降。一旦客户无法按时还本付息，银行将面临贷款出售和转让的困难，失去主动权。也有研究发现，贷款违约会减少银行的现金流入，造成资产贬值，进而会增加流动性风险。因此，可以认为商业银行流动性风险与信用风险呈正相关关系。[①]

（4）对利率变动的敏感性。利率变动对银行客户存款需求和贷款需求都会产生影响，以致严重影响银行的流动性头寸。当利率上调时，银行存款增多且贷款减少，资金会相对充裕，流动性压力较小，因此流动性风险下降。反之，当利率下调时，银行存款减少且贷款增多，可能会面临资金短缺问题，产生流动性压力，最终导致流动性风险上升。

（5）突发事件。一些突发事件往往是导致金融机构流动性风险的重要因素。以美国2001年的“9·11事件”为例，这一突发事件在发生后的短短一周内，就导致美国最大的财产保险公司AIG赔付了高达5亿美元，对全球几家大型的再保险公司也造成了严重冲击。

（6）行业危机的影响。一家原本经营正常的机构会因其他机构或整个行业的流动性风险而遭受损失。1995年8月俄罗斯爆发的支付危机就是一个典型的例子。从1994年到1995年初，俄罗斯联邦储蓄银行向银行同业拆借市场投放了大量资金，推动了市场交易量的上升。但随着俄罗斯国债市场的繁荣，俄罗斯联邦储蓄银行逐渐从银行同业市场撤出资金，转而投向国债市场。作为最大的资金供应者，俄罗斯联邦储蓄银行的资金撤出从根本上改变了同业拆借市场的资金供应态势。到了1995年8月，资金短缺使几家大中型银行无法及时提供资金进行结算，由此爆发危机。市场信贷资金规模比平常水平减少了5%，隔夜拆借年利率飙升至200%～1 000%的惊人水平。这场危机最终波及俄罗斯联邦整个银行体系，导致150家银行被迫停业。

四、流动性风险与其他风险的相关性

流动性风险与信用风险、操作风险、策略风险、声誉风险等其他类别风险之间存在非常密切且复杂的相关性，在特殊情况下往往会相互转化、传递和耦合。

第一，信用风险。借款人或债务人无法按照合约履行债务或偿还债务的风险。当信用风险增大时，银行可能要支付额外的费用去吸引资金与储户，这直接影响了银行的财务稳定性和流动性。在极端情况下，银行即使提高价格，也可能难以获取所需的资金。

第二，操作风险。由内部流程、人为错误或系统故障导致的风险。例如，内部管理混乱可能导致存款流失；信息技术系统中断则可能影响客户正常办理业务，进而造成存款减少。这些操作风险事件都可能对银行的流动性产生直接冲击。

第三，策略风险。涉及银行在制定和执行战略决策时可能面临的风险。比如银行为了支持业务扩张而制订的融资计划，可能会使流动性风险增加到不可接受的水平。这种风险通常与银行的长期规划和决策相关。

---

① Prisman, E. Z., Myron, B. S., and Marie, E. S., “A General Model of the Banking Firm under Conditions of Monopoly, Uncertainty, and Recourse”, *Journal of Monetary Economics*, 1986(2): 293-304.

第四，声誉风险。指负面媒体报道、不当行为或管理不善导致公众对银行信任度下降的风险。银行的声誉对其以合理成本吸收资金的能力至关重要。一旦声誉受损，银行即使财务状况稳健，也可能面临资金流失的风险。

历史案例也证明了这些风险之间的关联性。比如，巴林银行的倒闭是因为操作风险引起的流动性风险；海南发展银行是因为信用风险先引起声誉风险，再造成挤兑，最终发生流动性风险。故而，2018 年 5 月中国银保监会发布的《商业银行流动性风险管理办法》第三十四条显示，商业银行应当审慎评估信用风险、市场风险、操作风险和声誉风险等其他类别风险对流动性风险的影响。

第二节　交易流动性风险

一、交易流动性风险的概念

交易流动性风险有时又称为资产或产品或市场流动性风险，这是由于一笔交易头寸的规模相对于正常交易量而言过大，以至于在当前市场价格下难以完成交易而产生的风险。这种风险涉及商业银行持有的资产能否迅速且无损地变现。变现能力越强，所付成本越低，则流动性越强。

流动性资产主要包括现金，超额准备金，可在二级市场随时抛售的国债、债券、票据和其他证券类资产，短期内到期的拆放或存放同业款项、贷款、贴现、回购和其他应收款，其他短期内可变现的资产。

二、交易流动性风险度量

资产流动性能用价格-数量函数来度量，这个函数揭示了价格如何受交易量影响，也被称为市场冲击。在流动性较强的市场中，由于交易活跃，某一特定头寸的交易通常不会对价格产生显著影响。相反，在交易不活跃的市场中，任何交易都可能迅速且显著地影响价格。为了管理交易流动性风险，传统的做法是设定头寸限额。设定头寸限额的主要目的是限制单个投资工具的风险敞口，防止单一资产的大额交易对市场造成过大冲击，进而避免可能的被迫清算。通过限制头寸大小，银行能够降低因市场流动性不足而导致的潜在损失。资产流动性示意图见图 8－1。

（一）买入卖出价差

为了度量交易流动性风险，首先引入买入卖出价差（bid-ask spread）。买入卖出价差既可以用货币值，即卖出价格与买入价格之差（$p=p_s-p_b$）衡量，也可以用资产价格的比率衡量，即买入卖出价差比率，其计算公式如下：

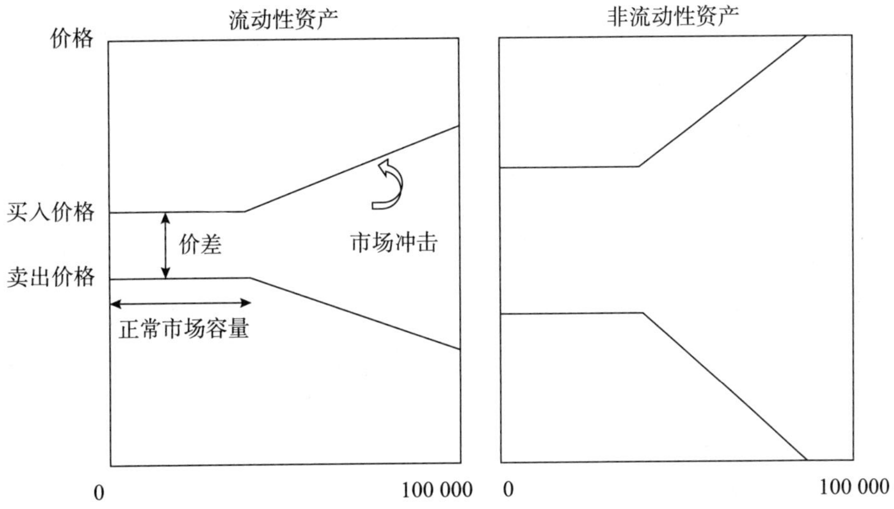

图 8-1 资产流动性示意图

$$S=\frac{p_s-p_b}{p_m} \tag{8-1}$$

其中，p_s 为卖出价格，p_b 为买入价格，p_m 为市场中间价格，即买入价格和卖出价格的均值。

价差是指交易者在买卖资产时所愿意接受的最小价格差异，反映了三个不同类型的成本：指令处理成本、非对称信息成本和存货持有成本。

(1) 指令处理成本是指为提供流动性服务所必须承担的成本，这些成本可能来自交易成本、成交量、技术和竞争状况等多个方面。

(2) 非对称信息成本是指由于市场中存在信息不对称现象而产生的成本。为了弥补这种信息不对称所带来的潜在损失，做市商可能会扩大价差，以此来保护自己免受信息优势方的侵害。

(3) 存货持有成本是指为了保持开放式头寸而需要承担的成本。这些成本主要用于弥补持有资产的存储、保险、利息等费用。

一种度量交易流动性风险的方法是计算在特定的时间范围内、在正常市场条件下平仓某一交易头寸的成本。假定 S_i 为某金融机构持有的第 i 个产品的买入卖出价差比率，α_i 为相应头寸的货币价值，n 为头寸的总数量。

那么，正常市场条件下的平仓费用为：

$$\text{平仓费用（正常市场条件下）}=\sum_{i=1}^{n}\frac{1}{2}S_i\alpha_i \tag{8-2}$$

另一种度量交易流动性风险的方法是计算在一定时间范围内、在受压市场条件下，将头寸平仓的费用。假定 μ_i 和 δ_i 分别为买入卖出价差比率的均值和标准差，λ 为价差的置信水平。

那么，受压市场条件下的平仓费用为：

$$\text{平仓费用（受压市场条件下）}=\sum_{i=1}^{n}\frac{1}{2}(\mu_i+\lambda\sigma_i)\alpha_i \tag{8-3}$$

【例 8-1】 买入卖出价差比率的估计。假设某股票的买家愿意购买的最高价格（买入价格）是 50 美元，而卖家愿意出售的最低价格（卖出价格）是 51 美元。试计算这只股票的买入卖出价差比率。

这只股票的买入卖出价差为 51－50＝1 美元，

市场中间价格，即买入价格和卖出价格的均值为（51＋50）/2＝50.5 美元，

买入卖出价差比率 $S=\frac{p_s-p_b}{p_m}=\frac{1}{50.5}=0.0198$。

（二）经流动性调整的 VaR

经流动性调整的 VaR（La-VaR）实质上度量的是由流动性风险因子和市场风险因子构成的集成风险 I。

$$\text{La-VaR}=\text{VaR}(I)=\text{VaR}(M+L) \tag{8-4}$$

其中，M 为市场风险因子，L 为流动性风险因子。

假设 M 和 L 完全正相关，则有：

$$\text{La-VaR}=\text{VaR}(I)=\text{VaR}(M)+\text{VaR}(L) \tag{8-5}$$

其中，VaR（L）表示流动性风险的度量值。

因为买入卖出价差可分为固定和非固定的情况，所以又把基于买入卖出价差的外生性 La-VaR 法分为固定和非固定两种情况来讨论。

首先，基于固定买入卖出价差的 La-VaR 法，设固定的买入卖出价差为 s，则有：

$$\text{La-VaR}=\text{VaR}(I)=\text{VaR}(M)+\text{VaR}(L)=W\alpha\sigma+\frac{1}{2}Ws \tag{8-6}$$

其中，W 表示初始资本或组合价值；σ 为盯市价格的波动率；s 为买入卖出价差；α 为一定置信水平下的分位数。

在此过程中可对投资组合的全部资产进行重复调整，从而得到一系列修正值，这些修正值反映了由于流动性限制而需要增加的额外风险资本。随着组合中资产数量的增加，这些修正值累加起来，总修正值也会相应增加，即流动性风险占总风险的比重将越来越大。这意味着，对于包含大量资产的大型投资组合，流动性风险的重要性更为显著。

其次，基于非固定买入卖出价差的 La-VaR 法，在现实市场中，买入卖出价差一般并不固定，相反还具有随机波动的特性。

若定义 t 时间的资产价格的对数收益率为：

$$r_t=\ln(P_t)-\ln(P_{t-1})=\ln(P_t/P_{t-1}) \tag{8-7}$$

那么，经流动性调整的 VaR 计算公式为：

$$\text{La-VaR}=P_t\{1-\exp[E(r_t)-\alpha\theta\sigma_t]\}+\frac{1}{2}P_t(\overline{S}+\gamma\overline{\sigma}) \tag{8-8}$$

其中，等号右边第一项度量的是市场风险；第二项度量的是流动性风险。式中 $E(r_t)$、σ_t 为资产回报的两个参数，分别表示对数收益率 r_t 的均值和方差，α 是一定置信水平下的分位数，θ 为一个调整参数，$\overline{S}$、$\overline{\sigma}$ 分别表示买入卖出价差的均值和标准差，γ 是一定置信水平下买入卖出价差实际分布的分位数。

假设对数收益率服从正态分布，买入卖出价差具有不可确定性，则一定置信水平下经流

动性调整的 VaR 为：

$$\text{La-VaR}=\text{VaR}(M)+\text{VaR}(L)=W\alpha\sigma+\frac{1}{2}W(\overline{S}+\alpha\bar{\sigma}) \tag{8-9}$$

但是，上面介绍的 La-VaR 也存在一定的局限性，它仅考虑了外生的流动性风险，也就是交易成本中的买入卖出价差部分，而忽略了资产的交易数量对流动性的影响。

在对一个持仓数量较大的金融产品进行平仓时，如果交易员选择迅速平仓，他们确实可能会享受到较小的买入卖出价差，这意味着直接的交易成本较低。然而，快速的交易也可能导致交易员面临更大的由市场中间价格变动引发的潜在损失。这是因为当大量订单迅速进入市场时，这可能对市场价格产生冲击，导致价格在交易过程中发生不利于交易员的变化。

该法在传统 VaR 方法的基础上加上经流动性调整的 La-VaR，并以此来捕捉市场中间价格的波动导致的风险。这种方法的基本假设是市场中间价格的波动与买入卖出价差的波动是完全相关且同步的。然而，这个假设在实际情况中很难成立，只有在极端市场条件下才有可能出现。

【例 8-2】 经流动性调整的 VaR 的估计。假如我们用 1 000 万美元投资于一只股票，该股票的日波动率为 1%，价差 s 为 0.25%，再假设 95%的置信水平所对应的分位数为 1.645，那么在 95%的置信水平下的日 La-VaR 为多少？

具体的计算过程如下：

$$\begin{aligned}\text{La-VaR}&=\text{VaR}(M)+\text{VaR}(L)\\&=1\,000\times1.645\times1\%+\frac{1}{2}\times1\,000\times0.25\%=17.7\text{ 万美元}\end{aligned}$$

第三节　融资流动性风险

一、融资流动性风险的概念

融资流动性风险，又称负债流动性风险，是金融机构在面临资金短缺时，无法及时筹集到足够资金来偿还到期债务而产生的风险。巴塞尔银行监管委员会对融资流动性风险的定义强调了金融机构在获取现金流和抵押物方面的困难，这直接影响了其日常运营和金融状况。若公司筹资能力越强，筹资成本越低，则其流动性越强。

融资流动性风险通常与金融机构的杠杆操作紧密相关，即金融机构借入资金来扩大其资产规模。面对此类风险时，须综合分析金融机构的资产范围和负债结构。考虑资产方面，资金的潜在要求依赖于：（1）不同的保证金要求。机构需要每天评估其持仓情况并相应调整保证金，由逐日结算决定。（2）担保支付在时间上的不匹配。机构可能需要在还没有收到对冲支付的情况下被迫支付头寸。（3）抵押品需求的变化。贷方可能会要求增加他们所要求的抵押品的数量或改变抵押品的质量。

考虑负债方面，机构可能通过其他来源筹资来满足保证金的要求。但当机构的经营状况很糟糕且资金缺口很大时，要及时筹集到新资金可能会变得非常困难。

二、融资流动性风险的度量

融资流动性风险的主要度量方法有指标体系分析法、缺口分析法、期限结构分析法、现金流量分析法和基于 VaR 的流动性风险价值法。

（一）指标体系分析法

1. 流动性指数法

流动性指数是由美联储的吉姆·皮尔斯（Jim Pierce）提出的用来衡量金融机构潜在损失的指标。在正常情况下出售资产时，需要花费相当长的时间寻找交易对手和确定交易价格。若金融机构突然出售资产，它将面临价格损失。流动性指数 I 定义为：

$$I=\sum_{i=1}^{N}\omega_i^*(P_i/P_i^*) \tag{8-10}$$

其中，出售资产的价格与公平的市场价格分别是 P_i 和 P_i^*，ω_i^* 是每项资产在金融机构资产总额中所占的比重。出售资产价格与公平的市场价格相差越大，金融机构的流动性就越差。一般情况下有 $P_i \leqslant P_i^*$，所以流动性指数通常在 0 到 1 之间。

2. 存款集中度法

存款集中度法主要度量银行所面临的提前支取的风险，从而可以反映出银行对大额存款的依赖性。存款集中度的计算公式为：

$$L=\sum_{i=1}^{n}E_i\omega_i \tag{8-11}$$

其中，E_i 为包括不同存款规模等级的存款份额；ω_i 为不同存款规模等级的权重。存款集中度的值越大，说明存款集中度越高，即潜在的存款提前支取的风险就越大，从而银行所面临的筹资流动性风险也越大。

3. 财务比率指标法

资产流动性指标包括现金状况比率、流动性证券比率、净同业拆借比率、能力比率和抵押证券比率。负债流动性指标包括货币资产负债比率、短期资产比率、核心存款比率和存款结构比率。

（二）缺口分析法

1. 流动性缺口分析法

流动性缺口管理的基础是对未来的资金供给量与资金需求量做出及时、准确的预测。通过预测，银行可以从容地安排资金，以满足其潜在的流动性需求。

通常情况下，出现流动性缺口的情形主要有两种：一是资金需求量与资金供给量之间的不匹配；二是资金需求量与资金供给量的不断变化。

未来各个时间段的流动性缺口＝未来各个时间段到期的表内外资产－未来各个时间段到期的表内外负债；

流动性缺口率＝未来各个时间段的流动性缺口/相应时间段到期的表内外资产×100%。

流动性缺口分析法的不足之处在于，该方法将资金需求量与资金供给量进行简单的相减，忽略了不同的资金来源渠道和不同的资金运用方式之间的流动性差异。

2. 加权流动性缺口分析法

这种方法不仅考虑了资金的数量，还考虑了资金的稳定性。首先，对资金来源按照稳定性程度进行排序。其次，根据稳定性程度对每个稳定性级别赋予相应的正的分值，稳定性程度越高，得分越高。最后，对银行的资金供给（如存款、资本等）和资金需求（如贷款、投资等）进行加权处理，再将资金需求加权值减去资金供给加权值即得到加权流动性缺口。

3. 净资产缺口分析法

净资产缺口分析法关注的是银行流动性资产和不稳定性负债的差额。

如果流动性资产大于不稳定性负债，则净资产缺口为正，这意味着银行拥有足够的流动性资产来覆盖其短期负债，流动性风险较低；否则净资产缺口为负，流动性风险较高。

通过正负流动性缺口的估计，可以大致了解目前是否有足够的流动性资产为即将到期的负债项目提供资金来源。

4. 缺口分析法的不足

缺口分析法主要用于分析资产负债规模不匹配所引致的筹资流动性风险，但无法很好地考察资产负债的期限不匹配带来的流动性风险。

（三）期限结构分析法

1. 久期缺口

一个资产组合的久期等于各单个资产久期的加权平均，其中权重是各单个资产的市场价值占资产价值的比重。设一个资产组合由数量分别为 x_1，x_2，…，x_n 的 n 种资产组成，这些资产的久期分别为 D_1，D_2，…，D_n，资产组合的久期为

$$D_p = \sum_{i=1}^{n}\left[\frac{x_i}{\sum_{i=1}^{n} x_i} D_i\right] \tag{8-12}$$

根据以上公式，分别计算资产组合和负债组合的久期。当资产组合的久期大于负债组合的久期时，这说明在这一时期内，资产的平均到期期限大于负债的平均到期期限。此时，如果主动性负债遇到困难，银行就容易面临支付困难，进而产生流动性风险。当资产组合的久期小于负债组合的久期时，这说明在这一时期内，资产的平均到期期限小于负债的平均到期期限，表明银行的流动性状况较好。

2. 资产负债到期日结构法

该法主要通过比较在未来不同时段内到期的资产和负债，以确定缺口的大小和方向，即每个时段内资金来源不足的程度或者资产过剩的程度。当资产大于负债，即流动性缺口为正值时，说明到期资产总额大于到期负债总额，出现资金盈余，这时不会产生流动性风险；当资产小于负债时，即流动性缺口为负值时，说明到期资产总额小于到期负债总额，出现资金紧缺，此时流动性风险增大。

该法主要用于未来流动性分析，操作相对复杂，对数据的要求较高。在实际操作中，我们一般通过资产负债表的到期结构表格来分析到期缺口，该表清晰地列出了未来各个时段内到期的资产和负债，使得银行能够轻松地计算出每个时段的流动性缺口大小。

（四）现金流量分析法

现金流量分析法通过考察实际和潜在的现金流量来评估金融机构的流动性大小。计算潜

在现金流的方法有平均数预测法（算术平均法和加权平均法）以及趋势移动平均法（采用与预测期相邻的几个数据的平均值作为预测值，随着预测值向前移动，相邻几个数据的平均值也向前移动）。表 8－1 展示了现金流量表。

对现金流量分析法的评价是：该方法相对于缺口分析法和期限结构分析法具有更强的适用性。无论是资产负债的规模不匹配还是期限不匹配，最终都会体现为现金流量的不匹配。因此，现金流量分析法能够更直接地反映金融机构的流动性风险。然而，在估计潜在现金流量时，对数据的要求较高。

表 8－1　现金流量表

现金流入量	现金流出量
实际现金流量	
即将到期资产	即将到期的批发性负债及固定的贷款承诺
尚未到期资产产生的利息	尚未到期负债支付的利息，零售存款的季节性变动
潜在现金流量	
可变现的未到期资产	无固定期限的零售存款
已经建立的信贷额度	不固定的贷款承诺和其他表外活动

（五）基于 VaR 的流动性风险价值法

1. 净现金流量与远期支付结构

假设仅考虑单种货币、一个支付系统、一个经济实体，记 d 为一笔交易，则有：

$$CF(d,k)=CF_{+}(d,k)+CF_{-}(d,k) \tag{8-13}$$

其中，$CF_{+}(d,k)$ 为交易 d 在 k 日产生的现金流入，取正值；$CF_{-}(d,k)$ 为交易 d 在 k 日产生的现金流出，取负值；$CF(d,k)$ 就是交易 d 在 k 日产生的实际净现金流量。净现金流量 $\{cumCF_{+}(d,1), cumCF(d,2), \cdots, cumCF(d,k)\}$，$\forall k=\{1,2,\cdots,K\}$ 称为交易 d 的远期支付结构，其中，$cumCF(d,k)=\sum_{t=1}^{k}CF(d,t)$。

根据定义，远期支付结构就是交易所产生的累计净现金流量，通过远期支付结构可以考察一定时期内一笔交易、一个资产组合以及一个机构的偿付能力。

2. 对净现金流量未来变化分布的估计

（1）概率模型。

对净现金流量未来变化分布的估计方法之一是使用概率模型，概率模型能够帮助我们理解和量化现金流量不确定性的本质，进而为流动性风险管理提供有价值的洞察。概率模型包括蒙特卡罗模拟模型和期限结构模型。

①蒙特卡罗模拟模型。它是一种统计模拟方法，通过对随机过程进行重复模拟来估计未来现金流量的概率分布。基本思路是：首先确定影响现金流量的关键变量（如利率、波动率），并为这些变量设定合理的变化范围。然后，我们生成大量的随机样本，模拟这些变量在未来可能的变化情况。通过足够多的模拟迭代，我们可以得到目标时刻净现金流量的概率分布。

这种方法的优点是可以处理复杂的非线性关系和多种不确定性来源。通过蒙特卡罗模拟，得到净现金流量未来变化的概率分布后，就可以通过计算概率分布的均值得到预期现金流量的估计值，并计算出一定置信水平下净现金流量的最大可能值或最小可能值。

② 期限结构模型。该模型用于分析利率期限结构对金融机构现金流量的影响。基本思路是：首先，计算余额与利率之间的相关性。当存款余额与短期利率有明显的相关关系时，就可以用短期利率作为变量建立简单的回归模型，分析存款余额对利率变动的敏感性。接下来，就可以用各种利率期限结构模型（如费雪方程、瓦西塞克模型、CIR 模型等）来计算存款余额对收益率的敏感性，再运用这些敏感性数据来计算活期存款的存续概率。

(2) 行为模型。

对净现金流量未来变化分布的估计方法之二是使用行为模型，包括趋势模型、周期模型和关联模型。

行为模型的基本思路是分析历史时间序列数据，以识别其中的趋势、周期性、发生频率以及同其他时间序列的相关关系与自相关性。行为模型既可以用来考察没有到期日的资产或负债组合，也可以用来直接考察历史的净现金流量，并对其行为特征进行建模拟合，以预测未来的现金流量变化。

(3) 净现金流量的流动性风险值 La-VaR 的估计。

对于给定的显著性水平 α 和 β，定义 l_k 和 h_k 如下：

第一，l_k 是使得 CF(d, k) 小于 l_k 的概率为 α 的最大值，即 $P\{CF(d,k)<l_k\}=\alpha$。

第二，h_k 是使得 CF(d, k) 大于 h_k 的概率为 β 的最大值，即 $P\{CF(d,k)>h_k\}=\beta$。

l_k 和 h_k 可以分别看作给定显著性水平 α 和 β 下净现金流量 CF(d, k) 在 k 日的最高和最低的净现金流量。l_k 通过现金流量 CF(d, k) 的左尾分布计算得到，反映了在给定的显著性水平 α 下在 k 日出现流动性不足的最高可能净现金流量；h_k 通过现金流量 CF(d, k) 的右尾分布计算得到，反映了在给定的显著性水平 β 下在 k 日出现流动性过剩的最低可能净现金流量。显然，在通常情况下公式 $l_k \leqslant h_k$ 成立。无论是单笔交易还是组合交易，l_k 和 h_k 都是从统计描述或风险部门为某个产品所做的统计假设中推导出来的，因此构造合理的概率分布就成为解决该问题的关键和难点。

目前对单笔交易的方法无法直接扩展到整个组合，即不能将组合各元素 CF(d, k) 的 l_k 和 h_k 简单加总得到组合的 l_k 和 h_k。以单笔交易 d 为例，考察一定显著性水平下某交易在未来一定时期内的流动性风险值 La-VaR。假定从现在时刻起未来 1 天到 k 天的最高可能净现金流量和最低可能净现金流量分别为：

$$\text{La\_VaR\_}l_k=\text{cum}l_k=\sum\nolimits_{t=1}^{k} l_t \tag{8-14}$$

$$\text{La\_VaR\_}h_k=\text{cum}h_k=\sum\nolimits_{t=1}^{k} h_t \tag{8-15}$$

其中，$l_k \leqslant CF_{\text{expect}}(d,k) \leqslant h_k$，$CF_{\text{expect}}(d,k)$ 表示交易 d 在 k 日的预期现金流量，因此，$\text{cum}l_k \leqslant CF_{\text{expect}}(d,k) \leqslant \text{cum}h_k$。由于 $\text{cum}l_k$ 和 $\text{cum}h_k$ 给出了所在区间的极端情况，但是极端情况一般不容易发生，因此，这种方法有可能夸大了流动性风险。

为此，这里提出了一种修正做法：假设只考虑第 k 日极端波动的影响，把 l_k 和 h_k 与累计净预期现金流量相加，所得结果与 cumCF(d, k) 的值就不会相差太大。

$$\text{La\_VaR\_}l_k=\text{cum}l_k=\sum\nolimits_{t=1}^{k-1} CF(d,t)+l_k \tag{8-16}$$

$$\text{La\_VaR\_}h_k=\text{cum}h_k=\sum\nolimits_{t=1}^{k-1} CF(d,t)+h_k \tag{8-17}$$

第四节　流动性黑洞

一、流动性黑洞的概念

流动性黑洞（liquidity black holes）是由珀森德（Avinash D. Persaud）等国外学者在《流动性黑洞》一书中提出的金融概念。它描述了一个流动性看似充足的市场出现剧烈震荡，造成流动性枯竭，或者局部或整体的流动性突然消失的现象。此类现象有时也被称为“出口拥堵”。流动性黑洞与我们熟知的“流动性过剩”是两个相对的概念，比“流动性不足”更为深刻。

参考本章第一节已给出的流动性概念，流动性反映了整个宏观经济的流动性，即表示经济体系中货币的投放数量。流动性过剩是指有过多的货币投放量，这些多余的资金需要寻找投资出路，于是就有了投资或经济过热现象，以及通货膨胀危险。造成目前流动性过剩的根源是中国不断推升的贸易顺差，出口企业不断把收回的美元兑换给国家，导致国家外汇储备增加，进而需要增加人民币投放以维持汇率稳定，这就造成了流动性过剩的现象。流动性过剩有时又被称为资金周转过度。

在金融市场上进行交易时，由于市场环境发生剧变、内部风险控制需要或者监管部门的要求，会在某些时刻出现金融产品的大量抛售。如果多个交易者持有类似的投资组合、追求类似的风险管理目标，并且拥有相同的交易心态，他们可能会在同一时间选择抛售资产。此时整个市场只有卖方没有买方，市场流动性骤然消失，被抛售资产的价格急速下跌，再加上卖盘也持续增加，又会进一步恶化流动性状况，形成一个恶性循环，流动性危机可能迅速升级为偿付危机。

在证券市场上出现了越来越多类似于“银行挤兑”的现象。拥有上百亿元市场资本的企业可能在数日内变得没有偿付能力，最终流动性好像被市场和机构瞬间吸走殆尽一样，这种现象就被形象地称为流动性黑洞。

二、流动性黑洞的成因

流动性黑洞理论认为，流动性的核心是金融市场的多样性，流动性黑洞的形成并不是简单地由市场规模决定，而是更多地取决于市场的多样性和复杂性。进一步地，金融市场的多样性又与信息的多样化、市场参与者行为的多样化、交易工具的多样化、决策规则的多样化等因素相关。一般而言，流动性黑洞在那些同质化的市场中，或者说，在那些信息、观点、头寸、投资组合、交易主体、风险管理缺乏多样化的市场中非常容易出现，而在那些存在较大差异性的市场中则较少出现，因为在后者这样的市场上，买卖需求通常能够得到平衡。

具体而言，流动性黑洞的成因可能包括以下几个因素：

1. 市场交易员的正反馈和负反馈

正反馈交易员的操作是在价格下跌时卖出资产，在价格上涨时买入资产；而负反馈交易员的操作则相反，他们在价格下跌时买入资产，在价格上涨时卖出资产。

在一个流动性充足的市场中，当负反馈交易员是交易的主体时，在资产价格低于其合理价格时，负反馈交易员会买入该资产，从而增加市场需求，推动价格回升至较为合理的水平；相反，当资产价格过度上涨时，他们会选择卖出该资产，市场供应增加，帮助价格回调至更合理的价位。然而，当正反馈交易员主导市场时，情况就会有所不同。他们的操作往往会加剧市场的单边走势，导致资产价格变得极不稳定。在这种情况下，市场流动性会明显恶化，一旦资产价格出现下跌，正反馈交易员可能会纷纷选择卖出资产，卖出的资产吸引的可能不是买方，而是更多的卖方，从而引发更多的卖盘涌入市场，那么流动性黑洞就产生了。

流动性黑洞的形成往往要经过较长的时间，通常发生在资产价格严重偏离实体经济发展时。例如 1990 年的中国台湾股市崩盘事件。中国台湾股市从 1982 年 9 月起到 1989 年年底持续上涨，投资者信心极度膨胀，使得投资者信心指数从 7 000 点涨到 39 000 点，涨幅高达 4.57 倍，其加权指数也从 1983 年的 440 点涨到 1990 年的 12 000 点，涨幅高达 26 倍，达到高点后，股指一路快速下跌，仅一年时间就下跌了 78%，股指从 12 000 点跌到 1990 年年底的 2 700 点左右。

2. 杠杆化和去杠杆化

杠杆化是一个经济过程。其中，银行在流动性充足时更愿意提供信用。当信用变得更加易得时，这通常会推动市场上产品价格的上涨。在这个过程中，资产被当作抵押品来获取贷款，这些贷款随后又作为买入更多资产的资金。资产价格上升，作为抵押品的资产价值也会增加，从而更多的资产被购买……这种循环会不断扩大，导致经济生活中产生更多的贷款，这一过程被称为杠杆化。

去杠杆化是一个与杠杆化相反的过程。当银行发现自身流动性不足时，它们开始谨慎提供贷款。这导致市场对金融及非金融资产的需求下降，从而使资产价格下跌，用于支撑贷款的抵押品价格也会下跌，因此银行会进一步减少信用额度。这种正反馈循环导致资产价格进一步下跌，最终可能引发流动性黑洞。

3. 资本金的影响

一致的监管环境使所有银行对外部事件的反应比较一致，又由于银行持有的交易头寸和资产配置也较为相似，当面临市场风险时，不同银行可能会做出类似的交易举动。这种一致性也可能产生流动性黑洞。

以市场风险为例，当波动率及相关性上升时，银行的市场风险价值和所需的市场资本金也会相应增加。为了降低风险暴露，银行会尽量减少风险资产的持有或增加流动性储备。当所有银行都采取类似的行动时，流动性黑洞也会因此产生。同样的，在信用风险方面，当经济周期处于最低点时，违约率会较高，根据《巴塞尔新资本协议》中的模型，银行对贷款的资本金要求也会相应提高，这时银行可能会更加谨慎地评估贷款风险，导致信贷紧缩。对于中小企业而言，由于它们通常缺乏足够的抵押品和信用记录，因此可能更难以获得银行贷款，从而陷入流动性黑洞。

拓展阅读

2007 年开始的次贷危机

4. 非理性繁荣

大多数的流动性黑洞与各种形式的非理性繁荣密切相关，非理性繁荣的产生通常源于不同金融机构的交易员对于某种资产或某个市场变量做出不理性的判断，进而导致金融机构在资产负债表中过度配置与某种资产或特定市场变量相关的资产，而且这种趋势还会不断地自我强化。最终在某个阶段，当市场泡沫破裂时，许多交易员会同时试图平仓，导致市场上出现大量的卖单，从而引发流动性的消失，交易员无法按照预期的价格进行平仓，触发损失。同时，波动率的增大以及风险管理程序的应用会触发更多的金融机构同时对某个较大规模的风险头寸进行平仓，这会进一步加剧损失，造成更加严重的流动性问题，最终形成流动性黑洞。

三、流动性黑洞的估计

（一）利用 VaR 模型验证

在估计流动性黑洞时，一个方法是采用 Hasbrouck（1991）的冲击反应函数作为基本模型，通过市场头寸和收益的双变量自回归模型，验证市场价格与交易之间的因果关系，基本模型如下：

$$r_t = \sum_{i=1}^{5} \alpha_i r_{t-i} + \sum_{i=1}^{5} \beta_i \text{trade}_{t-i} + e_{1,t} \tag{8-18}$$

$$\text{trade}_t = \sum_{i=1}^{5} \gamma_i r_{t-i} + \sum_{i=1}^{5} \lambda_i \text{trade}_{t-i} + e_{2t} \tag{8-19}$$

其中，r_t 为收益率；trade_{t-i} 为标记的交易，当买方发起交易时为 1，当卖方发起交易时为 −1，无交易时为 0。若 $\sum_{i=1}^{5}\lambda_i$ 为正，则表明存在正反馈交易策略，价格上涨促进更多的买进，价格下跌引发更多的卖出。$\sum_{i=1}^{5}\lambda_i$ 为正且值越大，流动性黑洞程度越高。

该方法的问题在于，发生流动性黑洞时存在正反馈交易策略，但是存在正反馈交易策略时却不一定发生了流动性黑洞。因此，该方法不能较好地估计流动性黑洞。

（二）利用极端值估计

当股价指数低于窗口时期内（如 5 年）的平均股价 2 个标准差时，认为发生了流动性黑洞。然而，该方法的问题在于，发生流动性黑洞时价格会发生异常变化；而基础价值发生重大变化也会造成价格异常变化，此时流动性却可能很好，或者流动性下降但是很快在新的价格水平上恢复。因此，该方法既没有利用交易信息也没有利用价差信息，无法度量流动性，更不用说估计流动性黑洞。

（三）利用市场崩溃模型估计

根据市场崩溃模型构建流动性黑洞的测度指标①：

① Marin, J. M., and Olivier, J. P., "The Dog That Did Not Bark: Insider Trading and Crashes", *The Journal of Finance*, 2008(5): 2429 - 2476.

$$\text{LBH}_d=\begin{cases}1, & \eta_d\geqslant\eta\\0, & \text{其他}\end{cases}\tag{8-20}$$

其中，$\eta_d=(\text{ILLIQ}_d-\overline{\text{ILLIQ}})/\text{STD}_{\text{ILLIQ}}$ 为非流动性水平偏离其均值的程度。

$$\text{ILLIQ}_d=|\ln P_d-\ln P_{d-1}|/\text{Vold}_D\tag{8-21}$$

其中，P 为收盘价，Vold 为交易金额，$\overline{\text{ILLIQ}}$ 为第 d 个交易日前一年的 ILLIQ 的平均值；$\text{STD}_{\text{ILLIQ}}$ 为第 d 个交易日前一年的 ILLIQ 的标准差；$\eta>0$，为常数。

这种方法的不足之处在于 ILLIQ 只是一个观测值，而不是一个统计量。Amihud（2002）提出用一段时间内单位交易引起的价格变化百分比度量股票的流动性：

$$\text{Amihud}_m=\frac{1}{N_m}\sum_{d=1}^{N_m}\text{ILLIQ}_d=\frac{1}{N_m}\sum_{d=1}^{N_m}\frac{|\ln P_d-\ln P_{d-1}|}{\text{Vold}_d}\tag{8-22}$$

其中，N_m 为一段时间（如第 m 个月）内交易量不为 0 的交易天数。该方法的原理是：若非流动性超出平均水平（或流动性低于平均水平）一定标准差范围（如 1.5 倍标准差、2 倍标准差等），则认为发生了流动性黑洞。因此，该方法的关键在于如何准确度量股票的流动性。然而，Amihud 指标也存在两方面的不足：一是存在规模偏差，一般而言，规模小的股票的交易量比规模大的股票的交易量低（换手率可能相同）。因此，小市值股票的 Amihud 指标高于大市值股票的 Amihud 指标，这或许并不能真正反映小市值股票的流动性差，而仅仅是由于其规模小。二是忽视了股票的持有期限，Amihud 指标假定所有股票的交易频率相同，不影响流动性溢价。为克服 Amihud 指标的不足，Florackis，Gregoriou 和 Kostakis（2011）对其进行了如下改进：

$$\text{Adj1\_Amihud}_m=\frac{1}{N_m}\sum_{d=1}^{N_m}\frac{|\ln P_d-\ln P_{d-1}|}{\text{TV}_{m,d}}\tag{8-23}$$

其中，$\text{TV}_{m,d}$ 为股票第 m 个月第 d 个交易日的换手率。

Amihud 指标在交易量为 0 的情况下没有定义。在欧美等成熟的股票市场上，股票交易频繁，出现股票交易量为 0 的概率非常低；但是在新兴股票市场上，出现股票交易量为 0 的概率很高。① 因此，Amihud 指标难以有效地度量新兴市场股票的流动性，研究者还对 Amihud 指标进行了如下改进：

$$\text{Adj2\_Amihud}_m=\ln\left(\frac{1}{N_m}\sum_{d=1}^{N_m}\frac{|R_d|}{\text{TV}_d}\right)(1+\text{ZeroVol}_m)\tag{8-24}$$

其中，ZeroVol_m 为股票第 m 个月交易量为 0 的交易天数的比例。

Amihud 指标无法排除信息冲击引起的流动性和价格的变化。Amihud 流动性比率是一段时间内当日收盘价对数减去前一交易日收盘价对数绝对值与当日交易金额比值的均值。而前一交易日收盘结束到次日股市开盘之间是非交易时间，国内外信息的公布一般在这段时间内进行。因此，这段时间的信息公布会对资产开盘价及流动性造成冲击。

Amihud 流动性比率的数值越大，表示资产的流动性越差，因为相同的价格波动会在低成交额的情况下导致更大的流动性影响。

【例 8－3】 Amihud 流动性比率的估计。假设股票 X 在某一天内的最高价是 50 美元，

---

① Kang，W.，and Zhang，H.，"Measuring Liquidity in Emerging Markets"，*Pacific-Basin Finance Journal*，2014：49－71.

最低价是 48 美元，而该股票在当天的总成交额是 500 000 美元。试计算 Amihud 流动性比率。

该股票的绝对价格变动为 50－48＝2 美元，日成交额为 500 000 美元。

$$\text{Amihud 流动性比率}=\frac{2}{500\ 000}=0.000\ 004$$

四、防范流动性黑洞的具体措施

第一，监管者要重视长期投资目标和短期风险管理系统之间的错配风险。这种错配可能加剧市场的脆弱性，尤其是在面临冲击或不确定性时。为了降低错配风险，监管者可以通过提供政策激励，鼓励金融机构采用更加多样化和全面的风险管理方法。比如，监管者可在制定金融服务竞争政策和发放政府债券的做市商许可证的过程中强调多样性和包容性。通过引入竞争机制和多元化的市场参与者，可以增加市场的韧性和稳定性。此外，在危机期间，短期投资者对资产之间的短期相关性更感兴趣，而长期投资者通常假设目前的相关性会恢复到长期的平均水平，从而对波动性和相关性的短期变化并不敏感，而是更加注重基本面因素。短期投资者和长期投资者之间的行为差异越大，市场衰退的时间就越短，对长期投资者就越有利。

第二，减少对市场敏感性风险度量方法的依赖，鼓励金融机构采用多样化的风险管理方法，并针对结构性风险、关联性风险和周期性风险做出不同的资本要求。对于结构性风险，监管者可以要求金融机构对其资产负债的货币错配和期限错配进行充分披露，并设定相应的资本要求，以确保金融机构具有足够的资本来抵御潜在的流动性风险。对于关联性风险，监管者需要特别关注那些与其他市场不相关，但与特定参与者头寸高度相关的市场风险，这意味着监管者需要加强对金融机构内部风险模型的监督，确保它们能够准确识别并评估这类风险。此外，监管者还应认识到风险认知会受到经济周期的影响。在市场繁荣时期，投资者往往过于乐观，忽视潜在风险；而在市场衰退时期，投资者又可能过于悲观，过度放大风险。因此，监管者需要采取措施来弥补这种“视觉缺陷”，确保资本要求在经济周期的不同阶段都能保持适当水平。这就需要监管者对周期的衡量做到简单、透明，以便金融机构和投资者清楚了解市场所处的阶段，并据此做出合理的风险决策。

第三，流动性过剩是金融资产价格上升的潜在推动力，但金融市场繁荣与否还取决于市场情绪、投资者的预期，以及资产价值基础的变化。相关资产价格发生变动后，关键在于资产价值基础是否发生了根本变化，否则，这种价格变动更多的就只是短期投资者心理变化的镜像。从市场的运动来看会呈现出价格上升—价格正向价值回归—投资者恐慌性抛售—流动性黑洞—价格负向价值回归—价格负向偏离价值—价格围绕价值波动的变化过程。在这个过程中，货币政策的作用是有限的，由于货币政策是通过调整利率和货币供应来影响市场流动性和投资者预期的，这对于短期投资者的影响较大，而对于长期投资者几乎没有影响。监管者应该更多地在制度和结构层面进行创新，这包括重视长期投资目标和短期风险管理系统之间的错配风险，注意针对结构性风险、关联性风险和周期性风险做出不同的资本要求，加强监管、提高市场透明度和促进市场多样化等。

第四，监管者应该更加关注对大规模损失的限制和防范，以确保金融市场的稳定和保护投资者的利益。监管者可以通过制定更为严格的损失限制措施，如设置合理的止损点、限制杠杆比例等，来降低单个机构和市场整体的损失风险。同时在流动性市场中，确保买卖双方都存在也是至关重要的，当有人出售资产且资产价格下降时，就会有买方去购买该资产。虽然买方最初会遭受损失，但他们希望在市场行情扭转时获得盈利。如果他们不用担心市场风险管理系统会迫使他们在即将获得盈利时退出交易，那么买方会更愿意进行这一“赌博”。因此，监管者需要区分专业投资者与非专业投资者，实施差异化监管。对于专业投资者，监管者可以给予其更大的自由度和灵活性，鼓励其逆市场潮流进行投资，稳定市场。对于非专业投资者，监管者需要严格监管其使用的金融工具，同时保护其合法权益，避免其因过度投机而遭受损失。只有这样，非专业投资者逆市场潮流的能力才能够得到加强，金融市场也才能实现健康、稳定和可持续发展。

第五节 巴塞尔协议之流动性风险管理

一、流动性风险管理

流动性风险管理是识别、度量、监测和控制流动性风险的全过程。

商业银行在流动性风险管理方面应当坚持审慎性原则，充分识别、有效度量、坚持监测和适当控制其在整体及各产品、各业务条线、各业务环节、各层机构中的流动性风险，确保无论在正常经营环境中还是在压力状况下，商业银行都有充足的资金应对资产的增长和到期债务的支付。

流动性风险管理体系中的基本要素包括：董事会及高级管理层的有效监控；完善的流动性风险策略、政策和程序；完善的流动性风险识别、度量、监测和控制程序；完善的内部控制机制和有效的监督机制；有效完善的信息管理系统；有效的危机处理机制。

商业银行建立完善的流动性风险管理治理结构是确保流动性风险得到有效管理的关键。根据政策的制定、执行、监测和监督职能相分离的原则，明确董事会及其专门委员会、监事会（监事）、高级管理层及相关部门在流动性风险管理中的作用、职责及报告路线，制定适当的考核及问责机制，以提高风险管理的有效性。

在流动性风险管理的治理结构中，专门委员会负责危机管理和沟通、措施和计量的决策，并及时地实施风险度量为流动性风险管理提供决策支持。风险管理部负责每日限额监控和早期预警指标监控，为流动性分析、压力测试、情景分析等提供数据支持，并设计和应用客户行为模型，编制风险报表，进行文档和模型验证。财务部门则负责监管报表和内部管理用报表的编制，提供财务信息支持。内部审计部门负责定期审查流动性风险管理框架，确保框架的有效性和合规性。董事会负责制定本集团总体风险偏好，审议和批准流动性风险管理的目标、战略；通过行长提供的流动性报表定期回顾流动性风险框架体系，确保银行整体流动性风险管理的方向和目标与集团总体风险偏好相一致。高级管理层负责制定和实施流动性战略、定义风险偏好、安排充分的资源，并通过定期风险报表增强风险意识，确保流动性风险管理策略得到有效执行。资金部负责管理短期流动性和融资事项；制定融资策略，进行融资测算；遵守流动性风险限额；负责市场准入、市场监控和再融资期限，确保银行在面临流动性压力时能够及时获得足够的资金支持。

我国商业银行流动性风险管理政策目标有以下几点：一是资金来源的多元化与稳定性，以客户存款为主要的资金来源，通过同业市场拆入资金及在资本市场筹集等方式，建立一个适度分散的资金组合；二是流动性头寸管理，建立良好的流动性头寸管理制度，保障银行有足够的支付能力，避免在不利情况下紧急出售资产；三是增强应对突发事件的能力，制定和完善突发事件的应急系统，保证有充裕的变现能力应对突发事件。

整体的流动性风险管理政策的内容主要包括：流动性风险的识别、度量和报告体系；流动性风险管理程序；资产与负债组合管理；流动性风险限额；在正常及压力情况下的现金流量分析；不同货币、不同国家、跨境、跨业务条线的流动性管理方法；导致流动性风险增加的潜在因素及相应的监测流程；压力测试和情景分析；应急计划等。

二、《巴塞尔协议Ⅲ》之流动性风险管理协议

2017 年巴塞尔银行监管委员会完成了对《巴塞尔协议Ⅲ》的修订，并确定于 2022 年在各成员实施《巴塞尔协议Ⅲ：后危机改革的最终方案》，标志着全球银行业监管正式开始实施《巴塞尔协议Ⅲ》。

从微观资本监管的角度来看，《巴塞尔协议Ⅲ》主要在五方面强化了对银行机构的监管，其中之一是引入全球流动性标准来弥补资本充足率的不足。在 2007 年次贷危机以前，国际社会对银行流动性并没有一个统一的、定量的监管标准，相应地也没有对流动性风险设立具体的、强制性的监管指标。次贷危机之后，国际社会对银行流动性监管有了新的认识，因此新出台的监管规定加强了对银行流动性的监管要求，首次提出了两个主要指标：流动性覆盖率（LCR）和净稳定资金比例（NSFR）。

LCR 强调在严重压力条件下，银行需要持有充足的优质流动性资产来满足短期流动性需求，它所衡量的是一个机构所持有的高质量、未设定抵押权的流动资产的数量能否弥补由监管者认定的、短期（30 日）压力情形下的资金净流出量。LCR 的计算公式如下：

$$\text{LCR}=\frac{\text{优质流动性资本储备(HQLA)}}{\text{未来 30 日的资金净流出量}}\times 100\% \tag{8-25}$$

NSFR 是用于衡量在较长时间（通常为 1 年以内）内，银行稳定的长期资金来源所提供的流动性能否覆盖其所持有的各类表内外资产的指标，是对资产负债流动性错配的测度，目的是确保银行拥有足够的、稳定的中长期资金来源，以支持其资产业务、表外风险敞口和资本市场活动。NSFR 的计算公式如下：

$$\text{NSFR}=\frac{\text{(不同剩余期限按系数加权计算后的)可用的稳定资金(ASF)}}{\text{业务所需的稳定资金(RSF)}}\times 100\% \tag{8-26}$$

当 LCR 或 NSFR 指标值小于 100%时，应有所警惕。

《巴塞尔协议Ⅲ》还要求银行进行更为严格的风险管理和信息披露，具体要求体现在支

柱2和支柱3中①。基于国际金融危机的教训，巴塞尔银行监管委员会认识到信息透明度的重要性，专门成立了信息披露工作组，整合并完成了资本充足率、流动性、杠杆率、大额风险暴露、总损失吸收能力等各项监管标准的信息披露要求，统一构建了独立于财务报告的、全球统一的监管信息披露模板。

【例8-4】 硅谷银行LCR、NSFR指标的估计。硅谷银行2022年年报及其中的净稳定资金比例见表8-2和表8-3。

表8-2 硅谷银行2022年年报

Ⅱ. 汇总计算		
1	1. 合格优质流动性资产（汇总计算）	113 585
2	1.1 一级资产（汇总计算）	13 803
3	1.2 2A资产（汇总计算）	99 782
4	1.3 2B资产（汇总计算）	0
5	2. 净现金流出（汇总计算）	91 633
6	2.1 现金流出（汇总计算）*	91 633
7	2.1.1 零售存款的现金流出（汇总计算）	0
8	2.1.2 无担保批发现金流出（汇总计算）	91 633
9	2.1.3 担保融资流出（汇总计算）	0
10	2.1.4 其他项目（汇总计算）	0
11	2.1.5 其他或融资义务（汇总计算）	0
12	2.1.6 其他所有没有包含在以上类别中的本金、利息等现金流出（汇总计算）	0
13	2.2 现金流入（汇总计算）**	0
14	2.2.1 逆回购与证券借入（汇总计算）	0
15	2.2.2 完全正常履约的协议性现金流入（汇总计算）	0
16	2.2.3 其他现金流入（汇总计算）	0.00%
17	3. 流动性覆盖率	123.96%

*假设硅谷银行负债端业务均在30天内到期。

**假设硅谷银行30天内无现金流入。

表8-3 硅谷银行2022年年报中净稳定资金比例

序号	项目	A	B	C	G	H	I	J
		金额（按剩余期限）			折算后金额			
		<6个月	6～12个月	≥1年	<6个月	6～12个月	≥1年	合计
85	Ⅲ. 净稳定资金比例							

① 支柱2表示监督检查程序，视监管的成本和效益，从监管当局监督、银行自律、市场约束三方面对银行业进行全方位的监管；支柱3为市场约束，通过增强银行的信息披露来强化市场约束。

续表

序号	项目	A	B	C	G	H	I	J
		金额（按剩余期限）			折算后金额			
		<6个月	6～12个月	≥1年	<6个月	6～12个月	≥1年	合计
86	1. 可用稳定资金（汇总计算）	3 454.0	0.0	5 370.0	86 554.5	0.0	5 370.0	91 924.5
87	2. 所需稳定资金（汇总计算）	13 803.0	0.0	6 276.0	0.0	0.0	23 884.5	23 884.5

注：按最严格的口径，计算最不利假设条件下的指标结果，即默认：①LCR计算中，假设负债端业务均在30天内到期，而资产端业务在现金流入项目按0计算；②NSFR计算中，对于负债端业务，计入可用稳定资金项目时，除长期负债之外，均按照期限最短的6个月内到期默认；对于资产端业务，计入所需稳定资金项目时，除现金类资产之外，均按照期限最长的1年以上默认；③所有存款均按无业务关系、无存款保险默认。

根据表8-2和表8-3中的信息，计算硅谷银行的LCR和NSFR。

$$\text{LCR}=\frac{\text{HQLA}}{\text{未来30日的资金净流出量}}\times100\%$$

$$=\frac{113\ 585}{91\ 633}\times100\%=124\%$$

$$\text{NSFR}=\frac{\text{ASF}}{\text{RSF}}\times100\%$$

$$=\frac{91\ 924.5}{23\ 884.5}\times100\%=384.87\%$$

三、中国银保监会之流动性风险管理协议

2018年5月，银保监会发布的《商业银行流动性风险管理办法》在流动性风险监管方面进行了重要的修订和完善。本次修订的主要内容包括三个方面：

一是新引入三个量化指标：净稳定资金比例、流动性匹配率、优质流动性资产充足率。其中，商业银行的净稳定资金比例应当不低于100%，商业银行的流动性匹配率应当不低于100%，商业银行的优质流动性资产充足率应当不低于100%。

(1) 净稳定资金比例衡量的主要是银行长期稳定资金支持业务发展的水平，适用于资产规模在2 000亿元（含）以上的商业银行。这一指标有助于确保银行在追求业务发展的同时，保持足够的长期稳定资金来源，降低流动性风险。

(2) 流动性匹配率关注商业银行主要资产与负债的期限配置结构，避免银行过度依赖短期资金以支持长期业务发展。这一指标有助于引导银行优化资产负债结构，提高流动性风险管理的针对性和有效性。

(3) 优质流动性资产充足率衡量银行持有的优质流动性资产能否覆盖压力情况下的短期流动性缺口，适用于资产规模小于2 000亿元的商业银行。其旨在确保商业银行保持充足的、无变现障碍的优质流动性资产。在压力情况下，银行可通过变现这些资产来满足未来30天内的流动性需求。

这些指标将与原有的流动性比例、流动性覆盖率一起成为对商业银行具有约束力的审慎监管指标。

二是完善流动性风险监测体系，对部分监测指标的计算方法进行了合理优化，并强调其在风险管理和监管方面的运用。提升银行对流动性风险的监测和预警能力，及时发现和化解风险。

三是细化了流动性风险管理相关要求，如日间流动性风险管理、融资管理等，使银行在日常运营中更好地管理流动性风险，确保银行业务的稳健运行。

该办法于 2018 年 7 月 1 日起施行，确立了我国系统重要性银行的评估指标体系，能够更好地适应当前商业银行流动性风险管理需要，切实推动商业银行更有效地提高流动性风险管理能力。

2023 年 2 月，银保监会、中国人民银行发布《商业银行资本管理办法（征求意见稿）》（以下简称《征求意见稿》），向社会公开征求意见。《征求意见稿》在完善监督检查要求上做出重要修订，要求衔接国内现行监管制度，促进政策落实。完善银行账簿利率、流动性、声誉等风险的评估标准。修订后的《商业银行资本管理办法》自 2024 年 1 月 1 日起实施，这意味着《巴塞尔协议Ⅲ》在国内落地实施。

第六节　流动性风险管理的案例分析

随着资产管理大时代的来临，资产管理业迎来了很好的发展机遇，规模的不断扩大使得投资经理面临着越来越多的挑战，在管理大规模资产时，如何在不同资产间进行合理的资产配置变得尤为重要。行业的发展也推动了人们对资产配置理论的重视程度提升，尤其是大规模资产在退出仓位时往往面临合规性等限制，不能一次性完全退出，这就带来了流动性风险。因此，对流动性风险的度量和规避管理成为投资组合管理的一个关键问题。本节通过对半导体行业的投资组合进行案例分析，考察考虑流动性风险和不考虑流动性风险的资产配置差异。

半导体行业作为中国高科技领域被“卡脖子”的关键行业，在近些年得到国家的大力支持，同时下游新能源汽车等的发展带来了强劲的需求，整个行业在近些年一直处于高景气状态，预计未来仍有较大发展空间。因此，选取半导体行业 20 家公司构建投资组合进行模型的验证，可以较好地验证模型把握市场上涨的能力。半导体行业的高发展预期决定了它是资产配置中必不可少的存在，对半导体行业上涨的把握能力对资产配置效果有较好的参考作用。

本案例首先引入流动性风险的 ES 模型（LES 模型）来对资产面临的流动性风险进行量化分析，并通过详尽的数学推导，证实模型存在有效解，同时给出经流动性调整的最低风险资产权重计算公式。其次，为了更好地捕捉资产间非线性的相关关系，将资产间的皮尔逊（Pearson）相关系数替换为 Kendall's tau 相关系数。最后，通过对比改进前后的有效边界，确认 Kendall's tau 相关系数在金融资产间应用的优越性。

一、模型的推导和投资组合的构建

（一）LVaR 的计算

LES 模型，即经流动性风险调整的 ES 模型，是在 ES 模型的基础上进一步推导出来的，而在计算 ES 时也需要对 VaR 进行计算。LVaR 是基于资产头寸变现期限调整的 LVaR 模型。如果收益是独立的且服从多变量椭圆分布，那么任意清算期限（t）的经流动性风险调整的 VaR（LVaR）可以如下估计：

$$\text{LVaR}(t-\text{day})=\text{VaR}(1-\text{day})\sqrt{t} \tag{8-27}$$

其中，t 表示平仓期（即清算期或平仓期）。令 σ_{adj}^2 和 σ_{adj} 分别表示投资组合中任何特定资产的估计方差和标准差。在实际应用中，我们一般认为一个资产的波动率在一段时间内是稳定的，所以在持有的资产价值不变的情况下，t 天内每天的资产波动性（即标准差）都与第一天相等，上述方程可简化为：

$$\sigma_{adj}^2=(\sigma_1^2+\sigma_1^2+\sigma_1^2+\cdots+\sigma_1^2+\sigma_1^2+\sigma_1^2)=t\sigma_1^2 \tag{8-28}$$

这里要引入的一个重要假设是资产每日线性清算假设，主要指资产在 t 天的平仓期内是线性平仓的，每天的平仓比例是 $1/t$。由此可以推导出：任何特定资产在每天波动性不变、在 t 天清算期内线性平仓的情况下，每天的资产价值波动会以 $1/t$ 的水平逐日下降。因此，考虑流动性因素带来的清算时间增加的情形下，资产实际的波动率有以下表达式：

$$\sigma_{adj}^2=\left(\frac{t}{t}\right)^2\sigma_1^2+\left(\frac{t-1}{t}\right)^2\sigma_1^2+\left(\frac{t-2}{t}\right)^2\sigma_1^2+\cdots+\left(\frac{3}{t}\right)^2\sigma_1^2+\left(\frac{2}{t}\right)^2\sigma_1^2+\left(\frac{1}{t}\right)^2\sigma_1^2 \tag{8-29}$$

可得

$$\sigma_{adj}=\sigma_1\sqrt{\frac{(t+1)(2t+1)}{6t}} \tag{8-30}$$

代入 VaR 的公式可得单个资产经流动性风险调整的 VaR 为：

$$\begin{aligned}\text{LVaR}_i&=(N^{-1}(X\%)\times\text{Asset}_i\times\sigma_i-\mu_i)\times\sqrt{\frac{(t+1)(2t+1)}{6t}}\\&=\text{VaR}_i\times T_i\end{aligned} \tag{8-31}$$

其中，t 是资产 i 的流动性清算期，T_i 是资产 i 的流动性风险调整因子，Asset_i 表示 i 个资产规模。

与组合 VaR 的计算方式相仿，投资组合的 LVaR 为：

$$\begin{aligned}\text{LVaR}_P&=\sqrt{\sum_{i=1}^{n}\sum_{j=1}^{n}\text{LVaR}_i\text{LVaR}_j\rho_{i,j}}\\&=\sqrt{[\text{LVaR}]^{\text{T}}[\rho][\text{LVaR}]}\end{aligned} \tag{8-32}$$

其中，[LVaR] 矩阵由各资产的 LVaR 构成，有 $[\text{LVaR}]^{\text{T}}=[\text{LVaR}_1, \text{LVaR}_2, \cdots, \text{LVaR}_{n-1}, \text{LVaR}_n]$；$[\rho]$ 是投资组合的相关系数矩阵。

在加入了投资组合的期望收益 μ_P 后，投资组合的 LVaR 表达式可转化为：

$$\begin{aligned}\mathrm{LVaR}_P &= \sqrt{[\mathrm{LVaR}]^{\mathrm{T}}[\rho][\mathrm{LVaR}]} - \mu_P \times A_P \\ &= \sqrt{[\mathrm{VaR}]^{\mathrm{T}}[T]^{\mathrm{T}}[\rho][T][\mathrm{VaR}]} - \mu_P \times A_P \\ &= A_P \times \left(N^{-1}(X\%) \times \sqrt{W^{\mathrm{T}}[T]^{\mathrm{T}}\sum[T]W} - \mu_P\right) \\ &= A_P \times \left(N^{-1}(X\%) \times \sqrt{W^{\mathrm{T}}QW} - \mu_P\right)\end{aligned} \tag{8-33}$$

其中，A_P、$N^{-1}(X\%)$、T、μ_P 均为事先确定好的参数，其中 $T_i \geqslant 1$。

（二）均值-LES 模型推导

均值-LES 模型是在 LVaR 模型的基础上推导而来的。ES 衡量了不利条件发生时资产的预期亏损，可由以下公式定义：

$$\mathrm{ES} = -\int_{-\infty}^{-\mathrm{VaR}} x f_{\mathrm{VaR}}(x)\,\mathrm{d}x \tag{8-34}$$

假定 ES 服从正态分布，令 p 表示小概率，则可推导出 ES 的表达式：

$$\begin{aligned}\mathrm{ES} &= -\frac{1}{p}\int_{-\infty}^{-\mathrm{VaR}(p)} x\frac{1}{\sqrt{2\pi\sigma^2}}\mathrm{e}^{-\frac{x^2}{2\sigma^2}}\mathrm{d}x \\ &= \frac{\sigma}{p}\frac{1}{\sqrt{2\pi}}\mathrm{e}^{-\frac{(-\mathrm{VaR}(p))^2}{2\sigma^2}}\end{aligned} \tag{8-35}$$

用前面推导出的 LVaR 替代公式中的 VaR，就能得到经流动性风险调整的 ES（LES）的表达式：

$$\begin{aligned}\mathrm{LES} &= \frac{\sigma}{p}\frac{1}{\sqrt{2\pi}}\mathrm{e}^{-\frac{(-\mathrm{LVaR}(p))^2}{2\sigma^2}} \\ &= \frac{\sqrt{W^{\mathrm{T}}QW}}{p}\frac{1}{\sqrt{2\pi}}\mathrm{e}^{\frac{\left[-(A_p\times N^{-1}(X\%)\times\sqrt{W^{\mathrm{T}}QW}-\mu_p)\right]^2}{2W^{\mathrm{T}}QW}}\end{aligned} \tag{8-36}$$

将 LES 对标准差进行求导，可以得到在 $N(X\%)^2 < 4$ 时，LES 是标准差 σ 的增函数，故在置信水平为 0.95 时，LES 是 σ 的增函数，要求最小化的 LES 相当于求最小化的 σ，均值-LES 模型的最优化过程为：

$$\min\text{：}\mathrm{LES} = \frac{\sqrt{W^{\mathrm{T}}QW}}{p}\frac{1}{\sqrt{2\pi}}\mathrm{e}^{\frac{\left[-(A_p\times N^{-1}(X\%)\times\sqrt{W^{\mathrm{T}}QW}-\mu_p)\right]^2}{2W^{\mathrm{T}}QW}} \tag{8-37}$$

$$\begin{aligned}\text{s. t.}\quad & l^T \cdot W = 1 \\ & \mu^T \cdot W = \mu_P\end{aligned} \tag{8-38}$$

通过计算，可得在给定组合预期收益 μ_P 的情况下，最优化的组合权重为：

$$W^* = \lambda Q^{-1}l + \gamma Q^{-1}\mu \tag{8-39}$$

其中，$\lambda = \dfrac{C-\mu_P B}{\delta}$，$\gamma = \dfrac{\mu_P A - B}{\delta}$，且 $\delta = |AC - BB|$，$A = l^T Q^{-1} l$，$B = l^T Q^{-1}\mu$，$C = \mu^{\mathrm{T}} Q^{-1}\mu$。

根据以上推导得到的结果，我们知道组合的方差可以表示如下：

$$\sigma_P^2=\sum_{i=1}^{n}\sum_{j=1}^{n}\sigma_i\sigma_j\rho_{i,j}$$
$$=W^{\mathrm{T}}QW$$
$$=\frac{A\mu_P^2-2B\mu_P+C}{\delta} \tag{8-40}$$

经过变形可得：

$$\frac{\sigma_P^2}{\frac{1}{A}}-\frac{\left(\mu_P-\frac{B}{A}\right)^2}{\frac{\delta}{A^2}}=1 \tag{8-41}$$

即组合的标准差 σ_P 与组合期望收益 μ_P 在坐标轴中是双曲线的形态，在 $\sigma_P>0$ 的坐标轴中就是该组合的有效边界曲线。

因此，令 σ_P^2 对 μ_P 求导等于零，就能得到使该投资组合经流动性风险调整的最小方差，也即最小 LES 的组合权重：

$$\frac{\partial\mu_P^2}{\partial\mu_P}=\frac{2A\mu_P-2B}{\delta}=0 \tag{8-42}$$

可得

$$B=A\mu \tag{8-43}$$

故有

$$\lambda=\frac{C-\mu_P B}{\delta}=\frac{C-A\mu_P^2}{\delta}$$
$$\gamma=\frac{\mu_P A-B}{\delta}=0$$
$$\delta=|AC-BB|=AC-A^2\mu_P^2=A(C-A\mu_P^2) \tag{8-44}$$

投资组合最小 LES 的组合权重为：

$$W^*=\lambda Q^{-1}l+\gamma Q^{-1}\mu=\frac{Q^{-1}l}{A}$$
$$=\frac{Q^{-1}l}{l^{Q-1}l} \tag{8-45}$$

将推导所得的有效边界曲线画出，从图 8-2 中可以看到，在相同的期望收益率水平下，均值-LES 模型将逊于均值-方差模型，主要原因在于均值-LES 模型在评估资产的风险时额外考虑了流动性风险，这相当于增加了所有资产的波动性，损失自然会更大。而由于流动性风险在市场中普遍存在，尤其是资金量比较大的时候，因此考虑了流动性风险的均值-LES 模型应该是更符合现实情况的模型。由上述结果可以得出，均值-方差模型低估了组合可能带来的实际损失规模，这意味着，在期望收益率下，投资组合实际面对的风险比模型预测的更高，因而该模型所配置的资产权重可能并不是最优的结果。

（三）Kendall's tau 系数的加入

随机变量关联的最常用的非参数度量之一是 Kendall's tau 模型，这是对平均似然比依赖性的度量。在金融领域，该模型特别适用于处理具有厚尾分布和非正态性的数据，这在许多金融资产收益中都很常见。Kendall's tau 模型不假设数据遵循特定的分布，因此对数据中

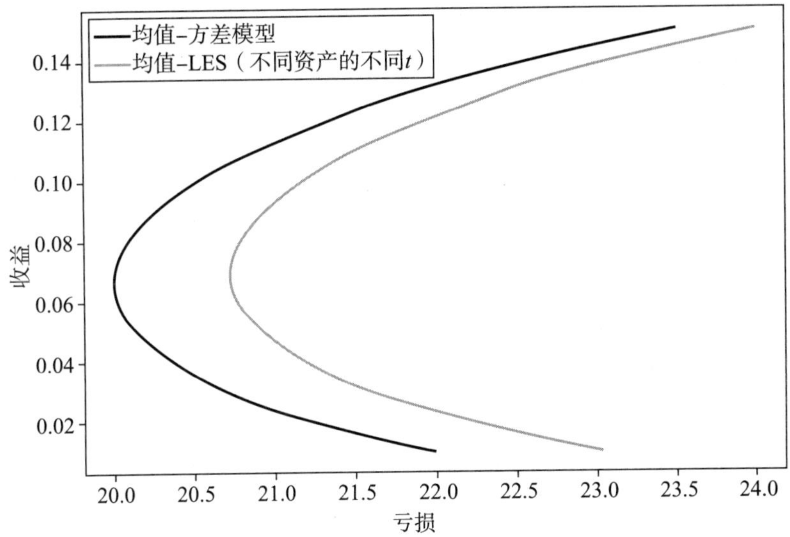

图 8-2　均值-LES模型与均值-方差模型对比

的噪声和非正态性更加稳健，对于数据密集型环境下的有效投资组合风险分析非常有用。

假设资产间联合分布是厚尾的，线性相关系数在衡量金融资产收益的相关结构时可能是无效的。Kendall's tau 系数的等级相关性可用于确定不同类别资产之间的相关程度，并在资产回报是非椭圆分布和重尾分布的情况下提供一种合适的替代方法来衡量相关性。

为了计算 Kendall's tau 系数，我们需要考虑所谓的“协和对”和“不协和对”的数量。协和对是指两个随机变量同时增加或减少的对子，而不协和对则是指一个变量增加而另一个变量减少的对子。给定分别具有连续分布函数 F_1 和 F_2 的随机向量（X，Y）的随机观测样本，以及联合分布函数 F，衡量一致性的 Kendall's tau 的样本表达由协和对的比率和不协和对的比率之间的差给出。同理，Kendall's tau 的一般表达由协和概率和不协和概率之间的差给出。假设（X_1，Y_1）和（X_2，Y_2）是来自 F 的独立同分布的随机向量。取值为［−1，+1］的 Kendall's tau 的一般表达可以由随机向量的概率定义：

$$\tau(X,Y)=\Pr\{(X_1-X_2)(Y_1-Y_2)>0\}-\Pr\{(X_1-X_2)(Y_1-Y_2)<0\} \tag{8-46}$$

如果 $C(u, v)$ 是 X 和 Y 的二元分布函数的 Copula 函数，可以证明 X 和 Y 的 Kendall's tau 是：

$$\tau(X,Y)=4\int_0^1\int_0^1 C(u,v)\,\mathrm{d}C(u,v)-1 \tag{8-47}$$

对于高斯函数或学生 T-Copula 函数或者其他所有的椭圆 Copula 函数，皮尔逊线性相关系数 $\rho(X, Y)$ 和 Kendall's tau（τ）的关系是：

$$\tau(X,Y)=\left(\frac{2}{\pi}\right)\sin^{-1}\{\rho(X,Y)\} \tag{8-48}$$

将 Kendall's tau（τ）代入 LES 的计算公式中可得：

$$\mathrm{LES}=\frac{\sigma}{p}\frac{1}{\sqrt{2\pi}}\mathrm{e}^{-\frac{(-\mathrm{LVaR}(p))^2}{2\sigma^2}}$$

$$=\frac{\sigma_\tau}{p}\frac{1}{\sqrt{2\pi}}e^{\frac{(\sqrt{[\text{LVaR}]^{T}[\tau][\text{LVaR}]}-\mu_P\times A_P)^2}{2\sigma_\tau^2}}$$

$$=\frac{\sqrt{W^{T}Q_\tau W}}{p}\frac{1}{2\pi}e^{-\frac{[-(A_P\times N^{-1}(X\%)\times\sqrt{W^{T}Q_\tau W}-\mu_P)]^2}{2W^{T}Q_\tau W}}$$

$$=\frac{\sqrt{W^{T}[T]^{T}\sum_\tau[T]W}}{p}\frac{1}{\sqrt{2\pi}}e^{\frac{\left[-(A_P\times N^{-1}(X\%)\times\sqrt{W^{T}[T]^{T}\sum_\tau[T]W}-\mu_P)\right]^2}{2W^{T}[T]^{R}\sum_\tau[T]W}} \tag{8-49}$$

二、用 LES 模型分析半导体行业数据

主要分析结果如下：(1) 均值-LES 模型在资产配置方面显示出三个优异的特性。一是流动性风险管理：均值-LES 模型通过引入流动性风险，对传统的均值-方差模型进行了重要改进，提供了资产管理过程中控制流动性风险的一种方式。二是优化资产配置权重：与均值-方差模型所得到的资产配置权重进行对比，可以发现均值-LES 模型倾向于为高收益资产赋予更大的权重，同时大幅减小了高风险资产的权重。三是增强资产多样性：该模型也改善了均值-方差模型在资产权重分配上过于集中的问题。通过配置更多种类的资产，模型在面对单一资产的极端风险时，展现出了更强的抗风险能力（见表 8-4）。(2) 得益于模型在资产配置方面的优异特性，均值- LES 模型在模拟投资中也能得到较好的结果。在所选的测试时间段内，半导体行业一直保持着上涨趋势，均值-LES 模型能很好地把握行业的整体趋势，抓住行业上涨的红利，实现可观的投资收益。该模型在配置资产时，优先选择了在行业产业链中具有代表性的公司，而对产业优势相对不明显的公司减少持仓的权重。与传统的均值-方差模型相比，均值-LES 模型在收益能力和抗风险能力方面均表现出显著的优势（见表 8-5）。

程序 8-1

流动性风险策略估计

表 8-4　均值-LES 模型、均值-方差模型权重配置相关指标对比

	收益前三仓位占比	风险前三仓位占比	仓位低于 0.01%股票数
均值-方差模型	20.92%	8.66%	7
均值-LES 模型	27.88%	0.30%	4

表 8-5　均值-LES 模型、均值-方差模型、等权重模型收益的指标对比

	等权重模型	均值-方差模型	均值- LES 模型
累计收益率（%）	87.33	122.72	138.75
超额收益率（%）	0.00	35.39	51.42
年化收益率（%）	28.73	40.37	45.64
夏普比率	11.62	16.78	18.75
最大回撤率（%）	37.46	40.28	39.72

通过此案例分析发现：一是流动性风险在金融市场中的重要性。投资者，尤其是大资管行业从业者在进行投资决策的过程中，需要对流动性风险进行充分的考虑，这能减少投资者在发生不利冲击时所面临的风险，所选出的投资组合也能更好地筛选出在行业从业者中具有优势的公司，淘汰具有劣势的公司，增强模型的准确性。二是新构建的均值-LES模型引入流动性风险，设置资产配置的新权重，改善了VaR模型低估实际交易中面临的风险问题，为资产管理提供了新思路。这种新思路为资产管理行业提供了新的工具，帮助其更全面地理解和管理风险，从而提高投资决策的有效性和准确性。

【本章小结】

本章主要介绍了流动性风险的概念、特征、成因及其与其他风险的相关性，交易流动性风险和融资流动性风险的概念和度量方法，珀森德提出的流动性黑洞的概念、成因和具体防范措施，以及巴塞尔协议之流动性风险管理的相关规定，最后，通过一个案例阐述了加强流动性风险管理的重要性。本章对流动性风险的梳理和分析为后续如何引导国家和银行重视流动性风险管理、加强中国银行业流动性风险体系建设，以及强化证券投资组合的流动性风险管理提供了新思路。

【课后习题】

1. 假设股票A的买家愿意购买的最高价格是100美元，而卖家愿意出售的最低价格是102美元。试计算这只股票的买入卖出价差比率。

2. 假如我们用500万美元投资于股票A，该股票的日波动率为1%，价差s为0.1%，再假设95%的置信水平所对应的分位数为1.645，那么在95%的置信水平下的日La-VaR为多少？

3. 假设股票A未来各个时间段到期的表内外资产为100 000美元，未来各个时间段到期的表内外负债为50 000美元，请计算未来各个时间段的流动性缺口及流动性缺口率。

4. 假设股票A在某一天内的最高价是100美元，最低价是90美元，而该股票在当天的总成交额是1 000 000美元。请计算该股票的Amihud流动性比率。

5. 简述预防流动性黑洞的措施。

6. 简述流动性风险管理体系中的基本要素。

7. 简述我国商业银行流动性风险管理的政策目标。

8. 简述整体流动性风险管理的政策内容。

9. 简述《巴塞尔协议Ⅲ》新出台的银行流动性监管指标。

投资风险管理篇

第九章

债券投资的风险管理

本章阅读指引

风险管理是维护国家金融安全的重要保障，也是企业存活下去的根本，更是保证证券投资成功的关键基石。而债券作为一种重要的资产配置方式，由于其收益稳定性和低风险等特点备受投资者青睐。本章首先介绍债券定价，接着从债券线性风险管理——久期、债券非线性风险管理——凸性以及债券组合风险管理三个方面对债券的风险管理展开详细的介绍。

第一节　债券定价

一、债券的定义

债券（bond）也可称为固定收益证券，是一种承诺在一段固定时间后，支付给其持有者固定收益的证券。债券是债务人为筹集资金，按照法定程序发行并向债权人承诺于指定日期还本付息的有价证券，记载着债务人与债权人之间的契约关系，债务人在向债权人借贷资金后，需要履行承诺向债权人还本付息。通常，一张债券具有三个主要特点：一是债券的发行主体一般是政府、金融机构、企业等，符合条件的投资者均可进入债券市场交易，成为债券的购买者；二是债券的本质是债的证明书和凭证，具有法律效力；三是债券购买者与发行者之间是债权债务关系，债券发行人是债务人，债券购买者是债权人。故此，在内容上，一张合格的债券必须载明债权人和债务人有关权利与义务的主要约定，这些约定主要包括如下基本要素。

1. 债券面值

债券面值是指债券的票面价值，它明确了债券到期后，发行人需要向债券购买者偿还的本金数额，也是向债券购买者按期支付利息的计算依据。其中，债券面值与债券实际发行价格并不一定完全一致，发行价格大于面值称为溢价发行，发行价格小于面值称为折价发行，发行价格等于面值则称为平价发行。

2. 偿还期限

偿还期限是指债券发行时，规定偿还债券本金的期限，即债券发行日与债券到期日之间的时间间隔。

3. 付息周期

付息周期是指债券发行后规定支付利息的周期，形式可以多样化，譬如到期一次性支付，或1年、6个月、3个月、1个月支付一次。考虑到货币的时间价值，付息周期对债券持有者的实际收益影响较大，到期一次性支付本金利息的债券，其利息通常按照单利计算；而分期多次支付利息的债券，其利息按照复利计算。

4. 票面利率

票面利率是指债券利息与债券面值的比率，是发行者承诺在一定时期内，向债券购买者支付利息的计算标准。债券票面利率的确定受银行利率、发行者资信状况、偿还期限、利息计算方式以及市场资金供求情况的共同影响。

本节在对即期利率、远期利率、单利与复利等概念界定的基础上，介绍了债券定价方法和债券定价的五个定理。

二、即期利率与远期利率

即期利率（spot rate）是指从当前开始计算持续 n 年的债券到期收益率。因为在投资期间没有考虑支付，故此，n 年即期利率实际上也等于 n 年期零息票收益率（zero-coupon yield），它也是定义利率期限结构的基本利率。

远期利率（forward rate）则隐含在给定的即期利率中，其定义为未来某一时点到另一个时点的利率。两者的主要区别在于计息时刻，即期利率的计息时刻是当前，而远期利率的计息时刻是未来某一时点。

即期利率与远期利率可以相互转换，在确定收益率曲线后，远期利率可以由基于收益率曲线的即期利率换算求得。举例来说，假定6个月和1年期的即期利率分别为2%和3.2%，试求6个月后的半年远期利率。设定6个月后的半年远期利率为 r，投资者投资于1年期收益率为3.2%的产品，分别将时间划分为两段，即前6个月投资于收益率为2%的产品，后6个月投资于收益率为 r 的产品，其获得的收益应该是相等的，故此，有如下恒等式：

$$(1+2\%)(1+r)=(1+3.2\%)^2 \tag{9-1}$$

对（9-1）式求解可得6个月后的半年远期利率 $r=4.4\%$。

三、单利与复利

单利（simple rate）是指无论一笔资金的持有期多长，只对本金计息，而此前各期利息在下一个计息周期内均不计算利息的计息方式。令 S 表示本金，r 表示利息，n 表示计息期数，则在单利计息方式下，期末本金利息总和为 $S(1+nr)$。

复利（compound rate），也称“利滚利”，是指某一计息周期内由本金加上先前周期所积累利息总额来计算利息的计息方式，其主要特点是将上期末的本利作为下一期的本金。故在复利计息方式下，如果每年计息一次，则期末本金利息总和为 $S(1+r)^n$；如果每年计息 m 次，则在计息期数为 n 的期末，本金利息总和为 $S(1+r/m)^{mn}$，特别是，如果按连续复利计算，由洛必达法则，本金利息总和为 $\lim\limits_{m\to\infty}S(1+r/m)^{mn}=Se^{\lim\limits_{m\to\infty}nm\ln(1+r/m)}=Se^{nr}$。

【例 9-1】 有知名投资者称，一个人从现在开始，每年存 1.4 万元，并将其投资于股票、债券、房地产，假定每年平均收益率为 20%，如果按照单利计算，则 40 年后资产总额为：

$$\sum_{i=1}^{40}1.4\times(1+20\%\times i)=285.6\text{ 万元}$$

如果按照复利计算，则 40 年后资产总额为：

$$\sum_{i=1}^{40}1.4\times(1+20\%)^i=12\,337.68\text{ 万元}$$

由上述结果可知，在单利计息方式下，投资 40 年后总资产仅为 285.6 万元；而在复利计息方式下，总资产则高达 1.23 亿元。可见，合理的理财方式比投资的资金规模更为重要。

四、债券定价方法

债券市场是一国金融市场不可或缺的重要组成部分，一个成熟、统一的债券市场可以为全社会的投资者和筹资者提供低风险的投融资场所。债券的收益率曲线是全社会经济运行中一切金融商品收益水平的基准，故此，债券市场也是传导央行货币政策的重要载体。从理论上讲，债券定价是债券市场运行最核心的内容，它是由债券持有人在未来期限内获得的现金流所决定的，其中，债券价值与市场价格的差异会给筹资者带来损益，如果债券定价过高，则投资者持有成本较高，债券销售困难，债券发行企业面临损失；如果债券定价过低，则债券发行企业在筹资过程中发生的成本可能无法被债券收益所覆盖，由此也会导致企业面临损失。故此，对债券合理定价具有重要的现实意义。传统债券定价是基于现金流贴现的思路，即将债券投资者在债券到期日前获得的所有现金流按照一定折现率贴现，最后将所得到的现金流现值加总即可得到债券价值。

债券定价包括三个基本元素：(1) 投资者收到的现金流，即收到的每期利息加上到期时的票面价值；(2) 债券的到期时间；(3) 投资者需要的收益率。

债券定价的原理是，投资者未来在债券存续的时间内收到的现金流，经过贴现之后的现值需与当前债券价格相等，假定 C_t 为 t 时刻的现金流，F 为债券面值，也即最终债权人将获得的最终现金流，截至到期日，投资者将收到所有付息期间产生的利息，以及到期时刻返还的本金，r 为贴现率，债券当前价格 P 可表示为：

$$P=\sum_{t=1}^{T}\frac{C_t}{(1+r)^t}+\frac{F}{(1+r)^T}\tag{9-2}$$

基于 (9-2) 式对未来现金流的估计和贴现，可以计算出债券的实际价值。通常，市场上的债券价格与债券的实际价值有所偏差，当价格偏离实际价值时，投资者可选择一定的资金头寸投资于债券市场。其中，当市场的债券价格低于实际价值，即价格低于价值时，根据价格收敛于价值的原理，未来一段时期内，价格将会上升至价值水平，所以，此时应该买入债券，等到价格上升后卖出债券，可收获资本利得。反之，当市场的债券价格高于实际价值时，未来债券的价格会下跌，此时应该卖出债券。

在实际操作中，债券持有期内贴现率并非恒久不变，在贴现率（r_t）可变的情形下，债券定价公式可进一步改写为：

$$P=\sum_{t=1}^{T}\frac{C_t}{(1+r_t)^t}+\frac{F}{(1+r_t)^T} \tag{9-3}$$

在债券定价公式中，每期的利息可以每年支付一次、每半年支付一次，或者每年支付 m 次。事实上，债券的价值只不过是这些现金流的现值。以每年支付 m 次利息为例，则每次支付的利息为 C/m，债券定价公式为：

$$P=\sum_{t=1}^{mT}\frac{C/m}{\left(1+\frac{r}{m}\right)^t}+\frac{F}{\left(1+\frac{r}{m}\right)^{mT}} \tag{9-4}$$

【例 9－2】 债券定价。假定某投资者购买债券面值为 10 000 元、存活期为 5 年的债券，每期可获得的现金流为 900 元，投资者的期望收益率是 8%，此时，可求得债券的定价为：

$$P=\sum_{t=1}^{5}\frac{900}{(1+8\%)^t}+\frac{10\ 000}{(1+8\%)^5}=10\ 399.27\text{ 元} \tag{9-5}$$

如果每半年付息一次，则可求得债券的定价为：

$$P=\sum_{t=1}^{10}\frac{900/2}{\left(1+\frac{8\%}{2}\right)^t}+\frac{10\ 000}{\left(1+\frac{8\%}{2}\right)^{10}}=10\ 405.54\text{ 元} \tag{9-6}$$

可见，相对于每年付息一次，每半年付息一次得到的债券价值更高。

五、债券定价定理

基于债券定价公式，著名学者伯顿·马尔基尔（Burton Malkiel）在对其影响因素，包括债券价格、债券利息率、到期年限、到期收益率进行研究后，提出了债券定价的五个定理，这也是债券定价的经典核心理论。① 债券定价的五个定理如下。

定理一：债券的市场价格与到期收益率成反比关系，即到期收益率上升，债券价格下降；反之，到期收益率下降，债券价格上升。

【例 9－3】 假定票面价值为 100 元，期限为 8 年，每年付息 2 次，票面利率为 5%，当债券的到期收益率为 3%、5%和 8%时，债券的市场价格分别是多少？

由定义可得：$P=\sum_{t=1}^{16}\frac{5/2}{\left(1+\frac{3\%}{2}\right)^t}+\frac{100}{\left(1+\frac{3\%}{2}\right)^{16}}=107.49\text{ 元}$

同理，$P=\sum_{t=1}^{16}\frac{5/2}{\left(1+\frac{5\%}{2}\right)^t}+\frac{100}{\left(1+\frac{5\%}{2}\right)^{16}}=100$，

$$P=\sum_{t=1}^{16}\frac{5/2}{\left(1+\frac{8\%}{2}\right)^t}+\frac{100}{\left(1+\frac{8\%}{2}\right)^{16}}=89.9\text{。}$$

---

① Malkiel，B. G.，“Expectations，Bond Prices，and the Term Structure of Interest Rates”，*Quarterly Journal of Economics*，1962：197－218.

如果进一步动态模拟到期收益率从 1%到 20%，经债券定价公式计算可得债券在不同到期收益率水平下的价格走势，结果如图 9－1 所示。事实上，结合（9－2）式，求偏导可得 $\frac{\partial P}{\partial r}=\sum_{t=1}^{T}-tC_t(1+r)^{-t-1}-TF(1+r)^{-T-1}<0$，故债券价格与到期收益率存在反比关系。

定理二：在债券到期收益率不变的条件下，当债券的息票率与到期收益率之间的差额固定不变时，债券的到期时间与债券价格波动幅度成正比关系，即到期时间越长，债券价格波动幅度越大；反之，到期时间越短，债券价格波动幅度越小。

定义债券价格波动幅度变量 $m=\frac{P-F}{F}=\sum_{t=1}^{T}\frac{C_t/F}{(1+r)^t}+\frac{1-(1+r)^T}{(1+r)^T}$，假定到期收益率为 9%，模拟结果如图 9－2 所示，可见，债券价格波动幅度与到期时间呈现显著的正相关关系，到期时间越长，则债券价格波动幅度越大。

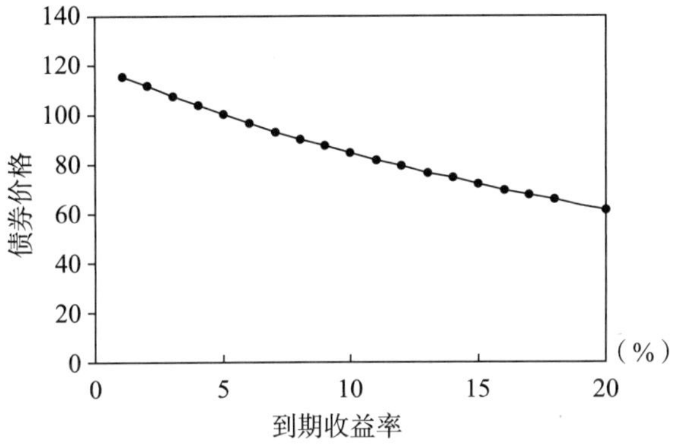

图 9－1 债券价格与到期收益率的关系

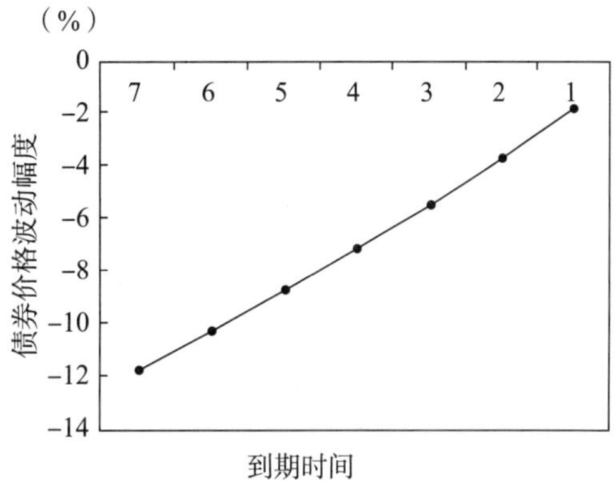

图 9－2 债券价格波动幅度与到期时间的关系

定理三：债券到期时间越短，债券价格波动幅度减小，并且是以递增的速度减小；反之，到期时间越长，债券价格波动幅度增大，并且是以递减的速度增大。

结合定理二，随着到期时间临近，债券价格波动幅度呈下降趋势，同时由图 9－3 可知，债券价格波动幅度变化的下降速度呈递增趋势。经验模拟结果验证了定理三。

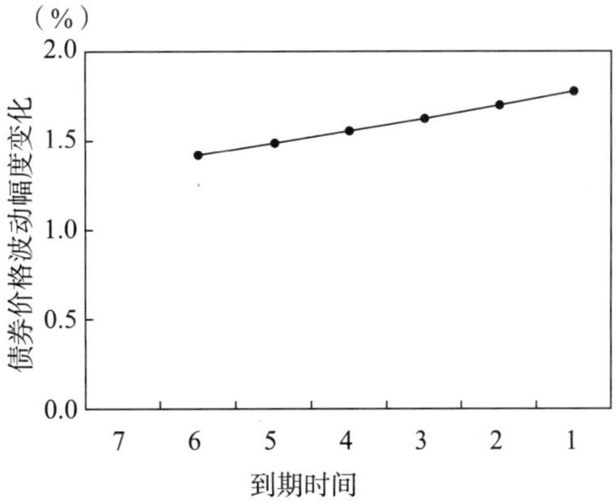

图 9－3 债券价格波动幅度变化与到期时间的关系

【例 9－4】 假定债券面值为 1 000 元，年息票率为 5%，年息票次数为 1 次，距离到期的时期数是 8 次，到期收益率为 18%，现以面值发售。（1）如果到期收益率下降至 16%，那么债券价格是多少？（2）如果到期收益率上升至 20%，那么债券价格又是多少？

由债券定价公式，可以计算得出到期收益率下降 2%时，债券价格为 $P_1=522.21$，此时债券价格上升幅度 $m_1=11.13\%$；而到期收益率上升 2%时，债券价格为 $P_2=424.43$，此时债券价格下降幅度 $m_2=9.68\%$。满足 $m_1>m_2$。

定理四：对于期限既定的债券，到期收益率下降导致的债券价格上升的幅度大于同等幅度的到期收益率上升导致的债券价格下降的幅度。

如果进一步动态模拟到期收益率变化落在−5%～5%，可得债券价格百分比变化的情况如图 9－4 所示，同时，我们也模拟了债券价格变化关于到期收益率变化的对称性函数。由估计结果可知，到期收益率下降导致债券价格上升的幅度大于同等幅度的到期收益率上升导致债券价格下降的幅度，即经验数据有效验证了定理四。

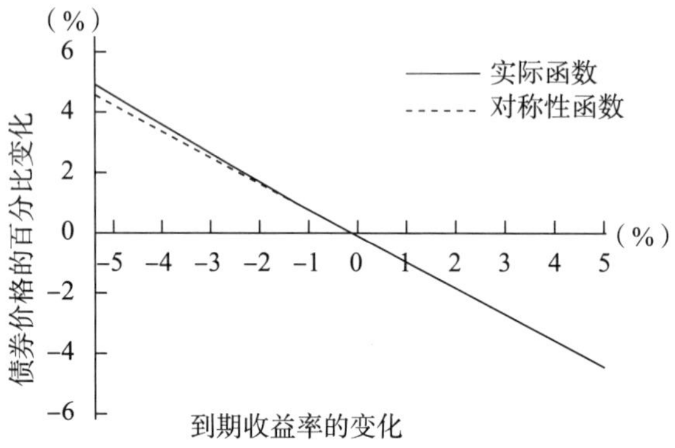

图 9－4　债券价格变化关于到期收益率变化的函数

定理五：给定到期收益率的变动幅度，债券的息票率与债券价格波动幅度之间成反比关系，即息票率越高，债券价格波动幅度越小。

【例 9－5】　假定债券 A 与债券 B 的票面价值均为 1 000 元，期限为 8 年，每年付息一次，但票面利率不相同，其中，债券 A 与债券 B 的票面利率分别为 5%、10%。假定两者的到期收益率均为 8%，此时，债券 A 与债券 B 的市场价格分别为 827.6 元、1 114.9 元。当两种债券的到期收益率同时由 8%上升至 10%时，它们的价格变化率有何不同？

当到期收益率为 10%时，债券 A 的价格为 733.3 元，此时，债券 A 的价格变化率为 $\Delta_1=(733.3-827.6)/827.6\times100\%=-11.39\%$；债券 B 的价格为 1 000 元，此时，债券 B 的价格变化率为 $\Delta_2=(1\,000-1\,114.9)/1\,114.9\times100\%=-10.31\%$。由于 $|\Delta_1|>|\Delta_2|$，可见，对于给定的到期收益率变动幅度，息票率越高的债券，其债券价格波动幅度越小。

第二节　债券线性风险管理——久期

债券的市场价格以及实际收益率受许多因素影响，这些因素的变化都可能使投资者的实际利率发生变化，从而使投资行为产生各种风险。债券投资者的投资风险主要包括利率风险、通货膨胀风险、经营风险、期限风险、流动性风险、汇率风险等。而在债券线性风险管理中，利率是一个重要的测量指标。

所谓利率久期（duration）是指用于衡量交易组合对于利率曲线的风险敞口，久期指根据某一金融资产的现金流计算的收回本息的加权平均时间。本节主要展开介绍三种久期，即美元久期（dollar duration）、麦考利久期（Macaulay's duration）以及修正久期（modified duration）及其联系。

一、美元久期

美元久期是指利率变动导致的债券价值变动的金额，换言之，美元久期即债券价格对到期收益率的一阶导数的负数。假设债券到期收益率为 y，债券价格为 B，t_i 期的现金流为 c_i，则美元久期（DD）可以表示为：

$$DD=-f'(y_0)=-\frac{\Delta B}{\Delta y}=-\frac{dB}{dy}=-\frac{d}{dy}\left(\sum_{t_i=1}^{n}\frac{c_i}{(1+y)^{t_i}}\right) \tag{9-7}$$

整理以后为：

$$DD=-\frac{1}{1+y}\left(\sum_{t_i=1}^{n}\frac{(-t_i)\times c_i}{(1+y)^{t_i}}\right)=\frac{1}{1+y}\sum_{t_i=1}^{n}\frac{t_i\times c_i}{(1+y)^{t_i}} \tag{9-8}$$

二、麦考利久期

在 1938 年，麦考利提出使用加权平均的形式计算债券现金流的平均到期时间，因此，我们称之为麦考利久期。具体而言，麦考利久期表示债券在未来产生现金流的时间的加权平均，权重为各期现金流的现值在债券价格中所占的比重，麦考利久期（D）可以用（9-9）式表示：

$$\begin{aligned}D&=\sum_{t_i=1}^{n}(t_i\times\omega_i)=\sum_{t_i=1}^{n}\left(t_i\times\frac{\frac{c_i}{(1+y)^{t_i}}}{B}\right)\\&=\sum_{t_i=1}^{n}\left[t_i\times\frac{\frac{c_i}{(1+y)^{t_i}}}{\sum_{t_i=1}^{n}\frac{c_i}{(1+y)^{t_i}}}\right]\end{aligned} \tag{9-9}$$

其中，ω_i 表示每一期现金流所占债券的比重，即 $\omega_i=\frac{c_i}{(1+y)^{t_i}}\Big/\sum_{t_i=1}^{n}\frac{c_i}{(1+y)^{t_i}}$。

特别地，对于零息债券来说，由于其各期不产生现金流，因此，零息债券的麦考利久期等同于其到期时间 T。

三、修正久期

从定义上看，修正久期是到期收益率微小变动与债券价格的相对变动之比，这一近似比例关系的前提为到期收益率的变动是微小的。所以，修正久期可以作为一种度量债券价格对到期收益率变化的敏感性的指标。我们用 D^* 来表示修正久期，其计算公式为：

$$D^* = -\frac{1}{B}\frac{\Delta B}{\Delta y} = -\frac{1}{B}\frac{\mathrm{d}B}{\mathrm{d}y} = \frac{1}{B}\frac{\sum_{t_i=1}^{n}\frac{t_i \times c_i}{(1+y)^{t_i}}}{1+y} = \frac{1}{B}\frac{\sum_{t_i=1}^{n} t_i v_i}{1+y} \tag{9-10}$$

其中，$v_i = \frac{c_i}{(1+y)^{t_i}}$，表示现金流 c_i 以 y 为贴现率从 t_i 时间贴现到当前的值。

（9-10）式等价于：$\Delta B = -BD^*\Delta y$，即债券到期收益率的微小变动会引起债券价格的相应变动。从（9-10）式中可以看到，当到期收益率发生微小变动时，债券价格的变动与修正久期之间存在着固定的比例关系。当修正久期较大时，利率上升使得债券价格下降幅度较大，利率下降使得债券价格上升幅度较小。所以，若投资者认为利率未来将会上升，他们就应该更多选择投资于久期更短的投资品。反之，当修正久期较小时，利率上升使得债券价格下降幅度较小，利率下降使得债券价格上升幅度较大。所以，当投资者认为利率未来将下降时，他们就会投资于久期更长的投资品，以此来获得更高的收益。

四、各类久期之间的联系

对比前文美元久期、麦考利久期和修正久期的计算公式，可以发现三者之间存在如下关系：

美元久期等于修正久期乘债券价格，用公式表示为：$DD = D^* \times B$，修正久期等于麦考利久期除以贴现率，用公式表示为：$D^* = \frac{D}{1+y}$，特别地，如果一年复利 m 次，则公式变为：$D^* = \frac{D}{1+\frac{y}{m}}$。由此，可以得到麦考利久期与美元久期的关系为：$DD = \frac{D \times B}{1+y}$。

五、久期法则

久期在日常生活中的运用十分广泛，一是衡量金融资产的加权平均到期期限，二是衡量利率变化对资产价格的影响。利用久期可以对债券的利率风险进行度量，久期越长，债券的利率风险越大。根据久期的含义和计算公式，总结出如下几条法则：

（1）零息债券由于中间各期不付息，所以久期等于它的到期时间；

（2）到期时间不变，息票率越高，债券久期越短；

（3）如果票面利率不变，债券久期通常会随着期限增加而增加；

（4）保持其他因素都不变，当债券到期收益率较高时，息票债券的久期较短；

（5）终身年金的久期是：$\frac{1+y}{y}$。

【例 9-6】 三种久期计算的应用。假设存在某个面值为 100 美元、债券利息为 10% 的 3 年期债券，该债券连续复利的年收益率为 10%，每 6 个月付息一次，因此，每期利息为 5

美元，请计算该债券的久期。

表 9-1 为有关债券修正久期计算的步骤。第一步，计算出每一期可以获得的现金流，见表的第二列；第二步，将每一期现金流以收益率为贴现率进行折现，每一期现值见表的第三列，则第三列的数字之和即为债券的价格 99.358 美元；第三步，将第三列每一行数字除以债券价格即得到每年现金流的权重（如第一次付息的权重 4.756/99.358=0.048），各行权重加总应为 1；第四步，将各行权重与时间相乘即得到第五列数字；最后，将第五列数字相加即可以得到债券的修正久期 2.664 年。由于在连续复利下修正久期与麦考利久期相同，因此，该债券的麦考利久期也为 2.664 年，即 $D=D^*=2.664$；而美元久期为 $DD=2.664\times 99.358=264.69$。

表 9-1 久期的计算

期限（年）	现金流（美元）	现值（美元）	权重	时间×权重
0.5	5	4.756	0.048	0.024
1.0	5	4.524	0.046	0.046
1.5	5	4.304	0.043	0.065
2.0	5	4.094	0.041	0.082
2.5	5	3.894	0.039	0.098
3.0	105	77.786	0.783	2.349
总计	130	99.358	1.000	2.664

紧接着，分析收益率的微小变动对于债券价格的影响。利用前文公式，可以计算得到，当收益率增加 0.1%时，债券价格变化为：

$$\Delta B=-99.358\times 2.664\times 0.001=-0.2647$$

因此，通过久期公式计算的债券价格会下降到：

$$B'=99.358-0.2647=99.093$$

为了验证利用久期公式计算的债券价格的准确性，计算收益率增加 10 个基点到 10.1%时债券的实际价格，计算公式如下：

$$\begin{aligned}B'&=5e^{-0.101\times 0.5}+5e^{-0.101\times 1.0}+5e^{-0.101\times 1.5}+5e^{-0.101\times 2.0}+5e^{-0.101\times 2.5}+105e^{-0.101\times 3.0}\\&=99.093\end{aligned}$$

通过对比，可以看到利用久期计算的债券价格与债券的实际价格相同，由此可知，当债券收益率变化较小时，利用修正久期计算债券价格变化是非常精确的（精确到小数点后三位）。

程序 9-1

久期计算

最后，考虑离散复利的情形，如果一年复利 2 次，连续复利收益率仍然为 10%，则所对应的每年复利 2 次的收益率为 10.25% $\left[\text{其计算公式为}\left(1+\frac{y}{2}\right)^2=e^{10\%\times 1}\right]$，一年复利 2 次的修正久期为：

$$D^*=2.664/(1+0.1025/2)=2.5341$$

相应的，美元久期为：

$$DD=2.5341\times 99.358=251.78$$

此时，当收益率增加 10 个基点时，债券价格变动为：

$$\Delta B=-99.358\times 2.5341\times 0.001=-0.2518$$

第三节 债券非线性风险管理——凸性

一、凸性的定义

如前文所述，当收益率曲线有较小的移动时，可以用久期来度量债券价格的变化，那么，当收益率曲线有较大的移动时，久期是否仍然能够准确度量债券价格的变化？答案是否定的（后文将用例子予以证明）。这是因为即使是两个具有相同久期的债券，收益率曲线的移动导致其价格的变化也可能是不同的。换言之，债券价格与收益率之间的关系具有非线性特征，而不是简单的线性关系。这就意味着，当收益率变化较大时，两个债券面临的市场风险就不一样了，故此，不能再简单地用久期来度量债券价格的变化，而需要一个更为精准的度量债券价格变化的工具。

此时，引入一个新的概念——凸性（convexity），又称作曲率，来度量债券价格-收益率曲线的弯曲程度，它可以被用来提高用久期计算债券价格近似式的准确性。

从公式上看，债券的凸性（C）可以通过计算债券价格对收益率的二阶导数与债券价格之比得到，具体为：

$$C=\frac{1}{B}\frac{\mathrm{d}^2B}{\mathrm{d}y^2} \tag{9-11}$$

将（9-11）式左右两边同时乘以债券的价格 B，可以得到债券价格对收益率的二阶导数：

$$f''(y)=C\times B \tag{9-12}$$

利用凸性可以得到收益率曲线变动关于债券价格的二阶近似式：

$$\Delta B=\frac{\mathrm{d}B}{\mathrm{d}y}\Delta y+\frac{1}{2}\frac{\mathrm{d}^2B}{\mathrm{d}y^2}\Delta y^2 \tag{9-13}$$

由此可以得到收益率变动相应引起的债券价格变动百分比：

$$\frac{\Delta B}{B}=-D^*\Delta y+\frac{1}{2}C(\Delta y)^2 \tag{9-14}$$

从（9-14）式可以发现，由于凸性的存在，当收益率下跌的幅度较大时，久期往往低估了债券价格的上涨程度；反之，当收益率上升的幅度较大时，久期往往高估了债券价格的下跌程度。进一步地，还可以得出一个结论：应该选择持有凸性更大的债券，因为其具有更强的抗风险作用。

二、离散复利与连续复利下的凸性

具体应用时，可以将凸性分为离散复利下的凸性和连续复利下的凸性，分别进行计算。在离散复利下，债券的价格为 $B=\sum_{t_i=1}^{n}\frac{c_i}{(1+y)^{t_i}}$，因此，离散复利债券的凸性可表示为（9-15）式：

$$C=\frac{1}{B}\frac{d^2B}{dy^2}=\frac{1}{B}\frac{\sum_{t_i=1}^{n}t_i\times(t_i+1)c_i}{(1+y)^{t_i+2}} \tag{9-15}$$

而在连续复利下，债券的价格为 $B=\sum_{t_i=1}^{n}c_i e^{-yt_i}$，因此，连续复利债券的凸性可以表示为（9-16）式：

$$C=\frac{1}{B}\frac{d^2B}{dy^2}=\frac{\sum_{t_i=1}^{n}c_i t_i^2 e^{-yt_i}}{B}=\sum_{t_i=1}^{n}t_i^2\times\omega_i \tag{9-16}$$

由此可以发现，债券的凸性是未来收到现金流的时间平方的加权平均值，权重为债券现金流的现值与债券价格之比。

三、凸性的性质

（1）凸性是用来衡量债券价格-收益率曲线的弯曲程度的指标。凸性越大，曲线弯曲程度越大，用修正久期计算的收益率变动对债券价格影响的误差也更大，这时候就需要用凸性的债券价格的二阶近似式来计算债券价格的变化。

（2）对于正常付息债券来说，凸性大的债券利率风险较小，在相同久期的两个债券中应该选择凸性更大的债券，这是因为，利率增加相同单位时，凸性大的债券价格下降幅度更小；利率减少相同单位时，凸性大的债券价格增加幅度更大。

（3）不是任何时候都需要利用债券凸性进行计算的，只有在认为收益率将有一个较大的变动时才将凸性作为重要的考虑因素。

（4）对于具有固定息票的债券来说，凸性一定是正值。

【例 9-7】 继续例 9-6，并且假设此时市场上该类债券的收益率上涨到 12%，即收益率增加了 2%，请计算此时债券的凸性以及估计收益率变动对债券价格的影响。

表 9-2 凸性的计算

期限（年）	现金流（美元）	现值（美元）	权重	期限^2×权重
0.5	5	4.756	0.048	0.012
1.0	5	4.524	0.046	0.046
1.5	5	4.304	0.043	0.097
2.0	5	4.094	0.041	0.164
2.5	5	3.894	0.039	0.244
3.0	105	77.786	0.783	7.047
总计	130	99.358	1.000	7.610

首先，利用前文对于凸性的定义和计算公式，计算债券的曲率：

$$\begin{aligned}C&=0.048\times0.5^2+0.046\times1.0^2+0.043\times1.5^2+0.041\times2.0^2+0.039\times2.5^2\\&\quad+0.783\times3.0^2\\&=7.610\end{aligned}$$

其次，根据（9-14）式，收益率变化 2%所引起的债券价格的变动用凸性方法计算为：

$$\Delta B=-DB\Delta y+\frac{1}{2}CB(\Delta y)^2$$
$$=-2.664\times 99.358\times 0.02+\frac{1}{2}\times 7.610\times 99.358\times 0.02^2$$
$$=-5.1428$$

当用久期方法计算债券价格变动时，结果为：

$$\Delta B=-DB\Delta y$$
$$=-99.358\times 2.664\times 0.02$$
$$=-5.2938$$

可以看到，用凸性方法和久期方法计算的债券价格变动并不相同。那么到底哪种方法的计算结果与债券的实际价格变动更为接近呢？

让我们计算一下当收益率为12%时债券的实际价值：

$$B_{12\%}=\sum_{t=0.5}^{3}5e^{-0.12t}+100e^{-0.12\times 3}=94.213$$
$$\Delta B=B_{12\%}-B_{10\%}=94.213-99.358=-5.145$$

程序 9-2

凸性计算

通过对比，不难发现用凸性方法计算的债券价格变动与债券实际价格变动更为接近，即用凸性方法计算的价格更为精准。

通过上面的例子，可以得到这样的结论：当收益率变化较小时，债券价格变动可以通过久期来衡量，但是当收益率变化较大时，用久期计算债券价格变动就不再合适，这是由于具有不同凸性的债券在收益率变化较大时，其债券价格变动差异会较大，这时应该用凸性方法计算债券价格变动。

四、久期与凸性的推广

前文都是采用久期和凸性来分析收益率变动对于单只债券价格的影响，实际上，久期和凸性也可以被推广到计算债券组合的价格变动。

现在，假设 P 代表债券组合的价格，将收益率曲线进行平行移动 Δy 导致债券组合的价格变动记为 ΔP，则债券组合的久期可以定义为（9-17）式：

$$D=-\frac{1}{P}\frac{\Delta P}{\Delta y} \tag{9-17}$$

易得债券价格变动的百分比等于组合的久期与收益率变动的乘积，即$\frac{\Delta P}{P}=-D\Delta y$。

现在，假定债券组合是由多种与利率相关的资产组成的，第 i 个资产价格为 V_i，则债券组合的价格可以表示为 $P=\sum_{i=1}^{n}V_i$，假设每个资产对应的久期为 $D_i(i=1, 2, \cdots, n)$。进一步，定义 ΔV_i 为收益率变化 Δy 时资产 V_i 的价格的相应变化量，那么债券组合价格的总变化量可以表示为 $\Delta P=\sum_{i=1}^{n}\Delta V_i$，根据（9-17）式，整个债券组合的久期为：

$$D=-\frac{1}{P}\sum_{i=1}^{n}\frac{\Delta V_i}{\Delta y} \tag{9-18}$$

那么，第 i 个单一资产的久期可以表示为：

$$D_i = -\frac{1}{V_i}\frac{\Delta V_i}{\Delta y} \tag{9-19}$$

因此，

$$D = -\frac{1}{P}\sum_{i=1}^{n}\frac{\Delta V_i}{\Delta y} = \frac{1}{P}\sum_{i=1}^{n}V_i D_i = \sum_{i=1}^{n}\frac{V_i}{P}D_i = \sum_{i=1}^{n}\omega_i D_i \tag{9-20}$$

其中，$\omega_i = \frac{V_i}{P}$，$i=1, 2, \cdots, n$。

（9-20）式说明债券组合的久期是构成组合的单一资产的久期的加权平均，权重等于单一资产占整体组合价格的比值。

类似地，凸性的概念也可以被推广，债券组合的凸性也是单一资产凸性的加权平均：

$$C_P = \sum_{i=1}^{N}\frac{V_i}{P}\times C_i = \sum_{i=1}^{N}C_i\omega_i \tag{9-21}$$

与单一资产类似，如果债券组合的收益率曲线有一个较小的平行移动（不适用于收益率曲线的非平行移动），则用久期计算的债券组合的价格变化为：

$$\Delta P \approx -D^* \times P_0 \times \Delta y \tag{9-22}$$

当收益率曲线有一个较大的平行移动时，应该用凸性计算债券组合的价格变化：

$$\Delta P \approx -D^* \times P_0 \times \Delta y + \frac{1}{2}CP(\Delta y)^2 \tag{9-23}$$

（9-23）式表明债券组合的凸性等于构成组合的各项资产的凸性的加权平均，其权重为单一资产的价格占整体组合价格的比值。此外，当债券组合的久期为某一特定值时，如果现金流分布在较短的时间内，则表明债券组合的凸性较小，反之，如果现金流分布在较长的时间内，则表明债券组合的凸性较大。

第四节 债券组合风险管理

债券组合风险管理从策略上可以分为消极管理策略和积极管理策略。

一、消极管理策略

消极债券管理者认为债券定价是合理的，不再积极寻求交易的可能性去战胜市场，仅试图控制他们持有的固定收益债券组合的风险。在固定收益市场中，投资者经常使用两种消极管理策略：一种是指数策略，另一种是免疫策略。

对于第一种方法即指数策略，债券组合管理者首先选定一个指数作为依据，然后构造债券组合以复制指数的业绩。仿照债券指数构造债券组合有三种方法，主要包括分格方法、最优化方法和方差最小化方法。

第二种方法是为大众所熟知的免疫策略，广泛应用于各类金融机构，例如保险公司和养老基金等，这种方法主要是指债券管理者通过选择久期等于其负债的到期期限的债券组合来抵消利率变化所带来的风险。此外，还可以采用现金流搭配策略，这是一种特殊类型的免疫策略，债券管理者需要建立一个现金流用于支付每一个到期的负债现金流的专用债券组合。

尽管指数策略和免疫策略在采取消极态度、接受市场价格是合理的这一观点上是相似的，但是在处理风险敞口方面，二者有很大不同。一个债券组合的风险-收益与其所复制的市场指数的风险-收益状况是相当的。而免疫策略寻求建立的是一种几乎零风险的债券组合，其中利率变动对债券组合的价值没有任何影响。

1. 指数策略

理论上，债券市场指数与股票市场指数相似，因此，可以构建一个能代表指数结构的债券组合，而该指数正好能够反映股市。但是，指数债券组合面临一个问题：指数包含了数千只债券，这使得很难按它们的市值比重购买。此外，很多债券交易量小，这意味着很难找到它们的所有者，也很难以一个公平的市场价格购买它们。

在实践中，完全复制总体债券指数是不可行的。因此，作为替代，在指数基金的复制中常常采用分层取样或分格方法。表 9-3 表明了分格方法的思想。具体步骤如下：第一步，将债券市场分为若干类别，如国债、按揭抵押、金融、公用事业等，并区分相应的到期期限；第二步，计算每个网格中资产占总资产的百分比；第三步，债券管理者建立一种债券组合，该债券组合中每一单元债券所占的比例与该单元在全部债券中所占的比例相匹配。通过这种方法，债券组合在期限、票面利率、信用风险和债券所属行业等方面特征与指数相匹配，则该债券组合的业绩将与指数业绩相类似。

表 9-3　债券指数复制分格方法（%）

剩余期限类别	国债	机构	按揭抵押	工业	金融	公用事业	扬基
<1 年	12.20						
1~3 年	5.50						
3~5 年			4.20				
5~7 年							
7~10 年		0.20					
10~15 年							
15~30 年			9.30			3.50	
30 年以上							

除了债券个数过多的难题外，债券指数基金还面临着比股票指数基金更难的再平衡问题。具体而言，当有新的债券发行时，不得不考虑将新的债券加入指数，而当前期发行的债券到期时，就需要考虑将该债券从指数中剔除。由于债券不断变化，管理者需要不断地进行再平衡来保证债券组合的构成和指数中所包含的债券相匹配。此外，债券产生的大量利息收入必须进行再投资的事实，也使得债券指数基金管理者的工作更为复杂。

2. 免疫策略

与指数策略不同，免疫策略是很多机构投资者试图使它们的债券组合免受利率风险的影响，并不积极寻求交易的可能性以战胜市场的一种策略。一般而言，对利率风险主要有两种观点，第一种是银行这类机构，它们致力于保护净现值或公司的净现值不受利率波动的影响；第二种是像养老基金这样的投资者，它们可以合理预期在一定期限后将面临的支付义务，因此，这些投资者更关心保护其债券组合的未来价值。

但是，银行和养老基金面临的共同问题是利率风险。无论是公司的净值还是基金资产未来兑现的能力都会随着利率波动而受到影响。免疫策略是指这类投资者用来使整个金融资产免受利率风险影响的策略。免疫策略背后的思想是与久期匹配的资产和负债可以使得债券组合免受利率波动的影响。

因此，可以从更一般的角度来理解免疫策略，采取免疫策略的债券管理者主要是通过构造相匹配的资产和负债来使组合的久期为 0，这就意味着组合不再受利率风险的影响，从而达到了债券组合对利率的免疫。当然，预计利率的波动较小时，可以采取久期为 0 的免疫策略；预计利率的波动较大时，可以采取保证久期和凸性均为 0 的免疫策略。

由前文可知，债券组合价格变动的公式为 $\Delta P=-D^*\times P_0\times\Delta y$，其中，$D^*\times P_0$ 是美元久期，Δy 是收益率变动。因此，组合发生损失可能是由于风险因子的存在，如美元久期的风险暴露或者风险因子自身的变动（对组合来说是外部变量）。当利率和资产久期变化时，管理者必须再平衡债券组合使得资产和债务的久期一致，从而保证资产的久期为 0。

此外，即使利率不变，资产的久期也会因为时间的推移而相应地发生变化。因此，即使开始时资产与负债形成免疫，随着时间的推移，在利率不同时，资产和负债的久期也会以不同的比率下降。此时，如果没有进行债券组合的再平衡，债券组合就不再免疫，久期就不再匹配。由此可见，免疫所指的消极管理策略仅仅是说债券管理者并不试图去识别低估的债券，实际上，采取免疫策略的管理者时刻关心和监控他们的头寸，以保证免疫的实现。在实践中，需要在完美免疫（需要不断再平衡）和控制交易费用（规定频率较低的再平衡）之间做出适当的妥协。

【例 9-8】 本例通过一个建立久期对冲风险的案例来帮助理解免疫策略。假设一投资者持有一个修正久期为 7.0，价值为 1 000 万美元的投资组合 P，该投资组合需要对冲 3 个月。已知当前的国债期货合约价格是 93-02$\left(93\dfrac{2}{32}=93.0625\right)$，名义金额为 100 000 美元，假定它的久期是 9.5 年，请计算该投资者应该购买的最优对冲的期货合约数量。

首先，计算一份期货合约的价格为：

$$V=93.0625\%\times100\,000=93\,062.5(\text{美元})$$

其次，计算市场利率上升 1 个基点时，一份期货合约的价格变动为：

$$\Delta P_T=-9.5\times93\,062.5\times0.01\%=-88.41(\text{美元})$$

再次，计算当市场利率上升 1 个基点时，投资者持有的债券组合的价格变动为：

$$\Delta P_P=-7.0\times10^7\times0.01\%=-7\,000(\text{美元})$$

最后，假设持有 N 份期货合约才能对冲市场利率波动的风险，当市场利率上升 0.01% 时，在免疫策略下新组合的价格变动应该为 0（利率变动对于债券价格的影响为 0），即：

$$\Delta P_P+N\times\Delta P_T=0$$

因此，投资者需要持有的期货合约的份数为：

$$N=-\frac{\Delta P_P}{\Delta P_T}=-\frac{7\,000}{88.41}=-79.18(\text{份})$$

结论是：在当前时刻，投资者需要卖出 79 份国债期货合约才能使得手中持有的 1 000 万美元投资组合不受利率波动的影响。

那么，当购买 N 份对冲资产后，市场利率波动给新组合带来的价格变动可以表示为：

$$\begin{aligned}\Delta V &= \Delta P_P + N \times \Delta P_T = [(-D_P^* \times P_P) + N \times (-D_T^* \times P_T)] \times \Delta y \\ &= -[(D_P^* \times P_P) + N \times (D_T^* \times P_T)] \times \Delta y\end{aligned}$$

当 $(D_P^* \times P_P) + N \times (D_T^* \times P_T)$ 为 0 时，无论利率波动有多大，新投资组合受利率影响而产生的价格变动均为 0。以上过程就是免疫策略的原理，最优对冲就是负的现货美元久期与对冲工具的美元久期的比值。

二、积极管理策略

积极管理策略是通过积极交易债券组合以试图得到附加收益的一种策略。积极管理策略要求投资者能够准确预测利率未来的走向（否则可能会造成巨大损失），然后选择债券和决定进入市场的时机（择时择机），或者识别错定价格的债券。

一般而言，积极管理策略中有两种潜在价值来源。第一种是利率预测，试图预测固定收益市场范围内的利率动向。如果预计利率下降，债券价格将会提高，债券组合的管理者将会增加投资组合的久期；反之，如果预计利率上升，债券价格将会下降，债券组合的管理者将会减少投资组合的久期。

第二种是在固定收益市场内识别错误的估值债券，以低价购买该债券，当该债券被市场正确定价后再卖出，以赚取买卖差价。例如，如果分析师认为某一特定债券的违约溢价没必要很大，这就意味着该债券价值被低估了，是一个获利的机会。因此，只有分析师具有超越市场的信息或者洞察力，管理者才能从中获得超额收益。如果价格已经反映了这一信息，利率将要如何变动的信息就不会使管理者获得利润。从对市场效率的讨论中可知，有价值的信息是差异信息。

积极管理策略主要包括应变免疫、水平分析和债券换值。

1. 应变免疫

应变免疫指债券组合的管理者事先确定了一个最小目标利率（或安全净收益），然后通过积极管理策略免疫债券组合，以确保达到最小目标利率。如果债券组合的收益下跌到安全净收益的水平，债券组合管理人员就进行积极的操作，使得该债券组合免疫并锁定安全净收益，免疫收益与安全净收益之差被称为安全缓冲。

2. 水平分析

利率预测是水平分析的一种形式。水平分析是指，分析师首先确定一个特定债券的期限并且预测其期末的收益率曲线。由此，给定债券的到期时间，它的收益可以从预测的收益率曲线和计算的期末价格中得出。最后，分析师把利息收入和预期的债券收益加起来得到持有期间债券的总收益。

3. 债券换值

债券换值指债券组合管理者通过辨别市场中债券是否被暂时错误定价，然后购买或者出售同等数量的类似债券以增加债券组合的积极管理策略，通常有以下几种：

（1）替代互换：一种债券与几乎相同的替代品的交换。被替代的债券应该基本上有相同的票面利率、期限、质量、赎回条款、偿债基金条款等。如果人们相信市场中这两种债券价格存在暂时失衡，而这种失衡可以带来获利的机会，那么替代互换方式就会出现。

（2）市场间差价互换：投资者认为在债券市场的两个部门之间短暂存在利差时进行套利的行为。例如，如果公司和政府之间的利差太大并预计利差会收窄，那么投资者将从购买政府债券转向购买公司债券。这是因为，如果利差确实收窄，公司债券的表现将比政府债券好。

（3）利率预期互换：这是投资者采取盯住利率的预测方法。在这种情况下，如果投资者预计利率会下降，他们就会互换成久期更长的债券；反之，如果投资者预计利率会上升，他们就会互换成久期更短的债券。

（4）纯收益获得互换：这种方法不是利用错误估值，而是通过持有高收益债券增加回报。当收益率曲线向上倾斜时，纯收益获得互换是指买入长期债券。这种行为被看作在高收益债券中尝试获得期限风险溢价，而投资者愿意承受这种策略带来的利率风险。只要持有期收益率曲线不发生上移，投资者把短期债券换成长期债券就会获得更高的收益率。当然，如果收益率曲线上移，长期债券会遭受较大的资本损失。

【本章小结】

本章在债券定价的基础上，介绍了债券风险管理的三种方法：第一种为债券线性风险管理，测算指标包括美元久期、麦考利久期以及修正久期，并从数学的角度讨论三者之间的区别与联系。第二种为债券非线性风险管理，介绍了债券凸性的定义、性质、应用以及与久期的联系。第三种为债券组合风险管理，包括消极管理策略和积极管理策略。

【课后习题】

1. 一个投资者在年初投入 500 元，年末收入 580 元。请计算该投资在不同复利机制下的收益率：（1）每年复利一次；（2）每半年复利一次；（3）每月复利一次；（4）连续复利。

2. 假设连续复利的零息利率如下表所示：

期限（以月计）	利率（每年的利率，%）
3	4.0
6	4.2
12	4.5
15	4.8
18	5.0

请计算第 2 季度、第 3 季度、第 4 季度的远期利率。

3. 现有一只面值为 1 000 元，期限为 20 年的债券，票面利率为 7%，每半年付息一次（即每次支付 35 元）。假设年利率为 5%，求债券的价值。

4. 某公司发行的债券面值为 1 000 元，现以 980 元的价格折价发行，5 年后到期，年票面利率为 8%，每半年付息一次，请计算该债券的当期收益率和到期收益率。

5. 下表给出了市场中现存的债券信息，半年付息一次，请根据表中信息回答以下问题：

债券面值（元）	期限（以月计）	年券息（元）	债券价格（元）
100	6	3.0	98
100	12	4.2	96
100	18	7.2	102
100	24	9.0	105

（1）计算对应于 6 个月、12 个月、18 个月和 24 个月期限的零息利率；

（2）计算对应时段的远期利率：6～12 个月；12～18 个月；18～24 个月；

（3）计算期限分别为 6 个月、12 个月、18 个月和 24 个月的债券的平价收益率；

（4）估算期限为 2 年，年券息率为 8.5%，每半年支付一次券息的债券的收益率。

6. 假设利率期限结构向上倾斜，请将以下变量按从大到小的顺序排列：

（1）5 年期的零息利率；

（2）5 年期附息债券的收益率；

（3）未来第 5 年第一季度的远期利率。

如果利率期限结构向下倾斜，结果会发生什么变化？

7. 考虑某个面值为 100 美元、票面利率为 12%的 5 年期债券，该债券连续复利的年收益率为 12%。

（1）该债券的美元久期、麦考利久期以及修正久期分别为多少？

（2）假设市场上该类债券的收益率上涨到 14%，利用久期公式计算此时的债券价格。

（3）假设市场上该类债券的收益率上涨到 14%，利用凸性公式计算此时的债券价格。

（4）重新计算年收益率为 14%时债券的价格，并与（2）和（3）的结果比较。

8. 假定年初时，一家创业企业向某银行以 13%的利率贷款 100 万元，贷款期限为 1 年，为了控制风险，该银行要求该公司在 6 个月时先偿还半年利息和为 50%的贷款本金，其余在年底归还，试求该资产的久期。

9. 现在假设有 A、B、C 三种债券，每种债券的期限、票面利率、售价以及利息支付频次如下表所示，面值均为 1 000 美元。现在，债券市场分析员预测 5 年后 25 年期的债券将以 8%的收益率出售，15 年期的债券将以 7.5%的收益率出售，5 年期的债券将以 7%的收益率出售。同时由于收益率曲线向上倾斜，所以债券分析人员认为利息投资与短期债券的收益率为 6%。试讨论在这 5 年内哪种债券期望收益率更高？

债券类型	期限（年）	票面利率（%）	售价（美元）	利息支付
A 债券	30	7	867.42	每年一次
B 债券	20	6.5	879.50	每年一次
C 债券	10	6	892.60	每年一次

10. 假设一个投资组合包括两个零息债券，当前价值均为 20 美元。第一个债券的修正久期为 5 年，第二个债券的修正久期为 15 年，收益率曲线是水平的。假设所有的收益率曲线均平行移动，给定每日收益率的波动率为 1%，试计算该投资组合在 95%置信水平下的 VaR 和 ES。

11. 假设市场上存在四种债券，分别为 A、B、C、D，四种债券的每年年末的支付如下表所示，收益率为 15%。试回答：

年末支付	债券 A（元）	债券 B（元）	债券 C（元）	债券 D（元）
1 年	12	6	0	0+100
2 年	12	6	0	0
3 年	12+100	6+100	0+100	0

（1）四种债券的价格分别为多少？

（2）试计算每种债券的久期。

（3）哪只债券对收益率变化最为敏感？并说明理由。

（4）假设第 2 年年末，投资者有一笔 200 万元的债务需要偿还，他决定使用债券 C 和另外一种债券进行免疫。那么他应该选择哪种债券？两种债券的金额各是多少？

12. 假设现在有 A 和 B 两种类型的债券，试着比较债券 A 和债券 B 的久期长短，并说明理由。

（1）债券 A：不可赎回，票面利率为 7%，10 年到期，按照面值出售；债券 B：可赎回，票面利率为 10%，也是 10 年到期，也是按照面值出售。

（2）债券 A：票面利率为 7%，10 年到期，按照面值出售；债券 B：票面利率为 7%，也是 10 年到期，但是折价出售。

13. 假设在今后三年的每年年末你需要支付债务 10 000 元，目前有即期收益率为 10% 的债券，请回答下列问题：

（1）你的债务现值和修正久期为多少？

（2）期限为多久的零息债券可以使你的债务完全免疫？

（3）假定你购买一零息债券使其价值与久期完全等于你的债务。现在假设利率迅速上升至 12%，那么你的净头寸将如何变化？即你的债务的价值与债券价值之间的差额是多少？

14. 某高新技术企业的首席财务官预计企业在未来 8 年将面临一笔债务流，债务流的金额和即期利率具体如下表所示：

年	金额（万元）	即期利率（%）
1	600	7.67
2	1 000	8.27
3	600	8.81
4	500	9.31
5	200	9.75
6	100	10.16
7	100	10.52
8	50	10.85

该企业财务经理决定投资于两种债券以对债务流进行免疫，求两只债券的购买数量。两

只债券的期限、价格和修正久期如下表所示：

债券类型	期限（年）	票面利率（%）	价格（元）	修正久期
债券 A	12	6	65.95	7.07
债券 B	5	10	101.66	3.80

15. 假设一个投资组合经理持有一个修正久期为 6.8 的价值 1 000 万美元的债券组合，该投资组合需要对冲 3 个月。当前的国债期货合约价格是 93 - 02$\left(93\frac{2}{32}=93.0625\right)$，名义金额为 100 000 美元，假定它的久期是 9.2，请计算最优对冲的期货合约数量。

16. 假设某银行目前具有如下资产负债表：

资产				负债与权益			
项目	金额（百万元）	久期	价值久期	项目	金额（百万元）	久期	价值久期
现金	100	0	0	存款	600	0	0
短期贷款	300	0.8	240	短期债务	400	0.5	200
中期贷款	500	3	1 500	中期债务	400	4	1 600
长期贷款	1 600	12	19 200	长期债务	400	8	3 200
总计	2 500		20 940	总计	1 800		5 000
				权益	700		14 740

请回答下列问题：

(1) 计算该银行的久期缺口。

(2) 收益率曲线向上平移 1%对该银行会产生怎样的影响？

(3) 收益率曲线向下平移 1%对该银行又会产生怎样的影响？

(4) 分析说明该银行应该如何应对收益率曲线变动带来的影响。

17. 一个由两只债券组成的资产组合，其中一只债券的价格为 99.52 元，收益率为 7%，久期为 0.483，另一只债券的价格为 91.37 元，收益率为 8.8%，久期为 1.875，计算这一资产组合的久期。

18. 当收益率为 10%时，债券价格为 589.66 美元，当收益率下降或上升 50 个基点后，其价格分别为 612.91 美元和 567.46 美元，计算其久期。

第十章

证券投资组合理论与策略

本章阅读指引

证券投资学是金融学的理论基石，其主要内容是资金在风险资产和无风险资产之间的优化配置，特别是，投资者在金融市场上进行投资时，需要考虑如何搭配资产才能在风险与收益之间实现效用最大化。正如西方谚语所言："不要把所有鸡蛋放在同一个篮子里"，这也说明分散化投资的思想早已有之。那么，对投资者而言，如何进行资产配置？构建投资组合的原则是什么？如何在证券及组合间分配资金？本章将通过介绍作为资本市场理论重要组成部分的投资组合理论，就这些问题进行解释。本章第一节介绍证券投资组合理论发展历史，让读者对于投资组合有一个概念上的认识，并了解投资组合理论的演进；第二节讲述多种情形下有效投资组合的确定；第三节和第五节分别介绍了资本资产定价模型以及多因素套利定价理论；作为扩展，第四节我们对 CML 与 SML 的关系进行了介绍。

第一节　证券投资组合理论发展历史

自马科维茨提出均值-方差模型以来，证券投资组合理论历经 70 多年的发展，陆续产生了资本资产定价模型（CAPM）、有效市场假说、套利定价理论、多期动态资产配置模型和现代投资组合理论模型等。证券投资组合理论与应用成果可谓越来越丰富。总结来看，证券投资组合理论经历了三大阶段。

一、初创阶段：20 世纪 50 年代以前

19 世纪末至 20 世纪 30 年代初是西方证券市场，特别是股票市场蓬勃发展的时期，出现了不少现代投资组合理论的早期萌芽思想。费雪（Fisher）在 1986 年提出当前资产价格

等于其未来现金流贴现值之和的观点，对现代资产定价理论的形成具有启蒙作用。巴舍利耶（Bachelier）在1900年的《投机理论》一文中开创性地将概率引入股票收益预测，为后续现代投资理论中的随机过程、布朗运动中的数学计算提供了铺垫。然而，理论的进一步发展是在20世纪30年代初的全球经济大危机之后，其中主要代表成果有：Marschak（1938）提出了不确定条件下的序数选择理论，后来被托宾（Tobin）和CAPM进一步发展，这为在不确定情况下如何开展风险资产投资提供了理论指导。Williams（1938）提出了分散折价模型（dividend discount model），认为通过投资于足够多的证券就可以消除风险，并假设总存在一个满足收益最大化和风险最小化的组合，同时能通过法律保证使得组合的事实收益和期望收益一致。Leavens（1945）指出大多数文章都是在一般意义上讨论分散化，但没有清晰地论证为什么要分散化。基于此，他在假定风险都是独立的基础上，论证了分散化的好处。20世纪50年代以前活跃的投资组合理论富有争议，在风险分散化和独立性方面存在认知问题，且无统一的衡量方法，仅停留于纯文字论述或表达，缺乏计量模型来做进一步精确的论证。

二、产生阶段：20世纪50年代

马科维茨在1952年发表的《投资组合选择》一文标志着现代证券投资组合理论（modern portfolio theory，MPT）的创立和兴起。马科维茨的现代证券投资组合理论假设理性投资者期望效用最大化且厌恶风险，利用投资组合收益率偏离均值的方差测度风险，因此能得到不同收益率和风险的投资组合，他还给出了有效资产组合边界。Markowitz（1952b）将线性代数、概率论与数理统计的方法应用于证券投资组合理论的研究，探讨了不同的、运动方向各异的证券之间的相关性，解答了如何使多元化证券投资组合最优化的问题，论述了证券投资组合的基本原理，从而为现代西方证券投资组合理论奠定了基础。除此之外，该时期的Roy（1952）提出了安全首要模型，将投资组合均值和方差作为整体进行选择；Tobin（1958）又提出了托宾分离定理，构造了多种风险资产和一种无风险资产的选择理论，并假设无借入且持有非消极。总之，在20世纪50年代，马科维茨两部著作的问世，意味着现代投资组合理论的诞生，而后罗伊（Roy）、托宾等人也对现代投资组合理论做出了杰出贡献。

三、发展阶段：20世纪50年代之后

（一）20世纪60—70年代：以CAPM为代表的投资组合理论完善

20世纪60—70年代，以CAPM为代表的投资组合理论极大简化了马科维茨理论的计算方法。在马科维茨等人的基础上，Sharpe（1963）提出了单一指数模型，该模型假定资产收益只与市场总体收益有关，从而大大简化了马科维茨理论中所用到的复杂计算。马科维茨模型以方差刻画风险，并且收益分布对称，一些学者对此提出了不同的见解。如Mao（1970）等认为下半方差更能准确刻画风险，因此讨论了均值-下半方差模型。此外，当马科维茨模型中证券数目较多时，生成有效边界所需要的计算工作量也巨大。因此，Sharpe（1964）引入了任何时间资产价格将随资产需求和供给变化的假设条件，建立了CAPM，以

证券收益率与整个市场证券组合的收益率的协方差测度风险，极大减少了计算量。后续 Lintner（1965）和 Mossin（1966）分别提出了各自的资本资产定价模型，这些模型是在不确定条件下探讨资产定价的理论，对投资实践具有重要的指导意义。Treynor（1965）从论证风险溢价在资本市场行为和投资组合选择理论中的重要性的角度，也得出了与夏普等学者相同的结论。CAPM 是一个单因素模型，认为资产收益仅取决于市场组合的收益。但在实际应用中影响资产收益的因素远不止一个，由此多因素模型应运而生，除市场收益因素之外，该模型还引入利率的变动、通货膨胀的变动等多因素，为套利定价理论奠定了基础。由此可见，该时期的投资组合理论日趋完善。

（二）20 世纪 70—80 年代：理论模型的不断发展成形

20 世纪 70—80 年代，投资组合理论在 CAPM 的基础上进一步修正和发展。经典的 CAPM 假设条件极为严格，如证券市场是无摩擦的竞争市场、投资者具有理性预期等，这些条件均脱离了实际，使其在应用中受到一定限制。如罗斯（Ross）认为，资本资产定价模型对证券资产收益率因素的论述过于简单，单只证券的收益率除了市场组合这一因素外，还有其他影响因素。为了突破这种局限，罗斯提出了套利定价理论（APT），认为在未达到均衡状态的情况下市场上存在无风险的套利机会，投资者可以充分利用套利机会以谋求最大收益。APT 不像 CAPM 那样有着严格的假设条件，且比 CAPM 更加全面、更加符合实际，从而突破性地推动了资产定价理论的发展。布莱克（Black）和斯科尔斯（Scholes）放松了无风险收益率假设，通过引入零 β 资产或资产组合替代 CAPM 中的无风险资产，推导出了期权定价公式（BS 公式）。默顿对该定价公式进行了发展和深化，由此提出跨际资本资产定价模型（ICAPM），将 CAPM 由单周期扩展至多周期。20 世纪 70 年代后期，哈里森（Harrison）和克雷普斯（Kreps）发展了证券定价鞅理论（theory of martingale pricing），这个理论目前仍是金融研究的前沿课题。卡尼曼（Kahneman）和特沃斯基（Tversky）等建立了人类风险决策过程的心理学理论，成为行为金融学发展史上的一个里程碑。① 截至 1980 年，一般认为经典的投资理论大厦已基本建成。

（三）20 世纪 80 年代至今：现代投资组合理论的不断完善

20 世纪 80 年代以后是现代投资组合理论不断完善的阶段。由于各种新技术方法的应用，现代投资组合理论的发展速度空前，人们分析问题的视角和工具也不断拓展，从而诞生了一系列新的理论成果。在这些理论进展中主要存在几个方向：一是方差修正的投资组合选择理论，学者们相继提出均值-下半方差模型、均值-绝对偏差模型等风险测度方法，其中罗曼（Roman）和米特拉（Mitra）比较分析了多种风险测度和收益-风险模型②；二是考虑固定交易成本下的最优组合管理，代表性研究还考虑了比较交易成本，给出存在固定交易成本

---

① Kahneman，D.，and Tversky，A.，“Prospect Theory：An Analysis of Decision under Risk”，*Econometrica*，1979（2）：263-291.

② Roman，D.，and Mitra，G.，“Portfolio Selection Models：A Review and New Directions”，*Wilmott Journal*，2009（2）：69-85.

时的最优投资比率的显示解①；三是引入流动性的投资组合理论，其中流动性指标可以使用相对买卖价差比率度量②；四是贝叶斯投资组合理论，研究者从收益率分布和可预测性，以及随机波动率的角度详细梳理了该理论的发展③；五是行为投资组合理论，该理论认为部分投资者是非理性的，有时会过度自信，厌恶损失并从众。由谢夫林（Shefrin）和斯塔特曼（Statman）提出的行为资产定价模型（BCAPM）是对传统 CAPM 的修正，反映出市场理性行为的基本风险和非理性行为的噪声交易者风险。④ 后续二人提出了行为投资组合理论（BPT）对现代投资组合理论进行了改进。⑤ 总之，现代投资组合理论的发展方向都是将经典投资组合选择模型的严格假设条件逐步放松，使模型尽可能贴近实际。

综上所述，虽然现代投资组合理论在 20 世纪 50 年代才诞生，但在短短的半个多世纪里，该理论体系得到了飞速发展，并逐渐成为现代证券投资学和现代金融经济学理论体系中的主流理论之一。从对该理论形成历史的梳理中，我们可以看到，现代投资组合理论是在一系列严格的假设条件下建立和发展起来的，这表明这些理论与纷繁复杂的现实情况还有一定的距离，其对现实的适用性也存在较大的局限，可见，该理论体系有待进一步完善。但现有的研究成果已经为后人建立了一个很好的理论框架，理论的突破和方法的创新都应该建立在现有模型基础上。

第二节　有效投资组合的确定

马科维茨的投资组合理论最根本的内容就是在均值-方差框架下构建了证券投资组合的有效边界。本节我们将介绍两资产构成的投资组合的主要特征，并用几何图形介绍有效边界。通过对两资产情形的分析，我们可以扩展到多个风险资产构成的投资组合的主要特征。另外，对投资者是否卖空股票及是否存在借贷情形的假设不同，有效边界的形状也不同。进一步地，本节将对不同假设下的有效边界进行介绍。

一、两资产构成的投资组合的风险-收益状况

本部分我们考虑两资产构成的投资组合的风险-收益状况。两资产的相关系数在－1 和

① Liu, H., "Optimal Consumption and Investment with Transaction Costs and Multiple Risky Assets", *The Journal of Finance*, 2004(1): 289－338.

② Jacoby, G., Fowler, D., and Gottesman, A., "The Capital Asset Pricing Model and the Liquidity Effect: A Theoretical Approach", *Journal of Financial Markets*, 2000(1): 69－81.

③ Avramov, D., and Zhou, G., "Bayesian Portfolio Analysis", *Annual Review of Financial Economics*, 2010(1): 25－47.

④ Shefrin, H., and Statman, M., "Behavioral Capital Asset Pricing Theory", *Journal of Financial and Quantitative Analysis*, 1994(3): 323－349.

⑤ Shefrin, H., and Statman, M., "Behavioral Portfolio Theory", *Journal of Financial and Quantitative Analysis*, 2000(2): 127－151.

+1之间，相关系数为−1代表两资产呈反向变动，相关系数为+1代表两资产变动一致。例如，我们考虑两只股票，其收益率和标准差特征如表10-1所示。

表10-1 股票A和股票B的收益率和标准差

	收益率	标准差
股票A	15%	6%
股票B	8%	3%

如表10-1所示，股票A在拥有更高的收益率的同时，也有着更大的标准差。下面我们将讨论两资产相关系数（ρ）分别为−1、+1及二者之间时，两资产构成的投资组合的风险-收益状况。

（一）两资产完全正相关（$\rho=+1$）

【例10-1】 当表10-1中股票A和股票B的相关系数为1，即二者完全正相关时，求出该投资者所有投资组合的风险与收益，并在直角坐标系中画出风险与收益的关系图，分析该组合能否分散和降低风险。

若投资者将X_A比例投资于股票A，那么投资组合的风险σ_P为

$$\sigma_P=6X_A+3(1-X_A)$$

可得$X_A=\frac{\sigma_P}{3}-1$。

此时，投资组合的期望收益为$\overline{R}_P=15X_A+8\ (1-X_A)$。

结合以上两式，可得$\overline{R}_P=\frac{\sigma_P-3}{3}\times15+\left(1-\frac{\sigma_P-3}{3}\right)\times8$。

可得$\overline{R}_P=1+\frac{7}{3}\sigma_P$。

由此，可以画出投资组合的期望收益$\overline{R}_P$与风险σ_P的关系图，如图10-1所示。若投资者全部投资于股票A，即$X_A=1$，此时投资组合的期望收益和风险就是股票A的期望收益和标准差，在图中对应点A；若投资者全部投资于股票B，即$X_A=0$，此时投资组合的期望收益和风险就是股票B的期望收益和标准差，在图中对应点B；若投资者部分投资于股票A，即$X_A\in(0,1)$，则此时投资组合的期望收益和风险处于AB线段之间的某一点。总之，两资产构成的投资组合的收益和风险是单个资产收益和风险的加权平均，持有这样的两个资产不能降低风险，即分散化投资并无额外效果。

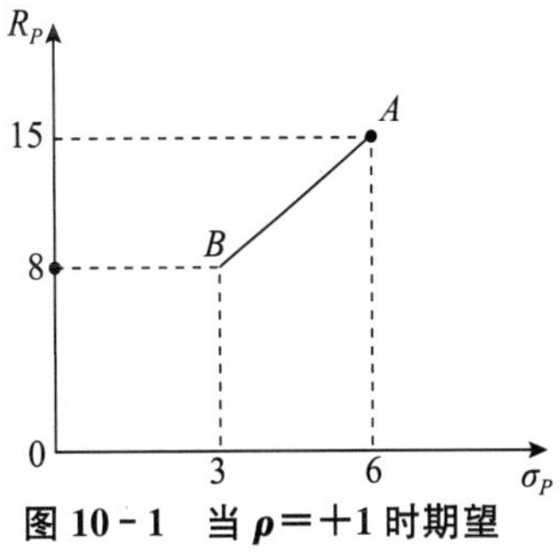

图10-1 当$\rho=+1$时期望收益与风险的关系

（二）两资产完全负相关（$\rho=-1$）

【例10-2】 当表10-1中股票A和股票B的相关系数为−1，即二者完全负相关时，求出该投资者所有投资组合的风险与收益，并在直角坐标系中画出风险与收益的关系图，分析该组合能否分散和降低风险。

当两个资产一起波动但方向完全相反（$\rho=-1$）时，有

$$\sigma_P=[X_A^2\sigma_A^2+(1-X_A)^2\sigma_B^2-2X_A(1-X_A)\sigma_A\sigma_B]^{1/2}$$

此时 $\sigma_P=X_A\sigma_A-(1-X_A)\sigma_B$ 或 $\sigma_P=-X_A\sigma_A+(1-X_A)\sigma_B$，即 $\sigma_P=6X_A-3(1-X_A)$ 或 $\sigma_P=-6X_A+3(1-X_A)$。

若想消除风险，可令上式为 0，得 $X_A=\sigma_B/(\sigma_B+\sigma_A)=3/(3+6)=1/3$。

故当 $X_A=1/3$ 时，投资者将 1/3 的资产投资于股票 A，将 2/3 的资产投资于股票 B，组合就可以完全分散风险。令 X_C 表示股票 A 和股票 B 构成的投资组合。

故此，$\overline{R}_P=8+7X_C$，当 $X_A\geqslant\frac{1}{3}$ 时，$\sigma_P=6X_C-3(1-X_C)$，当 $X_A\leqslant\frac{1}{3}$ 时，$\sigma_P=-6X_C+3(1-X_C)$。重新整理后，得

$$\overline{R}_P=\begin{cases}\frac{7}{9}\sigma_P+\frac{31}{3} & X_A\geqslant\frac{1}{3}\\ -\frac{7}{9}\sigma_P+\frac{31}{3} & X_A\leqslant\frac{1}{3}\end{cases}$$

由此，我们可画出投资组合的期望收益 $\overline{R}_P$ 与风险 σ_P 的关系图，如图 10-2 所示。它是个分段函数，当投资组合风险为 0 时，投资组合收益等于 31/3。总之，当 $\rho=-1$ 时，由两个证券组成的组合是可以达到零风险的，这也印证了分散化投资可以降低风险的说法。

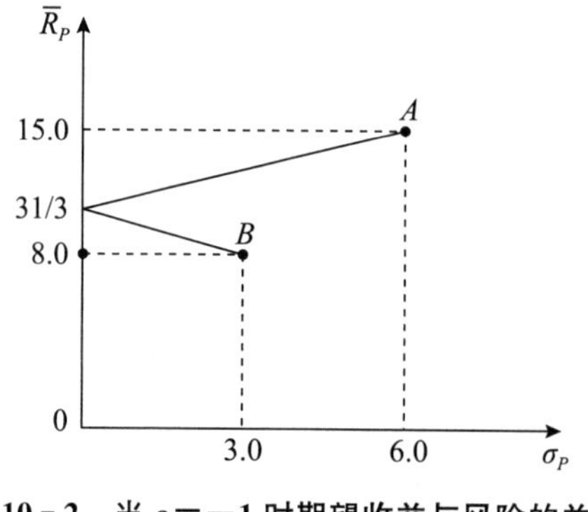

图 10-2　当 $\rho=-1$ 时期望收益与风险的关系

（三）两资产介于完全正相关与完全负相关之间（$-1<\rho<1$）

【例 10-3】　当表 10-1 中股票 A 和股票 B 的相关系数介于−1 和 1 之间时，求出该投资者所有投资组合的风险与收益，并在直角坐标系中画出风险与收益的关系图，分析该组合能否分散和降低风险。假设投资组合中两资产的相关系数为−0.5，求该组合标准差的最小值。

当 $-1<\rho<1$ 时，组合风险-收益状况如图 10-3 所示。线段 CG 表示相关系数 ρ 从 1 减到−1 时，投资组合的风险-收益点的轨迹。从中可以看出相关系数取中间值时，两资产构成的全部投资组合一定位于 $\rho=-1$ 与 $\rho=+1$ 围成的图形之间。保持两资产的相关系数不变而改变其权重，将得到一系列的组合：其轨迹类似于椭圆弧线，以 B 为起点（组合全部由股票 B 组成），经过两资产权重相等时的点，最后以 A 为终点（组合全部由股票 A 组成）。

由此可见，当相关系数从−1 变化到 1 时，投资组合的风险逐渐增大。除了相关系数等于 1 时，投资组合的风险始终小于单独投资股票 A 或股票 B 的风险加权平均值，即投资组

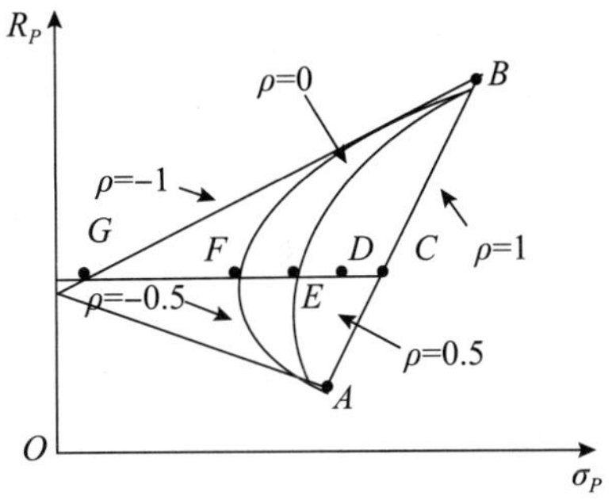

图 10-3　两资产构成的投资组合的风险-收益状况

合可以降低投资风险。

对 $\sigma_P^2 = X_A^2\sigma_A^2 + (1-X_A)^2\sigma_B^2 + 2X_A(1-X_A)\sigma_A\sigma_B\rho_P$ 求一阶导数，令其等于 0，有

$$X_{\min(A)} = (\sigma_B^2 - \sigma_A\sigma_B\rho_P)/(\sigma_A^2 + \sigma_B^2 - 2\sigma_A\sigma_B\rho_P)$$
$$= (9 + 18 \times 0.5)/(36 + 9 + 36 \times 0.5) = 2/7$$
$$X_B = 1 - 2/7 = 5/7$$

这个最小化方差的投资组合的标准差为：

$$\sigma_{P_{\min}} = [(2/7)^2 \times 36 + (5/7)^2 \times 9 + 2 \times (2/7) \times (5/7) \times 18 \times (-0.5)]^{0.5} = 1.964$$

该组合为相关系数确定下的最小标准差的投资组合。

这一组合的期望收益为：

$$\overline{R}_P = \frac{2}{7} \times 15 + \frac{5}{7} \times 8 = 10$$

二、卖空假设下的有效边界

(一) 禁止卖空假设下的有效边界

可行集 (feasible set)：投资者利用金融市场上的资产构成的所有可能投资组合。其风险-收益状况都可以在可行集中找到对应的点。

有效边界 (efficient frontier)：对每一风险水平，提供最高的期望收益率（图 10-4 中的 C 点），而对每一期望收益率水平提供最小的风险（图 10-4 中的 B 点）的投资组合。理性投资者会选择这样的组合，它是可行集的一个子集，是一条边界。

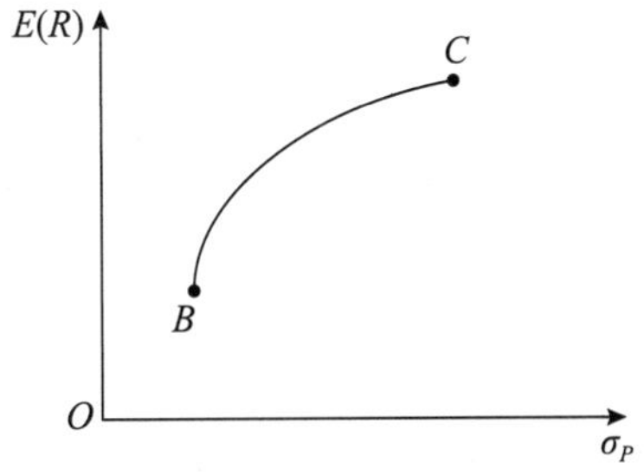

图 10-4　禁止卖空假设下的有效边界

有效边界具有以下几个特点：(1) 是一条向右上方倾斜的曲线；(2) 反映了高风险高收益原则；(3) 是一条向上凸的曲线；(4) 不可能有凹陷的地方。有效边界是客观存在的，完全由证券市场决定，因此投资者需要结合自己的风险偏好（一般用效用函数或无差异曲线来分析投资者的风险偏好），在证券市场的有效边界中选择自己的最优组合。

我们知道，投资者往往会选择满足在风险相同的情况下提供更高的收益率或在收益率相同的情况下提供更低风险的投资组合。在禁止卖空假设下，不存在与 B 点风险相同但收益率更高或收益率相同但风险更低的组合，B 点也被称为全局最小方差组合（global minimum variance portfolio）。而 C 点代表的是所有可能组合中提供最高收益率的投资组合。因此在禁止卖空假设下，有效边界为介于全局最小方差组合及最高收益率组合之间的所有组合的包络曲线。

（二）允许卖空假设下的有效边界

卖空是指股票投资者认为某种股票价格会下跌时，能够卖掉其并不拥有的一只股票，以此获得收益的过程。由于 A 股等许多市场不能进行卖空，本节仅将卖空情况作为前面分析的扩展。事实上，卖空不仅在预期股票价格下跌时有意义，当预期投资于其他股票能取得更高的期望收益率时，卖空期望收益率较低的股票而投资于期望收益率较高的股票也能获取超额收益。例如，在我们前面提到的表 10－1 的投资组合中，股票 A 的期望收益率为 15%，股票 B 的期望收益率为 8%。若不允许卖空，投资者可以将全部资金用于投资股票 A 以获得最高收益。而允许卖空时，投资者可以通过卖空股票 B，将所获资金以及初始资金全部投资于股票 A 从而获得更高收益。在允许卖空的条件下，投资组合可以提供无限的期望收益。下面还是使用表 10－1 的投资组合举例说明：假设投资者拥有 10 美元用于投资，在允许卖空的情形下，投资者可以卖空 1 000 美元的股票 B，同时加上原有的自有资金 10 美元，将共 1 010 美元投资于股票 A，期末获得收益 151.5 美元，减去卖空股票 B 的成本 1 000×8%＝80 美元，组合收益为 151.5－80＝71.5 美元。此时期望收益率从全部投资于股票 A 的 15%（不允许卖空时）提升到 715%（允许卖空时），从该例子中我们可以感受到卖空的威力之大！进一步地，我们可通过减少本金或增加卖空的金额来提高期望收益率，而这一收益率在理论上是无上限的。如图 10－5 所示，在允许卖空的假设下，有效边界仍是从全局最小方差组合开始，但上界无限。

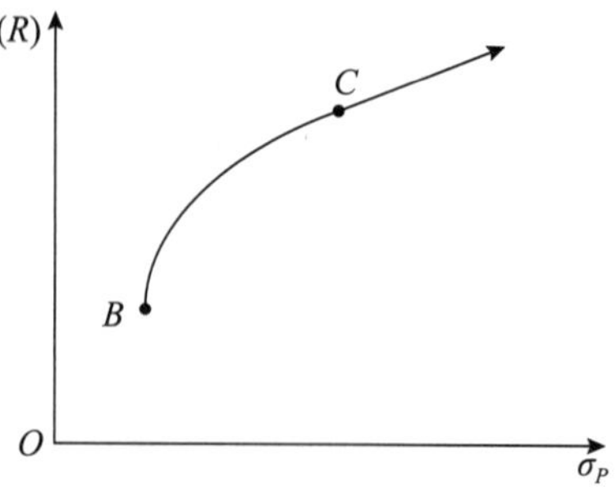

图 10－5　允许卖空假设下的有效边界

三、无风险借贷假设下的有效边界

(一) 存在无风险借贷情况下的有效边界

前面介绍的是风险资产的投资组合，而在投资组合中引入无风险资产可以简化我们的分析，也更符合现实情况。收益率确定且不存在违约风险的资产称为无风险资产。由于无风险资产的期末价值没有任何不确定性，因此，其标准差应为零。同样，无风险资产收益率与风险资产收益率之间的协方差也等于零。严格地说，只有到期日与投资期限相等的国债才是无风险资产。但在现实中，为方便起见，人们常将1年期的国库券或者货币市场基金当作无风险资产。无风险贷出可视为投资于无风险资产，而无风险借入可视为卖空无风险资产。

假设风险资产 S（S 可为资产组合，也可为单个资产）和无风险资产在投资组合中的比例分别为 X_1 和 X_2，期望收益率分别为 $\overline{R}_1$ 和 r_f，标准差分别为 σ_1 和 σ_2，协方差为 σ_{12}。根据 X_1 和 X_2 的定义，我们有 $X_1+X_2=1$，且 X_1、$X_2>0$。根据无风险资产的定义，σ_2 和 σ_{12} 都等于0。

我们可以算出该组合的期望收益率为：

$$\overline{R}_P=\sum_{i=1}^{n}X_i\overline{R}_i=X_1\overline{R}_1+X_2r_f \tag{10-1}$$

该组合的标准差为：

$$\sigma_P=\sqrt{\sum_{i=1}^{n}\sum_{j=1}^{n}X_iX_j\sigma_{ij}}=X_1\sigma_1 \tag{10-2}$$

由（10-2）式可得：$X_1=\frac{\sigma_P}{\sigma_1}$，$X_2=1-\frac{\sigma_P}{\sigma_1}$。

代入（10-1）式可得：

$$\overline{R}_P=r_f+\frac{\overline{R}_1-r_f}{\sigma_1}\times\sigma_P \tag{10-3}$$

显然（10-3）式为一条直线的方程。由无风险资产与风险资产构成的所有组合均在该直线上，且该直线斜率为 $(\overline{R}_1-r_f)/\sigma_1$，截距为 r_f。如图10-6所示，该直线经过点 $S(\sigma_1, \overline{R}_1)$，$S$ 点左侧是由无风险资产与贷款构成的组合，表示投资者投资于无风险资产（无风险贷出）与风险资产；S 点右侧是由借款和风险资产构成的组合，表示投资者卖空无风险资产，并将全部资金（包括卖空所得）用于投资风险资产。

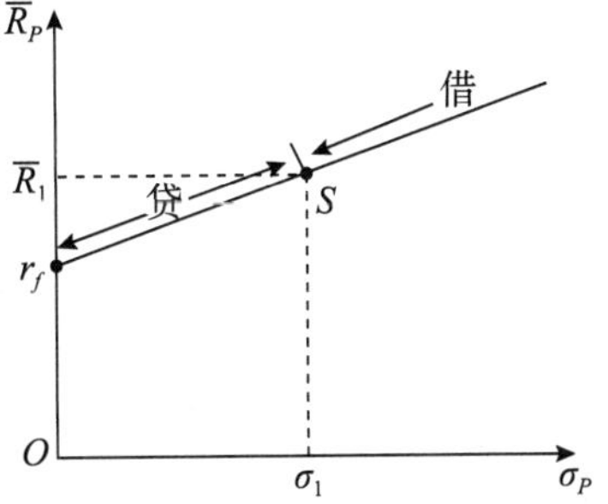

图10-6 无风险资产与风险资产 S 组合时的期望收益和风险

下面我们介绍引入无风险借贷后，有效边界将发生何种变化。我们知道，任何风险资产（组合）与无风险资产的组合都位于它们两点所连成的一条直线上。如图 10－7 所示，引入无风险借贷后，相比引入无风险借贷前投资于 OA 线段代表的投资组合，投资于由无风险资产及资产组合 A 组成的资产组合 R_FA 更优，因为 R_FA 在拥有相同标准差的同时有更高的期望收益率。而组合 R_FB 又明显优于 R_FA，显然，我们通过逆时针旋转经过 R_F 的直线，能找到经过 R_F 的有效边界的切线 R_FG，此时 R_FG 的斜率最大，而切点 G 点被称为最优风险资产组合（optimal risky portfolio）。对于风险厌恶者而言，他们倾向于将资金分别投资于无风险资产和风险资产组合 G。而对于引入无风险借贷后的风险偏好者而言，他们更愿意将初始资金连同借入资金全部投资于风险资产组合 G。也就是说，引入无风险借贷后，投资者持有的投资组合都与组合 G 的构成相关。因此，投资者对风险收益的偏好程度不影响最优风险资产组合的构成，我们称之为分离定理（separation theorem）。故当存在无风险借贷情况时，有效边界变为 R_FH。

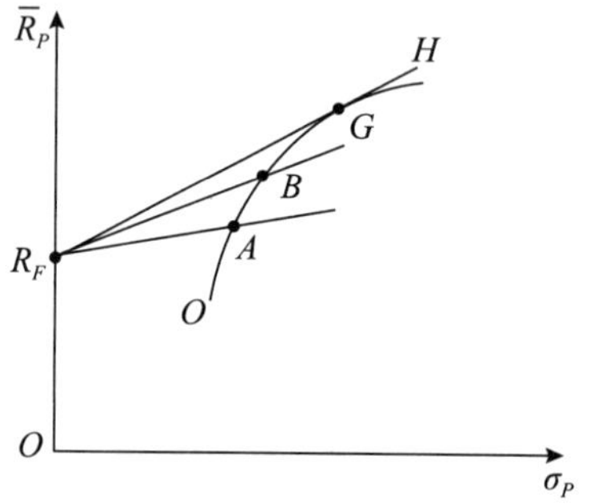

图 10－7　无风险资产与不同风险资产的组合

再通过一个例子来说明如何确定最优风险资产组合和有效边界。

拓展阅读

最优投资搭配证明

【例 10－4】 假设市场上有 A、B 两种证券，其期望收益率分别为 10%和 12%，标准差分别为 12%和 20%。A、B 两种证券的相关系数为 0.3。市场无风险收益率为 6%。某投资者决定用这两种证券组成最优风险资产组合。

从图 10－6 可以看出，最优风险资产组合实际上是使无风险资产（A 点）与风险资产组合的连线斜率$\left(即\dfrac{\overline{R}_P-r_f}{\sigma_1}\right)$最大的风险资产组合，其中 $\overline{R}_P$ 和 σ_1 分别代表风险资产组合的期望收益率和标准差，r_f 表示无风险收益率。我们的目标是求 $\max_{X_A,X_B}\dfrac{\overline{R}_P-r_f}{\sigma_1}$，其中：

$$\overline{R}_1=X_A\overline{R}_A+X_A\overline{R}_B$$

$$\sigma_1^2=X_A^2\sigma_A^2+X_B^2\sigma_B^2+2X_AX_B\rho\sigma_A\sigma_B$$

约束条件是：$X_A+X_B=1$。这是标准的求极值问题。通过将目标函数对 X_A 求偏导并令偏导等于 0，我们就可以求出最优风险资产组合的权重解如下：

$$X_A=\frac{(\overline{R}_A-r_f)\sigma_B^2-(\overline{R}_B-r_f)\rho\,\sigma_A\sigma_B}{(\overline{R}_A-r_f)\sigma_B^2+(\overline{R}_B-r_f)\sigma_A^2-(\overline{R}_A-r_f+\overline{R}_B-r_f)\rho\,\sigma_A\sigma_B}$$

$$X_B=1-X_A$$

程序 10-1

最优投资组合估计

代入数据，就可得到最优风险资产组合的权重为：

$$X_A=0.67,\ X_B=0.33$$

该组合的期望收益率和标准差分别为：

$$\overline{R}_1=0.67\times10\%+0.33\times12\%=10.66\%$$

$$\sigma_1=\sqrt{0.67^2\times12\%^2+0.33^2\times20\%^2+2\times0.67\times12\%\times0.33\times20\%\times0.3}$$
$$=11.83\%$$

该最优风险资产组合的单位风险报酬$=\frac{10.66\%-6\%}{11.83\%}=0.393\ 8$。

有效边界的表达式为：$\overline{R}_1=6\%+0.393\ 8\sigma_1$。

（二）允许无风险贷款但禁止无风险借款时的有效边界

经过上述分析，当投资者能按无风险收益率进行贷款，但不能按无风险收益率借款时，有效边界将发生重大变化。在图 10-8 中，弧线 CD 代表马科维茨有效边界，R_F 点表示无风险资产。我们可以在马科维茨有效边界中找到一点 T，使 R_FT 直线与弧线 CD 相切于 T 点。T 点所代表的组合称为切点处投资组合。引入 R_FT 线段后，CT 弧线将不再是有效边界。由于 R_FT 线段上的组合是可行的，因此引入无风险贷款后，新的有效边界由 R_FT 线段和 TD 弧线构成。此时，投资者可能在 T 点与 D 点间持有风险资产组合（不持有无风险资产组合），而只要投资者持有无风险资产组合，剩余资金就将全部投资于最优风险资产组合 T。

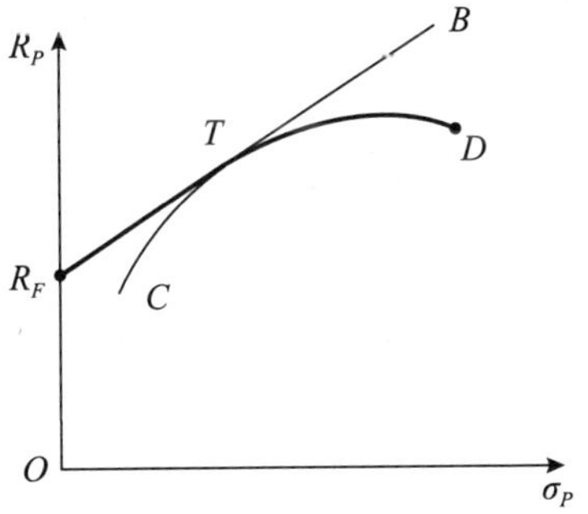

图 10-8　允许无风险贷款但禁止无风险借款时的有效边界

（三）允许无风险借款但禁止无风险贷款时的有效边界

引入无风险借款但禁止无风险贷款时，投资者可借入资金，并将初始资金连同借入资金全部投资于最优风险资产组合 T。在图 10-9 中，弧线 CD 仍代表马科维茨有效边界，T 点仍表示 CD 弧线与过 R_F 点直线的相切点。在允许无风险借款但禁止无风险贷款的情形下，投资者可以通过无风险借款并投资于最优风险资产组合 T 使有效边界由弧线变成 CT 以及 TB 线段向右边的延长线。

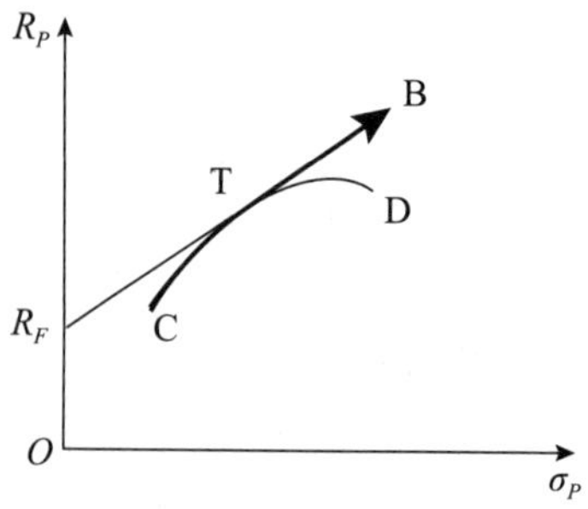

图 10-9　允许无风险借款但禁止无风险贷款时的有效边界

四、多种情形下的有效边界

在前文中我们讨论了卖空假设下以及无风险借贷假设下的有效边界有何变动，那么，在将二者结合起来的情形下，有效边界又是什么情况？本部分将分别考虑四种扩展情形下的有效边界情况，以供参考。这四种情况分别是：(1) 允许卖空且允许无风险借贷；(2) 允许卖空但禁止无风险借贷；(3) 不允许卖空但允许无风险借贷；(4) 既不允许卖空也不允许无风险借贷。

(一) 允许卖空且允许无风险借贷时的有效边界

从前文可知，在允许卖空的条件下，有效边界仍是从全局最小方差组合开始，但上界无限。而在允许无风险借贷的条件下，有效边界变为过无风险资产 R_F 点与最优风险资产组合 T 点的一条直线 R_FB。因此，允许卖空且允许无风险借贷时，T 点左侧的有效边界从 CT 弧线变为 R_FT，总有效边界为 R_FB。如图 10-10 所示。

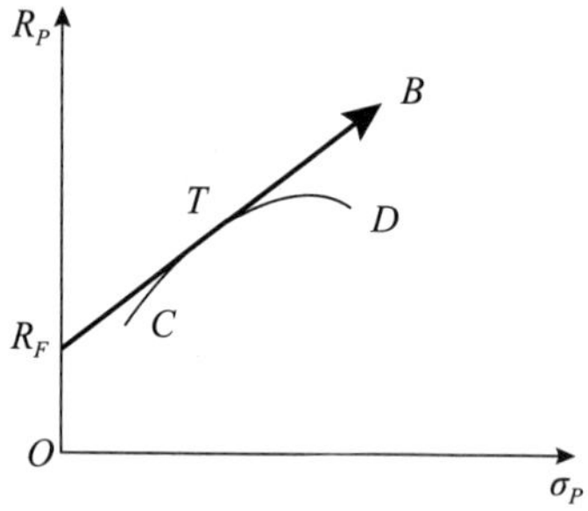

图 10-10　允许无风险借款且允许无风险借贷时的有效边界

(二) 允许卖空但禁止无风险借贷时的有效边界

前文已分析得出允许卖空时的有效边界，允许卖空但禁止无风险借贷时的有效边界与其一致，可见图 10-5，在此不再赘述。

(三) 不允许卖空但允许无风险借贷时的有效边界

从前文得知，在允许无风险借贷的条件下，有效边界变为过无风险资产点与最优风险资

产组合 T 点的一条直线。此时不允许卖空的附加条件并不会对有效边界产生影响，有效边界仍为图 10－7 中的 R_FH。

（四）既不允许卖空也不允许无风险借贷时的有效边界

从前文可知，在既不允许卖空也不允许无风险借贷时，有效边界为介于全局最小方差组合及最大收益率组合之间的所有组合的包络曲线。如图 10－4 所示。

五、考虑投资者偏好后的投资组合确定

（一）无差异曲线

假定投资者均是厌恶风险的，对某一具体投资者而言，根据他对期望收益率和风险的厌恶程度，按照期望收益率对风险补偿的要求，得到一条无差异曲线（见图 10－11）。同一条无差异曲线上的每一个点代表的商品组合所提供的总效用是相等的，所以无差异曲线也叫作等效用线。不同消费者的无差异曲线反映着他们不同的偏好。

对每个具体投资者而言，仅凭客观存在的有效边界还无法确定其投资的最优组合，还应该引入反映投资者主观偏好的无差异曲线。投资者的风险偏好决定了无差异曲线的具体形状，无差异曲线与有效边界的切点即最优投资组合。

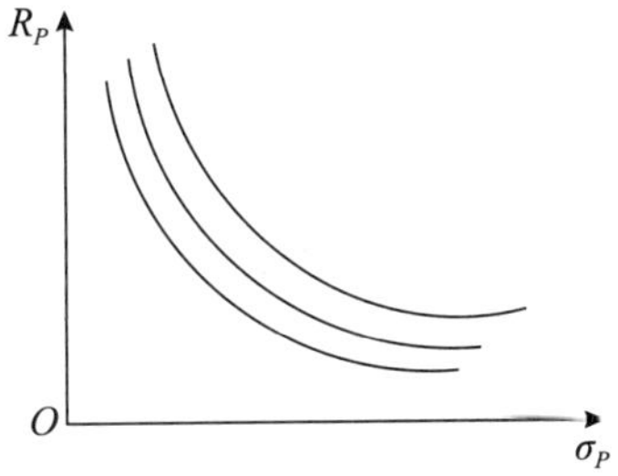

图 10－11　无差异曲线

（二）无风险借款对投资组合选择的影响

1. 无风险借款对不同风险偏好投资者投资组合选择的影响

对不同的投资者而言，因为风险偏好不同，所以无风险借款影响着其投资组合的选择。对于不太厌恶风险从而选择位于 DT 弧线上投资组合的投资者而言，由于代表其原来最大满足程度的无差异曲线 I_1 与 AT 直线相交，因此不再符合效用最大化的条件。故而，该投资者将选择其无差异曲线与 AT 直线切点所代表的投资组合，如图 10－12 所示。该投资者将进行无风险借款并投资于风险资产。

对于较厌恶风险从而选择位于 CT 弧线上的投资组合的投资者而言，其投资组合的选择将不受影响。因为只有 CT 弧线上的组合才能使其达到最大满足程度，如图 10－13 所示。对于该投资者而言，他只会用自有资产投资于风险资产，而不会进行无风险借款。

2. 无风险借款下投资组合的确定

下面介绍无风险借款下投资组合如何确定。

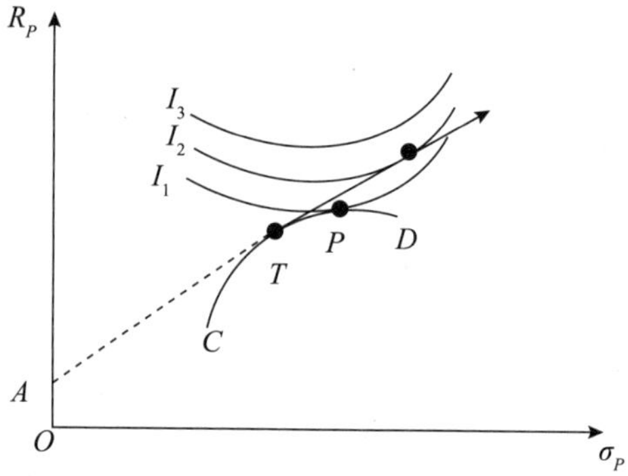

图 10－12　无风险借款下的投资组合选择：进行无风险借款

从图 10－14 可以看出，确定无风险借款下的投资组合，其实就是求投资者效用函数（I）与有效边界（$BCED$）相切的点。设投资者的效用函数为：

$$\max U = E(R_1) - \frac{1}{2}\gamma\sigma_1^2 \tag{10-4}$$

其中，$R_1 = \tilde{\omega}_1 R_P + \tilde{\omega}_2 r_f$，$\sigma_1^2 = \tilde{\omega}_1^2 \sigma_P^2$，$\tilde{\omega}_1 + \tilde{\omega}_2 = 1$。$\gamma$ 表示投资者的风险厌恶系数。使目标函数最大化，其实就是代入约束条件，然后对目标函数求一阶偏导并使之等于零，可得：

$$\tilde{\omega}_1 = \frac{R_P - r_f}{\gamma\sigma_P^2}, \quad \tilde{\omega}_2 = 1 - \tilde{\omega}_1 \tag{10-5}$$

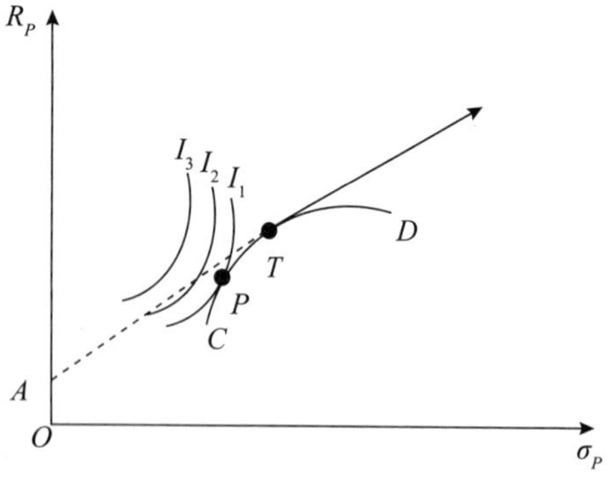

图 10－13　无风险借款下的投资组合选择：不进行无风险借款

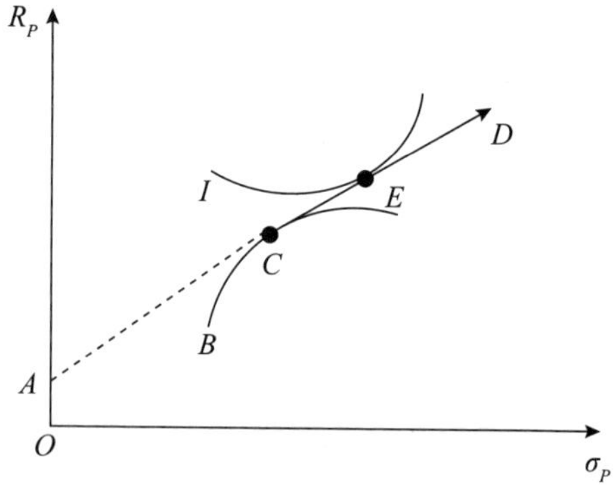

图 10－14　无风险借款下的投资组合确定

【例 10－5】　如果例 10－4 中投资者的风险厌恶系数 γ 等于 3，求该投资者的最优资产配置比例、组合的期望收益率及标准差。

由 $\tilde{\omega}_1 = \frac{R_P - r_f}{\gamma\sigma_P^2}$，$\tilde{\omega}_2 = 1 - \tilde{\omega}_1$，投资者的最优资产配置比例 $\tilde{\omega}_1 = \frac{10.66\% - 6\%}{3 \times 11.83\%^2} = 1.109$。也就是说，该投资者应借入 10.9%的无风险资金，加上自有资金全部投资于最优风险组合。这样他的整个投资组合的期望收益率为 11.17%（$= -0.109 \times 6\% + 1.109 \times 10.66\%$），标准差为 13.13%（$= 1.109\,8 \times 11.83\%$）。

由上例我们可对投资者资产配置的顺序总结如下：(1) 先计算不同证券的收益率和标准差，然后采用各种策略选股，并采取上述策略进行配股。(2) 采用上述策略在无风险资产和风险资产组合中配股。

下面举没有进行无风险借款的案例进行说明。

【例 10-6】 假设市场上有 A、B 两种证券，其期望收益率分别为 7%和 10%，标准差分别为 8%和 25%。A、B 两种证券的相关系数为 0.5，市场无风险收益率为 6%。一个投资者的风险厌恶系数为 3，求该投资者的资产配置状况。

依据风险资产配置原理可知：

$$X_A=\frac{(\overline{R}_A-r_f)\sigma_B^2-(\overline{R}_B-r_f)\rho\,\sigma_A\sigma_B}{(\overline{R}_A-r_f)\sigma_B^2+(\overline{R}_B-r_f)\sigma_A^2-(\overline{R}_A-r_f+\overline{R}_B-r_f)\rho\sigma_A\sigma_B}$$

$$=\frac{(7\%-6\%)\times 0.25^2-(10\%-6\%)\times 0.5\times 0.08\times 0.25}{(7\%-6\%)\times 0.25^2+(10\%-6\%)\times 0.08^2-(7\%-6\%+10\%-6\%)\times 0.5\times 0.08\times 0.25}$$

$$=59\%$$

$$X_B=1-X_A=41\%$$

依次代入可得：

$$R_P=X_AR_A+X_BR_B=59\%\times 7\%+41\%\times 10\%=8.23\%$$

$$\sigma_P^2=X_A^2\sigma_A^2+X_B^2\sigma_B^2+2X_AX_B\rho\,\sigma_A\sigma_B$$

$$=59\%^2\times 8\%^2+41\%^2\times 25\%^2+2\times 59\%\times 41\%\times 0.5\times 8\%\times 25\%=1.76\%$$

因此，可得：

$$\overline{\omega}_1=\frac{R_P-r_f}{\gamma\sigma_P^2}=\frac{8.23\%-6\%}{3\times 1.76\%}=42\%$$

$$\overline{\omega}_2=1-\overline{\omega}_1=58\%$$

程序 10-2

资产配置状况

综上，投资者可以把全部资产的 42%投资于无风险资产，再把 58%投资于风险资产，其中，又可以把这部分风险资产的 59%投资于证券 A，把 41%投资于证券 B。同时如果计算出来的 $\overline{\omega}_2$ 大于 1，则表示投资者以无风险收益率借入无风险资产，并将其投资于风险资产。

第三节 CAPM 与应用：风险与期望收益关系

投资组合理论属于规范经济学的范畴，它在本质上是告诉证券投资者应怎样构造最优投资组合，以实现规避风险和最大化收益之间的平衡。与投资组合理论不同，本节的资本资产定价理论属于实证经济学的范畴。它以投资组合理论为基础，研究的是如果投资者都按照前述方法进行投资，在证券市场达到均衡时，证券价格和投资收益率如何决定的问题。这种方法是描述性的，它用一般均衡模型刻画所有投资者的集体行为，揭示在均衡状态下，证券（组合）的收益率、风险和价格之间的数理经济关系。

一、CAPM 的假设

1964 年威廉·夏普等人建立了 CAPM，该模型在马科维茨理论的基础上，描述了均衡价格如何在收益和风险的权衡中形成。首先介绍 CAPM 的前提假设，有以下六点：

(1) 影响投资决策的因素是期望收益率和以标准差表示的风险，并依据马科维茨投资组合选择模型进行投资决策。

(2) 投资者均是理性的，在风险相同的条件下选择收益率较高的证券，或在收益率相同的条件下选择风险较小的证券。

(3) 所有投资者均事前知悉期望收益率的概率服从正态分布，且对证券收益率概率分布看法一致，即有效边界只有一条。所有投资者的投资期限相同且只有一期。

(4) 所有证券投资都可以无限制细分，且投资者可以无风险收益率无限制地借贷。

(5) 资本市场是完全有效的市场，不需要考虑税收、交易费用且所有投资者可以免费获得市场上所有的信息。

(6) 投资者对期望收益率、标准差和证券之间的协方差具有相同的预期。

由于 CAPM 建立在投资组合理论的基础上，因此其前提假设比马科维茨投资组合理论还要严苛。通过这些理想化的假设，CAPM 将研究单个投资者投资行为的难题转化为研究具有相同投资方式的投资者的投资行为对证券价格的影响，从而理清均衡价格是如何在收益和风险的权衡中形成的。

二、CAPM 公式

夏普认为：当资本市场达到均衡时，风险的边际价格将不再变化，任何改变市场组合的投资所带来的边际效果均相同，即增加一个单位的风险所得到的补偿相同。按照 β 值的定义，代入均衡的资本市场条件可以得到 CAPM，其期望收益率由无风险收益率和风险溢价组成，公式如下：

$$E(R_i)=r_f+\beta_i[E(R_M)-r_f] \tag{10-6}$$

其中，β_i 为资产 i 的相关 β 值，表示资产的收益率对市场变动的敏感程度，即资产 i 的系统性风险大小；$E(R_i)$ 为资产 i 的必要收益率，$E(R_M)$ 为市场资产组合的期望收益率；$E(R_M)-r_f$ 是市场风险溢价，这是投资者由于承担与股票市场相关的不可分散风险而预期得到的收益。这一公式是金融领域最重要的发现之一，也被称为证券市场线（security market line，SML）。

CAPM 的主要观点为：如果股票投资者期望在无风险收益率的基础上获得更多溢价，那么他需要承受额外的风险。因此，股票市场溢价（equity market premium）就等于市场期望收益率减去无风险收益率，而证券风险溢价就是股票市场溢价和一个 β 值的乘积。

CAPM 能用简单易懂的公式表示风险资产价格，故而受到广大投资者的青睐，但该模型本身也存在一定缺陷，特别是前提假设过于苛刻，很难在现实中满足。

【例 10-7】 假设某一公司股票的 β 值为 1.05，无风险收益率为 4%，市场期望收益率为 10%，计算股票的期望收益率及风险报酬。

股票的期望收益率为：

$$E(R_i)=r_f+\beta_i[E(R_M)-r_f]=4\%+1.05\times(10\%-4\%)=10.3\%$$

股票的风险报酬为：

$$E(R_i)-r_f=\beta_i[E(R_M)-r_f]=1.05\times(10\%-4\%)=6.3\%$$

三、CAPM 的应用

CAPM 主要应用于资产估值与资产配置两方面。

(一) 资产估值

在资产估值方面，CAPM 主要被用来判断证券是否被市场错误定价，进而可以卖出证券或买入证券以获得资本利得。

根据 CAPM，某证券的期望收益率应等于无风险收益率加上该证券由 β 值测定的风险溢价，而实际上，投资者获得的实际收益率为：

$$R_{i,r+1}=\frac{p_{i,r+1}-p_{i,r}+d_{i,r+1}}{p_{i,r}} \tag{10-7}$$

其中，$d_{i,r+1}$ 表示股利。

根据 CAPM，市场均衡时有

$$r_f+\beta_i[E(R_M-r_f)]=\frac{E(p_{i,r+1}-p_{i,r}+E(D_{i,r+1}))}{p_{i,r}} \tag{10-8}$$

若等式左边大于等式右边，则表明证券价格被高估，此时的投资策略应为等待价格下降后再继续投资持有；反之，若等式左边小于等式右边，则表明证券价格被低估，此时的投资策略应为买入或继续持有该证券，以赚取价格上升的资本利得。

【例 10-8】 假设某分析师对股票 A 和股票 B 未来 1 年的相关估计值如表 10-2 所示，并已知期望收益率为 20%，无风险收益率为 5%，试分析股票 A 和股票 B 的当前投资价值。

表 10-2 股票相关估计值

股票	当前价格（元/股）	预计一年后价格（元/股）	预计一年后股利（元/股）	β 值
A	10	16	0.4	0.8
B	22	25	0.5	1.2

$$E(R_A)=r_f+[E(R_M-r_f)]\beta_A=5\%+(20\%-5\%)\times0.8=17\%$$
$$E(R_B)=r_f+[E(R_M-r_f)]\beta_B=5\%+(20\%-5\%)\times1.2=23\%$$

但根据预测计算出的预期收益率分别为

$$R_A=\frac{(16-10)+0.4}{10}\times100\%=64\%>17\%$$

$$R_B=\frac{(25-22)+0.5}{22}\times100\%=15.9\%<23\%$$

所以股票 A 的价值被当前市场低估了，可以买入或继续持有；而股票 B 的价值被当前市场高估了，可以在等待价格下降后再投资持有。

（二）资产配置

CAPM 在资产配置方面的应用，即利用 CAPM 预测市场形势、计算资产的 β 值，从而根据不同的市场形势选取不同 β 值的资产配置。前面我们说到，β 值表示资产的收益率对市场变动的敏感程度。具体来看，当投资者预测市场价格上升时，预期资本利得将会增加，投资者应买入更多高 β 值资产进行配置；反之，当投资者预测市场价格下降时，预期资本利得将减少，投资者应买入低 β 值资产进行配置。换言之，投资者在牛市应尽量买入高 β 值资产进行配置，在熊市应尽量买入低 β 值资产进行配置。

四、CAPM 的评价

（一）CAPM 的优点

CAPM 作为现代投资组合理论的核心，在投资决策和公司金融中得到了广泛运用。该模型的优点可以总结如下：

（1）简单、明确。此为 CAPM 最大的优势。该模型将任何风险证券的价格影响因素简单地归纳为无风险收益率、风险溢价及 β 值，并创造性地提出了证券定价公式，在资产配置及资产估值方面得到了广泛应用。

（2）实用性。投资者虽然无法用 β 值预测单个股票价格的变化趋势，但可通过 β 值判断股票价格的波动大小，从而在不同的市场形势中选择不同 β 值股票进行资产配置。这一实用发现在今天仍为广大投资者所用。

（二）CAPM 的缺点

事实上，CAPM 并不是完美的，它本身也有一定的局限性，具体表现在：

（1）前提假设难以实现。由于 CAPM 建立在投资组合理论的基础上，因此其前提假设比马科维茨投资组合理论的假设还要严苛。比如资本市场是完全有效市场的假设就与现实不符，我们知道现实市场往往存在信息不对称，投资者难以获得全部有效信息。再比如投资者也不可能具有相同的预期，因为他们所接收到的信息不一致。市场不存在交易费用、投资者能以无风险收益率无限制地借贷等假设也与现实不符。

（2）难以确定 β 值的大小。一方面，某些证券缺乏历史数据，不易估计其 β 值；另一方面，市场又是瞬息万变的，各种证券的 β 值也会随之发生变化。根据历史数据估算出的 β 值对未来证券买卖的前瞻性指导作用不足。

（3）难以进行实证检验。对 CAPM 的定量检验存在大量结果不支持该模型。对资本资产定价模型持最激烈批评态度的就是经济学家理查德·罗尔（Richard Roll）。1977 年，罗尔在《金融杂志》上发表了《对资产定价理论检验的批判》一文，对 CAPM 的适用性提出了质疑，他认为，CAPM 是一个以市场组合的存在为前提的一般均衡理论模型，但市场组合是一个不明确、不可预测且没有明确定义的概念，因此，以此为基础进行实证检验当然无法验证 CAPM 的正确性。

第四节　CML 与 SML 的关系

一、资本市场线

回顾本章第三节，在引入无风险资产且有借贷的情形下，有效边界变成了一条直线且该直线经过了无风险资产 F 与投资组合 E 点。对于不同投资者而言，投资组合不同，但投资组合中的风险资产构成相同。根据投资者的风险偏好不同，投资于无风险资产与风险资产组合的比例不同。风险厌恶程度较高的投资者可以多投资于无风险资产，风险厌恶程度较低的投资者可以多投资于风险资产组合。值得注意的是，投资者对风险收益的偏好程度不影响最优风险资产组合的构成。这就是分离定理。

资本市场线（capital market line，CML）是在托宾分离定理的基础上发展起来的，它将资产组合看作无风险资产和市场组合的组合。构造一个市场组合和无风险资产的投资组合，其期望收益也即资本市场线可表示如下：

$$E(R_P)=r_f+\frac{E(R_M)-r_f}{\sigma_M}\sigma_P \tag{10-9}$$

其中，R_M 和 σ_M 分别为市场组合的期望收益率和风险，r_f 为无风险收益率，R_P 和 σ_P 分别为投资组合的期望收益率和风险。

由图 10－15 中的直线可以看出，存在无风险资产的条件下，市场中的所有投资者均是在无风险资产和市场组合之间进行资产组合，即都可以用从 F 点出发且与风险资产组合有效边界相切于 M 点的射线来表示，即所有的有效资产组合都在该射线上。由于切点 M 点也是市场中所有风险资产的组合，因此被称为市场组合，则该射线被称为资本市场线。当证券市场达到均衡状态时，投资组合 E 点被市场组合 M 点代替。市场组合就是资本市场上所有风险资产所构成的组合。在这个组合中，每一种证券的投资比重都是它的相对市场价值。证券市场均衡状态下，所有投资者的有效边界均相同。综上，有效投资组合的风险和收益之间的关系可以由一条直线表示，它通过无风险资产 F 点与市场组合 M 点。

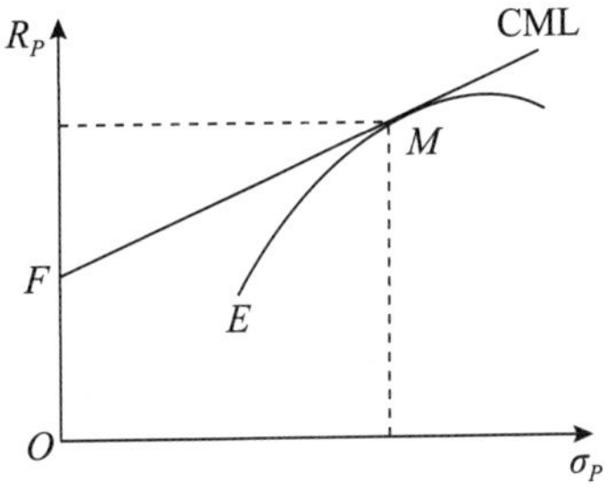

图 10－15　资本市场线

二、证券市场线

资本市场线只能反映有效投资组合的期望收益率和风险之间的关系，无法反映单个证券期望收益率与风险之间的关系。为了研究期望收益率与风险之间的关系，我们进一步引入证券市场线。单个证券的期望收益率的计算公式如下：

$$E(R_i)=r_f+\beta_i[E(R_M)-r_f] \tag{10-10}$$

其中，$\beta_i=\frac{\mathrm{Cov}_{iM}}{\sigma_M^2}$。

从（10－10）式中可以看出，单个证券的收益率一部分源于无风险收益率，另一部分因为承担了非系统性风险而得到了风险报酬。在图像中可看出横坐标是 β 值（系统性风险），而纵坐标则是期望收益率（见图 10－16）。

比较资本市场线与证券市场线，可以发现资本市场线是证券市场线的一个特例，即 $\rho=1$ 的情况。

证券市场线主要用来衡量证券定价是否合理，当证券的期望收益率位于证券市场线上时，证券定价合理，无偏离。当证券的期望收益率高于证券市场线，即证券价格低于合理价格时，应该买入；反之应该卖出。

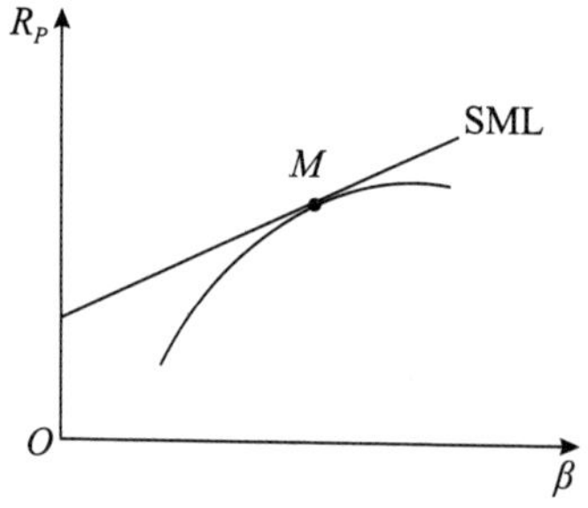

图 10－16　证券市场线

三、CML 与 SML 的关系

CML 与 SML 也存在一定的关系，即落在资本市场线上和线外的组合都会落在证券市场线上，CML 可看作 SML 的特例。当一个证券或一个证券组合是有效组合时，该证券或证券组合与市场组合的相关系数等于 1，此时证券市场线与资本市场线相同，因为

$$R_P=r_f+(R_M-r_f)\frac{\mathrm{Cov}_{PM}}{\sigma_M}=r_f+(R_M-r_f)\frac{\rho_{PM}\sigma_P\sigma_M}{\sigma_M^2}$$

$$=r_f+(R_M-r_f)\frac{\rho_{PM}\sigma_P}{\sigma_M}=r_f+(R_M-r_f)\frac{\sigma_P}{\sigma_M} \tag{10-11}$$

而 $R_P=r_f+(R_M-r_f)\frac{\sigma_P}{\sigma_M}$ 就是资本市场线。

CML 与 SML 的区别主要在于：

(1) 纵轴不同。CML 的纵轴是投资组合的期望收益率，反映投资者在投资后期望获得的收益。而 SML 的纵轴侧重于任何单个证券或组合的要求收益率，反映投资者在投资前要求得到的最低收益率。

(2) 横轴不同。CML 的横轴是标准差，既包括系统性风险，又包括非系统性风险；SML 的横轴是 β 值，只包括系统性风险。

(3) 作用不同。CML 的作用是确定投资组合中各资产的比例；SML 的作用是根据必要收益率，利用股票估价模型来计算股票的内在价值。

(4) 线上组合不同。只有有效组合才落在 CML 上；而任何组合（包括非有效组合）都落在 SML 上。

第五节 多因素套利定价理论

回顾本章第四节，CAPM 的前提假设较严格，因此脱离实际，使其在应用中受到一定局限。为了突破这种局限，斯蒂芬·罗斯提出了套利定价理论。本节将对多因素套利定价理论进行介绍。

一、多因素套利定价模型

作为一种统计模型，因素模型把经济周期、力量、技术革新以及劳动力成本和原材料等经济因素视为宏观经济指示器，并假定这些因素的变化影响着整个证券市场，进而是影响证券之间相关性的经济来源。随着非预期的变化发生，这些因素也会变化，进而引起整个证券市场的收益率发生非预期的变化。

因素模型可以分为单因素模型和多因素模型。单因素模型较为简单，即把证券收益率的非预期变化看作某一宏观经济事件变化的结果（如市场组合指数收益率，或者 GDP 增长率等），可写成

$$r_i = E(r_i) + \beta_i F + e_i \tag{10-12}$$

其中，F 为宏观因素的非预期成分；β_i 为证券 i 对宏观经济事件的敏感度；e_i 为非预期的公司特有事件的影响，其期望为 0。

多因素模型相对复杂，它把证券收益率的决定看作多种经济因素集合作用的结果，如行业生产的变动率、预期通货膨胀的变动率、长期公司债券对长期政府债券的超额收益率、长期政府债券对短期政府债券的超额收益率等，用公式表示就是：

$$r_i = a_i + \sum_{m=1}^{N} \beta_{i,m} F_m + e_i \tag{10-13}$$

（一）多因素套利定价理论的假设

(1) 市场完美无摩擦，无套利机会。

(2) 有足够多的证券来分散不同的风险。

(3) 证券收益能用因素模型表示。

(4) 投资者追求效用最大化，且有同质预期。

(5) 证券 i 的随机干扰项与其他证券的随机干扰项相互独立。

(6) 证券 i 的随机干扰项与所有影响因子相互独立。

(二) 多因素套利定价模型

罗斯认为，资本资产定价模型对证券资产期望收益率影响因素的论述过于简单，除了市场组合这一因素外，单只证券的收益率还有其他影响因素，如利率的变动、通货膨胀的变动等，基于这些因素对期望收益率的影响，以及套利定价理论的假设和实现条件，我们可以得出以下套利定价模型：

$$R_i = E(R_i) + \beta_{i1}F_1 + \beta_{i2}F_2 + \cdots + \beta_{in}F_n + e_i \tag{10-14}$$

其中，R_i 表示资产 i 在某一时间 t 的收益率，$E(R_i)$ 表示证券 i 的期望收益率，β_i 表示证券 i 对某一因素的敏感程度，F_i 表示影响因素 i 与理论值的偏差，e_i 表示误差项。

若组合高度分散化，非系统性风险被分散，系统性风险得到补偿，则证券 i 的期望收益率可表示为：

$$E(R_i) = \lambda_0 + \beta_{i1}\lambda_1 + \beta_{i2}\lambda_2 + \cdots + \beta_{in}\lambda_n \tag{10-15}$$

其中，λ_0 为无风险因素得到的补偿，也即无风险收益率 r_f；λ_k 为因承担第 k 个风险因素所得到的补偿。假设资产组合 p 只与因素 1 有一单位敏感度，即 $\beta_{i1}=1$，其他 β 值均为 0，则有

$$E(R_p) = \lambda_0 + \lambda_1 \tag{10-16}$$

那么

$$\lambda_1 = E(R_p) - \lambda_0 \tag{10-17}$$

即风险补偿为期望收益率减去无风险收益率。

以此类推，可得到多因素套利定价模型为：

$$E(R_{pl}) = \lambda_0 + \beta_{i1}[E(R_{p1}) - \lambda_0] + \beta_{i2}[E(R_{p2}) - \lambda_0] + \cdots + \beta_{ik}[E(R_{pk}) - \lambda_0] \tag{10-18}$$

【例 10-9】 假设某股票的收益率受到行业状态 I、市场利率 R 和经济增长率 G 三种因素的影响，且 $E(R_I)=13\%$，$E(R_R)=9\%$，$E(R_G)=11\%$，$\beta_I=1$，$\beta_R=0.5$，$\beta_G=0.75$，无风险收益率为 7%，请用多因素套利定价模型求解该股票的均衡收益率。

$$\begin{aligned} E(R) &= \lambda_0 + \beta_I[E(R_I - \lambda_0)] + \beta_R[E(R_R - \lambda_0)] + \beta_G[E(R_G - \lambda_0)] \\ &= 7\% + 1\times(13\% - 7\%) + 0.5\times(9\% - 7\%) + 0.75\times(11\% - 7\%) \\ &= 17\% \end{aligned}$$

即该股票的均衡收益率为 17%。

(三) 多因素套利定价模型在投资组合策略中的应用

投资者通常会选择投资到股票市场和债券市场，两者对于系统性风险的敏感度存在差异。如果投资者能够知道每一项资产对系统性风险的敏感度，那么组合的效果会大大改进。套利定价理论对系统性风险进行了细分，同时测量了每项资产对各种系统性风险的敏感系数，因而可以使投资组合的选择更准确。

对于不同市场的投资者，他们的经济状况和特征存在差异，主要包括费用支出的方式、受益人除了基金投资之外的其他收入来源、宏观经济状况等。对于基金的管理者而言，选择最佳的风险模式就是选择最佳的风险敏感系数的组合。在了解了投资者的经济状况后，就可以其愿意承担的风险模式构建相应的投资组合。

对已经确定的投资组合策略，投资者可以直接通过投资来实现，也可以通过选择合适的投资基金来实现。采用多因素套利定价方法可以帮助投资者选择和评价合适的投资基金经理。不同的基金经理具有特定的风险模式，在选择时还要关注他能否做到最小成本投资和最低风险投资。

（四）多因素套利定价模型的评价

1. 多因素套利定价模型的优点

（1）APT 模型的假设大大少于 CAPM，更加接近现实。

（2）APT 模型考虑了影响收益率的多个因素，解释了 CAPM 的反例。

（3）APT 模型比 CAPM 更容易进行实证检验。

（4）APT 模型比 CAPM 更加普遍适用，在特定条件下，CAPM 是 APT 模型的特例。

2. 多因素套利定价模型的缺点

（1）APT 模型无法确认资产定价的因素，或其确认通常缺乏经济学解释。换言之，APT 只确认了一个定价原则，具体模型的构建则五花八门。

（2）系统性风险因素个数越多，套利的盈利分析就越复杂，操作也越复杂。

（3）利用单因素证券市场中的无套利条件，可以保持充分分散投资组合的期望收益-β关系，但少量单只证券可能会例外。

二、APT 模型与 CAPM 的关系

（一）APT 模型与 CAPM 的区别

APT 模型与 CAPM 的区别主要表现在以下几个方面：

（1）对风险的解释程度不同。CAPM 模型使用 β 衡量风险，它是一种单因素模型，只能反映投资风险大小，却无法表达投资风险来源。APT 模型则是一个多因素模型，它不仅告诉投资者具体的系统性风险是什么，而且清楚表达了具体系统性风险的影响程度。

（2）均衡不同。CAPM 是均衡定价模型，APT 模型不是均衡定价模型，此为两者间的本质区别。除此之外，两者达到均衡的方式也不同，CAPM 强调理性的投资者与同质预期，因此人们在选择证券时只会接受相同风险下收益率最高的证券或相同收益率下风险最低的证券，同时放弃高风险低收益的项目，直到项目达到市场的平均收益水平。APT 模型则是一种套利均衡机制，认为市场上的理性投资者只占一部分，他们会利用市场上存在的套利机会获取无风险收益，最终实现市场均衡。

（3）假设不同。CAPM 对证券收益率的分布以及个体的效用函数做了假设，而 APT 模型并没有这方面的假设。

（4）适用性与实用性不同。CAPM 适用范围较广，特别是适用于一些对资本成本数额

精确度要求较弱的企业，但实用性较弱，因为该模型对风险的解释程度低且前提假设较为严格。而 APT 模型的适用性较弱、实用性较强。

（二）APT 模型与 CAPM 的联系

APT 模型与 CAPM 的联系主要表现在以下两个方面：

（1）部分假设相同。二者均包含以下假设：第一，投资者有相同的预期；第二，投资者追求效用最大化；第三，资本市场是完备的。

（2）表达式在特定情况下相同。当市场收益率为唯一影响因素时，APT 模型的表达式与 CAPM 相同。因此，CAPM 可以看作添加了部分约束后的 APT 模型的一个特例。

【本章小结】

投资组合理论是指研究投资者对市场上的证券进行选择并组合的理论。投资组合理论的核心思想是利用组合分散风险，追求收益最大化和风险最小化。本章较为系统地梳理了证券投资组合理论的发展及演进。在介绍投资组合有效边界的基础上，分别介绍了资本资产定价模型以及多因素套利定价理论。资本资产定价模型基于严格的前提假设，而多因素套利定价理论则放宽了假设，实用性更强。读者需熟练掌握几个重要理论的假设、内容、评价及其区别与联系。此外，读者还需着重掌握资产配置相关计算，如计算最优风险资产组合构成、计算超额收益、判断是否存在套利机会等，这些是投资策略构建的最基本条件。

【课后习题】

1. 现代投资组合理论与传统投资组合理论有哪些异同？
2. 资本资产定价模型的前提假设是什么？它与套利定价理论有何区别与联系？
3. 试比较 CML 与 SML 的异同。
4. 如何评价资本资产定价模型？
5. 假设有一投资者计划投资于某一市场，市场上有 A、B 两种证券，其期望收益率分别为 11%和 13%，标准差分别为 15%和 20%。A、B 两种证券的相关系数为 0.25。市场无风险收益率为 6%。求该投资者最优风险资产组合的构成。
6. 下表给出了某证券分析家预期的两种特定市场收益情况下两只股票的收益率情况。

市场收益率（%）	激进型股票（%）	防守型股票（%）
5	−2	5
25	30	12

（1）两只股票的 β 值是多少？

（2）如果市场收益率为 5%和 25%的可能性相同，两只股票的期望收益率是多少？

（3）如果国库券利率为 6%，市场收益为 5%和 25%的可能性相同，请画出这个经济体系的证券市场线。

7. 一种风险资产组合的年末现金流可能为 60 000 元或 20 000 元，两种可能的概率相同，均为 0.5；市场无风险收益率为 5%。

(1) 若投资者要求 7%的风险溢价，则投资者愿意支付多少钱去购买该资产组合？

(2) 若投资者可以购买 (1) 中的资产组合数量，该投资的期望收益率为多少？

(3) 假定现在投资者要求 12%的风险溢价，则投资者愿意支付的价格是多少？

(4) 比较 (1) 和 (2) 的答案，关于投资所要求的风险溢价与售价之间的关系，投资者有什么结论？

8. 某基金经理考虑投资于三个共同基金：股票型基金 (A)、债券基金 (B)，以及短期国债货币基金，风险资产组合的期望收益率和标准差如下表所示：

	期望收益率 (%)	标准差 (%)
股票基金 (A)	20	30
债券基金 (B)	12	15
短期国债货币基金	8	0

基金收益率之间的相关系数为 0.1，请回答如下问题：

(1) 两种风险基金 A 和 B 的全局最小方差组合比例是多少？

(2) 上述投资组合的期望收益率和标准差各是多少？

(3) 如果投资者的投资组合的期望收益率是 14%，是有效的，并且在最优可行资本市场线上，请问该投资组合的标准差是多少？

9. 假定股票收益以市场指数作为共同因素，经济体系中所有的股票对市场指数的 β 值为 1.0，个股的非系统性风险（标准差）为 30%。如果证券分析师研究了 20 种股票，结果发现一半股票的 α 值为 2%，另一半为 −2%。分析师买进 100 万美元的等权重正 α 的股票投资组合，同时卖空 100 万美元的等权重负 α 的股票投资组合。

(1) 该投资组合的期望收益率是多少？

(2) 该投资组合是否还存在系统性风险？简述理由。

(3) 该投资组合的标准差是多少？

10. 在两种给定市场状况下，市场收益率以及两只股票 (A 和 B) 的期望收益率如下表所示：

	市场收益率 (%)	激进型股票 A (%)	保守型股票 B (%)
市场状况 1	5	−2	6
市场状况 2	25	38	12

(1) 两只股票的 β 值各是多少？

(2) 如果两种市场状况的可能性相同，请问两只股票的期望收益率各是多少？

(3) 如果国债利率为 6%，两种状况的可能性相同，请给出整个市场状况的证券市场线。

(4) 两只股票的 α 值各是多少？

11. 假定无风险收益率 r_f 为 7%，投资者最优风险资产组合的期望收益率 $E(R_t)$ 为

16%，标准差为 20%，试求：

（1）投资者承担一单位风险需要增加的期望收益是多少？

（2）假设投资者需要构造标准差为 9%的投资组合，则投资于最优风险资产组合的比例是多少？构建后的投资组合的期望收益率是多少？

（3）假设投资者需要构造期望收益率为 20%的投资组合，则如何分配最优风险资产组合和无风险资产的比例？

12. 假设单个资产的收益率由如下两因素模型产生：

$$R_{it}=E(R_{it})+\beta_{1t}F_{1t}+\beta_{2t}F_{2t}$$

其中，R_{it} 是资产 i 在 t 期的收益率；F_{1t} 和 F_{2t} 是两个期望收益率和方差均为 0 的市场因素。此外，假设一个资本市场上存在如下两种资产 A 与 B，不考虑交易成本。

	$E(R_{it})$	β_1	β_2
A	10%	1	0.6
B	10%	1.4	0.8

（1）假设该资本市场允许卖空，请构建一个包含资产 A 和资产 B 的投资组合，使得组合收益与市场因素 F_{it} 无关。计算该组合的期望收益率与 β_2 值。

（2）假设存在这样一个无风险资产，其期望收益率为 6%，$\beta_1=\beta_2=0$，基于问题（1）中求出的投资组合，判断是否存在套利机会并描述。

13. 假设市场上有 a、b 两种证券，其期望收益率分别为 8%和 13%，标准差分别为 8%和 14%。a、b 两种证券的相关系数为 0.5，市场无风险收益率为 5%。一个投资者的风险厌恶系数为 3，求该投资者的资产配置状况。

第十一章

证券投资组合理论的扩展与应用

本章阅读指引

上一章介绍了现代投资组合理论，尽管均值-方差模型仍很受欢迎，但它受到的批评也很多。比如对风险的描述依赖于对投资收益分布的严格假设，没有用货币明确表示出投资组合的风险大小，也没有考虑投资者的不同风险偏好和投资组合的潜在损失。因此，一些风险度量的新方法，如 VaR、ES 等被引入投资组合管理，新的模型都试图从某些方面改进投资组合管理。本章将对投资组合理论作进一步拓展：第一至三节介绍是否可卖空情形、是否包含无风险资产情形下的最优投资组合确定，第四节和第五节分别介绍基于 VaR 修正的投资组合理论以及基于 ES 修正的投资组合理论。作为扩展，第六节分多种情形向读者介绍如何使用 Python 来实现投资组合优化配置。

第一节　可卖空情形下多种风险资产配置

第十章从两资产构成的投资组合入手，通过找出投资者效用无差异曲线，确定投资组合中各风险资产的期望收益率、标准差及协方差，求出风险资产组合的期望收益率与风险及各风险资产的组合权重，推导出可卖空情形下的有效边界是一条向上无限延伸的曲线，最后通过找出无差异曲线与有效边界的切点确定最优投资组合。本节将两资产组合扩展到多资产投资组合，从最简单的情形入手，讨论可卖空情形下多种风险资产的最优投资组合配置。值得注意的是，现实中投资者通常需要同时关注多重目标，因此，本章所提到的最优投资组合是对上一章中介绍的最优风险资产组合的扩展，即根据不同目标（如最小化方差、最大化投资收益等）求得的最优投资组合。本章试图从数理角度，利用构建拉格朗日的方法推导得出不同目标下的最优投资组合。

首先，有别于上一章的经典假设，本章设定投资组合可以投资于 n 种风险资产，而且设定投资权重分别为 w_1，w_2，…，w_N。令 N 维权重向量 $w=(w_1, w_2, \cdots, w_N)'$，满足 $\sum_{i=1}^{N} w_i=1$（若允许卖空，则权重可以为负数）。同时，假定 n 种风险资产构成的投资组合的资产收益率 $R=(R_1, R_2, \cdots, R_N)'$，存在期望收益率 $\mu=(\mu_1, \mu_2, \cdots, \mu_N)'$，注意这里的期望收益率可以为负数，但这并不一定说明实际收益率也是负的。设定投资组合的 $N\times N$ 维协方差矩阵为：

$$\sum=\begin{bmatrix}\sigma_{11} & \cdots & \sigma_{1N}\\ \vdots & & \vdots\\ \sigma_{N1} & \cdots & \sigma_{NN}\end{bmatrix} \tag{11-1}$$

其中，σ_{ij} 表示资产 i 和 j 的协方差。ρ_{ij} 表示资产 i 和 j 的相关系数。那么，组合的资产收益率 $R_P=w'R$，组合的期望收益率 $\mu_P=w'\mu$，组合的方差 $\sigma_P^2=w'\sum w$。这里，投资者的第一个优化目标是给定收益情况下组合的风险方差最小化；第二个优化目标是给定组合风险情况下的期望投资收益最大化；第三个优化目标是期望效用最大化。下面我们将依次介绍最小化方差、最大化投资收益以及最大化期望效用三种目标下的最优投资组合的求解过程。

一、最小化方差目标下的最优投资组合求解

当投资者为风险极度厌恶者时，他们会以最小化方差为目标，此时方差最小的投资组合将成为他们的最优选择。构建拉格朗日函数，推导求得最小化方差目标下的最优投资组合。

令：

$$\min_w \frac{1}{2}w'\sum w$$

$$\text{s. t. } \mu_0=w'\mu,\ w'l=1,\ l'=[1,1,\cdots,1] \tag{11-2}$$

其中，μ_0 表示投资者的总期望收益率。

通过构建拉格朗日函数，求最优解可得最优投资组合权重：

$$w=\lambda\sum^{-1}l+\gamma\sum^{-1}\mu \tag{11-3}$$

其中，$\lambda=\dfrac{C-\mu_0 B}{\Delta}$，$\gamma=\dfrac{\mu_0 A-B}{\Delta}$，$A=1'\sum^{-1}l$，$B=l'\sum^{-1}\mu$，$C=\mu'\sum^{-1}\mu$，$\Delta=|AC-BB|$。

$$\sigma_0^2=w'\sum w=\frac{A\mu_0^2-2B\mu_0+C}{\Delta} \tag{11-4}$$

拓展阅读

证明过程

由（11-4）式可看出，该表达式在（σ_0^2，μ）平面中是一条抛物线，而在（σ_0，μ_0）平面中是一条双曲线，也就是有效边界，如图 11-1 所示。

图 11-1 中粗线为有效边界，有效边界的点代表基于不同 μ_0 求解得到的最优投资组合。有效边界上最靠近纵轴的点代表最小风险方差组合，为了求解该组合，对（11-4）式求导，并令方差最小：

$$\frac{\partial\sigma_0^2}{\partial\mu_0}=\frac{2A\mu_0-2B}{\Delta}=0 \tag{11-5}$$

得

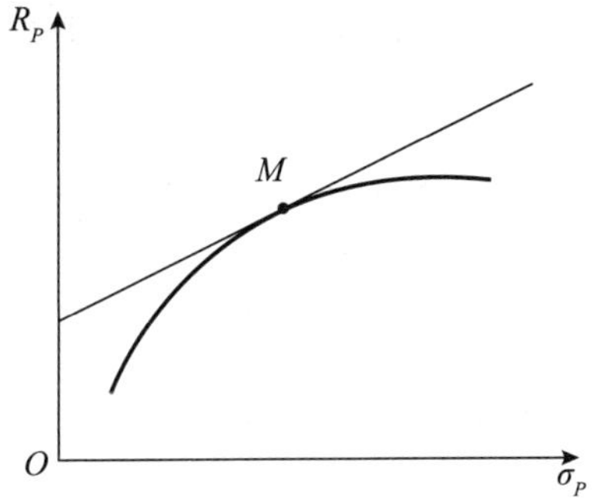

图 11-1 有效边界

$$B = A\mu_0 \tag{11-6}$$

根据上述证明过程，得

$$\lambda = \frac{C-\mu_0 B}{\Delta} = \frac{C-A\mu_0^2}{\Delta} \tag{11-7}$$

$$\gamma = \frac{\mu_0 A - B}{\Delta} = 0 \tag{11-8}$$

$$\Delta = |AC - B^2| = AC - A^2\mu_0^2 = A(C - A\mu_0^2) \tag{11-9}$$

此时，投资组合权重为

$$w = \lambda \sum^{-1} l + \gamma \sum^{-1} \mu = \frac{C-A\mu_0^2}{\Delta} \sum^{-1} l = \frac{\sum^{-1} l}{A} = \frac{\sum^{-1} l}{l' \sum^{-1} l} \tag{11-10}$$

最小方差组合有效分散了证券特有的风险，使组合风险下降到仅剩系统性风险，适合风险厌恶程度较高的投资者。需要注意的是，在上述简化形式中，约束条件是以等式形式出现的，此时求解最优投资组合就是求解一组线性方程的过程。但是，在约束条件为不等式形式时是没有解析解的，这时必须采用数值优化技术进行求解。

二、最大化投资收益目标下的最优投资组合求解

最小化方差目标下求得的投资组合具有一定的局限性，其仅仅考虑了风险因素，而忽略了投资者重视的收益因素，而且在现实中，投资的目的更多是获得更多的收益。因此本部分以最大化期望收益为目标，构建拉格朗日函数求解最大化投资收益目标下的投资组合。

令期望收益最大化服从约束条件：

$$\max_w w'\mu \tag{11-11}$$

$$\text{s.t. } w'\sum w = \sigma_0^2,\ w'l = 1,\ l' = [1,1,\cdots,1] \tag{11-12}$$

其中，μ 为 n 种风险资产的期望收益率，这便是期望收益最大化的模型。

通过构建拉格朗日函数，求最优解可得最优投资组合权重：

$$w = \frac{1}{\pm\sqrt{\dfrac{AC-B^2}{A\sigma_0^2-1}}}\left[\sum^{-1}\mu - \left(\frac{B}{A} \pm \frac{1}{A}\sqrt{\frac{AC-B^2}{A\sigma_0^2-1}}\right)\sum^{-1} l\right] \tag{11-13}$$

拓展阅读

证明过程

期望收益最大化模型常被投资组合经理采用，此时构建组合的目标在于追求投资组合高于基准的期望超额收益最大化。

三、最大化期望效用目标下的最优投资组合求解

以最小化方差为目标求得的投资组合仅适用于风险厌恶者，而以最大化投资收益为目标求得的投资组合又忽略了投资者的风险偏好。因此，本部分纳入投资者的风险偏好因素，利用第十章介绍的投资者期望效用函数 $U=E(R_1)-\frac{1}{2}\gamma\sigma_1^2$ 构建拉格朗日函数，以求得最大化期望效用目标下的投资组合。

同样地，令最大化期望效用目标模型和约束条件为：

$$\max_w w'\mu-\frac{1}{2}\gamma w'\sum w \tag{11-14}$$

$$\text{s.t. } w'l=1,\ l'=[1,1,\cdots,1] \tag{11-15}$$

拓展阅读

证明过程

通过构建拉格朗日函数，求最优解可以得到最优投资组合权重：

$$w=\frac{\sum^{-1}\mu}{\lambda}+\frac{\lambda-l'\sum^{-1}\mu}{l'\sum^{-1}l}\frac{\sum^{-1}l}{\lambda} \tag{11-16}$$

可见，投资者在投资过程中所追求的不是最终获得的财富，而是最终能够获得的期望效用的最大化。

第二节　可卖空情形下无风险资产与多种风险资产配置

本节纳入无风险资产，讨论可卖空情形下包含无风险资产与多种风险资产的最优投资组合。在第十章中，无风险贷款可视为投资于无风险资产，而无风险借款可视为卖空无风险资产，故确定纳入无风险资产后的投资组合也即确定可借贷情形下的投资组合。下面求解纳入无风险资产且可卖空情形下最小化方差及最大化夏普比率两种目标下的最优投资组合。

一、最小化方差目标下的最优投资组合求解

令当前市场的无风险收益率为 R_f，投资者没有借贷约束，因此可以在此收益率上自由融资。风险资产权重 $w'_R=[w_{R_1},\ w_{R2},\ \cdots,\ w_{R_N}]$，其中 $w'_R<1$，则无风险资产权重为 $1-w'_Rl$，$l=(1,\ 1,\ \cdots,\ 1)'$，且无风险资产权重可以为负值。考虑到无风险资产具有零方差且与风险资产不相关，因此令最小化方差模型及其约束条件为：

$$\min_{w_R}\frac{1}{2}w'_R\sum w_R \tag{11-17}$$

$$\text{s. t. } \mu_0 = w_R'\mu + (1 - w_R'l)R_f \tag{11-18}$$

通过构建拉格朗日函数，求最优解可得最小化方差目标下的最优投资组合权重：

$$w_R = \frac{\mu_0 - R_f}{(\mu_0 - lR_f)'\sum^{-1}(\mu - lR_f)}\sum^{-1}(\mu - lR_f) \tag{11-19}$$

可见，最小方差投资组合中的风险资产权重与向量 $\sum^{-1}(\mu - lR_f)$ 成比例。这一投资组合也叫切点投资组合，存在无风险资产时，所有切点投资组合都是由无风险资产和特定风险资产组合构成的。计算可得方差：

拓展阅读

证明过程

$$\sigma^2 = w_R'\sum w_R = \frac{(\mu - lR_f)'\sum^{-1}(\mu_0 - R_f)'}{(\mu - lR_f)'\sum^{-1}(\mu - lR_f)}$$

$$\sum \frac{(\mu_0 - R_f)\sum^{-1}(\mu - lR_f)}{(\mu - lR_f)'\sum^{-1}(\mu - lR_f)}$$

$$= \frac{(\mu_0 - R_f)'(\mu_0 - R_f)}{(\mu - lR_f)'\sum^{-1}(\mu - lR_f)} \tag{11-20}$$

二、最大化夏普比率目标下的最优投资组合求解

上一节中提到以最小化方差为目标的投资组合忽略了收益因素，以最大化投资收益为目标的投资组合则忽略了风险因素，那么是否存在一种综合考虑风险（方差）与收益率，也就是尽量追求风险最小、收益最大的优化途径呢？夏普比率是一个可以同时对收益与风险加以考虑的综合指标，很好地弥补了上述目标的不足。下面利用夏普比率构建拉格朗日函数，以求得最大化夏普比率目标下的最优投资组合。

令投资组合的夏普比率为 $\dfrac{w'\mu - R_f}{\sqrt{w'\sum w}}$，则最大化夏普比率模型及其约束条件为：

$$\max \frac{w'\mu - R_f}{\sqrt{w'\sum w}} \tag{11-21}$$

$$\text{s. t. } w'l = 1,\ l' = [1,1,\cdots,1] \tag{11-22}$$

将约束条件代入最大化问题，可得：

$$L = \max \frac{w'(\mu - R_f l)}{\sqrt{w'\sum w}} \tag{11-23}$$

求导：

$$\frac{\partial L}{\partial w} = \frac{(\mu - R_f l)\sqrt{w'\sum w} - \frac{1}{2}w'(\mu - R_f l)\,(w'\sum w)^{-\frac{1}{2}}2\sum w}{w'\sum w} = 0 \tag{11-24}$$

化简可得：

$$(\mu - R_f l)\sqrt{w'\sum w} - w'(\mu - R_f l)\,(w'\sum w)^{-\frac{1}{2}}\sum w = 0 \tag{11-25}$$

通过求解可卖空情形下无风险资产与多种风险资产的最优投资组合，还可推导出资本市场线。

组合收益率为：

$$E(R_P)=w_fR_f+w_ME(R_M)=(1-w_M)R_f+w_ME(R_M) \tag{11-26}$$

其中，w_M 表示风险资产比重，$w_f=1-w_M$ 表示无风险资产比重。

$$E(R_P)=R_f+w_M(E(R_M)-R_f) \tag{11-27}$$

$$\sigma_P^2=\mathrm{Var}(R_P)=w_M^2\mathrm{Var}(R_M)=w_M^2\sigma_M^2,\ w_M=\frac{\sigma_P}{\sigma_M} \tag{11-28}$$

即可得出资本市场线：

$$E(R_P)=R_f+\frac{E(R_M)-R_f}{\sigma_M}\sigma_P=R_f+\beta(E(R_M)-R_f) \tag{11-29}$$

其中，$\beta=\frac{\sigma_P}{\sigma_M}$表示风险补偿。

以最大化夏普比率为目标的投资组合模型可以综合测度投资组合的收益率和风险大小，夏普比率越大，投资组合的效率越高。

第三节　不可卖空情形下的投资组合确定

第一节和第二节介绍的是可卖空情形下的投资组合确定，该情形下组合中资产比重介于0和1之间，但是在实际中，卖空机制往往是被限制或不允许的，那么，不可卖空情形下的投资组合应该如何确定？本节将解决该问题，并分为风险资产配置以及无风险资产与风险资产配置进行介绍。

一、风险资产配置——不可卖空情形

求解思路是：先在没有施加约束时求模型最优化问题，如果得出某一只股票的权重为负值，则令其等于零，再求解资金在其他风险资产上的最优化配置问题。以此类推，直至每只股票的权重都大于等于零为止。下面以最小化方差目标下的最优投资组合求解为例进行求解。

在不允许卖空情形下最优投资组合权重的求解模型变成如下形式（不允许卖空则令$X_i\geqslant 0$）：

$$\begin{cases}\min \sigma^2(R_P)=\frac{1}{2}w'\sum w\\ \text{s. t. }\begin{cases}l'w=1,\ l=[1,1,\cdots,1]'\\ w_i\geqslant 0\end{cases}\end{cases} \tag{11-30}$$

其中，$w=[w_1,\ \cdots,\ w_N]'$表示每种资产投资占总投资的权重，由于引入了不等式$w_i\geqslant 0$，求解过程变得比较困难。同样，讨论最简单的情形，当只有两资产（$N=2$）时：

$$\sum=\begin{pmatrix}\sigma_1^2 & \sigma_{12}\\ \sigma_{21} & \sigma_2^2\end{pmatrix}$$

则

$$\sum^{-1}=\frac{1}{\sigma_1^2\sigma_2^2-\sigma_{12}^2}\begin{pmatrix}\sigma_2^2 & -\sigma_{12}\\ -\sigma_{12} & \sigma_1^2\end{pmatrix} \tag{11-31}$$

故此

$$\begin{aligned} w&=\frac{\sum^{-1}l}{l'\sum^{-1}l}=\frac{1}{\sigma_1^2+\sigma_2^2-2\sigma_{12}}\begin{pmatrix}\sigma_2^2 & -\sigma_{12}\\ \sigma_1^2 & -\sigma_{12}\end{pmatrix}\\ \sigma^2(R_P)&=w'\sum w=\frac{\sigma_1^2\sigma_2^2-\sigma_{12}^2}{\sigma_1^2+\sigma_2^2-2\sigma_{12}}\end{aligned} \tag{11-32}$$

由于

$$\sigma_1^2+\sigma_2^2-2\sigma_{12}\geqslant 2\sigma_1\sigma_2-2\sigma_{12}\geqslant 2\rho\,\sigma_1\sigma_2-2\sigma_{12}=2\sigma_{12}-2\sigma_{12}=0 \tag{11-33}$$

故要使 w 无负分量（$w\geqslant 0$），则需要：

$$\begin{pmatrix}\sigma_2^2 & -\sigma_{12}\\ \sigma_1^2 & -\sigma_{12}\end{pmatrix}\geqslant 0 \tag{11-34}$$

即：

$$\rho\leqslant\min\left\{\frac{\sigma_2}{\sigma_1},\frac{\sigma_1}{\sigma_2}\right\} \tag{11-35}$$

分三种情况讨论：

(1) 当 $\rho\leqslant\min\left\{\frac{\sigma_2}{\sigma_1},\ \frac{\sigma_1}{\sigma_2}\right\}$ 时，$w=\frac{\sum^{-1}l}{l'\sum^{-1}l}=\frac{1}{\sigma_1^2+\sigma_2^2-2\sigma_{12}}\begin{pmatrix}\sigma_2^2 & -\sigma_{12}\\ \sigma_1^2 & -\sigma_{12}\end{pmatrix}$。 (11-36)

(2) 当 $\rho>\frac{\sigma_2}{\sigma_1}$ 时，因不能卖空，即 $w\geqslant 0$，不妨设 $w_1=\alpha>0$，且 $w_2=1-\alpha>0$，则

$$R_P=\alpha R_1+(1-\alpha)R_2。 \tag{11-37}$$

于是

$$\begin{aligned}\sigma^2(R_P)&=\alpha^2\sigma_1^2+(1-\alpha)^2\sigma_2^2+2\alpha(1-\alpha)\sigma_{12}\\ &\geqslant\alpha^2\sigma_1^2+(1-\alpha)^2\sigma_2^2+2\alpha(1-\alpha)\sigma_2^2\\ &=\alpha^2\sigma_1^2+(1-\alpha^2)\sigma_2^2=\alpha^2(\sigma_1^2-\sigma_2^2)+\sigma_2^2\\ &\geqslant\sigma_2^2\end{aligned} \tag{11-38}$$

此时该组合收益率的标准差是以风险较小的证券的标准差为下限的。因此，可以取 $w_1=\alpha=0$，$w_2=1-\alpha=1$，以保证证券组合收益率的标准差最小，此时，$\sigma^2(R_P)=\sigma_2$。

(3) 当 $\rho>\frac{\sigma_1}{\sigma_2}$ 时，与第 (2) 种情况讨论的方法一样，可以取 $w_1=\alpha=1$，$w_2=1-\alpha=0$，以保证证券组合收益率的标准差最小，此时，$\sigma^2(R_P)=\sigma_1^2$。

综合 (1) (2) (3) 的讨论，当 $N=2$ 时，最优投资组合权重为：

$$w=\begin{cases}\frac{1}{\sigma_1^2+\sigma_2^2-2\sigma_{12}}\begin{pmatrix}\sigma_2^2 & -\sigma_{12}\\ \sigma_1^2 & -\sigma_{12}\end{pmatrix} & \rho\leqslant\min\left\{\frac{\sigma_2}{\sigma_1},\frac{\sigma_1}{\sigma_2}\right\}\\ \begin{pmatrix}0\\1\end{pmatrix} & \rho>\frac{\sigma_2}{\sigma_1}\\ \begin{pmatrix}1\\0\end{pmatrix} & \rho>\frac{\sigma_1}{\sigma_2}\end{cases} \tag{11-39}$$

对应的投资组合的最小风险为：

$$\sigma^2(R_P)=\begin{cases}\dfrac{\sigma_1^2\sigma_2^2-\sigma_{12}^2}{\sigma_1^2+\sigma_2^2-2\sigma_{12}} & \rho\leqslant\min\left\{\dfrac{\sigma_2}{\sigma_1},\dfrac{\sigma_1}{\sigma_2}\right\}\\ m\{\sigma_1^2,\sigma_2^2\} & \rho>\min\left\{\dfrac{\sigma_2}{\sigma_1},\dfrac{\sigma_1}{\sigma_2}\right\}\end{cases}\tag{11-40}$$

最大化投资收益和最大化期望效用两种目标下的最优投资组合求解类似于上述最小化方差目标下的最优投资组合求解，在此不再赘述。

二、无风险资产与风险资产配置——不可卖空情形

为了更贴合实际，此处将投资组合进一步扩展到存在无风险资产的情形，此时最优投资组合的求解思路为：先依照上一节介绍的可卖空情形下最优投资组合模型在没有施加约束时的方式求解最优化问题。反复调试上述模型。如果得出某一只股票的权重为负值，则令其等于零，再求解资金在其他风险资产上的最优化配置问题。以此类推，直至每只股票的权重都大于等于零为止，得出一组投资者满意的投资权重系数。

本部分介绍以最小化方差为目标和以最大化夏普比率为目标的最优投资组合模型。当投资者用上一节介绍的模型求解得出权重为负的情况时，就要卖空该权重对应的证券，并将所得收入投资于组合中的其他证券。然而，现实中卖空可能不被允许（如发展初期的证券市场）或实施起来比较困难（如保证金制度限制了运用全部卖空所得进行再投资的机会）。因此，当卖空不被允许或实施困难时，需要对证券的投资权重施加非负约束。

当以最小化方差为目标时，令最优投资组合模型和约束条件为：

$$\min_{w_R}\ \frac{1}{2}w_R'\sum w_R\tag{11-41}$$

$$\text{s. t. }\ \mu_0=w_R'\mu+(1-w_R')R_f\tag{11-42}$$

$$w_R\geqslant 0\tag{11-43}$$

当以最大化夏普比率为目标时，令最优投资组合模型和约束条件为：

$$\max_w\ \frac{w'\mu-R_f}{\sqrt{w'\sum w}}\tag{11-44}$$

$$\text{s. t. }\ w'l=1,\ l=[1,1,\cdots,1]\tag{11-45}$$

$$w\geqslant 0\tag{11-46}$$

采用扩展的拉格朗日函数方法可以求解该最优投资组合的权重，然而该方法得到的答案通常不会是简洁的闭合解形式。事实上，上述模型的求解是一个二次规划问题，也可以采用库恩-塔克（Kuhn-Tucker）条件①将模型转化为线性规划问题，并对模型求角点解。第六节将通过 Python 动态规划程序求解不同卖空限制下的最优资产配置。

① 库恩-塔克条件是判定约束非线性规划问题的某可行点为极小点的必要条件。

第四节 基于 VaR 修正的投资组合理论

马科维茨的均值-方差模型虽然提供了一个完美的投资组合配置框架，但存在重要缺陷：

（1）利用方差度量投资风险，即期望收益偏离平均收益越大，则风险越大。然而在现实中，期望收益超出平均收益越多，投资者就越倾向于投资（追求高收益），这与该模型得出的方差（风险）越大，则投资者因为厌恶风险而不愿投资的结论不符。因此，该模型求解的组合未必是最优的。

（2）未提供衡量投资者风险厌恶程度的指标，效用函数只是特例，特别是，不同偏好的投资者具有不同的风险厌恶衡量标准，在该框架下投资者无法根据自己的风险厌恶程度使其投资组合最优化。现有研究表明，只有证券收益服从正态分布，方差才是风险的有效测量指标。对美日等发达国家投资者的研究发现，他们对收益和风险的偏好具有非对称性，更不用说均匀分布在均值左右。

（3）均值-方差模型依据证券之间的关联性推测未来关联情况，但现实中，投资者之间往往存在博弈，证券之间的关联性也并不稳定，常常发生较大的波动，使得基于历史证券收益数据计算的协方差矩阵不能代表未来情况。

由此，将 VaR 引入马科维茨投资组合理论，在一定程度上可以弥补投资组合理论在风险度量上的不足。下面将介绍基于 VaR 修正的投资组合理论。

回顾第四章可知，组合 VaR 风险 $\text{Prob}(R_P < -\text{VaR}) \leqslant 1-c$，假定投资组合的收益率满足正态分布，即 $R_P \sim N(\mu_P, \sigma_P^2)$ 时，根据大数定理，可得置信水平 α 下的 VaR：

$$\text{VaR}_\alpha = -\mu_P + z_\alpha \sigma_P \tag{11-47}$$

其中，z_α 表示标准正态分布的 α 分位点，即 $z_\alpha = \phi^{-1}(\alpha)$，$\phi(\cdot)$ 为标准正态分布的累积分布函数。用上式替代马科维茨模型中的风险函数，可得到只考虑风险资产情形的均值- VaR 模型：

$$\min \text{VaR} = z_\alpha \sigma - \mu_0 = z_\alpha \sqrt{w' \sum w} - \mu_0 \quad (\text{只考虑风险资产情形})$$

$$\text{s.t.}\ w'l = 1,\ w'R_n = \mu_0 \tag{11-48}$$

其中，R_n 表示投资收益率向量。该模型揭示了在满足最小收益率约束、资本预算约束的前提下，投资者应如何分配各种资产，使投资组合的 VaR 最小。

将（11-4）式代入，得

$$\text{VaR} = z_\alpha \sqrt{\frac{A\mu_0^2 - 2B\mu_0 + C}{\Delta}} - \mu_0 \tag{11-49}$$

$$\Rightarrow (Az_\alpha^2 - \Delta)\mu_0^2 - 2(Bz_\alpha^2 + \Delta\text{VaR})\mu_0 + Cz_\alpha^2 - \Delta(\text{VaR})^2 = 0 \tag{11-50}$$

其中，$A = l' \sum^{-1} l$，$B = l' \sum^{-1} \mu$，$C = \mu \sum^{-1} \mu$，$\Delta = |AC - BB|$。可得投资组合收益率与 VaR 的关系式为：

$$\mu_0 = \frac{Bz_\alpha^2 + \Delta\text{VaR} + z_\alpha \sqrt{\Delta[A(\text{VaR})^2 + 2B(\text{VaR}) + C - z_\alpha^2]}}{Az_\alpha^2 - \Delta} \tag{11-51}$$

满足（11-51）式的点组成均值-VaR 有效边界（如图 11-2 所示）。显然，均值-VaR

有效边界上的点是均值-方差有效的，但反之则不成立，即均值- VaR 有效边界是均值-方差有效边界的子集。

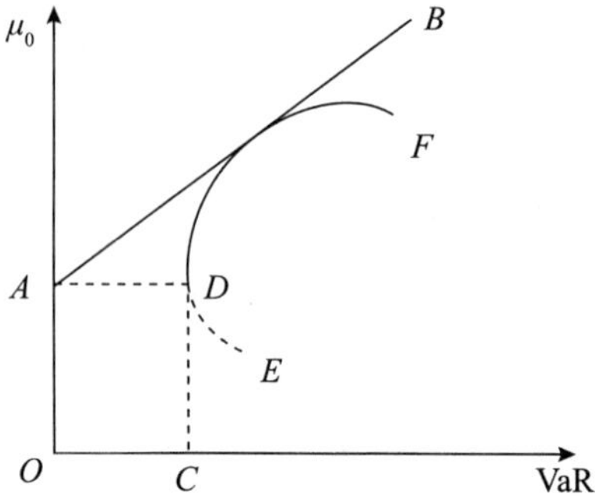

图 11-2　有效边界

(1) 求解最低点 D。

由于

$$\mathrm{VaR}=z_\alpha\sqrt{\frac{A\mu_0^2-2B\mu_0+C}{\Delta}}-\mu_0 \tag{11-52}$$

故

$$\frac{\mathrm{dVaR}}{\mathrm{d}\mu_0}=\frac{z_\alpha(A\mu_0-B)}{\sqrt{\Delta(A\mu_0^2-2B\mu_0+C)}}-1 \tag{11-53}$$

令 (11-53) 式等于 0，可求得：

$$\mu_0=\frac{B}{A}+\frac{\Delta}{A\sqrt{Az_\alpha^2-\Delta}} \tag{11-54}$$

代入 (11-52) 式，可求得：

$$\mathrm{VaR}=\frac{\sqrt{Az_\alpha^2-\Delta}+B+\Delta/\sqrt{Az_\alpha^2-\Delta}}{A} \tag{11-55}$$

(2) 求解 AB 曲线的斜率。

由边界方程，可求得：

$$k=\lim_{\mathrm{VaR}\to\infty}\frac{\mu_0}{\mathrm{VaR}}=\frac{\Delta+B\sqrt{Az_\alpha^2-\Delta}}{B\sqrt{Az_\alpha^2-\Delta}+Az_\alpha^2} \tag{11-56}$$

(3) 求解有效边界 DF 上每一点 (VaR，μ_0) 对应的投资比率。

由前文证明过程可知：

$$w=\frac{1}{\Delta}\left[(C-B\mu_0)\sum{}^{-1}l+(A\mu_0-B)\sum{}^{-1}\mu\right] \tag{11-57}$$

当考虑无风险资产与风险资产配置时，最小化模型可表述为：

$$\min\mathrm{VaR}=z_\alpha\sigma-\mu_0=z_\alpha\sqrt{w'\sum w}-\mu_0 \tag{11-58}$$

$$\text{s.t. } w'R_n+(1-w'l)R_f=\mu_0,\ l=[1,1,\cdots,1] \tag{11-59}$$

事实上，上述最优化问题也可以转换为：

$$\min\sigma^2=\frac{1}{2}w'\sum w$$

$$s.t.\ w'R_n+(1-w'l)R_f=\mu_0 \tag{11-60}$$

同样采用拉格朗日函数方法求解最优解为：

$$w=\frac{(\mu_0-R_f)\sum^{-1}(\mu-lR_f)}{(\mu_0-lR_f)'\sum^{-1}(\mu-lR_f)}=\frac{(\mu_0-R_f)\sum^{-1}(\mu-lR_f)}{H} \tag{11-61}$$

其中，$H=(\mu-lR_f)'\sum^{-1}(\mu-lR_f)$。 (11-62)

联立（11-20）式和（11-58）式，可得有效边界为：

$$\frac{(\mathrm{VaR}+\mu_0)^2}{z_\alpha^2}=\frac{(\mu_0-R_f)'(\mu_0-R_f)}{(\mu-lR_f)'\sum^{-1}(\mu-lR_f)}=\frac{(\mu_0-R_f)^2}{H} \tag{11-63}$$

故此，可求得有效边界：

$$\mu_0=\frac{\mathrm{VaR}\sqrt{H}+z_\alpha R_f}{z_\alpha-\sqrt{H}} \tag{11-64}$$

进一步，可得到在均值-VaR 模型框架下，

$$\frac{\mathrm{d}\mu_0}{\mathrm{dVaR}}=\frac{\sqrt{H}}{z_\alpha-\sqrt{H}} \tag{11-65}$$

结合 $\mathrm{VaR}=z_\alpha\sigma-\mu_0$，又可进一步得到：

$$\left.\frac{\mathrm{d}\mu_0}{\mathrm{d}\sigma}\right|_{\text{均值-VaR}}=\frac{z_\alpha}{z_\alpha-\sqrt{H}}\sqrt{H} \tag{11-66}$$

同时，由（11-20）式，已知：

$$\sigma^2=\frac{(\mu_0-R_f)^2}{H} \tag{11-67}$$

可求得：

$$\left.\frac{\mathrm{d}\mu_0}{\mathrm{d}\sigma}\right|_{\text{均值-方差}}=\sqrt{H} \tag{11-68}$$

对比两个模型（11-66）式和（11-68）式的斜率曲线，可知：

$$\left.\frac{\mathrm{d}\mu_0}{\mathrm{d}\sigma}\right|_{\text{均值-VaR}}<\left.\frac{\mathrm{d}\mu_0}{\mathrm{d}\sigma}\right|_{\text{均值-方差}} \tag{11-69}$$

如图 11-3 所示，虚线表示均值-方差模型框架下的有效边界，实线为均值-VaR 模型框架下的有效边界，二者相交于 P 点。

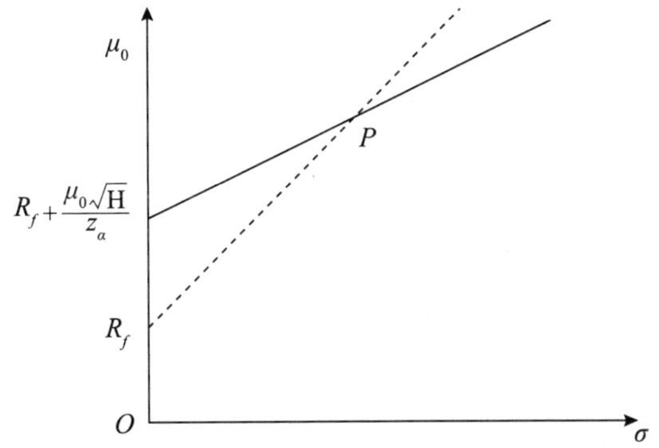

图 11-3 有效边界

令

$$\frac{(\mathrm{VaR}+\mu_0)^2}{z_\alpha^2}=\frac{(\mu_0-R_f)^2}{H} \tag{11-70}$$

即 VaR 边界为

$$\mathrm{VaR}=\frac{(z_\alpha-\sqrt{H})\mu_0-z_\alpha R_f}{\sqrt{H}} \tag{11-71}$$

当然，基于 VaR 修正的投资组合理论也并非完美，首先，VaR 具有非凸及非次可加性，因此当投资组合收益的分布不服从正态分布或对数正态分布时，配置最优投资组合时，使用 VaR 度量风险并不会得到最优结果。其次，该理论可能导致资产面临更大的风险，特别是，市场不景气导致波动率变大时，金融机构会面临更大的损失。最后，置信水平越低，VaR 组合边界与标准差组合边界的差异越大，主要体现在最小方差距离上。置信水平越高，表明投资者越厌恶风险，估计的风险也越大，导致最终的资产配置方案趋于保守化。

第五节　基于 ES 修正的投资组合理论

第四章介绍了 ES，其度量了平均损失值。相较于 VaR，ES 具有以下优点：第一，考虑了 VaR 水平之上的损失情况，可以为管理者和投资者提供金融风险的评判标准，也可以用于测算不同市场因子、不同金融工具、不同业务部门及不同金融机构投资组合的风险敞口。第二，可以反映分散化投资对金融风险的影响效应及其对降低风险的贡献，减弱了对投资者进行有害激励的效应。第三，可以精确度量尾部风险，为金融机构提供极端事件发生时所面临的金融风险大小。第四，测度指标具有次可加性，在度量风险上具有明显优势。

由此，将 ES 引入马科维茨投资组合理论，在一定程度上可以弥补均值-VaR 投资组合理论的不足。下面我们将介绍基于 ES 修正的投资组合理论。

回顾第四章的知识，假定 R_H 表示组合收益率①，可知投资组合的平均损失为：

$$\mathrm{ES}=-E(R_H \mid R_H\leqslant -\mathrm{VaR}(H)) \tag{11-72}$$

假设 R_H 服从正态分布，(11－72) 式可改写为：

$$\begin{aligned}\mathrm{ES}&=-E(R_H \mid R_H\leqslant -\mathrm{VaR}(H))\\&=-E\left(R_H\left|\frac{R_H-E(R_H)}{\sigma_H}\leqslant\frac{-\mathrm{VaR}(H)-E(R_H)}{\sigma_H}\right.\right)\\&=-E\left(\frac{R_H-E(R_H)}{\sigma_H}\left|\frac{R_H-E(R_H)}{\sigma_H}\leqslant\frac{-\mathrm{VaR}(H)-E(R_H)}{\sigma_H}\right.\right)\sigma_H-E(R_H)\end{aligned} \tag{11-73}$$

依据中心极限定理，有：

$$\mathrm{VaR}(H)=-E(R_H)+\Phi^{-1}(\alpha)\sigma_H \tag{11-74}$$

令 $x=\dfrac{R_H-E(R_H)}{\sigma_H}$，则 x 服从标准正态分布，记 $\phi(x)$ 为标准正态分布的概率密度

① 此处假定是基于收益率推导 VaR 和 ES 测算公式，这与第四章假定是基于损失率推导 VaR 和 ES 的公式表述略有不同，但实质上公式是一致的。读者应注意区分。

函数，Φ 表示标准正态分布的累积密度函数，则（11－74）式可重新表述为：

$$
\begin{aligned}
\mathrm{ES} &= \frac{\int_{-\infty}^{-\Phi^{-1}(\alpha)} x\phi(x)\,\mathrm{d}x}{\int_{-\infty}^{-\Phi^{-1}(\alpha)} \phi(x)\,\mathrm{d}x}\sigma_H - E(R_H) \\
&= \frac{\int_{-\infty}^{-\Phi^{-1}(\alpha)} x\phi(x)\,\mathrm{d}x}{1-\alpha}\sigma_H - E(R_H) \\
&= k_\alpha \sigma_H - E(R_h)
\end{aligned}
\tag{11-75}
$$

其中，k_α 为常数，具体理由如下：

$$
\begin{aligned}
k_\alpha &= \frac{\int_{-\infty}^{-\Phi^{-1}(\alpha)} x\phi(x)\,\mathrm{d}x}{1-\alpha} = \frac{\int_{-\infty}^{-\Phi^{-1}(\alpha)} x\frac{1}{\sqrt{2\pi}}\mathrm{e}^{-\frac{x^2}{2}}\,\mathrm{d}x}{1-\alpha} \\
&= -\frac{\int_{-\infty}^{-\Phi^{-1}(\alpha)} \frac{1}{\sqrt{2\pi}}\mathrm{e}^{-\frac{x^2}{2}}\,\mathrm{d}\left(-\frac{x^2}{2}\right)}{1-\alpha} = \frac{\frac{1}{\sqrt{2\pi}}\mathrm{e}^{\frac{(-\Phi^{-1}(\alpha))^2}{2}}}{1-\alpha}
\end{aligned}
\tag{11-76}
$$

用（11－75）式替代马科维茨均值-方差模型中的风险函数，可得到均值-ES 模型：

$$\min \mathrm{ES} = k_\alpha\sigma - \mu_0 = k_\alpha\sqrt{\frac{A\mu_0^2 - 2B\mu_0 + C}{\Delta}} - \mu_0 \tag{11-77}$$

$$\mathrm{s.t.}\ \ w'R_n = \mu_0,\ w'l = 1,\ l = [1,1,\cdots,1] \tag{11-78}$$

$$\Rightarrow \Delta(\mathrm{ES}+\mu_0)^2 = k_\alpha^2(A\mu_0^2 - 2B\mu_0 + C) \tag{11-79}$$

$$\Rightarrow \mu_0 = \frac{Bk_\alpha^2 + \Delta\mathrm{ES} + k_\alpha\sqrt{\Delta(A\cdot\mathrm{ES}^2 + 2B\cdot\mathrm{ES} + C - k_\alpha^2)}}{Ak_\alpha^2 - \Delta} \tag{11-80}$$

虽然 ES 克服了 VaR 的众多缺点，但基于 ES 修正的投资组合理论也并不总是优于基于 VaR 修正的投资组合理论。譬如，有时候 ES 会使得保守投资者选择标准差更大的投资组合。尽管作为风险管理工具，VaR 有时候也会发生这种情况，但是 ES 的反作用更大，ES 起到反作用的情况也更常见。因此使用基于 ES 修正的投资组合理论并不一定是最优的。

第六节　最优投资组合构建的应用

投资组合理论为广大投资者提供了一定的投资依据，但也存在计算复杂这一缺陷，使用 Python 进行模拟计算能有效解决这一问题。本节将向读者分多种情境介绍如何使用 Python 来实现投资组合优化配置。

程序 11－1

最优投资组合估计

一、计算收益率均值和协方差

正如上文所介绍的，要想构建投资组合，首先得计算出投资组合的收益率均值和协方差。

为了说明具体的计算过程，使用成飞集成（002190）、九阳股份（002242）和民生银行（600016）这三只股票来构建投资组合，选取时间跨度为2011年1月31日—2021年9月30日的月度数据，并利用投资组合理论计算组合的收益率均值和协方差。该投资组合的协方差矩阵、相关系数矩阵以及平均收益率与标准差见表11-1～表11-3。

表11-1　投资组合的协方差矩阵

协方差	成飞集成	九阳股份	民生银行
成飞集成	155.018	13.494 2	17.736 3
九阳股份	13.494 2	73.828 7	6.047 58
民生银行	17.736 3	6.047 58	18.884 1

表11-2　投资组合的相关系数矩阵

相关系数	成飞集成	九阳股份	民生银行
成飞集成	1	0.126 138	0.327 811
九阳股份	0.126 138	1	0.161 965
民生银行	0.327 811	0.161 965	1

表11-3　投资组合成份股的平均收益率与标准差

	成飞集成	九阳股份	民生银行
平均收益率	1.374 14	1.639 88	−0.806 46
标准差	12.305	8.491 86	4.294 76

根据上述结果可以看出：成飞集成、九阳股份、民生银行三只股票间呈正相关。民生银行平均收益率最小，但标准差也最小，这也印证了风险与收益呈正相关。

二、计算投资组合的可行域、期望收益率和标准差

在计算出投资组合的协方差、收益率及标准差之后，我们还可以使用Python来模拟出由成飞集成（002190）、九阳股份（002242）和民生银行（600016）这三只股票构建的投资组合的可行域。下面我们将对这一过程进行介绍。根据代码可计算出部分投资组合成份股的权重、期望收益率和标准差，如表11-4所示。

表11-4　部分投资组合成份股的权重、期望收益率和标准差

序号	投资组合成份股的权重			期望收益率	标准差
	成飞集成	九阳股份	民生银行		
1	0.418 4	0.382 8	0.198 7	1.914 27	6.213 05
2	0.031 3	0.784 2	0.184 6	1.873 48	6.927
3	0.685 9	0.3	0.014	1.265 54	7.043 66

续表

序号	投资组合成份股的权重			期望收益率	标准差
	成飞集成	九阳股份	民生银行		
4	0.416 5	0.33	0.253 4	2.104 79	6.807 65
5	0.349 7	0.094 9	0.555 4	3.157 92	12.409 6
6	0.227	0.529	0.244	2.076 13	6.404 23
7	0.491	0.249 7	0.259 3	2.123 9	7.233 06
8	0.575 9	0.013 5	0.410 6	2.648 99	10.520 5
9	0.109 1	0.242 7	0.648 1	3.485 61	13.705 8
10	0.334 7	0.474 5	0.190 9	1.889 1	5.998 19
11	0.561 3	0.426 1	0.012 6	1.263 39	6.590 31
12	0.309 5	0.314	0.376 6	2.536 27	8.445 73

Python 模拟出的投资组合可行域如图 11－4 所示。可行域的左侧边界是一条双曲线的一部分，而整个可行域呈类似雨伞状。可行域的位置、大小、形状并不固定，随投资组合的特性而变化。那么，纳入无风险资产后，可行域将如何变化？限于篇幅我们不再列出部分投资组合成份股的权重、期望收益率和标准差。Python 模拟出的纳入无风险资产之后的可行域如图 11－5 所示。

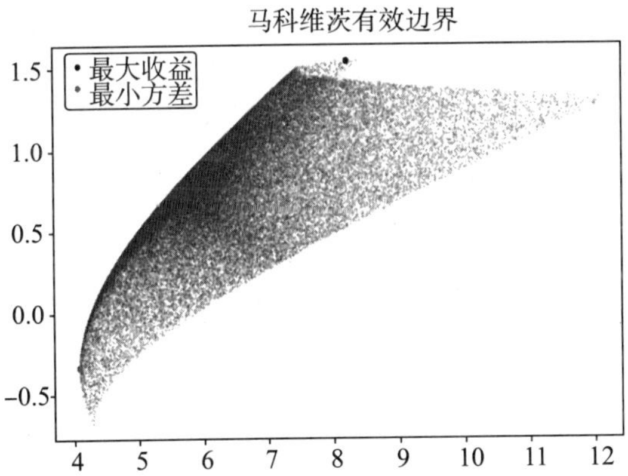

图 11－4　投资组合的可行域

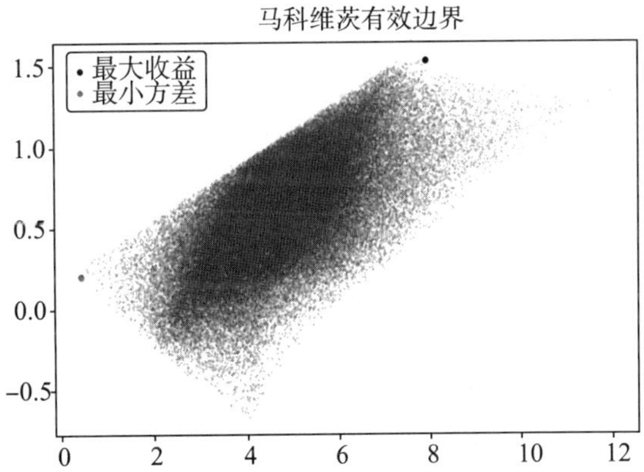

图 11－5　纳入无风险资产之后的可行域

对比图 11－4 和图 11－5，不难看出，纳入无风险资产之后，左侧有效边界从原先的双曲线形状变为一条直线，可行域的范围大大扩大。

三、无约束条件下的投资组合配置（允许卖空）

下面，参考本章第一节中最小化方差目标下的最优投资组合求解，我们纳入最小化方差这一约束条件，求解这一条件下的最优投资组合配置。

得到允许卖空情形下投资组合的各参数如表 11－5 所示，最优投资组合的各成份股的比重和收益率如表 11－6 所示，应把 7.715 85％的资金用于配置成飞集成，把 32.219 8％的资金用于配置九阳股份，把 60.064 3％的资金用于配置民生银行，此时方差最小，有效控制了风险。组合的收益率 $\mu_0=0.15$，而投资组合的方差为：$\sigma_0^2=\dfrac{A\mu_0^2-2B\mu_0+C}{\Delta}=20.0550$。

表 11－5　无约束条件下投资组合各参数

A	B	C	Δ	λ	γ
0.059 383	−0.024 94	0.111 512	0.006	19.209 43	5.641 693

表 11－6　无约束条件下投资组合的成份股的比重和收益率

股票名称	比重	收益率（μ）
成飞集成	0.077 158 5	1.374 14
九阳股份	0.322 198	1.639 88
民生银行	0.600 643	−0.806 458

四、无约束条件下包含无风险资产和风险资产的投资组合（允许卖空）

在前文中我们讨论的是无约束条件下的最优投资组合确定，那么，纳入无风险资产后，最优投资组合有何变动？本部分我们将解决该问题。无约束条件下包含无风险资产和风险资产的投资组合确定原理参考本章第二节。

得到无约束条件下包含无风险资产和风险资产的投资组合权重如表 11－7 所示，此时应把 1.226 9％的资金用于配置成飞集成，把 2.138 1％的资金用于配置九阳股份，卖空 5.81％的民生银行，把 102.445％的资金用于配置无风险资产。此时方差最小，有效控制了风险。

表 11－7　无约束条件下包含无风险资产和风险资产的投资组合权重

股票名称	成飞集成	九阳股份	民生银行	无风险资产
比重	0.012 269	0.021 381	−0.058 1	1.024 45

五、有约束条件下的投资组合配置（不允许卖空）

我们已经讨论了无约束条件下的最优投资组合确定（允许卖空），那么，在不允许卖空情形下，最优投资组合有何变动？我们将在下文解决该问题。

不允许卖空情形下风险资产的投资组合确定原理可参考本章第三节。

在不允许卖空情形下最优投资组合权重的求解模型涉及二次规划问题，二次规划问题是指带有二次型目标函数和约束条件的最优化问题。可用函数表达为：

$$\min \frac{1}{2}w'\sum w+f'w$$

$$\text{s.t.}\ \ Aw\leqslant b,\ Aeq\cdot w=beq,\ lb\leqslant w\leqslant up$$

需要调用 Python 求解二次规划的函数 Cvxopt，可查询帮助文件。

函数原型：Cvxopt. solvers. qp（ $\sum$， f'， A， b， Aeq， beq ）

输入：f'，A，b，Aeq，beq 为规划中的对应矩阵。

输出：weight 为权重矩阵，Var 为投资组合方差。

如果在不允许卖空情形下以最小化方差为目标求解最优投资组合，可以将二次规划问题表述如下：

$$\min \frac{1}{2}w'\sum w,\quad \text{s.t. } w'\mu=\mu_0,\ w\geqslant 0 \text{ 由 } w\geqslant 0\Rightarrow Aw\leqslant b,\ A=-I_{\text{column}},\ b=0_{\text{column}}$$

可得

$$Aeq\cdot w=Beq\Leftrightarrow\begin{pmatrix}1\\ \mu'\end{pmatrix}w=\begin{pmatrix}1\\ \mu_0\end{pmatrix}$$

故

$$Aeq=\begin{pmatrix}1\\ \mu'\end{pmatrix},Beq=\begin{pmatrix}1\\ \mu_0\end{pmatrix}$$

得到不允许卖空时，有约束条件下的风险资产组合权重如表 11-8 所示，此时应把 7.715 85%的资金用于配置成飞集成，把 32.219 8%的资金用于配置九阳股份，把 60.064 3%的资金用于配置民生银行。

表 11-8　有约束条件下的风险资产组合权重（不允许卖空）

股票名称	成飞集成	九阳股份	民生银行
比重	0.077 158 5	0.322 198	0.600 643

六、有约束条件下包含无风险资产和风险资产的投资组合（不允许卖空）

我们已经讨论了无约束条件下包含无风险资产和风险资产的投资组合确定（允许卖空），那么，在不允许卖空情形下，最优投资组合有何变动？我们将在下文解决该问题。

不允许卖空情形下包含无风险资产和风险资产的投资组合确定原理可参考本章第三节。

在不允许卖空情形下最优投资组合权重的求解模型变成如下形式（不可卖空则令 $w_i\geqslant 0$），以最小化方差为目标时，令

$$\min_{w_R}\ \frac{1}{2}w_R'\sum w_R$$

$$\text{s.t.}\quad \mu_0=w'_R\mu+(1-w'_Rl)R_f$$

$$w_R\geqslant 0$$

得到不允许卖空时，有约束条件下包含无风险资产和风险资产的投资组合权重如表 11-9 所示，此时应把 1.642 85%的资金用于配置成飞集成，把 4.921 5%的资金用于配置九阳股份，把 93.435 6%的资金用于配置无风险资产。因为条件设置为不允许卖空，民生银行比重只能为 0，不能为负，此时方差最小，有效控制了风险。

表 11-9　有约束条件下包含无风险资产和风险资产的投资组合（不允许卖空）

股票名称	成飞集成	九阳股份	民生银行	无风险资产
比重	0.016 428 5	0.049 215	0	0.934 356

【本章小结】

本章进一步拓展了投资组合理论：首先介绍了是否可卖空情形、是否包含无风险资产情形下的最优投资组合确定，其次介绍了基于 VaR 修正的投资组合理论和基于 ES 修正的投资组合理论，最后介绍了如何使用 Python 确定多种情形下的投资组合配置。总的来看，将 VaR 及 ES 引入马科维茨投资组合理论，在一定程度上可以弥补均值-方差投资组合理论在风险度量上的不足。但基于 VaR 和 ES 修正的投资组合理论也均有其缺点，读者需看情况应用。本章推导较多，建议读者多加练习，并区分多种情形下的推导。

【课后习题】

1. 均值-VaR 模型对比均值-方差模型有何优点？均值-ES 模型呢？试着比较三者的优缺点。

2. 简述不可卖空情形下的投资组合确定的求解思路。它与可卖空情形下的投资组合确定有何区别与联系？

3. 试分析是否包含无风险资产对最优投资组合确定有何影响？

4. 基于 VaR 修正的投资组合理论有何优缺点？试着简单概括一下。

5. 简述最小化方差目标下的最优投资组合求解过程。

6. 结合本章最优化理论，基于风险资产的收益率和波动率风险，构建一个投资组合。

7. 计算推导纳入借贷资本后的均值-方差模型、均值-VaR 模型以及均值-ES 模型，其有效边界对比未纳入借贷资本的模型有何变动？

8. 结合本章最优化理论，基于风险资产的收益率和波动率风险，结合我国现实数据，构建一个最优投资组合。在上述投资组合中，考虑引入无风险资产后的最优化资产配置，结合数据说明问题。

9. 计算推导均值-VaR 模型（分只有风险资产、包含无风险资产和风险资产两种情形）；推导存在卖空限制下的均值-VaR 模型；推导均值-ES 模型（分只有风险资产、包含无风险资产和风险资产两种情形）。并对上述模型求解给出 Python 或其他软件编程。

10. 结合中国实际数据，实践检验基于均值-方差模型、均值-VaR 模型以及均值-ES 模型的最优资产配置的差异，并分析持仓一段时间未来收益情况的差异。

第十二章

期货套期保值理论与策略

本章阅读指引

期货市场的基本功能之一就是为投资者提供规避风险和控制风险的手段，同时，期货也是量化投资的主要标的之一。投资者可以通过买卖衍生工具将风险转移至其他风险承担能力更强、愿意承担风险的交易者，让后者承担更多的风险。而套期保值就是规避风险和控制风险的期货交易。套期保值者通过套期保值将风险转移出去的同时，也将收益的机会转移给了其他投资者。本章从期货定价出发，介绍了套期保值界定，包括定义、原理、种类及原则，在此基础上分别介绍了基于方差模型、VaR 模型、ES 模型的三种套期保值理论，并通过案例讲解如何确定最优套期保值比率。

第一节　期货定价

一、期货的定义

金融期货合约（financial futures contracts）是指在交易所交易的、协议双方约定在将来某个日期按事先确定的条件（包括交割价格、交割地点和交割方式等）买入或卖出一定标准数量的特定金融工具的标准化协议。

期货合约是期货交易所指定的标准化合约，每一种期货合约都限定了一张合约对应的标的物数量和单位、等级和质量，作为交割物的商品或金融资产需要有符合标准的质量和数量，同时，期货合约也规定了期货交易和最终交割的时间地点、买卖双方报价的最小变动幅度、相关的费用率等。在交易中，同意买入资产的交易员被称为进入了一个期货的长头寸（long futures position）或多头；同意卖出资产的交易员被称为进入了一个期货的短头寸（short futures position）或空头。交易价格被称为期货价格（future price）。

我国从改革开放初期开始逐渐引入国外的期货交易机制，进行农产品的交易，1990 年，郑州粮食批发市场开始建立期货交易，90 年代初期，政府以一系列政策举措支持期货市场的开拓与发展；1997 年亚洲金融危机爆发，我国开始对金融市场进行规范和整顿，期货交易所开始规范化，上海期货交易所、郑州商品期货交易所和大连商品交易所成为主要的期货交易所；2000 年开始，我国期货市场步入规范发展阶段，批准多个期货品种上市交易，金融期货的发展步伐也加快了，沪深 300 指数期货、上证 50 股指期货、中证 500 股指期货、国债期货相继上市交易；2018 年，标志着打开期货国际化大门的原油期货上市交易，中国期货市场国际化进程由此展开。

中国期货市场的存在和发展也为投资者提供了套利和对冲风险的品种选择。特别是，随着期货合约交割月份的逼近，期货价格会逐渐收敛于标的资产的现货价格。在到达交割日期时，期货价格会等于或非常接近于现货价格。因此，当在交割时间内期货价格高于现货价格时，交易员就得到一个显而易见的套利机会：

卖出一个期货合约(即持有短头寸)，

买入资产，

进行交割。

以上交易一定会盈利，其盈利额等于期货价格与现货价格之差。一旦投资者发现并利用这一套利机会，期货价格就会随之下降。接下来假定在交割时间内期货价格低于现货价格，想获得该标的资产的投资者会发现买入期货然后等待短头寸方交割资产更有利。一旦投资者这么做，期货价格就会随之上升。最终，在交割时间内，期货价格与现货价格十分接近，即期货价格收敛于现货价格（见图 12－1）。上述逻辑阐述了期货合约的风险对冲机制和套利机制。

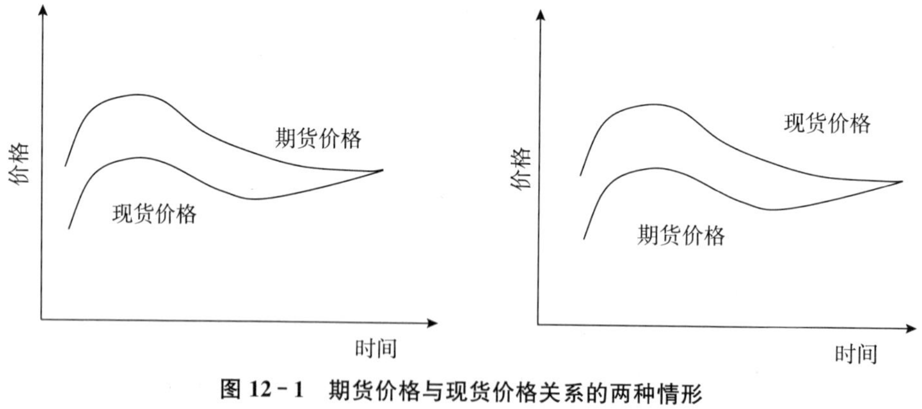

图 12－1　期货价格与现货价格关系的两种情形

【例 12－1】　利用期货进行风险对冲。假定中国银行持有一个外汇期货的交易组合，同时，中国银行可以通过卖出 20 000 美元来达到希腊字母的 Delta 中性。假定中国无风险收益率为 5%，美国无风险收益率为 6%。由此可知采用半年期的外汇期货进行对冲需要的短头寸数量为：

$$e^{-(0.06-0.05)\times 6/12}\times 20\ 000=19\ 900.25(\text{美元})$$

同时，因为每一个外汇期货合约买入或者卖出的是 2 500 美元的资产，可见中国银行需要购进 8 个合约的短头寸，才可达到有效风险对冲的目的。

【例 12-2】 利用期货进行投机。假定一个投资者认为未来两个月内美元对人民币会升值，那么，该投资者在不考虑利息收入时有两种做法：其一，在市场上购入 1 万美元资产，然后等到价格上涨后买入美元换取人民币；其二，在期货市场上购入 2 份期货合约的长头寸，每一份合约是买入 0.5 万美元的合约。同时，假定当前美元对人民币汇率是 6.53，如果在两个月后，美元对人民币汇率变为 6.8，则：

(1) 购入 2 份期货合约的收益为：(6.8−6.52)×10 000=2 800（美元）。

(2) 购入即时汇率的收益为：(6.8−6.53)×10 000=2 700（美元）。

如果两个月后，美元对人民币汇率变为 6.3，则：

(1) 购入 2 份期货合约的收益为：(6.3−6.52)×10 000=−2 200（美元）。

(2) 购入即时汇率收益为：(6.3−6.53)×10 000=−2 300（美元）。

结合表 12-1 的测算结果可知，在不考虑利息支出的情况下，上述两种投资方式的收益和损失存在一定差异。但是，从投资者需要投入的资金看，第一种方式下，投资者需要投入的资金是 65 300 元；但是对于第二种方式，投资者只需要在购买外汇期货后存入少量的资金到保证金账户，譬如 2 000 美元。可见，采用期货进行投机时，不一定能够获取收益，但是，期货市场可以使投机者利用杠杆效应，即投资者只需要一笔少量的初始资金，就可以得到一个很大的投机头寸。

表 12-1 利用现货及期货合约进行投机 单位：美元

	买入 1 万美元 现货价格=6.53	买入 2 份期货合约 期货价格=6.52
投资	10 000	2 000
两月后现货价格为 6.8 时的盈利	2 700	2 800
两月后现货价格为 6.3 时的盈利	−2 300	−2 200

二、期货的定价

期货的定价与远期合约相似，持有期货收益应等于持有成本，否则市场将存在套利空间，当前价格为 S_0 的标的资产，在 T 时刻后价格为 S_T，在 T 时刻，期货合约多头可以价格 K 买入标的资产，也可在交割日之前出售期货合约，若进行交割，T 时刻的收益为 S_T-K，但为此投资者需要在此刻支付期货合约的价格，若远期合约价值为 f，则有：

$$f=(S_T-K)e^{-rT}=S_0-Ke^{-rT} \tag{12-1}$$

合约的价格就是使得远期合约价值为 0 的 K 值，则可计算出远期合约价格，持有期间不支付中间收入的资产的期货价格为：

$$F=S_0e^{r\mathrm{T}} \tag{12-2}$$

对于在持有期间，支付中间收入的贴现值为 I 的资产的期货合约价格为：

$$F=(S_0-I)e^{rT} \tag{12-3}$$

若标的资产在远期持有期间提供中间收入，收益率为 q，则该期货的价值为：

$$F=S_0e^{(r-q)T} \tag{12-4}$$

对期货进行定价具有重要的现实意义，如果说股票市场是宏观经济的“晴雨表”，那么期货市场就相当于股票或商品市场的“晴雨表”，期货价格与现货价格在理论上具有随着期货到期日临近而收敛的规律，期货价格走势在一定程度上反映了投资者对现货市场的预期判断，从而影响股票市场或商品市场的价格走势。

【例 12-3】 石油的期货价格。考虑一年期的石油期货合约，假定其间没有中间收入，并且假定每年存储标准化单位石油的费用为 4 元，在年底收取。假定一桶石油的现货价格为 600 元，对于所有期货的无风险收益率为 4%。此时，$r=0.04$，$S_0=600$，$T=1$，则期货持有期限内所有存储费用的贴现值为 $U_0=4e^{-0.04\times1}=3.8$ 元，由此可得期货合约的理论价格为：

$$F=(600+3.8)e^{0.04\times1}=628.44(\text{元})$$

事实上，在期货的实际投资过程中，我们还可以对指数进行套利，如对沪深 300 指数实行套利。其主要的投资逻辑是：(1) 如果 $F>S_0e^{(r-q)T}$，我们可以通过以即期价格（即马上支付）买入构成指数的股票，并同时卖出指数期货合约而获利。(2) 如果 $F<S_0e^{(r-q)T}$，我们可以通过相反的操作，即卖空或卖出构成指数的股票，并同时买入指数期货的长头寸而获利。这种交易就是所谓的指数套利（index arbitrage），经常通过程序交易完成，这种方法通过一个计算机系统来产生交易指令。

【例 12-4】 2020 年疫情冲击的指数期货套利。为了进行指数期货套利，交易员必须在市场得到报价后很快地交易指数期货及构成指数的股票。在正常市场条件下，交易员可以采用程序交易，并且 $F=S_0e^{(r-q)T}$ 成立。

受 2020 年疫情冲击和美国政府不救市的影响，美股在 2020 年 3 月 8 日—3 月 16 日期间触发了四次熔断机制；而从历史上看，美国股市仅有五次发生熔断。这四次熔断的时间分别是 2020 年 3 月 8 日、2020 年 3 月 9 日、2020 年 3 月 12 日、2020 年 3 月 16 日。美股的熔断造成包括美国股市在内的全球证券市场发生剧烈波动，而纽约证券交易所更是创造了其历史上第一次关闭交易大厅的纪录，于 2020 年 3 月 23 日起暂时关闭交易大厅。股票市场的剧烈波动也造成股指期货暴涨暴跌，在 3 月美国标普 500 指数比标普 500 期货低 16.8%，这给股指期货套利提供了空间。但冲击过后，当市场恢复正常时，套利者的行为保证了期货价格与现货价格的恒等关系 $F=S_0e^{(r-q)T}$ 再次成立。

第二节 套期保值界定

一、套期保值的定义

投资者在投资过程中会面临价格风险、利率风险、信用风险、政治风险、法律风险等各种风险。面对风险时，投资者可以采取回避风险、分散风险、转移风险、缓解风险、限制风险、承受风险等应对措施。本质上，套期保值是转移风险的一种方式，投资者通过买卖衍生工具将风险转移给其他交易者。

套期保值又称避险、对冲等，传统的套期保值是指投资者同时在期货市场和现货市场进行数量相等、方向相反的交易，用一个市场的盈利弥补另一个市场的亏损，从而在两个市场建立对冲机制，以规避现货市场价格波动的风险。①

套期保值的基本特征是：在期货市场和现货市场对同种商品同时进行数量相当、方向相反的交易活动，即在买入或卖出现货的同时，在期货市场卖出或买入数量相当的期货，一段时间后，价格变动使现货出现盈亏时，可由期货交易的盈亏得到抵消或弥补。从而在现货与期货之间、近期和远期之间建立一种对冲机制，使价格风险降到最低。

二、套期保值的原理

套期保值能实现风险对冲的根本原理是：同种商品的期货价格和现货价格受到相似的因素影响，两者价格变动趋势相同。在此基础上，无论价格上涨还是下跌，通过套期保值操作，总有一个市场盈利，另一个市场亏损，盈亏相抵就可以避免价格波动带来的风险。具体而言，有以下两点：

第一，期货市场和现货市场同种商品的价格变动趋势相同。期货市场和现货市场会同时受到经济周期、供求关系等相似因素的影响，所以二者价格变动趋势相同，于是，套期保值利用两个市场的价格关系，分别在期货市场和现货市场进行方向相反的操作，从而总能实现一个市场盈利、另一个市场亏损，盈亏相抵降低了风险。

第二，期货交易的实物交割制度使得随期货合约到期日临近，期货市场与现货市场价格趋于一致。当两个市场的价格不一致时，套利者会进行低买高卖的套利操作，保证两个市场的价格趋于一致。

三、套期保值的种类

套期保值的目的是规避现货市场价格波动的风险，而价格波动分上涨和下跌两种情形，因此，套期保值有两种基本类型，即买入套期保值和卖出套期保值。两者是以套期保值者在期货市场上的买卖方向来区分的。

（一）买入套期保值

买入套期保值，又称多头套期保值，是指套期保值者预期对冲现货商品或资产空头，或者预期对冲未来将买入的商品或资产价格上涨的风险，因此在期货市场建立多头头寸，在套期保值结束时对冲的行为。

买入套期保值主要适用于以下情形：

（1）目前持有某种商品或资产，但已经按照固定价格将其卖出，担心市场价格上涨影响收益。

（2）未来将购买某种商品或资产，尚未确定购买价格，担心市场价格上涨，增加购买

---

① 中国期货业协会. 期货及衍生品基础：修订本. 北京：中国财政经济出版社，2017.

成本。

【例 12-5】 表 12-2 展示了一个买入套期保值交易的案例。

表 12-2 买入套期保值交易的案例（担心股市上涨）

时间	市场	
	现货市场	期货市场
7 月 1 日	某投资者预计 11 月 1 日将收到 500 万元可用于投资股票。当时沪深 300 指数为 1 100 点，该投资者担心 11 月 1 日股市会上涨。	沪深 300 指数期货合约为 1 300 点，所以投资者应该买入 5 000 000/(1 300×300)≈13 手期货合约。 假定每点 300 元。
11 月 1 日	沪深 300 指数已经升至 1 400 点，股票相应地上涨到（1 400/1 100）×500＝636.4 万元。	以 1 600 点的价格卖出 13 手期货合约平仓，结算期货头寸。 期货交易盈利＝300×300×13＝117 万元。

显然，若不进行套期保值要多付 136.4 万元购买股票，而进行保值后，只要多付 136.4－117＝19.4 万元。虽然没有完全对冲风险，但已降低了风险。

（二）卖出套期保值

卖出套期保值，又称空头套期保值，是指套期保值者在期货市场建立空头头寸，预期对冲目前持有的现货商品或资产，或者未来将卖出的商品或资产价格下跌的风险的操作。卖出套期保值主要适用于以下情形：

（1）目前持有某种商品或资产，担心市场价格下跌造成未来销售利润降低。

（2）已经按照固定价格买入未来交付的商品或资产，担心市场价格下跌造成未来销售利润降低。

（3）未来将卖出某种商品或资产，尚未确定卖出价格，担心市场价格下跌，降低销售利润。

【例 12-6】 表 12-3 展示了一个卖出套期保值交易的案例。

表 12-3 卖出套期保值交易的案例（担心股市下跌）

时间	市场	
	现货市场	期货市场
6 月 6 日	某投资者持有股票组合 500 万元，担心到 9 月 5 日股市会下跌。此时沪深 300 指数为 1 450 点。	投资者卖出 5 000 000/(1 450×300)≈12 手期货合约，成交价格为 1 500 点。假定每点 300 元。
9 月 5 日	沪深 300 指数跌至 1 200 点，该投资者的股票组合价值相应下跌到 413.8 万元。 组合亏损＝86.2 万元。	以 1 250 点的价格买回 12 手期货合约平仓，结算期货头寸。 期货交易盈利＝250×300×12＝90 万元。

显然，若不进行套期保值，则组合亏损 86.2 万元，而进行套期保值后，总盈利为 3.8(＝90－86.2) 万元，获得正收益。

（三）买入套期保值和卖出套期保值的区别

买入套期保值和卖出套期保值的区别见表 12－4。

表 12－4　买入套期保值和卖出套期保值的区别

种类	市场		目的
	现货市场	期货市场	
买入套期保值	现货空头或未来要买入现货	期货多头	规避现货市场价格上涨的风险
卖出套期保值	现货多头或未来要卖出现货	期货空头	规避现货市场价格下跌的风险

四、套期保值的原则

套期保值交易遵循种类相同或相近、月份相同或相近、数量相等或相当、交易方向相反等原则，以便达到规避价格风险的目的。

第一，种类相同或相近原则。在进行套期保值交易时，必须遵循期货与现货商品种类相同或相近的原则，使得期货价格和现货价格有较高关联性，从而最大程度保证期货市场和现货市场价格变动趋势一致。

第二，月份相同或相近原则。在进行期货套期保值交易时，所选取的期货合约交割月份应该与现货交易月份相同或者相近。这样才能保证期货价格与现货价格之间的联系更紧密，降低错配风险。

第三，数量相等或相当原则。在进行期货套期保值交易时，所选取的期货合约载明的商品数量应该与现货商品数量相等或者相当，从而保证没有风险敞口，提升套期保值效果。

第四，交易方向相反原则。在进行套期保值交易时，套期保值者在期货市场和现货市场的交易方向必须相反，从而保证一个市场亏损的同时，另一个市场盈利，这样才能达到套期保值的目的。

第三节　基于方差模型的套期保值理论

一、套期保值比率与最优套期保值比率

套期保值比率是套期保值者在进行套期保值交易时，用以计算所需买入或卖出某种股指期货合约数量的比率，其定义是期货合约的头寸与被保值资产头寸的比率，即

$$h = \frac{Q_F}{Q_P} \qquad (12-5)$$

其中，h 为套期保值比率，Q_F 为期货合约头寸规模，Q_P 为现货头寸的规模。

最优套期保值比率的定义为：

$$h^* = \frac{Q_F^*}{Q_P} \tag{12-6}$$

其中，h^* 为最优套期保值比率，Q_F^* 为使风险最小的期货合约头寸规模。

套期保值的目的是将期货市场和现货市场的价格风险对冲掉，因此，整个套期保值组合的价值变化应该等于零，即 $\Delta V = \Delta SP \times Q_P - \Delta FP \times Q_F^* = 0$，其中，$\Delta SP$ 为现货价格变化，ΔFP 为期货价格变化。所以，

$$h^* = \frac{Q_F^*}{Q_P} = \frac{\Delta SP}{\Delta FP}, \ Q_F^* = h^* Q_P = n^* Q_{CP} \tag{12-7}$$

其中，Q_{CP} 为每份合约的规模。则最小风险下套期保值需要买卖的期货合约数量，即最优套期保值期货合约数量为：

$$n^* = \frac{Q_P}{Q_{CP}} \times h^* \tag{12-8}$$

其中，n^* 为最优套期保值期货合约数量。

【例 12－7】 套期保值者选择 10 吨/手的苹果期货合约为 6 000 吨苹果进行套期保值。假设苹果期货合约价格每变化 200 元/吨，苹果价格变化 150 元/吨。求需要卖出多少手苹果期货合约？

$$h^* = \frac{150}{200} = 0.75 \qquad n^* = \frac{6\ 000}{10} \times 0.75 = 450$$

因此，最小风险下套期保值需要卖出 450 份合约。

二、基差与套期保值效果

（一）基差

1. 基差的定义

我们引入“基差”来描述期货价格与现货价格的关系，进而分析其对套期保值效果的影响。

基差是指某一特定商品于某一特定的时间和地点的现货价格与期货价格之差，是由现货价格与期货价格的变化幅度不一致引起的，基差的计算公式为：

$$B = S - F \tag{12-9}$$

其中，B 表示基差，S 表示现货价格，F 表示期货价格。

2. 基差的作用

（1）基差变化是套期保值成功与否的基础，因此，投资者应该选择在合适的时机完成交易。

（2）期货市场价格是通过在交易所公平竞价得到的，能够反映市场上的供求情况，同时，也更大范围地反映了价格走势，因此，基差变化为现货市场交易提供了重要依据。

（3）当基差大于市场交易成本时，会出现无风险套利机会，套利者利用这个机会进行低买高卖，从而获得无风险收益。

3. 基差走强与基差走弱

传统上用“强”和“弱”评价基差的变化。

（1）基差走强指基差变大。常见的基差走强的情形有现货价格涨幅超过期货价格涨幅和现货价格跌幅小于期货价格跌幅。即相对于期货价格表现而言，现货价格走势较强。

(2) 基差走弱指基差变小。常见的基差走弱的情形有现货价格涨幅小于期货价格涨幅和现货价格跌幅超过期货价格跌幅。即相对于期货价格表现而言，现货价格走势较弱。

4. 正向市场与反向市场

(1) 正向市场：在正常情况下，现货价格低于期货价格或近期月份合约价格低于远期月份合约价格，称为正向市场，即基差为负，现货贴水被称为正向市场。

(2) 反向市场：在特殊情况下，现货价格高于期货价格或者近期月份合约价格高于远期月份合约价格，称为反向市场，即基差为正，期货贴水被称为反向市场。

(二) 套期保值效果

套期保值效果是指套期保值后的现货-期货组合头寸收益率的方差比套期保值前的现货头寸收益率的方差减少的百分比程度。

$$R_H = R_P - hR_F \tag{12-10}$$

其中，R_H 为现货-期货组合头寸收益率，R_P 为现货头寸收益率，R_F 为期货组合头寸收益率，h 为套期保值比率（期货头寸与现货头寸之比）。

该组合收益率的方差为：

$$\sigma_H^2 = \sigma_P^2 + h^2\sigma_F^2 - 2h\sigma_{PF} \tag{12-11}$$

(12-11) 式中的变量是套期保值率 h，为使得组合收益率方差最小，对该式求导并令其等于零，得

$$h = \frac{\sigma_{PF}}{\sigma_F^2} \tag{12-12}$$

可以得到风险最小化收益率方差：

$$\sigma_{H,\min}^2 = \sigma_P^2 + \sigma_F^2 \times \frac{\sigma_{PF}^2}{\sigma_F^4} - 2\frac{\sigma_{PF}^2}{\sigma_F^2} = \sigma_P^2 - \frac{\sigma_{PF}^2}{\sigma_F^2} = \sigma_P^2\left(1 - \frac{\sigma_{PF}^2}{\sigma_P^2\sigma_F^2}\right) = \sigma_P^2[1-\rho^2(R_P, R_F)] \tag{12-13}$$

其中，$\rho(R_P, R_F)$ 为现货头寸收益率和期货头寸收益率之间的相关系数。

套期保值效果为：

$$H_e = 1 - \sigma_{H,\min}^2/\sigma_P^2 = \rho^2(R_p, R_F) \tag{12-14}$$

H_e 越接近 1，套期保值效果越好。

【例 12-8】 原油 3 月的现货价格为每吨 9 960 元，某厂商预计 7 月需要 200 吨原油作为原材料。该厂商预测未来原油价格会上涨，为避免成本上升带来的风险，决定在商品交易所进行套期保值交易，如表 12-5 所示。

表 12-5 期货市场与现货市场投资额度 单位：元

月份	现货市场	期货市场
3 月	9 960	10 000
7 月	10 030	10 090

现货市场套利结果为：(9 960−10 030)×200=−14 000 元。

期货市场套利结果为：(10 090−10 000)×200=18 000 元。

套利保值交易的最终结果为：18 000−14 000=4 000 元。

（三）基差变动与套期保值效果的关系

表 12－6 给出了在买入套期保值和卖出套期保值两种类型下，基差变动与套期保值效果的关系。

表 12－6　基差变动与套期保值效果的关系

套期保值种类	基差变动情况	套期保值效果
买入套期保值	基差不变	完全套期保值，期货市场和现货市场盈亏相抵
	基差走强	不完全套期保值，期货市场和现货市场盈亏相抵后存在净亏损
	基差走弱	不完全套期保值，期货市场和现货市场盈亏相抵后存在净盈利
卖出套期保值	基差不变	完全套期保值，期货市场和现货市场盈亏相抵
	基差走强	不完全套期保值，期货市场和现货市场盈亏相抵后存在净盈利
	基差走弱	不完全套期保值，期货市场和现货市场盈亏相抵后存在净亏损

（四）点价交易

点价交易是以某月的期货价格作为计价基础，加上或减去双方协商同意的升贴水确定双方买卖现货商品价格的定价方式。本质上，点价交易是为现货贸易定价的方式，交易双方并不需要参与期货交易。目前，在石油、大豆、铜等贸易中，点价交易已经得到了普遍应用。

与传统贸易不同，在点价交易中，交易双方不是直接确定价格，而是以约定的某月期货价格为基准，在此基础上加减升贴水确定价格。期货交割地与现货交割地之间的运费、点价交易选取的期货合约月份的远近，以及期货交割商品品质与现货交割商品品质的差异决定了升贴水的高低。由于点价交易在国际大宗商品贸易中被普遍应用，升贴水的确定也市场化了，许多经纪商可以提供升贴水报价，交易商也很容易确定升贴水的水平。

根据确定具体时点的实际交易价格的权利归属划分，点价交易可分为买方叫价交易和卖方叫价交易两种类型，确定交易价格的权利属于买方就是买方叫价交易，权利属于卖方则为卖方叫价交易。

在点价交易实施前，交易双方约定的期货基准价格不是确定的，而是不断变化的，因此，交易者仍然面临价格变动风险。因此，交易者将点价交易与套期保值相结合，以降低价格变动风险。点价交易与套期保值结合的操作与一般套期保值操作的不同之处在于，在套期保值平仓的时候，对应的基差与点价交易时确定的升贴水大致相同。这保证了在套期保值建仓时就可以预知平仓时的基差，从而减少了基差变动的不确定性，降低了基差风险。

（五）基于方差模型的套期保值理论的局限性

基于方差模型的套期保值理论的局限性有以下两点：一是忽视了套期保值资产组合的期望收益率。基于方差模型的套期保值理论仅考虑了套期保值的风险，忽略了套期保值资产组合的期望收益率产生的影响。二是忽视了套期保值者的风险偏好。投资者并不是完全的风险厌恶者，基于方差模型的套期保值理论忽略了套期保值者的风险偏好，因此，该理论确定的套期保值比率有时无法满足投资者的要求。

三、β 系数与套期保值合约的计算

（一）β 系数的概念

基于市场上所有股票构成的投资组合，我们可以得到市场风险为 $\mathrm{Var}(R_m)$，此时，市场上任何一只股票与市场资产组合的协方差记为 $\mathrm{Cov}(R_P, R_m)$，则 β 系数可表示为：

$$\beta = h = \frac{\sigma_{PF}}{\sigma_F^2} = \frac{\mathrm{Cov}(R_P, R_m)}{\mathrm{Var}(R_m)} \tag{12-15}$$

β 系数用于反映各股的风险水平，β 系数大于 1，表示市场的超额收益率每增加或者下跌 1%，则股票超额收益率上涨或者下跌超过 1%，表明此时该股票具有较大的投资风险。根据（12－15）式计算得到各股的 β 系数和投资权重可计算得到投资组合的 β 系数。

（二）基于 β 系数套期保值合约的计算

因为并非所有股票或者投资组合的涨跌都与指数标的资产的走势完全一致，因此，虽然采用股指期货能够对冲掉部分大盘风险，但是无法回避投资组合中的各股风险。此时，则需要基于 β 系数对股指期货合约的数量做出相应的调整。其中，基于 β 系数计算得到的期货合约数量为：

$$n = \frac{\text{现货股票或投资组合的总值}}{\text{股指期货面值}} \times \beta$$

【例 12－9】 某投资者拥有三种股票组成的组合，其中 A 股票的市场价值为 150 万元，B 股票的市场价值为 200 万元，C 股票的市场价值为 100 万元，三种股票与沪深 300 指数的相关系数 β 值分别为 0.98、1.3 和 1.2。沪深 300 指数为 1 500 点，计算需要多少合约。

投资组合的总价值为：150＋200＋100＝450 万元。

股票组合的 β 系数为：

$$\frac{0.98 \times 150 + 1.3 \times 200 + 1.2 \times 100}{450} = 1.17$$

根据上式调整的计算公式为：

$$n = \frac{\text{投资组合总价值} \times \beta}{\text{沪深 300 指数} \times \text{指数乘数}}$$

因此，采用 β 系数加权的避险方法所需合约数为：

$$\frac{4\,500\,000 \times 1.17}{1\,500 \times 300} \approx 12\ \text{手}$$

假设沪深 300 指数仍然是 1 500 点，如果我们不采用 β 加权的避险方法，则合约手数是：

$$n = \frac{\text{投资组合总价值}}{\text{沪深 300 指数} \times \text{指数乘数}} = \frac{4\,500\,000}{1\,500 \times 300} = 10\ \text{手}$$

从上述估计结果可以看出，在不经 β 系数调整时，股指期货合约做空的手数是 10 手，但是经 β 系数调整后，则变为做空 12 手，可见，加权避险需要额外多加做空 2 手合约，虽然此时投资者需要提高保证金额度，但却可以取得更好的风险对冲效果。

第四节 基于 VaR 模型的套期保值理论

一、基于 VaR 模型的套期保值理论与最优套期保值比率

(一) 基于 VaR 模型的套期保值理论

针对基于方差模型的套期保值理论的缺陷，本节拓展介绍基于 VaR 模型的套期保值理论。[①] 在置信水平 α（大概率）下，收益率 R_H 高于或等于 VaR(*H*) 的概率为 α，即：

$$\text{Prob}(R_H \leqslant -\text{VaR}(H)) = 1-\alpha \tag{12-16}$$

依据中心极限定理，有：

$$\text{Prob}(R_H \leqslant -\text{VaR}(H)) = \text{Prob}\left(\frac{R_H - E(R_H)}{\sigma_H} \leqslant \frac{-\text{VaR}(H) - E(R_H)}{\sigma_H}\right) \tag{12-17}$$

即：

$$\Phi\left(\frac{-\text{VaR}(H) - E(R_H)}{\sigma_H}\right) = 1-\alpha \tag{12-18}$$

由 $1-\Phi(-x)=\Phi(x)$，得出：

$$1-\Phi\left(\frac{\text{VaR}(H)+E(R_H)}{\sigma_H}\right) = 1-\alpha \Rightarrow \Phi^{-1}(\alpha) = \frac{\text{VaR}(H)+E(R_H)}{\sigma_H} \tag{12-19}$$

故此，

$$\text{VaR}(H) = -E(R_H) + \Phi^{-1}(\alpha)\sigma_H \tag{12-20}$$

其中，$\Phi^{-1}(\alpha)$ 表示标准正态分布 α 分位数对应的临界值。

假定 h 表示期货持有张数，则将新投资组合的期望收益率和方差代入可得 VaR 为：

$$\text{VaR}(H) = hE(R_F) - E(R_P) + \Phi^{-1}(\alpha)\sqrt{\sigma_P^2 + h^2\sigma_F^2 - 2h\sigma_{PF}} \tag{12-21}$$

(二) 基于 VaR 模型的最优套期保值比率

为得到 VaR 模型的最优套期保值比率，令 (12-21) 式对 h 的一阶导数等于 0，则有：

$$\frac{\partial \text{VaR}(H)}{\partial h} = E(R_F) + \Phi^{-1}(\alpha)\frac{h\sigma_F^2 - \sigma_{PF}}{\sqrt{\sigma_P^2 + h^2\sigma_F^2 - 2h\sigma_{PF}}} = 0 \tag{12-22}$$

$$\Rightarrow h^2 - \frac{2\sigma_{PF}}{\sigma_F^2}h - \frac{[\Phi^{-1}(\alpha)]^2\sigma_{PF}^2 - \sigma_P^2 E(R_F)^2}{\sigma_F^2[E(R_F)^2 - [\Phi^{-1}(\alpha)]^2\sigma_F^2]} = 0 \tag{12-23}$$

---

① 迟国泰，余方平，刘轶芳. 基于 VaR 的期货最优套期保值模型及应用研究. 系统工程学报，2008(4)：417-423；Hung，J.，Chiu，C.，and Lee，M.，"Hedging with Zero-Value at Risk Hedge Ratio"，*Applied Financial Economics*，2006(3)：259-269；Harris，R. D. F.，and Shen，J.，"Hedging and Value at Risk"，*Journal of Futures Markets*，2006(4)：369-390.

求解可得最优套期保值比率为：

$$h^{*}=\rho\frac{\sigma_P}{\sigma_F}-\frac{E(R_F)\sigma_P}{\sigma_F}\sqrt{\frac{1-\rho^2}{[\Phi^{-1}(\alpha)]^2\sigma_F^2-E(R_F)^2}} \tag{12-24}$$

其中，$\rho\frac{\sigma_P}{\sigma_F}$为纯套期保值部分，跟最小方差套期保值比率一样，其主要是针对市场实际价格风险而采取的套期保值策略，无风险偏好。$-\frac{E(R_F)\sigma_P}{\sigma_F}\sqrt{\frac{1-\rho^2}{[\Phi^{-1}(\alpha)]^2\sigma_F^2-E(R_F)^2}}$为投机需求部分，表示对套期保值的风险偏好，实质是对期货进行投机，而且风险态度随 α 变化而变化，α 越大表示投资者越厌恶风险，主要是刻画投机需求，α 越大则 h 越大。

拓展阅读

证明过程

可见，应用基于 VaR 模型的套期保值理论进行纯套期保值的同时，也要采取投机做法，以规避现货价格波动的风险。

二、基于 VaR 模型的套期保值理论的优势与局限性

（一）基于 VaR 模型的套期保值理论的优势

基于 VaR 模型的套期保值理论的优势有以下三点：

（1）综合了期望收益率和风险偏好，克服了风险偏好参数人为设定的缺陷。

（2）加入置信水平，即置信水平越高，风险厌恶程度越高。考虑了套期保值者的风险偏好，更符合实际。规避了均值-方差模型或最大化夏普比率等人为设定风险偏好参数的缺陷，使期货合约的选择更直接反映套期保值者的风险承受能力。

（3）在考虑现货、期货相关性的基础上，可用组合 VaR 控制风险，从而找出最优套期保值比率。

（二）基于 VaR 模型的套期保值理论的局限性

基于 VaR 模型的套期保值理论的局限性有以下三点：

（1）基于 VaR 模型的套期保值理论假设现货和期货均服从正态分布，而现实中的证券收益不一定是正态分布，而是可能呈现明显的尖峰厚尾特征，并不满足这条假设。

（2）VaR 更适用于在正常市场条件下度量市场风险，未考虑到尾部风险等极端情形。①在正常市场状态下资产交易数据丰富，VaR 模型有效；但当市场不是正常状态时，交易数据难以获得，此时无法使用 VaR 度量市场风险。

（3）基于 VaR 模型的套期保值理论忽略了其他风险因素。VaR 模型主要衡量的是损失发生的可能性，但是转移或对冲风险付出的代价以及投资者的风险偏好均是重要的风险因素，必须加以考虑，而 VaR 模型忽视了这些风险因素。

① Wong, W., Fan, G., and Zeng, Y., "Capturing Tail Risks Beyond VaR", *Review of Pacific Basin Financial Markets and Policies*, 2012 (3): 125-150.

第五节　基于ES模型的套期保值理论

一、基于ES模型的套期保值理论与最优套期保值比率

（一）基于ES模型的套期保值理论

针对基于VaR模型的套期保值理论的缺陷，本部分拓展构建基于ES模型的套期保值理论。由第四章可知，预期亏损可以表述为：

$$\mathrm{ES}=hE(R_F)-E(R_P)+\sigma_H\frac{\phi[\Phi^{-1}(\alpha)]}{1-\alpha} \tag{12-25}$$

其中，$\phi(x)$ 为标准正态分布的概率密度函数，并且满足：

$$k_\alpha=\frac{\frac{1}{\sqrt{2\pi}}e^{\frac{[-\phi^{-1}(\alpha)]^2}{2}}}{1-\alpha} \tag{12-26}$$

结合 $\sigma_H^2=\sigma_P^2+h^2\sigma_F^2-2h\sigma_{PF}$，可得套期保值资产组合的ES为：

$$\mathrm{ES}(H)=hE(R_F)-E(R_P)+k_\alpha\sqrt{\sigma_P^2+h^2\sigma_F^2-2h\sigma_{PF}} \tag{12-27}$$

从（12－27）式可以看出，套期保值资产组合的ES具有以下特征：

(1) $hE(R_F)$ 越大，ES越大；

(2) 未来现货价格越高，$E(R_P)$ 越大，ES越小；

(3) 因为 $k_\alpha>0$，故此，套期保值者越厌恶风险，α 越小，k_α 绝对值越大，ES越大。

（二）基于ES模型的最优套期保值比率

为得到基于ES模型的最优套期保值比率，令（12－27）式对 h 的一阶导数等于0，则有：

$$\frac{\partial\mathrm{ES}}{\partial h}=E(R_F)+k_\alpha\frac{h\sigma_F^2-\sigma_{PF}}{\sqrt{\sigma_P^2+h^2\sigma_F^2-2h\sigma_{PF}}}=0 \tag{12-28}$$

$$\Rightarrow h^2-\frac{2\sigma_{PF}}{\sigma_F^2}h-\frac{\sigma_P^2E(R_F)^2-[k_\alpha]^2\sigma_{PF}^2}{\sigma_F^2[E(R_F)^2-[k_\alpha]^2\sigma_F^2]}=0 \tag{12-29}$$

拓展阅读

证明过程

求解可得：

$$h_{\mathrm{ES}}^*=\rho\frac{\sigma_P}{\sigma_F}-\frac{E(R_F)\sigma_P}{\sigma_F}\sqrt{\frac{1-\rho^2}{[k_\alpha]^2\sigma_F^2-E(R_F)^2}} \tag{12-30}$$

由于 $1-\rho^2\geqslant 0$，因此（12－30）式成立的条件是 $[k_\alpha]^2\sigma_F^2-E(R_F)^2\geqslant 0$。

其中，$\rho\frac{\sigma_p}{\sigma_F}$ 为纯套期保值部分，与最小方差套期保值比率一样，其

主要是针对市场实际价格风险而采取的套期保值策略，无风险偏好。$-\frac{E(R_F)\sigma_P}{\sigma_F}\sqrt{\frac{1-\rho^2}{[k_\alpha]^2\sigma_F^2-E(R_F)^2}}$为投机需求部分，反映投资者对套期保值的风险偏好，实质上是对期货进行投机，而且随风险态度变化而变化，置信水平越大，投资者越厌恶风险，此时，k_α绝对值越大，h 也越大。

可见，采用基于 ES 模型的套期保值理论进行纯套期保值的同时，也应采取投机方式以规避现货价格的波动风险。

【例 12-10】 假定相关系数 $\rho=0.5050$，现货和期货市场的波动率 $\sigma_P=0.0230$，$\sigma_F=0.0186$，期货期望收益率 $E(R_F)=0.0069$。选取三种不同的风险度量指标，计算并对比分析最小方差、最小 VaR、最小 ES 三种套期保值策略下的静态套期保值比率 h，并且采用埃德灵顿（Ederington）最早提出的用方差下降百分比计算套期保值效果 He 的方法。①（考虑 90%、95%、99%三种置信水平。）

基于方差模型的最优套期保值率为：$h^*=\frac{\sigma_{PF}}{\sigma_F^2}=\rho\frac{\sigma_P}{\sigma_F}$。

基于 VaR 模型的最优套期保值率为：$h_{\text{VaR}}^*=\rho\frac{\sigma_P}{\sigma_F}-\frac{E(R_F)\sigma_P}{\sigma_F}\sqrt{\frac{1-\rho^2}{[\Phi^{-1}(\alpha)]^2\sigma_F^2-E(R_F)^2}}$。

基于 ES 模型的最优套期保值率为：$h_{\text{ES}}^*=\rho\frac{\sigma_P}{\sigma_F}-\frac{E(R_F)\sigma_P}{\sigma_F}\sqrt{\frac{1-\rho^2}{[k_\alpha]^2\sigma_F^2-E(R_F)^2}}$。

套期保值效果为：$He=\frac{\sigma_P^2-\sigma_H^2}{\sigma_P^2}=1-\frac{\sigma_H^2}{\sigma_P^2}=-\frac{2h\sigma_{PF}-h^2\sigma_F^2}{\sigma_P^2}$。

在风险最小化的前提下，我们计算三种套期保值策略下的最优套期保值比率和方差下降百分比，结果如表 12-7 所示。对于最小方差的套期保值策略，静态套期保值策略可以降低 25.50%的风险；对于最小 VaR 的套期保值策略，随着置信水平的提高，套期保值效果越来越好，99%置信水平下套期保值效果最好，可以对冲 23.56%的风险；对于最小 ES 的套期保值策略，在 99%置信水平下套期保值能有效降低 24.03%的风险。总体来看，对于静态套期保值方法，基于最小方差的套期保值效果要优于 ES 模型，再次是 VaR 模型；从方差下降比来看，随着置信水平的提高，He 指数略微上升，说明当投资者对风险的偏好越厌恶时，套期保值效果越好。

表 12-7 不同置信水平下的最优套期保值比率和效果

置信水平（%）	$\Phi^{-1}(\alpha)$	k_α	最优套期保值比率			套期保值效果（%）		
			方差_h	VaR_h	ES_h	方差_He	VaR_He	ES_He
90	1.281 6	1.755 0	0.624 5	0.301 7	0.393 6	25.50	18.69	22.02
95	1.644 5	2.062 7	0.624 5	0.377 4	0.429 3	25.50	21.51	23.01
99	2.326 3	2.665 2	0.624 5	0.452 1	0.474 4	25.50	23.56	24.03

① Ederington, L. H., "The Hedging Performance of the New Futures Markets", *The Journal of Finance*, 1979 (1): 157-170.

程序 12-1

最优套期保值比率

事实上，这个套期保值效果的变量计算方式都不一样，所以，这个套期保值效果在某种程度上不具有横向的可比性，我们更多的是考虑静态和动态套期保值模型在最小方差、最小 VaR、最小 ES 方法中具有纵向可比性，对于动态套期保值对冲效果，也请读者自行做练习对比。

二、基于 ES 模型的套期保值理论的优点与局限性

1. 基于 ES 模型的套期保值理论的优点

基于 ES 模型的套期保值理论的优点有以下三点：

（1）投资者可利用基于 ES 模型的套期保值理论度量基差波动，进行有效的风险规避。套期保值者面临的风险是由基差波动造成的。当基差不变时，投资者不会面临风险，而当基差有较大波动时，投资者就会面临较大的风险。因此，当 ES 模型计算值偏离实际值且出现强烈的波动时，投资者应尽快调整投资策略以最大限度规避风险。

（2）投资者可利用基于 ES 模型的套期保值理论进行投资决策。每个投资者的风险承受能力和风险偏好不同，ES 模型能够帮助投资者将自身的风险承受能力和风险偏好与 ES 值进行比较，使投资者了解目前投资面临的风险，从而帮助投资者做出理性的投资决策。

（3）基于 ES 模型的套期保值理论的发展有助于监管部门对市场进行有效监管。ES 模型不需测量各种风险因素对基差的影响程度，只需监测 ES 值的异常波动，分析原因并及时采取措施稳定市场。同时，ES 模型将难以度量的基差风险转变为具体数值，便于监管部门进行基差风险管理，提高了监管水平。

2. 基于 ES 模型的套期保值理论的局限性

基于 ES 模型的套期保值理论的局限性有以下三点：

（1）该理论的计算基于 ES 模型，而 ES 模型在计算过程中所需要的关于损失分布的信息，在我国不够完善的金融市场中难以获得，由此制约了该理论的现实应用。

（2）ES 模型的规范化程度、普及度不高，导致其应用范围有限。因此，在计算过程中需要投入更多人力和物力，阻碍了基于 ES 模型的套期保值理论的发展。

（3）ES 模型主要依赖历史数据进行预测，一方面，我国股指期货出现时间较短，历史数据有限，预测准确性有待提升；另一方面，历史数据能否预测未来是存在争议的话题，也成为 ES 模型不可回避的缺点。

【本章小结】

套期保值是期货交易的重要应用之一，也是量化投资中经常采用的重要策略。投资者可以通过在期货市场进行与现货头寸相反的操作对冲持有现货头寸的风险以降低损失。套期保值之所以能够起到风险对冲的作用，其根本原因在于，期货价格与现货价格受到相同或相似的供求等因素影响，两者的变动趋势趋同，进而通过盈亏相抵达到规避价格风险的目的。套期保值的效果取决于套期保值期间基差风险的大小。为实现预期的套期保值效果，应该选择与被保值资产相关性最高的期货合约，而且要根据套期保值期限适当选择合约的到期月份。为了有效规避风险，交易者可以将点价交易与套期保值结合在一起进行操作。根据基于方差

模型、基于 VaR 模型和基于 ES 模型的套期保值理论可以计算出最优套期保值比率，并且可以分别计算出套期保值部分和投机需求部分的合约数量。故此，这部分内容可以看作基于风险管理视角的套期保值策略。

【课后习题】

1. 假定某面粉厂通过空头套期保值为 1 500 吨小麦进行套期保值，选取的期货合约为 50 吨/手的普通小麦期货合约。假设小麦期货合约价格每变化 30 元/吨，小麦价格会变化 10 元/吨。求最小风险套期保值需要卖出多少手小麦期货合约?

2. 某经销商有 80 吨铜，假设铜市场价格为 50 000 元/吨，为规避铜价格下跌的风险，该经销商利用铜期货合约进行套期保值，合约规模为 5 吨/手。假设铜期货价格收益率变化的年化标准差为 28%，铜库存价格收益率变化的年化标准差为 23%，铜库存价格收益率与期货价格收益率之间的相关系数为 0.86。计算使风险最小的套期保值比率以及需要交易的期货合约数量为多少。

3. 某投资经理管理着总价值为 800 万元的股票投资组合，该组合与沪深 300 指数的相关系数 β 为 0.82。该投资经理预测未来 1 个月股市将大涨，为了获得股市上涨的收益，他打算将投资组合与沪深 300 指数的相关系数 β 增加到 1.5，假设沪深 300 指数期货和沪深 300 指数的相关系数为 1。计算需要买入多少数量的沪深 300 指数期货能够将投资组合的相关系数 β 增加至 1.5。

4. 某投资者拥有四种股票组成的组合，其中 A 股票的市场价值为 200 万元，B 股票的市场价值为 180 万元，C 股票的市场价值为 210 万元，D 股票的市场价值为 150 万元，四种股票与沪深 300 指数的相关系数 β 分别为 0.95、1.1、0.96 和 1.2。沪深 300 指数为 1 300，计算采用 β 系数加权避险方法和不采用 β 系数加权避险方法需要的合约数量分别是多少。

5. 假定相关系数为 0.98，投资组合和期货市场的波动率分别为 0.13 和 0.18，期货期望收益率为 20%，在 95%置信区间下，基于 VaR 模型的最优套期保值比率是多少? 其中，纯套期保值部分和投机部分的合约数量分别是多少?

6. 假定相关系数为 0.95，投资组合和期货市场的波动率分别为 0.15 和 0.13，期货期望收益率为 18%，在 95%置信区间下，基于 ES 模型的最优套期保值比率是多少? 其中，纯套期保值部分和投机部分的合约数量分别是多少?

7. 3 月，国内某铜厂与某建筑企业签署了一份 500 吨的供货合同，合同约定 5 月 10 日前由建筑企业根据上海期货交易所 6 月沪铜期货价格点价决定成交价格，成交价格为期货价格+150 元/吨。价格确定后铜厂发货。为了防范风险，该铜厂决定通过沪铜期货合约进行套期保值。假设铜材现货价格波动的月度标准差为 1.3 元/吨，近月沪铜期货价格波动的月度标准差为 15 元/吨，二者的相关系数为 0.8。试问该铜厂应该如何操作?

8. 前提条件与上题一致。假定双方签署供货合同时，6 月沪铜期货合约价格为 65 000 元/吨。5 月 10 日，沪铜期货价格为 63 000 元/吨，该建筑企业分批完成点价，均价为 63 800 元/吨。铜厂与建筑企业进行货款结算并平仓了结期货交易。铜厂套期保值效果如何?

第十三章

期货风险对冲套利理论与策略

本章阅读指引

自 2010 年中国金融期货交易所推出第一份金融期货合约即沪深 300 指数期货后，股指期货发展成为中国证券市场上投资者规避股票市场价格风险的重要对冲工具。本章首先通过介绍股指风险及其在风险对冲套利上的应用，然后基于统计套利的原理，构建股指期货跨期套利策略并采用 Python 实现；最后详细介绍了股指期货 ETF 期现套利策略、R-breaker 套利策略的原理和实现过程，为市场投资者风险对冲套利提供新思路。

第一节　股指风险对冲套利概念

一、股指的定义及其风险

股指，即股票价格指数，是为测度和反映整体股票市场价格水平或者某一类型股票价格水平及其变动趋势而编制的股价统计相对数。股指的计算方法有：一是平均法，先计算各样本股指，再加总后求总体股指的算术平均数。二是综合法，先将样本股票的基期和报告期价格分别加总，然后相除求出股票指数。三是加权法，根据各期样本股票的相对重要性予以加权，其权数可以是成交股数、股票发行量等。股指可以反映整体市场的表现，股指上升，表明股票的平均价格水平上升；股指下降，表明股票的平均价格水平下降，可以说股指是反映市场所在国或地区的宏观（社会、政治、经济变化）和微观（行业状况、概念表现）状态的晴雨表。据 Wind 统计，2022 年中国股票市场有 264 种主要股指，包括 47 种市场指数、11 种行业指数和 206 种概念指数。

由股指定义可知，持有股指与持有股票一样具有风险，其风险主要体现在两方面：一是无法分散化的系统性风险。指数的收益率受到系统性风险的影响，当整个股票市场下跌时，指数也会随之下跌，即使概念指数或行业指数可以分散成份股的非系统性风险，也无法完全分散系统性风险的影响。二是流动性风险是指资产流动性的不确定性变动可能带来的经济损失。投资股指主要是通过持有指数基金来复制股指收益。在开放式基金中，由于面对赎回等因素的压力，基金管理者需要承受赎回过程中可能遭受的投资组合变化带来的损失，因此投资股指也会面临流动性风险。①

二、股指风险的对冲套利

经过长期实践，市场已经建立了完善的股指风险对冲机制，主要的对冲思路是通过投资与股指收益波动负相关的某种资产或衍生产品来冲销潜在的风险损失。主要的对冲方式包括现货卖空、股指期货和股指期权等形式。现货卖空由于交易成本较高，不具有杠杆效应，在市场上应用频率较低。同时鉴于股指期权的风险对冲机制本质上同期货是一致的，且在中国市场上大多数期权成立时间比期货晚，成交量较低，因此，当前中国市场上的股指风险对冲机制以股指期货为主。

（一）股指期货的套期保值

股指期货套期保值是指套期保值者通过在股指期货市场上建立与现货市场相反的头寸，以达到以股指期货的盈利来抵消现货亏损的目的。其原理在于：股指期货的价格与股票现货的价格受相同因素的影响，变动方向通常是一致的。成功利用股指期货套期保值的关键在于确定最优套期保值比率，可以采用最小方差法来确定。②

套期保值比率为期货头寸和现货头寸的比值，表示为了进行套期保值，单位现货需要的期货合约数量，用 h 表示。首先，以多头现货和空头期货为例组成期货-现货套期保值组合。每个时期套期保值组合的价值变化为：

$$\Delta V_t = \Delta S_t - h_t \Delta F_t \tag{13-1}$$

其中，ΔV_t 表示 t 时期现货和期货组成的套期保值组合价值的变化，ΔS_t、ΔF_t 分别表示 t 时期现货价格和期货价格的变化，h_t 表示 t 时期套期保值比率。

$$\mathrm{Var}(\Delta V_t) = \mathrm{Var}(\Delta S_t) + h_t^2 \mathrm{Var}(\Delta F_t) - 2h_t \mathrm{Cov}(\Delta S_t, \Delta F_t) \tag{13-2}$$

对 h 求一阶导并令其等于 0，得到最小方差套期保值比率为：

$$h_t^* = \frac{\mathrm{Cov}(\Delta S_t, \Delta F_t)}{\mathrm{Var}(\Delta F_t)} = \rho_{s,f,t} \frac{\sigma_{s,t}}{\sigma_{f,t}} \tag{13-3}$$

（二）股指期货的套利

套利机会出现在投资者可以付出零净投资额得到无风险利润时。股指期货是采用现金交割的，这一规定强制期货指数最终收敛于现货指数，因此当期货指数走势偏离现货指数超过一定范围时，其就存在回归的倾向，这就产生了套利机会。此时，投资者可以在买入或卖出

① 卢米雪，鲁邦克，谭智．中国股指期货市场套期保值效果的实证研究．宏观经济研究，2021(9)：44－56.

② 付胜华，檀向球．股指期货套期保值研究及其实证分析．金融研究，2009(4)：113－119.

某种股指期货合约的同时，卖出或买入另一种相关的合约，并在某个时刻同时将两种合约平仓。影响股指期货套利收益的因素主要是无风险收益率的变化和策略有效性。① 简单地考虑无税收、交易佣金等交易费用，并假定借贷利率相等，则在一个具有无限卖空机制且完全竞争的市场上，股指期货与现货存在以下关系：

$$F = Se^{(r-q)(T-t)} \tag{13-4}$$

其中，F 为期货价格，S 为现货价格，$(T-t)$ 为期限，r 为无风险收益率，q 为 t 至 T 时刻指数现货的连续红利收益率。如果 $F > Se^{(r-q)(T-r)}$，则可以通过购买股指中的成份股，同时卖出指数期货合约而获利。如果 $F < Se^{(r-q)(T-t)}$，则可反向操作获利。

第二节　股指期货跨期套利策略

一、统计套利的基本概念

（一）统计套利的定义

统计套利是一种基于量化模型的投资过程，是在不依赖经济含义的情况下，运用数量手段构建投资组合，根据证券实际价格与数量模型所预测的理论价值进行对比，构建证券投资组合的多头和空头，从而规避市场风险，获取一个稳定的 α 值。有别于无风险套利，统计套利是利用证券价格的历史统计规律进行套利，是一种风险套利，其风险在于这种历史统计规律在未来一段时间内是否继续存在。

（二）统计套利的基础

对没有稳定性的价格关系套利具有较大风险，因此，统计套利只对有稳定性的多个资产价格关系进行套利。价格关系稳定是因为存在均衡关系维持机制，当价格关系远离均衡水平时，维持机制就会将价格关系拉回均衡水平。为确定一组价格关系是否稳定，首先从市场供求、套利机制等视角定性分析是否存在稳定关系，接着对历史数据进行统计分析，以验证通过定性分析得到的稳定关系维持机制在历史上是否发挥过作用。总而言之，进行统计套利的基础是，首先结合定性和定量两个方面分析寻找是否存在一种保持稳定价格关系的维持机制，然后估计相对价格关系的概率分布，并对概率分布进行统计检验，最后才可以利用这种维持机制去实现套利。

（三）统计套利的优势与局限性

1. 统计套利的优势

统计套利有以下两个方面的优势：第一，统计套利通过增加少量风险换取更多套利机

① 王骏，张宗成. 中国期货市场套期保值绩效实证研究. 证券市场导报，2005 (11)：21-26.

会，使得期望收益远大于最大损失，本质是对无风险套利条件的放松。第二，相关商品的价差走势受到共同外因和自身特质的影响，而共同外因对价差影响不大，是商品自身特质决定了价差的走势。对价差走势的分析可以忽略共同外因，只关注商品自身特质，从而使得价差走势相对容易判断。

2. 统计套利的局限性

统计套利有以下两个方面的局限性：第一，统计套利是根据历史数据的统计分析判断是否存在套利机会，而历史数据能否预测未来是一直存在争议的话题，这也是统计套利的一个根本局限性。因此，对待历史数据的正确态度是要采取措施应对它的局限性。在分析历史数据的基础上，充分结合套利品种的基本面数据估计未来价差的走势，从而评估套利的可行性。第二，回归均衡关系需要的时间难以准确预知。如果预期的目标价差提前达到，就可以提前平仓或反向进行新的套利。如果超过预期时间，就会提高套利者的资金使用成本。如果时间过长，套利者在得到预期利润之前就进行平仓会导致套利失败。更糟糕的情况是价差在未来相当长一段时间内继续保持，甚至进一步增大，会给套利者造成资金压力和损失。

（四）统计套利的风险控制

风险控制体系是统计套利必备的配套体系，主要作用是将风险控制在统计套利者可以承受的范围内，并且在风险变成真实的亏损时，令亏损不至于对套利资金的增长构成严重影响。从实务操作角度来看，有以下四个具体规则：（1）在一般情况下，单次损失不能超过总投资资金的 5%，预期盈利要超过总资金的 15%，盈亏比达到 1∶3，方可入市交易。（2）总交易资金不要超过总资金的 75%，以避免单向强平风险。（3）个人户在资金不宽裕的情况下，其持仓一定要在交割前 2 个月同时了结头寸，以防止未能及时追加保证金而被强平的风险。（4）根据财务与投资者风险承受能力，建立跟踪交易盈亏系统，根据盈亏及时发出止损、止盈预警信号。

（五）统计套利的原则

在统计套利过程中，投资者需要遵循以下两个原则：（1）套利者不愿意承担的风险必须彻底规避，因为套利者不会让套利头寸暴露在多种风险之下，所以只愿意承担少量风险。因此，必须谨慎选择套利品种及套利时机。（2）针对套利者愿意主动承担的风险，必须加以评估，以确保套利资金的盈利能力不受到较大损害。这需要我们根据风险评估选择恰当的套利头寸。

二、跨期套利的概念与原理

跨期套利也称作持仓费用套利、新老作物年度套利，一般而言，跨期套利的操作对象为同一品种但是交割月份不同的股指期货。

一般来说，相同标的指数的股指期货在市场上会有不同交割月份的若干合约同时交易，目前我国沪深 300 指数期货同时上市的就有 4 个合约：当月、下月及下两个季月，这为跨期套利提供了基础。

由于同时交易的不同交割月份合约均是基于同一标的指数，所以，在市场预期相对稳定的情况下，不同交割日期合约间的价差应该是稳定的，一旦价差发生了变化，则会产生跨期套利机会。考虑到价差运行的不确定性，投资者需要对不同到期日的期货合约价差及价差的运行做出预测，因而，这种套利形式不是无风险套利。价差运行的方向与投资者预测方向一致，则跨期套利交易可盈利，反之则亏损。如图 13－1 所示，在左边圆圈内，预期远月合约价格下跌，市场即将进入熊市，而且远月合约价格下跌速度快于近月合约，此时，可以对远月合约做空，而对近月合约做多实现套利。同时，在右边圆圈内，预期远月合约价格上涨，市场即将进入牛市，而且远月合约价格上涨速度快于近月合约，此时，可以对远月合约做多，而对近月合约做空实现套利。

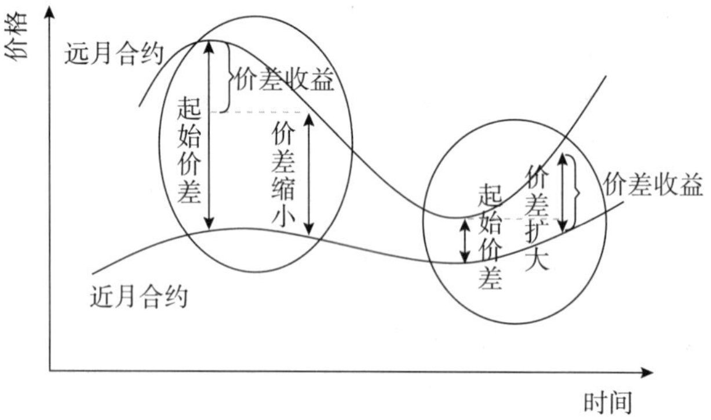

图 13－1　跨期套利原理图

三、跨期套利的分类

跨期套利具体可分为牛市跨期套利、熊市跨期套利和蝶式跨期套利三种。

（一）牛市跨期套利

当投资者预期市场处于牛市时，远月合约价格上涨幅度会超过近月合约。此时，投资者可以卖出近月合约，同时买入相同数量的远月合约，未来价格上升后，远月合约与近月合约的价差变大，此时买入近月合约的同时卖出远月合约以获取收益，这种行为被称为牛市跨期套利。牛市跨期套利的盈利条件是市场上涨，此时的操作策略是“卖近买远”。但如果市场行情判断失误，即市场下跌，则牛市跨期套利策略会出现亏损。

【例 13－1】　牛市跨期套利案例见表 13－1。

表 13－1　股指期货牛市跨期套利的案例

时间	股票市场 沪深 300 指数	股指期货市场		价差
		2 月合约	5 月合约	
1 月 5 日	收盘价 2 510.10 点	以收盘价 2 436.0 点卖出 10 手开仓	以收盘价 2 536.7 点买入 10 手开仓	2 436.0－2 536.7＝－100.7 点

续表

时间	股票市场 沪深300指数	股指期货市场		价差
		2月合约	5月合约	
4月3日	收盘价2 717.54点	以收盘价2 708.8点买入10手平仓	以收盘价2 987.6点卖出10手平仓	2 708.8−2 987.6 =−278.8点
盈亏计算	指数上涨 2 717.54−2 510.10 =207.44点	亏损 2 436.0−2 708.8= −272.8点	盈利 2 987.6−2 536.7 =450.9点	价差扩大 278.8−100.7 =178.1点
盈亏相抵结果：(450.9−272.8)×300×10=534 300元（假定1点300元）				

由于投资者对市场上涨判断正确，远期5月合约与近期2月合约的基差扩大，进而获利534 300元。

（二）熊市跨期套利

当投资者预期市场处于熊市时，远月合约价格下跌幅度会超过近月合约。此时，投资者可以买入近月合约，同时卖出相同数量的远月合约，未来价格下跌后，近月合约与远月合约的价差缩小，此时卖出近月合约的同时买入远月合约以获取收益，这种行为被称为熊市跨期套利。熊市跨期套利的盈利条件是市场下跌，此时的操作策略是“买近卖远”。但如果市场行情判断失误，即市场上涨，则熊市跨期套利策略会出现亏损。

【例13-2】 熊市跨期套利案例见表13-2。

表13-2 股指期货熊市跨期套利的案例

时间	股票市场 沪深300指数	股指期货市场		价差
		4月合约	7月合约	
3月15日	收盘价3 654.78点	以收盘价4 236.8点买入10手开仓	以收盘价4 853.9点卖出10手开仓	4 236.8−4 853.9 =−617.1点
6月7日	收盘价3 298.62点	以收盘价3 365.6点卖出10手平仓	以收盘价3 587.6点买入10手平仓	3 365.6−3 587.6 =−222点
盈亏计算	指数下跌 3 298.62−3 654.78 =−356.16点	亏损 3 365.6−4 236.8 =−871.2点	盈利 4 853.9−3 587.6 =1 266.3点	价差缩小 617.1−222 =395.1点
盈亏相抵结果：(1 266.3−871.2)×300×10=1 185 300元（假定1点300元）				

由于投资者对市场下跌判断正确，远期7月合约与近期4月合约的基差缩小，进而获利1 185 300元。

（三）蝶式跨期套利

蝶式跨期套利是一种不太常用的跨期套利形式，利用不同交割月份的价差进行套期获利，由两个方向相反、共享居中交割月份合约的跨期套利组合构成。蝶式跨期套利的原理是：套利者比较三个相邻的期货合约价格时，认为中间月份的期货合约价格与两边月份合约价格之间的相关关系存在差异。投资者同时进行三个不同月份的合约买卖，通过中间月份合约与前后两个月份合约的价差变化来获利。例如，卖出 1 手近期合约，同时买入 2 手中期合约，再卖出 1 手远期合约；或买入 1 手近期合约，同时卖出 2 手中期合约，再买入 1 手远期合约。这种套利做法称为蝶式跨期套利。

【例 13－3】 蝶式跨期套利案例见表 13－3。

表 13－3 股指期货蝶式跨期套利的案例

时间	蝶式跨期套利操作			收益计算
4 月 5 日	以 3 540 点买入 1 手 8 月合约	以 3 520 点卖出 2 手 10 月合约	以 3 500 点买入 1 手 11 月合约	3 460—3 540=—80 点 (3 520—3 440)×2=160 点 3 430—3 500=—70 点 盈亏合并： (160—80—70)×300 3 000 元(假定 1 点 300 元)
7 月 8 日	以 3 460 点卖出 1 手 8 月合约	以 3 440 点买入 2 手 10 月合约	以 3 430 点卖出 1 手 11 月合约	

投资者对 10 月合约价格被高估的判断正确，从而通过蝶式跨期套利盈利 3 000 元。

四、基于协整的股指期货跨期套利策略

（一）协整套利模型

协整理论可用于寻找配对资产标的或存在协整关系的配对股票，可以对二者的价格关系建立如下协整套利模型①：

$$P_{it}=\alpha+\beta F_{jt}+\varepsilon_{ij,t} \tag{13-5}$$

其中，β 为协整向量，常数项 α 代表两个股票的均衡价差；而 $\varepsilon_{ij,t}$ 是模型残差。$P_{it}=\ln(S_{it})$，$F_{jt}=\ln(Q_{jt})$，P_{it} 和 F_{jt} 是配对股票的对数价格序列，采用对数价格的原因有：第一，在金融市场中，要求两类资产的收益率存在长期均衡关系，反映在数学公式上就是用资产的对数价格关系替代水平价格关系；第二，在经典的股票价格模型中，股票的对数价格被认为是一阶单整的，而同阶单整的两个资产价格序列将可能存在协整关系。

1. 协整套利模型的收益来源

假设 t 时刻股票 i 和股票 j 的对数价格偏离了（13－5）式所描述的长期均衡关系，考虑 $P_{it}<\alpha+\beta F_{jt}$，即 $P_{it}-\beta F_{jt}<\alpha$ 的情况，此时价差套利策略将选择买入 1 单位的股票 i，并卖出 β 单位的股票 j；在 $t+s$ 时刻，当股票 i 和股票 j 的价格关系回到它们的均衡价格关系时，进行相反的操作，即卖出 1 单位股票 i 的同时买入单位股票 j。

$$P_{i,t+s}=\alpha+\beta F_{j,t+s}+\varepsilon_{ij,t+s} \tag{13-6}$$

将（13－6）式与（13－5）式相减，并进行简单推导，可以得到 t 时刻至 $t+s$ 时刻上述套利策略所构建的资产组合的收益方程，即（13－7）式～（13－9）式：

① Vidyamurthy, G., *Pairs Trading: Quantitative Methods and Analysis*. New Jersey: Wiley, 2004.

$$P_{i,t+s}-P_{i,t}=\beta(F_{j,t+s}-F_{j,t})+(\varepsilon_{ij,t+s}-\varepsilon_{ij,t}) \tag{13-7}$$

$$\ln(S_{i,t+s}/S_{i,t})-\beta\ln(F_{j,t+s}/F_{j,t})=\varepsilon_{ij,t+s}-\varepsilon_{ij,t} \tag{13-8}$$

$$R_{i,t+s}-\beta R_{j,t+s}=\varepsilon_{ij,t+s}-\varepsilon_{ij,t} \tag{13-9}$$

观察（13－8）式和（13－9）式可以发现，等式左边是1单位股票i与β单位股票j在t时刻至$t+s$时刻的对数收益率之差。由于t时刻$P_{it}-\beta F_{jt}<\alpha$，根据均值回复原理，假设在$t+s$时刻，股票$i$和股票$j$的对数价格将回到长期均衡关系，即$P_{it}-\beta F_{jt}=\alpha$，那么1单位多头股票$i$必然相对于$\beta$单位空头股票$j$有超额收益。这就意味着（13－9）式的两边$R_{i,t+s}-\beta R_{j,t+s}$和$\varepsilon_{ij,t+s}-\varepsilon_{ij,t}$均大于0，从而解释了价差套利策略的收益来源。

2. 协整套利模型的风险

由于协整套利模型以资产存在长期均衡关系等理想化的假设为前提，在实际金融市场中会出现与假设不符的情况，进而带来风险。

具体而言，可以将配对交易等此类基于均值回复的价差套利策略面临的主要风险总结为以下两点：

（1）价差发散风险。价差发散风险指的是套利模型假设配对资产之间存在长期均衡关系，但在金融市场中，资产间的价格关系实际上会随着时间推移发生变化，导致原先描述均衡关系的模型不再适用，价差的运动将偏离其历史均值回归路径，给套利者带来损失。

（2）价差回复慢风险。价差回复慢风险是指尽管价差仍然是均值回复的，但由于没有在特定的时间范围内回到均值，价差向相反方向的波动导致投资者在套利出场之前将承受账户资产余额的波动，由于期货保证金不足或触发止损等原因，投资者将被迫在价差回复到均值之前平仓，使亏损兑现。

因此，传统协整套利模型一般选取一段样本期用于对配对资产协整关系的检验，在判别协整关系成立的前提下，在交易期根据相应的信号机制进行套利交易。在交易规则的设计上，有研究者沿用了加特夫（Gatev）等人提出的GGR临界值模型①，即选用价差突破历史均值上下k倍标准差作为交易信号。

3. 协整套利模型的假设

传统协整套利模型最重要的三个假设如下：

（1）配对资产间存在稳定的长期均衡关系，该均衡关系在样本内外保持不变。

（2）去均值价差序列（即协整模型残差）在样本外是0均值、同方差且独立同分布的白噪声序列。

（3）在GGR临界值模型中，去均值价差序列被假设为服从正态分布，即$\varepsilon_t\sim N(0,\sigma^2)$，因此可以采用在价差突破历史均值上下2倍标准差时开仓、在价差回到上下1倍标准差范围内平仓的交易机制。

程序13－1
基于协整的股指期货跨期套利策略

（二）基于协整的股指期货跨期套利策略

虽然上述模型很好地解释了价差套利策略的收益来源，但在实

① Gatev，E. G.，Goetzmann，W.，Rouwenhorst，G.，"Pairs Trading：Performance of a Relative Value Arbitrage Rule，" Working Papers 7032，National Bureau of Economic Research，1999.

际应用中，往往考虑水平变量函数关系进行套利更为有效。为此，在下文策略实现中，我们选择近月期货和远月期货水平变量的关系进行实证检验。

1. 跨期套利基本步骤

第一步：选取 IF2012 和 IF2103 在 2020 年 7 月 20 日—2020 年 12 月 18 日的 5 分钟股指期货收盘价数据，利用单位根检验（ADF 检验）来检验其平稳性。如果两个时间序列存在单位根，那么即使序列本身非平稳，若序列之间存在相同单整阶数，也可能存在协整关系。

第二步：对 IF2012 和 IF2103 进行 OLS 回归，对回归得到的残差序列进行平稳性检验。若残差序列为平稳的，即两个序列之间存在长期均衡的协整关系，则实施跨期套利策略。

第三步：根据价差的统计分析来制定跨期套利的交易策略。

2. ADF 检验

由表 13-4 可以看出，IF2012 和 IF2103 序列都含有单位根，但经过一阶差分后，两序列都是 I(1) 序列，说明二者存在协整的可能。

表 13-4 IF2012 和 IF2103 的 ADF 检验

序列	ADF 统计量	概率	1%阈值	5%阈值	10%阈值
IF2012	−1.882 341	0.168 3	−3.959 880	−3.410 706	−3.127 139
d (IF2012)	−73.195 39	0.000 1	−3.431 482	−1.861 925	−1.567 018
IF2103	−3.101 995	0.105 8	−3.959 876	−3.410 705	−3.127 138
d (IF2103)	−72.497 48	0.000 1	−3.431 479	−1.861 924	−1.567 017

3. 协整检验

(1) 对 IF2012 和 IF2103 进行 OLS 回归，得到如下结果：

IF2103=1.044 695× IF2012−150.383 8

SE　　(0.001 049)　　(4.963 291)

t　　(966.080 1)　　(−50.447 13)

R^2= 0.995 001　F=992 175.6　DW=0.043 593

(2) 对 OLS 回归得到的残差序列进行 ADF 检验（见表 13-5）。

表 13-5 残差序列的 ADF 检验

序列	ADF 统计量	概率	1%阈值	5%阈值	10%阈值
resid	−1.667 610	0.250 3	−3.959 893	−3.410 713	−3.127 143

从表 13-5 中数据可以看出残差为非平稳序列，因此 IF2012 和 IF2103 之间不存在协整关系，从 DW 统计量来看，模型存在残差序列自相关问题。

(3) 加入 AR(1) 和 AR(2) 处理残差自相关后进行 OLS 回归，得到如下结果：

IF2103 =0.959 678× IF2012 + 153.886 4 + [AR(1)=0.537 401，AR(2) =0.458 055 255]

SE　　(0.002 365)　　(12.882 11)　　(0.007 608)　　(0.007 609)

t　　(405.795 0)　　(11.945 74)　　(70.634 14)　　(60.203 09)

R^2= 0.999 844　F=800 712 1.　DW=2.196 290

(4) 对 OLS 回归得到的残差序列进行 ADF 检验(见表 13-6)。

表 13-6 残差序列的 ADF 检验

序列	ADF 统计量	概率	1%阈值	5%阈值	10%阈值
resid01	−34.351 35	0.000 0	−3.959 891	−3.410 712	−3.127 143

从表 13-6 中数据可以看出残差为平稳序列，因此 IF2012 和 IF2103 之间存在协整关系，而且，DW 统计量接近于 2，说明模型不存在残差序列自相关问题。

4. 交易策略

(1) 令价差序列 Spread＝resid，根据协整结果可以得到价差 Spread 序列。

(2) 为了便于序列数据集中化，根据价差序列均值 mean 的结果将 Spread 去中心化，即令 Mspread＝Spread－mean。

(3) 当 Mspread＜－0.8×δ(Mspread) 时，进行牛市跨期套利；

当 Mspread≥0 时，进行牛市跨期套利反向操作，了结套利头寸；

当 Mspread＜－1×δ(Mspread) 时，进行牛市交易止损，强制平仓。

(4) 当 Mspread＞0.8×δ(Mspread) 时，进行熊市跨期套利；

当 Mspread≤0 时，进行熊市跨期套利反向操作，了结套利头寸；

当 Mspread＞2×δ(Mspread) 时，进行熊市交易止损，强制平仓。Mspread 分布图见图 13-2。

(5) 当近月合约到期时，无论价差是否回落，都反向对冲了结套利头寸，不进行操作。

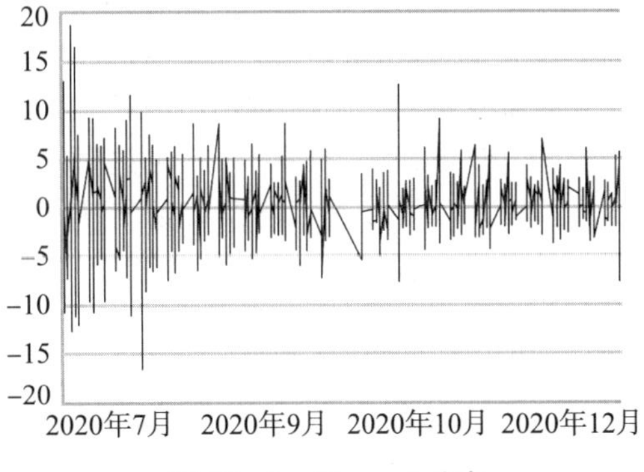

图 13-2 Mspread 分布

5. 结果分析

(1) 处理自相关前的结果(见表 13-7)。

表 13-7 自回归前回测结果

统计项目	统计值
样本数量	4 992
胜率	9%
累计收益率	−154%
年化收益率	−374%

从表 13-7 中数据可以看出自回归前套利结果胜率为 9%，累计收益率为－154%，年

化收益率为－374%，套利结果并不理想。

表 13－8 自回归后回测结果

统计项目	统计值
样本数量	4 992
牛市套利次数	179
熊市套利次数	227
跨期套利总次数	406
胜率	51.50%
累计收益率	5.12%
年化收益率	12.41%
最大回撤率	3.20%
开仓次数	407
平仓次数	406

（2）处理自相关后的结果（见表 13－8）。

根据回测结果可知，由 IF2012 和 IF2103 组成的跨期套利牛市套利次数为 179 次，熊市套利次数为 227 次，跨期套利总次数为 406 次，胜率为 51.50%，累计收益率为 5.12%，年化收益率为 12.41%，最大回撤率为 3.20%，套利结果较为理想。

对比跨期套利策略和沪深 300 指数的累计收益率可知，2020 年 10 月之前跨期套利策略的累计收益率高于沪深 300 指数的累计收益率，而 2020 年 11 月沪深 300 指数的累计收益率已经超过跨期套利策略的累计收益率（见图 13－3）。这表明跨期套利策略在股市低迷时可以获得稳定且较高的收益，但是在股票大盘上涨时期，股指期货跨期套利未必能跑赢大盘，但收益也相对可观。总体上，基于股指期货跨期套利的收益率相对稳定，但是在投资股票大盘波动较大时，收益率的波动也较大，故此，当股票市场波动性较大时，可以选择采用跨期套利策略，以获得相对稳定和可观的收益率。

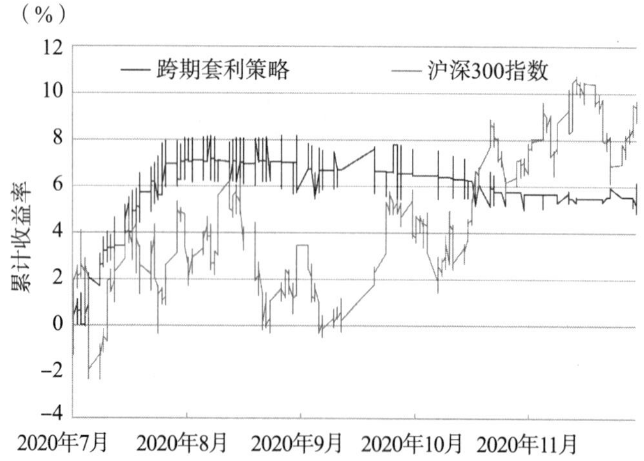

图 13－3 跨期套利策略累计收益率和沪深 300 指数累计收益率对比

第三节 跨市场期现套利策略

一、期现套利的概念与原理

股指期现套利是利用股指期货合约到期时向现货指数价格收敛的特点，当期货市场与现货市场在价格上出现差距时，利用两个市场的价格差距，买入低估一方、卖出高估一方，等到不合理的价差恢复到合理状态后平仓，从中赚取价差收益的对冲交易行为。

期现套利界定与期现套利机会的确定是在股指期货与现货指数之间出现价格失衡时产生的。正常情况下，期现套利交易将确保股指期货的价格处于合理状态。期现套利主要包括正向期现套利和反向期现套利两种，但国内现货市场交易机制不能做空，所以我们一般做正向套利，即卖出股指、买入现货。

确定期现套利机会可以分两步进行：首先是确定套利机会是否存在，通过股指期货定价理论来确定股指期货合理的价格区间，当价格偏离该区间时即出现套利机会；其次是利用价差比率指标来衡量股指期货与现货指数价格的偏离程度，进而确定套利空间大小。

二、ETF 的定义与优势

(一) ETF 的定义

ETF（exchange traded fund）指交易型开放式指数基金，是一种在交易所上市交易的、基金份额可变的开放式基金。ETF 属于开放式基金的一种特殊类型，它结合了封闭式基金和开放式基金的运作特点，投资者既可以向基金管理公司申购或赎回基金份额，同时，又可以像封闭式基金一样在二级市场上按市场价格买卖 ETF 份额。由于同时存在证券市场交易和申购赎回机制，投资者可以在 ETF 市场价格与基金单位净值之间存在差价时进行套利交易。套利机制的存在使得 ETF 避免了封闭式基金普遍存在的折价问题。不过，申购赎回必须以一揽子股票换取基金份额或者以基金份额换取一揽子股票。上海证券交易所、深圳证券交易所对申购、赎回基金份额有如下规定：

（1）当日申购的基金份额，同日可以卖出，但不得赎回；

（2）当日买入的基金份额，同日可以赎回，但不得卖出；

（3）当日赎回的证券，同日可以卖出，但不得用于申购基金份额；

（4）当日买入的证券，同日可以用于申购基金份额，但不得卖出。

(二) ETF 作为期现套利的现货组合替代品的优势

（1）ETF 本身就是现货成份股投资组合。ETF 实质上是由成份股按照其市值大小加权构建的组合，投资者购买 ETF 就等同于购买一个包含所有指数成份股的投资组合。截至

2021 年 6 月，上交所基金市场总市值 10 458.79 亿元，其中，股票 ETF、货币 ETF、跨境 ETF 总市值分别为 5 682.00 亿元、3 553.11 亿元、535.26 亿元；从 ETF 发行数量看，分别是 245 只、24 只、25 只，可见，股票 ETF 的规模远超其他种类 ETF，是市场的重要组成部分。

（2）ETF 能非常近似地模拟指数走势，跟踪误差比较小。ETF 本身可以在一级市场和二级市场上进行套利，这保证了二级市场上的价格不会像普通封闭式基金那样经常甚至长期偏离净值，而是紧紧围绕净值上下波动，溢价率折价率较低。

（3）在融资融券信用交易的前提下，ETF 可以实施卖空。上交所 2013 年 5 月发布《关于交易所交易基金作为融资融券标的证券相关事项的通知》，2024 年 7 月又发布《关于融资融券标的证券 2024 年第二季度定期调整有关事项的通知》，相应地调整了 ETF 作为融资融券标的的范围，这使得反向套利（买进期货、卖空现货）得以实施。

（4）ETF 在二级市场上具有很好的流动性，交易费用低、免过户费、免印花税，在进行正向套利时，不需要购买成份股，直接通过二级市场购买即可，这是 ETF 特有的优势。

（5）ETF 可以变相实行 $T+0$ 交易；根据上交所、深交所的交易规则，尽管沪深 ETF 和股票在二级市场的买卖实行 $T+1$ 回转交易，不能实行 $T+0$ 交易，但可以通过一、二级市场双边交易达到 $T+0$ 交易的目的。如当日买入的基金份额，尽管不能在二级市场卖出，但可以通过一级市场赎回股票后在股票的二级市场卖出，实现资金的当日回笼。同样，当日买入的股票，尽管当日不能在二级市场卖出，但可以通过一级市场申购 ETF 后当日卖出。

（6）ETF 可以发挥自动调整权重的作用。ETF 成份股的构成与其相应的指数一样，因此一旦以 ETF 来建仓，ETF 成份股的构成就是由基金公司根据指数来实时调整的，例如上证 50 指数依据样本稳定性和动态跟踪相结合的原则，每半年调整一次成份股，调整时间与上证 180 指数一致。特殊情况下也可以对样本进行临时调整。每次调整的比例一般不超过 10%。因此只需要持有 ETF 份额就能发挥自动调整成份股权重的作用，避免了实时调整成份股造成的手续费用。

三、ETF 套利模型的介绍

我们利用期货现货市场与沪深 300 指数高度同步、偶有偏差的 ETF 来套利。当股指期货的市场价格偏离了其理论价格的某个区间（无套利区间）时，就可以在期货市场和现货市场上通过卖高买低获得收益，即期现套利。

程序 13－2

股指期货 ETF（期现）套利策略

期现套利的理论依据是：在到期日，股指期货的价格和标的指数会收敛①。期现套利分为正向套利与反向套利两种。

当 ETF 被低估，而股指期货被高估时，在 t 时刻通过二级市场买入 ETF 同时在期货市场卖出期货合约，待价差收敛时，在 T 时刻赎回（当日，如非当日则卖出）ETF 同时买入期货合约平仓，这种套利策略为正向套利。

当 ETF 被高估，而股指期货被低估时，首先在 t 时刻通过融券

① 本章采用相关性很强的 ETF 指数基金替代标的指数。

获得 ETF 成份股后申购 ETF，并在二级市场卖出，同时在期货市场买入期货合约，在价差收敛时，在 T 时刻通过二级市场买入 ETF 并赎回同时卖出期货合约平仓，这种套利策略为反向套利。通过观察 ETF 和股指期货价格走势和比较涨跌幅，当收益率相差较大时，可以判断是否存在套利机会。

四、ETF 与股指期货套利收益实证分析

我们选取中小 100ETF 和沪深 300 指数期货进行实证模拟套利，基本思路如下：当收益率偏差（中小 100ETF－沪深 300 指数期货）为正时，采用反向套利；反之则采用正向套利。模拟参数设置开仓阈值和平仓阈值（见表 13－9），当收益率偏差达到相应水平时进行操作。当套利持仓时间超过 20 个交易日仍未盈利时平仓出局时，等待下一个套利机会。

表 13－9　回测结果

开仓阈值	平仓阈值	最大回撤率（%）	累计收益率（%）	交易次数	年化收益率（%）
1.4	0.9	19.85	45.75	49	9.47
1.4	0.8	20.71	49.28	49	10.20
1.4	0.7	27.42	33.43	48	6.92
1.4	0.6	28.86	32.23	49	6.67
1.4	0.5	32.57	29.60	50	6.13
1.5	0.8	32.75	31.59	39	6.54

根据以上思路，我们实证分析得出的结果如表 13－9 所示，通过分析计算收益回测比，最终选取开仓阈值为 1.4，平仓阈值为 0.8，在取样时间段内共交易 49 次，累计收益率为 49.28%，年化收益率为 10.20%，可以从图 13－4、图 13－5 看出日收益率偏差与累计收益率的趋势变化。

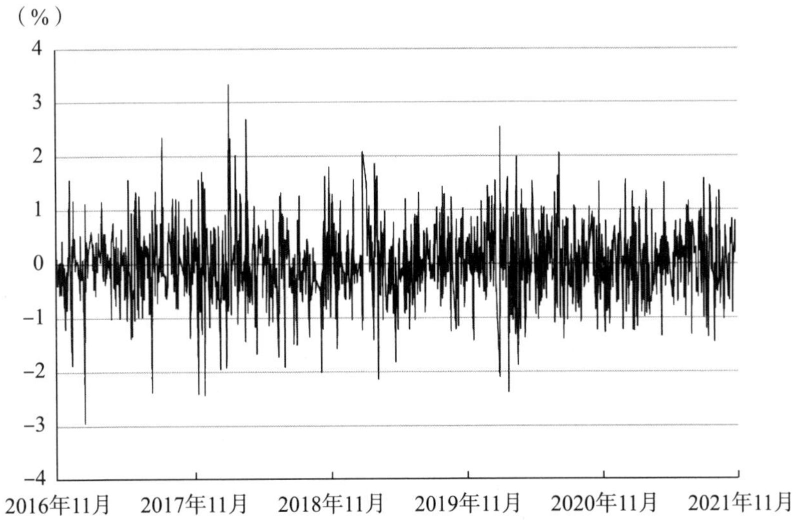

图 13－4　中小 100ETF 与沪深 300 指数期货日收益率偏差

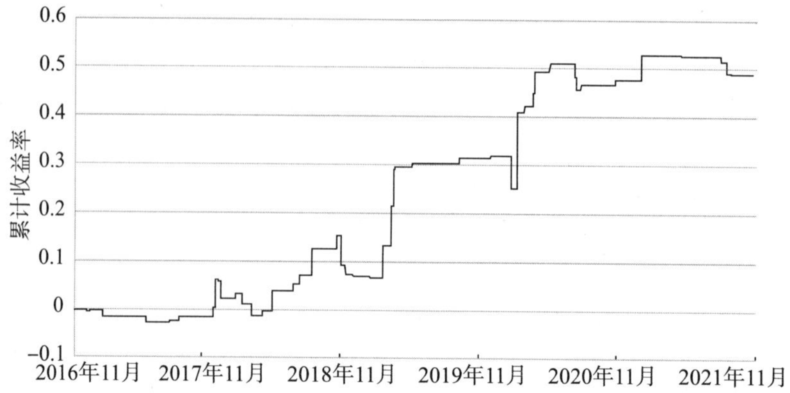

图 13－5　中小 100ETF 与沪深 300 指数期货套利累计收益率

第四节　R-breaker 套利策略：股指期货趋势追踪反转

一、R-breaker 套利策略概述

（一）R-breaker 套利策略的原理

R-breaker 是国外著名的日内交易策略。《期货真相杂志》（*Futures Truth Magazine*）每一年都会在业绩榜单上发布排名靠前的交易策略，R-breaker 套利策略几乎每年都会上榜，所以该策略的优越性和长久的盈利生命周期非常具有优势。

R-breaker 套利策略是一个结合了日内趋势追踪和反转的策略。该策略的核心交易思想是利用前一个交易日的最高价、最低价、收盘价计算得出六个主要的价位，从高到低依次为突破买入价、观察卖出价、反转卖出价、反转买入价、观察买入价和突破卖出价，这六个主要的价位即形成当前策略交易的触发条件。R-breaker 套利策略的优势主要是不仅设计了可以用于实现趋势策略的上下轨，而且在上下轨之间设置了可以用于实现反转策略的四个价位。

一般情况下，最佳的投资策略都是最简洁的，而 R-breaker 套利策略也是一种较为简单的日内交易策略，从它的经济含义来说，前一个交易日的行为会影响到后一个交易日的进行情况，即我们在预测后一个交易日市场的发展变动区间时，就可以使用前一个交易日的开盘价、收盘价、最高价、最低价等数据来进行分析。如果指数价格超出了我们所预测的区间范围，就可以在开仓时进行做多或者做空，如果市场走向反转的高低价位条件，我们就应该做空转多或者多转空的开仓交易。

（二）R-breaker 套利策略的步骤

R-breaker 套利策略有以下两个重要的步骤：

第一步，设置六个主要的价位。

突破买入价 $Bbreak=Ssetup+f_3\times(Ssetup-Bsetup)$；

观察卖出价 $Ssetup=High+f_1\times(Close-Low)$；

反转卖出价 $Senter=(1+f_2)/2\times(High+Low)-f_2\times Low$；

反转买入价 $Benter=(1+f_2)/2\times(High+Low)-f_2\times High$；

观察买入价 $Bsetup=Low-f_1\times(High-Close)$；

突破卖出价 $Sbreak=Bsetup-f_3\times(Ssetup-Bsetup)$。

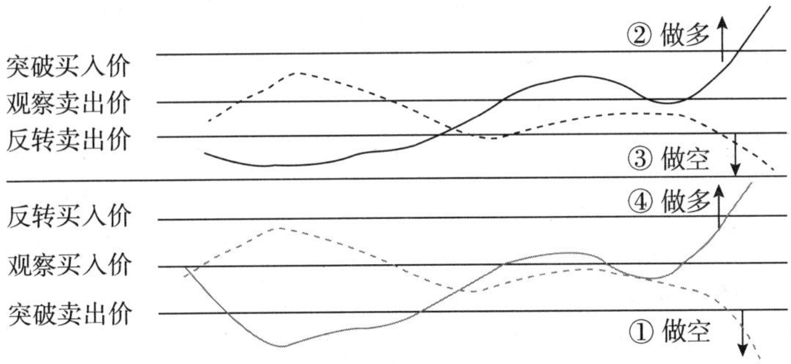

图 13-6 R-breaker 压力线与信号操作策略

第二步，根据信号进行如下交易。

根据交易规则，可以将 R-breaker 套利策略分为趋势和反转两个子策略。

（1）空仓情况下，盘中价格跌出突破卖出价，可以使用趋势子策略，即在该点位时选择做空，以开盘价卖出投资标的；

（2）空仓情况下，盘中价格上涨高于突破买入价，选择使用趋势子策略，即在该点位时选择做多，以开盘价买入投资标的；

（3）持有多单的情况下，当日最高价超过观察卖出价后，盘中价格下降且跌破反转卖出价，采取反转策略，即在该点位反手做空，以开盘价卖出投资标的；

（4）持有空单的情况下，当日最低价低于观察买入价后，盘中价格回升且超过反转买入价，采取反转策略，即在该点位反手做多，以开盘价买入投资标的。

R-breaker 套利策略的参数包括，f_1、f_2、f_3 这三个参数是用来设置策略中的六个主要价位的，而六个价格点位之间的距离可以通过改变参数 f_1、f_2、f_3 的大小来调整，以此改变趋势追踪和反转的难易程度。如果增大参数 f_1，则观察卖出价增大、观察买入价减小；如果增大参数 f_2，则反转卖出价增大、反转买入价减小；如果增大参数 f_3，则突破买入价增大、突破卖出价减小。若增大参数 f_1 的同时减小参数 f_2 可以减小反转概率，增大参数 f_3 就会提高趋势追踪的难度，使得投资交易机会变少。

（三）R-breaker 套利策略的优点

R-breaker 套利策略具有以下优点：

（1）如果日内趋势走向没有明显的涨跌变化，则应该直接拒绝开仓，从而剔除大多数较小幅度的震荡。根据该策略的交易规则，若价格点数的 K 线仅徘徊在观察卖出价和观察买入价这两条线的区间，就不能产生交易有关信号。对每个交易日的交易数据进行详细统计，可以发现，基准线之间差距过小（大概在 50～100 点），所以说过小的日内波动幅度不能够突破价格基准线，进而就不能产生交易信号进行开仓交易。

（2）该策略能够及时抓住市场上的交易机会，而且当市场行情即将消失时能够及时发现并快速地退出市场。这主要是因为该策略的核心思想是通过设置参数 f_1、f_2、f_3 以及前一个交易日的收盘价、最高价、最低价等数据来固定六个交易价格，那么如果连续几日市场的行情波动都比较小，这些价格基准线各自之间的距离就会比较近。如果市场有上行的涨势或者下行的跌势，就可以在早期突破价格基准线进而产生交易信号，能够及时迅速地捕捉交易投资的先机。同样，如果连续几日出现较大波动，那么六条价格基准线之间的距离就会变远，想要接着产生向下或者向上的交易信号就会变得非常不容易，这样能够规避过度追涨杀跌产生的亏损。

（3）如果将反转子策略和趋势子策略组合在一起使用，就会增加日内投资交易机会的可能性。当价格点数的 K 线先穿过突破买入价或者突破卖出价时，就会产生开仓交易的信号，可以先做一波投资。但是当这一波趋势消失、出现新的反转，并且是大幅度的反转时，如果突破了反转交易的价格基准线，我们就可以先进行平仓操作，然后做反方向的开仓交易。这样将子策略组合使用，就能够抓住更多不同方向的日内交易机会。

二、R-breaker 套利策略实现

（一）R-breaker 套利策略的交易规则

R-breaker 套利策略是应用于可以进行 $T+0$ 交易的金融市场的股指期货，进行测试的样本合约可以是成交量比较活跃的沪深 300 指数期货的当月连续合约。

我们选取股指期货 IF2303，样本数据范围是 2022 年 7 月 20 日—11 月 25 日五分钟沪深 300 指数期货合约，依据收盘价走势，区制 1 为上涨区间，时间范围为 2022 年 10 月 31 日—11 月 25 日；区制 2 为下跌区间，时间范围为 2022 年 7 月 20 日—10 月 28 日。其中，区制 1 上涨区间共 20 个日样本数据，使用五分钟高频交易数据，共 960 个数据，区制 2 下跌区间共 67 个日样本数据，使用五分钟高频交易数据，共 3 216 个数据。五分钟高频交易数据包括开盘价、最高价、最低价、收盘价、成交量、持仓量。

该交易的其他内容如下：

（1）期货交易标的：股指期货合约 IF2303。

（2）初始资金投入：从以往的交易数据来看，沪深 300 指数期货历史最高点数为 4 233.8 点，每点 300 元，保证金比例按 15%计算为 4 233.8×300×15%＝190 521 元。一般情况下，期货公司的保证金比例会更高一点，所以这里设置初始资金为 30 万元。

（3）单次交易手续费：万分之三。

（4）滑点：造成滑点的原因比较多，滑点是指投资者下单时的点位和最后成交的点位存在一定差距，可能是由于做市商不规矩，做了一些手脚，也可能是由于网络方面的延迟。这里做一个简单的设置，沪深 300 指数期货最小变动价位为 0.2，单次交易滑点一般低于 3×0.2＝0.6，故将滑点设置为 0.6。

（5）加入止盈止损：投资者在进行投资交易时，要注意根据实际交易行情及时进行平仓

交易，以避免更大的亏损。在制定策略时经常会出现这样一种状况，即投资者开仓交易以后获得了高额收益，但是因为没有及时进行止盈操作而导致其从盈利状态转变为亏损状态。所以，一定要加入止损的策略。

（二）R-breaker 套利策略的全样本区间的绩效表现

在分区间讨论 R-breaker 套利策略表现之前，我们可以先看一下该策略在整个样本区间的表现如何。在 2022 年 7 月 20 日—11 月 25 日期间，沪深 300 指数经历了暴涨暴跌、反弹、平稳等多种情况。选择交易周期为五分钟的数据，选择经典参数设置：$f_1=0.35$，$f_2=0.07$，$f_3=0.25$。使用 Python 程序操作，具体策略表现如图 13 - 7、图 13 - 8 和表 13 - 10、表 13 - 11 所示。

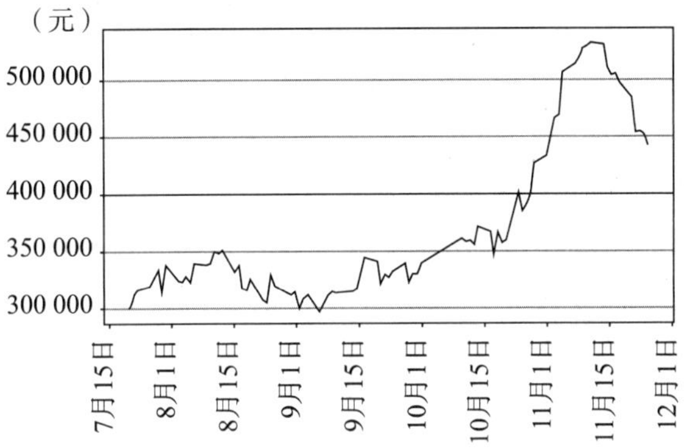

图 13 - 7 全样本区间经典参数组合策略每日资金变化

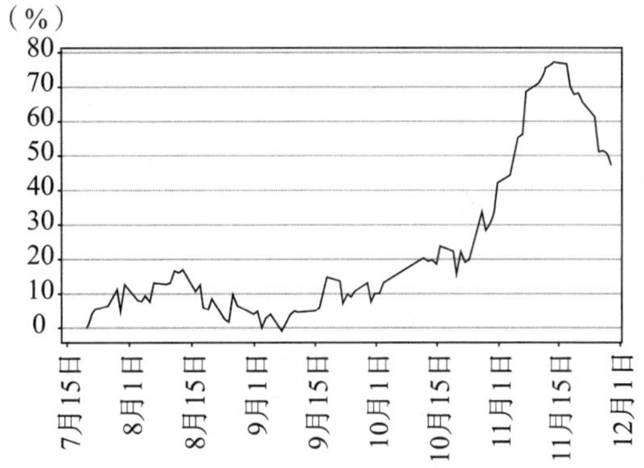

图 13 - 8 全样本区间经典参数组合策略累计收益率变化

表 13 - 10 全样本区间经典参数组合策略绩效评价指标数据

参数组合	$f_1=0.35$；$f_2=0.07$；$f_3=0.25$
初始资金	300 000 元
净利润	142 359 元
交易次数	252
日均交易次数	2.9
最大回撤率	19.7%
胜率	48%
累计收益率	47%
年化收益率	137.5%
夏普比率	1.25

表 13 - 11 各种投资交易策略的交易次数占比情况分析

	多单反转	空单反转	空仓做多	空仓做空	总交易次数（不含平仓）
次数	67	13	80	6	166
占比（%）	40.36	7.83	48.19	3.61	100

我们主要通过改变 f_1、f_2、f_3 参数的设置来改变策略的突破点，参数改变以后四种投资交易策略的次数也会发生变化。该策略分为趋势和反转两个子策略，多单反转和空单反转属于反转策略，而空仓做多和空仓做空则属于趋势策略。从表 13－11 可以看出，空仓做多和空仓做空占比达到了 51.8%，空仓做空即在持仓为空仓的情况下，当沪深 300 指数期货的价格指数跌出了突破卖出价时，选择在该点做空，以开盘价卖出期货合约；空仓做多即在空仓的情况下，当沪深 300 指数期货的价格指数高于突破买入价时，选择在该点做多，以开盘价买入期货合约，这两种策略都是 R-breaker 套利策略的趋势子策略，所以在全样本区间内，主要使用的是趋势子策略。

从经典参数组合为（0.35，0.07，0.25）的策略表现看，策略净利润达 142 359 元，年化收益率也高达 137.5%；从风险水平看，最大回撤率达到了 19.7%，夏普比率为 1.25，回撤水平较高，风险水平高。而资金走势图呈现前期总体上涨但后期下滑态势，总体来说，策略较好。接下来，我们分别在区制 1 上涨区间和区制 2 下跌区间对策略进行检验，比较在上涨区间和下跌区间的策略效果是否存在差异，以对后市的投资决策提供参考。

（三）R-breaker 套利策略的检验结果与评估

1. 区制 1 上涨区间 R-breaker 套利策略检验结果与评估

在区制 1 上涨区间共有 960 个数据，使用经典参数 $f_1=0.35$；$f_2=0.07$；$f_3=0.25$ 对 R-breaker 套利策略的绩效表现进行分析。具体策略表现如图 13－9、图 13－10 和表 13－12、表 13－13 所示。

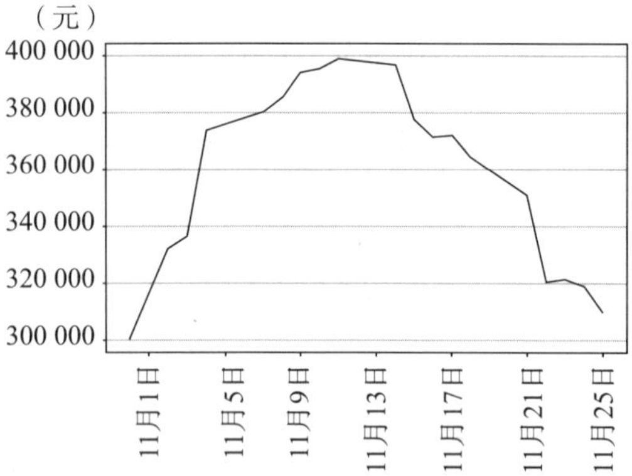

图 13－9　区制 1 经典参数组合策略每日资金变化

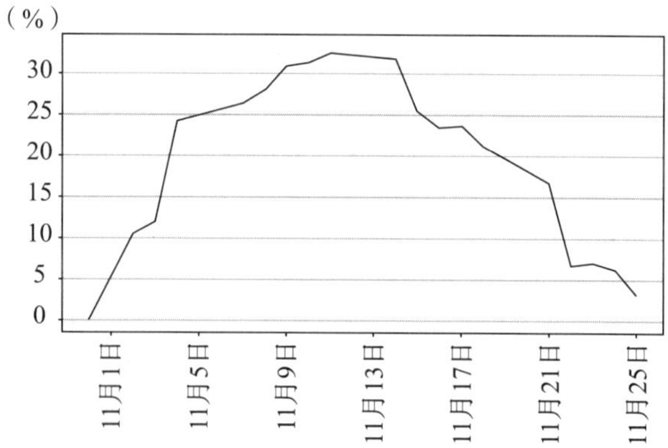

图 13－10　区制 1 经典参数组合策略累计收益率变化

表 13－12　区制 1 经典参数组合的策略评价指标数据

参数组合	$f_1=0.35$；$f_2=0.07$；$f_3=0.25$
初始资金	300 000 元
净利润	9 343 元
交易次数	53
日均交易次数	2.6

续表

参数组合	$f_1=0.35$；$f_2=0.07$；$f_3=0.25$
最大回撤率	26.0%
胜率	44%
累计收益率	3%
年化收益率	39.3%
夏普比率	1.38

表 13-13 各种投资交易策略的交易次数占比情况分析

	多单反转	空单反转	空仓做多	空仓做空	总交易次数（不含平仓）
次数	12	3	18	1	34
占比（%）	35.29	8.82	52.94	2.94	100

从表 13-13 可以看出，R-breaker 套利策略在区制 1 上涨区间，空仓做多和空仓做空的占比达到了 55.88%，即采用的趋势子策略较多，顺势做多做空，当沪深 300 指数期货的价格指数跌出突破卖出价时，选择在该点卖出沪深 300 指数期货合约；当沪深 300 指数期货的价格指数高于突破买入价时，选择在该点买入沪深 300 指数期货合约，在区制 1 很少使用反转策略。

从经典参数组合（0.35，0.07，0.25）的策略表现看，盈利能力下滑明显，策略净利润达 9 343 元，累计收益率为 3%，年化收益率为 39.3%，收益比较可观；从风险水平看，最大回撤率为 26%，夏普比率为 1.38，回撤水平较高。资金变化图呈现先上升后下降态势，我们可以在下文通过改变参数来获得更好的策略表现。

2. 区制 2 下跌区间 R-breaker 套利策略检验结果与评估

区制 2 共 3 216 个数据，同样使用经典参数 $f_1=0.35$；$f_2=0.07$；$f_3=0.25$。具体策略表现如图 13-11、图 13-12 和表 13-14、表 13-15 所示。

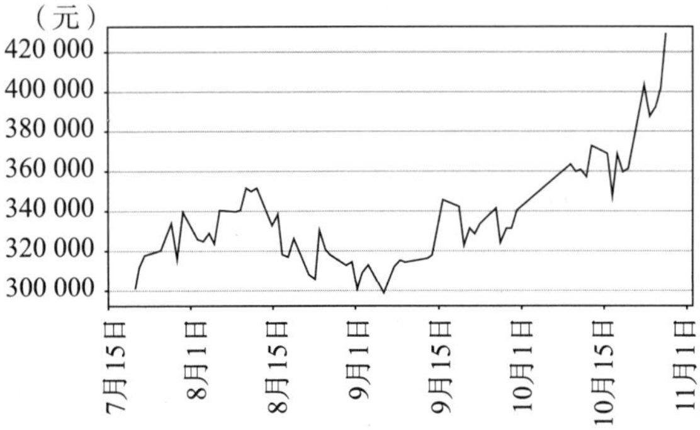

图 13-11 区制 2 经典参数组合策略每日资金变化

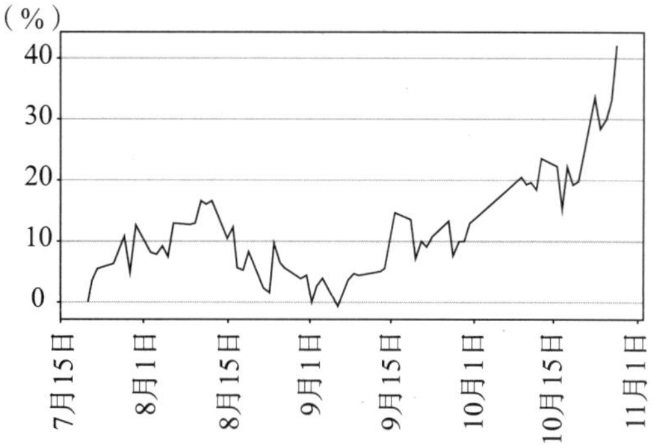

图 13-12 区制 2 经典参数组合策略累计收益率变化

表 13-14 区制 2 经典参数组合的策略评价指标数据

参数组合	$f_1=0.35$；$f_2=0.07$；$f_3=0.25$
初始资金	300 000 元
净利润	126 303 元
交易次数	196
日均交易次数	2.9
最大回撤率	17.4%
胜率	49%
累计收益率	42%
年化收益率	158.3%
夏普比率	1.01

表 13-15 各种投资交易策略的交易次数占比情况分析

	多单反转	空单反转	空仓做多	空仓做空	总交易次数（不含平仓）
次数	54	10	61	5	130
占比（%）	41.54	7.69	46.92	3.85	100

从 13-15 中可以看出 R-breaker 套利策略在区制 2 下跌区间，仍然是以趋势子策略为主，与区制 1 上涨区间原理一致，即沪深 300 指数期货的价格指数跌出突破卖出价时，选择在该点卖出沪深 300 指数期货合约；当沪深 300 指数期货的价格指数高于突破买入价时，选择在该点买入沪深 300 指数期货合约，当然此时与上涨区间的突破卖出价和突破买入价的突破点数是不一样的。

对比表 13-12 与表 13-14，区制 2 策略在样本外表现优于区制 1 的样本数据的表现，年化收益率高达 158.3%，从风险水平来看，最大回撤率为 17.4%，夏普比率为 1.01，可以看出风险水平比区制 1 低。资金变化图以及累计收益率变化图的走势比区制 1 上涨区间更平稳，而且呈现显著上涨态势。

3. 区制 1 参数优化后 R-breaker 套利策略检验结果与评估

在交易过程中会发现一些好模型在使用了一段时间之后表现不如之前好，这主要是行情变化导致的，这时就需要为交易模型寻找性能更好的最优参数，接下来，我们对策略的参数进行优化，最优参数的选取以参数的组合年化收益率更高为判断标准。首先对区制 1 进行参数优化，通过对参数 f_1，f_2，f_3 进行调试，在样本内做循环，通过改变 f_1，f_2，f_3 调节六条价格基准线之间的距离，控制趋势追踪和反转的难易程度，挑选出年化收益率最高的参数组合。在 Python 程序中操作得到参数组合 $f_1=0.00$；$f_2=0.01$；$f_3=0.45$ 累计收益率最高，具体策略表现如图 13-13、图 13-14 和表 13-16、表 13-17 所示。

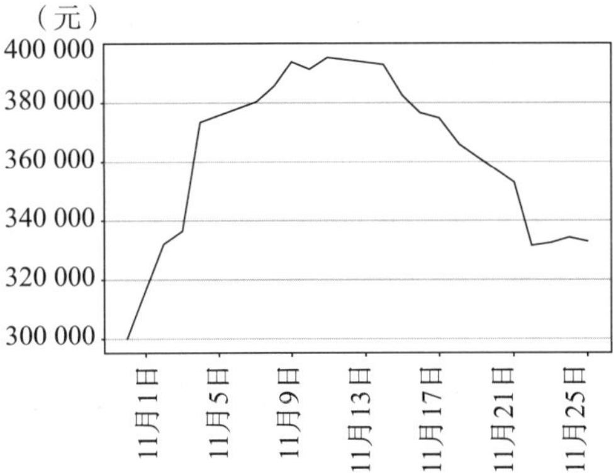

图 13－13　区制 1 参数优化后策略每日资金变化

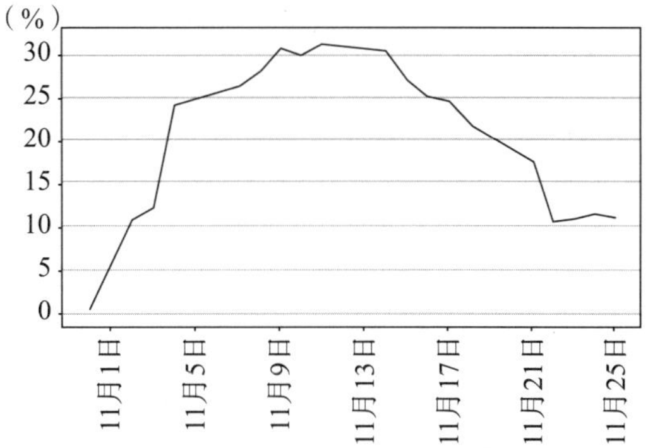

图 13－14　区制 1 参数优化后策略累计收益率变化

表 13－16　区制 1 参数优化后策略评价指标数据

参数组合	f_1＝0.00；f_2＝0.01；f_3＝0.45
初始资金	300 000 元
净利润	33 222 元
交易次数	53
日均交易次数	2.6
最大回撤率	20.2%
胜率	46%
累计收益率	11%
年化收益率	139.5%
夏普比率	1.5

表 13－17　各种投资交易策略的交易次数占比情况分析

	多单反转	空单反转	空仓做多	空仓做空	总交易次数（不含平仓）
次数	12	3	16	3	34
占比（%）	35.29	8.82	47.06	8.82	100

从表 13－17 可以看出参数优化后的 R-breaker 套利策略在区制 1 上涨区间仍然是使用趋势子策略较多。空仓做多和空仓做空的占比和经典参数组合持平。因为改变了参数 f_1、f_2、f_3 的数值，所以六个交易触发价格点也发生了改变，突破各个交易触发价格点的难易程度也在变化，即四种投资策略交易的次数发生了改变。改变以后还是趋势子策略使用较多，即顺势做多或者是做空。

从最优参数组合（0.00，0.01，0.45）的策略表现看，盈利能力同样非常可观，策略净利润达 33 222 元，年化收益率高达 139.5%；从风险水平看，最大回撤率有所下降，夏普比率为 1.5。而资金变化图相比于经典参数，前期上升更快，后期更平稳，可见参数优化后的策略相比于经典参数的策略能够取得更高的收益，风险也相应有所下降。

4. 区制 2 参数优化后 R-breaker 套利策略检验结果与评估

同样采用参数组合 f_1＝0.00；f_2＝0.01；f_3＝0.45 对区制 2 进行参数优化。在 Python

程序中操作得到的年化收益率更高，具体策略表现如图 13－15、图 13－16 和表 13－18、表 13－19 所示。

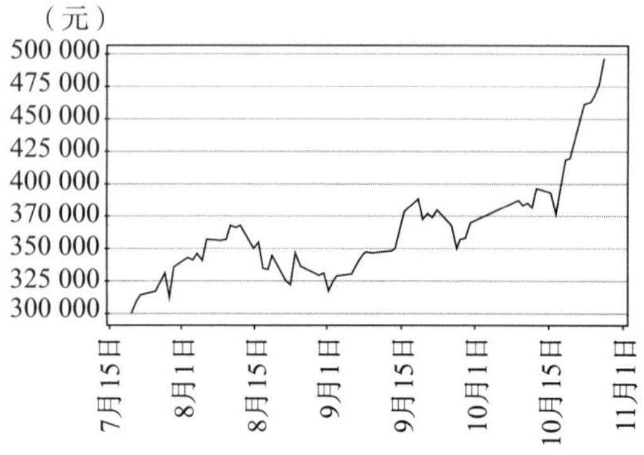

图 13－15　区制 2 参数优化后策略每日资金变化

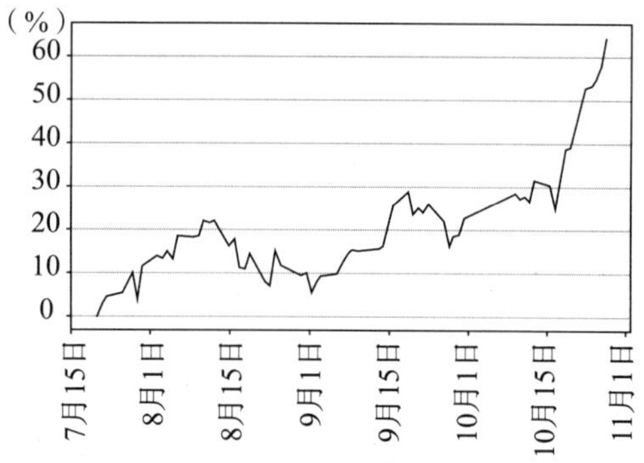

图 13－16　区制 2 参数优化后策略累计收益率变化

表 13－18　区制 2 参数优化后策略评价指标数据

参数组合	f_1＝0.00；f_2＝0.01；f_3＝0.45
初始资金	300 000
净利润	196 545
交易次数	192
日均交易次数	2.9
最大回撤率	16.3%
胜率	49%
累计收益率	66%
年化收益率	246.4%
夏普比率	1.61

表 13－19　各种投资交易策略的交易次数占比情况分析

	多单反转	空单反转	空仓做多	空仓做空	总交易次数（不含平仓）
次数	49	11	56	10	126
占比（%）	38.89	8.73	44.44	7.94	100

程序 13－3

R-breaker 套利策略

从表 13－19 可以看出，参数优化后的 R-breaker 策略在区制 2 下跌区间仍然是使用趋势子策略较多。而且相比于经典参数组合，四种投资交易策略的占比改变不大。详细看来反而是趋势子策略的占比稍有增加。原理同上文一致，因为参数改变使六个交易触发价格点也改变了。当沪深 300 指数期货的价格指数跌出突破卖出价时，选择在该点卖出期货合约；当沪深 300 指数期货的价格指数高于突破买入价时，选择在该点买入期货合约，结合上文可以看出：不论是在上涨区间还是在下跌区间，R-breaker 套利策略在交易中都是使用趋势子策略更多。进一步地，根据以上策略表现，对模型进行参数优化后，区制 2 策略取得了 66%的累计收益率，明显高于优化前，但是每日资金变化图仍然十分不平稳，优化后的最大回撤率为 16.3%，略低于经典参数组合。

总体来看，不论是经典参数组合还是最优参数组合，R-breaker 套利策略在区制 2 下跌区间的表现是优于区制 1 上涨区间的，由此可见，R-breaker 套利策略更适合于股指期货下跌区间。

附录：投资组合策略的风险评判指标

风险度指标是评价量化交易策略的另外一个维度，事实上，评价一个交易策略的优劣，除了收益率外，风险度也是一个重要指标。一般来说，在同等风险情况下收益最大化或者在同等收益情况下风险最小化，是构建投资组合策略的最基本要求。

一、夏普比率

夏普比率也称夏普指数，是基金绩效评价的标准化指标。它考虑的是经风险调整后的收益率，是一个可以同时对收益与风险加以考虑的综合性指标，长期来看，能够排除风险因素对绩效评估的不利影响。夏普比率衡量的是对每承担一单位风险给予多少超额收益补偿的问题。事实上，在投资过程中，投资标的的预期收益越高，则投资者所需要承受的风险越大；反之，预期收益越低，则投资者需要承受的风险越小。因此，作为一个理性的投资者，他从事投资的底线是：在给定风险的情况下，追求收益最大化；或者在给定预期报酬的情况下，追求投资风险最小化。从计算公式看：

$$\text{夏普比率 } S_p=\frac{r_p-r_f}{\sigma_p} \tag{13-1a}$$

其中，r_p 和 σ_p 分别表示投资组合的期望收益率和波动率。

二、最大回撤率

最大回撤率是指在选定的投资周期内，从历史上任何一个时点往后推，量化投资策略的净值位于最低点时与初始投资金额相比较的收益率回撤幅度的最大值。最大回撤率用来描述交易策略实施后可能出现的最糟糕情况。最大回撤率是量化交易策略衡量风险的一个重要指标，甚至比波动率指标更重要。从现实看，最大回撤率可以分为历史最大回撤率和期望最大回撤率两类。其中，对于历史最大回撤率，令 P_i 表示在第 i 日的组合市值，P_1 是起始日的组合市值，P_n 是终止日的组合市值，则历史回撤率用公式可以表述为：

$$\text{历史回撤率 } (i)=\frac{P_i-P_1}{P_1} \tag{13-2a}$$

而历史最大回撤率就是历史回撤率（i）的极大值。对于期望最大回撤率，其借鉴的是风险管理的技术方法，如ES，其测度的是在未来N天内，在$X\%$的置信水平下，量化交易策略的期望最大回撤率（Max-Recall）是多少。在实际估计中，我们可以把Max-Recall(i)进行排序，直接计算在$X\%$置信水平下的期望最大回撤，或者根据Max-Recall(i)拟合某一个分布，根据分布计算$X\%$置信水平下的期望值，即为期望最大回撤率。

三、特雷诺指数

特雷诺指数是指每单位风险获得的风险溢价，是投资者判断某一基金管理者在管理基金过程中所冒风险是否有利于投资者的指标，也是一种衡量单位风险超额收益的方法：

$$T=\frac{R_p-r_f}{\beta_p} \tag{13-3a}$$

其中，R_p表示某只基金在投资考察期内的平均收益率，β_p表示某只基金的系统性风险。特雷诺指数越大，表示单位风险溢价越高，量化交易策略绩效越好，投资者在管理过程中所冒风险有利于其获利；反之，特雷诺指数越小，表示单位风险溢价越低，量化交易策略绩效越差，投资者在管理过程中所冒风险给其带来的收益越小。

四、卡玛比率

卡玛比率对夏普比率做了改进，它同样是用于测算投资组合的风险收益比，其计算公式为：

$$\text{卡玛比率}=\frac{\text{超额收益率}}{\text{最大回撤率}} \tag{13-4a}$$

其中，最大回撤率作为测算风险的替代变量。由此可见，卡玛比率与夏普比率唯一不同之处在于分母，夏普比率的分母是标准差，而卡玛比率的分母则是最大回撤率。但二者本质上衡量的都是投资组合的风险-收益关系。

【本章小结】

本章介绍了股指风险及其在风险对冲套利上的应用，同时探讨了股指期货跨期套利策略、股指期货ETF期现套利策略、R-breaker管理期货策略的原理和实现过程。从策略结果看，股指期货跨期套利策略原理简单，技术难度不高，但是不适合频繁操作，而股指期货ETF期现套利策略可以通过跨市场实现套利，但跟踪误差带来的风险仍然不可忽视。相较之下，R-breaker套利策略更适合量化高频交易，策略收益较好，但是对操作要求更高，交易成本也较高。

【课后习题】

1. 4月30日，上海期货交易所8月黄金期货合约的价格为352.6元/克，10月合约的价格为341.3元/克。某投资者认为合约的价差会加大。该投资者该如何进行套利？

2. 接上题。如果该投资者以当时的价格买卖上述合约各 5 手。5 月 15 日，8 月合约的价格为 351 元/克，10 月合约的价格为 338.36 元/克。该投资者平仓了结，计算该投资者的盈亏（黄金合约的规模为 1 000 克/手）。

3. 3 月 24 日，大连期货交易所的 6 月玉米期货合约的价格为 1 560 元/吨，9 月合约的价格为 1 430 元吨，12 月合约的价格为 1 205 元/吨。某投资者认为前三个月的价差过小，后三个月的价差过大。该投资者应该如何采取蝶式套利方式套利?

4. 接上题。假设投资者在套利中买卖上述合约各 5 手。4 月 10 日，6 月合约的价格变为 1 632 元/吨，9 月合约的价格变为 1 543 元/吨，12 月合约的价格变为 1 423 元/吨，该投资者预期情况不会好转，于是平仓止损。计算该投资者的盈亏（玉米合约的规模为 10 吨/手）。

5. 任选两个期货高频数据，基于本章的方法或者其他统计套利方法，构建一个跨期套利策略，并基于数据估计结果分析该策略的优劣。

6. 下载中国有关股指期货数据调试并回撤、检验和优化 R-breaker 套利策略。

7. 挑选一只指数期货以及一只 ETF 产品，基于本章程序实现期现跨市场套利策略，并结合实证结果分析该策略的优劣。

第十四章

期权风险对冲理论与策略

本章阅读指引

期权是一种重要的风险控制和套利对冲金融衍生工具，也是量化投资领域常见的投资标的之一，特别是，除了期货，投资者还可以用期权对冲投资组合的风险，因此，很有必要全面了解期权的风险对冲策略。本章首先介绍期权定价；其次以 BS 期权定价模型为理论基础，介绍如何测量期权价格的风险并分析其变动的敏感程度，我们称之为期权敏感性分析；在 BS 期权定价模型中，包含五个变量参数，期权价格对这些参数的敏感性指标也称作希腊字母，因此我们进一步介绍如何通过希腊字母进行期权风险管理；接着，我们介绍一个重要的期权理论概念——期权风险对冲恒等式，以及其在期权风险对冲中的运用；最后，基于 Python 介绍期权平价公式、期权希腊字母动态对冲策略的案例应用。

第一节　期权定价

一、期权的定义

期权，是指赋予购买者在规定期限内按双方约定的价格（简称执行价格）购买或出售一定数量某种资产（称为标的资产或潜含资产）的权利的合约。期权是一种交易权利，它赋予其购买者在未来规定期限内按双方事先约定的价格购买或出售一定数量某种资产的权利，期权持有者有权利选择按照规则执行期权或者放弃执行期权。为获取这种权利，持有者需要购买期权并支付给期权出售者费用，期权出售者则有义务在持有者执行权利的时候满足其购买或出售标的资产的需求。比较而言，期权产品在本质上与远期和期货产品不同，期权给持有者某种权利去做某件事情，但是持有者不一定必须行使这种权利。与之相反，在远期和期货合约中，合约的双方都有义务执行合约。在交易远期和期货合约时，交易者不用付费（保证金的要求除外)，而对于期权产品，持有者最初必须付费。

我国于 2015 年 2 月 9 日推出了第一只 ETF 期权——上证 50ETF 期权，ETF 期权是随着 ETF 产品的发展而推出的，它是我国首个在上海证券交易所挂牌交易的标准化期权，标志着我国金融市场的不断开放与发展，期权交易也开始推出满足市场需求的品种，如 2017 年 3 月和 4 月，豆粕期权、白糖期权分别在大连商品交易所、郑州商品交易所上市，我国商品期权市场也逐渐发展起来，这为投资者提供了更多的衍生产品对冲工具。2019 年 12 月 23 日，沪深 300ETF 期权合约品种在深圳证券交易所上市，日渐成熟的期权交易正在发挥衍生品对传统金融市场的调节作用，在理论上可以证明，期权价格在接近行权日时将收敛于标的物价格，也即期权价格对现货价格有引导作用，可以实现现货的价格发现功能。

按照不同划分标准，期权可有如下分类。

(1) 按照执行权利的内容划分，可以将期权分为看涨期权、看跌期权。

看涨期权是指期权的买方向期权的卖方支付一定数额的权利金后，即拥有在期权合约的有效期内，按事先约定的价格向期权卖方买入一定数量的期权合约规定的特定商品的权利，但买方不负有必须买进的义务，看涨期权卖方有义务在期权规定的有效期内，应期权买方的要求，以期权合约事先规定的价格卖出期权合约规定的特定商品。

看跌期权是指期权的买方向期权的卖方支付一定数额的权利金后，即拥有在期权合约的有效期内，按事先约定的价格向期权卖方卖出一定数量的期权合约规定的特定商品的权利，但买方不负有必须卖出的义务，看跌期权卖方有义务在期权规定的有效期内，应期权买方的要求，以期权合约事先规定的价格买入期权合约规定的特定商品。

(2) 按照期权执行权利的时间划分，可以将期权分为美式期权、欧式期权、百慕大期权。

美式期权是指在期权合约规定的有效期内的任何时候都可以行使权利。

欧式期权是指在期权合约规定的到期日方可行使权利，期权的买方在合约到期日之前不能行使权利，过了期限，合约则自动作废。

百慕大期权是一种可以在到期日前所规定的一系列时间行使权利的期权，百慕大期权可以被视为美式期权与欧式期权的混合体。

(3) 按照合约标的物进行划分，可以将期权分为股票期权、股指期权、利率期权、商品期权以及外汇期权等，顾名思义，以上期权的标的物分别为股票、股指、利率、商品以及外汇等。

【例 14-1】 期权的风险对冲功能。假定股票的价格为 100 元，期权的价格为 100 元。某金融机构的交易员卖出了 40 份该股票的看涨期权，则期权持有者有权购买 4 000 股的股票。当假定期权的希腊字母 Δ 为 0.8 时，交易员的头寸可通过购买 3 200 股股票来对冲。此时，期权头寸所对应的盈利 (亏损) 会被股票头寸上的亏损 (盈利) 抵消。

譬如，如果股票价格上涨 1 元，买入股票会盈利 3 200 元，而期权价格将上涨 0.8 元，卖出期权头寸会带来损失 3 200 元；如果股票价格下跌 1 美元，买入股票会损失 3 200 元，期权价格下跌 0.8 元，卖出期权会带来 3 200 元收益。由此可见，购入期权后，不论未来股票价格是上涨还是下跌都可以通过持有期权进行风险对冲。

二、期权的定价

期权的定价按照不同的定价方式可以分为四类：无套利定价、风险中性定价、多期二叉树定价和 BS 定价。其中，无套利定价和风险中性定价的原理大同小异，而且由于先验假定投资的收益率等于无风险收益率，因此，这两种方法的定价结果相等。为了讲述期权定价的原理，我们先通过一个案例阐述期权定价的逻辑关系。

【例 14-2】 假定在期权市场上，某种股票的现价是 40 元，该股票的年波动率为 10%，市场无风险收益率为 5%。如果客户希望在半年后有以约定的价格 38 元购进该股票的权利，当然，届时他也有选择放弃购买的权利。试问，该客户为了拥有这种选择权，应该付费多少？或者说，这种期权的价格是多少？

简单分析：股票现价为 S（40 元），到期时价格可能上涨为 Su，也可能下跌为 Sd。为简单计，暂且假定涨跌幅均为 10%，则有 $u=1+10\%=1.1$，$d=1-10\%=0.9$。

故此，在上涨情形下，半年后股价为 44 元，投资者可以以 35 元买入股票，而以 44 元卖出股票，此时，盈利为 6 元；在下跌情形下，半年后股价为 36 元，而投资者却需要在市场上以 38 元买入股票，此时，由于市场买入价高于卖出价，盈利为 0。显然前一种情形下投资者会执行期权，后一种情形下他会放弃购买期权。

在期满 T 时，期权价格为：$V_T=\max(S_T-X,\ 0)$。期权定价就是反求期末价格为 V_T 时，将其贴现到期初的价值 V 是多少，这就是期权价格。

（一）无套利定价

无套利定价的基本思路是套期保值，即交易者为减少风险而采取投资组合的策略。假定现在套利者卖出一份股票期权，价格为 V，再以价格 S 买进 α 份这种股票，那么该组合价格为：

$$\Pi=\alpha S-V \tag{14-1}$$

组合的目的是使之不具有风险，从而可获得无风险收益率（r），那么在期权期满日，组合增值后的价值为：

$$\Pi_T=e^{rt}\Pi=e^{rt}(\alpha S-V) \tag{14-2}$$

假设股票价格 S 在这段时期内会产生两种可能：上涨到 Su，或者下跌到 Sd，股价上涨时的期权价格为 V_u，下跌时的价格为 V_d，由于组合无风险，上涨和下跌收益将相等，则有：

$$\Pi_T=\alpha S_T-V_T=\begin{cases}\alpha Su-V_u & （股价上涨时）\\ \alpha Sd-V_d & （股价下跌时）\end{cases} \tag{14-3}$$

按照无套利定价思路，$\alpha Su-V_u=\alpha Sd-V_d$，我们可以求得 $\alpha=\dfrac{V_u-V_d}{S(u-d)}$。利用该组合去复制期权，在到期时该期权的价值可表示为：

$$\Pi_T=\frac{d}{u-d}V_u-\frac{u}{u-d}V_d \tag{14-4}$$

可求解出：

$$V=\alpha S-\Pi_T e^{-rt}=e^{-rt}\left[\frac{e^{rt}-d}{u-d}V_u+\frac{u-e^{rt}}{u-d}V_d\right] \tag{14-5}$$

程序 14－1

无套利定价

上述内容即利用无套利的思路，通过构造无套利投资组合求出期权价格。

事实上，除上述逻辑分析求解外，对于无套利定价还可采用如下严密的数学证明。构造包括 Δ 份股票多头和 1 份看涨期权空头的投资组合，当 $Su\Delta - V_u = Sd\Delta - V_d$ 时，股票价格变动对组合无影响，则组合为无风险组合，此时 $\Delta = \frac{V_u - V_d}{Su - Sd}$。因为是无风险组合，可用无风险收益率贴现得 $S\Delta - V = (Su\Delta - V_u)\mathrm{e}^{-r\Delta t}$。将 $\Delta = \frac{V_u - V_d}{Su - Sd}$ 代入上式，并令 $p = \frac{\mathrm{e}^{r\Delta t} - d}{u - d}$，可得期权定价公式：

$$V = \mathrm{e}^{-r\Delta t}[pV_u + (1-p)V_d] \tag{14-6}$$

对于例 14－2 的求解，可知 $u = 1.1$，$d = 0.9$，$r = 0.05$，$t = 0.5$，可得期权价格为：

$$V = \mathrm{e}^{-rt}\left[\frac{\mathrm{e}^{rt} - d}{u - d}V_u + \frac{u - \mathrm{e}^{rt}}{u - d}V_d\right] = \mathrm{e}^{-0.05\times0.5}\left[\frac{\mathrm{e}^{0.05\times0.5} - 0.9}{1.1 - 0.9}\times 6 + \frac{1.1 - \mathrm{e}^{0.05\times0.5}}{1.1 - 0.9}\times 0\right]$$
$$= 3.67$$

（二）风险中性定价

风险中性定价的核心是定义风险中性概率，以衡量在风险中性世界里，股票上涨或下跌的概率。在风险中性的测度下，所有可交易证券的期望收益率都是无风险收益率，未来的现金流可以用其期望值按无风险收益率贴现。

股票的期望价格一般可表示为：$E(S_T) = p \times Su + (1-p) \times Sd$，假定投资者对有无风险无偏好差异，则 $E(S_T) = S\mathrm{e}^{rt}$，由此，可解出风险中性概率：

$$p = \frac{\mathrm{e}^{rt} - d}{u - d} \tag{14-7}$$

故此，期权价格 $V = \mathrm{e}^{-rt}E(V_T) = \mathrm{e}^{-rt}[p \times V_u + (1-p) \times V_d]$。

除了从期望收益率角度推导外，事实上，在风险中性的条件下，参数值满足条件：

$$S\mathrm{e}^{r\Delta t} = pSu + (1-p)Sd，即\ \mathrm{e}^{r\Delta t} = pu + (1-p)d$$

假设股票价格遵循几何布朗运动，则①：

$$\sigma^2\Delta t = pu^2 + (1-p)d^2 - [pu + (1-p)d]^2 \tag{14-8}$$

再设定 $u = 1/d$，可得，当 Δt 很小时：

$$p = \frac{\mathrm{e}^{r\Delta t} - d}{u - d} \tag{14-9}$$

其中，$u = \mathrm{e}^{\sigma\sqrt{\Delta t}}$，$d = \mathrm{e}^{-\sigma\sqrt{\Delta t}}$，故此，可得期权定价公式：

$$V = \mathrm{e}^{-r\Delta t}[pV_u + (1-p)V_d] \tag{14-10}$$

对于例 14－2，投资者是风险中性的意味着：

$$p = \frac{\mathrm{e}^{rt} - d}{u - d} = \frac{\mathrm{e}^{0.05\times0.5} - 0.9}{1.1 - 0.9} = 0.627$$

从而期权的即期价格为：

$$V = \mathrm{e}^{-r\Delta t}[pV_u + (1-p)V_d] = \mathrm{e}^{-0.05\times0.5}[0.627 \times 6 + (1 - 0.627) \times 0] = 3.67$$

① 该式的证明可见第十四章第一节 BS 期权定价部分内容，并由方差公式推导得到。

从估计结果我们可以看出，风险中性定价和无套利定价结果是一致的。

程序 14-2

风险中性定价

（三）多期二叉树定价

上述分析只是简单假定股价在期满只有涨跌两种情况，而且涨跌幅度都是 10%，这是一个很粗略的假定。事实上，股票时刻都可能涨跌，因此，我们把时间 T 分为很多小的时间间隔 Δt，而在每一个 Δt，股票价格由 S 变化到 Su 或 Sd。若价格上涨的概率为 p，则下跌的概率为 $1-p$。与上述设定相一致，我们假定股票期望收益率等于无风险收益率，则：

$$Se^{r\Delta t}=pSu+(1-p)Sd \tag{14-11}$$

通过求解，可得股票价格上涨的概率为：

$$p=\frac{e^{r\Delta t}-d}{u-d} \tag{14-12}$$

期权计算将从树图的末端（T 时刻）开始向后倒推进行，T 时刻的期权价值是已知的，可倒推出前一个时刻的期权价格。同时，因为期权期望收益率也应该等于无风险收益率，故此，可得 $Ve^{r\Delta t}=pV_u+(1-p)V_d$，反推可得期权的价格为：

$$V=e^{-r\Delta t}[pV_u+(1-p)V_d] \tag{14-13}$$

特别地，在股市上一期上涨、下一期下跌回到初始价格，即满足 $ud=1$ 时，利用概率论的知识可求得：$u=e^{\sigma\sqrt{\Delta t}}$，$d=e^{-\sigma\sqrt{\Delta t}}$，故此可得股票上涨概率 $p=\frac{e^{r\Delta t}-d}{u-d}$。

对于例 14-2，考虑一个五期二叉树定价模型，通过上述定价思路不断逆推，可得在五期二叉树定价模型中（见图 14-1），该期权的价格为 2.08。从估计结果看低于风险中性定价和无套利定价结果。

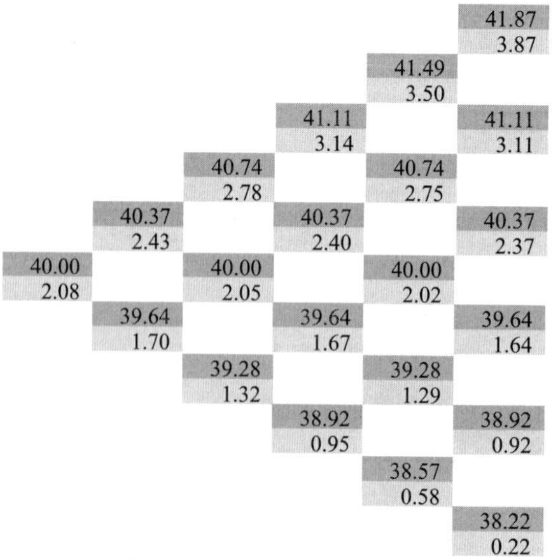

图 14-1　五期二叉树定价结果

(四) BS 定价

1973 年，美国芝加哥大学教授布莱克和斯科尔斯提出了著名的 BS 期权定价模型，用于确定欧式股票期权价格，在学术界和实务界引起了强烈反响；同年，默顿独立地提出了一个更为一般化的模型。斯科尔斯和默顿由此获得了 1997 年诺贝尔经济学奖。在这部分我们将循序渐进，尽量深入浅出地介绍布莱克-斯科尔斯-默顿期权定价模型①（下文简称 B-S-M 模型），并由此推导出衍生产品定价的一般方法。

BS 期权定价模型有如下 7 个假设：(1) 股票价格服从伊藤过程；(2) 没有卖空限制；(3) 没有交易成本和税收；(4) 衍生产品在到期前不发放红利；(5) 套利机会均已消除；(6) 股票可以连续交易；(7) 期权有效期内，无风险收益率保持不变，为常数。

为了清楚讲解 BS 定价公式，我们需要引入伊藤引理，即把变量 x 的漂移率和方差率设定为变量 x 和时间 t 的函数，则伊藤过程为：

$$\mathrm{d}x = a(x, t)\mathrm{d}t + b(x, t)\mathrm{d}z \tag{14-14}$$

股票价格的变化可以用漂移率为 μS、方差为 $\sigma^2 S^2$ 的伊藤过程来表示：

$$\mathrm{d}S = \mu S\mathrm{d}t + \sigma S\mathrm{d}z \tag{14-15}$$

两边同时除以 S，可得：

$$\frac{\mathrm{d}S}{S} = \mu\mathrm{d}t + \sigma\mathrm{d}z \tag{14-16}$$

从 (14-16) 式可以看出未来股票价格的变化率符合普通布朗运动。当时间取值很小时，结合标准布朗运动 $\mathrm{d}z = \varepsilon\sqrt{\mathrm{d}t}$，其中 $\varepsilon \sim N(0, 1)$，我们可以得到：

$$\frac{\mathrm{d}S}{S} = \mu(T-t) + \sigma\varepsilon\sqrt{T-t} \tag{14-17}$$

其中，$T-t=\Delta t$。可见，$\frac{\mathrm{d}S}{S}$ 服从正态分布，此时，股票价格的收益率为：

$$r_t = \frac{\mathrm{d}S}{S} \sim N(\mu(T-t), \sigma^2(T-t)) \tag{14-18}$$

当然，上述推导过程是基于股票价格的，但是对于衍生产品价格则需要考虑其非线性特征。故此，我们考虑衍生产品价格的对数形式 f 遵循如下伊藤过程：

$$\mathrm{d}f = \left(\frac{\partial f}{\partial x}a + \frac{\partial f}{\partial t} + \frac{1}{2}\frac{\partial^2 f}{\partial x^2}b^2\right)\mathrm{d}t + \frac{\partial f}{\partial x}b\mathrm{d}z \tag{14-19}$$

结合 $\mathrm{d}S = \mu S\mathrm{d}t + \sigma S\mathrm{d}z$，可知，设定 $a=\mu S$，$b=\sigma S$，根据伊藤引理，衍生产品价格 f 可遵循如下过程：

$$\mathrm{d}f = \left(\frac{\partial f}{\partial S}\mu S + \frac{\partial f}{\partial t} + \frac{1}{2}\frac{\partial^2 f}{\partial S^2}\sigma^2 S^2\right)\mathrm{d}t + \frac{\partial f}{\partial S}\sigma S\mathrm{d}z \tag{14-20}$$

---

① BS 模型的发表（1973 年 5—6 月）略晚于芝加哥期权交易所于 1973 年 4 月挂牌。其中，两位作者先投稿给《政治经济学杂志》，拒稿原因是金融的内容太多而经济学的内容太少。后来他们投稿给《经济学与统计学评论》，也遭到拒稿。最后在法玛（Fama）和米勒（Miller）与杂志社编辑打招呼后才得以发表在《政治经济学杂志》上。

令 $f=\ln S$，由 $\frac{\partial f}{\partial S}=\frac{1}{S}$，$\frac{\partial^2 f}{\partial S^2}=-\frac{1}{S^2}$，$\frac{\partial f}{\partial t}=0$，将其代入（14-20）式可得：

拓展阅读

证明过程

$$df=\left(\mu-\frac{\sigma^2}{2}\right)dt+\sigma dz \tag{14-21}$$

故此，衍生产品价格的收益率服从普通布朗运动，即：

$$df=\ln S_T-\ln S_t \sim N\left(\left(\mu-\frac{\sigma^2}{2}\right)(T-t),\ \sigma^2(T-t)\right) \tag{14-22}$$

由此可以得到对于一个无股息股票看涨期权的B-S-M定价公式：

$$c=e^{-r(T-t)}\hat{E}[\max(S_T-X,0)]=SN(d_1)-Ke^{-r(T-t)}N(d_2) \tag{14-23}$$

其中，$d_1=\frac{\ln(S/K)+(r+\sigma^2/2)(T-t)}{\sigma\sqrt{T-t}}$，$d_2=\frac{\ln(S/K)+(r-\sigma^2/2)(T-t)}{\sigma\sqrt{T-t}}=d_1-\sigma\sqrt{T-t}$。

同理，按照上述证明过程，可以求得一个无股息股票看跌期权的B-S-M定价公式为 $p=Ke^{-r(T-t)}N(-d_2)-SN(-d_1)$。

对于例14-2有：$S=40$，$K=38$，$r=0.05$，$\sigma=0.1$，$T=0.5$。

因此，$d_1=\frac{\ln(40/38)+(0.05+0.1^2/2)\times 0.5}{0.1\times\sqrt{0.5}}=1.114$，$d_2=1.114-0.1\times\sqrt{0.5}=1.043$。

程序 14-3

BS 定价公式

则该看涨期权（欧式看涨期权）的价格为：

$$c=40N(1.114)-38\times e^{-0.05\times 0.5}N(1.043)=3.13\text{ 元}$$

上述四种期权定价公式，从定价结果看，风险中性定价与无套利定价结果是一致的，而它们的定价结果与多期二叉树定价和BS定价结果存在差异。

第二节　期权希腊字母对冲

一、期权风险的来源

期权是规避和管理风险的有效金融工具，由于期权本身较为复杂，关于期权投资的风险管理也非常重要。[①] 广义的期权风险包括价格波动风险、市场流动性风险、行权交割风险、合约到期风险、强行平仓风险，以及人为操作失误或计算机系统故障等因素导致的操作风险

① Guo, B., and Lin, H., "Volatility and Jump Risk in Option Returns", *Journal of Futures Markets*, 2020(11): 1767-1792; Boyd, N., Locke P., and Sun, L., "Trader Networks and Options Risk Management", *Journal of Futures Markets*, 2020(7): 1031-1048.

等。本章所关注的期权风险是指对于期权持有者来说，期权价格朝着不利于他的方向变动，从而可能给持有者带来损失的风险，这种风险主要来源于期权标的资产的价格变动。根据BS公式，期权价格主要取决于标的资产的市场价格、到期时间、波动率风险和收益率等因素，期权的风险主要指以上几个因素变动对期权价格的影响。为了更好地了解期权的市场风险，首先考察布莱克和斯科尔斯提出的期权定价公式①：

$$C_t = S_t N(d_1) - K\mathrm{e}^{-r(T-t)} N(d_2) \tag{14-24}$$

$$P_t = K\mathrm{e}^{-r(T-t)} N(-d_2) - SN(-d_1) \tag{14-25}$$

其中，C_t 为看涨期权价格，P_t 为看跌期权价格，S_t 为标的资产价格，K 为执行价格，T 为到期时间，r 为以连续复利计算的无风险收益率，$N(\cdot)$ 为标准正态分布的累积概率分布函数，其中 d_1 与 d_2 分别为：

$$d_1 = \frac{\ln\dfrac{S_t}{K} + \left(r + \dfrac{\sigma^2}{2}\right)(T-t)}{\sigma\sqrt{T-t}}$$

$$d_2 = \frac{\ln\dfrac{S_t}{K} + \left(r - \dfrac{\sigma^2}{2}\right)(T-t)}{\sigma\sqrt{T-t}} = d_1 - \sigma\sqrt{T-t} \tag{14-26}$$

由以上公式可知，期权价格与以下五个因素有关：标的资产价格、执行价格、到期时间、无风险收益率和资产波动率，这五个因素的波动会导致期权价格出现变化，可能令期权买方损失全部权利金或令期权卖方面临较大亏损，因此投资者应了解如何管理头寸，有效控制风险敞口。

事实上，期权风险对冲被广泛运用于期权交易，它是指期权交易者运用希腊字母计算期权的风险敞口，并采用对冲策略规避期权价格变化带来的风险。② 期权风险对冲的关键是对风险的度量，这里我们介绍希腊字母方法，首先可以通过基于泰勒展开式的资产组合价值随市场因子变化的二阶形式来展现：

$$\Delta P \approx \frac{\partial P}{\partial t}\Delta t + \sum_{i=1}^{n} \frac{\partial P}{\partial x_i}\Delta x_i + \frac{1}{2}\sum_{i,j=1}^{n} \frac{\partial^2 P}{\partial x_i \partial x_j}\Delta x_i \Delta x_j \tag{14-27}$$

期权价格 F 可以表示成：

$$F = F(S, t, r, \sigma) \tag{14-28}$$

其中，S 表示标的资产的当前价格，t 表示当前时间，r 表示无风险收益率，σ 表示标的资产价格波动率。则期权价格的泰勒展开式为：

$$\Delta F \approx \frac{\partial F}{\partial S}\Delta S + \frac{1}{2}\frac{\partial^2 F}{\partial S^2}(\Delta S)^2 + \frac{\partial F}{\partial t}\Delta t + \frac{\partial F}{\partial r}\Delta r + \frac{\partial F}{\partial \sigma}\Delta\sigma \tag{14-29}$$

（14－29）式中的导数项便是希腊字母。期权的希腊字母就是这样一套风险管理工具，是量化期权头寸各种风险因素的一种指标。通过希腊字母，可以动态管理市场中的各种风险敞口，并根据对价格变动方向或价格波动率的预期构造出各种各样的期权策略。

---

① Black, F., and Scholes, M., "The Pricing of Options and Corporate Liabilities", *Journal of Political Economy*, 1973 (3): 637－654.

② 期权风险管理与动态调整. 期货日报，2017－09－04.

二、期权风险对冲之希腊字母

各类风险都会影响期权的价格，那么怎样把这些风险量化并进行科学的风险管理和投资就显得十分重要，期权希腊字母便应运而生。简单来说期权希腊字母就是一套用来衡量期权价格对参数变化敏感性的风险管理工具。先将期权头寸面临的风险分成若干部分，然后使用希腊字母来衡量某部分风险的单位变化量所导致的期权价格的变化。在期权的风险管理中，时常使用希腊字母来进行市场中性风险对冲。①

（一）一阶希腊字母对冲

一阶希腊字母是期权价格对变量的一阶导数，即变量变动一单位导致期权价格变动几个单位，表示期权风险的一阶敏感性，主要包括 Delta、Theta、Vega、Rho、Lambda（如表 14-1 所示）。

表 14-1　一阶希腊字母

敏感性指标	公式	含义
δ（Delta）	$\delta=\frac{\partial F}{\partial S}$	反映期权价格对其标的资产价格的线性敏感性
θ（Theta）	$\theta=\frac{\partial F}{\partial t}$	反映期权价格对时间变化的敏感性
Λ（Vega）	$\Lambda=\frac{\partial F}{\partial \sigma}$	反映期权价格对其标的资产价格波动率的线性敏感性
ρ（Rho）	$\rho=\frac{\partial F}{\partial r}$	反映期权价格关于无风险收益率的线性敏感性
λ（Lambda）	$\lambda=\frac{\partial F}{\partial S}\frac{S}{F}$	反映期权价格对其标的资产价格的弹性关系

1. Delta 值

（1）定义。

Delta 衡量的是在其他参数不变的情况下，标的资产价格变化导致的期权价格变化幅度，即反映期权价格对标的资产价格的线性敏感性。从数学角度出发，Delta 代表了期权的公允价格对标的资产价格的一阶导数，Delta 是 S 的函数，同时它也是执行价格和到期时间的函数。由于 Delta 描述的是期权价格对标的资产价格的敏感性，这样的投资组合是可以被有效对冲的，对冲后即形成 Delta 中性的投资组合。

欧式看涨期权的 Delta 为：

$$\delta(\text{看涨期权})=N(d_1) \tag{14-30}$$

欧式看跌期权的 Delta 为：

$$\delta(\text{看跌期权})=N(-d_1) \tag{14-31}$$

① Hall, P., *Options Futures and Other Derivatives*. Beijing: Tsinghua University Press, 2001.

（2）期权 Delta 的特性。

拓展阅读

不付红利的欧式看涨期权 Delta 证明

期权的权利金会随着现货价格的变化而变化，看涨期权的权利金会随现货价格的上涨而增加，即同向变动，而看跌期权的权利金则正好相反，和现货价格呈反向变动。因此，看涨期权的 Delta 为正值（见图 14－2），而看跌期权的 Delta 为负值，而标的资产的 Delta 为 1。除此之外，Delta 的绝对值介于 0 与 1 之间，并且具有可加性。

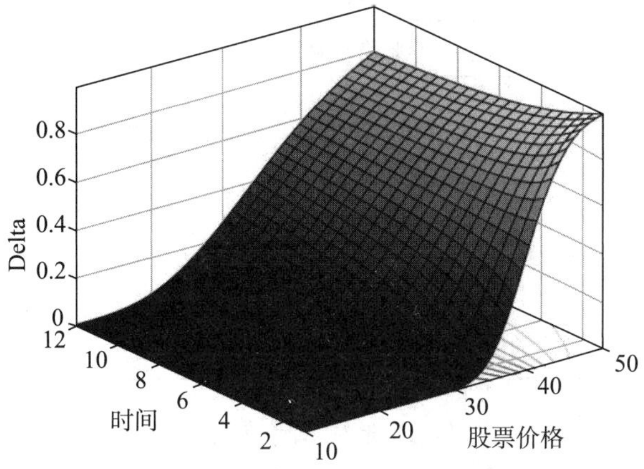

图 14－2　看涨期权 Delta 随股票价格和时间变化规律

程序 14－4

看涨期权 Delta 随股票价格和时间变化规律

（3）Delta 中性与对冲策略。

Delta 中性表明期权价格不受标的资产价格小幅变动的影响。这种投资组合的成分通常包括期权和与其相对应的标的资产，使 Delta 正负相消，导致投资组合的价格对标的资产的价格相对不敏感。基于 Delta 中性的对冲策略可以分为静态对冲策略和动态对冲策略。

下面先介绍静态对冲策略。期货价格和标的资产的价格是线性的，但是期权价格与标的资产价格为非线性（凸性）关系，二者相关系数的绝对值小于 1。对于看涨期权，随着标的资产价格上升，期权权利金上升的速度越来越快；随着标的资产价格下降，期权权利金下降的速度越来越慢。看跌期权价格随标的资产价格的变化方向则相反。期权的这种特性使得期权套期保值更为复杂。由于期权价格与标的资产价格的收益曲线为非线性的，当标的资产价格发生变化时，原先的套期保值组合将不再是市场中性的。从这个角度看，简单的等量对冲策略只能对冲掉标的资产的部分价格风险，而不是全部风险。如果要完全规避价格风险，也就是说要达到 Delta 中性，那么期权市值与现货市值比例应为 1∶Delta。

【例 14－3】　假设 A 银行股票看涨期权的 Delta 为 0.5，这意味着当股票价格变动一个单位时，该看涨期权的价格将变动 0.5 个单位。假设该期权目前的价格是 5 元，合约单位是 10 000，股票价格是 100 元。假设整个持仓过程中该看涨期权的 Delta 不变，那么当股票价格变为 101（99）元时，看涨期权的价格就变为 5.5（4.5）元。如果王先生买入一张 A 银行的看涨期权，那么为使他手中总持仓的 Delta 变为 0，他就会卖出 5 000 股股票，于是他的总持仓就是一张看涨期权多头头寸（对应 10 000 股）和 5 000 股股票空头头寸，此时，总持仓的 Delta＝10 000×0.5－5 000＝0。自此，王先生实现了一个 Delta 中性对冲策略。

具体分析见表 14－2 和表 14－3。

表 14－2　Delta 中性对冲策略的持仓情况

	期权头寸	股票头寸
开仓时刻	买入开仓 1 张股票 ETF 看涨期权	卖空 5 000 股股票 ETF
平仓时刻（S＝101）	卖出平仓 1 张股票 ETF 看涨期权	买入 5 000 股股票 ETF 补仓
平仓时刻（S＝99）	卖出平仓 1 张股票 ETF 看涨期权	买入 5 000 股股票 ETF 补仓

表 14－3　Delta 中性对冲策略的盈亏情况　　单位：元

	期权盈亏	股票盈亏	总盈亏
开仓时刻	－50 000	＋500 000	450 000
平仓时刻（S＝101）	＋55 000	－505 000	－450 000
平仓时刻（S＝99）	＋45 000	－495 000	－450 000

从表 14－2 和表 14－3 可以看到，王先生在开仓时刻买入了一张期权（此刻的股票价格为 100 元，期权价格为 5 元），同一时刻他卖空了 5 000 股股票 ETF，此时他的总收益为 450 000 元，通过使用 Delta 中性对冲策略，不管一段时间之后股价是上升（101 元）还是下降（99 元），王先生将期权和股票同时平仓后的总亏损都是 450 000 元，即整个过程王先生的总盈亏为 0。

接下来介绍动态对冲策略。动态对冲策略则在静态对冲策略的基础上更进一步，是更为精细化地规避价格风险的方式。由于期权的 Delta 是不断变化的，静态 Delta 中性对冲策略仅仅是在展望期时根据新 Delta 进行头寸调整，而在非展望期时，若 Delta 发生巨大变化，此时头寸尚未得到及时调整，对冲组合将会出现无法规避大部分价格风险的情况，因此我们需要引入动态 Delta 中性对冲策略，即我们不仅在展望期时考虑 Delta 的变化，同时在非展望期时，为现货价格的变化设置一定的阈值，或是每隔若干分钟就重新计算一次组合的 Delta，然后根据新的 Delta 来调整标的资产的头寸，使之实现新的平衡。

从理论上来讲，动态对冲策略比静态对冲策略更能规避价格风险，但是由于交易成本的存在，最终的对冲效果可能要取决于现货价格变化阈值和对冲频率的设定。

【例 14－4】　假定交易员卖出 100 000 单位的欧式期权，当前股票市值为 54 元，期权执行价格为 57 元，股票波动率为 10%，期限为 10 周，试用期权的动态 Delta 对冲策略，求解整个期权存活周期中的对冲成本（见表 14－4）。

表 14－4　期权风险 Delta 动态对冲结果

周	股票价格（元/股）	Delta	股票购买数量	总的购买成本（万元）	累计购买成本（万元）	利率（%）
0	54	0.136 3	13 633	73.62	73.62	2.60

续表

周	股票价格（元/股）	Delta	股票购买数量	总的购买成本（万元）	累计购买成本（万元）	利率（%）
1	54.2	0.135 1	−122	−0.66	72.96	2.10
2	53.6	0.072 4	−6271	−33.61	39.35	2.30
3	54.6	0.150 8	7 840	42.81	82.16	3.30
4	54.2	0.089 0	−6 180	−33.50	48.66	3.50
5	55.8	0.277 6	18 859	105.23	153.89	2.60
6	56.5	0.399 8	12 221	69.05	222.94	1.80
7	57.8	0.739 0	33 922	196.07	419.01	2.00
8	59.2	0.975 1	23 613	139.79	558.80	1.10
9	59.1	0.995 8	2 062	12.19	570.99	1.20
10	60.3	0.000 0	0	0	570.99	1.30

由表 14－4 的估计结果可知，扣除出售股票的收入 57×100 000＝570 万元，则整个期权存活周期中，实现完全 Delta 对冲的总成本为 570.98×10 000－5 700 000＝9 800 元。

2. Theta 值

(1) 定义。

Theta 是期权价格对时间的偏导数，可以理解为期权价格随时间变化的速率，它度量了金融衍生产品价格对时间变化的敏感性。在其他条件不变的情况下，期权价格对时间的偏导数的计算公式为：

$$\theta=\frac{\partial F}{\partial t}$$

对于一个无股息的欧式看涨期权，Theta 的计算公式可由 BS 公式推导得出：

$$\theta(\text{看涨期权})=\frac{S_t N'(d_1)\sigma}{2\sqrt{T-t}}-rK\mathrm{e}^{-r(T-t)}N(d_2) \tag{14-32}$$

对于一个股票欧式看跌期权，Theta 的计算公式为：

$$\theta(\text{看涨期权})=\frac{S_t N'(d_1)\sigma}{2\sqrt{T-t}}+rK\mathrm{e}^{-r(T-r)}N(-d_2) \tag{14-33}$$

因为 $N(-d_2)=1-N(d_2)$，所以看跌期权的 Theta 比看涨期权的 Theta 大 $rK\mathrm{e}^{-r(T-t)}$。

期权价格将随时间增加而降低，即当到期时间越短，越接近到期日时，期权价格越低。通常期权的 Theta 为负值（实值看涨汇率期权等除外）。由于时间走向是唯一确定的，因此不需要对时间进行套期保值，即无须消除时间风险。但是 Theta 衡量了期权买方随时间变化而损失的价值，因此在进行中性对冲时，Theta 起着很重要的作用。

拓展阅读

不付红利的欧式看涨期权 Theta 证明

（2）期权 Theta 的特性。

Theta 通常按天结算，为计算公历日的 Theta，天数为 365；为计算交易日的 Theta，天数为 252。期权多头的 Theta 通常为负，因为在其他条件不变的情况下，随着期限缩短，期权价格会有所降低。图 14-3 给出了一个看涨期权的 Theta 与标的资产关系的曲线。

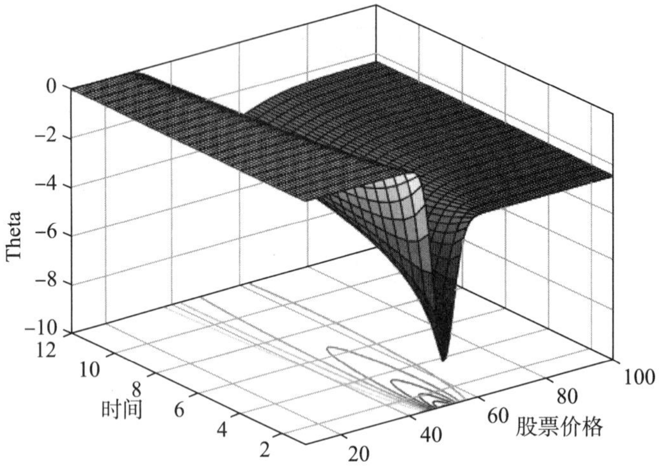

图 14-3　看涨期权 Theta 随股票价格和时间变化规律

程序 14-5

看涨期权 Theta 随股票价格和时间变化规律

【例 14-5】　设股票 A 当前市价为 100 美元，期权执行价格为 101 美元，无风险收益率为 4%，股票波动率为 15%，期权期限为 20 周。

这时，$S_t=100$，$K=101$，$r=0.04$，$\delta=0.15$，$T-t=0.384\,6$，期权的 Theta 为：

$$\theta(\text{看涨期权})=\frac{S_tN'(d_1)\sigma}{2\sqrt{T}}-rKe^{-r(T-t)}N(d_2)=-6.806\,2$$

因此，每公历日的 Theta 为$-6.806\,2/365=-0.018\,6$，每交易日的 Theta 为$-6.806\,2/252=-0.027\,0$。

3. Vega 值

拓展阅读

不付红利的欧式看涨期权 Vega 证明

Vega 衡量的是期权价格对标的资产价格波动率的一阶敏感性。如果 Vega 绝对值很大，这就表示投资组合的价格会对波动率变化非常敏感；如果 Vega 绝对值很小，这就表示投资组合的价格受波动率变化影响很小。Vega 可以用公式表示为期权价格对波动率的一阶导数：

$$\Lambda=\frac{\partial F}{\partial \sigma} \tag{14-34}$$

对于一个无股息的看涨期权，Vega 的计算公式为：

$$\Lambda=S_t\sqrt{T-t}\,N'(d_1) \tag{14-35}$$

欧式及美式期权的 Vega 总为正值，并且随股票价格的变化如图 14-4 所示。

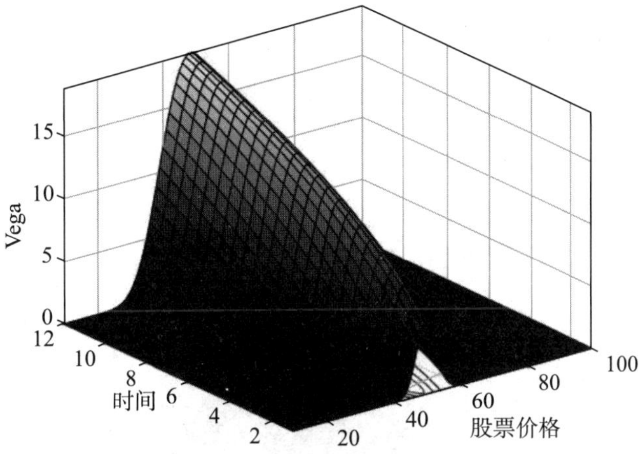

图 14-4 看涨期权 Vega 随股票价格和时间变化的规律

【例 14-6】 设股票 A 当前股票价格为 100 美元，对应的期权执行价格为 101 美元，市场无风险收益率为 4%，股票波动率为 15%，期权期限为 20 周。即 $S_t=100$，$K=101$，$r=0.04$，$\delta=0.15$，$T-t=0.3846$。则此时期权的 Vega 为：

$$\Lambda=S_t\sqrt{T-t}N'(d_1)=24.605$$

其经济含义为：当股票波动率增加 1%时，期权价格会相应增长 0.01×24.605=0.246 05。

程序 14-6

看涨期权 Vega 随股票价格和时间变化的规律

【例 14-7】 当前，交易员 B 的交易组合为 Delta 中性，Gamma 为−4 000，Vega 为−6 000。交易所有两个期权：期权 1 与期权 2，其 Delta、Gamma、Vega 值如下表所示。

	Delta	Gamma	Vega
组合	0	−4 000	−6 000
期权 1	0.4	0.3	2.0
期权 2	0.5	0.3	1.5

期权 1 与期权 2 的头寸表示为 ω_1 和 ω_2，为了保证组合 Gamma 及 Vega 呈中性，则有：

$$-4\,000+0.3\omega_1+0.3\omega_2=0$$

$$-6\,000+2\omega_1+1.5\omega_2=0$$

解得 $\omega_1=-28\,000$ 和 $\omega_2=41\,333$。因此交易员 B 可以分别在投资组合中加入卖出 28 000 个期权 1 以及买入 41 333 个期权 2，使得交易组合 Gamma 及 Vega 呈中性。加入这两种期权后，交易组合的 Delta 变为−28 000×0.4+41 333×0.5=9 467，因此必须卖出 9 467 份标的资产才能保持组合为 Delta 中性。

4. Rho 值

Rho 是期权价格随收益率变化的速率。用公式可以表示为期权价格对收益率的偏导数：

$$\rho=\frac{\partial F}{\partial r} \tag{14-36}$$

对于一个无股息的股票欧式看涨期权和看跌期权，其 Rho 为：

$$\rho(\text{看涨期权})=K(T-t)-t\mathrm{e}^{-r(T-t)}N(d_2) \tag{14-37}$$

$$\rho(\text{看跌期权})=-K(T-t)-t\mathrm{e}^{-r(T-t)}N(-d_2) \tag{14-38}$$

当收益率上涨时，看涨期权的价格将随收益率 r 上涨。由此可以发现，Rho 可以当作替换标的资产与对应期权的分析指标，当收益率上涨时，可以选择期权头寸，将盈余存入银行获取利息。看涨期权 Rho 随股票价格和时间变化的规律如图 14－5 所示。

拓展阅读

不付红利的欧式看涨期权 Rho 证明

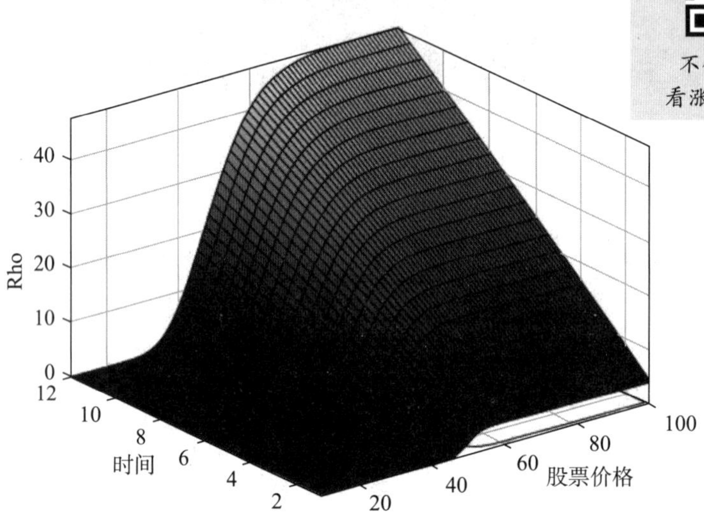

图 14－5　看涨期权 Rho 随股票价格和时间变化规律

【例 14－8】　对于一个不付红利的欧式看涨期权，其对应的股票价格为 100 美元，期权到期执行价格为 101 美元，当前市场无风险收益率为 4%，持有期限为 20 周，股票价格波动率为 15%。则可得期权的 Rho 为：

$$\rho(\text{看涨期权})=K(T-t)\mathrm{e}^{-r(T-t)}N(d_2)=19.307\ 4$$

其经济含义为：当收益率增加 1% 时（如由 4% 增加到 5%），期权价格相应增长约 0.01×19.307 4=0.193 074。

程序 14－7

看涨期权 Rho 随股票价格和时间变化规律

5. Lambda 值

Lambda 表示期权价格变动与标的资产价格变动的弹性关系。

$$\lambda=\frac{\partial F}{\partial S}\frac{S}{F}=N(d_1)\frac{S}{F}=\frac{S_tN(d_1)}{S_tN(d_1)-K\mathrm{e}^{-r(T-t)}N(d_2)} \tag{14-39}$$

程序 14－8

看涨期权 Lambda 随股票价格和时间变化的规律

图 14－6 表示看涨期权 Lambda 随股票价格和时间变化规律，可见当时间不变时，随着股票价格上涨，期权 Lambda 下降，不过随着时间增加，期权 Lambda 随价格上升而下降的速度在减小。

【例 14－9】　股票当前市价为 100 美元，期权执行价格为 101 美元，无风险收益率为 4%，股票波动率为 15%，期权期限为 20 周。各项参数为 $S_t=100$，$K=101$，$r=0.04$，$\delta=0.15$，$T-t=$

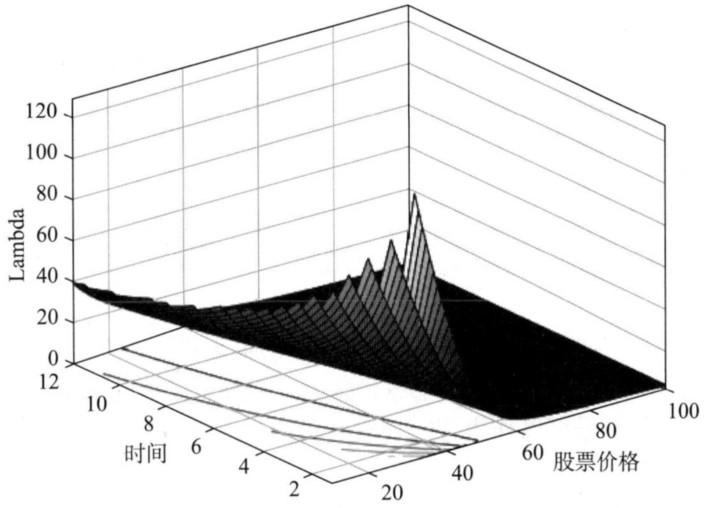

图 14-6 看涨期权 Lambda 随股票价格和时间变化规律

0.384 6，则期权的 Lambda 为：

$$\lambda=\frac{S_tN(d_1)}{S_tN(d_1)-Ke^{-r(T-t)}N(d_2)}=13.622\ 9$$

这表明当股票现货市场价格增长 1%时，股票期权价格会相应增长 13.622 9%。

（二）二阶希腊字母

二阶希腊字母是研究影响一阶希腊字母变动的因素，一阶希腊字母假设只有单一变量变动，当多个变量同时变动时，一阶希腊字母的值就会发生变化，而二阶希腊字母可以判断一阶希腊字母变动的方向和幅度，从而更好地介绍期权价格的变化。二阶希腊字母主要包括 Vanna、Charm、Gamma、Veta、Vomma、Vera，其含义如图 14-5 所示。

表 14-5 二阶希腊字母

敏感性指标	公式	含义
Vanna	$\text{Vanna}=\frac{\partial^2 F}{\partial S\partial\sigma}$	反映 Delta 对冲随着波动率变化的有效性或者 Vega 对冲对于标的即期价格变化的有效性
Charm	$\text{Charm}=\frac{\partial^2 F}{\partial S\partial t}$	反映 Delta 相对于时间流逝的即时变化率
Gamma	$\gamma=\frac{\partial^2 F}{\partial S^2}=\frac{\partial\delta}{\partial S}$	反映期权价格对标的资产价格 S 变化的敏感性
Veta	$\text{Veta}=\frac{\partial^2 F}{\partial\sigma\partial t}$	反映 Vega 相对于时间的变化率
Vomma	$\text{Vomma}=\frac{\partial^2 F}{\partial\sigma^2}$	反映 Vega 相对于波动率的变化率
Vera	$\text{Vera}=\frac{\partial^2 F}{\partial\sigma\partial r}$	反映 Rho 相对于波动率的敏感性

1. Vanna 值

Vanna 衡量期权 Delta 对冲随着波动率变化的有效性，用公式表示为 Vega 对标的资产价格的偏导：

$$\text{Vanna}=\frac{\partial^2 F}{\partial S\partial \sigma} \tag{14-40}$$

Vanna 可以用于对 Delta 对冲或者 Vega 对冲投资组合的敏感性测量，帮助交易员预测 Delta 对冲随着波动率变化的有效性或者 Vega 对冲对于标的资产即期价格变化的有效性。

2. Charm 值

Charm，又称 Delta 衰减，衡量 Delta 相对于时间流逝的即时变化率，尤其在监测无风险对冲头寸时极为有效。用公式表示为期权价值的二阶导数，第一次是对价格的偏导，第二次是对时间的偏导，同时也可以作为 Theta 对标的资产价格的导数：

$$\text{Charm}=\frac{\partial^2 F}{\partial S\partial t} \tag{14-41}$$

计算每天的 Delta 衰减率，可以用 Charm 值除以每年的天数。要注意的是，当距离期权到期日较远时，这种计算结果比较准确；当距离到期日很近时，Charm 本身就会变得比较快，会使 Delta 衰减的每天估计不准确。

3. Gamma 值

Gamma 度量了期权价格对标的资产价格变化的非线性敏感性，也可以理解为 Delta 的变动速度。用公式表示为期权价值对标的资产价格的二阶导数，或者是 Delta 对标的资产价格的导数：

$$\gamma=\frac{\partial^2 F}{\partial S^2}=\frac{\partial \delta}{\partial S} \tag{14-42}$$

线性产品的 Gamma 为 0，因此线性产品不能用于改变投资组合的 Gamma。改变 Gamma 必须采用价格与标的资产价格呈非线性关系的产品，例如期权。如果要使投资组合的 Gamma 呈中性，则期权交易头寸应为：$\omega_T=-\gamma/\gamma_T$。其中，$\gamma$ 为投资组合的 Gamma，γ_T 为期权的 Gamma。看涨期权 Gamma 随股票价格和时间变化的规律如图 14-7 所示。

对于一个无股息的看涨及看跌期权，Gamma 为：

$$\text{Gamma}=\frac{\partial^2 F}{\partial S^2}=N'(d_1)\frac{\partial d_1}{\partial S}=\frac{N'(d_1)}{S_t\sigma\sqrt{T-t}}>0 \tag{14-43}$$

Delta、Theta 和 Gamma 之间存在某种关系，BS 分析表明，一个无股息资产由看涨、看跌期权以及其他金融衍生产品所组成的投资组合一定满足：

$$\theta+rS\Delta+\frac{1}{2}\sigma^2S^2\gamma=r\Pi \tag{14-44}$$

其中，Π 表示投资组合的价值。

对于 Delta 中性投资组合，$\Delta=0$，因此：

$$\theta+\frac{1}{2}\sigma^2S^2\gamma=r\Pi \tag{14-45}$$

（14-45）式说明当 θ 很大并且为正时，投资组合的 Gamma 虽然也很大，但为负值，反之亦然。

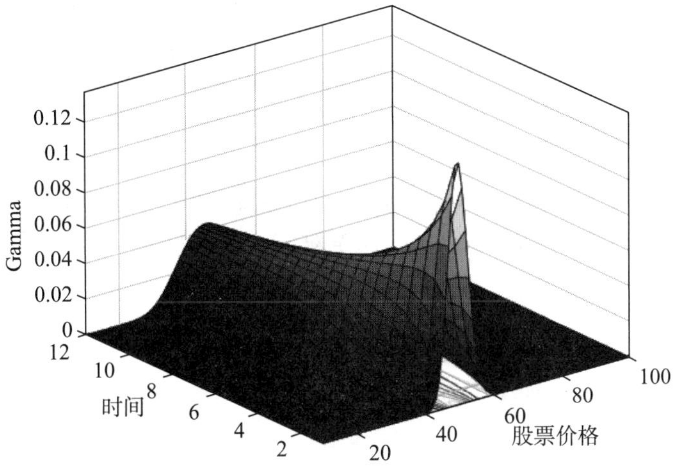

图 14-7 看涨期权 Gamma 随股票价格和时间变化规律

【例 14-10】 股票当前市价为 100 美元；期权执行价格为 101 美元；无风险收益率为 4%；股票波动率为 15%；期权期限为 20 周。这时，$S_t=100$，$K=101$，$r=0.04$，$\delta=0.15$，$T-t=0.384\,6$。期权的 Gamma 为：

程序 14-9

看涨期权 Gamma 随股票价格和时间变化规律

$$\text{Gamma}=\frac{N'(d_1)}{S_t\sigma\sqrt{T-t}}=0.042\,7$$

说明当股票价格变化为 ΔS 时，期权的 Delta 变化为 $0.042\,7\Delta S$。

【例 14-11】 当前交易员 B 的投资组合为 Delta 中性，其 Gamma 为 −4 000。某交易所期权的 Delta 与 Gamma 分别为 0.58 及 2。交易员 B 为了使投资组合的 Delta 与 Gamma 均为中性，他可以进行以下操作：

（1）买入 2 000 股期权（20 个期权合约）以保证 Gamma 中性；

（2）卖出 1 160 份标的资产以保证 Delta 中性。

4. Veta 值

Veta 测量的是 Vega 相对于时间的变化率。Veta 是期权价格方程的二阶导数，第一次是对波动率求偏导，第二次是对时间求偏导。

$$\text{Veta}=\frac{\partial^2 F}{\partial\sigma\partial t} \tag{14-46}$$

这个指标的具体运用通常为 Veta/(天数×100)，从而计算 Vega 每天每一百分比的变化值。

5. Vomma 值

Vomma 用于衡量 Vega 相对于波动率的变化率，可用公式表示为期权价格对于波动率的二阶导数：

$$\text{Vomma}=\frac{\partial^2 F}{\partial\sigma^2} \tag{14-47}$$

如果 Vomma 为正数，则随着隐含波动率的提高，Vega 头寸会被看涨；随着隐含波动率的降低，Vega 头寸会被看跌。若一份标的资产开始为 Vega 中性，则看涨 Vomma 的头寸可以根据不同执行价格的期权份额来构造。对于理论上没有价值的期权，Vomma 是正值，起初会随着价格偏离程度增大而增加（但是随着 Vega 下降也会下降）。（注：一般 d_1 和 d_2 符号相同，而 Vomma 为正数，当 $d_2<0$ 或者 $d_1>0$ 时也同样成立。）

6. Vera 值

Vera 衡量 Rho 相对于波动率的敏感性，或者测量波动率变化对 Rho 对冲的影响。Vera 用公式表示为期权价格方程的二阶导数，第一次是对波动率求偏导，第二次是对无风险收益率求偏导。

$$\text{Vera}=\frac{\partial^2 F}{\partial\sigma\partial r} \tag{14-48}$$

（三）三阶希腊字母

同理，三阶希腊字母就是在二阶希腊字母的基础上，研究影响二阶希腊字母变动的因素。三阶希腊字母包括 Color、Speed、Ultima、Zomma（见表 14-6）。

表 14-6　三阶希腊字母

敏感性指标	公式	含义
Color	$\text{Color}=\frac{\partial^3 F}{\partial S^2\partial t}$	判断能否维持 Gamma 对冲的有效性
Speed	$\text{Speed}=\frac{\partial^3 F}{\partial S^3}$	反映 Gamma 相对于标的资产价格的变化率
Ultima	$\text{Ultima}=\frac{\partial^3 F}{\partial\delta^3}$	反映 Vomma 相对于波动率变化的敏感性
Zomma	$\text{Zomma}=\frac{\partial^3 F}{\partial S^2\partial\delta}$	反映 Gamma 相对于波动率变化的变化率

1. Color 值

Color 又称 Gamma 衰减，衡量 Gamma 对时间的变化率，可以用于判断能否维持 Gamma 对冲的有效性，是一个很有效的敏感性指标。可用公式表示为期权价格方程的三阶导数，其中两次对标的资产价格求偏导，一次对时间求偏导。

$$\text{Color}=\frac{\partial^3 F}{\partial S^2\partial t} \tag{14-49}$$

Color 可以帮助交易员预测对冲对时间的有效性，通常将其除以一年的天数来得到每天的 Gamma 变化值。当离到期日较远时，Color 的估计会比较准确，但是当期权接近到期日时，Color 本身就变得非常快，所以对于 Gamma 每天的估计不太准确。

2. Speed 值

Speed 又称 Gamma 的 Gamma，测量 Gamma 相对于标的资产价格的变化率。Speed 是期权价格方程相对于标的资产即期价格的三阶导数。在监管无风险对冲或者 Gamma 对冲的投资组合时，Speed 很有用。

$$\text{Speed}=\frac{\partial^3 F}{\partial S^3} \tag{14-50}$$

3. Ultima 值

Ultima 衡量 Vomma 相对于波动率变化的敏感性。可用公式表示为期权价值对波动率的三阶导数。

$$\text{Ultima}=\frac{\partial^3 F}{\partial \delta^3} \tag{14-51}$$

4. Zomma 值

Zomma 衡量 Gamma 相对于波动率变化的变化率。可用公式表示为期权价格的三阶导数，其中两次对标的资产价格求偏导，一次对波动率求偏导。Zomma 是确保 Gamma 对冲资产有效性的敏感性指标，因为 Zomma 可以帮助交易员预测对冲有效性随着波动率变化的变化。

$$\text{Zomma}=\frac{\partial^3 F}{\partial S^2 \partial \delta} \tag{14-52}$$

总的来说，投资者可以使用希腊字母中性策略来进行风险管理。考虑到通过对冲来消除投资组合的时间损耗意义不大，而无风险收益率在短期内变化又很小，因而在实施中性对冲策略时，较多使用的是 Delta 中性、Gamma 中性和 Vega 中性，较少使用 Theta 中性和 Rho 中性及其他高阶希腊字母中性策略。但是所谓中性，其实只能说在构造头寸之初投资组合的一个或者几个变量是中性的，而随后而来的变化可能会对这种中性产生不利的影响。我们所能做的也只是使得 Delta、Gamma、Vega、Theta、Rho 在某一个时刻都达到中性状态，并且只针对价格发生微小变动时的情况，当价格发生剧烈变动时这些希腊字母就不适用了，这时需要采取其他的策略来管理风险。总之，投资者要根据实际情况选择最适合的工具进行风险管理。

第三节　期权风险对冲恒等式及其套利实现

一、期权风险对冲恒等式

期权风险对冲恒等式，又称期权平价关系，是指标的资产、欧式看涨和看跌期权（有相同到期日和执行价格）之间存在必然关系，具体的期权平价公式如下：

$$C_t+K\mathrm{e}^{-r(T-t)}=P_t+S_t \tag{14-53}$$

其中，C_t、P_t 分别表示到期日为 T、执行价格为 K 的欧式看涨、看跌期权的价格，r 代表无风险收益率，S_t 表示标的资产价格。对冲恒等式的成立需要满足以下条件：

（1）市场不存在套利机会；

（2）交易费用为零；

（3）可以自由买空或卖空；

（4）具有固定的无风险收益率，且投资者可以按无风险收益率自由借贷；

（5）在期权到期日前，股票没有支付红利。

平价公式证明：一个无股息股票的看涨期权与看跌期权的 B-S-M 定价公式为：

$$C_t = S_t N(d_1) - K\mathrm{e}^{-r(T-t)} N(d_2)$$

且：

$$\begin{aligned} P_t &= K\mathrm{e}^{-r(T-t)} N(-d_2) - S_t N(-d_1) \\ &= K\mathrm{e}^{-r(T-t)} [1 - N(d_2)] - S_t [1 - N(d_1)] \\ &= K\mathrm{e}^{-r(T-t)} - K\mathrm{e}^{-r(T-t)} N(d_2) - S_t + S_t N(d_1) \\ &= K\mathrm{e}^{-r(T-t)} - S_t + C_t \end{aligned}$$

可得

$$C_t + K\mathrm{e}^{-r(T-t)} = P_t + S_t$$

（14-53）式两边可以看成两个投资组合，可见，在标的资产相同的情况下，对执行价格和到期日均一致的看涨期权和看跌期权来说，若两个投资组合的期末收益一致，则其初始投入也应该是一致的。也就是说，在任意时刻的看涨期权加上其执行价格折现，应该与当时标的资产价格加上看跌期权价格之和等同。若左右两式之差不为零，这就意味着市场上可能存在套利机会。

二、套利原理

期权平价关系是金融市场理论的重要组成部分，期权市场定价偏离平价关系的程度可以衡量期权市场的定价效率。实践中，因为期权定价敏感且高效，在高杠杆和高时间成本效应下，更聚焦标的资产中短期走势，因此期权交易者应把主要决策权立足于中短线研判周期。目前在交易的场内股票期权的标的有上证 50ETF（510050）。上证 50ETF 是上证 50 指数的被动式跟踪基金，采取完全复制方式，追求完全的收益与风险特征，上证 50ETF 是上证 50 指数的实体形式。本节从欧式期权平价关系出发，介绍期权平价公式套利原理，并以上证 50ETF 为交易对象，介绍期权平价公式套利实现。

如上文所述，套利策略以期权平价公式为根基：

$$C_t + K\mathrm{e}^{-r(T-t)} = P_t + S_t$$

期权平价公式说明，相同标的、同一执行价格和到期日的看涨、看跌期权与现货之间存在稳定的价格关系，若期权价格偏离期权平价公式，则存在无风险套利机会。因此，我们可以构建以偏离差值为收益基础的套利策略。令期权价差为：

$$\text{Spread} = C_t + K\mathrm{e}^{-r(T-t)} - P_t - S_t \tag{14-54}$$

（1）当 $C_t + K\mathrm{e}^{-r(T-t)} > P_t + S_t$，即 Spread>0 时，采用多头套利模式，卖出看涨期权 C，买入看跌期权 P 和现货，获得套期收益：

$$\text{AR}_1 = K + (C_t - P_t - S_t)\mathrm{e}^{r(T-t)} \tag{14-55}$$

（2）当 $C_t + K\mathrm{e}^{-r(T-t)} < P_t + S_t$，即 Spread<0 时，采用空头套利模式，买入看涨期权 C，卖出看跌期权 P 和现货，持有至到期并交割还券，获得套期收益：

$$\text{AR}_2 = (P_t + S_t - C_t)\mathrm{e}^{r(T-t)} - K \tag{14-56}$$

这种套利原理不受制于任何期权定价模型的影响而始终保持成立，而且无须考虑波动率因素，可根据其来判断期权价格是否偏离合理价格，从而发现套利机会。

三、期权平价公式套利实现

1. 策略设计

选取上证 50ETF 为期权标的，数据选取 2019 年 10 月 24 日—2020 年 4 月 30 日上证 50ETF 的日收盘价；采用上海银行间同业拆借隔夜利率衡量无风险收益率；以上数据来自 Wind 数据库。

在模型假设上，首先假设期权市场上该类套利机会极易被发现，换句话说，前一日收盘价出现套利机会，次日一开盘投资者便可以获得这个套利机会；在交易费用上，一张上证 50ETF 期权合约中国结算公司收取 0.3 元，经手费 2 元，行权 0.6 元，其余费用归券商所有，券商一般按 7 元/张、10 元/张、20 元/张收费，本例中假设每张合约成本为 10 元，对应单位标的一次完整的交易成本为 0.001 元，初始本金为 200 000 元。策略概况如表 14-7 所示。

表 14-7 策略概况

期权标的	上证 50ETF
上市日期	2015 年 2 月 9 日
合约类型	看涨期权和看跌期权
合约单位	10 000 份
行权方式	到期日行权（欧式）
策略交易费用	10 元/张

由于我们在这个模型中考虑到了交易费用，因此，修正理论模型，即当 $C_t+Ke^{-r(T-t)}-P_t+S_t>0.001$ 时，采用多头套利模式，卖出看涨期权 C，买入看跌期权 P 和现货，获得套期收益：$AR_1=K+(C_t-P_t-S_t)e^{r(T-t)}-0.001$；当 $C_t+Ke^{-r(T-t)}-P_t+S_t<0.001$ 时，采用空头套利模式，买入看涨期权 C，卖出看跌期权 P 和现货，获得套期收益：$AR_2=(P_t+S_t-C_t)e^{r(T-t)}-K-0.001$。

2. 实证结果

程序 14-10

期权平价公式套利

我们对 2020 年 7 月 23 日—12 月 25 日的数据进行回测，结果如图 14-8 和图 14-9 所示。将每日获得的平均收益率与上证 50ETF 收益率进行比较，可知在 7—10 月平均收益率较大，此时上证 50ETF 也是振幅比较大的阶段，即在波动率大的时候，这一策略更能体现其价值，获得更高的收益。期权套利的收益基本上优于上证 50ETF 的收益，并且在上证指数和上证 50ETF 收益率下降时，这一策略能扭转收益下降的局面，获得正向收益。图 14－8 和图 14－9 给出了每日收益率和累计收益率走势。

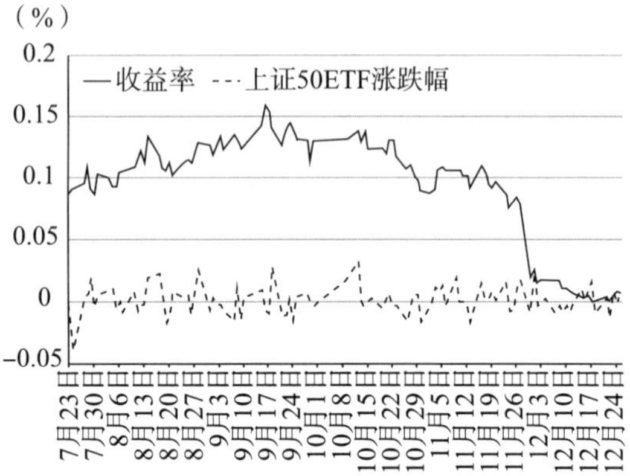

图 14－8　每日收益率

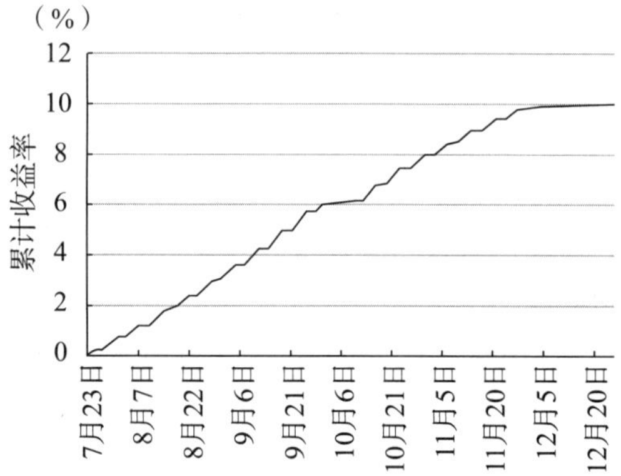

图 14－9　累计收益率

如表 14－8 所示，本策略的累计收益率为 9.97%，年化收益率达到 23.93%. 最大回撤率为 0.00%；夏普比率为 1.6。

表 14－8　策略指标评价

累计收益率	年化收益率	最大回撤率	夏普比率
9.97%	23.93%	0.00%	1.6

四、策略评价

期权平价关系的成立标志着我国又向成熟的证券市场迈出了一步，股票市场和期权市场信息传递较为通畅，期权在很大程度上发挥了其作为金融衍生产品所特有的价格发现、套利定价、信息揭示和提高资源配置效率等功能，期权市场的运行具有一定的规律性。为保障期权市场的风险控制与价格发现的功能，我国应继续向成熟的证券市场学习，完善交易种类和制度，指导期权合理定价，陆续增发其他期权以保证市场风险对冲策略的完备性。

第四节　期权希腊字母的动态对冲策略

一、期权希腊字母的动态对冲策略简介

1. Gamma-Delta 对冲策略

Gamma-Delta 对冲策略实际上是通过引入其他期权头寸，先让投资组合的 Gamma 值变为 0 或者接近于 0，然后再次计算组合的 Delta 值，最后通过买卖标的资产使投资组合的

Delta 值也变为 0。这样投资组合就同时达到了 Gamma 中性和 Delta 中性状态。这种对冲策略可以有效规避较大的 Gamma 值对对冲效果的影响。

2. Gamma-Vega-Delta 对冲策略

Gamma-Vega-Delta 对冲策略是引入期权和标的资产，使组合同时达到 Delta 中性、Vega 中性、Gamma 中性状态。但是这种方法比较复杂，需要同时引入另外两个期权才能实现。

假设对一张期权 A 进行 Delta、Gamma、Vega 对冲，期权 A 的 Delta、Gamma、Vega 分别为 Delta0、Gamma0、Vega0，期权 B 的 Delta、Gamma、Vega 分别为 Delta1、Gamma1、Vega1，期权 C 的 Delta、Gamma、Vega 分别为 Delta2、Gamma2、Vega2。

将期权 B 所需的数量设为 x，期权 C 所需的数量设为 y，如果投资组合达到 Vega 中性、Gamma 中性状态，则以下方程组成立：

$$\begin{cases} \text{Gamma0}+x\text{Gamma1}+y\text{Gamma2}=0 \\ \text{Vaga0}+x\text{Vaga1}+y\text{Vaga2}=0 \end{cases} \tag{14-57}$$

通过求解方程组得到 x、y，最后计算组合的 Delta：

$$\text{Delta}=\text{Delta0}+x\text{Delta1}+y\text{Delta2} \tag{14-58}$$

然后，通过买卖标的资产，对冲掉组合的 Delta，就实现了 Gamma-Vega-Delta 对冲。

二、动态对冲策略实证分析

1. 样本选取

本策略选取上证 100 指数作为投资标的资产，回测区间为 2020 年 1 月 2 日—2022 年 12 月 9 日，共 713 个交易日，图 14－10 展示了回测区间内现货价格的走势，可见上证 100 指数在样本区间内出现了多次大幅回撤，波动率较高。

图 14－10 现货价格

设置期权的执行价格为 6 800 元，看涨虚值期权执行价格为标的资产价格减 5 元，看涨实值期权执行价格为标的资产价格加 10 元，无风险收益率设为 1.5%，波动率设为 15%，看涨虚值期权波动率为 12%，看涨实值期权波动率为 40%，到期时间为 2.83 年，起初期权 0 的持有量为 1 000 份，初始本金为 200 000 元。

2. 两个期权＋现货的 Delta、Gamma、Vega 对冲

假设市场交易者最初拥有一个现货与期权 S_t 的投资组合，现在采用两个期权＋现货希腊字母动态对冲的方式在每天收盘时对冲 3 个希腊字母，使组合同时达到 Delta 中性、Vega 中性、Gamma 中性状态。期权对冲量和现货对冲量如图 14－11 所示，W_1 表示看涨虚值期权的持有量，W_2 表示看涨实值期权的持有量，W_S 表示现货持有量；持有量小于 0 代表卖出期权或者现货进行对冲，大于 0 表示买入期权或现货进行对冲。结合图 14－10 现货价格走势可见，在 2021 年 6 月—2022 年 3 月现货价格出现大幅回撤，反向对冲量也随之增加，可见期权和现货对冲量与实际的风险暴露有关，但对冲的两个期权的希腊字母差值对对冲量的影响也很大。

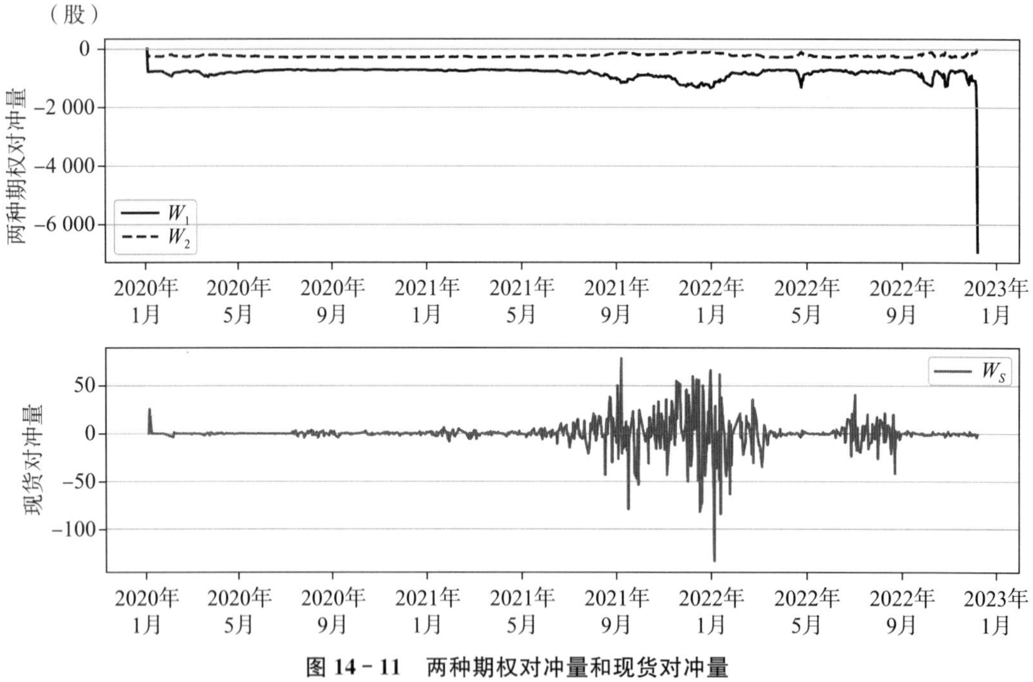

图 14－11　两种期权对冲量和现货对冲量

3. 暴露风险的情况

图 14－12 表示期权的 Delta、Gamma、Vega 随时间变化的序列图，0、1、2 分别代表现货、看涨虚值期权和看涨实值期权。如图所示，总的来说，期权希腊字母随着时间波动较大；现货的 Delta 风险较大，Gamma 风险较小，而 Vega 风险最大。

图 14－13 表示每天不采取对冲时暴露出来的三个希腊字母风险，可以看到对冲之后最容易重新暴露出来的风险为 Delta 风险和 Vega 风险，但在接近期权交割时，策略中的风险暴露却略有下降。

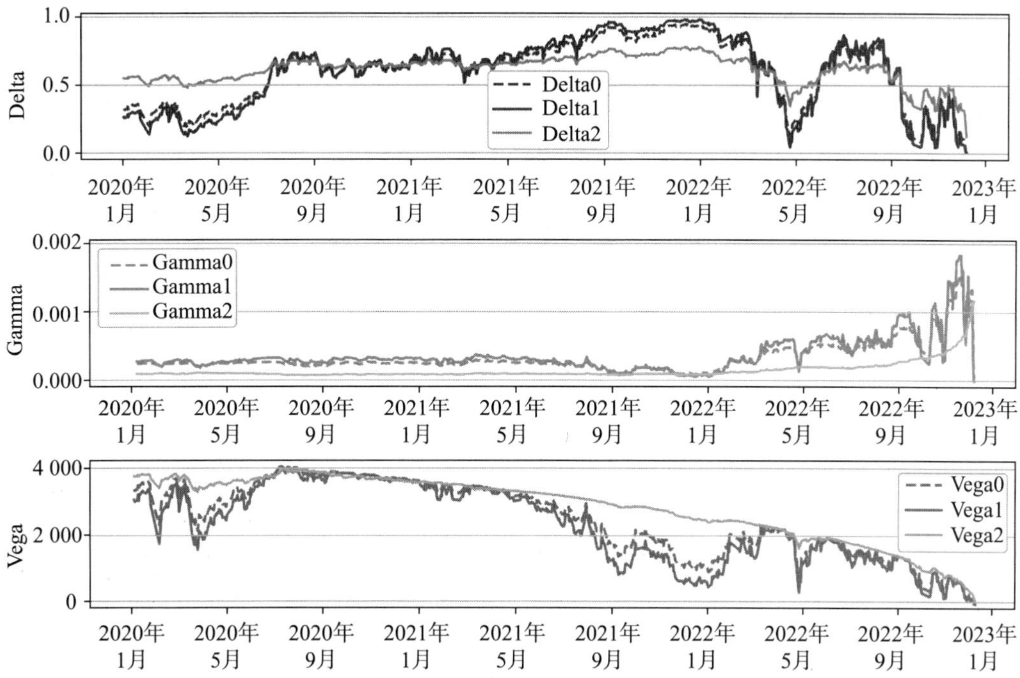

图 14-12 Delta、Gamma 和 Vega 随时间变化的序列图

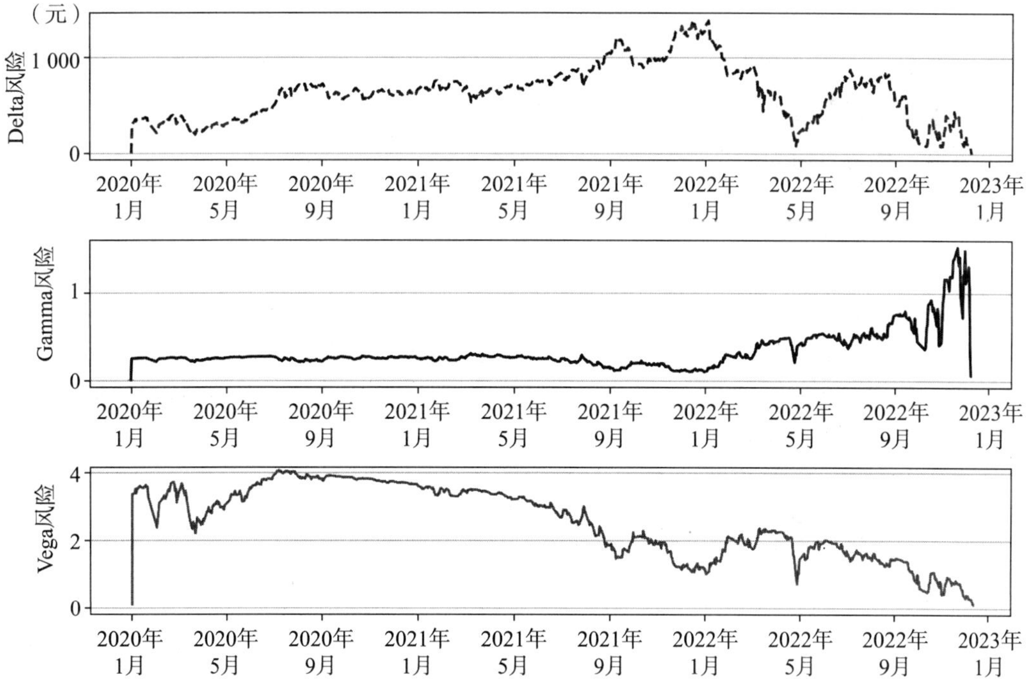

图 14-13 希腊字母风险变化情况

4. 对冲持仓情况

图 14-14 展示了在每天收盘时用两个期权+现货分别进行 Delta、Gamma 和 Vega 对冲

以及只进行 Delta 对冲的两种策略的现货持仓量。可见，两个期权＋现货的动态对冲策略的现货持仓量反而小于只进行 Delta 对冲的策略，其中，Delta 对冲是做空现货对冲风险，但两个期权＋现货的动态对冲则是做多现货对冲风险。

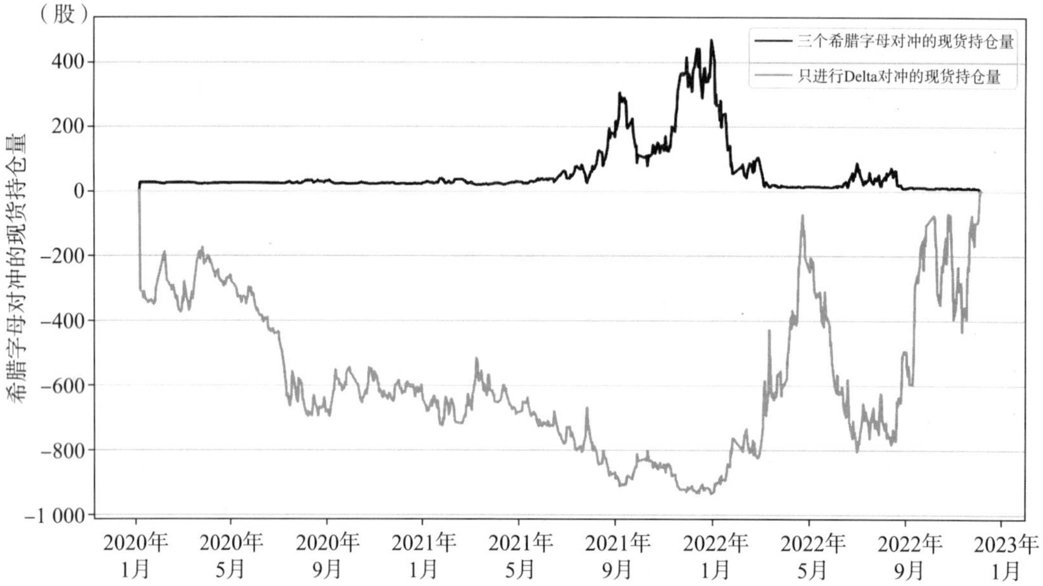

图 14－14　希腊字母对冲现货持仓量

在选择期权与现货对冲期权 0 头寸时，需要一定的建仓期权费用、平仓期权费用，以及对冲标的资产所耗费资金，相关的费用与期权价值变化如图 14－15 所示，对冲后投资期权、现货投资组合价值呈现先增加后下降的趋势。

5. 对冲效果比较

图 14－16 为两个期权＋现货的 Delta、Gamma 和 Vega 对冲盈利情况，与只进行一个期权＋现货的 Delta 对冲、基准策略（单独持有期权 0）的对冲收益的比较。可见，时间越长，有风险对冲的投资组合对冲效果越好，实现的收益越高，而仅对期权 0 进行一个期权＋现货的 Delta 对冲，风险对冲效果与 Delta、Gamma 和 Vega 对冲相比在前期稍有不足，但是也对冲了大部分风险，实现了对冲策略正收益；但在后期，三个希腊字母对冲的收益反而小于仅有 Delta 对冲的策略。

如表 14－9 所示，策略总交易成本为 436 450.33 元，净收益为 170 107.79 元，年化收益率高达 43.54%，最大回撤率为 94.18%，夏普比率为 0.16。由此可见，动态对冲策略取得了较高收益，说明该量化投资策略值得推广。

表 14－9　策略指标评价

总交易成本	净收益	年化收益率	最大回撤率	夏普比率
436 450.33 元	170 107.79 元	43.54%	94.18%	0.16

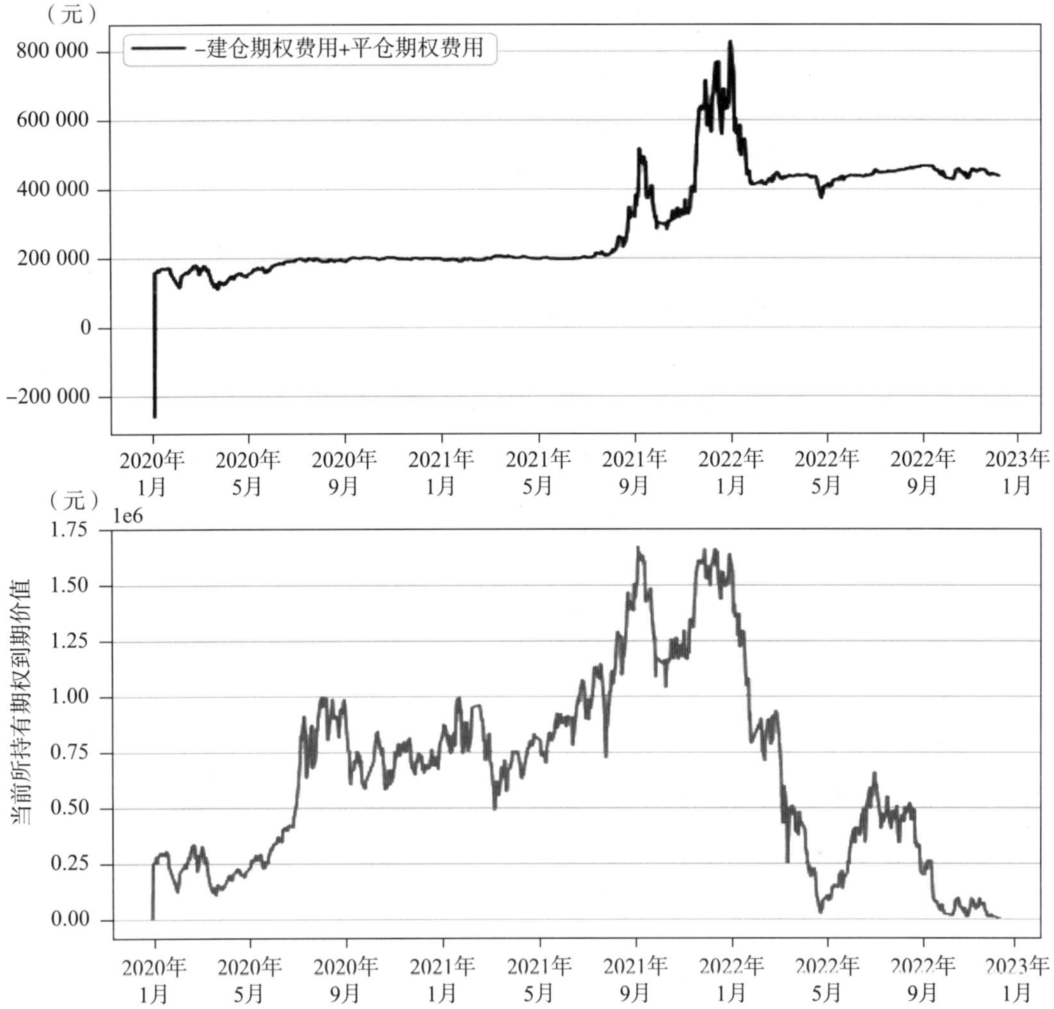

图 14－15　建仓成本与价值

三、策略评价

本策略建立了一个 Delta 对冲策略和 Delta、Gamma、Vega 联合对冲模型，进行回测检验，发现建立对冲策略在盈利方面有明显的优势。其中，在实际期权对冲中，应该采用以 Delta 为主，以 Gamma 和 Vega 为辅的对冲策略。Delta 对冲是期权对冲最核心的部分，直接影响到最大部分的风险暴露情况，而 Gamma 和 Vega 由于其瞬时性较强，过于看重对冲掉这两个希腊字母可能会导致对冲成本较高，同时我们还必须考虑到这两个希腊字母对于 Delta 对冲策略的影响，并可能由此导致收益下降，如在图 14－16 中的 2022 年 5 月左右，仅 Delta 对冲的收益高于三个希腊字母对冲策略。但从案例实盘检验结果看，实现

程序 14－11

Delta-Gamma-Vega
动态对冲策略

图 14-16　对冲盈利情况

Delta、Gamma、Vega 对冲在大部分时刻显著优于 Delta 对冲策略，而 Delta 对冲策略的盈利效果又优于不采取对冲而单独持有期权 0 的策略。同时，在期权临近结束的少部分时刻，Delta 对冲还优于 Delta、Gamma、Vega 对冲。此外，考虑到采取期权对冲还需要支付一定的期权费，因此，在后续的案例检验中，可以考虑对 Gamma 设定一定阈值，当 Gamma 值在这个阈值之内时，可以选择仅对投资组合做 Delta 对冲；超过阈值时，则根据 Gamma 绝对值的大小，调整动态对冲 Delta 的频率，以达到 Delta-Gamma 共同对冲的效果。而对 Vega 值的对冲，则可以考虑使用历史波动率来对风险暴露程度进行预测，由此通过不断回撤判断是否有必要对其进行有效对冲，特别是，在该策略的实际操作过程中，到底是采取静态波动率还得时变的动态波动率（如基于 GARCH 或 EWMA 等模型估计获得）实现 Vega 风险对冲，均会直接影响策略的实际效果。

【本章小结】

本章在第一节中介绍了期权定价。接着在第二节中，从广义和狭义的期权风险定义出发，基于 BS 公式解析期权价格受五个因素影响：标的资产价格、执行价格、到期时间、无风险收益率和资产波动率，我们详细介绍了经典期权风险测度方法——希腊字母对冲，从计算方法上区分，希腊字母可分为一阶、二阶、三阶希腊字母，不同阶希腊字母具有不同的定义、特点和作用，因此我们通过例题详解的方式介绍不同期权希腊字母风险对冲的方法。在第三节中，我们介绍期权风险对冲恒等式，并采用案例分析阐述期权平价公式的套利实现，从策略特点看，期权平价公式套利策略的最大优势在于可以获取近乎无风险的套利收益，但只有在市场大幅波动时，才有较为可观的收益。在第四节中，我们介绍期权希腊字母的动态对冲策略，其优势在于可以根据风险变化实现动态对冲，但其理论假设较为严格。本章为投资者全面介绍了如何采用期权进行风险对冲。

【课后习题】

1. 某投资者以 7.6 元的价格买入欧式看涨期权，股票价格为 52 元，执行价格为 55 元，在什么情况下投资者会盈利？在什么情况下期权会被执行？画出在到期时投资者盈利和股票价格的关系图。

2. 假设一只无股息股票的现价为 15 元，以该股票为标的的 3 个月期的欧式看涨期权的执行价格为 16 元，期权价格为 1.5 元，无风险收益率为每年 4%。请计算以该股票为标的的 3 个月期的执行价格为 20 元的看跌期权的价格。

3. 某股票的当前价格为 50 元，已知在 6 个月后股票价格会变为 60 元或 42 元，无风险收益率为每年 12%（连续复利），请计算执行价格为 48 元，期限为 6 个月的欧式看涨期权价格。并验证由无套利定价及风险中性定价给出的价格相等。

4. 请借鉴看涨期权 BS 公式，证明标的为无股息股票的看跌期权的 BS 公式为：

$$P_t = Ke^{-r(T-t)}N(d_2) - S_tN(d_1)$$

5. 假设有一只股票，价格为 80 美元，期权价格为 5 美元。一个投资者卖出 40 份该股票的看涨期权（一份期权有 100 股股票）。

（1）此时 Delta 为 0.3，交易员的头寸可以通过购买多少股股票来对冲？

（2）如果在下一个交易日，股票价格上涨到 85 美元，期权价格上涨为 7 元，Delta 为 0.4，交易员需要买入多少股股票来保证 Delta 中性头寸？

6. A 公司股票当前价格为 100 美元，期权执行价格为 98 美元，无风险收益率为 4%，股票波动率为 15%，期权期限为 20 周。请问看跌期权的 Theta 是多少？

7. 股票 A 当前价格为 50 美元，对应的期权执行价格为 55 美元，市场无风险收益率为 3%，股票波动率为 20%，期权期限为 15 周。请问此时期权的 Vega 为多少？它表示的经济含义是什么？

8. 对于一个不付红利的欧式看跌期权，其对应股票价格为 120 美元，期权到期执行价格为 19 美元，当前市场无风险收益率为 4%，持有期限为 20 周，股票价格波动率为 15%。则期权的 Rho 为多少？它表示的经济含义是什么？

9. 股票当前价格为 100 美元，期权执行价格为 101 美元，无风险收益率为 4%，股票波动率为 15%，期权期限为 20 周。各项参数为 $S_0=100$，$K=101$，$r=0.04$，$\delta=0.15$，$T=0.384\,6$，则期权的 Lambda 是多少？

10. 交易员初始交易组合为 Delta 中性，Gamma 为 −200 000，Vega 为 −4 000。市面上存在两个期权，其 Delta、Gamma、Vega 值如下表所示。

	Delta	Gamma	Vega
组合	0	−2 000	−8 000
期权 1	0.3	0.2	2.5
期权 2	0.6	0.3	2

为了保证组合 Delta、Gamma 及 Vega 呈中性，则标的资产和期权 1、期权 2 的头寸应该如何变化?

11. 证明看跌期权风险管理的六个希腊字母公式。

12. 讲述期权风险对冲高阶希腊字母的应用范围及其适用范围。

13. 设计一个包括 Delta 和 Gamma 风险管理的现货和期权对冲策略。

14. 结合中国期货期权实际数据，构建一个最优的期货期权套利策略，并用程序实现。

第十五章

期权交易套利理论与策略

本章阅读指引

近年来，随着我国推出期权产品，投资者可选择的投资标的日趋多样化，而期权是一种同时确保资本的安全性、流动性和盈利性的重要产品，它具有价格发现、规避风险、增加市场流动性以及投机套利等功能。同时，期权具有灵活性、限定风险、杠杆性和合同有效性等优势。投资者可以根据对未来标的资产价格概率分布的预期以及自身风险收益偏好选择适合自己的期权组合，形成相应的交易策略。本章首先介绍了期权的四种基本交易策略，包括概念、执行价格与标的资产价格的关系、损益说明，这些基本交易策略是更多高级交易策略的铺垫和基础；然后，本章介绍了期权边界套利策略、垂直套利策略、水平套利策略、跨式套利交易策略、宽跨式套利策略、蝶式套利策略和飞鹰式套利策略，包括概念、案例、交易技巧和优缺点。上述策略均是采用多期权风险对冲并实现超额收益率的典型投资策略。

第一节　期权基本交易策略

在交易策略层面，买入看涨期权、卖出看涨期权、买入看跌期权、卖出看跌期权是最基本的四种交易策略。投资者可以用这些基本交易策略构建激进或保守、看涨或看跌或看横盘的各种策略，这些灵活的策略为投资者提供了更多的投资选择。

一、买入看涨期权

（一）买入看涨期权的概念

看涨期权是投资者常用的投资工具，它是一种购买的权利，当投资者看多市场，预计标的资产价格即将上涨时，便可通过支付权利金 C 获取在到期日之前以执行价格 K 买入或不买入相关标的资产的权利。

因为看涨期权具有一定的杠杆，因此相比于购买股票，投资者买入看涨期权能获得更多收益。此外，投资者在选择看涨期权的时候，应该确保留有足够的时间进行合适的投资，购买期限最好大于 6 个月，期限越长，表明投资者从中获利的可能性越大。

为了熟练掌握期权交易策略，投资者首先应该理解四大基本交易策略的损益情况，在此基础上再理解其他高级交易策略会更容易。根据看涨期权的执行价格与当前标的资产价格的关系，看涨期权可以分为实值、平值和虚值三类，在交易策略中对这三类期权的选择具有重要意义，表 15－1 列出了看涨期权的执行价格与标的资产价格的关系。

买入一个看涨期权，其盈利可表示为：$\max(0, S_T-K)-C$，其中，S_T 表示现货市场价格。分四种情况分析：（1）当 $S_T>K+C$ 时，盈利$=S_T-K-C$；（2）当 $S_T=K+C$ 时，盈亏平衡；（3）当 $K<S_T<K+C$ 时，亏损$=S_T-K-C$；（4）当 $S_T\leqslant K$ 时，最大亏损为 C。将上述四种情况按照分段函数画图，可以得到图 15－1 买入看涨期权的损益情况。

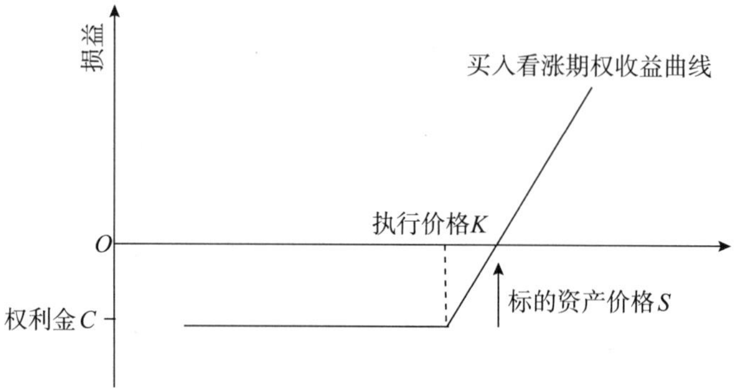

图 15－1　买入看涨期权的损益图

表 15－1　看涨期权的执行价格与标的资产价格的关系

ITM（in-the-money）	实值期权	执行价格＜股票价格
ATM（at-the-money）	平值期权	执行价格＝股票价格
OTM（out-of-the-money）	虚值期权	执行价格＞股票价格

表 15－2 是买入看涨期权损益说明。关注一个策略的损益平衡点就是关注执行该策略是亏损还是盈利，这里一般关注到期损益平衡点。所谓到期损益平衡点是指持有期权直至其到期，当标的资产价格落在该点上时，交易策略既不亏损也不盈利。

表 15－2　买入看涨期权损益说明

构建成本	看涨期权的权利金
最大损失	看涨期权的权利金
最大利润	随着股价上升趋于无限（＝到期日股票价格－执行价格－构建成本）
损益平衡点	看涨期权的执行价格＋看涨期权的权利金

【例 15－1】　在 2021 年 10 月 25 日，ABC 以 28.88 元/股的价格交易。以 5.38 元/股的价

格购买 2022 年 1 月到期、执行价格为 26.50 元/股的看涨期权。请分析该看涨期权的损益。

构建成本：看涨期权的权利金 5.38 元/股。

最大损失：看涨期权的权利金 5.38 元/股。

最大利润：随着股价上涨趋于无限。

损益平衡点：看涨期权的执行价格＋看涨期权的权利金＝26.50＋5.38＝31.88 元/股。

（二）买入看涨期权的交易技巧

买入看涨期权的交易应首先选择合适的交易标的资产。通常是选择流动性充足、价格呈上升趋势的股票，并能确定一个明确的支撑价位。其次是选择合适期限的期权进行交易，剩余期限最好大于 6 个月，时间越长越好，而期权价值在到期日前的一个月损耗较大。同时还应该保证选择的期权具有充足的流动性。流动性是否充足取决于未平仓合约量，未平仓合约量越大，流动性一般也越强。此外，买入看涨期权时，还应该选择合适的执行价格。同时，在买入看涨期权之前应该确定止损价格，当标的资产价格达到一定价格水平时就进行平仓。

（三）买入看涨期权的优缺点

1. 优点

买入看涨期权的优点主要有：第一，交易者可以通过买入或卖出更多的看涨期权来转换成其他的交易策略。与其他复杂的策略相比，买入看涨期权操作相对简单，不需要精确的计算。第二，即使标的资产价格无上涨，甚至下跌，买入看涨期权损失也有限。相较于其他更复杂的策略，它只需要购买一种期权，更节省手续费，而且买入时无须支付保证金。第三，看涨期权相对于直接买入股票具有一定杠杆，即交易者可以用同量资金撬动更多数量的股票。第四，交易者买入看涨期权也更为灵活，可以根据自身的风险偏好组合管理不同的交易策略，并选择不同执行价格的看涨期权。

2. 缺点

买入看涨期权的缺点主要有以下两方面：第一，存在损失全部权利金的情况。若投资者用全部资金购买看涨期权，一旦标的资产价格下降，且到期时是虚值期权，他就可能损失全部权利金。第二，时间损耗对买方不利。时间价值随期权临近到期日将逐渐变小，直至为零。

二、卖出看涨期权

（一）卖出看涨期权的概念

卖出看涨期权是投资者对市场不看多，认为标的资产价格在到期日不可能超过损益平衡点，便可以一定的执行价格 K 卖出看涨期权，获得权利金 C。卖出看涨期权也称为卖出非持保看涨期权，是指在卖出看涨期权的同时并不持有该标的资产的多头头寸。该策略的损益图如图 15－2 所示。

卖出看涨期权是较复杂的熊市策略，即使标的资产没有下跌，而是保持停滞不动，甚至稍微上涨，交易者也能从该策略中盈利。在该策略中，时间价值的衰减对投资者有利。卖出看涨期权是一种贷方期权，卖方在建立该头寸时，会收到净权利金。如果在行权时卖方无法履约，则会使其经纪人面临一定的风险，所以这种策略需要缴纳履约保证金。

卖出一个看涨期权，其盈利可表示为：$C-\max(0,K-S_T)$，分四种情况分析：（1）当 $S_T>K+C$ 时，亏损$=K+C-S_T$；（2）当 $S_T=K+C$ 时，盈亏平衡；（3）当 $K<S_T<K+C$ 时，盈利$=K+C-S_T$；（4）当 $S_T\leqslant K$ 时，最大盈利为 C。将上述四种情况按照分段函数画图，可以得到图 15－2 卖出看涨期权的损益情况。卖出看涨期权损益说明见表 15－3。

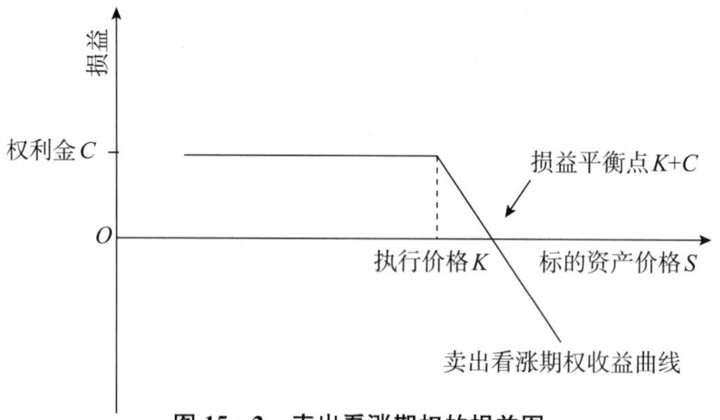

图 15－2　卖出看涨期权的损益图

表 15－3　卖出看涨期权损益说明

构建收益	看涨期权的权利金
最大损失	没有上限（＝到期日标的资产价格－执行价格－权利金）
最大利润	看涨期权的权利金
损益平衡点	看涨期权的执行价格＋看涨期权的权利金

【例 15－2】　在 2021 年 10 月 25 日，ABC 以 28.20 元/股的价格交易。以 1.90 元/股的价格出售 2022 年 1 月到期、执行价格为 31.10 元/股的看涨期权。请分析该看涨期权空头的损益。

最大损失：随着股价上涨趋于无限。

最大利润：看涨期权的权利金为 1.90 元/股。

损益平衡点：看涨期权的执行价格＋看涨期权的权利金＝31.10＋1.90＝33.00 元/股。

（二）卖出看涨期权的交易技巧

卖出看涨期权的交易技巧类似于买入看涨期权，主要从如下角度展开：首先，应该选择合适的标的资产，通常是具有充足流动性的股票。该股票价格处在下跌趋势，并能够确定一个明确的阻力价位。其次，选择合适期限的期权进行交易。最好是剩余期限在 1 个月以内的，时间越短越好。期权价值在到期日最后一个月的时间损耗严重。同样，也应选择具有充足流动性的期权，流动性充足与否取决于未平仓合约量。一般来说，未平仓合约量越大，流动性越强。此外，选择合适的执行价格，一般来说选择出售虚值看涨期权。最后，相对于买入看涨期权，还应在卖出看涨期权之前，确定止损价格水平，当标的资产价格达到该价格水平时就进行平仓。

（三）卖出看涨期权的优缺点

1. 优点

卖出看涨期权的优点主要体现在以下几个方面：第一，卖出期权的净收入能够用来缓冲风险。若标的资产价格小幅下跌，那么，该策略能维护交易者一定的权益，因为在卖出时已收获权利金。第二，该策略仅包含一种期权，且手续费相较于复杂的策略更为便宜；而且卖出看涨期权作为简单的策略，不需要精确的计算就能运用，比那些复杂的组合策略方便。第三，卖出看涨期权策略较为灵活，在期权到期之前，交易者能将该策略转换为其他策略以适应新市场。此外，即使标的资产价格横向变动，卖出看涨期权也能从中获利。

2. 缺点

卖出看涨期权的缺点主要体现在以下几个方面：一是该策略需要支付保证金，是净贷方策略；而且需要支付的保证金数量较大，与买入看涨期权相比，交易者的杠杆效果并不强。二是潜在收益有限，交易者在标的资产价格大幅下跌时，可能会错失大幅获利机会，且如果标的资产价格剧烈上涨，交易者会面临巨大损失。

三、买入看跌期权

（一）买入看跌期权的概念

买入看跌期权是如果投资者看空市场，认为标的资产价格即将下跌，便可通过支付权利金 P 获取在到期日之前以执行价格 K 卖出或不卖出相关标的资产的权利。买入看跌期权的损益图见图 15－3。

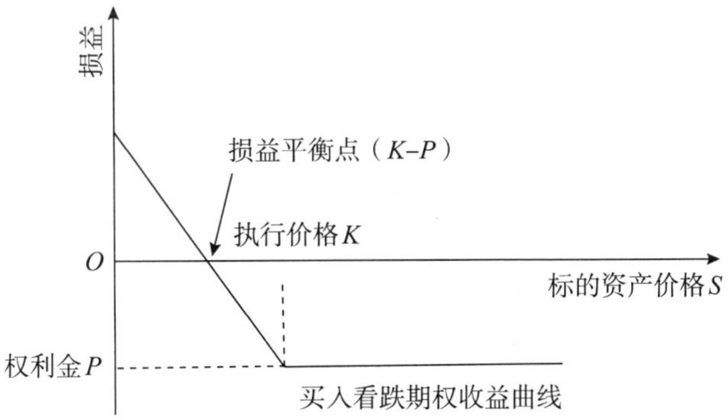

图 15－3 买入看跌期权的损益图

买入看跌期权相比于仅卖空股票能够获得更好的收益。买入看跌期权一定要选择到期期限较长的期权，这样从中获利的可能性更大。买入看跌期权存在时间损耗，对买入期权方不利，因此要留有大量的时间来正确处理交易。

根据看跌期权的执行价格与当前标的资产价格的关系，把期权分为实值、平值和虚值期权，如表 15－4 所示。价值状况的选择对交易策略具有重要的意义。

表 15－4　看跌期权的执行价格与标的价格的关系

ITM	实值期权	执行价格>股票价格
ATM	平值期权	执行价格=股票价格
OTM	虚值期权	执行价格<股票价格

对于一个买入看跌期权，其盈利可表示为：$\max(0, K-S_T)-P$，其中，P 表示看跌期权的权益金。分五种情况分析：(1) 当 $S_T=0$ 时，最大盈利$=K-P$；(2) 当 $0<S_T<K-P$ 时，盈利$=K-P-S_T$；(3) 当 $S_T=K-P$ 时，盈亏平衡；(4) 当 $K-P<S_T<K$ 时，亏损$=K-P-S_T$；(5) 当 $S_T\geqslant K$ 时，最大亏损为 P。将上述五种情况按照分段函数画图，可以得到图 15－3 买入看跌期权的损益情况。

买入看跌期权策略的最大收益无上限。但理论上，买入看跌期权的最大收益有限，但该数值相比买入期权所付出的权利金一般非常大，因此，习惯上也为"无限"，这样做的目的是能够更清晰地刻画不同时期的风险收益特征。最大亏损是有限的，如果到期时买入的看跌期权是虚值的，买方就不会行权，那么在策略构建之初所付出的权利金将全部损失，这也是最大损失。表 15－5 是买入看跌期权损益说明。

表 15－5　买入看跌期权损益说明

构建成本	看跌期权的权利金
最大损失	看跌期权的权利金
最大利润	看跌期权的执行价格－看跌期权的权利金
损益平衡点	看跌期权的执行价格－看跌期权的权利金

【例 15－3】　在 2021 年 10 月 25 日，ABC 以 28.88 元/股的价格交易。以 5.38 元/股的价格购买 2022 年 1 月到期、执行价格为 28.50 元/股的看跌期权。请分析该看跌期权的损益。

构建成本：看跌期权的权利金为 5.38 元/股。

最大损失：看跌期权的权利金为 5.38 元/股。

最大收益：看跌期权的执行价格－看跌期权的权利金=28.50－5.38=23.12 元/股。

损益平衡点：看跌期权的执行价格－看跌期权的权利金=28.50－5.38=23.12 元/股。

（二）买入看跌期权的交易技巧

买入看跌期权的交易技巧主要有五点：第一，应选择合适的标的资产，如流动性充足的股票进行交易。第二，选择合适期限的期权进行交易。最好是剩余期限在 3 个月以上的，时间越长越好。期权价值在临近到期日的一个月内时间损耗严重。第三，选择具有充足流动性的期权，流动性充足与否取决于未平仓合约量。一般来说，未平仓合约量越大，流动性越强。第四，在买入看跌期权时，也应选择合适的执行价格。一般来说选择买入平值或者实值看跌期权。第五，在买入看跌期权之前，就要确定止损价格水平，当标的资产价格达到该价格水平时就进行平仓。

(三)买入看跌期权的优缺点

1. 优点

买入看跌期权的突出优点可以总结为以下几点:一是损失有限。若标的资产价格不跌反升,那么该策略存在亏损限值,相对于亏损无下限的策略而言更优。二是较为灵活。买入看跌期权是最基本的交易策略之一,交易者能通过买入或卖出更多期权将策略演变为更复杂的策略,且具有不同风险偏好及持有不同组合策略的交易者可以选择不同的执行价格和不同Delta的看跌期权,以达到其交易目的。三是作为简单的策略,无须精准计算,要比复杂的组合策略更加简便。四是买入看跌期权策略的手续费较低且不需要支付保证金,因为只有一种期权。

2. 缺点

买入看跌期权也有相应的不足之处:一是存在损失全部权利金的可能性。若在买入看跌期权后,标的资产价格不跌反涨,并且到期时还是虚值期权,那么交易者将亏损全部权利金。二是交易者会遭受时间损耗。若交易者在买入看跌期权时预期持有至到期,则可以不考虑时间损耗,但若在买入看跌期权时预期不会持有至到期,那么时间价值每天都在损耗。

四、卖出看跌期权

(一)卖出看跌期权的概念

卖出看跌期权是当投资者对市场不看空,认为标的资产价格在到期日至少不会低于损益平衡点时,便能以一定的执行价格 K 卖出看跌期权,获得权利金 P。卖出看跌期权的损益图如图 15-4 所示。

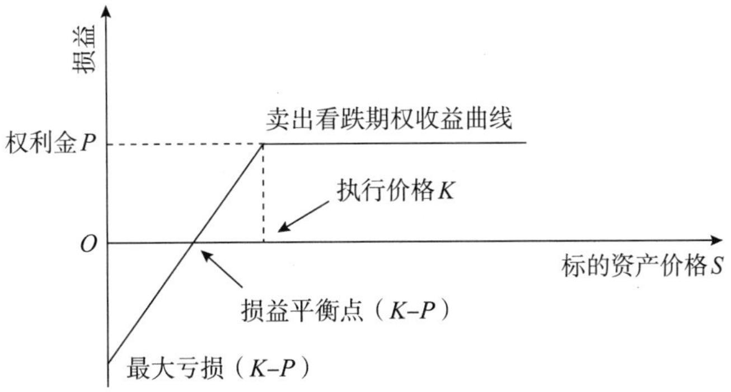

图 15-4 卖出看跌期权的损益图

卖出看跌期权一般在标的资产价格横走,甚至是略微下跌时也会盈利,这是因为看跌期权存在时间价值损耗,其损耗越多,卖出者盈利越多。通过卖出看跌期权,投资者既能从标的资产价格上涨中盈利,也能从看跌期权的时间价值损耗中盈利。卖出看跌期权在构建之初需要投资者支付保证金。事实上,一旦被行权,交易者就有以所卖出的看跌期权的执行价格买入标的资产的义务，期权交易者会被期货经纪商要求支付足额的履约保证金，才能被允许卖出看跌期权。表 15－6 为卖出看跌期权损益说明。

表 15－6　卖出看跌期权损益说明

构建成本	看跌期权的权利金
最大损失	看跌期权的执行价格－看跌期权的权利金
最大利润	看跌期权的权利金
损益平衡点	看跌期权的执行价格－看跌期权的权利金

【例 15－4】　在 2021 年 10 月 25 日，ABC 以 27.35 元/股的价格交易。以 1.00 元/股的价格出售 2022 年 1 月到期、执行价格为 26.00 元/股的看跌期权。请分析该看跌期权的损益。

构建成本：看跌期权的权利金为 1.00 元/股。

最大损失：看跌期权的执行价格－看跌期权的权利金＝26.00－1.00＝25.00 元/股。

最大利润：看跌期权的权利金为 1.00 元/股。

损益平衡点：看跌期权的执行价格－看跌期权的权利金＝26.00－1.00＝25.00 元/股。

（二）卖出看跌期权的交易技巧

对于卖出看跌期权的交易技巧，第一，应该选择合适的标的，如流动性充足的股票进行交易。第二是选择合适期限的期权进行交易，最好是剩余期限在 1 个月以内的。第三，选择具有充足流动性的期权，流动性充足与否取决于未平仓合约量。一般来说，未平仓合约量越大，流动性越高。第四，选择合适的执行价格。一般来说选择卖出虚值看跌期权，尽量规避风险。第五，在卖出看跌期权之前，就要确定止损价格水平，当标的资产价格达到某价格水平时就进行平仓。

（三）卖出看跌期权的优缺点

1. 优点

卖出看跌期权的优点有如下几方面：首先，该策略是净期权贷方策略，投资者需要支付保证金。其次，相较于更为复杂高级的策略，该策略实行更为简便，且手续费便宜。除此之外，卖出看跌期权也是最基本和灵活的交易策略之一，交易者可在期权到期之前通过买入或卖出多个该期权而转化为其他高级复杂策略，以适应市场和满足投资者的特殊需求。最后，与买入看跌期权相比，若标的资产价格小幅下降，那么该策略在卖出时收入权利金，对交易者权益具有一定的保障作用。该策略在标的资产价格不变时也能获取利润。

2. 缺点

卖出看跌期权的缺点有如下几方面：一是潜在收益存在上限，交易者在标的资产价格大幅上涨时可能会错失盈利机会。若标的资产价格骤降，投资者将亏损严重。二是该策略是净期权贷方策略，需要支付保证金，且需要支付的保证金较高；与买入看涨期权策略相比，投资者能撬动的头寸较少。

第二节 期权边界套利策略

一、看涨期权的上下边界

如图 15－5 所示，($T-t$) 为期权剩余时间，C 和 S 分别为看涨期权价格和标的资产价格，K 为执行价格，r 为无风险收益率，在执行价格 K 左边的 S 反映的是虚值期权价格。$C=S$ 为虚值期权价格的上边界，$C=0$ 为虚值期权价格的下边界，$C>S-Ke^{-r(T-t)}$ 为实值期权价格的下边界，上下边界之外为看涨期权的无风险套利区域，上下边界之内为价格合理区域($S-Ke^{-r(T-t)}<C<S$)。

由此可见，看跌期权的边界范围为：$\max(S-Ke^{-r(T-t)},\ 0)<C<S$ 。

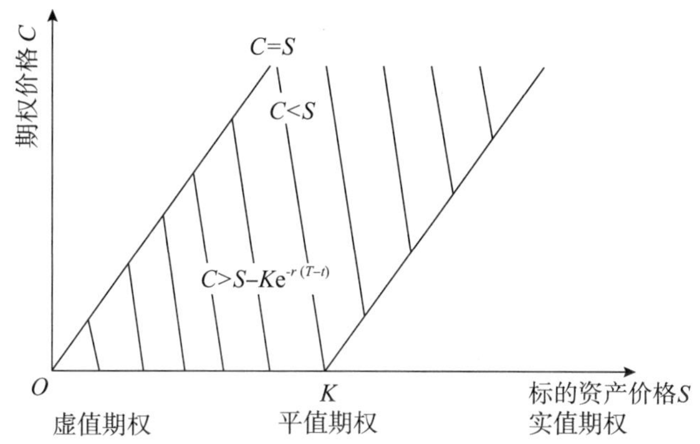

图 15－5 看涨期权的边界

【例 15－5】 ABC 股票的现价为 6.30 元/股，对应的看涨期权是还有 120 天到期、无风险收益率为 3.00%、执行价格为 6 元/股的实值看涨期权，隐含波动率约 25%，根据 BS 定价模型计算，则理论价格约等于 0.22 元。若该股票在未来的 120 天内上涨至 16 元，那么该投机者以 8 元/股买入有利可图吗？卖权者以 6.3 元/股买进股票呢？若股票涨至超过 6 元/股，以及跌至 4 元/股呢？判断这种期权价格是否合理。

(1) 投机者可以赚 16－8－6＝2 元/股，因此，该投资者以 8 元/股买入也还是有利可图的。

(2) 卖权者若以 8 元/股的价格卖出执行价格为 6 元/股的看涨期权，然后再支付 6.3 元/股来买入股票，每股将盈利 8－6.3＝1.7 元。

(3) 若后市股票每股涨至超过 7 元，卖权者把原先买入的股票交给买者，卖权者收益为 1.7 元/股（还没算资金利息）；若股价跌至 4 元/股，期权作废，卖权者获得 5.7 元。

(4) 该期权价格不合理。因为无论后市行情如何，卖权者都能每股至少盈利 1.7 元，存在无风险套利机会。在该价格下，投资者将直接买入股票。

二、看跌期权的上下边界

如图 15－6 所示，在执行价格 K 左边的 S 反映的是实值期权价格，其价格下边界为 $P=Ke^{-r(T-t)}-S$，因此 $P<Ke^{-r(T-t)}-S$ 为合理的价格区间；K 右边的 S 反映的是虚值期权价格，下边界为 0，0 上方为合理的价格区间。而上边界为 $Ke^{-r(T-t)}$，因此，图中阴影部分为价格合理区域（$Ke^{-r(T-t)}-S<P<Ke^{-r(T-t)}$）。

由此可见，看跌期权的边界范围为：$\max(Ke^{-r(T-t)}-S,\ 0)<P<Ke^{-r(T-t)}$。

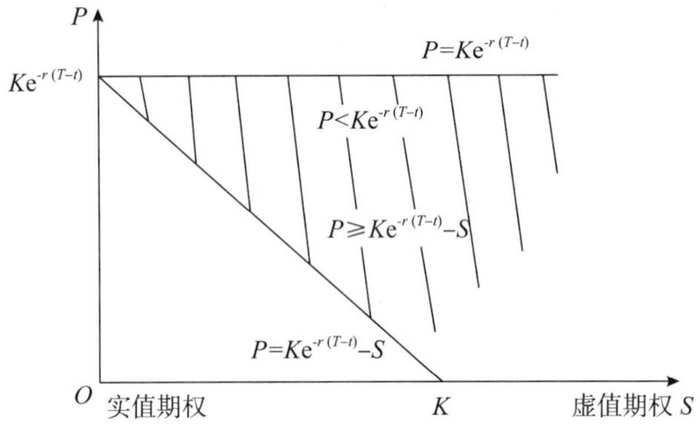

图 15－6　看跌期权的边界

三、边界套利的概念

边界套利是指，一旦看涨期权或看跌期权价格超过理论上下边界水平，便可利用期权的错误定价进行无风险套利，也就是进行期权的边界套利。

边界套利一共分为四种类型：看涨期权上边界套利、看涨期权下边界套利、看跌期权上边界套利以及看跌期权下边界套利。

四、看涨期权上边界套利

对于单个期权上边界套利，在所有时期，看涨期权价格均不能大于标的资产价格，即期权价格的上边界为标的资产价格。若看涨期权价格大于标的资产价格，则投资者将卖出看涨期权，同时以现价买入标的资产，进而获取无风险收益。看涨期权上边界套利的说明见表 15－7。

表 15－7　看涨期权上边界套利

操作	价格关系		
	$t=0$	$t=T$	
	$C>S_0$	$S_T<K$	$S_T>K$
卖出看涨期权	C		$K-S_T$

续表

操作	价格关系		
	$t=0$	$t=T$	
	$C>S_0$	$S_T<K$	$S_T>K$
买入标的资产	$-S_0$	S_T	S_T
现金流	$C-S_0$	S_T	K
收益合计	$C-S_0$	$(C-S_0)e^{rT}+S_T$	$(C-S_0)e^{rT}+K$

在 $t=0$ 时刻，一旦看涨期权价格超过了上边界（$C>S_0$），就可通过在卖出看涨期权的同时买入对应的标的资产进行无风险套利。当期权到期时，若 $S_T>K$，则买方行权，投资者以价格 K 卖出所持有的标的资产，投资者收益折现到 $t=0$ 时刻为：

$$Ke^{-rT}+C-S_0 \tag{15-1}$$

若 $S_T<K$，则期权不执行，投资者收益折现到 $t=0$ 时刻为：

$$S_Te^{-rT}+C-S_0 \tag{15-2}$$

在不考虑各项费用的情况下，无论 T 时刻 S_T 处于何种水平，投资者都至少可以获得 $C-S_0$ 的正收益。

五、看涨期权下边界套利

对于单个期权下边界套利，在所有时期，不支付红利的欧式看涨期权的价格应均大于零或标的资产现价与执行价格的贴现值之差。若标的资产现价大于执行价格的贴现值，且看涨期权的价格低于资产现价与执行价格的贴现值之差，则投资者可以实行看涨期权下边界套利，即买入看涨期权，同时卖出标的资产而获得无风险盈利。看涨期权下边界套利的损益曲线，类似于将买入看跌期权的损益曲线全部平移至 0 轴上方。看涨期权下边界套利的说明见表 15-8。

在 $t=0$ 时刻，当看涨期权价格低于下边界［$C<\max(S_0-Ke^{-rT},0)$］时，若 $C<0$，投资者可通过买入看涨期权获得无风险套利，然而几乎不存在期权价格为负的情况。更多情况下，若 $0<C<S_0-Ke^{-rT}$，投资者可通过买入看涨期权同时融券卖出标的资产 S_0 进行无风险套利。当期权到期时，若 $S_T>K$，则投资者行权，以价格 K 买入标的资产，并归还所借标的资产，将该投资者的收益折现到 $t=0$ 时刻，为：

$$S_0-C-Ke^{-rT} \tag{15-3}$$

若 $S_T<K$，则期权不执行，投资者购入 S_T 并归还所借标的资产，$t=0$ 时刻投资者收益为：

$$S_0-C-S_Te^{-rT} \tag{15-4}$$

由于 $S_T<K$，

$$S_0-C-S_Te^{-rT}>S_0-C-Ke^{-rT} \tag{15-5}$$

而由于 $0<C<S_0-Ke^{-rT}$，在不考虑各项费用的情况下，无论 T 时刻 S_T 处于何种水平，投资者都至少可以获得 $-C+S_0-Ke^{-rT}$ 的正收益。

表 15-8 看涨期权下边界套利

操作	价格关系		
	$t=0$	$t=T$	
	$C<\max(S_0-Ke^{-rT},0)$	$S_T<K$	$S_T>K$
买入看涨期权	$-C$		S_T-K
卖出标的资产	S_0	$-S_T$	$-S_T$
现金流	S_0-C	$-S_T$	$-K$
收益合计	S_0-C	$(S_0-C)e^{rT}-S_T$	$(S_0-C)e^{rT}-K$

六、看跌期权上边界套利

对于欧式看跌期权，其价格在所有时刻都应该小于其执行价格的贴现值。若看跌期权价格大于其执行价格的贴现值，可以卖出看跌期权进行套利。单个期权上边界套利的损益曲线类似于将卖出看涨期权的损益曲线全部平移至 0 轴上方。看跌期权上边界套利的说明见表 15-9。

在 $t=0$ 时刻，一旦看跌期权价格超过上边界（$P>K$），就可通过卖出看跌期权获取无风险套利机会。期权到期时，若 $S_T>K$，则看跌期权买方不行权，投资者赚取期权费用；若 $S_T<K$，则看跌期权买方行权，投资者以价格 K 买入标的资产，并以 S_T 卖出标的资产，投资者在$t=T$ 时刻的收益为：

$$S_T-K-Pe^{-rT} \tag{15-6}$$

若 $S_T>0$，$P>K$，则将投资者收益折现到 $t=0$ 时刻为：

$$S_Te^{-rT}-Ke^{-rT}+P>P-Ke^{-rT}>0 \tag{15-7}$$

因此，在不考虑各项费用的情况下，无论标的资产的市场价格如何变动，只要不为负数，投资者就均可获取正收益。

表 15-9 看跌期权上边界套利

操作	价格关系		
	$t=0$	$t=T$	
	$P>K$	$S_T<K$	$S_T>K$
卖出看跌期权	P	S_T-K	
现金流	P	S_T-K	
收益合计	P	$Pe^{rT}+S_T-K$	Pe^{rT}

【例 15-6】 接例 15-5，对于执行价格为 5 元的欧式看跌期权，理论上其价格最高不能超过多少呢？卖出看跌期权者将权利金贷出去的本利和是多少？价格需要调整到什么范围才会使无风险收益不存在？

欧式期权价格的上边界为 5 元/股，若大于该价格，将无人购买。

卖出看跌期权者将权利金贷出去，在期权到期时本利和为 $Pe^{r(T-t)}=5.0288$ 元。

若期权到期的股票价格大于 5 元/股，则看跌期权不会被行权，卖出者获得的收益就为 5.028 8 元/股；若到期时股票价格小于 5 元/股，则接受行权，以 5 元/股的价格买进股票，然后再将股票卖出得到 S，最后的收益为 $S+0.0288$。因此，价格应该是 $P\leqslant Ke^{-r(T-t)}$，才会不存在无风险收益。

七、看跌期权下边界套利

相似地，不支付红利的欧式看跌期权的价格应均高于零或执行价格的贴现值与标的资产现价之差。若执行价格的贴现值与标的资产现价之差大于 0，且看跌期权价格小于执行价格与标的资产现价之差，投资者就能进行看跌期权下边界套利，即买入看跌期权和标的资产而获得无风险收益。看跌期权下边界套利的损益曲线，类似于将买入看涨期权的损益曲线全部平移至 0 轴上方。看跌期权下边界套利的说明见表 15 - 10。

表 15 - 10　看跌期权下边界套利

操作	价格关系		
	$t=0$	$t=T$	
	$P<\max(Ke^{-rT}-S_0,\ 0)$	$S_T<K$	$S_T>K$
买入看跌期权	$-P$	$K-S_T$	
买入标的资产	$-S_0$	S_T	S_T
现金流	$-P-S_0$	K	S_T
收益合计	$-P-S_0$	$(-P-S_0)e^{rT}+K$	$(-P-S_0)e^{rT}+S_T$

在 $t=0$ 时刻，当看跌期权价格低于下边界 $[P<\max(Ke^{-rT}-S,0)]$ 时，若 $P<0$，则投资者可直接买入看跌期权获取无风险收益，然而期权价格小于 0 的情况几乎不会发生。更多情况下，若 $0<P<Ke^{-rT}-S$，则投资者可通过买入看跌期权同时买入标的资产获取无风险收益。当期权到期时，若 $S_T>K$，则投资者作为期权买方放弃行权，并将期初购买的标的资产以 S_T 出售，所得收益为：

$$S_T-Pe^{rT}-S_0e^{rT} \tag{15-8}$$

由 $S_T>K$ 可知：

$$S_T-Pe^{rT}-S_0e^{rT}>K-Pe^{rT}-S_0e^{rT} \tag{15-9}$$

折现到 $t=0$ 时刻为：

$$Ke^{-rT}-P-S_0 \tag{15-10}$$

由于 $P<Ke^{-rT}-S_0$，则 $Ke^{-rT}-P-S_0>0$。

当 $S_T<K$ 时，投资者执行期权，将期初购买的标的资产以价格 K 出售，所获收益为：

$$K-Pe^{rT}-S_0e^{rT}>0 \tag{15-11}$$

折现到 $t=0$ 时刻为：

$$Ke^{-rT}-P-S_0 \tag{15-12}$$

因此，在不考虑各项费用的情况下，无论标的资产价格如何变动，投资者都至少将获得

$Ke^{-rT}-P-S_0$ 的正收益。

【例 15-7】 接例 15-6，对于虚值期权和平值期权而言，看跌期权价格下限是多少？对于实值期权呢？

（1）由于虚值期权和平值期权都只剩时间价值而没有内在价值，时间价值等于或大于0，因此看跌期权的下边界为 $P=0$。若考虑交易手续费和最小报价，则该下边界 $P>0$。

（2）此时选择执行价格为6元的看跌期权，实值度为 $6-5.3=0.7$ 元/股，时间价值则为 $P-0.7$。若时间价值小于0，意味着看跌期权没有用了，卖出股票得到 S，损益 $=S-P-5.2$，而 $S>6$，则 $S-P-5.2>6-(P+5.2)$，而大于0就意味着有收益；股票为实值期权，看跌期权价格 P 的下边界为 $Ke^{-r(T-t)}-S$，$P\geqslant Ke^{-r(T-t)}-S$ 即为价格合理区间。

八、边界套利的收益测算

出现上边界套利的机会通常意味着期权价格已经大幅偏离理论价格，相对而言，下边界套利相较上边界套利出现的频率更高。下边界套利中，看涨期权的下边界套利涉及在期初卖空标的资产，由于融券的成本较高、券源较少，在极端行情或特殊时期融券难度更是进一步增大，因此看涨期权的下边界套利几乎很少出现，即使在出现看涨期权下边界套利机会的情况下，进行套利操作的难度也更高。在学术界中，Bhattacharya（1983）通过套用实际交易数据对看涨期权下边界套利理论进行研究检验，并证实了期权市场确实存在无风险套利，但在考虑交易成本之后，许多套利机会的利润空间不再存在。Levy（1985）在考虑无风险借贷的基础上研究表明，期权边界套利的上边界和下边界适用于对应的各种股票现货的价格分布情况，即使考虑交易成本和纳税因素也是利用边界套利模型构建的投资组合策略来获得收益的。

第三节　垂直套利策略

一、垂直套利的概念

垂直套利（vertical spreads，或垂直价差套利、执行价差套利）是将风险和利润均限定在一定范围内的套利策略。其交易形式是根据不同的执行价格同时买入和卖出同一合约时期的看涨期权或看跌期权。由于该策略中的两个合约除执行价格之外的要素均一致，而执行价格和对应的权利金在期权行情表上按预定价从小到大纵向垂直排列，因此它被称为垂直套利策略。

垂直套利可以分为牛市垂直套利和熊市垂直套利两种形式，若投资者买入较低预定价的期权，同时卖出较高预定价的期权，则该策略称为牛市垂直套利；若投资者卖出较低预定价的期权，同时买入较高预定价的期权，则该策略称为熊市垂直套利。

二、牛市垂直套利

（一）牛市垂直套利的概念

牛市垂直套利能给投资者的账户带来净债务，它是通过买入一个具有某一确定执行价格的股票看涨（看跌）期权和卖出一个同一股票的，但具有较高执行价格的股票看涨（看跌）期权组合而形成，这里两个期权的期限相同。

相对买入看涨期权的策略，牛市看涨期权垂直套利的净效应在于能降低交易的成本和损益平衡点。买入期权的长头部分比卖出期权的长头部分更接近期权的实值，因此买入看涨期权部分的价格高于卖出虚值看涨期权部分。牛市垂直套利更适合于长期交易，而且该策略需要市场前景为牛市看涨，因为只有当股票价格上涨时投资者才能盈利。买入期权的长头部分具有杠杆效应，而卖出期权的长头部分会降低成本并增加杠杆效应，但投资者只能获得有限的向上利润。

综上所述，若股票价格下跌超过较低的（购买）执行价格，投资者将损失最高；若股票价格上涨超过较高的（卖出）执行价格，投资者将收益最高；若股票价格介于这两个点之间，损益平衡点就等于较低的执行价格和净债务之和。

（二）牛市垂直套利的损益说明

程序 15－1

牛市看涨期权垂直套利

首先，令 S_T 为垂直套利组合中标的资产在期权到期时的价格。交易 A 为包括买入看涨期权或看跌期权的交易，K_1 为该交易中期权的执行价格；交易 B 为包括卖出看涨期权或看跌期权的交易，K_2 为该交易中期权的执行价格。

图 15－7 是买入较低执行价格 K_1 的看涨期权，并卖出较高执行价格 K_2 的看涨期权的牛市垂直套利损益情况，其中在该套利策略中，买入看涨期权的执行价格 K_1 小于卖出看涨期权的执行价格 K_2，即 $K_1 < K_2$。垂直套利的损益是随着标的资产在期权到期时的价格 S 的变化而变化的，如图 15－7 所示，牛市看涨期权垂直套利策略的盈利为：$\max(0, S_T - K_1) - C_1 + C_2 - \max(0, S_T - K_2)$，分三种情况分析：

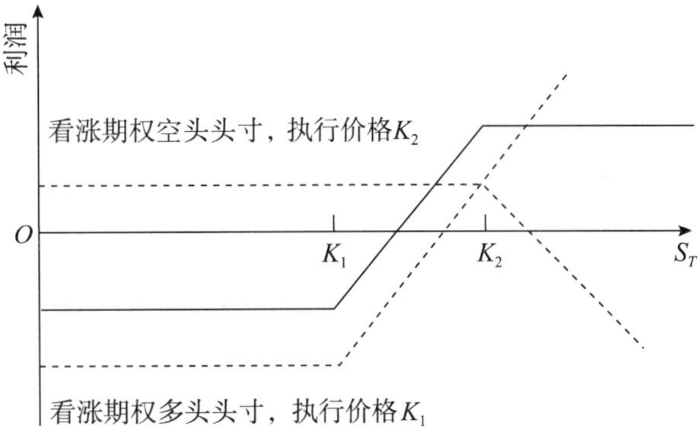

图 15－7　牛市垂直套利损益情况（以看涨期权为例）

（1）当 $K_1<S_T<K_2$ 时，较低执行价格和较高执行价格的看涨期权分别被执行和不被执行，此时投资者会以 K_1 的价格买入标的资产并以市场价格 S_T 将其卖出，收益为 $S_T-K_1-(C_1-C_2)$。其损失（利润）随着 S_T 的上升而减少（增加）。（2）当 $S_T\geqslant K_2$ 时，两个期权都会被执行。该利润 $K_2-K_1-(C_1-C_2)$ 与 S_T 的变化无关，为常数。（3）当 $S_T\leqslant K_1$ 时，所有期权都不会被执行。这时构造该牛市垂直套利的投资者在交易中的利润为 $-(C_1-C_2)$。以上三种情况的收益如表 15-11 所示。

表 15-11　牛市垂直套利盈利（以看涨期权为例）

股价范围	看涨期权多头头寸的收益	看涨期权空头头寸的收益	总收益
$S_T\leqslant K_1$	$-C_1$	C_2	$-(C_1-C_2)$
$K_1<S_T<K_2$	$S_T-K_1-C_1$	C_2	$S_T-K_1-(C_1-C_2)$
$S_T\geqslant K_2$	$S_T-K_1-C_1$	$K_2-S_T+C_2$	$K_2-K_1-(C_1-C_2)$

牛市看涨期权垂直套利的最大成本是买入期权时支付的期权费和卖出期权时获得的期权费之差，最大利润是卖出看涨期权和买入看涨期权的执行价格之差减去最大亏损值。牛市看跌期权垂直套利的最大利润是卖出期权时获得的期权费与买入期权时支付的期权费之差，最大亏损是卖出看跌期权与买入看跌期权的执行价格之差再扣除最大利润。

牛市垂直套利综合分析见表 15-12 和表 15-13。

表 15-12　牛市看涨期权垂直套利综合分析

适用情形	交易者预测资产价格温和看涨，即买方希望从后市波动中受益，但又缺乏明显信心，就可以买进看涨期权
构建成本	看涨期权权利金
最大损失	买进看涨期权与卖出看涨期权的净期权费
最大利润	高低两种执行价格的差额－净期权费（最大利润大于净权利金）
损益平衡点	较低执行价格＋净期权费

表 15-13　牛市看跌期权垂直套利综合分析

适用情形	预测行情看涨，投资者看好后市，卖出看跌期权的同时又买进看跌期权以降低风险
构建成本	看跌期权权利金
最大损失	高低两种执行价格的差额－最大收益（最大损失大于净权利金）
最大利润	净权利金
损益平衡点	较低执行价格＋最大收益；较高执行价格－最大风险

【例 15-8】　2021 年 10 月 25 日 ABC 公司股票以 8.57 元/股的价格交易。当日，某投资者以 0.88 元的价格买入 1 张 2022 年 1 月到期、执行价格为 8 元的看涨期权；以 0.08 元价格卖出 1 张 2022 年 1 月到期、执行价格为 9 元的看涨期权，期权的合约单位均为 10 000。试分析该期权的净期权费、最大损失、最大收益、损益平衡点，以及股票价格涨至 9.26 元/股和跌至 7.26 元/股时的净收益和净损失。

该操作付出的净期权费是 (0.88－0.08)×10 000＝8 000 元。

最大损失：净期权费＝8 000 元。

最大收益：两种执行价格的差额－净期权费＝(1－0.8)×10 000＝2 000 元。

损益平衡点：较低执行价格＋净期权费＝8＋0.8＝8.8 元/股。

2022 年 1 月 23 日股价涨到 9.26 元/股，组合净收益为 2 000 元。

2022 年 1 月 23 日股价跌到 7.26 元/股，组合净损失为 8 000 元。

（三）牛市垂直套利的交易技巧

投资者应尽量在距离交割日较长时间时使用该策略，这样会比较安全，通常距到期日的时间超过 6 个月最好。投资者需要选择流动性较好的标的股票，且确保股票价格具有上涨趋势，并确定一个支撑价位。此外，投资者也需要选择具有充足流动性的期权，具有较低执行价格的期权一般选择平值或者轻度虚值的，而具有较高执行价格的期权一般选择深度虚值的。

（四）牛市垂直套利的优缺点

1. 优点

牛市垂直套利的优点可以总结为三点：一是对比买入看涨期权策略，中期到长期的牛市垂直套利能降低风险、成本和损益平衡点；二是尽管仍有交易费用，但投资者的亏损有上限；三是对于股票价格迅速下跌情形，该头寸在越远离到期日时提供的向下风险保护措施就越好。

2. 缺点

牛市垂直套利的缺点也可以总结为三点：一是若股票价格大幅上涨，该策略所带来的收益有上限；二是该策略获得收益的约束条件较为严格，尤其是两个期权执行价格必须恰当选择，并且股票价格必须超过较高执行价格才能获得收益；三是越远离到期日，获得最大收益的速度就越慢，这就是为向下风险提供保护所付出的代价。

三、熊市垂直套利

（一）熊市垂直套利的概念

熊市垂直套利是通过买入一个具有某一确定执行价格的股票看涨（看跌）期权和卖出一个同一股票的，但具有较低执行价格的股票看涨（看跌）期权组合而成的，这里两个期权的期限相同。

（二）熊市垂直套利的损益说明

熊市看涨期权垂直套利的最大利润是卖出期权时获得的期权费和买入期权时支付的期权费之差，最大亏损是买入看涨期权与卖出看涨期权的执行价格之差再扣除最大利润。熊市看跌期权垂直套利的最大损失是买入期权时支付的期权费与卖出期权时收取的期权费之差，最大利润是买入看跌期权与卖出看跌期权的执行价格之差再扣除最大亏损。

图 15－8 反映的是以看跌期权为例的熊市垂直套利损益情况。该策略是卖出较低执行价格的看跌期权，同时买入较高执行价格的看跌期权，其中 $K_1<K_2$。如图 15－8 所示，熊市看跌期权垂直套利策略的盈利为：$P_1-\max(0,K_1-S_T)+\max(0,K_2-S_T)-P_2$，分三种情况分析：

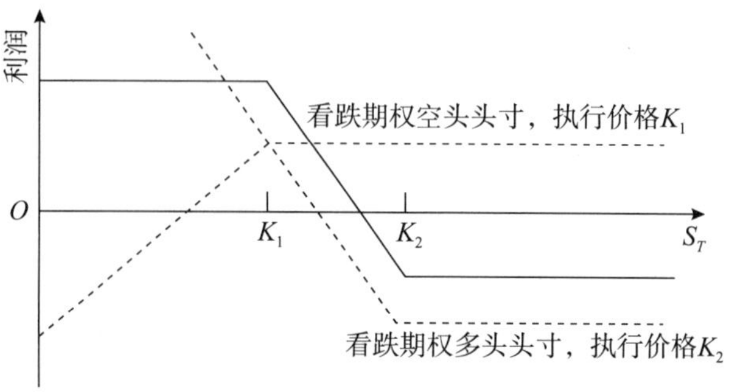

图 15-8 熊市垂直套利损益情况（以看跌期权为例）

程序 15-2

熊市看跌期权垂直套利

（1）当 $S_T \geqslant K_2$ 时，两个期权都不会被执行。此时投资者在交易中的获利为$-(P_2-P_1)$。（2）当 $K_1<S_T<K_2$ 时，较低执行价格和较高执行价格的看跌期权分别不被执行和被执行。这时投资者先后以市场价买入标的资产和以 K_2 卖出标的资产，并盈利 $K_2-S_T-(P_2-P_1)$，且其盈利（亏损）随 S_T 的增加而减少（增加）。（3）当 $S_T \leqslant K_1$ 时，两个期权均被执行。此时，投资者须先后以 K_2 买入标的资产和以 K_1 卖出标的资产，其盈利 $K_2-K_1-(P_2-P_1)$（常数），与 S_T 无关。以上三种情况的收益见表 15-14。

表 15-14 熊市垂直套利盈利（以看跌期权为例）

股价范围	看跌期权多头头寸的收益	看跌期权空头头寸的收益	总收益
$S_T \leqslant K_1$	$K_2-S_T-P_2$	$S_T-K_1+P_1$	$K_2-K_1-(P_2-P_1)$
$K_1<S_T<K_2$	$K_2-S_T-P_2$	P_1	$K_2-S_T-(P_2-P_1)$
$S_T \geqslant K_2$	$-P_2$	P_1	$-(P_2-P_1)$

熊市垂直套利综合分析见表 15-15 和表 15-16。

表 15-15 熊市看涨期权垂直套利综合分析

适用情形	交易者预测行情看跌。卖方希望从熊市中获利，卖出看涨期权同时买进看涨期权以降低风险
构建成本	看涨期权权利金
最大损失	高低两个执行价格的差额－净期权费（最大损失大于净权利金）
最大利润	净权利金
损益平衡点	较低执行价格＋净期权费

表 15-16 熊市看跌期权垂直套利综合分析

适用情形	交易者预测市场价格下跌到一定水平，买方希望从熊市中获利，通过卖出看跌期权以降低权利金成本
构建成本	看跌期权权利金
最大损失	净权利金

续表

最大利润	高低两个执行价格的差额－净期权费（最大利润大于净权利金）
损益平衡点	较低执行价格＋净期权费

【例 15-9】 2021 年 5 月 25 日 ABC 公司股票以 26.10 元/股的价格交易。当日，某投资者以 1.80 元/股的价格买入 1 张 2022 年 6 月到期、执行价格为 25.00 元/股的看跌期权；以 0.30 元/股价格卖出 1 张 2022 年 6 月到期、执行价格为 27.50 元/股的看跌期权。试分析该期权的净期权费、最大损失、最大收益、损益平衡点。

净期权费：买入期权的权利金－卖出期权的权利金＝1.80－0.30＝1.50 元/股。

中间风险：净期权费＝1.50 元/股。

最大收益：较高执行价格－较低执行价格－净期权费＝27.50－25.00－1.50＝1.00 元/股。

盈亏平衡点：较低执行价格＋净期权费＝25.00＋1.50＝26.50 元/股。

（三）熊市垂直套利的交易技巧

投资者最好选择距到期日一个月内或更短时间的期权，选择的股票和期权都必须具有充足的流动性，尽力保证股票价格能在一定范围内发生变化，并且两个期权的执行价格都要高于现在的股票价格。

（四）熊市垂直套利的优缺点

1. 优点

熊市垂直套利的优点可以总结为三点：首先，与只是买进看跌期权的策略相比较，对于中期到长期的熊市交易，该策略能够减少风险并使得成本和损益平衡点降低。其次，尽管仍有交易费用，但投资者的损失具有上限。最后，越远离到期日，针对股票价格迅速下跌的情况，该头寸所提供的向下风险保护措施就越好。

2. 缺点

熊市垂直套利的缺点也可以总结为三点：一是如果股票大幅下跌，该策略所带来的收益有上限。二是该策略获得收益的约束条件较为严格，尤其是必须恰当选择两个期权执行价格，并且只有当股票价格低于较低执行价格时，投资者才能获得利润。三是随着到期日的临近，投资者获得最大利润的速度越快；反之获得最大利润的速度越慢，这就是其为向下风险提供保护所付出的代价。

第四节 水平套利策略

一、水平套利的概念

水平套利（日历套利或时间价差套利）是指交易者根据不同到期日期权合约的不同时间

价值衰减速度进行的套利。水平套利的盈利原因在于远月期权与近月期权存在不同的时间价值衰减速度。一般而言，远月期权的时间价值比近月期权衰减得慢，由此水平套利的常见操作是买入远月期权并卖出近月期权。水平套利可分为看涨期权水平套利、看跌期权水平套利、日历跨式价差和日历宽跨式价差。

通常情况下，一个期权距离到期日的时间越短，其单位时间流逝导致的期权价值变化也越大。换句话说，期权时间价值的衰减速度随到期日临近而逐渐加快，如图 15－9 所示。在其他条件相同的前提下，远月期权时间价值的衰减慢于近月期权时间价值的衰减，因此投资者可以通过卖出一个近月期权同时买入一个远月期权实现随时间推移的盈利。

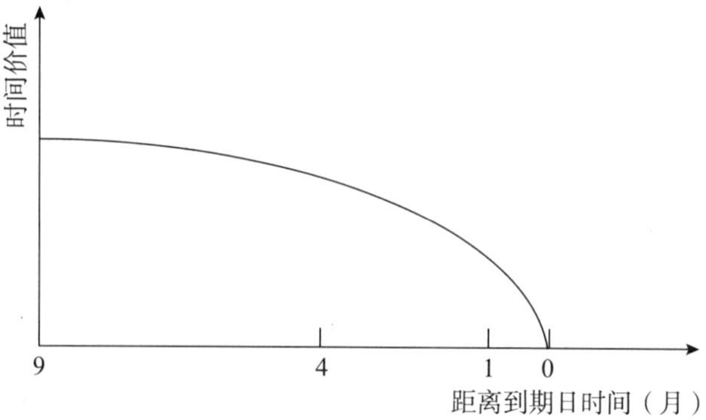

图 15－9　期权的时间价值

【例 15－10】　2024 年 6 月 5 日，某交易者以 4.85 元/股的价格买入一张 9 月 5 日到期、执行价格为 70 元/股的某股票看涨期权，同时他又以 2.65 元/股的价格卖出一张 12 月 5 日到期、执行价格为 77.5 元/股的某股票看涨期权。试计算不同股价情况下的损益。

（1）情况 1：当期权标的物的价格小于或等于 70 元/股时，两个期权都不执行，收益为：－4.85＋2.65＝－2.2 元/股。

（2）情况 2：当期权标的物的价格大于 70 元/股并且小于 77.5 元/股时，买入看涨期权被执行，但是卖出看涨期权不被执行，收益为：－4.85＋2.65＋(标的物价格－70)＝－4.85＋2.65＋(77.5－70)＝5.3 元/股。

（3）情况 3：当期权标的物的价格大于或等于 77.5 元/股时，两个期权都被执行，收益为：－4.85＋2.65＋(标的物价格－70)－(标的物价格－77.5)＝5.3 元/股。

由上述分析可知，当标的物的价格大于或等于 77.5 元/股时，该水平套利策略最有利，此时收益为 5.3 元/股。

水平套利综合分析见表 15－17。

表 15－17　水平套利综合分析

策略	购买一份到期日是长期的期权，同时售出一份执行价格相同的短期看涨期权
使用范围	预计后期价格盘整
风险	有上限，风险随价格的不断上涨或下跌而变大，但不会超过最初的构建成本
收益	有上限，且在短期期权到期时，若价格位于执行价格附近，则有收益
损益平衡点	无法定量，随着波动率、时间价值等因素的变化而变化

二、水平套利的优缺点

（一）优点

水平套利的优点在于以下几方面：首先，初始投资不高，并且易于调整头寸组合。其次，水平套利是一种债务套利，虽然在初始构建时支付了权利金，但这也意味着最大风险为权利金，风险被限定。最后，虽然构建时费用有限，但水平套利每月都可获得收益，其风险收益较为乐观。[1] 如果期权的隐含波动率[2]上升，即期权价格急剧攀升，而标的资产价格并未发生实际波动，则交易者在短期内可以从在一定范围内变化的股票价格中盈利。

（二）缺点

水平套利的缺点在于以下两方面：一是水平套利一般由相同执行价格、不同到期日的期权组合而成，因此无论到期日是否临近，期权头寸在刚构建时都同为实值或虚值期权。因此，排除因为时间而损耗价值的原因，水平套利其实也是交易隐含波动率行为的一种。二是期权隐含波动率高，市场流传的消息没有成为现实时，较远到期日期权的价格将极为活跃，从而使投资者获得收益。若消息成为现实，则较远到期日期权的隐含波动率急剧降低，将促使期权价格应势下跌，该套利的头寸也随之亏损。若股票价格上涨，则上升趋势有上限；若股票价格上涨显著，则头寸可能因为上升趋势而亏损；高利润未必代表这是有利可图的交易。

第五节　跨式套利策略

一、买入跨式套利

（一）买入跨式套利的概念

程序 15－3

买入跨式套利

买入跨式（下跨式）套利是指买入一份看跌期权，同时买入一份到期日、执行价格都相同的看涨期权。投资者在市场大幅上涨或下跌时均能从中盈利，最大亏损是支付的权利金，但最大利润没有上限。

买入跨式套利的构建情形是预期未来标的资产价格将有一段时期的大幅波动。因此，买入看涨期权和看跌期权就可从中盈利。若

① Guy，C.，*The Bible of Options Strategies*. Edinburgh：FT Prentice Hall，2005.

② Black，F.，and Scholes，M. S.，“The Pricing of Options and Corporate Liabilities”，*Journal of Political Economy*，1973(3)：637－654.

股价在到期日大幅上涨，看涨期权就会盈利；若股价在到期日大幅下跌，看跌期权就会盈利。因此，不是预计股价只有单向的上涨或下跌，而是只要股价上下波动幅度较大，即可获利。然而，若股价变动不大或保持稳定，投资者就会损失买入看涨期权与看跌期权的权利金。图 15－10 是买入跨式套利期权收益图。

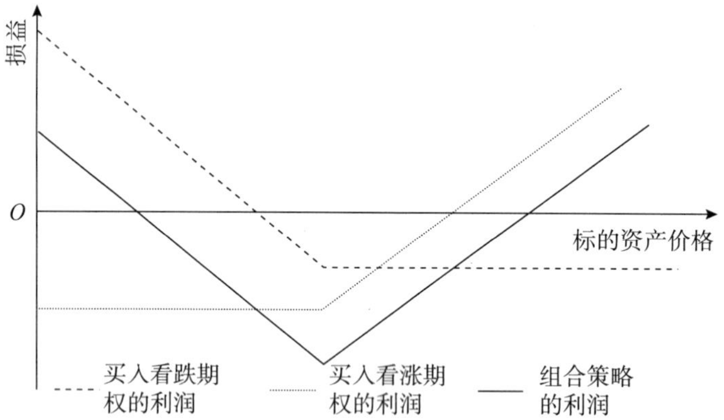

图 15－10　买入跨式套利期权收益

如果难以预测市场涨跌变化，且市场波动性逐步增强，投资者可选择买入跨式套利期权规避风险、获取收益。买入跨式套利收益如表 15－18 所示。投资者首先买入一个看跌期权，同时买入一个到期日和执行价格都相同的看涨期权，当市场大幅涨跌时都能从中获利，潜在最大损失是支付的权利金，潜在最大利润无上限。时间耗损对该策略是不利的，投资者持有跨式期权的风险随到期日临近而增大。

表 15－18　买入跨式套利收益

构建成本	所有期权的权利金
最大损失	付出的权利金
最大利润	没有上限
较低损益平衡点	期权执行价格－权利金
较高损益平衡点	期权执行价格＋权利金

买入跨式套利综合分析见表 15－19。

表 15－19　买入跨式套利综合分析

使用范围	当交易者坚信资产价格会有大幅波动，且不能确定方向时可使用该策略。波动性越大，对期权头寸越有利。预计价格波动会超过（低于）较高（低）损益平衡点
最大损失	所支付的全部权利金。时间越长，越不利于头寸
最大收益	收益随价格上涨而增加（收益＝标的资产价格－执行价格－付出的权利金）； 收益随价格下跌而增加（收益＝执行价格－标的资产价格－付出的权利金）
损益平衡点	较高损益平衡点＝执行价格＋付出的权利金； 较低损益平衡点＝执行价格－付出的权利金

【例 15－11】　假设股票 A 的当前价格是 34 元/股，买入开仓 1 月到期、执行价格为 34

元/股的看涨期权，同时买入开仓同等数量1月到期、执行价格为34元/股的看跌期权，如此就算是构建了买入跨式套利策略。策略构建时的操作如表15-20所示。

表15-20 买入跨式套利策略构建

操作	类型	执行价格（元/股）	到期月	数量（手）	期权价格（元/股）
买入开仓	看涨期权	34	1月	1	2.20
买入开仓	看跌期权	34	1月	1	2.00

计算该策略的最大损失、损益平衡点，以及到期时股票价格分别涨至40元/股或跌至26元/股时的收益。

该策略的最大损失＝付出的权利金＝4.2元/股，仅当股票价格还维持在34元/股不动的时候发生。

较高损益平衡点＝执行价格＋付出的权利金＝34.0＋4.2＝38.20元/股。

较低损益平衡点＝执行价格－付出的权利金＝34.0－4.2＝29.80元/股。

假设到期时股票价格上涨到40元/股，则该策略的收益是40－34－4.2＝1.8元/股。

假设到期时股票价格下跌到26元/股，则该策略的收益是34－26－4.2＝3.8元/股。

（二）买入跨式套利的交易策略

买入跨式套利与卖出跨式套利正相反，由买入一手某一执行价格的看涨期权，同时买入一手相同执行价格的看跌期权组成。当期货价格位于两个执行价格之间时，投资者亏损支付的权利金；当期货价格在两个损益平衡点之外时，获得的利润逐渐增加。

1. 投资损益

当期货价格＜执行价格时，投资损益＝执行价格－期货价格－总权利金。

当期货价格＞执行价格时，投资损益＝期货价格－执行价格－总权利金。

2. 投资损益平衡点

较低损益平衡点＝执行价格－收获的总权利金。

较高损益平衡点＝执行价格＋收获的总权利金。

3. 使用时机

即将公布重大消息或期货价格面临关键价格时，或者预期未来市场即将展开大行情，但无法明确多空方向时。

（三）买入跨式套利期权的交易技巧

该策略选择的股票和期权都要具有充足的流动性，需要选择合适的股票价格，投资者持有的期权最好距离到期日3个月以上，如果股票的价格没有明确的变动，投资者最好在距离到期日1个月的时候出售头寸。看涨和看跌期权最好选择平价。

（四）买入跨式套利的优缺点

1. 优点

买入跨式套利的优点如下：一是无论行情是大涨还是大跌，都有可能盈利；二是不用花时间分析方向；三是潜在的最大盈利无限，潜在损失有限；四是如果在策略构建时波动率较低且逐渐上升，则有可能买入的看涨与看跌期权都会盈利。

2. 缺点

买入跨式套利的缺点在于：一是该策略需要付出的交易手续费不少，在构建之初要付出较多的权利金；二是该策略较高和较低两个损益平衡点有可能相隔很远，需要标的资产价格上涨较大幅度才能达到损益平衡点；三是需要一段时间来确定套利收益，由于时间价值的存在，组合价值随着到期日临近在不断衰减，因此每天都存在成本损耗；四是如果隐含波动率下降，那么无论标的资产价格波动与否，该头寸都有可能亏损。

二、卖出跨式套利期权

（一）卖出跨式套利的概念

程序 15-4

卖出跨式套利

卖出跨式（上跨式）套利是以相同的执行价格、到期月份和标的资产同时卖出看涨期权和看跌期权，它适用于预期未来标的资产价格稳定的格局。若正如预期，卖出跨式套利即可赚取看涨期权及看跌期权的权利金收入。但若股价不稳定，且有大幅度、下震荡的格局，则卖出跨式套利会产生很大的损失。图 15-11 为卖出跨式套利收益。

卖出跨式套利的盈利为：$C-\max(0, S_T-K)+P-\max(0, K-S_T)$。卖出跨式套利盈利情况如表 15-21 所示。

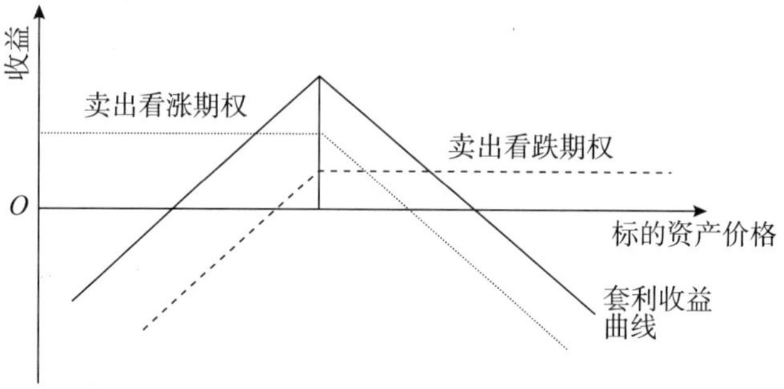

图 15-11　卖出跨式套利收益

表 15-21　卖出跨式套利盈利情况

价格区间	看涨期权空头收益	看跌期权空头收益	总收益
$S_T \geqslant K$	$K-S_T+C$	P	$K-S_T+(C+P)$
$S_T<K$	C	S_T-K+P	$S_T-K+(C+P)$

【例 15-12】　假设股票 A 的当前价格是 34 元/股，卖出开仓 1 月到期、执行价格为 34 元/股的看涨期权，同时卖出开仓同等数量 1 月到期、执行价格为 34 元/股的看跌期权，如此就算是构建了卖出跨式套利策略。策略构建时的操作如表 15-22 所示。

计算该策略的最大收益、损益平衡点，以及到期时股票价格分别涨至 36 元/股或跌至 30 元/股时的收益。

表 15－22　卖出跨式套利期权策略构建

操作	类型	执行价格（元/股）	到期月	数量（手）	期权价格（元/股）
卖出开仓	看涨期权	34	1月	1	2.20
卖出开仓	看跌期权	34	1月	1	2.00

该策略的潜在最大收益＝收到的权利金＝4.2 元/股，仅在股票价格维持在 34 元/股不动的时候发生。

较高损益平衡点＝执行价格＋收到的权利金＝34.0＋4.2＝38.2 元/股。

较低损益平衡点＝执行价格－收到的权利金＝34.0－4.2＝29.8 元/股。

假设到期的股票价格上涨到 36 元/股，则该策略的收益是 4.2－(36－34)＝2.2 元/股。

假设到期时股票价格跌到 30 元/股，则该策略的收益是 4.2－(34－30)＝0.2 元/股。

卖出跨式套利综合分析如表 15－23 所示。

表 15－23　卖出跨式套利综合分析

使用范围	交易者相信资产价格在期权到期之前仅会小幅变动，甚至没有变动。价格上升或下跌的幅度收窄；市场波动率下跌，市场情况日趋盘整，价位波幅收窄
最大损失	随着价格的持续上涨或下跌，亏损无限增大
最大收益	所收到的全部看涨期权的权利金
损益平衡点	较高损益平衡点＝执行价格＋收到的权利金；较低损益平衡点＝执行价格－收到的权利金

（二）卖出跨式套利的交易策略

卖出跨式套利由卖出一手某一执行价格的看涨期权，同时卖出一手相同执行价格的看跌期权组成。该策略的动机在于：投资者预期市场走势波动不大时，可以通过卖出期权获取权利金，而当市场价格振幅较大时，投资者将可能遭受亏损。

1. 投资损益

当期货价格＜执行价格时，投资损益＝总权利金＋期货价格－执行价格。

当期货价格＞执行价格时，投资损益＝总权利金＋执行价格－期货价格。

2. 投资损益平衡点

较低损益平衡点＝执行价格－收获的总权利金。

较高损益平衡点＝执行价格＋收获的总权利金。

当期货价格处在两个损益平衡点之间时，投资者盈利，最大利润为两个权利金之和；当期货价格处在两个损益平衡点之外时，投资者面临亏损。

3. 使用时机

期货价格趋势处于上有压力和下有支撑的情形，或者预期未来价格在较窄的幅度范围内波动。

（三）卖出跨式套利的优缺点

1. 优点

卖出跨式套利的优点在于：一方面，在标的资产价格保持不动时可以盈利，即便标的资产价格小幅上涨或小幅下跌，只要不突破损益平衡点，该策略就可以盈利；另一方面，该策略是贷方策略，构建该策略时除了占用保险金，不需要其他成本。

2. 缺点

卖出跨式套利的缺点在于：首先，相比于仅卖出看涨期权或仅卖出看跌期权，该策略需要付出更多的交易手续费，同时还会占用比较多的保证金。其次，该策略的潜在损失没有下限，但潜在最大收益为所收到的权利金。

第六节　宽跨式套利策略

宽跨式套利也称为“异价对敲”“勒束式期权组合”，是投资者同时买入或卖出相同标的资产和到期日、不同执行价格的看涨期权和看跌期权。相比于跨式套利，宽跨式套利的成本更低，但它在股票价格波动幅度较大时才能获利或损益平衡。宽跨式套利可分为买入宽跨式套利与卖出宽跨式套利，二者的区别是投资者的买卖方向不同。

一、买入宽跨式套利

（一）买入宽跨式套利的概念

图 15－12 是买入宽跨式套利收益。

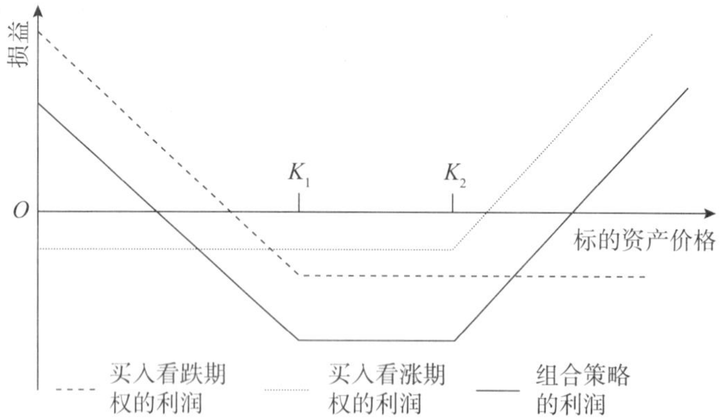

图 15－12　买入宽跨式套利收益

程序 15－5

买入宽跨式套利

买入宽跨式套利策略由一份买入虚值看跌期权，以及一份买入相同到期日的虚值看涨期权组成，其期权组合的费用更低，相应的潜在收益率更高。时间耗损不利于投资者通过构建勒式期权获利，随着到期日临近，投资者承担的风险会逐渐加大。在距离到期日 1 个月左右的时间内，时间耗损得最快。买入宽跨式套利收益如表 15－24 所示。

表 15-24 买入宽跨式套利收益

构建成本	所有期权权利金
最大损失	有限，构建时所付出的权利金
最大利润	无上限
较低损益平衡点	较低的执行价格－权利金
较高损益平衡点	较高的执行价格＋权利金

买入宽跨式套利的收益为：$\max(0,K_1-S_T)-P+\max(0,S_T-K_2)-C$ 。

下面分三种情况分析（$K_1<K_2$）：

（1）$S_T\leqslant K_1$，收益为 K_1-S_T-P-C。

（2）$K_1<S_T\leqslant K_2$，收益为 $-P-C$。

（3）$K_1<K_2<S_T$，收益为 S_T-K_2-P-C。

买入宽跨式套利综合分析如表 15-25 所示。

表 15-25 买入宽跨式套利综合分析

使用范围	交易者预计标的资产价格会有较大的变动，但无法确定方向；市场波动率上升
最大风险	构建时付出的全部权利金
收益	价格显著上行或下行均能受益。标的资产价格上行时，收益＝标的资产价格－较高的执行价格－权利金；标的资产价格下行时，收益＝较低的执行价格－标的资产价格－权利金
损益平衡点	较高损益平衡点＝较高的执行价格＋权利金；较低的损益平衡点＝较低的执行价格－权利金

【例 15-13】 假设股票 ABC 的当前价格是 34 元/股，买入开仓 1 月到期、执行价格为 35 元/股的看涨期权，同时买入开仓同等数量 1 月到期、执行价格为 33 元/股的看跌期权，如此就算是构建了买入宽跨式套利策略。策略构建时的操作如表 15-26 所示。

表 15-26 买入宽跨式套利策略构建

操作	类型	执行价格（元/股）	到期月份	数量（手）	期权价格（元/股）
买入开仓	看涨期权	35	1 月	1	0.80
买入开仓	看跌期权	33	1 月	1	0.75

计算该策略的潜在最大损失、损益平衡点，以及到期时股票价格分别涨至 40 元/股和 26 元/股时的收益。

该策略的潜在最大损失＝付出的权利金＝1.55 元/股，仅当股票价格还维持在 33 元/股至 35 元/股区间时发生。

假设到期时股票价格上涨到 40 元/股，则该策略的收益是 40－35－1.55＝3.45 元/股。

假设到期时股票价格下跌到 26 元/股，则该策略的收益是 33－26－1.55＝5.45 元/股。

较高损益平衡点＝看涨期权的执行价格＋付出的权利金＝35＋1.55＝36.55 元/股。

较低损益平衡点＝看跌期权的执行价格－付出的权利金＝33－1.55＝31.45 元/股。

（二）买入宽跨式套利的交易策略

买入宽跨式套利由买入一手较低执行价格的看跌期权，同时买入一手较高执行价格的看涨期权组成，其动机与买入跨式套利类似，投资者预期在期权到期时标的资产价格将处于两个执行价格之外。

1. 投资损益

当期货价格＜较低执行价格时，投资损益＝较低执行价格－期货价格－总权利金。

当期货价格＞较高执行价格时，投资损益＝期货价格－较高执行价格－总权利金。

2. 投资损益平衡点

较低损益平衡点＝看跌期权的执行价格－收获的总权利金。

较高损益平衡点＝看涨期权的执行价格＋收获的总权利金

（三）买入宽跨式套利期权的交易技巧

投资者构建宽跨式期权的股票需要具有充足的流动性，股票价格要在合适的范围内。投资者最好选择距离到期日 3 个月以上的期权，在距离到期日 1 个月的时候最好售出平仓。期权也要具有良好的流动性，看跌期权的执行价格要低于当前股票价格，看涨期权的执行价格要高于当前股票价格。

（四）买入宽跨式套利的优缺点

1. 优点

买入宽跨式套利期权的优点有：首先，无论行情涨跌，投资者都有盈利可能，而且潜在的最大利润无上限，但潜在亏损有下限。若在策略构建时波动率较低，且波动率上升，则投资者买入的看涨与看跌期权可能都会盈利。在成本方面，该策略比传统的买入跨式套利更低，且更节省时间，不用费尽心思去判断方向。其次，在策略已经盈利的前提下，标的资产价格发生同等幅度波动，该策略的利润率要比传统的买入跨式套利高。因为该策略所买入的看涨或看跌期权都是虚值的，头寸时间价值的损耗速度也要慢于传统的跨式套利。

2. 缺点

买入宽跨式套利的缺点如下：相比于只买入看涨期权或只买入看跌期权，该策略需要付出的交易手续费要多一些。同时，该策略的较高和较低两个损益平衡点有可能相隔很远，标的资产价格需要较大幅度的上涨才能达到损益平衡点。即便标的资产价格上涨或下跌，如果不能突破损益平衡点，则该策略还是会亏损。如果隐含波动率下降，那么无论标的资产价格波动与否，该头寸都有可能亏损。

二、卖出宽跨式套利

程序 15－6

卖出宽跨式套利

（一）卖出宽跨式套利的概念

卖出宽跨式套利是以较高执行价格卖出看涨期权，并以较低执行价格卖出看跌期权。它是卖出跨式套利的孪生策略，还可理解为与买入宽跨式套利相反。卖出宽跨式套利相当于把一个买入宽跨式期权卖给交易对手，当行情大幅上涨或大幅下跌时，交易对手会盈利，己方会亏损；当行情横盘不动时，买入宽跨式期权的交易对手会亏损，己方会盈利。己方的盈利可以理解为交易对手为买入宽跨式期权所付出的权利金。从收益风险特征来看，卖出宽跨式套利与买入宽跨式套利也正好相反。该策略的套利收益见图 15-13。

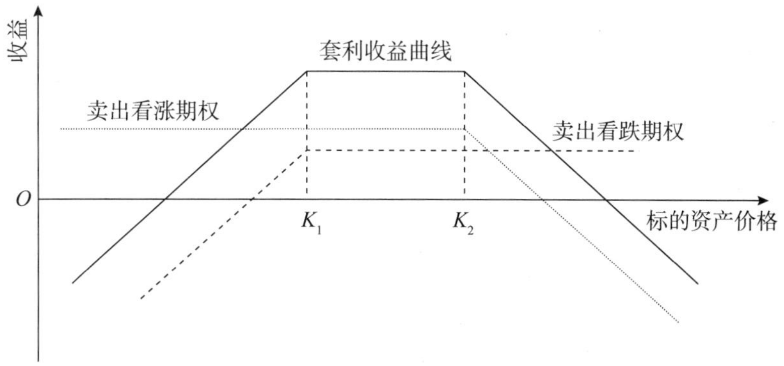

图 15-13 卖出宽跨式套利收益

卖出宽跨式套利的收益为：$-\max(0,S_T-K_2)+C-\max(0,K_1-S_T)+P$。

下面分三种情况分析（$K_1<K_2$）：

（1）$S_T\leqslant K_1$，收益：$C+P-K_1+S_T$。

（2）$K_1<S_T\leqslant K_2$，收益：$C+P$。

（3）$S_T>K_2$，收益：$-S_T+K_2+P+C$。

卖出宽跨式套利综合分析如表 15-27 所示。

表 15-27 卖出宽跨式套利综合分析

使用范围	交易者自信资产价格会小幅变动，甚至没有变动；价格上升或下跌的幅度收窄；市场波动率下跌；市况日趋盘整，价位波幅收窄
最大风险	当标的资产价格上行时，期权买方有权执行看涨期权，卖方损失＝执行价格－标的资产价格＋权利金；当标的资产价格下行时，期权买方有权执行看跌期权，卖方损失＝标的资产价格－执行价格＋权利金
最大收益	所收取的全部权利金
损益平衡点	较高损益平衡点＝执行价格＋总权利金；较低损益平衡点＝执行价格－总权利金

【例 15-14】 假设股票 A 的当前价格是 34 元/股，卖出开仓 1 月到期、执行价格为 35 元/股的看涨期权，同时卖出开仓同等数量 1 月到期、执行价格为 33 元/股的看跌期权，如此就算是构建了卖出宽跨式套利策略。策略构建时的操作如表 15-28 所示。

表 15-28 卖出宽跨式套利策略构建

操作	类型	执行价格（元/股）	到期月份	数量（手）	期权价格（元/股）
卖出开仓	看涨期权	35	1月	1	0.80
卖出开仓	看跌期权	33	1月	1	0.75

试分析该策略的潜在最大收益，以及到期股票价格分别为36元/股、32元/股、40元/股和25元/股时的策略收益、损益平衡点。

该策略的潜在最大收益=收到的权利金=1.55元/股，仅当股票价格还维持在33元/股至35元/股区间时发生。

假设到期时股票价格上涨到36元/股，则该策略的收益是1.55−(36−35)=0.55元/股。

假设到期时股票价格下跌到32元/股，则该策略的收益是1.55−(33−32)=0.55元/股。

假设到期时股票价格上涨到40元/股，则该策略的收益是1.55−(40−35)=−3.45元/股。

假设到期时股票价格下跌到25元/股，则该策略的收益是1.55−(33−25)=−6.45元/股。

较高损益平衡点=看涨期权的执行价格+收到的权利金=35+1.55=36.55元/股。

较低损益平衡点=看跌期权的执行价格−收到的权利金=33−1.55=31.45元/股。

（二）卖出宽跨式套利的交易策略

卖出宽跨式套利由卖出一手较高执行价格的看涨期权，同时卖出一手较低执行价格的看跌期权组成。该策略的采用动机与卖出跨式套利相同，但获利区间稍大。

1. 投资损益

当期货价格<较低的执行价格时，投资损益=总权利金+期货价格−较低的执行价格。

当期货价格>较高的执行价格时，投资损益=总权利金+较高的执行价格−期货价格。

2. 投资损益平衡点

较低损益平衡点=看跌期权执行价格−收获的总权利金。

较高损益平衡点=看涨期权执行价格+收获的总权利金。

3. 使用时机

与卖出跨式套利类似，该策略适用于期货走势处于上有压力和下有支撑的情形，或者预期未来股票价格将会在较窄的范围内上下波动的情形。

（三）卖出宽跨式套利的优缺点

1. 优点

卖出宽跨式套利的优点如下：作为贷方策略，在构建之初就收到了权利金。在标的资产价格保持不动时可以盈利，即便标的资产价格小幅上涨或小幅下跌，只要不突破损益平衡点，该策略就可以盈利。相比于卖出跨式套利策略，该策略的两个损益平衡点间距较大，说明胜算较大。在策略构建之初，交易者在隐含波动率较高的情况下，甚至能从其下降的过程中获利。

2. 缺点

卖出宽跨式套利的缺点如下：相比于卖出跨式套利，该策略在构建之初收到的权利金较少。卖出宽跨式套利的潜在亏损无限，如果标的资产价格朝一个方向大幅波动，则该策略有可能遭受重大损失。在成本上，该策略会占用比较多的保证金。

第七节 蝶式套利策略

一、蝶式套利的概念

蝶式套利（butterfly spread）策略适用于市场震荡情形，当市场变化趋势不明显时，股价涨或跌对投资者而言均不利，反而横盘能盈利最多。因此，投资者选择该策略可以获利。蝶式期权组合相对复杂，一般情况下由四个期权组成，可分别通过买入看涨期权和买入看跌期权来构建。本节主要介绍通过买入看涨期权和卖出看涨期权来构建蝶式组合，买入看跌期权的构建方式与其相似。

蝶式套利策略由三种具有相同标的资产和到期期限、不同执行价格的期权合约组成，因为形状像蝴蝶的翅膀一样对称分布于身体两侧，因此被称为蝶式套利。蝶式套利中的三个合约分别是远期合约、更远期合约以及近期合约，分别对应于中间、远端和近端。蝶式套利又可分为买入蝶式套利与卖出蝶式套利两类，其区别是投资方向不同。

二、买入蝶式套利

（一）买入蝶式套利的概念

买入蝶式套利是一种中级策略，可以从在一定范围内波动的股票价格中盈利。事实上，它是牛市看跌期权价差和熊市看涨期权价差的组合。由于较高执行价格的看跌期权和较低执行价格的看涨期权具有相同的执行价格，从损益图上看是蝴蝶的形状[①]，由此该策略被称为蝶式套利。一般而言，交易者在买入蝶式套利期权时，首先，会在支持价位下交易牛市看跌期权价差；其次，当股价反弹至远离阻力价位时，就能交易熊市看涨期权价差，从而构建买入蝶式套利策略。

买入蝶式套利有两种形式：一是买入一份较低执行价格的看涨期权，卖出两份中间执行价格的看涨期权，再买入一份较高执行价格的看涨期权；二是买入一份较低执行价格的看跌期权，卖出两份中间执行价格的看跌期权，再买入一份较高执行价格的看跌期权。在理想的情况下，股票价格会处在较高和较低的期权执行价格之间，若在股票价格位于中间执行价格时，期权到期，投资者就可以获得最大盈利。若所有的期权到期都变得没有价值，投资者便可以维持策略的净权利金。该策略的净权利金能扩大损益平衡点的范围，也就是说，买入蝶式套利中的牛市看跌期权价差部分能有利于熊市看涨期权价差，反之亦然。图 15-14 是买入蝶

程序 15-7

买入蝶式套利

① 王勇．期权交易：核心策略与技巧解析．北京：电子工业出版社，2015.

式套利的收益图。

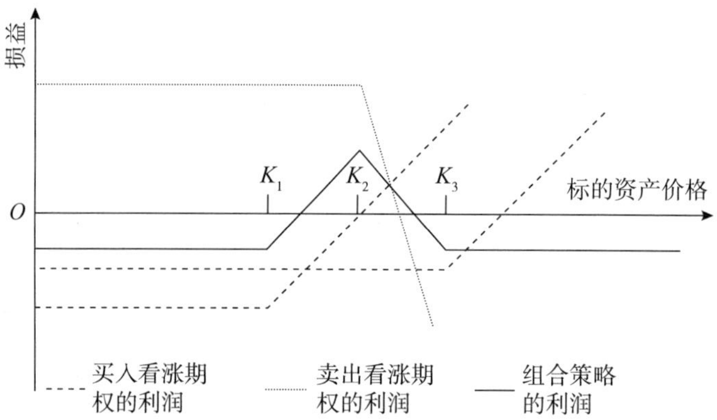

图 15－14　买入蝶式套利收益

（二）买入蝶式套利的损益

当出现获利趋势时，时间耗损对该套利期权组合是有利的。当出现损失趋势时，时间耗损对该套利期权组合是不利的。买入蝶式套利收益如表 15－29 所示。

表 15－29　买入蝶式套利收益

构建成本	有上限，支付的净权利金
最大损失	有上限，支付的净权利金
最大利润	中间执行价格－较低执行价格－支付的净权利金
较低损益平衡点	较低执行价格＋支付的净权利金
较高损益平衡点	较高执行价格－支付的净权利金

【例 15－15】　2021 年 5 月 17 日 A 公司股票以 40 元/股的价格交易。当日，某投资者以 6 元的价格买入 1 张 2022 年 6 月到期、执行价格为 35 元的看涨期权；再以 3 元的价格售出 2 张 2022 年 6 月到期、执行价格为 40 元的看涨期权；并且再以 1 元的价格买入 1 张 2022 年 6 月到期、执行价格为 45 元的看涨期权，期权的合约单位均为 10 000。

试计算该策略的损益情况，以及当到期日股价分别为 45 元/股和 40 元/股时的组合损益。

该操作付出的净权利金是（6＋1－2×3）×10 000＝10 000 元。

最大损失：净权利金是（6＋1－2×3）×10 000＝10 000 元。

最大收益：相邻两个执行价格的差额－净权利金＝(5－1)×10 000＝40 000 元。

较低损益平衡点：较低执行价格＋净权利金＝35＋1＝36 元/股。

较高损益平衡点：较高执行价格－净权利金＝45－1＝44 元/股。

2022 年 6 月 23 日（到期日）A 公司股价上涨到 45 元/股，投资者使用该组合的净损失为 10 000 元。

2022 年 6 月 23 日（到期日）A 公司股价仍保持 40 元/股，投资者使用该组合的净收益为 40 000 元。

买入蝶式套利综合分析如表 15－30 所示。

表 15-30 买入蝶式套利综合分析

使用范围	投资者自信标的资产价格不可能发生较大波动，预期市价将进入盘整局面，希望在一定市价范围内赚取时间价值及波动幅度值，但又想规避市价超出预期的买卖范围而带来的风险
最大风险	净权利金
最大收益	中间执行价格－较低执行价格－净权利金
损益平衡点	较高损益平衡点＝中间执行价格＋权利金；较低损益平衡点＝中间执行价格－权利金

（三）买入蝶式套利的交易技巧

买入蝶式套利的交易技巧有以下几点：第一，投资者选择的股票需要具有较高的流动性，并且股票的价格能够在一定范围内变动。第二，投资者选择的期权流动性较高，且较高执行价格与中间执行价格之差等于中间执行价格与较低执行价格之差，中间执行价格近乎平价，较低执行价格还需要小于当前股票价格。第三，该策略作为短期策略，投资者不宜持有到期日大于 1 个月的期权。

（四）买入蝶式套利的优缺点

1. 优点

买入蝶式套利的优点如下：当向下风险较低且无成本时，投资者可以从一定变动范围的股票价格中盈利。当获得一定量的潜在收益时，风险较小且存在损失上限。

2. 缺点

买入蝶式套利的缺点如下：若当期权执行价格的范围较大以及距离到期日较远时，投资者不能收获较高的潜在收益；此外，竞买与竞卖价差①也会导致交易质量下降。

三、卖出蝶式套利

（一）卖出蝶式套利的概念

卖出蝶式套利与买入蝶式套利相反，是波动率策略的一种。投资者并非普遍使用卖出蝶式套利策略，究其原因，虽然投资者能收到净权利金，但该策略相比马鞍式期权和勒式期权获得的盈利较少，而风险却仅比后两者稍低。

程序 15-8

卖出蝶式套利

卖出蝶式套利包括一份具有较低执行价格的卖出看涨期权、两份平价买入看涨期权和一份虚值卖出看涨期权，其中具体包含两类：卖出一份较低执行价格看涨期权，买入两份中间执行价格看涨期权，再卖出一份较高执行价格看涨期权；卖出一份较低执行价格看跌期权，买入两份中间执行价格看跌期权，再卖出一份较高执行价格看跌期权。因此如果股票价格大幅变动，相应的头寸将能获利。问题

① 竞买是一种以公开竞价的方式将特定物品或财产权利转让给出价最高者的买卖方式。竞卖通常指在金融市场中，卖方愿意以较低的价格出售某个金融资产，并向市场提交相应的价格和数量，以争取卖出。

在于收益是严格具有上限的且如果股票价格没有变化，潜在风险通常会使该收益缩水。

（二）卖出蝶式套利的损益

卖出蝶式套利的盈利为：

$$C_1 - \max(0, S_T - K_1) + 2\max(0, S_T - K_2) - 2C_2 + C_3 - \max(0, S_T - K_3)$$

卖出蝶式套利收益如图 15-15 所示。

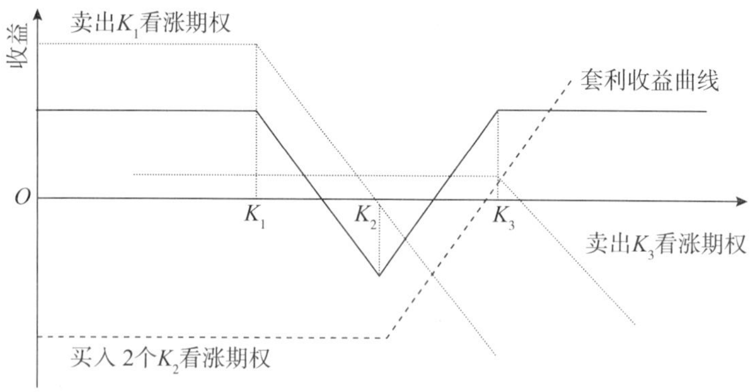

图 15-15　卖出蝶式套利收益

卖出蝶式套利综合分析如表 15-31 所示。

表 15-31　卖出蝶式套利综合分析

使用范围	投资者自信标的资产价格将会发生较大波动，预期标的资产结算价会在平衡点之外。投资者认为市价出现向上或向下突破，但又不想支付太多权利金，而且投资者决定无论市价上升或下跌，一旦价格到了某个水平便将策略平仓，因此，没必要保留市况无限上升或下跌的机会
最大风险	中间执行价格－较低执行价格－净权利金
最大收益	净权利金
损益平衡点	较高损益平衡点＝中间执行价格＋净权利金；较低损益平衡点＝中间执行价格－净权利金

【例 15-16】　假设股票 A 的当前价格是 33.57 元/股，由表 15-32 构建一个卖出蝶式套利策略，试分析该期权策略下的净权利金、潜在最大收益和亏损、损益平衡点和盈利区间。

表 15-32　卖出蝶式套利策略构建

操作	类型	执行价格（元/股）	到期月份	数量（手）	期权价格（元/股）
卖出开仓	看涨期权	32	1月	1	1.38
买入开仓	看涨期权	33	1月	2	0.63
卖出开仓	看涨期权	34	1月	1	0.06

该策略收到的净权利金为（0.06－0.63）＋（1.38－0.63）＝0.18 元/股。

潜在最大收益为 0.18 元/股。

潜在最大亏损为（1－0.18）＝0.82 元/股。

较低执行价格为 32 元/股，较低损益平衡点是 32+0.18=32.18 元/股。

较高执行价格为 34 元/股，较高损益平衡点是 34−0.18=33.82 元/股。

32.18 元/股至 33.82 元/股是该策略的亏损区间，只要到期时标的价格在此区间之外，就可以盈利。

（三）卖出蝶式套利的交易技巧

卖出蝶式套利的交易技巧如下：第一，投资者选择的股票需要具有较高的流动性，并且股票的价格可以在一定范围内波动。第二，投资者选择的期权要具有较高的流动性，较低执行价格需要低于当前股票价格，中间执行价格尽可能地接近平价，较高执行价格与中间执行价格的差额等于中间执行价格与较低执行价格的差额。第三，该策略为短期策略，长期持有不利于投资者盈利，最长在到期日前 1 个月行权。

（四）卖出蝶式套利的优缺点

1. 优点

卖出蝶式套利的优点为：投资者只须支付很低的资本费用就可从在一定范围内变化的股票价格中盈利，且在股票价格大幅波动时，获得的潜在收益较高，同时面临的风险具有上界。

2. 缺点

卖出蝶式套利的缺点为：只有当执行价格之间的差额较大且接近到期日时，才能获得较大的潜在盈利，而且潜在亏损远大于投资者所能获得的盈利。此外，竞买和竞卖价差会负向作用于交易质量。

第八节 飞鹰式套利策略

一、飞鹰式套利的概念

飞鹰式套利也叫秃鹰式套利，是指分别卖出（买入）两份两种不同执行价格的期权，同时分别买入（卖出）两份较低和较高执行价格的期权。所有期权的到期日和执行价格间距都相同。外围的期权就像飞鹰的翅膀，中间的两份期权就像是飞鹰的身体。飞鹰式套利与蝶式套利极其相似，区别就在于中间执行价格期权合约的选择。

程序 15-9

买入飞鹰式套利

二、买入飞鹰式套利

（一）买入飞鹰式套利的概念

除了买入期权的两个中间执行价格不相等以外，买入飞鹰式套利同买入蝶式套利相同。买入看涨飞鹰式套利是另一种股票价格在一定范围内变化的策略，该策略比较常用，因为它能够提供较合理的风险和收益率且成本较低。在较高和较低执行价格下，买入期权能够保证在两个方向的风险都具有上限，这是一种较为保守的策略。

买入飞鹰式套利包括一份具有较低执行价格的买入看涨期权、一份较低中间价位的实值卖出看涨期权、一份较高中间价位的虚值卖出看涨期权和一份具有较高执行价格的虚值买入看涨期权。因此如果股票价格在一定范围内波动，相应的头寸将能获利。问题还是在于风险和收益率很吸引人，而且在该组合的风险情况中，获利区域比买入蝶式套利大。买入飞鹰式套利收益如图 15 - 16 所示。

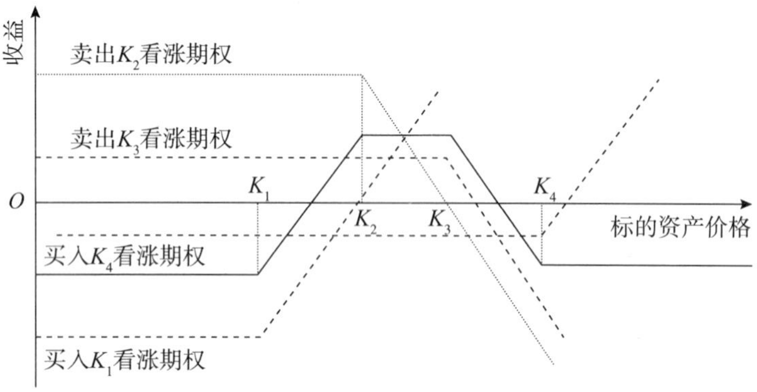

图 15 - 16　买入飞鹰式套利收益

买入飞鹰式套利盈利为：

$$C_A - \max(0, S_T - K_1) + \max(0, S_T - K_2) - C_2 + \max(0, S_T - K_3) - C_3 + C_4 - \max(0, S_T - K_4)$$

买入飞鹰式套利盈利情况和综合分析如表 15 - 33 和表 15 - 34 所示。

表 15 - 33　买入飞鹰式套利盈利

价格区间	看涨期权 1 多头收益	看涨期权 2 空头收益	看涨期权 3 空头收益	看涨期权 4 多头收益	总收益
$S_T \geqslant K_4$	$S_T - K_1 - C_1$	$K_2 - S_T + C_2$	$K_3 - S_T - C_3$	$S_T - K_4 - C_4$	$(C_2 - C_3 - C_1 - C_4) + K_2 + K_3 - K_1 - K_4$
$K_3 \leqslant S_T < K_4$	$S_T - K_1 - C_1$	$K_2 - S_T + C_2$	$K_3 - S_T - C_3$	$-C_4$	$(C_2 - C_3 - C_1 - C_4) + K_2 - K_1 + K_3 - S_T$
$K_2 \leqslant S_T < K_3$	$S_T - K_1 - C_1$	$K_2 - S_T + C_2$	C_3	$-C_4$	$(C_2 + C_3 - C_1 - C_4) + K_2 - K_1$
$K_1 \leqslant S_T < K_2$	$S_T - K_1 - C_1$	C_2	C_3	$-C_4$	$S_T - K_1 + (C_2 + C_3 - C_1 - C_4)$
$S_T < K_1$	$-C_1$	C_2	C_3	$-C_4$	$(C_2 + C_3 - C_1 - C_4)$

表 15-34 买入飞鹰式套利综合分析

使用范围	交易者预计标的资产价格在期权存续期内仅会在中低执行价格与中高执行价格之间波动，但不确定后市。时间价格会处于某个幅度内，但希望投资一个比蝶式更保守的组合，即扩大平衡点之间的价格范围，而将损失控制在一定水平上。
最大风险	净权利金
最大收益	若到期标的资产价格介于中低执行价格与中高执行价格之间，则： 最大收益＝中高执行价格－较低执行价格－净权利金
损益平衡点	较高损益平衡点＝中间执行价格＋最大收益； 较低损益平衡点＝中间执行价格－最大收益

【例 15-17】 假设股票 A 的当前价格是 33.57 元/股，由表 15-35 构建一个买入飞鹰式套利策略，试分析该策略下的净权利金、潜在最大收益和亏损、损益平衡点和盈利区间。

表 15-35 买入飞鹰式套利策略构建

操作	类型	执行价格（元/股）	到期月份	数量（手）	期权价格（元/股）
买入开仓	看涨期权	35	1月	1	0.60
卖出开仓	看跌期权	34	1月	1	0.70
买入开仓	看涨期权	32	1月	1	1.20
卖出开仓	看跌期权	33	1月	1	0.50

该策略收到的净权利金为：(0.70＋0.50)－(0.60＋1.20)＝－0.60 元/股；

潜在最大损失为：0.60 元/股；

潜在最大收益为：－0.60＋33－32－＝0.40 元/股，若到期时股票 A 的价格在 33～34 元/股区间，该策略取得最大收益；

较低损益平衡点为 32＋0.60＝32.60 元/股；

较高损益平衡点为 35－0.60＝34.40 元/股；

只有价格落在 32.60～34.40 元/股区间，该策略才能够实现盈利。

（二）买入飞鹰式套利的优缺点

1. 优点

买入飞鹰式套利适合于投资者对后市没有把握，但期待标的资产价格到期时能在中低执行价格与中高执行价格之间。与蝶式套利相比，在该组合下，投资者认为，市场价格会处于某个幅度内，同时，投资者期待投资一个比蝶式套利更保守的组合，即扩大平衡点之内的价格范围，而将损失控制在一定水平上。该策略适合对市场有一定预判但不确定方向的投资者，可以有效控制风险并寻求收益最大化。

2. 缺点

买入飞鹰式套利的盈利依赖于市场在一定范围内波动，因此，对市场波动性的准确判断至关重要。当市场实际价格超出一定范围时，该策略将出现一定规模的损失。

三、卖出飞鹰式套利

（一）卖出飞鹰式套利的概念

程序 15-10

卖出飞鹰式套利

卖出飞鹰式套利同卖空蝶式套利相似，唯一的区别是二者的两个中间价位的买入期权具有不同的执行价格。卖出看涨飞鹰式套利与买入看涨飞鹰式套利相反，对卖出飞鹰式套利的使用并不是特别普遍，虽然该策略能产生净权利金，但风险相对于马鞍式期权和勒式期权略低，而对应的收益却少很多。

卖出看涨飞鹰式套利包括一份较低执行价格的卖出看涨期权、一份较低中间价位的虚值买入看涨期权、一份较高中间价位的实值买入看涨期权和一份具有较高执行价格的实值卖出看涨期权。因此，如果股票价格大幅波动，相应的头寸将能获利。问题还是在于收益是严格具有上限的，而且如果股票价格没有变化，潜在风险通常会使该收益缩水。卖出飞鹰式套利收益如图 15-17 所示。

卖出飞鹰式套利综合分析情况如表 15-36 所示。

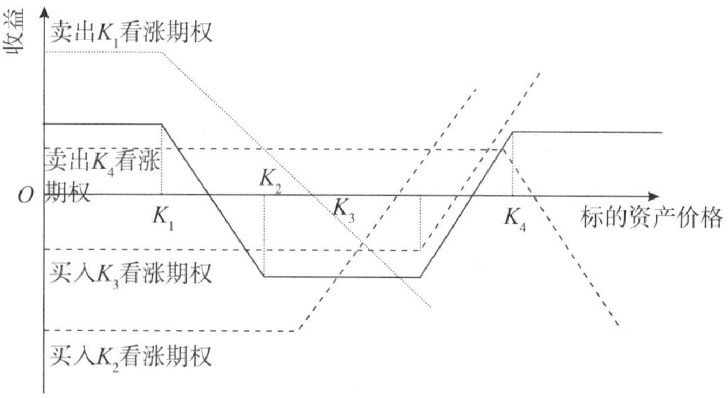

图 15-17 卖出飞鹰式套利收益

表 15-36 卖出飞鹰式套利综合分析

使用范围	投资者预计标的资产价格在到期日会小于较低执行价格或大于较高执行价格，同时对后市不确定。市场会出现向上或向下的突破，但投资者不想支付太高的蝶式套利权利金，因此愿意拉大平衡点距离，减少权利金支出
最大风险	若到期标的资产价格在中低执行价格与中高执行价格之间，则最大损失＝中低执行价格－较低执行价格－净权利金
最大收益	净权利金
损益平衡点	较高损益平衡点＝较高执行价格－净权利金；较低损益平衡点＝较低执行价格＋净权利金

【例 15-18】 假设股票 A 的当前价格是 33.57 元/股，由表 15-37 构建一个卖出飞鹰式套利策略。试分析该策略下的净权利金、潜在最大收益和亏损、损益平衡点和盈利区间。

表 15－37 卖出飞鹰式套利策略构建

操作	类型	执行价格（元/股）	到期月份	数量（手）	期权价格（元/股）
卖出开仓	看涨期权	35	1月	1	0.60
买入开仓	看涨期权	34	1月	1	0.70
卖出开仓	看涨期权	32	1月	1	1.20
买入开仓	看涨期权	33	1月	1	0.50

该策略收到的净权利金为（0.60＋1.20）－（0.70＋0.50）＝0.60 元/股；

若到期时股票价格为低于 32 元/股或高于 35 元/股，该策略取得最大收益，且潜在最大收益为 0.60 元/股；

潜在最大亏损为 32－33＋0.60＝－0.40 元/股；

较低损益平衡点为 32＋0.60＝32.60 元/股；

较高损益平衡点为 35－0.60＝34.40 元/股；

只有股票价格落在 32.60～34.40 元/股区间之外，该策略才能够实现盈利。

（二）卖出飞鹰式套利的优缺点

1. 优点

卖出飞鹰式套利的优点与买入飞鹰式套利的优点类似，在无成本和较低的向下风险情况下，投资者可以从在一定范围内变动的股票价格中获取利润。与潜在利润相比，该期权风险较低且具有最高上限。若股票价格在一定范围内波动，则投资者获得较高潜在利润。相比于宽跨式套利策略，飞鹰式套利策略具有风险有限的特点，而相比于蝶式套利策略，它扩大了平衡点之间的价格范围，能获取更为稳定的收益，也相对保守。因此，飞鹰式套利策略通过不同执行价格期权的看涨（看跌）组合，使得风险和收益均有限，更适合稳健保守型投资者。

2. 缺点

卖出飞鹰式套利的缺点在于：投资者在期权执行价格的范围较大时并不会获得较高的潜在利润，而且距离到期日较远时，也不会出现较高的潜在利润。竞买和竞卖价差会负向影响交易质量。

【本章小结】

本章对四种基本的期权交易策略：买入看涨期权、卖出看涨期权、买入看跌期权、卖出看跌期权做了详细介绍，关于选择买入或卖出适当的看涨或看跌期权也有进一步的探讨。这四种基本的期权交易策略虽然较为简单，但还有很多变化策略及风险特征值得学习。此外，我们又介绍了更为高级复杂的期权交易策略：边界套利策略、垂直套利策略、水平套利策略、跨式套利策略、宽跨式套利策略、蝶式套利策略和飞鹰式套利策略，特别是对各交易策略的概念、交易技巧和优缺点进行了详细介绍，最后对各策略的适用范围、最大损失、最大收益和损益平衡点做了综合分析。上述期权交易策略也是利用期权进行风险对冲模型构建的重要组成部分，同时，也是投资者结合自身条件和对市场的判断经常采用的交易策略。

【课后习题】

1. 卖出跨式套利的风险真的很大吗?

2. 怎么降低买入看跌期权的成本?

3. 结合不同类型的策略操作，选择市场上多类期权做对冲策略设计，并模拟股价走势报告某一段时间内的收益情况。

4. 在未来3个月，下列3个不同标的的股票价格上升幅度如下：ABC目前股价为80元/股，上涨至92元/股；DEF目前股价为72元/股，上涨至80.64元/股；GHI目前股价为45元/股，上涨至47.7元/股。在不同标的的股票的目前价格下，3个不同看涨期权的价格如下：标的ABC 5月期80看涨期权价格=7（80=执行价格）；标的DEF 5月期70看涨期权价格=6（70=执行价格）；标的GHI 5月期45看涨期权价格=2。计算未来3个月，各看涨期权的收益率是多少？由此判断优先购买哪种看涨期权?

5. ABC股票目前市值为50元/股，其7月期40看涨期权价格$P_1=12$；其7月期50看涨期权价格$P_2=6$；其7月期60看涨期权价格$P_3=2$。试构建一个蝶式套利策略，并计算构建成本、可获得最大利润。若到期时股价为50元/股，分析执行价格分别为40元/股、50元/股和60元/股的损益情况。

6. 小波动交易策略是指当预期标的资产价格横盘或窄幅波动时所采取的交易策略，无论行情是完全横盘不动，还是略微上涨或略微下跌，该策略都能盈利，但其潜在最大收益是有限的，小波动策略不可能拥有无限大的潜在收益。请列举一个小波动交易策略，说明其使用场景、交易技巧、损益平衡点和优缺点。

第十六章

全面风险管理

本章阅读指引

全面风险管理有利于防范各种金融风险，金融业实际上是一个风险管理行业，其价值的创造必须通过对风险的有效管理来实现，因此，全面风险管理体系不是一种可有可无的奢侈品，而是金融机构赖以生存和发展的必需品。基于此，本章介绍了全面风险管理概论，以及国际重要监管协议——巴塞尔协议与全面风险管理要求；进一步重点介绍全面风险管理的基本流程，以及全面风险监管的框架与内容；最后，介绍了中国全面风险管理实践。上述内容有助于读者了解全面风险管理的历史脉络，掌握全面风险管理的框架和方法，并能窥视当前全面风险管理的实践现状和未来发展趋势。

第一节　全面风险管理概论

随着金融发展和金融创新的不断推进，金融机构面临的风险日益复杂多变，风险管理已经成为金融机构存续的关键。金融机构风险管理的内容由过去以信用风险管理为主，向信用、市场、操作风险全面管理转变，要加强对各种风险、各业务品种、各流程各环节实施有效风险管理。

一、风险与全面风险管理

随着经济金融全球化和一体化程度的不断提高，金融机构面临的风险日益多元化和复杂化，不断涌现的新型风险以及全球化的挑战要求金融机构采取全面风险管理策略，以确保其业务的可持续性和稳健性。金融风险的特征变化有如下几点：

（1）风险愈加多样性。金融领域涉及多种类型的风险，包括市场风险、信用风险、操作风险、流动性风险、战略风险等。每种类型的风险都有其独有的特征和影响。

（2）风险的相互关联性不断增强。不同类型的金融风险通常是相互关联的。例如，金融市场的波动可以影响投资组合的价值，从而导致信用风险增加。这种相互关联性增加了金融风险的复杂性。

（3）不确定性特征明显。金融市场和环境的变化不断，使得金融风险具有高度不确定性。未来的事件和趋势难以准确预测，这增加了风险管理的挑战。

（4）高杠杆更加普遍。金融机构通常使用杠杆来增强其盈利能力，但这也使其更加脆弱，容易受到市场波动的影响，从而增加了金融风险。

（5）法规要求愈加严格。金融行业受到严格的监管和法规要求，要求金融机构充分识别、衡量和管理各种风险，以确保合规性和稳定性。

因此，全面风险管理是必要的。全面风险管理不仅有助于金融机构自身的发展，也有利于整个金融体系的稳定和健康发展。

二、全面风险管理理念的产生与历史沿革

全面风险管理理念的产生可以追溯到 20 世纪下半叶，特别是 20 世纪 80 年代末和 90 年代初。在 20 世纪 80 年代末，全球金融市场开始快速发展，金融产品和交易复杂化。同时，金融危机和市场崩溃事件引发了人们对风险管理的关注。传统的单一风险管理方法不再适用于新的金融环境。

进入 20 世纪 90 年代，面对风险的发展和变化，企业不能仅仅从某项业务、某个部门的角度考虑风险，必须根据风险组合的观点，从新的高度和更加整体化的层面来关注与发展风险管理的理论与实践。一些先进的金融机构开始尝试更全面、综合的风险管理方法，将不同类型的风险（如信用风险、市场风险、操作风险等）纳入一个整体框架来管理。这些早期的全面风险管理方法被称为综合风险管理。1997 年巴塞尔银行监管委员会推出的《有效银行监管的核心原则》进一步强化了全面风险管理的理念。巴塞尔协议明确了各种风险的管理要求，如要求银行采用全面风险管理方法，包括风险识别、度量、监控、控制和报告。

21 世纪初，全面风险管理理念逐渐传播到其他金融机构和行业，并不限于银行业。投行、投资机构和保险公司开始采用全面风险管理方法，以更好地管理各种类型的风险，提高业务的稳定性和可持续性。特别是，全面风险管理的重要性在金融危机中得到了进一步凸显。2008 年的全球金融危机揭示了传统的风险管理模型存在的不足，许多金融机构的风险管理主要关注市场风险和信用风险，忽视了流动性风险、操作风险和战略风险等。金融危机表明，全面风险管理是必要的，需要同时考虑对多维度不同类型的风险进行有效管理。传统风险管理与全面风险管理的比较见表 16 - 1。

表 16 - 1　传统风险管理与全面风险管理的比较

传统风险管理模式	全面风险管理模式
独立分散的活动	内化的、全方位的过程
个别人或少数人的参与，不连续的行为	全员参与，持续的过程

续表

传统风险管理模式	全面风险管理模式
应用于损失控制，通常被归为成本因素	应用于目标实现，通过规避损失、把握机会成为盈利因素
只涉及业务层和操作层	从管理层到业务层、操作层等各个层级
主观意识	重视风险的统一计量
静态的	动态的

总的来说，全面风险管理理念的产生与历史沿革和金融市场的发展、金融危机的爆发以及监管框架的改进密切相关。这一理念考虑了风险的综合性和相互关联性，要求金融机构和企业采用更综合的方法来管理各种类型的风险，以确保业务的稳定性和可持续性。

三、全面风险管理的定义

从国际范围看，提出全面风险管理理念的主要国际组织包括美国反虚假财务报告委员会下属的发起人委员会（The Committee of Sponsoring Organizations，COSO）和巴塞尔银行监管委员会。从财务风险管理和加强内部控制的角度出发，COSO 发布的《企业风险管理：整合框架》认为企业风险管理是一个由企业的管理层及其他责任人员管理和实施，应用于战略目标的制定、识别潜在事项使风险保持在企业的风险容量范围内，并保证目标实现的过程。进一步地，巴塞尔协议对金融机构全面风险管理提出了具体的监管要求，强调了金融机构需要更加全面地识别、评估和管理各类风险，以确保其稳健经营、资本充足，并在不同市场条件下保持稳定。

由于全面风险管理理论的兴起和实践来自企业界，其管理的目标对象也特指企业，同时，金融领域的讨论主要集中在金融机构风险管理与全面风险管理的关系上，因此对金融机构全面风险管理并没有特有和统一的定义。但从基本内涵看，金融机构全面风险管理强调将信用风险、市场风险、操作风险、流动性风险等金融机构承担的所有实质性风险纳入统一的风险管理框架。因此，本章认为，金融机构全面风险管理是指金融机构董事会、高级管理层及全体员工履行相应职责，对机构各个业务层级、各种类型的风险进行全盘管理的过程。

第二节　巴塞尔协议与全面风险管理要求

一、巴塞尔协议的新进展

2008 年，全球金融危机爆发，国际经济形势急速下滑，系统性金融风险频发，并且造成全球风险传染。面对这一世界难题，需要积极寻求相应的对策以尽量减少自身受到金融危机的冲击。2010 年，以《巴塞尔协议Ⅲ》为代表的国际金融监管改革，针对本次金融危机提出了一系列的监管要求、监管理念和监管方法，在《巴塞尔协议Ⅱ》的基础上，《巴塞尔协议Ⅲ》强化了资本定义，明确了储备资本和逆周期资本，提高了损失吸收的能力，同时提出了将杠杆率作为资本的补充，扩大了风险覆盖的范围，补充了流动性监管要求，提出了宏观审慎监管的理念。《巴塞尔协议Ⅲ》的诞生为金融危机暴露的问题提出了有效的应对方法，保障了银行的风险管理有序进行，在全球银行业的发展历程中有着里程碑的意义。

自 2010 年提出《巴塞尔协议Ⅲ》后，经过不断的修订与完善，最终巴塞尔银行监管委员会的监督机构——央行行长及监管当局负责人会议（GHOS）于 2017 年 12 月正式批准了金融危机后《巴塞尔协议Ⅲ》的监管改革方案。为解决国际金融危机暴露出的当前金融机构的脆弱性，从整体框架的可信度、内部模型的精确度等必要性考虑，2017 年《巴塞尔协议Ⅲ》最终框架整体上强调宏微观审慎监管和监督，从三大支柱入手提升资本质量和水平，扩大风险覆盖面，增加披露框架以及强化全面风险治理和管理。巴塞尔协议的进程见图 16－1。

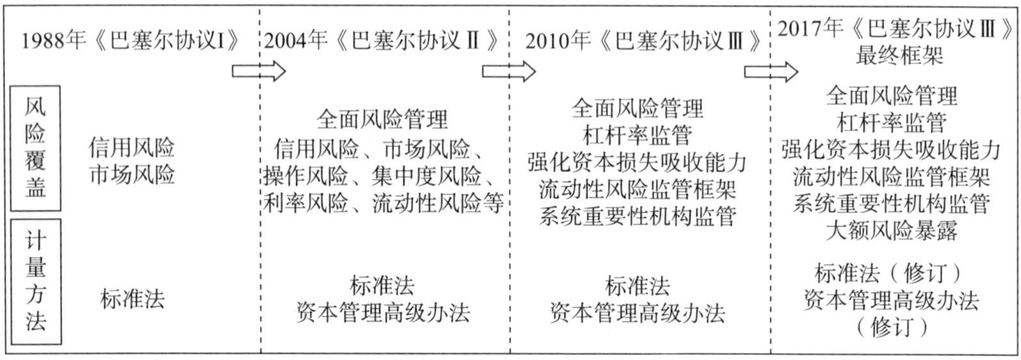

图 16－1　巴塞尔协议的进程

二、《巴塞尔协议Ⅲ》最终框架对全面风险管理的核心要求

《巴塞尔协议Ⅲ》最终框架旨在解决危机前存在的监管漏洞，提高资本计量的风险敏感度，确保风险加权资产的可比性和稳定性，以促使银行体系在经济周期的各个阶段都可持续支撑经济发展。最终框架的核心是围绕四套标准、五种比率，实现以资本为核心的多维监管。最终框架的主要修订内容包括：信用风险标准法、信用风险内部评级法、信用估值调整框架（CVA）、操作风险标准法、杠杆率计算及全球系统重要银行名单（G-SIBs）杠杆率缓冲计算，以及设置汇总计量上限。

表 16－2　《巴塞尔协议Ⅲ》最终框架主要修订内容

调整内容	明细
计量方法修改	修改信用风险权重法
	取消信用估值调整内部模型法，采用修订后的标准法
	取消操作风险资本计量的高级计量法以及其他三种标准法，提出新的标准法
限制使用内部评级法	大中型银行及金融机构取消股权风险暴露的高级法
	对违约概率（PD）、违约损失率（LGD）、违约风险暴露（EAD）的最小值做出规定

续表

调整内容	明细
设定资本底线	要求用内评法计量得到的监管资本不得小于标准法下的 72.5%
全球系统重要银行名单	提出杠杆率要求

1.《巴塞尔协议Ⅲ》最终框架：信用风险要求

改革对信用风险标准法的影响最为显著，修订内容主要包括细分资产类别、调整部分风险暴露权重以及调整表外项目信用转化系数（CCF）。为了提高风险敏感性，规定了更加细化的风险权重，特别是对按揭和商用房地产。同时，减少了对外部评级的依赖，要求使用外部评级前应做好充分的尽职调查，或规定更加细化且不涉及外部评级的计量方法。

内部评级法允许银行在一定条件下使用内部模型估算信用风险，进而估算风险加权资产（RWAs）。最终框架针对内部评级法的修订主要集中在限制其使用范围、设置风险参数底线、重新校准风险加权资产底线等方面，以收缩银行自主选择权、提升风险参数估计的可靠性。

2.《巴塞尔协议Ⅲ》最终框架：操作风险要求

为简化操作风险框架，最终框架采用了单一的标准法替代原有的四种方法和内部模型法，由业务规模参数（BIC）和内部损失乘数（ILM）两大部分构成其框架。银行需对财务数据进行收集、分析、分类，梳理损失事件数据，因此对银行内部运营管理精细化水平提出了更高的要求。

3.《巴塞尔协议Ⅲ》最终框架：市场风险要求

市场风险新标准法颠覆了旧标准法，通过汇总敏感性资本、违约风险资本和剩余风险附加得到资本要求。其中，敏感性资本依赖于内部估值模型，全面覆盖市场风险因子，需对风险因子敏感性进行分类和汇总，由此导致计算量大幅增加。新增的剩余风险附加旨在完善交易账户信用风险计量、覆盖非证券化产品、提升风险计量的精确度。

市场风险内部模型法的资本计量包含预期亏损、压力风险附加及违约风险资本要求，通过汇总合格交易台资本内部模型法要求、不合格交易台标准法资本要求及资本附加得到总资本要求。

最终框架对于交易账户和银行账户的划分规定给出了详尽的描述，从而更好地体现了对风险因子的敏感性。同时，最终框架对于获取参考数据和市场数据、设计及验证模型、梳理风险治理流程等都提出了新的要求。

4.《巴塞尔协议Ⅲ》最终框架：信息披露要求

巴塞尔银行监管委员会于 2012 年成立信息披露组，先后对三支柱框架进行了三次审查，其目标在于建立一套全球统一、透明、可比的三支柱框架。最终框架修订的三个主要方面包括：第一，将现有披露要求整合到三支柱框架，涵盖资本构成、杠杆率、流动性覆盖率、净稳定资金比例、全球系统重要银行评估指标、逆周期资本缓冲、资本账簿利率风险和薪酬；第二，引入集成表和银行披露细节用于银行审慎评估工作；第三，补充全球系统重要银行总损失吸收能力和市场风险修订框架中的信息披露要求。

第三节　全面风险管理的基本流程

一、全面风险管理的目标

把全面风险降低到零或者最小化风险不是风险管理的最终目标，没有风险，就没有收益。相反，只要确保银行所承担的风险落在它的总风险容量范围内，风险就可能获得很好的补偿。管理层根据内部环境拟定战略目标，并在银行内自上而下设定相应的其他目标。全面风险管理的方向取决于其目标的制定，因此，全面风险管理的目标是十分重要的。

金融机构首先由管理当局制定贯穿于银行的战略目标，然后再以其为基础制定其他目标。这些目标既有广泛性的，也有只针对特殊群体的，反映了不同主体的需要，可以据此建立相应的成本中心，划分不同部门和管理者的责任。针对这些目标，管理当局就可以及时改善管理措施和方案来降低风险、实现目标。

二、全面风险管理的原则

（1）全面性原则：风险管理工作务必从整体上覆盖银行全体部门岗位和业务，所有的风险类型都应被考虑进去。

（2）相互制衡原则：各个部门的职责必须清晰，需要相互制衡，各项业务操作环节也必须相互监督，这样才能防止舞弊行为。

（3）一致性原则：风险管理策略必须与银行的发展步调相一致。

（4）时效性原则：风险具有一定的时效，这就需要我们在风险发生时能及时地认知风险，并对其进行监控和管理。这样，当宏观经济、市场环境及银行经营管理发生变化时，我们才能及时适当地调整银行各项措施制度来管控风险。

（5）定性与定量相结合原则：风险管理方法分为定性与定量评估方法，在评定银行的风险时，应设定定性与定量相结合的评估标准，使风险管理工作更有效和客观。

三、全面风险管理的基本流程

所谓全面风险管理的基本流程是指依次开展以下五项工作。

（1）采集风险管理初始信息。收集与风险和风险管理相关的内外部信息，并将其整理成可用于分析的形式，为风险评估和风险管理策略的制定奠定基础（见图 16－2）。

（2）进行风险评估。风险评估是风险管理的基础，中国银行业监督管理委员会（简称“银监会”）于 2016 年 9 月公布的《银行业金融机构全面风险管理指引》要求：组织开展风险评估，及时发现风险隐患和管理漏洞，持续提高风险管理的有效性。

风险评估的目的是全面了解公司整体的风险现状，评估公司目前的风险水平；找出在现

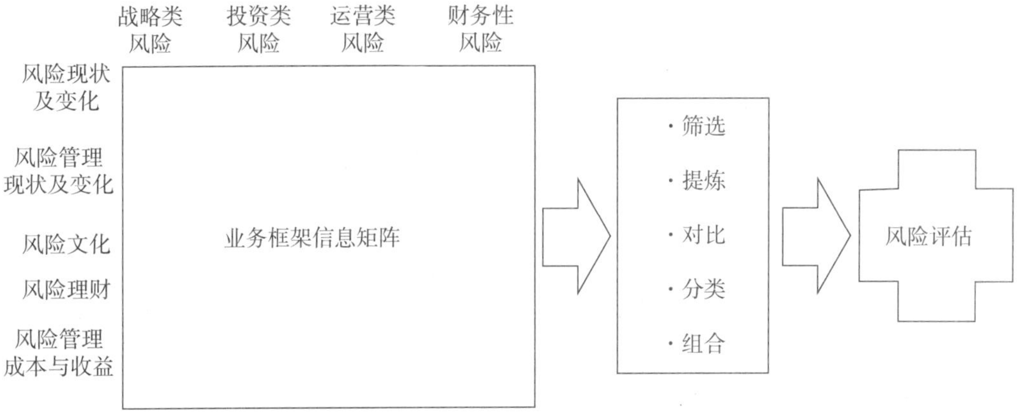

图 16-2 采集风险管理初始信息流程

有内外部环境、发展态势和管理水平下，对目标实现影响最大的风险，并进行优先排序管理。统一公司各个层面对风险的认识，形成一套通用的风险语言。风险评估的方法包括风险评估问卷调查、访谈研讨、风险图谱、风险库、定性定量分析、企业内外部资料分析等。风险评估流程包括风险辨识、风险分析、风险评价三个步骤（见图 16-3）。

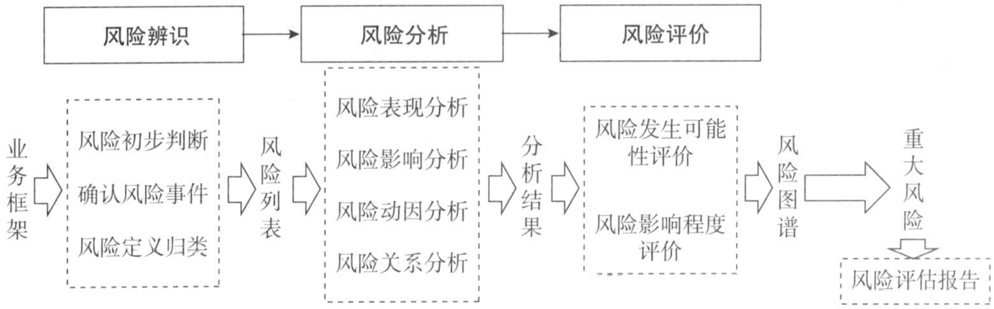

图 16-3 风险评估流程

（3）制定风险管理策略。风险管理策略是指企业根据自身条件和外部环境，围绕发展战略，确定风险偏好、风险承受度、风险管理有效性标准，选择风险承担、风险规避、风险转移、风险转换、风险对冲、风险补偿、风险控制等适合的风险管理工具的总体策略，并确定风险管理所需人力和财力资源的配置原则。风险管理策略在整个风险管理体系中起着统领全局的作用，在企业战略管理的过程中起着承上启下的作用（见图 16-4）。

（4）制定和实施风险管理解决方案。方案一般应包括以下内容：

① 设计风险管理的组织职能。包括在总部、分公司和本地网层面分别设立风险管理组织架构；在现有职能体系中加入新的职责和相应的管理流程。

② 制定风险管理制度和流程。包括与风险管理目标、风险战略的分解、风险管理责任和考核报告相关的制度；建立重大风险管理流程，形成相应的重大风险管理子系统。

③ 设计风险管理信息沟通体系。包括明确高中低各层级信息沟通的内容和重点；统一风险管理信息披露的渠道、频率、语言和格式等。

④ 设计重大风险的应对方案。包括确认适用的应对方法；使用相同的评价标准并选择

图 16－4　制定风险管理策略的内容

各方法及其组合；高层根据公司目标和风险承受度给出评定意见。

⑤ 实施风险管理的解决方案。包括制定时间表、授权、责任认定、资源配置、成功标准和实施过程中风险的应对对策；实施过程中问题的反馈、报告及调整。

（5）风险管理的监督与改进。企业应以重大风险、重大事件、重大决策、重要管理及业务流程为重点，对风险管理初始信息、风险评估、风险管理策略、关键控制活动及风险管理解决方案的实施情况进行监督，采用压力测试、返回测试、穿行测试以及风险控制自我评估等方法对风险管理的有效性进行检验，根据变化情况和存在的缺陷及时加以改进。

全面风险管理流程由以上五个基本步骤组成，是一个不断循环的过程。

第四节　全面风险管理的框架与内容

一、定义

全面风险管理框架主要是指企业在金融风险、市场风险、运营风险、战略风险等方面统筹考量，依据企业特定风险进行识别、评估、控制、评价的基本步骤，形成的一套系统的管理框架。

二、发展过程

全面风险管理框架的发展从 20 世纪 90 年代初开始，当时，大多数金融机构仍处于注重事后控制的框架中，风险管理活动只存在于单一的部门，只从经济和财务角度考虑风险。20 世纪 90 年代末以来，随着金融机构发展速度的加快，以及金融行业对风险管理需求的增加，国际金融市场的合规要求也不断提升，金融机构逐渐认识到风险管理的重要性，并开始加强风险管理的措施与实践。因此，越来越多的金融机构开始实施全面风险管理框架，以有效地识别、评估和管理企业的风险。

较早提出全面风险管理框架的权威组织是 COSO。1992 年第一版 COSO 框架《内部控制-整体框架》出台，提出控制企业风险的第一步是控制企业的内部风险。2004 年第二版 COSO 框架《企业风险管理-整合框架》出台，明确了企业风险管理包含内部控制，风险管理比内部控制范围广得多。特别是，2004 年 COSO 框架形成了目标制定（战略目标、经营目标、报告目标、合规性目标）、风险管理的构成要素或功能和组织结构三维度的全面风险管理框架。

巴塞尔协议进一步将全面风险管理与金融风险管理结合起来，其中与全面风险管理相关的内容主要体现在《巴塞尔协议Ⅱ》和《巴塞尔协议Ⅲ》中。目前，巴塞尔协议体系下的全面风险管理框架包括内部环境、目标制定、事项识别、风险评估、风险应对、风险控制活动、信息与沟通、风险监控八个维度。可以发现，巴塞尔协议框架是以 COSO 框架为基础的，并结合了银行的特殊性，因此被称为 COSO 框架在银行的具体化。

三、全面风险管理的内容

1. 内部环境

内部环境是指金融机构内部有关风险管理的基本环境，它是金融机构识别和对待风险的基础。管理层应当建立各种风险的概念，并确定金融机构可以承受的风险的大小。内部环境为管理层控制风险提供了可能，为其他内容提供了规则和基础。

2. 目标制定

管理者应当选择恰当的流程和标准去设定目标，尽量避免风险，使得目标和风险承受力相结合。管理者首先拟定贯穿于企业风险管理全过程的战略目标，之后再拟定其余与之有关的目标。风险事项随着目标的确定而基本确定下来。这就是风险管理的目标制定，即制定各种目标并使得目标与企业的风险因素相结合。这些目标从不同的方面对风险管理进行界定，而且彼此之间并不是独立的，而是交叉影响的。

3. 事项识别

由于在金融市场中到处都存在着风险，这就要求金融机构必须识别出可能对其有影响的潜在事项，包括代表风险的事项和代表机会的事项，以及二者兼有的事项。

管理者对代表风险的事项进行监控，而对代表机会的事项应及时抓住以期给金融机构带来经营成效上的提升。代表机会的事项还可能在一定程度上弥补代表风险的事项的影响，管理者应该在对风险进行识别和作出反应的阶段将其考虑在内。为了在金融机构内部创造并强化广泛的风险意识，进行事项识别时还应该对风险进行分类，并以组合观来管理风险。

4. 风险评估

要对识别的风险进行分析，以便确定管理的依据。风险与可能被影响的目标相关联。既要对固有风险进行评估，也要对剩余风险进行评估，评估要考虑到风险发生的可能性及其影响。风险发生的可能性是指某一风险事项可能发生的概率，影响则是指对企业产生的潜在影响。为了保证评估的客观性，管理者可以运用历史数据进行评估。但是管理者必须意识到历史数据毕竟是过去的数据，随着时间的推移，它们可能会发生非常大的变化，导致评估数据不够准确。

5. 风险应对

风险应对是指员工识别和评价可能的风险应对措施，包括回避、承担、降低和分担风险。应选择一系列措施使风险与主体的风险容限和风险容量相适应。管理者应该选择一个风险计划，然后根据内部环境对其进行重新组合评价，如行政部门的总监可以根据本部门的特点和要求对风险进行复合式的评估来选择相应的风险应对计划。这样，各独立部门的风险基本上被确定，再将其联系起来，就能从整体的层面去识别和应对风险。

6. 风险控制活动

风险控制活动是指金融机构采取的风险控制政策和程序保证风险应对措施的有效性，通常包括：确定一组程序以明确应该采取什么样的政策和政策将会产生什么样的影响。

信息系统的控制是金融机构进行风险控制的重要方面。信息系统的控制可以分为两种。第一种是一般控制，大部分部门和系统中都有它的身影，并且保证系统的有效运行。主要包括信息技术管理，技术基础设施管理，保密管理和软件的购买、开发和维护的控制。第二种是应用控制，主要是针对应用软件电脑程序的控制，其目的是保证获得的信息数据是准确且完整有效的，从而保证会计软件在程序上的错误能及时被发现和改正。

7. 信息与沟通

信息系统是银行全面风险管理系统的基础，它包含内部管理产生的各种数据和来自外部市场的种种信息，这些都是风险管理和监控非常重要的依据。主体的各个层级都需要借助信息来识别、评估和应对风险。各个层级的员工在履行职责时都必须及时获取来自银行内部或外部的与其相关的信息来对风险进行识别和反应，使风险管理系统能够有效地运行。还需要进行内外部的横向沟通，外部的信息如客户、供应商的风险偏好对银行的风险识别和决策也有至关重要的作用。广泛意义上的有效沟通包括信息在主体中向下、平行和向上流动。在对风险管理理念的宣传和员工责任分配说明的基础上，在企业层面建立起整体的全面风险文化架构是非常有必要的。

8. 风险监控

风险监控是指对风险管理要素和内容进行全面监控，必要时加以修正的过程。必须持续地对各项工作的推进和发展进行管理和评价，既要从整体上进行监控，也要针对某一特定的事项进行监控。这样就能保证银行的风险管理工作贯穿了各个层面，银行能够动态作出反应。监控还可以对金融机构更新管理进行记录，然后根据记录的内容、内部环境及其他影响对风险管理进行修正。所以，应该建立一整套完善的记录模式，并保持下去。

第五节　中国全面风险管理实践

一、中国全面风险管理的引进和实践

受全面风险管理国际实践的影响，中国全面风险管理的引进从企业内部控制开始并延伸到金融机构风险管理上。整体上可以分成两个阶段：国资委推动的企业全面风险管理阶段和

金融监管机构推动的金融机构全面风险管理阶段。

1. 国资委推动的企业全面风险管理阶段

20 世纪 80 年代，一些学者首次将风险管理和安全系统工程理论引入中国，一些企业试验性地采用了这些理论，并取得了令人满意的效果。然而，当时大多数中国企业对风险管理的认知较为有限，缺乏专门的风险管理机构和制度建设。直到 1999 年，修订的《中华人民共和国会计法》首次以法律形式明确了建立健全内部控制的原则要求，标志着我国内部控制制度建设的起步。财政部随即发布了一系列内部会计控制规范性文件，为内部控制的发展提供了指导。

然而，真正将内部控制和风险管理提升至法规层面的推动力是国际事件的影响。美国在 2001 年爆发的安然公司丑闻、2002 年的世通公司财务欺诈案以及随后的《萨班斯-奥克斯利法案》，引发了全球对风险管理和内部控制的高度关注。在 2006 年，中国正式成立了企业内部控制标准委员会，标志着我国开始正式推进全面风险管理体系建设。同年 6 月 6 日，国资委发布了《中央企业全面风险管理指引》，这是我国第一个关于全面风险管理的指导性文件，标志着中国在风险管理领域迈出了重要的一步，使风险管理成为中国企业管理的中心议题之一。

2008 年 5 月，财政部等五部门联合发布了《企业内部控制基本规范》（简称《规范》），《规范》自 2009 年 7 月 1 日起先在上市公司范围内施行，鼓励非上市的其他大中型企业执行。《规范》的发布，标志着我国企业内部控制规范体系建设取得重大突破，有业内人士和媒体甚至称之为中国版《萨班斯-奥克斯利法案》。

2010 年 4 月，财政部等五部门联合发布了《企业内部控制配套指引》。该配套指引包括《企业内部控制应用指引》、《企业内部控制评价指引》和《企业内部控制审计指引》，连同此前发布的《企业内部控制基本规范》，标志着适应我国企业实际情况、融合国际先进经验的中国企业内部控制规范体系基本建成。为确保企业内部控制规范体系平稳顺利实施，财政部等五部门制定了实施时间表：自 2011 年 1 月 1 日起首先在境内外同时上市的公司施行，自 2012 年 1 月 1 日起扩大到在上海证券交易所、深圳证券交易所主板上市的公司施行；在此基础上，择机在中小板和创业板上市公司施行；同时，鼓励非上市大中型企业提前执行。

2. 金融监管机构推动的金融机构全面风险管理阶段

在中国金融监管机制改革和金融风险防范过程中，中国金融监管机构对不同类型金融机构的全面风险管理有具体的规定。

首先，在保险公司全面风险管理要求上，2007 年出台了《保险公司风险管理指引（试行）》，对保险公司以及保险资产管理公司的风险管理体系的建立进行了全面的规范；2008 年出台的《保险公司偿付能力管理规定》（已于 2021 年修订），从“以合规经营监管”转变为“建立以风险为基础的动态偿付能力监管标准和监管机制”；2010 年出台的《人身保险公司全面风险管理实施指引》强调经济资本的重要作用，是国内第一部明确要求设立首席风险官的监管指引；2021 年中国银保监会发布的《保险集团公司监督管理办法》规定：保险集团公司应当整合集团风险管理资源，建立与集团战略目标、组织架构、业务模式相适应的全面风险管理体系以及科学有效的风险预警机制，有效识别、计量、评估、监测和控制集团总体风险。

其次，在商业银行全面风险管理要求上，中国银监会 2016 年发布的《银行业金融机构全面风险管理指引》规定：银行业金融机构应当建立全面风险管理体系，采取定性和定量相结合的方法，识别、计量、评估、监测、报告、控制或缓释所承担的各类风险。各类风险包括信用风险、市场风险、流动性风险、操作风险、国别风险、银行账户利率风险、声誉风险、战略风险、信息科技风险以及其他风险。该指引参考了巴塞尔银行监管委员会《有效银行监管的核心原则》的基本要求，确保国内商业银行风险管理方法与国际接轨。

最后，在证券公司全面风险管理要求上，2020 年修订的《证券公司风险控制指标管理办法》进一步明确了证券公司全面风险管理的重要性，要求实现制度建设、组织架构、人员配备、系统建设、指标体系、应对机制的风险管理全覆盖；证券业协会 2016 年发布了《证券公司全面风险管理规范》，指出：本规范所称全面风险管理，是指证券公司董事会、经理层以及全体员工共同参与，对公司经营中的流动性风险、市场风险、信用风险、操作风险、声誉风险等各类风险，进行准确识别、审慎评估、动态监控、及时应对及全程管理。该文件进一步强调首席风险官的核心作用以及沟通机制，并在国内监管指引或规范中首次明确提出了首席风险官的任职要求。2024 年 9 月，中国证券业协会修订了《证券公司全面风险管理规范》，并起草了《证券公司市场风险管理指引》，进一步完善了行业全面风险管理自律规则体系，有助于指导券商建立健全市场风险管理机制，提升全面风险管理水平。

二、中国全面风险管理面临的挑战

多年来，我国金融机构在全面风险管理方面取得了显著进展，但也面临着一些挑战，这些挑战在一定程度上制约了金融机构的发展。

一是，金融机构普遍存在风险意识不足的问题。许多金融机构未能正确认识和重视风险管理的重要性，缺乏从战略高度去全面理解和评估风险的觉悟。这导致了风险管理常常表现出被动性，金融机构往往只在风险发生后才采取相应措施，导致了潜在的损失。

二是，全面风险管理的组织职能体系不够完善。金融机构在风险管理方面的组织结构和职责分工往往存在问题，职能部门之间缺乏明确的风险管理主体，导致在风险发生时常常出现相互推诿的情况，难以积极应对风险。

三是，全面风险管理的制度和流程需要进一步健全。尽管近年来，金融机构已经逐步完善了风险管理的框架和制度，但对于大多数金融机构而言，仍然存在制度和流程不够健全的情况。需要更有针对性地制定操作性强的具体制度和流程，以适应不同金融机构的自身特点。

四是，全面风险管理手段需要更加多样化和先进化。目前，大部分金融机构仍处于风险管理的导入阶段，管理人员对全面风险管理的概念和框架可能尚不熟悉。这导致风险辨识、评估和应对手段相对单一，难以科学有效地进行定量分析。金融机构需要加强培训和技术引进，以提升风险管理的水平。

尽管我国金融机构在全面风险管理方面已经取得了一些成就，但仍然需要加强风险意识、健全组织结构、完善制度流程和采取多样化的风险防范化解手段，以更好地适应复杂多变的金融环境，提高整体风险管理的水平。

【本章小结】

本章深刻强调了全面风险管理在金融业中的关键性和不可或缺性。在本章中，我们首先讲述了全面风险管理的概论，明确了其重要性，并介绍了国际重要监管协议——巴塞尔协议对全面风险管理的要求。接着，我们重点讲解了全面风险管理的基本流程，以及全面风险监管的框架和内容，强调了风险管理需要涵盖各种类型风险，包括市场风险、信用风险、操作风险等。这有助于读者理解全面风险管理的具体实施框架。最后，我们介绍了中国在全面风险管理方面的实践经验，为读者提供了一个国际和国内的对比视角。这有助于读者深入了解当前全面风险管理的实际情况以及未来发展趋势。

本章内容为读者提供了全面风险管理的历史背景、框架和方法，有助于他们更好地理解金融风险管理的本质，为金融机构的稳健经营和可持续发展提供了有力的指导和参考。

【课后习题】

1. 风险管理的定义很多，请简述COSO对全面风险管理的定义。

2. 全面风险管理的实质是什么？应遵循的基本原则是什么？

3. 关键风险指标指用于监控风险事项状况，或能体现风险事项状况趋势的关键指标，是用来考察公司风险状况的统计数据或指标。关键风险指标的变动对风险有（　　），通过观察关键风险指标可达到监控风险的目的。

A. 示范作用　　B. 控制功能　　C. 监督作用　　D. 预警功能

4. 对风险可能造成的损失采取适当的措施进行补偿，如风险准备金和应急资本金等。这种风险策略叫（　　）。

A. 风险控制　　B. 风险转移　　C. 风险补偿　　D. 风险对冲

5. 下面哪项对风险管理策略的理解是错误的？（　　）

A. 企业实施风险管理策略就是为将企业风险降到最低

B. 风险管理策略是根据企业的风险偏好或风险容忍度来制定的

C. 风险管理策略可以单独使用也可以组合使用

D. 制定风险管理策略要确定风险管理所需人力、财力资源的配置原则

6. 国资委发布的《中央企业全面风险管理指引》中所定义的“风险”是（　　）。

A. 不能实现的业务目标

B. 企业经营过程中对未来事项预期的不确定性

C. 未来的不确定性对企业实现其经营目标的影响

D. 对企业业务目标具有关键性影响的因素以及自身的不确定性

7. 企业内部流程和信息系统、人员疏忽或管控不周所造成损失是指下列哪项风险？（　　）

A. 财务风险　　B. 战略风险　　C. 运营风险　　D. 市场风险

8. 基本风险管理工具或方案应包括（　　）。

A. 规避风险　　B. 降低风险　　C. 承受风险　　D. 分担风险

9. 全面风险管理体系建设不包括（　　）。

A. 规范的公司法人治理结构　　B. 风险管理专职部门

C. 内部审计部门　　D. 中介等外部监督机构

参考文献

［1］陈创练．量化投资学：资产配置与风险管理．广州：暨南大学出版社，2022.

［2］陈创练，黄跃．股指期货与现货市场溢出效应及动态关系研究：基于中、美、日、香港等市场的实证分析．宏观经济研究，2014（6）：113－123.

［3］陈学华，杨辉耀．VaR-APARCH 模型与证券投资风险量化分析．中国管理科学，2003（1）：22－27.

［4］迟国泰，余方平，刘轶芳．基于 VaR 的期货最优套期保值模型及应用研究．系统工程学报，2008（4）：417－423.

［5］迟国泰，赵光军，杨中原．基于 CVaR 的期货最优套期保值比率模型及应用．系统管理学报，2009（1）：27－33.

［6］付胜华，檀向球．股指期货套期保值研究及其实证分析．金融研究，2009（4）：113－119.

［7］龚锐，陈仲常，杨栋锐．GARCH 族模型计算中国股市在险价值（VaR）风险的比较研究与评述．数量经济技术经济研究，2005（7）：67－81，133.

［8］李岳男．沪深 300 股指期货程序化交易策略设计．沈阳：沈阳工业大学，2019.

［9］刘若晨．基于 SVM 的期货择时交易模型研究．南京：南京财经大学，2020.

［10］卢米雪，鲁邦克，谭智．中国股指期货市场套期保值效果的实证研究．宏观经济研究，2021（9）：44－56.

［11］期权风险管理与动态调整．期货日报，2017－09－04.

［12］王骏，张宗成，赵昌旭．中国硬麦和大豆期货市场套期保值绩效的实证研究．中国农业大学学报，2005（4）：131－137.

［13］王勇．期权交易：核心策略与技巧解析．北京：电子工业出版社，2015.

［14］吴晓求．证券投资学．5 版．北京：中国人民大学出版社，2020.

［15］赫尔．期权、期货及其他衍生产品：7 版．北京：机械工业出版社，2009.

［16］中国期货业协会．期货及衍生品基础．北京：中国财政经济出版社，2017.

［17］Acharya，V.，Engle，R.，and Richardson，M.，"Capital Shortfall：A New Approach to Ranking and Regulating Systemic Risks"，*American Economic Review*，2012（3）：59－64.

［18］Adrian，T.，and Markus，K.，"Brunnermeier CoVaR"，National Bureau of Economic Research，2011.

［19］Andersen，T. G.，Bollerslev，T.，and Diebold，F. X.，"Parametric and Non-parametric Volatility Measurement"，NBER Working Paper，2002.

［20］Arrow，K. J.，"The Role of Securities in the Optimal Allocation of Risk-Bearing"，*The Review of Economic Studies*，1964（2）：91－96.

［21］Artzner，P.，Delbaen，F.，Jean-Marc，E.，et al.，"Coherent Measures of

Risk", *Mathematical Finance*, 1999 (3): 203 - 228.

[22] Bachelier, L., "Théorie de la spéculation", *Annales de l'Ecole Normale Supérieure*, 1900: 21 - 86.

[23] Barrett, W. B., Heuson, A. J., and Gosnell, T. F., "Yield Curve Shifts and the Selection of Immunization Strategies", *Journal of Fixed Income*, 1995 (2): 53 - 64.

[24] Benoit, S., Colletaz, G., Hurlin, C., et al., "A Theoretical and Empirical Comparison of Systemic Risk Measures", HEC Paris Research Paper, 2013.

[25] Bernoulli, D., "Exposition of a New Theory on the Measurement of Risk", *Econometrica*, 1738: 23 - 36.

[26] Bernoulli, D., "Specimen theoriae novae de mensura sortis", *Commentarii Academiae Scientiarum Imperialis Petropolitanae*, 1738: 175 - 192.

[27] Bhansali, V., *Bond Portfolio Investing and Risk Management*. New York: McGraw-Hill, 2010.

[28] Bhattacharya, M., "Transactions Data Tests of Efficiency of the Chicago Board Options Exchange", *Journal of Financial Economics*, 1983 (2): 161 - 185.

[29] Black, F., and Scholes, M. S., "The Pricing of Options and Corporate Liabilities", *Journal of Political Economy*, 1973 (3): 637 - 654.

[30] Black, F., "Capital Market Equilibrium with Restricted Borrowing", *The Journal of Business*, 1972 (3): 444 - 455.

[31] Bollerslev, T., "Generalized Autoregressive Conditional Heteroskedasticity", *Journal of Econometrics*, 1986 (3): 307 - 327.

[32] Boyd, B., Locke, P., and Sun, L., "Trader Networks and Options Risk Management", *Journal of Futures Markets*, 2020 (7): 1031 - 1048.

[33] Burton, G. M., "Expectations, Bond Prices, and the Term Structure of Interest Rates", *Quarterly Journal of Economics*, 1962 (2): 197 - 218.

[34] Chan, W. H., and Maheu, J. M., "Conditional Jump Dynamics in Stock Market Returns", *Journal of Business & Economic Statistics*, 2002 (3): 377 - 389.

[35] Chen, M. L., and Hsu, C. C., "The Timing of Low-Volatility Strategy", *Finance Research Letters*, 2017: 114 - 120.

[36] Conrad, C., and Loch, K., "Anticipating Long-Term Stock Market Volatility", *Journal of Applied Econometrics*, 2015 (7): 394.

[37] Cooper, T., "Easy Volatility Investing", *Social Science Electronic Publishing*, 2013.

[38] Cox, J. C., and Ross, S. A., "The Valuation of Options for Alternative Stochastic Processes", *Journal of Financial Economics*, 1976 (1 - 2): 145 - 166.

[39] Daal, E., Naka, A., and Yu, J. S., "Volatility Clustering, Leverage Effects, and Jump Dynamics in the US and Emerging Asian Equity Markets", *Journal of Banking & Finance*, 2007 (9): 2751 - 2769.

[40] Debreu, G., *Theory of Value: An Axiomatic Analysis of Economic Equilibrium*. Yale University Press, 1959.

[41] Derman, E., "Regimes of Volatility", *Risk*, 1999: 55-59.

[42] Ding, Z. X., Granger, C. W. J., and Engle, R. F., "A Long Memory Property of Stock Market Returns and a New Model", *Journal of Empirical Finance*, 1993 (1): 83-106.

[43] Ederington, L. H., "The Hedging Performance of the New Futures Markets", *The Journal of Finance*, 1979 (1): 157-170.

[44] Engelberg, J., Gao, P., and Jagannathan, R., "An Anatomy of Pairs Trading: The Role of Idiosyncratic News, Common Information and Liquidity", *SSRN Electronic Journal*, 2009.

[45] Engle, R. F., Ghysels, E., and Sohn, B., "Market Volatility and Macroeconomic Fundamentals", New York University Working Paper, 2009.

[46] Engle, R. F., "Autoregressive Conditional Heteroskedasticity with Estimates of the Variance of United Kingdom Inflation", *Econometrica*, 1982 (4): 987-1007.

[47] Engle, R., and Bollerslev, T., "Modelling the Persistence of Conditional Variances", *Econometric Reviews*, 1986 (1): 1-50.

[48] Engle, R., and Kroner, K., "Multivariate Simultaneous Generalized ARCH", *Econometric Theory*, 1995 (1): 122-150.

[49] Fama, E. F., "The Behavior of Stock-Market Prices", *The Journal of Business*, 1965 (1): 34-105.

[50] Fisher, R. A., "Inverse Probability", *Mathematical Proceedings of the Cambridge Philosophical Society*, 1930 (4): 528-535.

[51] Garman, M. B., and Klass, M. J., "On the Estimation of Security Price Volatilities from Historical Data", *The Journal of Business*, 1980 (1): 67-78.

[52] Gatev, E. G., Goetzmann, W., and Rouwenhorst, G., "Pairs Trading: Performance of a Relative Value Arbitrage Rule", NBER Working Paper, 1999.

[53] Ghysels, E., Arthur, S., and Rossen, V., "MIDAS Regressions: Further Results and New Directions", *Econometric Reviews*, 2007 (1): 53-90.

[54] Ghysels, E., Santa-Clara, P., and Valkanov, R., "The MIDAS Touch: Mixed Data Sampling Regression", *Finance*, 2004.

[55] Glosten, L. R., Jagannathan, R., and Runkle, D. E., "On the Relation between the Expected Value and the Volatility of the Nominal Excess Return on Stocks", *The Journal of Finance*, 1993 (5): 1779-1801.

[56] Grossman, S. J., and Stiglitz, J. E., "On the Impossibility of Informationally Efficient Markets", *American Economic Review*, 1980 (3): 393-408.

[57] Gunlan, B., "Short Volatility ETN to Liquidate", *Wall Street Journal Online Edition*, 2018.

[58] Guo, B., and Lin, H., "Volatility and Jump Risk in Option Returns", *Journal of Futures Markets*, 2020 (11): 1767-1792.

[59] Guy, C., *The Bible of Options Strategies*. Edinburgh: FT Prentice

Hall, 2005.

[60] Hall, P., *Options Futures and Other Derivatives*. Beijing: Tsinghua University Press, 2001.

[61] Hamilton, W. P., *The Stock Market Barometer*. New Jersey: Wiley, 1998.

[62] Harris, R. D. F., and Shen, J., "Hedging and Value at Risk", *Journal of Futures Markets*, 2006 (4): 369-390.

[63] Harrison, J. M., and Kreps, D. M., "Martingales and Arbitrage in Multiperiod Securities Markets", *Journal of Economic Theory*, 1979 (3): 381-408.

[64] Hicks, J. R., *Value and Capital*. Oxford, England: Clarendon Press, 1939.

[65] James, C. T. Mao, "Models of Capital Budgeting, EV vs ES", *Journal of Financial and Quantitative Analysis*, 1970 (5): 657-675.

[66] Keynes, J. M., "The Supply of Gold", *Economic Journal*, 1936 (183): 415-418.

[67] Kraus, A., and Litzenberger, R., "On the Distributional Conditions for a Consumption-Oriented Three Moment CAPM", *The Journal of Finance*, 1983 (5): 1381-1391.

[68] La Porta, R., Lopez-De-Silanes, F., Shleifer, A., et al., "Law and Finance", *Journal of Political Economy*, 1998 (6): 1131-1150.

[69] Leavens, D. H., "Diversification of Investments", *Trusts and Estates*, 1945: 469-473.

[70] Levy, H., "Upper and Lower Bounds of Put and Call Option Value: Stochastic Dominance Approach", *The Journal of Finance*, 1985 (4): 1197-1217.

[71] Lintner, J., "Security Prices, Risk, and Maximal Gains from Diversification", *The Journal of Finance*, 1965 (4): 587-615.

[72] Ljung, G. M., and Box, G. E. P., "On a Measure of a Lack of Fit in Time Series Models", *Biometrika*, 1978 (2): 297-303.

[73] Macaulay, F. R., *Some Theoretical Problems Suggested by the Movement of Interest Rates, Bonds, Yields, and Stock Prices in the United States Since 1865*. New York: Columbia University Press, 1983.

[74] Maheu, J. M., and McCurdy, T. H., "News Arrival, Jump Dynamics and Volatility Components for Individual Stock Returns", *The Journal of Finance*, 2004 (2): 755-793.

[75] Markowitz, H., "Foundations of Portfolio Theory", *The Journal of Finance*, 1991 (2): 469-477.

[76] Markowitz, H., "Portfolio Selection", *The Journal of Finance*, 1952a (1): 77-91.

[77] Markowitz, H., "The Utility of Wealth", *Journal of Political Economy*, 1952b (2), 151-158.

[78] Marschak, J., "Money and the Theory of Assets", *Econometrica*, 1938 (4): 311-325.

[79] Merton, R. C., "An Intertemporal Capital Asset Pricing Model", *Econometri-*

ca, 1973 (5): 867 - 887.

[80] Merton, R. C., "Lifetime Portfolio Selection under Uncertainty: The Continuous-Time Case", *The Review of Economics and Statistics*, 1969 (3): 247 - 257.

[81] Merton, R. C., "On the Pricing of Corporate Debt: The Risk Structure of Interest Rates", *The Journal of Finance*, 1974 (2): 449 - 470.

[82] Merton, R. C., "Optimum Consumption and Portfolio Rules in a Continuous-Time Model", *Journal of Economic Theory*, 1971 (4): 373 - 413.

[83] Modigliani, F., and Miller, M. H., "The Cost of Capital, Corporation Finance and the Theory of Investment", *The American Economic Review*, 1958 (3): 261 - 297.

[84] Mossin, J., "Equilibrium in a Capital Asset Market", *Journal of the Econometric Society*, 1966: 768 - 783.

[85] Mullaney, M., *The Complete Guide to Option Strategies*. New Jersey: Wiley, 2009.

[86] Nelson, D. B., "Conditional Heteroskedasticity in Asset Returns: A New Approach", *Econometrica*, 1991 (2): 347 - 370.

[87] Parkinson, M., "The Extreme Value Method for Estimating the Variance of the Rate of Return", *The Journal of Business*, 1980 (1): 61 - 65.

[88] Press, S. J., "A Compound Events Model for Security Prices", *The Journal of Business*, 1967: 317 - 335.

[89] Rogers, L. C. G., and Satchell, S. E., "Estimating Variance From High, Low and Closing Prices", *The Annals of Applied Probability*, 1991 (4): 504 - 512.

[90] Ross, S. A., 1976, "The Arbitrage Theory of Capital Asset Pricing", *Journal of Economic Theory*, 1976 (3): 341 - 360.

[91] Rubinstein, M., "An Aggregation Theorem for Securities Markets", *Journal of Financial Economics*, 1974 (3): 225 - 244.

[92] Rubinstein, M., "The Valuation of Uncertain Income Streams and the Pricing of Options", *The Bell Journal of Economics*, 1976 (2): 407 - 425.

[93] Samuelson, P. A., "A Theory of Induced Innovation along Kennedy-Weisäcker Lines", *The Review of Economics and Statistics*, 1965: 343 - 356.

[94] Scaillet, O., "Nonparametric Estimation and Sensitivity Analysis of Expected Shortfall", *Mathematical Finance*, 2004 (1): 115 - 129.

[95] Schwert, G. W., "Why Does Stock Market Volatility Change over Time?", *The Journal of Finance*, 1989 (5): 1207 - 1239.

[96] Sharpe, W. F., "Capital Asset Prices: A Theory of Market Equilibrium under Conditions of Risk", *The Journal of Finance*, 1964 (3): 425 - 442.

[97] Statman, M., "How Many Stocks Make a Diversified Portfolio? ", *Journal of Financial and Quantitative Analysis*, 1987 (3): 353 - 363.

[98] Vidyamurthy, G., *Pairs Trading: Quantitative Methods and Analysis*. New Jersey: Wiley, 2004.

[99] Von Neumann, J., and Morgenstern, O., *Theory of Games and Economic Behavior*. Princeton: Princeton University Press, 1944.

[100] Williams, J. B., *The Theory of Investment Value*. Massachusetts: Harvard University Press, 1938.

[101] Wong, W. K., Fan, G., and Zeng, Y., "Capturing Tail Risks Beyond VaR", *Review of Pacific Basin Financial Markets and Policies*, 2012 (3): 125 - 150.

[102] Yang, D., and Zhang, Q., "Drift-Independent Volatility Estimation Based on High Low Open and Close Prices", *The Journal of Business*, 2000 (3): 477 - 492.

教学支持说明

1. 教辅资源获取方式

为秉承中国人民大学出版社对教材类产品一贯的教学支持，我们将向采纳本书作为教材的教师免费提供丰富的教辅资源。您可直接到中国人民大学出版社官网的教师服务中心注册下载——http://www.crup.com.cn/Teacher。

如遇到注册、搜索等技术问题，可咨询网页右下角在线 QQ 客服，周一到周五工作时间有专人负责处理。

注册成为我社教师会员后，您可长期根据您所属的课程类别申请纸质样书、电子样书和教辅资源，自行完成免费下载。您也可登录我社官网的"教师服务中心"，我们经常举办赠送纸质样书、赠送电子样书、线上直播、资源下载、全国各专业培训及会议信息共享等网上教材进校园活动，期待您的积极参与！

2. 高校教师可加入下述学科教师 QQ 交流群，获取更多教学服务

经济类教师交流群：809471792

财政金融教师交流群：766895628

国际贸易教师交流群：162921240

税收教师交流群：119667851

3. 购书联系方式

网上书店咨询电话：010-82501766

邮购咨询电话：010-62515351

团购咨询电话：010-62513136

中国人民大学出版社经济分社

地址：北京市海淀区中关村大街甲 59 号文化大厦 1506 室　100872

电话：010-62515803　010-62516948

传真：010-62514775

E-mail：jjfs@crup.com.cn